中央民族大学国家"十一五""211工程"建设项目
ZHONGYANG MINZU DAXUE GUOJIA SHIYIWU 211GONGCHENG JIANSHEXIANGMU

涵泳儒学

李䏁博题

◎ 牟钟鉴／著

中央民族大学出版社
China Minzu University Press

北大哲学系本科毕业照（1962年7月）

　　北大的领导与老师们

　　前排坐者有：王学珍（左三）、侯仁之（左四）、王宪钧（左五）、严仁赓（左六）、朱光潜（左九）、冯定（左十）、唐钺（左十一）、黄子通（左十二）、陆平（左十三）、翦伯赞（左十四）、周培源（十五）、王竹溪（左十六）、傅鹰（左十七）、冯友兰（左十九）、郑昕（左二十）、周辅成（左二十一）、熊伟（二十三）等

　　二排立者有：冯瑞芳（左一）、任宁芬（左二）、高宝钧（左三）、朱伯崑（左四）、谢龙（左六）、黄枬森（左七）、王庆淑（左十）、王义近（左十五）、张恩慈（左十七）等

　　作者：后排左十

北大哲学系研究生合影（1965年7月）

系主任郑昕（前排左七），总支书记聂元梓（前排左六），作者（后排左八）

全国宗教学研究规划会议期间部分学者合影（1979年2月，昆明）

中排坐者（左起）：张德光、任继愈、罗竹风、熊德基、蔡尚思、季羡林、石峻、马学良、张克强　前排席地者（左起）：张俊彦、朱德生、吕大吉、戴康生、朱天顺、马桂芳、金春峰、李富华、金宜久、孙方柱　后排立者（左起）：闫韬、牟钟鉴、张义德、李传明、陈修斋、陈启伟、曹琦、邓锐龄、张继安、黄心川、陈克明、张宝胜、韩敬

访日本东京大学照（1988年12月，东京）
左起：佐藤、池田知久、许抗生、户川芳郎、牟钟鉴、沟口雄三、蜂屋邦夫

与中央民族大学哲学系的同事们（约90年代初，北京颐和园）
左起：班班多杰、田盛颐、宫玉宽、高英、牟钟鉴、田世珠、顾肇基、孙格心、梁秉新、何其敏、张元东、高惠芳、张践、张炯、何振武

访香港法住学会照（1991年12月，九龙）

左起：牟钟鉴、霍韬晦、刘述先、牟宗三、苏新鋈（新加坡）、罗义俊、黎绮华

海南留念（1992年春，天涯海角）

左起：牟钟鉴、杨适、许昌武（韩国）、傅云龙、冯增铨

在圆明园（九十年代中期）

左：宋荣培（韩国首尔大学）

右：牟钟鉴

在台湾大学（1994年）

左：夏长朴　右：牟钟鉴

与朋友在台湾政治大学（1994年）

左起：刘纪华、吕凯、牟钟鉴、何启民、曾春海

与唐翼明在台北（1996年）

与傅伟勋（1996年，台北中央研究院）

在台湾清华大学（1996年春）
左起：江灿腾、牟钟鉴、杨儒宾

在台湾政治大学（1996年春）
左起：牟钟鉴、政大校长、沈清松

国际儒学联合会谷牧会见汤恩佳（1995年4月，钓鱼台）
谷牧（左二）、汤恩佳（左一）、牟钟鉴（右一）

与胡秋原合影（约九十年代中期，台北胡宅）
左：胡秋原（台立法委员）
右：牟钟鉴

四人照（约九十年代中期，北京）
左起：成复旺、江建俊（台成功大学）、余敦康、牟钟鉴

与牟宗燦在颐和园（1996年）

儒学与世界学术讲座照（1997年7月，新加坡）
左起：牟钟鉴、柳存仁（澳大利亚）、苏新鋈（新加坡）、
戴琏璋（中国台湾）、杜维明（美国）

与世界宗教所的朋友（约世纪之交，北京郭宅）
左起：牟钟鉴、吕大吉、郭朋、李富华

在韩国（约九十年代中期，首尔）
左起：李宗桂、钱逊、方立天、牟钟鉴、郭齐勇

彭林博士答辩委员会（约九十年代中期，北师大）

左起：彭林、李民、李学勤、郑昌淦、杨尚奎、张政烺、赵光贤、牟钟鉴、刘家和

中国孔子基金会第三届理事会（1999年10月，济南）

前排左起：刘示范（左二）、吕绍纲（左三）、刘蔚华（左四）、陈光林（左五）、赵健民（左六）、吴官正（左七）、韩喜凯（左八）、孔繁（左十）、朱伯崑（左十一）、牟钟鉴（左十二）　后排左起：闫韬（左一）、蒙培元（左二）、赵吉惠（左三）、潘复恩（左五）、张立文（左六）、丁冠之（左七）、姜林祥（左八）、李宗桂（左十）、陈晓毅（左十三）、王钧林（左十四）、苗润田（左十六）等

五台山合影（约九十年代中期，山西五台山）
左起：王守常、李林、 ?、宫达非、孙长江、庞朴、牟钟鉴

牟氏庄园合影（约本世纪初，山东栖霞）
左起：牟钟鉴、周立升、唐亦男（台成功大学）、胡孚琛

牟氏庄园合影
（约本世纪初，山东栖霞）
颜炳罡、牟钟鉴

中图：在夏威夷的中国学术代表团
（2002年2月）
左起：田辰山（左三）、葛兆光（左四）、葛剑雄（左六）、蔡德贵（左七）、汝信（左八）、严耀中（左九）、牟钟鉴（左十）、金惠敏（左十二）

在哈佛大学（2002年3月）牟钟鉴（左三）与美国学者

国际儒联杨波副会长接见台湾以李焕为首的孔孟学会（2002年4月，北京）　作者左一

中国实学会十周年纪念（2002年10月，中国人民大学）　前排坐者左起：刘示范、王俊义、曹凤泉、詹海云、牟钟鉴、张岱年、汤一介、刘大椿、葛荣晋、羊涤生等

济南四人照（2004年6月，山东大学易学中心）左起：刘大钧、方立天、牟钟鉴、冯天瑜

右图／与丁国钰（2004年，北京丁宅）

下图／孙宝山博士论文答辩委员会（2005年春，北大哲学系）左起：孙宝山、张学智、李存山、牟钟鉴、李中华、陈来

在中央民族大学相聚（2007年）
左起：权五泽、许抗生、林秀茂（韩）、牟钟鉴、郭沂

与宗璞
（2007年，北大燕南园冯友兰故居）

尼山圣源书院成立时合影（2008年10月，山东泗水）
左起：王殿卿、丁冠之、杜维明（美）、安乐哲（美）、牟钟鉴、颜炳罡

"儒学与全球化"国际学术研讨会 2002.8 中国·青岛

儒学与全球化国际学术会议（2002年8月，青岛）

左起：田辰山（左三）、赵骏河（韩，左五）、刘示范（左七）、汤恩佳（香港，左八）、张树骅（左九）、韩喜凯（左十一）、杨波（左十二）、牟钟鉴（左十四）、成中英（美，左十五）、唐亦男（左十六）、钱逊（左十九）、王殿卿（左二十）、曹凤泉（左二十一）

自 序

我早年在北京大学哲学系读研究生时，主要学习中国哲学，讲授中国哲学的是冯友兰、张岱年、朱伯崑等大师级学者，加上受父母影响而形成的温和性格，对于仁和的儒家和涵虚的道家有一种天然的亲近感。但在当时强调斗争哲学和反传统的氛围里，我也接受了不少文化偏执的观点，跟着流俗批中庸之道，批道法自然，不单对中华文化缺乏真切把握，同时也在情绪的层面上扭曲了自己的本性，丧失了真我。改革开放以来，总结"文化大革命"的沉痛教训，我对自己的文化观进行了认真的反思，逐渐从一个文化激进主义者转变为一个文化改良主义者，学会以民族的情感敬重中华传统文化，用理性的态度和方法研究中华传统文化，站在时代的高度辩证地评价和创造性地解释中华传统文化。在这个过程中，我也找回了自我，初步实现了民族文化的自觉。20世纪80年代以来，我参加了中国孔子基金会和国际儒学联合会操办的许多学术会议和学术工作，也参加了一系列研讨儒家的国际、国内的学术会议，写下了一系列研究孔子和儒学的论文，约百篇，都分散刊于各种期刊和文集之中。近来我选择出其中有一定代表性的论文，订正文字的讹错，改正明显的失误，基本保存原貌，按"儒家的人物与经学"、"儒学的义理与当代"、"儒学的兴衰与未来"，加以汇集、分类、编排。又列出"纪念与回忆"，用以怀念前辈和师友，不忘他们的恩义；列出"书序与书评"，用以推介学术界研究儒学的若干成果。选编这部以儒学为专题的文集，对自己而言，是一次学术研究征途上的回顾与总结，目的是继往开来，为使今后的研究工作做得更好；对于新一代知识青年，也希望以"过来人"的身份提供一个文化探索者足迹的参考资料，这份资料肯定是不完美的，但它是真实的，发自内心的，或可有资学之用。

我把书名冠以"涵泳儒学"，其来有自。读研究生时，冯友兰先生说：研究中国哲学要做到涵泳。这句话我当初不甚理解，后来才品味到其中深意，因此越记越牢，一生受用。"涵泳"的本义是水中潜游，引申到做学问，就是要学者深入研究对象，潜心体会，与自我的生命感受相联系，并能在其中自由穿行，获得一种"入其内而又超脱"的觉解。这是做好中国学问的途径，又是一种很高的精神境界。冯先生总是"要言不烦",他把毕生积累的经验用最简练的话语传授给学生,就像他说过的授人"点石成金"的诀窍,比授人现成的金子重要。我自己努力按冯先生"涵泳"的教导去做,虽不能至,而心向往之,故标识在书题上,用以纪念冯师和激励自己。

儒学是中华思想文化的主干和底色,内涵极为丰厚,我们要做好继承和弘扬中华民族优秀传统文化的工作,必须认真和深入研究儒学,把它的精华充分发掘出来,并通过"返本开新"、"综合创新"、"推陈出新",使它融入当代新文化建设,成为凝聚中华民族,构建和谐社会、和谐世界的活生生的精神力量。中华文化的伟大复兴正在加速,让我们积极参与其中,贡献出自己的智慧。

目　录

儒家的人物与经学

让孔子的形象回归真实……………………………………（3）
论孔子的中和之道与当代温和主义………………………（5）
孔子的文化观及其现代意义………………………………（15）
孔子人文宗教观给我们的启示……………………………（30）
孔子思想与祖国统一………………………………………（39）
孟子对中国文化的特殊贡献………………………………（47）
荀子宗教观的当代价值……………………………………（56）
韩愈评传……………………………………………………（61）
高拱的实政论及其理论基础………………………………（84）
焦竑的主体意识和求实精神………………………………（94）
在聪明与糊涂之间——读《郑板桥集》有感……………（105）
十三经的形成与经学类别…………………………………（108）
南北朝经学述评……………………………………………（114）
隋与唐初经学………………………………………………（125）
儒家道统……………………………………………………（136）

儒学的义理与当代

重建诚的哲学………………………………………………（143）
儒家仁学的演变与重建……………………………………（153）
儒家仁学与普遍伦理………………………………………（161）
弘扬儒家仁爱通和之学……………………………………（168）
仁和之道——时代的呼唤…………………………………（173）

儒家中庸之道与人文理性精神……………………………………………(183)
儒学与社会和谐……………………………………………………………(189)
儒学是推动世界文明对话的重要精神力量………………………………(203)
儒学在思考…………………………………………………………………(208)
是天下一家还是弱肉强食？——儒学天下观的当代意义……………(218)
儒家天人之学与生态哲学…………………………………………………(227)
"赞天地之化育"与"为天地立心"——儒家生态思想浅谈………………(240)
儒家人性论与新人性论构想………………………………………………(247)
儒家的伦理观与当代的取舍………………………………………………(272)
道德改良论…………………………………………………………………(292)
说"良心"……………………………………………………………………(295)
传统家庭伦理的当代价值…………………………………………………(300)
关于醇化道德风俗的思考…………………………………………………(306)
儒家宗教观与新人文精神…………………………………………………(311)
儒家朋友论与新人际关系…………………………………………………(333)
儒道互补与安身立命………………………………………………………(352)
黄帝信仰与中华民族………………………………………………………(363)
感恩——清明节的主题……………………………………………………(367)

儒学的兴衰与未来

中国传统哲学的评价及其历史命运………………………………………(373)
20世纪儒学的衰落与复苏…………………………………………………(383)
21世纪中国文化发展战略六题……………………………………………(405)
找回失落的东方精神………………………………………………………(417)
《明代思想史》与明代思想研究……………………………………………(425)
新儒家的历史贡献与理论难题……………………………………………(434)
谈谈"读经"…………………………………………………………………(449)
文化典籍教育要从儿童开始………………………………………………(455)
台湾学者王财贵推动儿童读经班卓有成效………………………………(458)
质疑《"国学"质疑》…………………………………………………………(461)
儒学非哲学非宗教，有哲学有宗教——儒学是什么样的学问…………(464)
牟钟鉴、安乐哲对话录……………………………………………………(468)

尼山圣源书院成立大会致辞 ………………………………………… (480)
"东西文化比较的新视野：安乐哲师生论道"开幕式欢迎词 ……… (482)
儒学继承与创新的三种途径 ……………………………………… (484)
儒学在近现代面临的挑战与复兴之路 …………………………… (489)
在"首届尼山世界文明论坛"开幕式上的致辞 …………………… (503)
儒学在中华文明多元通和模式形成中的地位和作用
　　——在第三届世界儒学大会开幕式上的主题演讲 ………… (505)

纪念与回忆

怀念谷牧会长 ……………………………………………………… (511)
试论"冯友兰现象" ………………………………………………… (518)
一段回忆　一篇书评 ……………………………………………… (531)
冯友兰晚年的自我反省与突破 …………………………………… (539)
冯友兰先生是当代贵和哲学的一面旗帜 ………………………… (560)
实说"冯友兰" ……………………………………………………… (564)
追念厚重朴直的张岱年先生 ……………………………………… (575)
怀念朱伯崑老师 …………………………………………………… (589)
追念任继愈先生 …………………………………………………… (592)
深情的怀念——悼念宫达非前辈 ………………………………… (600)
记忆中的牟宗三先生 ……………………………………………… (602)
庞公印象散记 ……………………………………………………… (608)
痛悼冠之兄 ………………………………………………………… (614)
悼父诗 ……………………………………………………………… (620)
慈母颂 ……………………………………………………………… (621)

书序与书评

《王阳明心学研究》序 ……………………………………………… (625)
《西汉经学源流》序 ………………………………………………… (629)
《马一浮思想研究》序 ……………………………………………… (632)
《儒学现代性探索》序 ……………………………………………… (634)
《儒学与社会现代化》序 …………………………………………… (636)

《贺麟文化理论研究》序 …………………………………………（642）
《冯友兰社会文化观研究》序 …………………………………（645）
《中国社会思想史》序 …………………………………………（647）
《出位之思：明儒颜钧的民间化思想与实践》序 ……………（650）
牟钟鉴评黄进兴 …………………………………………………（653）
《新原道》给我们的启示 ………………………………………（655）
评冯友兰《中国哲学史新编》 …………………………………（667）

儒家的人物与经学

让孔子的形象回归真实

　　山东省制作孔子标准像之初，我接过一份征求意见书，恰因生病未能参与。今在电视上看到新像展显，有圣贤气象，师表风范，内心欣慰。孔子是中华文化第一代表者，无人能取而代之。而历来其画像造型，难有令人满意者。常见的有唐吴道子的孔子像，是其中比较好的；但忠厚有余，深邃不足。我多次去曲阜孔庙，看到端坐在大成殿正中的孔子雕塑，皇冕御服，一派帝王气势，而板齿显露，全无优雅之态，这大约是依据"素王"观念，舞必八佾、位拟万岁而制作的，是把孔子政治化的产物，令人畏而远之。匡亚明先生写《孔子评传》，请画家程宗元绘"布衣孔子三十而立像"，一扫老气横秋，透出中年孔子的英秀勃发，但不足以表现整体的孔子，因为缺少沧桑历练和创办私学的积淀，无法成全孔子的形象。近些年来，随着理性的觉醒、民族文化的起信和儒学的复兴，孔子造像也多了起来。海内外孔子雕塑，所在多有。中国香港孔教学院汤恩佳院长在内地若干大学、公园和孔庙捐赠多座孔子铜像。综而观之，各处孔子雕像，其形象神态刻画创作较之过去都有改进。而姿态各异，皆称孔子，给人以杂多之感。其实这并无大碍，但减弱了孔子造像作为中华民族文化认同符号的象征功能。今山东省以孔子故乡的身份，能集思广益，在普遍征求海内外同仁意见的基础上，依据文献的描述，进行综合创新，推出孔子标准像，企能推广，其文化意义是不言而喻的。孔子这一新形象能否流行，要看它本身的魅力和社会的选择；同时人们心中认知的孔子不同，表而出之的孔子形象各异，也是常态。

　　我更关心的是孔子的精神形象，它毕竟不是造型艺术所能完全体现的。历史及今，人们对孔子的定位变化多端，莫衷一是。汉代谶纬经学把孔子塑造成能预知千年的神，近代康有为则推尊孔子为孔教教主，这属于神化孔子一类。唐代封孔子为文宣王，宋、元因之，这是把孔子政治化。民国以来，文化激进主义流行，"打倒孔家店"的口号响彻云霄，孔子于是成了封建文化的代表。"文化大革命"、批林批孔，孔子进一步成为保守、倒退、反动、复辟的总代表，是千古罪人。当时出版的一本《〈论语〉批注》"论语"两字是黑色的，

"批注"两字是红色的。孔子提倡中庸,而中国人常常反中庸,并拿孔子示范。孔子有时被抬到吓人的高度,有时又被打入十八层地狱,孔子地下有灵,不知作何感想。幸亏孔子是中华文化的传承者和古典文明的奠基者,他的思想积蕴深厚,与中华民族血脉相连,只要中华文化不死,孔子的真精神就还活着,"捧杀"与"打杀"都无损于他的伟大。

我以为,孔子是中国古代伟大的思想家和教育家,这样的定位比较符合孔子的真实身份和他在历史上的作用。孔子是人不是神,也不是宗教家,更无权势可凭借。他只靠他的学问、智慧和人格力量,感动着中国和世界。孟子称孔子为"圣之时者也",他是与时代同行的圣人,而"圣人,人伦之至也","圣人与我同类者也",孔子是凡人,只是做人做得好,可以成为社会的榜样,平凡中透露着伟大。他是通情达理、有血有肉的人,既忧国忧民,又追求安适自在,对学生谆谆教诲,又不免生气骂人,只是比一般人看得远,想得深,使人不得不佩服,所谓"高山仰止,景行行止",虽不能至,而心向往之。太史公曰:"天下君王至于贤人众矣,当时则荣,没则已焉。孔子布衣,传十余世,学者宗之。自天子王侯,中国言六艺者折中于夫子,可谓至圣矣。"我们还可再加上一句:孔子传两千五百多年,而学者尊之,世人敬之。能够与孔子比肩的只有老子了。当然,孔子既然是人就有缺点,他的思想里有不符合今天时代的成分,要加以割除,但精华必须保留。

说孔子是伟大的思想家,是由于他创建了"仁和之学",即东方式的伦理型的人学,为中华民族的发展确立了精神方向,参与铸造了民族的灵魂和品格。说孔子是伟大的教育家,是由于他提出了有教无类、学思并重、因材施教、启发教学、人格养成、师生互爱、仁智勇全面发展的教育思想,并实践力行之,至今仍显示着生命活力。这样的孔子是打不倒批不臭的。相反,人们逐渐有了民族文化的自觉以后,愈来愈意识到,孔子的形象是中华民族文化和民族团结的象征,是东方文明的象征,他的思想是实现两岸和平统一的重要精神力量,是推动世界和平与发展的伟大智慧。所以孔子的形象不仅回荡在中华大地,还在走向世界,周游列国,受到空前的欢迎和称颂,这使我们自豪。作为中华民族的成员,我们有责任爱护孔子的形象,正确解释和表现孔子的形象,不使它受到曲解和污损。

(载《文汇报》,2006年10月6日)

论孔子的中和之道与当代温和主义

一、儒家哲学可以概括为仁礼中和之道

孔子之学是仁礼之学。从广义上说，仁是爱人之心，礼是社会秩序。在这个基础上发展出中和之道。中，孔子称之为中庸，程子的解释是："不偏之谓中，不易之谓庸。中者，天下之正道；庸者，天下之定理"（《四书集注》）。用现代语言说，"中"是以人为本，顺乎时代，合乎民心，不走极端，无过与不及之失，所以是行仁的正道；庸是社会人生常态常道，必然规律，普世价值，平凡正大，不诡异神秘，人人得而行之。如何把握中道，孔子提出"执其两端，用其中于民"（《中庸》）的方法，在"为民"的目标下从矛盾对立之中寻求统一性，这就产生出"和"的理念。孔子说："君子和而不同，小人同而不和"（《论语·子路》）。"和"就是承认事物的多样性、差异性和矛盾的普遍存在，从仁爱忠恕之道出发，互相尊重，包容多样，协调矛盾，共生共荣。社会秩序和等级差别是社会常态，但它不是僵硬的冷酷的，而应是在仁爱的关照下表现为有度的温和的，所以孔子提出"礼之用，和为贵"（《论语·学而》）。强调秩序的人道性与和谐性。人类史上"尚中贵和"的哲学，孔子是始祖。另一种处理矛盾的态度便是强调对立面的斗争，认为斗则强，不斗则弱；斗则进，不斗则退。因此人们不可能统筹兼顾，只能崇尚强者。贵斗哲学的典型代表便是社会达尔文主义，它是强者的哲学。由于人性中有善有恶，加以急功近利的驱使，动物性经常发作，占有欺压、损人利已成为常见现象，贵斗哲学流行，作为正道常道的中和之道却遭到冷落，甚至被斥责为"折中调和、没有原则"，人类也因此不断地争斗、对抗、流血，陷于连续不断的苦难灾祸而不能自拔。孔子有见于此，感慨地说："中庸之为德也，其至矣乎！民鲜久矣"（《论语·雍也》）。一般人根本不了解，中庸是至德，是体仁行仁的最佳状态，是人类文明高度发展的智慧结晶，并非不分是非的"乡原"，它有鲜明的原则：关爱大众，向往太平。人从生物人进步为文化人，关键是超越了自然选择，具有道德意识，如孟子所说人之异于禽兽者在于有"恻隐之心"，形成异于"丛林

法则"的"社会规则"。史家曾乐观地认为人类早已摆脱野蛮时代而进入文明时代。从迄今为止的人类历史看，人类的文明发展史充满了野蛮与残酷，由于德性发育的迟缓和智性发育的神速，人类作起恶来，对社会、自然造成的危害远远超出禽兽的本能，甚至危害到人类共同体自身的生存。如果把德性而不是智性作为衡量文明的主要标准，我们也可以说人类至今尚未真正摆脱野蛮时代，也许前脚刚刚才跨入文明的门槛，后脚还站在野蛮地带。从争强好斗的哲学到仁礼中和的哲学，是从野蛮时代走向文明时代的标志，两种哲学的博弈仍在进行之中。

孔子是文明时代的先驱和最有代表性的原创性的思想家之一，他是中和哲学的首倡者。孔子之后，《中庸》明确将"中"与"和"的理念融为"致中和"之道，说："喜怒哀乐之未发，谓之中；发而皆中节，谓之和。中也者，天下之大本也；和也者，天下之达道也。致中和，天地位焉，万物育焉。"所谓"未发"，乃本性所具，皆有善端。所谓"已发"，乃表而为情事，自然中节，"节"是群己有分、义利有度、人际和谐。从天人一体的高度看，人有善性，泛爱万物，才可能赞天地之化育，故中为大本；仁民睦邻，协和万邦，才能够成己成物，为天地立心，故和为达道。人能致中和，非但社会稳定团结，生态环境亦可得到保护，故天地位、万物育，由此人不仅有社会责任，还有地球责任和宇宙责任。《中庸》还提出"时中"的理念，用以说明中和之道的动态性，它不是一成不变的教条，不是消极守旧的，而是与时俱进、不断出新的智慧，是在鱼龙混杂、泥沙俱下的社会大潮中保持刚健中正、和而不流的品格。

二、中和之道成为一种中华精神

在中国思想史和文化史上，受孔子和儒学的影响，中和之道成为主流的核心的意识，左右中华思想发展的方向和中华文化的生态。构成中华思想文化核心的儒、佛、道三家哲学，都是崇尚中道的哲学，而形态各有不同。儒家讲仁礼中和之道，始终高举仁爱、礼义的大旗，把修身、齐家、治国、平天下作为奋斗目标。道家与道教讲阴阳中和之道，老子主张"守中"，"知和曰常"，以中和为贵，庄子有"天和"、"人和"之说，《太平经》谓："阴阳者，要在中和"，李道纯提出守中致和的丹道论，中和成为一条思想主脉。佛教哲学可称为缘起中和之道，主张离断常二见，不执于有，不执于无，亦不执于不执，是谓中道，即俗即真，即心即佛，平常心是佛，而人间佛教就是在出世与入世之间行其中道。由此之故，在中国思想史上，原教旨主义、极端主义、诡秘主义皆无大的市场,不能成为主流意识,人文与宗教、信仰与理性能够互制互补,各种学说中形成温和主义占主导的传统,避免了大的宗教狂热和反宗教狂热。同时和而不同成为一种稳定的文化认知传统,已深入人心。孔子讲人道而不舍弃天命,敬鬼神而远之,重视慎终追远,他对鬼神之道是温和的。《中庸》讲"万物并育而不相害,道并行而不相悖",《易传》提出"天下同归而殊途,一致而百虑",华严宗提出"事事无碍"、一多互摄,宋明理学提出"理一分殊",清末改良主义思想家提出"仁以通为第一义",当代哲学家冯友兰提出"同无妨异,异不害同;五色交辉,相得益彰;八音合奏,终和且平",当代民族学家费孝通提出文化自觉十六字:"各美其美,美人之美,美美与共,天下大同。"这是一条贯穿古今的红线,就是文化的多样性和彼此的尊重与合作。中和之道使中华文明形成多元通和模式,表现为包容性大,排他性小,它是多样的开放的和谐的,各种学说和各类宗教渐行渐近,相互吸收,汇合融通,大多数中国人成为宗教和百家的"混血儿"。儒、佛、道三教合流,传统宗教与外来宗教共处,组织化宗教与民俗信仰并行,社会主义文化与中华文化、世界文化互融。文化的摩擦与冲突也时有发生,偏激主义也曾风行,但都因不符合中华文明的底色和基因而未积淀下来,终于被淘汰出局,各种信仰、学说、主义在中和之道熏习之下或迟或早地走向温和主义。

三、中和之道符合当今时代发展的需要

孔子和儒家的中和之道具有显著的温和与改良的特色,它与农业文明与家族社会的渐进式发展相适应,成为社会管理的长治久安的方略。它可以避免极端主义,也不适合社会剧烈变革的需要,不能成为革命的旗帜。因此,在近现代世界以解放生产力和推动科学技术进步为特征的工业文明飞跃式急剧发展、社会革命风起云涌的时代里,优胜劣汰的社会进化论和阶级斗争的社会革命论大行其道。孔学不能不被边缘化,在中国它成为批判(在否定的意义上)的对象,被认为是过时的阻碍社会变革的思想。在最近大半个世纪里,中国文化界占主流的思潮是文化激进主义、科学主义和社会革命论,"打倒孔家店"成为中国思想界颇有影响的进步口号,这有其必然性与合理性存在。有压迫就有反抗,改良行不通就只有革命。中华民族的反帝国主义、反封建主义、争取民族独立解放事业的胜利不是靠孔学而是在社会主义革命理论指导下取得的。

可是时代有了天翻地覆的变化,思想潮流也改变了。经过两次世界大战,在社会革命和社会主义思想推动下,西方发达资本主义社会虽然没有被社会革

命所推翻，却在进行改良和调整，逐步抛弃赤裸裸的殖民主义和法西斯主义，加强社会福利和保障事业以缓和阶级矛盾，至 20 世纪末，社会暴力革命转入沉寂，社会改革更多地诉诸和平手段。两大阵营的对峙由于苏联东欧剧变而消失，意识形态的矛盾在世界范围内下降为次要矛盾。中国实行改革开放，不再以阶级斗争为纲，把主要精力转向社会改革（渐进式改良）和发展经济，强调在稳定中改革发展，社会主义由于吸收了中华传统文化的营养而具有中国特色，其中特别吸收了儒家的以人为本、以和为贵的思想，致力于建设和谐社会与和谐世界。国际社会虽然还是四分五裂，但面临着许多共同性挑战。全球化在形成越来越大的共同市场，现代信息与交通把世界各国联结成网络体系。与此同时，利益摩擦也在增加，而金融危机波及全球，旧的金融与货币体制不能适应全球化的需要。生态危机是全球性的，没有一个地区和国家不受到威胁。单边主义（有时表现为国家恐怖主义）与宗教极端主义、暴力恐怖主义如一对孪生兄弟形影不离，却互斗互损，破坏和平与安宁，受到大多数国家和人民的强烈谴责。核武器的存在始终是一柄悬在人类头上的达摩克利斯剑，时刻威胁全体人民的安全。由于全球化、信息化的高度发达，一国发生严重社会危机，必然迅速影响整个地区甚至全球。总之，人类已经真正成为地球村村民，成为命运共同体，人类的共同利益远大于彼此的差异和矛盾，不能学会共存共荣而一味争斗拼打，必然两败俱伤乃至同归于尽。于是和平与发展成为当今时代的主题，人类正在摒弃以邻为壑，学习合作共赢。联合国的作用在加强，双边与多边合作及地区性联合在发展，文明对话在进行，各种国际、族际、区际的和谈、妥协成为解决矛盾和纠纷的主要途径。

但是特殊集团的特殊利益和习惯力量是强大的，一时难以改变。资本的本性是贪婪，为追求最大利润往往不择手段，例如，西方军工资本集团就是要控制世界能源与市场，并不断策动战争以扩大军火销路。以美国为代表的强势民族国家，为维持其自身霸主的优越地位要掠夺世界各地的资源并控制战略要地，早先多用军事手段，后来改用军事政治为后盾的经济文化扩张，时而伴以武力威胁和侵略。冷战思维在继续，亨廷顿的文明冲突论颇有市场。思想文化上，社会达尔文的弱肉强食的族群斗争论及马基雅维利的强权政治论在事实上仍然是大国主义、霸权主义的思想基础。美国的国际政治方略背后还有很深的基督教原教旨主义情结，信奉"基督以外无拯救"，以"上帝特选民族"自居，要承担起解救全人类的使命，以"爱"的名义把自己的价值观强行在各地推广，其中包括把中国福音化的战略目标。于是博爱的宗教在特殊利益集团操控下，往往变成暴力的宗教，并激起伊斯兰宗教极端主义的对抗。总之，西方原有主流文化引导世界潮流的结果，使世界在冷战结束之后并未真正进入和平，反而民族和宗教冲突有加剧之势，西方文明出现了严重的危机，受到世人普遍的批评。要真正改变资本帝国的本性是极其困难的，但限制它的恶性膨胀则是可能的，这要看世界人民觉悟和团结的程度。越来越多的人认识到，强权政治完全不能适应全球化和地球村的时代需要，而且不反思调整对人类是危险的，不仅弱势国家受害，强势国家也没有出路，因为大家坐在同一条风雨飘摇中的船上，只能同舟共济，覆舟之下并无胜者。世界文明面临一次新的大规模的转型，它要求在思想文化上由贵斗哲学为主转变为贵和哲学为主，由一元信仰主导转变为多元信仰共存，由文化激进主义转变为文化改良主义，由单线进化论和社会达尔文主义转变为文化平等论和人本理性论，由科学主义单一论转变为科学与信仰互补论，由功利主义享乐论转变为以义导利价值观，由征服自然的人类中心论转变为人与自然是一家的生态论，由欧洲中心论转变为文化多元论，等等。所有这些文明的转型，一言以蔽之，偏激主义已经过时，温和主义时代已经到来。温和主义不是某种特定的信仰，而是指对待信仰和信仰关系的理性的稳健的态度。各种信仰中都有温和主义存在，温和主义是信仰健康化的保障。可以毫不夸张地说，人类未来的命运决定于温和主义能否替代偏激主义而成为主流思潮。人类想要和平发展，必须举起双手迎接温和主义，使它成为新的时代精神。资本主义世界有识之士认识到，资本主义的前途不在继续走帝国主义道路，而在世界的共同繁荣；社会主义中国已经抛弃苏联封闭对抗模式，走上改革开放、建设以人为本、统筹兼顾、公平正义、富裕和谐、民主法制的小康社会之路；各种宗教健康力量正在摆脱原教旨主义的束缚，起来反对极端主义，努力走理性稳健温和的道路。在这样的时代条件下，孔子的中和之道会大放光彩。当今时代，并不缺乏推动经济与科技发展的智慧，缺乏的是保持社会发展健康方向和协调群际关系的智慧。中和之道恰恰在这方面拥有丰富的思想资源。中和之道主张社会进步，但要稳步推进，既不守旧，也不冒进，适合大多数人的需求，也能为大多数人理解。中和之道承认事物的多样性和矛盾的普遍性，而主张海纳百川、彼此尊重，不赞成"仇必仇到底"，主张"仇必和而解"，实现四海一家、世界大同。中和之道的天人合一论、天下一家论、殊途同归论、和而不同论，正是可以医治生态危机、唯我独尊、单边主义、极端主义的佳方良药。中和之道是温和主义的哲学，孔子是温和主义的宗师。温和主义哲学的精要：一是稳步改良，避免躁进；二是合情合理，不走极端；三是兼顾各方，不偏不党；四是尊重他者，平等相处；五是善于妥协，实现共赢。儒家中和之道的温和性质，使儒学避免走上霸权道路。它发出的声音不只是传播一种思想,主要是向世界提供多样性文化和谐共处的智慧,因此它不会威胁任何其他文明,却能够促进文明对话与和解,给世界带来和平。在贵斗哲学高涨的年代,儒家中和之道的温和主义色彩被认为是缺点;在贵和哲学成为普遍需要的新时代,儒家的温和主义则展现出它超前的文明睿智和高度。

四、儒家文明与基督教文明对话在世界文明对话中占有重要的地位

世界文明是多元的,其中影响现今人类最大的有四大文明:基督教文明、伊斯兰教文明、印度文明、中华文明。基督教在西方是主流信仰,传播于世界各地,影响人口最多,拓展之势甚猛。中华文明以儒道互补为基线,以儒家思想为主干,历史悠久,积蕴深厚,传播东亚,有辉煌的业绩,虽然在近现代有所衰落,却正在复苏,潜力巨大。两种文明历史背景迥然不同,思想差距甚远,相遇之后发生过不少冲突,至今仍然存在着一定的隔膜和矛盾。但如能平等对话、相互理解,也会发现两者有较强的互补性,彼此若能取长补短,将对人类文明转型,构建和谐世界,发挥重大作用。

中国历史上有过儒(儒学)耶(耶稣教,即广义的基督教)对话。最成功的是 400 年前利玛窦来华推动天主教与儒家文化的融合,徐光启、李之藻、杨廷筠等儒臣积极予以配合,实现了一次中西文化和平的深层次的交流。可惜这项事业后继乏人,加上殖民主义的介入,欧洲中心论的流行,儒耶平等对话难以顺利进行。鸦片战争以来,在西方列强侵华的过程中,基督教在华主要是扩张,儒学则是退却,没有文明对话的条件。当代情况有重大变化。在中华民族实现独立解放的运动中,中国出现一大批爱国的基督教神学家,如吴耀宗、吴雷川、谢扶雅、赵紫宸、丁光训、陈泽民、汪维藩等,他们努力把基督教神学与儒家道家思想相结合,创造了实践神学、合儒神学、辩证神学、伦理神学、博爱神学、和好神学、生生神学,都有鲜明的中国特色,在国际上也产生了一定影响。但限于当时的社会条件,其影响还不够广泛。20 世纪中叶以来,天主教和基督教有识之士提倡宗教对话,通过交流在各种信仰之间寻找共识,探讨全球伦理,逐渐成为潮流。这些交流活动初期,儒学还只是配角,因为儒学在中国尚未得到重视。中国摆脱"文化大革命"极"左"思潮,实行改革开放,取得和平发展巨大成就,受到世界的尊重。以儒学为底色的中华文明经历磨难和洗礼,获得新生,并正在走向世界。现在儒耶平等对话已经具有空前良

好的国际国内条件，可以在更大规模上更深层次上进行。

中国人对基督教怀有复杂的心态，除基督教信徒以外，多数人长期以来将其以洋教看待，并不感觉亲近，联想起历史上的教案，以及种种摩擦的事件，甚至有反感情绪。当然也有一些具有跨文化意识的学人，能够理性地对待基督教，看到它的有益于现代文明的积极内涵。如，在上帝面前人人平等的信仰导致民主与人权的理念，爱人如己、荣神益人的信仰与儒家仁爱忠恕之道相通，上帝的归上帝、恺撒的归恺撒的信仰导致政教分离的原则，我们希望别人怎样对待我们、我们就必须怎样对待别人的观念与孔子的"己所不欲、勿施于人"的恕道有异曲同工之妙。中国当代新儒家学者贺麟认为儒学要有新的开展，在哲学上"必须以西洋的哲学发挥儒家的理学"，在宗教上"吸收基督教之精华，以充实儒家之礼教"，在艺术上"领略西洋之艺术，以发掘儒家之诗教"。他认为儒家要学习基督教"精诚信仰，坚贞不二之精神"，"博爱慈悲，服务人类之精神"，"襟怀旷大，超脱现世之精神"，而这品质正是儒学所不足的（《儒家思想的开展》）。改革开放以来，中国青年一代在学习西方先进科技、市场经济、管理模式的同时，对基督教也改变了冷漠的态度，淡化了历史的记忆，增加了同情的理解。当然至今还有相当数量的中国人对基督教仍然抱有警惕和强烈的批判态度。大约有这样几条理由：一是基督教的原教旨主义信奉"基督以外无拯救"，以救世主在人间的唯一代表自居，视本教为绝对真理，视他教为谬误迷途，唯我独尊，排他性强烈，与中国人多神多教兼容的传统格格不入。二是基督教的扩张性传教，不是以劝善为宗旨，而是以扩大地盘、发展教徒为首务，有计划地向其他信仰传统活动地区伸展，引起许多纠纷。三是西方某些政治势力利用基督教对中国进行政治渗透，企图改变中国独立发展的道路，最终达到把中国纳入西方国际政治战略格局之中的目标，这迫使中国人保持高度警觉。而基督教以唯一正宗宗教自居、有责任拯救全人类的信念和心态是根深蒂固的，西方文明的主导地位和基督教在世界各地尤其在中国的较快发展，更强化了西方基督教会傲慢自大的心理，要他们深刻反省并作根本性调整谈何容易。从儒家温和主义的中和之道的观点来看，基督教的原教旨主义（又称基本教义派）是一种偏颇的文化霸权主义，又是一厢情愿、不能尊重他者的自大主义，不仅必定要碰壁、行不通，遭到抵制，而且还会从其中滋生出宗教极端主义，危害社会安宁，也会偏离基督教博爱的宗旨，损害基督教文明自身的形象，使人们疏远它、反对它。

不过中国人也应当了解，当代西方基督教界，有越来越多的开明神学家出来批评基要派极端保守的信条，反思基督教的历史和它的得失，超越唯我独尊、独家拯救人类的狂妄，努力发掘和发扬基督教博爱救世的真精神，推动基督教走向开放，学会以包容的态度去理解其他宗教和无神的学说，学会与众多的信仰与文化和平相处，并携起手来共同拯救苦难的人类。这就是当代基督教的温和主义，它已经形成新潮流，代表着基督教的未来。比起基要派的排他论，天主教神学家拉纳倡导的宗教兼容论前进了一步，他在坚持基督教是绝对的宗教的同时，承认其他一些非基督宗教可以体现基督精神，可以看做"匿名的基督教"而予以承认。约翰·希克提出宗教多元论，他认为各种宗教都是"终极实在"的不同表现形态，因此宗教对话应当是多元平等的（以上参看王志成：《解释、理解与宗教对话》）。孔汉思提出伦理求同论，并在实践上推动各种宗教寻求全球伦理，于是形成了1993年芝加哥世界宗教议会走向全球伦理宣言，指出"没有各宗教间的和平，便没有各文明间的和平"，宣言把"每个人都应受到符合人性的对待"和"己所不欲，勿施于人"作为全球伦理两项基本的要求，虽然宣言上没有儒家学者签名，但孔子的思想已被吸收（《全球伦理——世界宗教议会宣言》）。雷蒙·潘尼卡提出内在对话论，强调信教者不要把自己的信仰看做绝对真理，他人与自己是内在的一体关系（《宗教内对话》）。保罗·尼特在《全球责任与基督信仰》中指出，"绝对真理"多么容易成为"暴力真理"，宣称耶稣是"绝对的救主"是"可怕的、危险的傲慢"，人们要尊重"宗教的他者和苦难的他者"，打破"基督以外无拯救"的信条，"爱他人意味着重视他们、尊敬他们、真正开放地倾听他们说话"，对话是最好的传道，神学教育要从单一宗教结构转向多宗教的结构。保罗·尼特寄语中国基督徒，希望他们"自行修正并改革传统基督教认为只有基督徒才拥有唯一的或者支配性的宗教真理这一宣称之时，他们才能够这样做——他们才能够更好地促进宗教和平。"他愿意看到中国基督徒成为佛教、道教、儒教朋友的"好邻居"。保罗·尼特是基督教神学家中最具反省能力、最为包容开放的前沿思想家之一，他的温和性格使基督教与孔子的中和之道在精神上沟通起来。这样的温和主义能够推动基督教以平等的身份与其他宗教或信仰认真对话，彼此逐渐接近，以造福于人类。

五、让当代温和主义流行起来

当今国际上基督教世界与伊斯兰教世界之所以冲突不断、对抗激烈，除了历史积怨情结、现实利益矛盾之外，往往是由于两大信仰族群中原教旨主义占主导地位，互仇心理和偏激情绪难以纠正，而宗教极端主义借以兴风作浪、蛊惑人心、推波助澜，实施暴力恐怖犯罪。宗教极端主义和暴力恐怖主义已成为人类一大公害，严重威胁世界和平，反对恐怖主义成为各国共同的任务。从各大宗教自身的文明进步而言，加强民族理性与宗教理性，培育温和主义思潮，壮大温和派的力量，可以改善宗教的内部结构，有效抑制宗教极端主义活动。冤冤相报，永无尽头。即使不能以德报怨，也可以实行孔子中和之道，以直报怨、以德报德，淡化怨恨，学会友善，消解猜忌，逐步建立信任。

世界上有众多的宗教文化和人文学说，就其多数而言，其经典宗旨都追求真善美，希望解除人间苦难，过上幸福美好的生活，因此都崇尚爱的哲学，用爱人类的情怀去恶扬善。但事实上人类却没有摆脱冲突对抗、互相残杀。有时候暴力和战争是在宗教旗帜下进行的。这背后有利益的争夺，也有信仰偏颇在起作用。往往出发点是为了"爱人"，得到的结果却是"害人"。爱是人类一种美好的感情，但需要用正确的方式去体现，否则爱会变质。爱有两种：一种是"互尊的爱"；另一种是"强迫的爱"。爱不是施舍，真爱要尊重对方、理解对方，在对方自愿的情况下接受自己的帮助，这样才能有真爱，才能使对方感受到真爱。"强迫的爱"以己度人、强人从己，不倾听，只训导，实行精神推销，这样的爱只是偏执的爱，对方感受不到温暖，而自尊心受到伤害，爱会变成恨。孔子用忠恕之道讲仁爱，内含着平等的精神。忠道讲"己欲立而立人，己欲达而达人"，不是要别人遵从自己的模式，只是希望别人自立和发达。恕道讲"己所不欲，勿施于人"，是尊重别人，体谅别人。其必然的结果便是和而不同、百花争艳。"互尊的爱"承认真理的多样性，真理体现在人类各种文明的总和之中，没有一家能够垄断，因此要多元和谐，相互学习。不同的信仰者都把自己与他者放在平等的位置上，不以施爱者自居，而以参与者的身份与各种信仰的人们共建人类之爱，这才是博爱的最高体现。温和主义之所以为温和，就在于他在自尊的同时能够尊重他者，包括他国、他族、他教、他人，这种互尊的爱会温暖所有的人。

温和主义如同改良主义一样，历史上往往不能成为主导社会潮流的思想，只能作为一种理想化的观念起辅助作用。如今不然，时代在呼唤温和主义，社会在推动温和主义，严酷的现实在彰显温和主义，温和主义正在从理想王国走进人们的日常生活，走进国际交往的实践活动，社会需要它，民众欢迎它。它流行得越快越广，和谐世界就越会早日到来。

信仰的多样性是人类良性文化生态的体现，如同自然和生物的多样性是良性自然生态的体现一样，人类应该加以珍重和保护。但信仰需要理性的温和的，不能是反理性的极端的，否则会破坏和谐。如果这个世界的有神论是温和的，无神论也是温和的；东方文明是温和的，西方文明也是温和的；国内政治是温和的，对外交往也是温和的，一切矛盾纠纷都能有效化解。信仰什么不是问题，只要是温和主义，世界就会安宁。

（载《孔子学刊》第一辑，2010年12月）

孔子的文化观及其现代意义

孔子是对中国文化影响最大的古典思想家，他的伟大贡献在于他把周公制定的礼乐制度加以系统的理论说明，提出"仁"的理念，高扬仁爱与和谐的思想，用以提升和深化已有的礼乐文化，使礼乐文化进一步成为礼义文化，即成为既重外在行为规范，又重内在道德自律的文化，在这种文化影响之下，中国成为讲文明、守信义的礼义之邦。由于有仁爱的思想，礼义文化便具有人道主义精神。由于有贵和的思想，礼义文化便具有伟大的平等和宽容的精神。孔子的精神为中华民族内部多民族文化的蓬勃发展、不断融合，为中国文化与外国文化的大规模交流、互补，奠定了良好的思想基础。中国文化能有后来那么丰富多彩的内容和博大精深的境界，与孔子仁爱贵和思想的引导是分不开的。

一、"和而不同"的理性精神

孔子文化观的最大特色之一是主张多样性文化之间的和谐。孔子说："君子和而不同，小人同而不和。"[1]"和而不同"这一理念的最初要求，是在有道德的君子之间建立一种彼此尊重个性和意见的健康关系，后来便扩大运用于一切人际关系和各种文化相互关系之中，成为一个普遍性的原理，它随着儒学地位的提高，对中国文化的发展产生了重大的实际影响。

（一）从"和同之辨"到"同归殊途"

"和"的概念以及它与"同"的概念的区别，在孔子之前已有思想家论述过，并且是当做一种哲学概念看待的。《国语·郑语》记载西周末年史伯的话说："夫和实生物，同则不继。以他平他谓之和，故能丰长而物归之，若以同裨同，尽乃弃矣。故先王以土与金、木、水、火杂成百物。"任何事物都是众多的成分以某种方式结合在一起而形成的，只有一种成分，便不可能产生新事物，这就是"和实生物，同则不继"的意思。"以他平他"的"平"乃指平衡，不同性质的事物之间形成一种平衡，这就是"和"。"和"是多样性的统一，所以它是丰富的具有生命活力的。而单一的事物相加，即"以同裨同"，事物既不会发展，也不能持久。人们在日常生活中使用的众多器具，都是金、木、水、火、土以各种不同的方式互相结合而制成的。史伯在这里强调了"和"的两个规定性：一个是事物的多样性；另一个是多样性之间的互补。《左传》记载齐国政治家思想家晏婴在讨论君臣关系时再一次阐述了"和"与"同"的区别，指出"和"必须是多样性事物之间形成的和谐，而不是简单类同，如同美食，必有多种原料和调料，加以烹调而成，彼此"济其不及，以泄其过"，就是补充味道之不足，冲淡味道之过强，达到适度可口。"和"又如同音乐，必须有"五声、六律、七音"以相成，"疾徐、哀乐、刚柔"以相济才能形成富于变化、优美动听的乐章。君臣之间，应该是"君所谓可而有否焉，臣献其否，以成其可。君所谓否而有可焉，臣献其可，以去其否"。臣对君不能一味服从，要有批评有建言，使正确的主张更为完备，使不正确的主张及时纠正，这才叫君臣之和。若是臣对君只能言听计从，就好比"以水济水"，不会有美味，又好比"琴瑟之专一"，不会有音乐，所以简单的同一是不好的。[2]

从史伯和晏婴的"和同之辨"中可以看出，在孔子之前中国的思想家已经明确从宇宙观上肯定了事物的差异性和多样性，但不强调多样性事物之间的对立和斗争，而强调它们之间的互补与和谐，这是中国贵和文化的特色。

孔子正是把前人"和同之辨"提炼为"和而不同"的做人原则。他还说过："君子周而不比"[3]。"君子矜而不争，群而不党"[4]。"和而不同"与"周而不比"、"群而不党"有相通的含义，都要求君子在坚守自己的道德原则的前提下与别人团结相处。"同"、"比"、"党"三者有一个共同的性质，就是不讲是非、言论一律。这是宗派主义集团具有的特点。《中庸》还讲过"君子和而不流"，要求有道德的人实行有原则的人际和谐，不与歪风邪气同流合污。总括起来说，孔子"和而不同"的理念，包含如下四个原则：第一，自立原则，每个人都要坚守自己的信念和个性；第二，差异原则，要承认人们的思想观点总是千差万别的，这是常态；第三，互尊原则，要尊重别人的意见，理解其中的合理因素；第四，和谐原则，事情可以相异相成，或者相反相成，也可以并行不悖，尽量避免冲突和对抗。由此可知，"和而不同"的理念是理性的、文明的和开放的，它与文化专制主义所表现出来的"唯我独尊""强人从己"、"舆论一律"、"排除异己"是格格不入的。

受孔子"和而不同"思想的影响，《周易·系辞下》就学术文化上百家争鸣的现象作出新的理论概括。它说："子曰：天下何思何虑？天下同归而殊途，一致而百虑。"《系辞》作者坚信人类终有一天会实现没有压迫、剥削、战争、犯罪和各种不合理现象的普遍幸福太平的大同世界，但是各地区各民族选择的道路可以是多种多样的。俗话说："条条道路通罗马"，也就是殊途同归的道理。在思想界，看起来众说纷纭，那么多学派和理论，其实基本原则是相通的，这就是所谓的"一致而百虑"。反过来说，也不要由于目标一致而抹杀道路的多样性，也不要由于基本原理可以相通而取消思想文化的多样性，因为只有途殊才能同归，只有百虑才能一致。在这里，"一"与"多"、"统一"与"差别"是相反相成的，这就是我们现在所说的真理的普遍性和特殊性之间的统一关系。《周易》的上述思想，在西汉被史学家司马谈引用作为指导思想来总结春秋战国以来所形成的六大学派，即阴阳、儒、墨、名、法、道六家，指出六家各有所长，亦皆有所短，不可互相取代，它们皆"务为治者也，直所从言之异路，有省不省耳"[5]，就是说六家之要旨都是为了治国兴邦，不过各有自己特殊的思路，就看人们能否真正理解它们罢了。东汉时班固作《汉书·诸子略》，在六家之外又列出纵横、杂、农、小说四家，共成十家。亦引《易传》殊途同归论，认为诸家"其言虽殊，辟犹水火，相灭亦相生也"。从此以后，殊途同归论就成为开明人士对待不同思想文化的基本态度，形成一种宽容的文化传统。

（二）"和而不同"来源于仁爱忠恕之道

"和而不同"的理念不是孤立的，它是孔子仁爱忠恕之道的表现和重要组成部分。孔子提倡仁爱，人应先从爱家庭做起，推而广之，爱他人，爱社会，他希望实现一个"老者安之，朋友信之，少者怀之"[6]的理想社会，使天下成为一个大家庭，"四海之内皆兄弟也"[7]。彼此团结友好地相处。为了落实仁爱的原则必须实行忠恕之道，即一方面要"己欲立而立人，己欲达而达人"[8]，这便是忠；另一方面要"己所不欲，勿施于人"[9]这便是恕。忠恕之道即是主张帮助人、关心人和尊重人、体谅人，它是人类一切道德行为的基本原则。

每个人都是在爱中诞生和成长的，人的幸福离不开彼此的关爱，所以爱心是人性的一部分。孟子说："爱人者，人恒爱之"[10]，墨子说："兼相爱，交相利"[11]；反之，害人者，人恒害之，兼相害则交相损。虽然人与人之间、群体与群体之间同时存在着利益和观念的矛盾，但这些矛盾是局部的和暂时的，从根本上长远上说，人类的利益和目标是一致的。但是，只有忠道，即关心人、帮助人，够不够呢？孔子认为不够，还必须有恕道，即体谅人、尊重人。因为人群是千差万别的，有等级、族别、国家、性别、辈分、职业、信仰、性情、年龄、爱好等诸多的差别，每个人和别人都有所不同。个人和群体的合理愿望与思想都应当得到尊重。而爱是不能单方面强加于人的，凡有真爱的人，不仅能有爱他人的炽热感情，而且还要有理解他人、平等待人的理性态度。"和而不同"的原则是忠恕之道在人际关系中的体现，一方面要提倡人际的和谐、和平、合作、协调、团结，反对互相伤害；另一方面要承认差别，彼此尊重，求同存异，优势互补，不强人所难，不整齐划一，这是人际关系的良性状态。

从根本上说，孔子和儒家的仁爱忠恕之道与和而不同的理念，都是来自博大宽厚的天人合一的宇宙观。《周易·乾卦·象》说："天行健，君子以自强不息"，《坤卦·象》云："地势坤，君子以厚德载物"，人要效法天地的榜样，像天地那样，生养、包容、覆载万事万物。《乾卦·文言》说："夫大人者，与天地合其德"，《系辞上》说"易"的道理"范围天地之化而不过，曲成万物而不遗"。天地之道有阴阳、刚柔、四时、五行的变化运动，而人们对天地之道的认识往往是"仁者见之谓之仁，智者见之谓之智"，各有其合理性又各有其片面性，所以有德者应该有综合包容之心，才能全面体察宇宙的真理。《中庸》说，孔子"祖述尧舜，宪章文武"，"辟如天地之无不持载，无不覆帱，辟如四时之错行，如日月之代明。万物并育而不相害，道并行而不相悖，小德川流，大德敦化，此天地之所以为大也"。孔子和儒家总是在追求如同天地那样广大无边的精神境界，认为这种天地境界是最高的。认为万物的存在和发展都有它各自的位置和价值，各家的观点也都有它各自的合理性和作用。世界是多姿多彩的，真理也是多种多样的，不可能趋同，也不应该对抗，良性的关系只能是和平相处，互容互补。这种宇宙观对中国人影响是十分深远的。

（三）"和而不同"来源于多元一体的民族文化格局

孔子提出"和而不同"的理念，有一个重要的民族史背景，即中国自古以来就是一个多民族共处和互动的国家。当代社会学和人类学家费孝通教授提出"多元一体"的理念[12]，用以表述中华民族的民族格局，是十分深刻的，有着重要的理论价值和现实意义。所谓"多元"，是指民族众多、文化各异、社会发展极不平衡；所谓"一体"，是指各民族之间有共同的文化基础，有共同的历史经验，相互渗透和依赖，不可分割。这个理念不仅是现代的，也符合中国的古代史。考古学和历史学都证明了，中华民族的古代文明是多元起源，又不断向中原地区会聚，又从中原地区不断向四周辐射的过程，它既是多元的，又是有中心的。历史学也说明了，夏、商、周三代以来，中国社会就是在多民族互相接触、混杂、冲突和交融中发展的。作为中华民族这个集合体核心的华夏族，它本身就是多民族融合的产物。尔后的汉族仍然不断吸收各少数民族的成分，才会形成人口众多、散布于全国各地的庞大族群，在各民族间起了凝聚和联络的作用。华夏族以农业为主，它的农业文明和礼乐文化推动了少数民族的社会发展；而少数民族的游牧文明也给华夏族社会注入新鲜血液，使之不断更新。孔子虽然注意"夷"（指当时少数民族）和"夏"（指当时处于主导的华夏族）的区别，然而这个区别并不在血统，而在文化。只要能推行当时先进的礼乐文化，便属于"夏"，拒绝礼乐文化便是"夷"。儒家推崇的圣王并不一定是华夏族，如孟子所说："舜生于诸冯，迁于负夏，卒于鸣条，东夷之人也。文王生于岐周，卒于毕郢，西夷之人也。"[13]大舜和周文王原是少数民族，他们由于推行礼乐教化，被儒家推尊为圣人。孔子先人是宋国贵族，乃殷人之后，他却以复兴周礼为己任。所以中国古代文化是多民族共同创造的，民族协和的观念占主流，民族仇恨的情绪不容易发展起来。

再者孔子的时代，与民族相联系的地区性文化正在形成。例如邹鲁文化、燕齐文化、荆楚文化、巴蜀文化、吴越文化等，各有不同特色，彼此又不断交流吸收，相得益彰。孔子所在的鲁国保存周礼最多。而老子所在的楚国则巫史文化比较发达，管仲则在齐国开创了德法并重、义利兼顾的东方文化。

民族和地区之间有冲突有战争，但共处和融合是主流。中国人长期生活在多民族文化和多样性地区文化的不断交流、沟通、互动之中，习以为常。它为孔子"和而不同"的文化观提供了社会历史根据，使这种文化观易于被人们接受，易于传承和推广。

（四）孔子文化观中的消极因素

任何人都有时代的局限性，孔子也不例外。孔子虽然眼界开阔，虚心好学，然而他那个时代的主流文化仍然是周礼文化，而他又恰好生长在周礼最为发达的鲁国，从小受周礼的熏陶，对周礼产生一种特殊尊崇的感情，不免把周礼作为衡量文化优劣的主要标准，这就使孔子的文化观具有某种狭隘性。孔子说："周监于二代，郁郁乎文哉！吾从周。"[14]他认为社会和个人要达到完美必须"兴于诗，立于礼，成于乐"[15]，礼就是立国之道，成人之则。凡是与周礼不合的文化形式，他都是加以排斥的。例如郑国的音乐比较自由、新颖，他就说："恶郑声之乱雅乐也"[16]，所谓雅乐就是正统音乐如《韶》、《武》一类。孔子还说："非礼勿视，非礼勿听，非礼勿言，非礼勿动。"[17]因此他的教育主要是礼教，不赞成在尧舜之道以外去寻找学问，所以说："攻乎异端，斯害也已。"[18]他提出"异端"的概念，用以与仁礼之道相区别，认为钻研异端邪说，必有祸害。由此可知，孔子虽然主张文化包容，但不等于无所不包，他有自己的是非标准，这本来无可厚非。可是若把礼教作为唯一的是非标准，而拒绝其他的学说，便有可能通向文化专制的道路。

孟子一方面继承和发展了孔子思想中"匹夫不可夺志"[19]的人格独立精

神,提倡"富贵不能淫,贫贱不能移,威武不能屈"[20]的大丈夫气概;另一方面他淡化了孔子文化的宽容精神,反而放大了孔子排斥异端的思想,以孔子之道的捍卫者自居,把当时与儒家同时流行的墨家和杨朱学派看做是异端邪说,加以猛烈攻击,说:"杨氏为我,是无君也;墨氏兼爱,是无父也。无父无君,是禽兽也。"[21]他对杨、墨两家的批判显然是偏激的不合实际的,而且为后来儒家后学树立了一个"独尊孔子、排除异己"的典型形象,消极影响也是巨大的。

二、孔子文化观的历史实践

孔子所创立的儒家学派在战国后期成为显学。在汉代及其以后,它成为中国文化的基础和主干。不单支配着民间社会的精神文化生活,而且成为官方学说,对国家的文化政策产生重大影响。所以孔子的文化观不仅仅是一种文化思想,在很长的历史时期中,它也是一种历史实践,是活生生的实际经验。我们可以用历史来检验孔子文化观的成败得失,使我们对孔子文化观的长处和不足有更为透彻的了解。

(一)"黄老之治"与"独尊儒术"

汉初文帝、景帝时代,国家推崇黄老思想,文化环境比较宽松。所谓黄老思想,就是兴起于战国、发展于汉代的一种新的道家思潮,其最大特点如司马谈所说:"因阴阳之大顺,采儒墨之善,撮名法之要"[22],也就是能容纳各家学说,特别是能吸收儒家的思想。在黄老思想指导下,汉初的文化界比较活跃,各家思想均能正常流行。最典型的表现便是《淮南子》一书的出现。该书由淮南王刘安主编,由众多不同学派的学者集体分工合作写成的,书中有道家、儒家、法家、墨家、阴阳五行家等诸家的思想,它是汉代学者对古代文化的一项大规模的汇集和总结。其《齐俗训》提出一种博大宽容的文化观,认为"物无贵贱,因其所贵而贵之,物无不贵也"。它认为天下万物,各有其性,各有其用,不可替代:"天地之所覆载,日月之所照廱,使各便其性,安其居,处其宜,为其能。故愚者有所修,智者有所不足",如"马不可以服重,牛不可以追速",应该"各用之于其所适。施之于其所宜",使其各得其所。对于不同地区不同民族的风俗习惯,应当予以尊重,"入其国者从其俗。入其家者避其讳,不犯禁而入,不忤逆而进,虽之夷狄徒倮之国,结轨乎远方之外,而无所困矣"。《淮南子》是如何对待诸子百家的呢?《氾论训》认为"百川异源而皆归于海,百家殊业而皆务于治",这其实就是《周易》提出的殊途同归论的思想。《要略》用历史的眼光分析秦以前文化史上诸子百家产生的社会背景及各自不同的作用，肯定各家皆有其特定的价值。它认为《淮南子》的宗旨是"统天下，理万物，应变化，通殊类"，不能"循一迹之路，守一隅之指"，而必须"与世推移"，适应变化了的时代。可知《淮南子》是主张在文化上既综合前人的众多成果，又进行开拓创新，是相当开明的。[23]

但是好景不长，汉王朝在武帝统治时期日趋强盛，文化政策也随之发生变化。一个强大而统一的中央帝国实行君主专制政体，需要有一个集中统一的思想作指导。而《淮南子》主张松散而开明的君主政体显然不符合汉武帝加强中央集权的意愿，所以刘安将《淮南子》献给武帝，武帝并不采用。不久，大儒董仲舒应武帝之问而对策，说："《春秋》大一统者，天地之常经，古今之通谊也。今师异道，人异论，百家殊方，指意不同，是以上无以持一统；法制数变，下不知所守。臣愚以为诸不在六艺之科、孔子之术者，皆绝其道，勿使并进。邪辟之说灭息，然后统纪可一，而法度可明，民知所从矣。"[24]这就是著名的"罢黜百家、独尊儒术"的文化政策，这一政策体现了孔子、孟子排除异端、唯行礼教的思想，为汉武帝采用，儒学从此登上官方学问的宝座，成为全社会独一无二的指导思想。儒学所阐述的礼治之学，强调君臣、父子、夫妇的主从关系，符合宗法等级社会稳定秩序的需要；儒学所阐述的忠、孝及五常之德，也是家族社会最基本的道德，具有普遍意义；儒学所确定的内圣外王、修身、齐家、治国、平天下的社会人生目标，给那个时代多数知识分子提供了一种既贴近现实又崇高远大的理想信念，所以儒学能够成为官学，被定为一尊，有其历史的必然性和合理性。但是国家的统一和稳定，社会道德的加强和理想信仰的建立，并不必然要求思想文化上单一化、政治化。儒学成为官方学问，固然借助于政治力量，扩大了影响，同时也由于政治的过分介入而功利化；并且由于"百家争鸣"的结束，缺少了学术的竞争、比较、批评和挑战，儒学的学术生命也容易萎缩，而这一切在东汉末年都发生了。儒学获得了至高无上的外在权威，却逐渐丧失了人们内心的敬仰，因此"独尊儒术"的政策不能够再维持下去。

(二)"夷夏之辩"与儒、佛、道三教合流

印度佛教于两汉之际（公元前后）传入中国，而兴起于汉末三国时期。道教孕育于两汉，亦兴起于汉末。其重要的原因之一便是儒学的相对衰落而腾出了巨大的社会精神生活空间，使佛、道两教得到了空前的发展机会。而儒学的衰落正是"独尊儒术"所造成的恶果。以儒学为正宗的中国政治家和思想家，在进行文化战略的思考时又重新回到孔子"和而不同"和《周易》"殊途同归"

的思路上。当然，政治界、思想界的看法是不一致的，尤其在对待外来佛教文化的态度上有截然相反的两种评价。一种强调文化的民族性正统性，坚持"夷夏之防"和维护正统、排斥异端的观点，主张反佛、排佛；另一种强调文化的多样性和开放性，阐扬孔子和儒学的"和而不同"的宽容精神，主张敬佛、容佛。这两种态度都与儒家的传统有关，问题在于应当发扬哪一种传统，淡化哪一种传统。这是历史上中国文化与外国文化第一次大规模的交会，它考验着中国文化的包容性和吸收能力。

魏晋南北朝时期，中国思想界就佛教问题展开激烈的讨论。反佛的一方提出"夷夏论"、"神灭论"和"害政论"批判佛教。夷夏论者认为佛教乃"夷狄之术"，它提倡弃亲出家，追求涅槃成佛，不符合尧舜周礼之道，背离孝道，违背礼制，不适用于中华的民风习俗，因此应当加以拒绝。这显然是一种狭隘的民族文化观。神灭论者认为人的灵魂附属于肉体，"形存则神存，形谢则神灭"[25]，没有不死的灵魂，因此佛教所说的三世（今世、来世和后世）轮回和因果报应是不可能发生的。这是从理论上批判佛教，认为它的说教是不真实的不可信的。害政论者认为佛教不遵守中国的礼乐法度，不纳税，不服兵役，不务农桑，消耗资财以建佛寺神像，有害于国家政令的统一和社会的稳定发展，所以应当加以禁绝。这一派夸大了佛教的消极社会作用而否定它有积极社会作用。

拥佛的一方主要不是印度僧人，而是中国的佛教信徒。他们认为大道不分夷夏；儒学乃一国之教，而佛教乃世界之教；儒学是入世治国之教，道教是练形全生之教，而佛教练神，超出生死，是最高的真理。南朝宋代宗炳写《明佛论》，指出："彼佛经者，包五典（指儒家五经）之德，深加远大之实；含老庄之虚，而重增皆空之尽"，佛教在道德上超过儒学，在玄学上超过老庄，能"陶潜五典，劝佐礼教"[26]，所以不要把佛教和儒学、道家对立起来。他们还认为人的精神是高超神妙的，它不会随着粗糙的肉体一同灭亡，而且儒典中有着祭祀祖先的条文，肯定鬼神的存在，所以儒家的有神论与佛教相通。他们还指出，佛教看起来有许多地方与中国传统礼教不同，但它是修善之教，有助于巩固王权。东晋何充说："五戒之禁，实助王化。"[27]名僧慧远指出，佛教能够拯救世人的堕落，"内乖天属之重而不违其孝；外缺奉主之恭而不失其敬"，可以"协契皇极，大庇生民"[28]。北魏文成帝认为佛教可以"助王政之禁律，益仁智之善性"[29]，即佛教可以辅助法律的实行，改善人们的道德品性。

在这场辩论中，儒家的"和而不同"论与"殊途同归"论发挥了重大作用。容佛一派都用文化宽容和多样性互补的观点来说明佛教与儒、道的关系。

慧远说："道法（指佛教）之与各教，如来之与尧孔，发致虽殊，潜相影响；出处诚异，终期则同。"[30]宗炳说："孔老如来虽三训殊路，而习善共辙也。"[31]北周道安说："三教虽殊，劝善义一，途迹诚异，理会则同。"[32]殊途同归论开阔了人们的心胸，帮助人们克服民族、国别、地域造成的心理障碍，以理性的态度去比较儒、佛、道三教的异同，求同存异，以异互补。经过讨论和实际考察，中国多数政治家和思想家在孔子贵和思想指导下，看到儒、佛、道三教之间在理论上有相通之处，在功能上都能劝善化俗，而且各有特色，可以做到优势互补。既然人们可以在中国范围之内包容诸子百家，为什么不能在更大范围内包容外国的优秀宗教文化呢？于是容佛派战胜了反佛派，主导了多数人的思想，不仅佛教的研究和传播进一步扩大，而且儒、佛、道三教之间的吸收和融合成为社会思潮的主流。许多王公、大臣、名士兼修儒、佛、道三教，成为一种社会风气。例如，名士谢灵运、范泰、郑鲜之、颜延之等皆笃信佛法，又精于儒学。名道士陶弘景兼信佛、道二教，又习儒学，著《孝经集注》、《论语集注》。学者徐孝克在钱塘讲学，"且讲佛经，晚讲《礼传》，道俗受业者数百人"[33]。从此，中国思想文化的核心结构由两汉的"独尊儒术"，转变为儒、佛、道三教鼎足而立，以儒为主，以佛、道为辅，在互动中融合。这样一个有印度佛教参与的新的中国文化，内容上更加丰富广博，形式上更加多姿多彩，使中国人的理论思维和形象思维能力及文化创造能力大为提高，民众信仰选择的空间也扩大了。

（三）文化专制主义与文化开放政策

中国历史上的传统社会，是一个君权至上的社会。当君王不满足于政治、经济、军事领域的权威而要干预思想文化的发展时，或者说当王朝用行政强制手段推行某种信仰，取消某种信仰时，政治专制主义便成了文化专制主义。例如，"三武一宗灭佛"的事件便是如此。但这样的极端政策都没有维持太长的时间便告破产了，因为它违背了和谐与宽容的传统，而这个传统的力量是强大的。不过经常有不和谐不宽容的声音特别是反佛的声音出现，但都不能成大的气候。其中有代表性的是唐代文学家韩愈，他写了《原道》一文，主张用行政手段消灭佛教，提出"人其人，火其书，庐其居"[34]的极端方案，幸运的是他的主张没有被采纳。

唐代以后，历代政权大体上都采取儒、佛、道三教并奖的政策，鼓励儒学，支持佛教和道教。同时也允许传入中国的伊斯兰教、摩尼教、琐罗亚斯德教、犹太教在中国合法流行。由于社会环境的宽容与和谐，宋以后传入中国的犹太教竟在不知不觉之中消弭于无形，这在世界犹太教传布史上是唯一的特例。

在开放的文化政策的推动下,儒、佛、道三家互相吸收,在理论上出现了三个高峰。佛教吸收儒家的入世精神和道家的自由精神,形成具有中国特色的禅宗。儒学吸收佛教的主体哲学,形成宋、元、明时期的理学、心学和气学。道教吸收佛教的缘起性空说和儒家的性理之学,形成全真道的内丹学。它们在哲学理论上都达到很高的水准。三教各有所长,儒学之所长在成德治国,佛教之所长在出世解脱,道教之所长在养生长寿,互相不可替代。明代一位名僧德清说:"为学者三要,所谓不知《春秋》(儒家经典)不能涉世;不精《老》、《庄》(道家经典)不能忘世;不参禅(佛教修行)不能出世。"[35] 表现出典型的三教合作的思想。

在三教合流思潮的影响下,中国人特别是汉族民众,其思想信仰往往是三教共信或三教混杂的,其生活习俗之中,既有儒家敬天、祭祖、孝亲、尊师的礼仪,也有佛教拜佛斋僧、超度亡灵的风气,还有敬仙学道、养气画符的习惯,佛教寺庙中供养神仙、俗神和道教宫观中供养佛陀、菩萨是所在多有的。明、清两代的通俗文学作品,如《西游记》、《三国演义》、《水浒传》、《红楼梦》、《聊斋志异》等名书中,都有儒、佛、道三家的思想文化营养,人们读起来习以为常。三教合流的思潮影响所及,近现代许多思想家和学者也往往三教或两教兼修。如清末改良运动代表人物康有为所设计的大同世界,寄寓着儒家的大同理想,也融入了佛教的净土理想和道教的神仙境界。谭嗣同提出新仁学,糅合孔孟、老庄和佛教唯识学于其中。其他重要学者如梁启超、章太炎、熊十力等,都是儒、佛兼综的学者。

(四)儒学与近现代中外文化交流

中国与西方欧美文化正式接触应该从明末利玛窦来中国传布天主教算起。在此之前,唐代已有大秦景教(罗马基督教聂斯脱利派)传入中国,唐武宗灭佛,祸及景教,遂致灭绝。元代复有基督教传入,称"也里可温",于元末消亡。基督教这两次进入中国,都影响不大,而且未能流传下来,也未曾带来西方更多的文化品类。16世纪末利玛窦来中国时,中国社会与文化渐趋衰落,正在寻找革新之路;而欧洲经过文艺复兴运动正在向近代工业文明急速迈进,科学技术水平明显超出中国。所以天主教进入中国,不仅带来了一种全新的西方宗教文化,而且也以宗教为载体,带来了西方较先进的科学技术成果,使中国人的眼界大为开阔。虽然由于文化心理的冲突和文化传统的保守惯性,许多中国人对天主教采取排斥和戒备的态度,使天主教的传布遭遇曲折和风险,可是由于中国文化悠久的宽厚包容传统,由于有一批颇有影响的中国天主教徒为之辩护,也由于利玛窦采取了"天主教儒学化"的策略,天主教终于能够在中国稳定下来,流传下去。当时明王朝礼部尚书徐光启作《辩学章疏》,指出西方天主教徒"皆务修身以事天主,闻中国圣贤之教亦皆修身事天,理相符合,是以历苦艰难,履危蹈险,来相印证,欲使人人为善,以称上天爱人之意"[36]。徐光启是儒者出身,他所说的修身事天的圣贤之教即是儒学,他认为天主教也是修身事天之教,以爱人为宗旨,劝世人为善,在原理上与儒学是相通的。毫无疑问,这就是"殊途同归"的文化观点。当然,中西文化交流是一个互动过程。西方文化东渐以传教士为中介,而中国文化典籍通过传教士的翻译介绍传入欧洲,给予当时的启蒙思想家孟德斯鸠、伏尔泰等以重要的影响。

鸦片战争以后,西方列强用武力打败了中国,逼迫中国签订了一系列不平等条约。使中国沦为半封建半殖民地国家。中国对欧美列强的失败,不仅是国家实力的失败,从深层说是农业文明对工业文明的失败。西方工业文明不仅以其迅速发展的强大市场经济和科学技术战胜了东方,显示了比农业文明高得多的巨大的优越性;而且在文化理念上,西方倡导的民主、自由、人权、平等、法制、理性以及后来发生的社会主义学说,成为一种新的时代精神,主导了世界潮流,对东方和中国人产生了巨大的吸引力。所以先进的中国人怀有矛盾的心情,一方面反对西方列强的殖民主义政策和行为,争取中华民族的独立和解放;另一方面又不能不转而到西方去寻找救国救民的真理,通过学习西方的长处,达到富裕自强的目的。19世纪后期出现的洋务运动和维新运动,都是在西方文明影响下的社会改革运动,前者着重发展工业,后者着重政治改良。20世纪初,孙中山领导的辛亥革命,以西方的民主共和国为理想模式,成功地推翻了两千多年的帝制社会,建立了中华民国。尔后发生的五四新文化运动,提倡科学、民主与社会主义,使欧美自由主义和俄国传来的共产主义在中国思想界形成主流。儒学由于不能及时自我转换和创新,用儒学改良社会的努力又遭失败,在西方思想的冲击下,它退出了中国文化的主导地位,成为一种边缘学说。儒学是暂时衰落和萎缩了。但是它所蕴涵的"自强不息"与"厚德载物"的中华精神,它所论述的忠恕之道以及仁、义、礼、智、信的五常之德,却已经渗透民族心理与性格之中,成为国民性的重要组成部分,它们是不会灭亡的。从另一个角度说,正是儒学及道家所积累的深厚文化资源,才能成为中国吸收消化西方思想营养的内在基础;正是孔子"和而不同"和《周易》"殊途同归"以及老子"有容乃大"的思想,造就了中国人开放、包容的博大胸怀,为大规模引进西方文明成果,创造了必要的思想条件。中国共产党以俄为师,独立创造和经过艰苦卓绝的斗争，终于使中华民族于20世纪中叶摆脱了依附外国的状态，获得了真正的独立。最近20多年，中国总结了"文化大革命"的惨痛教训，放弃了"以阶级斗争为纲"的路线，恢复了对孔子和儒学应有的尊重，强调和合、和谐与团结。又实行改革开放路线，以更加积极的态度吸收和借鉴西方现代文明成果和先进经验，大力进行社会改革和市场经济建设，中国经济取得迅速发展，各项社会事业也在蓬勃开展，中国面貌正在发生着日新月异的变化。这一切都在证明，中华民族有着开放的传统，有着兼收并蓄的魄力和气概，能够克服狭隘偏激，走向世界，走上健康的理性的发展道路；同时也能进行综合创新，使中国社会和文化保持自己的特色。

中国文化一向是丰富多彩的，以宗教信仰而言，现存的五大合法宗教，除道教是土生土长的宗教以外，佛教、天主教、基督教、伊斯兰教，都是从国外传入的。各教之间也有摩擦和争辩，不过大体上是能和平相处的，没有发生过大规模流血的宗教战争，这与中国文化宽厚能容的大环境是分不开的。中国社会目前有三大文化体系会聚：社会主义文化、中国传统文化和西方欧美现代文化。三大文化已经克服了对峙状态，开始了良性互动的过程，新的中国文化将在这良性互动中诞生。未来的中国文化将具有三大特点：它是现代的，又是民族的，还是异彩纷呈的。它将是孔子"和而不同"的伟大理念的又一次伟大实践。

三、孔子文化观的现代意义

在高科技的带领和现代信息产业的推动下，世界的经济正在加快全球化的过程，产业运作的全球化，市场规则的全球化，科技运用的全球化，地区和国家之间经济发展的相互依存性大大加深了，世界逐渐变成一个"地球村"。在这种形势下，各国各族的文化要不要也随之全球化，还是保持它的多样性？这是人类面临的一个重大的现实问题和理论问题。我认为正确的提法应当是：经济全球化、政治多极化、文化多元化。

现代市场经济和科学技术是没有国界的，只有利益的冲突。经济全球化是必然的趋势，公平竞争则是经济健康发展的保证。政治多极化有利于国际政治军事力量的制衡，有利于发展国际上双边和多边的合作关系，对于维持世界和平、避免战争是十分必要的。而文化的多元化则体现世界各民族人民各自独特的信仰、价值观和文明的创造力，多元的文化保证了人类文明的多姿多彩，在互动中赋予人类社会持续发展的动力。文化的单一化和趋同，不仅是可怕的，它将使人类社会失去色彩，失去自由选择的空间，而且也是难以做到的，因为文化的差异是普遍和永久存在的，人们应当互相尊重各自的选择。文化上强制推行一种模式，无疑是一种损害人权的行为。

面对着一个互相依赖日益加深、矛盾和冲突又普遍存在、价值体系又千差万别的人类社会，人们应当如何相处呢？无非有两种选择：一种是以强凌弱，用实力推行同化政策，将自己认定的价值观和生活模式强加于人，甚至以武力相威胁和不惜发动战争来实现世界同一的目的；另一种是平等相待，互相尊重，求同存异，取长补短，在和平共处中求得共同的发展。就是将孔子"和而不同"的理念加以扩展和运用。前一种选择将不断地导致对抗和危机，损害世界的和平与发展。两次世界大战和战后的长期冷战及局部战争都证明，被侵略的民族固然遭受巨大损害，却也没有被征服；而侵略者和强权推行者也都是以损人开始，以害己告终，德、日法西斯的强横与灭亡就是最好的证明。后一种选择将促进世界的和平与发展，推动世界健康新秩序的建立，造福于全人类。由于孔子"和而不同"的理念包含着平等精神、宽容精神和多样化原则，它既是古典的，又可以与现代文明相衔接，是一种可以常驻常新的原理。国际社会能在多大程度上接受这个原理，将决定人类未来的命运。当代中国哲学家冯友兰先生说过："在中国古典哲学中，'和'与'同'不一样。'同'不能容'异'；'和'不但能容'异'，而且必须有'异'，才能称其为'和'。"又说："'仇必和而解'是客观的辩证法。不管人们的意愿如何，现代的社会，特别是国际社会，是照着这个客观辩证法发展的。"并说："这就是中国哲学的传统和世界哲学的未来。"[37]冯先生把"和而不同"看做代表中国哲学的传统和世界哲学的未来，他深知这一哲学思想的普遍价值和现实意义。人类社会比以往更复杂高级，也比以往更脆弱危险，不仅再也经受不起世界大战，也经受不起冷战，冯先生相信理性的人类会作出正确的选择。

"和而不同"的理念用于国际政治生活，便是国家之间关系的和平共处原则，即互不侵犯，互不干涉内政，互相尊重领土、主权，平等协商合作，和平共处。尊重每一个国家人民所选择的社会制度、生活方式和宗教信仰，不因意识形态、价值理念和信仰不同而影响国家之间平等友好关系。这一国际关系准则符合联合国宪章的精神，得到越来越多的国家的赞同，在国际政治中发挥着巨大的作用。

"和而不同"的理念用于世界文明发展，便是承认价值的多元性，主张文明之间的对话，而反对文明之间的冲突。美国政治学者亨廷顿提出"文明冲突论"[38]以后，受到东方许多学者的批评，在美国也有人不赞成。后来他对自己的理论有所修正，肯定世界文化的多样性，但仍然认为东方的儒家和伊斯兰文明将是对欧美文明的一种威胁。这其实是根本错误的。世界不同文明之间有差异有矛盾，但其主流是互相交流互相促进。如果发生对抗和战争，那是集团实际利益在背后驱动造成的，并不是文明本身要互相对立。尤其是儒家文明，它一向具有和平、宽容的性格，它提倡仁政德治，反对侵略和苛刑。它提出"协和万邦"的和平外交原则，把"为万世开太平"作为奋斗目标。儒家文明的复兴和传播，不仅不会威胁任何其他的文明，而且会促进各种文明之间的健康互动，给世界带来和平。

当代德国哲学家哈贝马斯提出"沟通行动理论"和"沟通理性"，认为人际间真诚沟通才能显出人类存在的意义，共享美善生活。这一理论的意义是：人的理性的努力不在于去寻找一种最完善的信仰理念，而在于在多元文化中求同存异、互相理解，并在这样的基础上达到社会行为的相互协调与合作。[39]这一思想同孔子"和而不同"的理念在精神实质上是一致的，可以看做是"和而不同"的一种现代诠释。19世纪末中国改良派思想家谭嗣同著《仁学》一书，提出"仁以通为第一义"的思想，认为沟通是实现仁爱的途径，这是对孔子仁学的重大理论发展。要达到孔子所说的"和而不同"的理想，一是要有博爱的情感，二是要沟通对话。只有对话才能沟通，只有沟通才能理解，只有理解才能彼此尊重与合作，真正实现"和而不同"。

市场经济的价值观和斗争哲学仍然在支配着现实世界人们的社会行为，个人、集团、民族与国家的眼前和局部利益，往往成为人们行为选择的决定性力量，难免以损人利己为信条，所以世界极不安宁。而"地球村"的现实又加强了人群之间的相互依赖，使得人类之间的共同利益超出彼此之间的对立；世界性的生态危机更把人类的命运联系在一起；人类从来没有像今天这样迫切需要团结与合作。人类应当用新的和谐哲学去取代以往的斗争哲学，以保障"地球村"的安宁与发展。为此我们不但要传播"和而不同"的原则，还要为继续四分五裂的人类创造出有利于沟通、协商与合作的渠道与机制，以避免战争与灾难，使"和而不同"的理念逐步变成人们生活的现实。

注释：

[1]《论语·子路》。

[2]《左传·昭公二十年》。

[3][18]《论语·为政》。

[4]《论语·卫灵公》。

[5][22]《史记·太史公自序》。

[6]《论语·公冶长》。

[7][9][17]《论语·颜渊》。

[8]《论语·雍也》。

[10][13]《孟子·离娄下》。

[11]《墨子·兼爱中》。

[12]费孝通主编：《中华民族多元一体格局》，中央民族大学出版社，1999年。

[14]《论语·八佾》。

[15]《论语·泰伯》。

[16]《论语·阳货》。

[19]《论语·子罕》。

[20][21]《孟子·滕文公下》。

[23]陈广忠：《淮南子译注》，吉林文史出版社，1990年。

[24]《汉书·董仲舒传》。

[25]《梁书·儒林·范缜传》。

[26]《弘明集》卷二。

[27][28]《弘明集》卷十二。

[29]《魏书·释老志》。

[30]慧远：《沙门不敬王者论》，载《弘明集》卷五。

[31]宗炳：《明佛论》，载《弘明集》卷二。

[32]道安：《二教论》，载《广弘明集》卷八。

[33]《陈书·徐陵传》。

[34]《韩愈全集·文集卷一·原道》。

[35]《憨山大师梦游全集》卷三十九。

[36]《徐文定公集》卷五。

[37]冯友兰：《中国现代哲学史》第十一章，广东人民出版社，1999年。

[38]亨廷顿：《文明的冲突》，载1993年美国《外交事务》季刊夏季号。

[39]哈贝马斯：《关于沟通行动的理论》，参考高宣扬：《当代社会理论》下册"沟通行动的社会理论"，台湾五南图书出版社，1998年。

(载《儒学现代性探索》，国际儒学联合会主编，北京图书馆出版社，2002年8月)

孔子人文宗教观给我们的启示

一

当代世界和平与发展成为时代的主题和普遍的呼声，但社会并不安宁。冷战结束以后，民族和地区之间的矛盾上升，民族宗教矛盾引起的冲突和流血不断发生，成为国际政治的热点和焦点。例如，巴勒斯坦和以色列的冲突，背后有穆斯林族群与基督教族群（犹太教徒的盟友）的矛盾在起作用；印度与巴基斯坦在克什米尔地区的冲突，包含着印度教与伊斯兰教的矛盾。阿富汗战争和伊拉克战争在一定程度上是历史上基督教世界与伊斯兰教世界斗争的继续。美国作为唯一超级大国，在外交上表现出政治和军事的霸权主义作风，其内心世界含有强烈的要把世界福音化的基督教原教旨主义情结。由此激起处于弱势的以中东为中心的伊斯兰世界的反抗，同时也诱发宗教极端主义，滋生暴力恐怖主义，不仅大批无辜百姓深受其害，而且威胁世界的和平与安宁。

反观东亚地区（延伸到东南亚）历史及今，没有发生过宗教战争；宗教有丰富的多样性，宗教关系以和谐为主旋律。它形成的传统是：多教多神兼容，土教洋教并存，神道人道一体，我称之为宗教文化的多元通和生态模式，堪称是世界的榜样。这个地区由于和平稳定，社会可以集中精力推动经济文化建设，参与全球化事业，成为目前世界最有活力的、发展最迅速的地区。探本溯源，这一切与孔子的伟大思想及其影响是有密切联系的，我们应当抱有感恩之心，把孔子的思想发扬光大。

二

孔子是伟大的思想家和教育家，他用仁学提高了周礼，凸显人的尊严和人道的重要性，又保留了对神道（宗教）的敬意，并把神道纳入人道系统，形成温和的中庸主义的宗教观。

孔子宗教观的精义如下：

1. 畏天命，重祭祀，祭祀之要在敬诚

孔子的仁学强调以人为本，讲修身、齐家、治国、平天下，故是人学而非神学。他认为人要自己救自己："为仁由己，而由人乎哉"（《论语·颜渊》）。但他主张人要对于代表宇宙力量和文化源头的天命，抱有敬畏之心，不可妄自尊大。他把"畏天命"，作为君子之道，把"知天命"作为人生的高级境界（"五十而知天命"），相信冥冥之中有一种力量支配人的命运（"死生有命，富贵在天"），赋予人一种智慧和使命（"天生德于予"）。按照孔子的观点，做君子还是做小人，做仁人还是不仁人，完全在自己，"我欲仁斯仁至矣"（《论语·述而》）。但人的贫富、贵贱、寿夭主要决定于天命。还有事业的成败也最终取决于命运，"道之将行也与，命也；道之将废也与，命也"（《论语·宪问》）。因此，可以把孔子的天命观概括为：尽人事而后听天命。这种天命观承认高于人力的天命，又重视人的能动性，不陷于消极的宿命论。

孔子重视祭祀祖先，视之为孝道，以此表达对先人的感激之心，所以要诚心诚意，不在于形式规格。"祭思敬，丧思哀"（《论语·子张》），"祭如在，祭神如神在"（《论语·八佾》），"生，事之以礼；死，葬之以祀，祭之以礼"（《论语·为政》）。后来《礼记·郊特牲》说："万物本乎天，人本乎祖"，祭天祀祖为的是"报本返始"，使人不忘其本，这是人人都应该具有的情意之心，也是祭祀的精义所在。儒家反对把祭祀功利化，主张只为报恩，不求回报。

2. 宗教祭祀可以发挥道德教化功能

祭祖的意义既然在于情意的表达、心灵的奉献，那么在客观上必然有助于改良道德，淳厚风气。曾子说："慎终追远，民德归厚矣"（《论语·学而》），故丧葬之仪、祭祖之事，乃是培养孝心、增强宗族意识的重要方法，有助于民风的质朴。《周易·观卦·彖辞》提出圣人"神道设教"之说，从社会道德教化的角度肯定了神道的必要性。《礼记·祭统》更直截了当地说："祭者，教之本也"，它又说："崇事宗庙社稷，则子孙顺孝，尽其道，端其义，而教生焉"，它把祭祀作为教育的根本途径。其中的道理，如荀子所说："祭者，志意思慕之情也，忠信爱敬之至矣，礼节文貌之盛矣"，敬始慎终才是君子之道，若"朝死而夕忘之"，则"鸟兽之不若"。《中庸》则云："事死如事生，事亡如事存，孝之至也。"后来的历史证明，社会教育、学校教育、家庭教育再发达，也取代不了宗教教育，因为它能启发人的灵性，培养人的敬畏感恩之心，这是维系社会道德不可缺少的精神力量。

3. 不以神道行政事，而又对神道保持敬意

"子不语怪力、乱神"（《论语·述而》），孔子平时不谈论野鬼杂神和怪异

之事，他只重视敬天法祖。"务民之义，敬鬼神而远之"(《论语·雍也》)，这句话是从社会管理的高度谈论神道，孔子认为要引导百姓走向正义，主要是提倡仁爱之道。所谓"远鬼神"是指不用神道主政，这是古代的政教分离思想，因此"远鬼神"的含义，并非排斥鬼神，而是使神道与政治保持一定的距离，主要在道德领域发挥作用。但首先要"敬鬼神"，即对于民众的宗教信仰表示充分的尊重。尊重他人的信仰，是孔子宗教观中最可贵的思想，不论自己信什么，都要尊重信仰的他者。孔子自己并不参与乡间的宗教民俗活动，但"乡人傩，朝服而立于阼阶"(《论语·乡党》)，孔子之正装严肃，正是对乡人驱鬼活动表示尊重。

孔子对于鬼神究竟什么态度？《论语·先进》记载，"季路问事鬼神。子曰：'未能事人，焉能事鬼？'曰：'敢问死。'曰：'未知生，焉知死？'"孔子在这里既不肯定有不死的灵魂和鬼神，也不否定它们的存在，似乎是含糊回避之词，其实大有深意在焉。来生彼岸之事，人们不可不有所寄托，以表达人生的理想；但又不可过于执迷，以避免狂热伤生。以人为重，以生为本，真正懂得人生，做好当世今生之事，为社会多作贡献，就是使自己超越今生，走向永恒最好的方式。这是一种早熟的宗教理性，它使得中国宗教在追求来世彼岸的同时，始终关注现实民生，而不流于狂迷。

4. 仁者爱人，和而不同，殊途同归

孔子宗教观的温和性包容性来自他的哲学——仁和之道。孔子和儒家的哲学，以仁为体，以和为用，以生为本，以诚为魂，以道为归，以通为路。孔子提倡的爱是博爱，超出民族与国家，普及于全人类。先从家庭做起，推己及人，由近及远，最后做到"四海之内皆兄弟"，"赞天地之化育"。从博爱出发，遵守忠恕之道，以互敬互通为中介，将文化的多样性差异性纳入正常的人文视野，提出"和而不同"的社会关系原则，形成文化的平等观和包容精神，使中国的宗教和文化很早就走上了多元和谐之路。《易传》提出："天下一致而百虑，同归而殊途"，揭示了人类各民族文化的共性与个性，以及走向融合的根本方向。在孔子"和为贵"的理念影响下，《中庸》提出"万物并育而不相害，道并行而不相悖"的贵和宇宙观和文化观。受到贵和哲学的影响，儒家的主流派对于本土兴起的道教，外国传入的佛教、伊斯兰教和基督教，都能够容纳，并承认各教的平等性，承认人道与神道的一体性，能够以开放和尊重的态度对待信仰的他者，为中国宗教文化的多样性发展提供了广大的空间。

三

孔子和早期儒典的宗教观对后世儒家和社会政治产生重大影响。其敬天法祖、神道设教、尊重他者的思想，成为儒家的主流思想和历代王朝宗教政策的基础。

儒学在发展中出现人文哲学和神本宗教两种形态，但两者不形成对立，可以互相包纳。

荀子偏重于无鬼神，但他提出"礼有三本"："天地者，生之本也；先祖者，类之本也；君师者，治之本也"，故人应"上事天，下事地，尊先祖而隆君师"（《荀子·礼论》），他更从社会管理的角度肯定神道的作用："圣人明知之，士君子安行之，官人以为守，百姓以成俗。其在君子，以为人道也；其在百姓，以为鬼事也"（《荀子·礼论》），"君子以为文，而百姓以为神"（《荀子·天论》）。荀子的贡献，一是主张人们对于社会人生的根源性力量（天地先祖）保持敬意；二是最早提出宗教是文化的概念（"君子以为文"）；三是超越个人的无鬼神信仰，肯定民间宗教的合理性和尊重民俗文化的自主选择。这第三点很重要，它使社会管理者把个人信仰和宗教政策分开，不强行推广某一宗教，而能发挥各种宗教的积极作用。荀子无神的人文哲学中包含着对神道文化功能的肯定，对后世制度文化有重大影响。

董仲舒肯定天神的存在，建立起以阴阳五行为特色的神学目的论。但他仍然肯定"天地之精所以生物者，莫贵于人"，而人之贵在于"唯人独能为仁义"（《春秋繁露·人副天数》），他将《春秋》大义概括为敬贤重民，并说："天之生民也，非为王也，而天立王以为民也"（《尧舜不擅移汤武不专杀》）。可见董仲舒之学虽然有神学的体系，而其主旨在以民为本的仁义之道，故为后儒所敬重。

儒家推尊天道、天理，又将它与人情、民生结合起来。《尚书》说的"天道无亲，唯德是辅"，"民之所欲，天必从之"，和孔孟说的"畏天命"、"仁者爱人"，形成一个天人一体、情理一致的传统，使神圣与世俗相依相成、互动发展。后来的儒学，既可以朝人文哲学为主的方向发展，又不失对神圣性的追求，如程、朱、陆、王的理学和心学；又可以朝神道宗教为主的方向发展，又不失对现世性的关切，如近代的孔教、儒教。在中国，人文哲学和神道宗教可以共存互补，理性主义与神秘主义可以互制并行。

历代王朝以儒学为主要意识形态，其主流治国之道是依据孔子的思想而形成的为政以德、礼主刑辅，不以某一宗教为国教，故中世纪的中国不是神权政治。

在宗教政策上，以敬天法祖为全民族的基础性信仰，既不可违背，又不垄断信仰；外来宗教只要尊重中国敬天尊祖的信仰，便可以在中国正常生存。同时，历代王朝依据儒家和而不同和神道设教的思想，实行三教（儒、佛、道）及多教（伊斯兰、基督教、摩尼教、琐罗亚斯德教等）并奖，把各种宗教纳入社会调控和教育系统，使它们发挥稳定社会、教化人心的作用。在中国历史上，人们有选择宗教信仰的自由，政府一般不加干预。王权和主流社会对各种宗教的基本要求有两条：一是爱国拥政；二是行善积德。如北魏文成帝评论佛教时说："助王政之禁律，益仁智之善性"，在这个前提下，宗教信仰和宗教活动是自由的。当然在有的时候，王权偏离儒家的轨道，任意使用政治权力，也发生过迫害某些宗教的事件，如"三武一宗灭佛"，如清王朝后期镇压伊斯兰教新教派，但都未能形成主流传统，最终被多元包容的政策所代替。

儒家的人本主义和中庸主义主导了中华文化的精神方向，也促使各种宗教，首先是道教和佛教，而后是中国伊斯兰教和基督教，增强了人文理性和道德教化功能，加强了彼此的包容和沟通，使理性和宽容成为各种宗教的主流，也成为世俗各界的主流。

在中国，不仅宗教是温和的，人学也是温和的。这样一个文化传统对宗教狂热有很大抑制作用，宗教极端主义不易发生发展；同样的，反宗教的文化激进主义思潮也无法形成强劲的势头。中国既没有发生欧洲中世纪的宗教对异端的迫害，也没有出现启蒙时代战斗无神论对宗教的激烈否定。中国对宗教的歧视和排斥，是当代接受了西方科学主义和苏联"宗教鸦片论"之后才出现的，它们不是中华文化的传统。

四

在孔子中庸的宗教观与和而不同的文化观影响下，中国和东亚社会形成宗教的极大的开放性、极丰富的多样性与宗教关系的高度的和谐性。从土洋关系来说，有本土的尊天敬祖教、孔教和道教，也有外来的伊斯兰教、基督教；从社会地位和层次来说，有世界三大宗教（佛教、基督教、伊斯兰教），有民族宗教如中国道教，有各种民间宗教如中国香港的孔教，中国台湾地区的天帝教、天德教、轩辕教、一贯道，亦有民俗性宗教贯穿在时令节庆和人生礼仪之中，还有各少数民族祖传下来的原生型宗教信仰，如北方的萨满教，南方的东巴教、毕摩教、麽教、师公教等。由此，中国和东亚地区被称为"宗教的联合国"。佛教从印度传入中国，在很大程度上是请进来的，又从中国传到朝鲜半岛、日本和越南，都没有政治势力在背后操控，是和平之旅和文化之旅，于今佛教成为联系中、日、韩三国友谊的黄金纽带。佛教的进入，为中国文化增添了人生的智慧、文化的品类，推动了中国哲学、伦理学、文学、艺术的发展；同时，佛教又吸收中国传统文化特别是儒学，形成中国化的佛教，如禅宗，在理论上得到很大的发展。中国佛教及它与儒、道的关系，被认为是异质文化融合的典范。伊斯兰教传入中国，成为中国10个民族的全民性宗教。明清之际，回族穆斯林学者将伊斯兰文化与中国儒学相结合，使伊斯兰教具有中国特色，出现了一批回儒，如王岱舆、马注、刘智、马德新，强调道德学问、仁慈宽厚、复命归真，不追求政教合一，而习惯于与其他宗教和平相处。基督教（天主教）在明代末年传入中国时也是和平传教，利玛窦推行天主教儒学化策略，取得很大成功。后来遭罗马教廷反对，才出现曲折。鸦片战争以后，基督教在中国的传布，由于殖民主义政治势力对它的控制利用，于是与中国社会发生冲突。当代中国基督教内部发起本色化运动，走"三自"（自治、自传、自养）爱国独立的道路，摆脱外部势力的干预，努力与中国传统文化相结合，使基督教会成为中国教徒自办的事业，使基督教文化具有中国特色，出现了一批有成就的神学家，如吴耀宗、吴雷川、谢扶雅、赵紫宸、丁光训等，推动着基督教的神学建设。这样的基督教在中国便有其正常生存的空间。犹太教一度传入中国，由于中国宗教多元和谐的宽松环境和民族自然融合，犹太教渐渐被视为清真教的一支，后来以至消弭于无形，这在犹太教的世界流迁史上是唯一的特例。

各种宗教在中国聚会的过程和态势，有如下特点：

第一，各教起源和传入方向不同，一旦进入中华大地，便能够互尊互学，渐行渐近，在文化上互相吸收，你中有我，我中有你，既不是同化，也不是异化，而是涵化，在互动中实现共同繁荣。中国人的信仰有"混血"、重叠现象，即一个人可以同时信仰两个以上的宗教，一个宗教场所可以供奉几个宗教的神灵，人们可以兼信兼崇儒、佛、道三教，并以此为常态。

第二，中国没有一神教传统，其文化基因是多神多教互涵；一神教从外部进入以后，受这种文化氛围的影响，排他性减弱，宽容性增强，很快便能够与其他宗教和谐相处，推动宗教间对话，使自己适应中国的环境，成为"宗教联合国"中的一个成员，成为其他宗教的好邻居。

第三，各教之间接近的中轴是儒学，各教都认同忠孝之道、五常之德，都尊重敬天法祖的基础性信仰，都接受儒家"和而不同"的原则，承认彼此的平等地位和文化的差异性，同时又维护了中华民族精神文化的方向，把主体性与多样性、民族性与多样性统一起来。由此可见，儒学不仅是中华民族的主流信仰，它还是各种宗教得以和谐相处的基石。儒学不只是为中国人提供了人生价值目标，它还为各种文化之间的相处提供了文明的关系原则，它有《易传》说的"厚德载物"的胸怀，这是它的伟大之处。

五

中国是一个多民族多宗教的国家，其民族的格局是多元一体（费孝通），其宗教的模式是多元通和（牟钟鉴）。中国有56个民族，有各种各样的宗教。中国的民族和宗教的众多，可以视为世界的缩影。中国民族宗教多元和谐的历史证明，多民族多宗教之间是可以和平共处的，只要人们接受处理民族宗教关系的平等、包容、互尊的原则，便可以实现民族宗教的和平。中国已经做到的事情，亚洲和世界也应该和能够做到。世界的历史和现实告诉我们，没有民族宗教之间的和平，便不会有世界的和平；如果民族宗教的冲突加剧，人类不但不能安宁，还会导致巨大灾难。

为了建设和谐社会与和谐世界，我们需要虚心向孔子学习，从孔子和儒家的仁学及其宗教观中汲取对待民族宗教问题的智慧，克服一些陈旧的非理性的不健康的思想意识，确立几项具有普世价值的理念。具有理性和爱心的人越多，世界和平越有保证。

1. 仁者爱人，天下一家

孔子和儒家的仁爱观不分种族国家，以天下为施爱对象，并泛及天地万物。孔子说的"泛爱众而亲仁"，孟子说的"亲亲而仁民，仁民而爱物"，都是视天下为一家，视世人为兄弟，他们的爱是博爱，没有种族国家的限制。如果爱只施及特定的族群，便是狭隘的爱，在与其他族群发生矛盾的时候，爱会变成恨，甚至以恨他族来表达对本族的爱，乃至造成族群之间的仇杀，如在中东地区不断发生的民族宗教冲突和血腥的暴力恐怖活动。一切宗教都要劝人为善，不能诱人为恶，更不能以任何理由残害生命，因此宗教必然是反对暴力和战争的。儒家的经典认定天神是至善，它以德为准，没有亲疏之别，即《尚书》说的"皇天无亲，唯德是辅"。道教南宗张伯端《悟真篇》说："德行修逾八百，阴功积满三千，均齐物我等亲冤，始合神仙本愿。"佛教《法句经》则谓"诸恶莫作，诸善奉行，自净其意，是诸佛教。"中国基督教神学家丁光训认为"上帝是爱",因此爱上帝和爱世人是一致的。可见各种宗教可以在博爱上取得共识,把大爱献给人类,帮助人们克服狭隘的极端的民族主义情绪,为民族和解作贡献。

2. 和而不同,互尊互敬

孔子认为仁爱的实现必须经由忠恕之道。忠是"己欲立而立人,己欲达而达人",即要帮助人关心人。所谓"立人"是希望他人自立,所谓"达人"是希望他人发达,并非要求他人和自己一样。恕是"己所不欲,勿施于人",即尊重人体谅人。恕道要求不把己单方面的意志强加于人,包括爱,也是不能强使别人接受的,否则对方感受到的不是慈爱,而是痛苦。于是从恕道之中发展出"和而不同"的伟大理念,承认思想文化的多样性和它们之间的平等性,因而需要和谐相处。在宗教信仰上,孔子主张对他者的宗教采取"敬"的态度,不以一己之信仰,歧视排斥他人之信仰,不求在思想文化上统于一个模式,这是弥足珍贵的。物质世界千姿百态,精神世界更是丰富多彩。文化的活力在于它的多样性及其互动。多种宗教并存和相互借鉴是人类宗教健康发展的必要条件。一教坐大必然带来宗教霸权主义和专制主义,它将窒息思想的生机,中世纪的欧洲已有前车之鉴。尊重信仰的他者,包括尊重与自己信仰不同的个人和族群,乃是宗教信仰自由的精义所在。当代诸多的民族宗教冲突,重要动因之一是企图用自己信仰里的价值观去改造世界,取其他信仰而代之。也许其出发点是想拯救别人,而在实际上却是干涉他者的精神生活和文化权利,给他者带来痛苦。和平仁爱的宗教为什么有时会蜕变成暴力残忍的宗教,往往起因于某些宗教的自大性和统一世界的妄念。信仰自由是每个人每个民族的基本人权,必须得到尊重。儒家的"和而不同"的文化观和宗教观恰好与现代文明相契合,只要认真实行,宗教之间的纷争就可以消解。

3. 推己及人,感通天下

朱熹对忠恕二字有精辟解说:"尽己之谓忠","推己之谓恕"(《四书集注》)。"忠"字是把他人的事情放在自己心里。"恕"字是如心,将心比心。这就是推己及人的为仁之道。天下一家不是靠理论的证明,而要靠心灵的沟通,人际的感动。《易传》主张"感通天下",绝不是征服天下。谭嗣同的《仁学》,用"通"来解释儒家的"仁",最具创意和时代精神。他说:"仁以通为第一义","通之象为平等。"通有四义:中外通,上下通,男女通,人我通。中外通打破闭关锁国,上下通打破等级尊卑,男女通打破重男轻女,人我通打破损人利己,不仅求取平等开放,还要互相理解融洽。中国的改革开放,开放了经济和政治,也开放了文化和心灵,使得仁和之道落实到民生的改善、族群的和睦、中外的沟通，这是仁和之道的伟大实践。

全球化已使人类进入"地球村"的时代，市场发达，交通便捷，信息神速，"天下一家"正在从理想变为现实。然而人际仍有许多间隔和对抗，民族宗教的冲突使人类不能成为一家。民族不通、宗教不通是人类一大病症，而民族宗教的不通在于心灵不通。因此生活在不同国度、地区和文化传统的人们，彼此之间需要更多的交往和了解，互访、互助、互学。彼此学会互相欣赏，建立互信，驱除误解、猜忌、敌视。多用仁爱的实际行动去感动对方，承认差异，化解矛盾，推动文明对话和宗教对话，使不同的族群、不同的宗教逐步接近，和睦共生。中国著名的哲学家冯友兰先生在引用宋儒张载的"仇必和而解"之后说："人是最聪明、最有理性的动物，不会永远走'仇必仇到底'那样的道路"（冯友兰：《中国现代哲学史》末页，广东人民出版社，1999年），他相信世界终将抛弃对抗，实现和解，因为这是人类唯一可持续发展之路。中国另一位著名的民族学家费孝通先生晚年提出"文化自觉"的理念，它的内涵是十六个字："各美其美，美人之美，美美与共，天下大同"（费孝通：《"美美与共"和人类文明》，载《费孝通九十新语》，重庆出版社，2006年）。这是儒家仁和之道的现代表述，它要求理性的人们在欣赏自己民族优秀文化的同时，也欣赏其他民族的优秀文化，果能如此，则各个民族的优秀文化便可共生共荣，和平安宁、繁荣昌盛的大同世界便离我们不远了。

（2008年8月）

孔子思想与祖国统一

一

从历史上看，孔子思想规约着中华民族的精神发展方向，是凝聚中华民族的强大文化力量。中国是一个幅员辽阔、人口众多的国家，又是一个多民族多宗教的国家。这样一个大国，它的文明能够延绵不绝、常存常新，它的社会能够长期稳定、没有分崩离析，可以说是一个奇迹，在世界史上是没有先例的。它也有过政治分裂、军事对峙、民族纷争的时候，但最终它都能够克服这些对立冲突，走向统一。它之所以能够在民族和地区的多元中保持一体，经受得住内部政治对抗和民族冲突的激荡和考验，一个极重要的原因便是它有着以儒家为轴心的深厚文化传统，这个文化传统积累了极为强大的能量和磁性，远远超出政治的族群的离心倾向，把中华民族凝结成为一个十分稳定的文化共同体。这个文化传统是国家政治统一的基础，也是国家由暂时分裂走向重新统一的基础。而这个文化传统的思想代表，便是孔子。

孔子是中国古代文化的集大成者，又是尔后中国两千多年思想文化传统的奠基者。他所创立的儒学和儒学所倡导、推动的礼乐文化成为中国传统文化的主流，主导着中国的政治、道德、教育和民俗。以个人在中国历史上的影响力而言，孔子是排在第一位的人物，他对中国政治统一、民族团结、社会发展所作出的巨大贡献是不可磨灭的。

为什么孔子和儒家的思想能够成为中华文化的核心和基础？除了它最能适应中国古代农业文明和家族社会的国情这一历史性的原因以外，还有更深刻更普遍的原因。我想主要有四点。

第一，它揭示了一系列人生常道，因而具有恒久价值，为人们不能脱离。例如"忠恕之道"便是人际伦理学的黄金规则，是不可违背的，违背了它的人际关系就要出现混乱。又如"五常"：仁、义、礼、智、信，就其普遍意义而言，也具有超时代超地域性，为健康社会所必需，文明社会和文明人群必定有五常加以维系，没有五常的社会一定要向野蛮倒退。再如健全人格的三要素：

仁、智、勇，是人格教育和修养的指导原则，无其一即造成重大人格缺陷。

第二，它具有博爱精神、宽大胸怀，所以能成为大国民众共同的思想基础。孔孟皆倡导仁者爱人，认为四海之内皆是兄弟，因此不仅政治管理要以德为主，就是对于周边之民，对于没有接受礼乐文化的民族，都要采取怀柔的政策，以文德来远人，而不赞成武力征服。这样一种文化自然有感召力，它能使人们心悦诚服。张载提出"民吾同胞，物吾与也"的思想，程颢提出"仁者以天地万物为一体"的思想，都主张仁人应把爱的情感从家庭扩大到社会，进而扩大到自然界，实现天下一家的理想。当我们诵读横渠四句"为天地立心，为生民立命，为往圣继绝学，为万世开太平"的时候，都会为儒家那种强烈的使命感和博大的胸襟所感动。

第三，它强调"君子和而不同"、"厚德载物"和"己所不欲，勿施于人"，因此能够对不同民族、地区的不同文化包纳宽容，形成既千差万别、丰富多彩，又和谐共处、相互吸收的社会文化格局。民族差异和宗教矛盾最容易激起人们情绪上的对立，造成社会冲突和战争。但是在中国历史上，虽有民族冲突和战争而其主流则是走向融合或共处，没有使国家分裂。虽有宗教摩擦却没有发生大规模流血的宗教战争（边缘地区个别时刻除外），外来宗教不断进入并逐渐成为中国文化的组成部分，形成多宗教和平共存的局面。究其缘由，儒家"和合"文化对政治家和民众的长期熏陶，起了重要作用，它使中国人比较容易兼收并蓄，而使排斥异端的狭隘民族文化心理不能占据上风。如果只讲"同而不和"，或是"不同则斗"，虽可能使社会稳定于一时，终将会以分离告终，中国却避免了这种情况的发生。儒家的民族观虽然有重夏轻夷和尊王攘夷的历史局限性，但它不重血缘而重文化，主张无论什么民族，包括华夏族和四夷各族，都必须学习和推行先进的礼乐文化，以形成文明的传统，这才值得尊重，否则便要受到批评。儒家既然认为民族的文明高于血统，它的民族政策自然主张以文明的方式处理民族关系，而反对以野蛮的方式解决民族冲突。这是中国多民族能够大致长期共存于一国的重要原因。由于"和而不同"和"殊途同归"的思想深入人心，在宗教信仰上，多种宗教不仅同时并存，而且互相吸收，关系越来越密切，许多人可以两教并修或三教并信，形成风气，这在西方是不可想象的。

第四，儒家在总结古礼基础上建立和提倡的礼乐文化，代表着一种高度发达的东方文明，其内容丰富多彩，其形式千姿百态，它优化着人性和人的关系，使社会生活高雅、有序，文化气息浓厚，中国因此而成为礼义之邦。司马迁说，"故礼上事天，下事地，尊先祖而隆君师，是礼之三本也。"（《史记·礼书》）可知礼乐文化本于自然，基于血缘，成于人文，通于情意，是一种有源有流，能生能化，尚德重教，情理兼具的文化，所以有维系人心的力量。礼乐文化把政治、宗教、伦理和风俗有机结合在一起，既有理性的价值追求，又有实用的价值落实，使内容和形式达到高度统一。几千年来。中国就是靠这种礼乐文化维持了文明的连续性，并在连续中不断创造和发展。它不仅对中国人有着强大的吸引力，它还超出了国界，向四周辐射，传布到东亚许多国家。由此可知，儒家思想以其较强的普世性、丰富性、理想性和实用性而在许多文化竞争中脱颖而出，成为联络中华民族最重要的精神纽带，这是具有必然性的。

从政治史上看，汉、唐、宋、明等统一王朝的汉族统治者皆以孔子为圣人，以儒学为国学；而南北朝、五代十国和辽、金、西夏诸割据政权（其中大部分是少数民族政权），同样尊孔读经，以儒学为治国之本，因此保持了政治分裂时期文化上的统一性，这就使得分裂不能持久，终归要走向统一。北魏太祖拓跋珪"初定中原，虽日不暇给，始建都邑，便以经术为先"（《魏书·儒林传》）。北周武帝宇文邕于建德二年宣布以儒教为先，道教为次，佛教为后（见《周书·武帝纪》）。金熙宗于皇统元年二月至文宣庙祭孔，对儒臣说："孔子虽无位，以其道可尊，使万世高仰如此"（《金史·礼八》）。我们可以说这些割据政权的君统和宗统是各不相同的，但它们的道统和治统却是一致的。历史上少数民族贵族统一整个中国并建立中央政权以后，皆尊孔重礼，以儒家思想为治国方略。元世祖忽必烈行汉法，采用古代的礼乐典章制度。元仁宗延祐年间，特复科举考试，以朱熹《四书集注》为标准读本，从此理学正式成为官方哲学。清朝康熙大帝亲至曲阜祭孔，手书"万世师表"，并赞颂孔子"至圣之道与日月并行，与天地同运，万世帝王咸所师法，下逮公卿士庶罔不率由"（《御制文集·幸鲁盛典》），又说"天生圣贤，作君作师，万世道统之传，即万世治统之所系也"（《御制文集·四书解义序》）。有些学者只从政治上看到历代当权者利用儒学巩固其政治统治的儒学工具性这一面，看不到这种几乎一致的文化选择背后，是文化力量高于政治力量的表现。文化是政治的基础，政治家为了适应中国的社会国情和文化环境，必须选择儒学作为立国之本，否则政权不会持久稳定。历代君王至尊至贵，视天下为己有，威权不可一世，但他们只敢擅治权，不敢擅教权，公开宣示治国之道来自孔子，必须尊而敬之，循而行之，不如此则不能经世安邦，这正是孔子伟大之处。司马迁说："孔子布衣，传十余世，学者宗之。自天子王侯，中国言六艺者折中于夫子，可谓至圣矣。"（《史记·孔子世家》）司马迁看到孔子是中国思想文化的奠基者，所以学者和政治家共同尊孔子为宗师，其地位是不可取代的。

从社会史上看，孔子和儒家思想已经广泛渗透民间和社会文化各个层次各个领域，成为人们的一种思维方式和生活方式，成为一种民族精神，成为国民性格和心理的重要因素，这种民俗化和习惯化了的儒家文化，具有极为稳定的性质，基本上不受政治变化的影响。例如，儒家倡导的伦理道德，成为民间道德的指导原则，长期主导着民俗风尚，佛教、道教和其他宗教道德只能辅助和补充儒家道德而不能代替它。早期有"五常"、"四维"，后期有新老"八德"，大致不出"忠、孝、诚、信、礼、义、廉、耻"的范围，包括了个人私德、家庭道德、社会公德、政治道德等方面，规约着人们的社会行为。其中爱人之仁，正当之义，文明之礼，不惑之智，践诺之信，尽己之忠，推己之恕，敬老之孝，不伪之诚，不贪之廉，有愧之耻，不惧之勇，不曲之直，不变之节，不奢之俭，不怠之勤，和而不流之中庸等德目，已经成为中国世代相传的美德，它们包含着做人的起码标准，也包含着最高的人格理想，为政治界、知识界和一般民众所共同认可，成为社会道德舆论评价的标准，各种宗教也无不吸纳儒家道德作为其道德戒律的基础内容。又如中国人的文化习性多受儒家影响，尊宗敬祖、重视家庭、尊师重教、以善为高、以和为贵等风尚和意识，皆来自儒学的教化。至于知识分子的人格成长，主要是在儒学为主的教育环境中完成的，因此形成关心社会、注重操守、见义勇为的优良传统。精英文化与民俗文化交互渗透，儒家、道家和佛家交互影响，逐渐造就了东方的中华精神。我把中华精神概括为"生生不息，刚毅诚信，博厚悠远，仁爱通和"。由于中华精神的伟大力量，中华民族才能长存不亡，衰而复兴，在多灾多难中始终奋进不止，成为屹立于世界民族之林的伟大国家。不可否认，儒家文化在涵养中华精神、锤炼民族性格、培育仁人志士的过程中起了重要的可以说是决定性的作用。儒家文化的历史功绩应当予以充分的评价。

二

鸦片战争以后，由于中国贫困落后，加上西方列强的侵略，割地赔款，订立一系列不平等条约，国家于是由统一走向不统一，主权不统一，领土不统一。辛亥革命结束了帝制，却没有解决统一问题。20世纪30年代至40年代，中国大片领土曾一度陷于日本帝国主义之手。由于中国人民不屈不挠，长期奋斗，终于取得了抗日战争的胜利，到20世纪50年代初，实现了真正的民族独立，除台湾、香港、澳门外，祖国大陆实现了主权和领土的统一。到20世纪90年代后期，香港、澳门摆脱英、葡的殖民统治，和平回归祖国。但是祖国与台湾在政治和军事上的对峙状态仍然没有结束,数百年来仁人志士梦寐以求的祖国完全统一大业需要我们继续努力加以完成。

要实现祖国统一大业,除了政治上的努力以外,我以为文化上的沟通和交流也是极为重要的。以儒学为轴心的传统文化虽然由于西方文化的冲击而丧失了它的主位性,却依然是维系全体中国人包括海外华人的重要精神纽带。杜维明教授和傅伟勋教授称之为"文化中国"。政治上经济上还没有实现完全统一,但文化中国还是一个,中国人还是中国人,传统文化没有分裂,它仍然为全体中国人所认同,它是政治统一的重要思想基础,而在这个思想基础中,孔子和儒学显然占据着首要的地位。香港和澳门虽然在主权上回归了祖国,但是百余年来英国殖民地文化的影响尚有待清理,因此仍然有个巩固政治回归和实现文化回归的任务。中国人为什么观念上容易沟通、感情上容易亲近?当然是由于同种同文,大家都是炎黄子孙,都是龙的传人,这种民族文化的亲近感是超越于政治信仰和党派之争的,是稳定牢固和长期起作用的,只要热爱中华民族和它的文化,中国人都可以在这个大前提下实行对话沟通,和平解决历史遗留下来的纷争和他们之间的任何问题,共同努力实现祖国统一大业。在短期内,政治军事的力量可以压倒文化的力量,但从长远看,文化的力量实在要超出政治军事的力量,它是潜移默化的,却是根基深厚的,在政治一时发挥不了作用的地方和时候,往往文化能够显示它的威力。

在大陆,几十年急风暴雨式的社会革命和激进的思想批判运动,对儒学的冲击是猛烈的,尤其"文化大革命"中批孔、批儒运动,其规模和激烈程度是史无前例的。表面看来,孔子思想和儒家文化似乎销声匿迹了。但是正是这场把革命变成荒谬的"文化大革命",彻底暴露了全盘否定传统文化的弊害,使人们从狂热中清醒过来,找回了理性和良知,从而为儒学的再生创造了必要的社会条件。其实,就是在政治生活十分严峻的时期,儒学在民间道德和习俗文化层面上仍然保持着深刻而普遍的影响。如中国知识分子始终具有以天下为己任的忧患意识以及讲信义讲操守讲涵养的传统;在一般民众中,仁义中和、敬老爱幼、和睦邻里、敬业乐群、正直无私等儒家道德观念随时可见于日常生活,只要中国人追求健康的社会人生,他就离不开儒家文化。等到"文化大革命"一结束,文化禁令一撤除,民族文化意识一高涨,孔子和儒学又必然性地受到重新评价,得到重新尊重。经过二十余年的改革开放和文化建设,孔子作为中国文化代表和大思想家大教育家的历史地位得到重新肯定,以儒学为轴心的中国传统思想文化得到社会上下普遍的重视。多数人认识到,中国今后的新文化建设,包括哲学、道德、礼仪、教育等领域的建设,必须继承和发扬儒学的优良传统，吸收儒家的智慧，以此为根基，再去充实外国的和现代的内容，才有可能成功。现在全国各个系统各个地区对儒学研究和儒家思想资源的现代转化都相当重视，表明儒学在人民群众中有着良好的记忆和声誉，它正在以"野火烧不尽，春风吹又生"的韧性和气势，不断创生和成长。

在中国台湾，虽然青少年中西化的风气很盛，但自抗日胜利以后，中华文化的复兴和教育一直是社会上下都十分重视的工作，从没有发生过中断。民间信仰的主体是儒、佛、道三教，而佛、道二教的道德信条仍以儒家道德居多。所以社会保持着重道德、重礼貌、重家庭的风习，保持着祭天、祭祖、祭孔的传统。四书五经仍然是学校道德教育的基本教材，儿童读经活动极为普及，受到家长广泛的欢迎。大多数中国台湾人认祖归宗，以炎黄为人文初祖，以孔子为万世师表，把祖国大陆看做是血肉相连的文化母体，对中华文化有很高的认同度。

在中国香港和澳门，虽然殖民地文化的影响是巨大的，但在民俗的层面上，中国人还是保持了传统的礼仪道德，民间普遍祭中国人的神灵，祭家族的祖先，家族以孝悌慈爱为理念，人际以仁义诚信为准则，普通民众过着中国式的精神生活。孔教作为祖国香港六大宗教之一，能在祖国香港流行并发生越来越大的影响，说明孔子仍然活在民间。

由此可知，中国人文化上的血脉始终是连通的，他们的文化语言和生活习惯属于同一个历史系统，其全民族的代表便是孔子。孔子的思想在历史上曾经为维系中国的统一和连续发展起过积极作用，在今天和未来，也将为新时期的中国克服分离倾向，实现国家的完全统一作出新的贡献。

首先应当确认，两岸和平统一的思想基础是中国传统文化，儒学在其中占据第一的位置。人们发现，祖国台湾岛内政治上"统一和独立"之争，并不是党派之争，也不是省籍之争，在深处乃是文化认同之争。拥护统一的人们都是中华民族整体意识较强、对民族文化热爱难舍的人。主张独立的人们都是地方文化意识极端膨胀、否认文化母体在祖国的人。李登辉与林洋港同属所谓"本省人"，而政治态度决然不同，考其缘由，李登辉是日本文化加美国文化培育出来的人物，他对中华民族及其文化没有真正的感情，所以主张"台独"，他也不是真的热爱台湾，他的真实意图是把台湾变成日本的附属地。林洋港则对中华传统文化尤其是儒学情有独钟，国学素养相当深厚，所以主张统一，实际上也是为台湾人民造福。因此两岸之间加强文化交流，携手研究、开发、运用传统文化资源，唤醒国人民族文化意识，是抵制"台独"倾向、提高民族向心力的重要途径。在祖国内地，人们应当从"文化大革命"中吸取教训，不再重蹈文化激进主义的误区，大力开展优秀传统文化的教育、研究和现代转化工作，使民众的民族文化意识从自发走向自觉，从文化上树立民族的自信、自尊、自强精神，这是爱国主义的深厚基础。假如内地的人也排斥孔子，否定儒学，摒弃传统文化，在客观上无异于帮"台独"的忙，又如何让海外的中国人从文化上认同中华民族呢？在中国香港和澳门，由于曾受殖民主义的统治，青少年对中国的历史文化所知甚少，崇拜西方、轻视国人的心理在短期内难以彻底克服，所以中国历史、地理、语文和传统文化的教育必须逐步加强，提高学生的中国意识和民族文化素养，使香港和澳门重新从文化情感上融于中国社会。当然还要以开放的心态认真学习吸收一切人类先进文化，不走封闭的老路。还有，海外广大的华人世界，他们关心祖国，热爱家乡，以各种方式支援祖国现代化建设，是推进祖国统一大业的一支重要力量。联络祖国与海外华人的有政治的经济的各种渠道，而文化的渠道是最稳定持久和深厚有力的。海外华人身在异乡，处在异质文化的包围之中，能够不失掉中国人的气质，只有保持自己的民族文化习俗，包括祭礼、祭祖和祭其他的中国神灵，以及传统的家庭和中国式的生活方式及行为方式，其中儒家文化为海外华人所特别看重，使他们有一个精神家园，并且能够用以教育下一代，避免被西方文化所同化。"文化中国"是一个客观存在，看来是牢不可破的，它早晚要孕育出一个统一的民主富强的新中国。

其次，孔子和儒家思想还可以为两岸和平统一提供大智慧和行动原则。我想至少可以提出三条。第一，《春秋》大一统思想理念，主张国家要实现政治的统一。这个理念经过董仲舒的阐发，为汉代统一国家的巩固起了推动作用。以今天的眼光看，古人的大一统，当然是统一于中央帝王的权威，这是其消极面。但是大一统的思想对于促进中华民族共同体的团结和发展是有贡献的。历史上只有文化统一而没有政治统一的时期，总是战争仍频、动乱不已，由于内耗太大，国家不易发展，人民不得安宁，往往受到外部的侵害而无力抵御。国家大一统的实现，至少使国力得以恢复发展，民众可以生活在和平环境之中，文化也容易昌盛。况且现代中国的政治统一可以与民主政治建设相结合，使中国变得既强大又民主。中国长期分裂，难免不引发冲突，且极易被外人利用，绝非人民之福，所以统一的目标必须坚持。第二，孔子忠恕之道可以成为两岸沟通对话的原则。"己所不欲，勿施于人"是平等的原则、互相尊重的态度。儒家的恕道就是要人学会尊重人、体谅人。两岸的中国人要实行恕道，必须互相真正了解，虚心听取对方的意见，真正做到知己知彼，才能体谅对方到恰当之处。在此基础上还要实行忠道，即"己欲立而立人，己欲达而达人"，这是合作的原则、互相帮助的态度。两岸应互通有无，有难相助，实行"兼相爱、交相利"的方针,多给对方做好事做实事,使关系越来越密切,逐渐消除对立和误解,建立起同胞情谊。第三,孔子"和而不同"的原则可以指导两岸人民寻找处理两岸未来关系的最佳模式,在一个中国的前提下,最大限度地照顾对方的特殊利益和特殊生活方式,求最低限度之同,存长期形成之异,使两岸各得其所,自由充分地按自己的愿望发展,形成两元一体的联合格局。邓小平创造了一国两制的香港模式,两岸中国人可以借鉴中国香港的经验,创造更富有想象力的台湾模式,这个模式所要达到的目的便是实现中华民族大团结下的两岸双赢共进。"和"与"不同"是互相制约的,两岸的和平统一必须尊重两岸人民各自对社会发展模式和生活方式的选择;两岸的不同也必须以一个中国为原则才能实现真正的和解。两岸的中国人如果真正具有孔子的智慧,便一定能够以和平的方式结束两岸的对峙和隔阂,而不诉诸战争,战争必然带来一场灾难,这是所有中国人都不愿看到的。

孔子的思想是人类道德理性的高度体现,是东方文化的珍宝,是当代社会必须的重要精神资源,它正在经受着实际生活各个方面的磨炼、选择和考验。两岸的和平统一能否顺利实现,一方面正在考验着中国人是否具有高度的理性、智慧和能力,能否把握瞬息万变的时机,有效地推进统一大业;另一面也在考验着孔子精神和儒家思想,看这种高度的东方智慧能否在处理极为复杂的两岸关系中发挥它的积极作用,为和平统一作出伟大的贡献。这个考验既关系到中国的命运,也关系到儒学的命运。但是我们要记住孔子的话"人能弘道,非道弘人",道是需要人去弘扬和实行的,孔子的思想能否发挥作用和发挥多大作用,归根结底要看我们两岸的当代中国人是否愿意和是否善于运用它了。文明悠久而又奋进不息的中国人啊,全世界都在注视着我们。

(载《寻根》,2003年第6期)

孟子对中国文化的特殊贡献

一

孟子作为孔子之后儒学的重要代表人物，在战国时期即已著名于世。《荀子·非十二子》把子思、孟子列为儒学之一派。《韩非子·显学》称孔子之后，"儒分为八"，其中即有"孟氏之儒"。《史记·儒林传》云："孟子、荀卿之列，咸遵夫子之业而润色之，以学显于当世"，是其学并不为当政者所重，故太史公谓时人"以为迂远而阔于事情"。大体上孟子与荀子并列，被世人视为诸子百家中一流学者而已。汉唐之间，《孟子》依然是子书之一，孟学不甚发达。然而诸子百家功用有所不同，正如牟宗三先生所指出：孔孟之儒学，其宗旨在为社会"立教"，确立人生价值之基本方向，而于现实政治问题之解决，有所忽略，故当时不切实用；法家现实感强烈，能够富国强兵，故受到当政者欢迎。不过，法家缺少文化价值理想，其工具理性之法、术、势，可以作为治国的手段，难以作为信仰而普及和长久。儒学则相反，它在先秦不被列国诸侯所欢迎，而在汉以后的两千多年中，却一跃而成为官学和学术主流。因为它开辟出了中华民族的精神方向，为政治和人生提供了一种令人向往的价值理想。孔子在汉代即被社会公认为圣人，不过人们习惯于把周公和孔子列在一起，并称周孔。荀子之学重礼乐制度，故其礼学在汉代颇为兴旺，以其学能服务于汉代宗法等级制度之建设。孟子之学重心性修养，内在生命深厚，被充分理解需要一个过程，故其学初不显耀而后续力强大，越来越为社会所看重，其文化地位与日俱增。唐代韩愈首次大力推尊孟子，以为荀子和扬雄皆"大醇而小疵"，只有孟子是"醇乎醇者也"，其定评为"孔子以后一人，功不在禹下"。宋至元，孟子上升为亚圣，人们并称孔孟，《孟子》则由子书上升为经，列为四书之一，学者所必读。以后，不仅孟子在儒学史上具有不同于诸子的崇高地位，而且他的思想和精神渗透和扩展到一般士人和民众之中，从而成为一种社会文化精神，对社会一直发挥着积极影响。历史上著书立说者多矣，时兴而时湮者不知凡几，能领风骚上百年者屈指可数。时愈久而学愈彰者世所罕见，孟子之学就是这样的出类拔萃者。时至今日，虽然时论不以孟子为圣人，但孟子仍活在人们心中，他的言行风貌仍然颇具魅力，激励着当代有识之士向上向前，孟子的精神生命是不死的。

　　孟子一生最服膺孔子，谓"自生民以来未有盛于孔子也"，孔子乃"圣之时者也，孔子之谓集大成"，他的愿望就是"学孔子"。《孟子》一书常引《论语》，或依孔子的学说而立论。孟子晚孔子一百年，却是孔子后学中最能领会和继承孔子思想精髓的学者。例如孔子祖述尧舜，宪章文式，以三代开国圣王为楷模，曾赞颂"巍巍乎，唯天为大，唯尧则之"；孟子反复称赞尧舜禹汤，认为尧舜以仁心爱民，以德服天下，大禹治水有功，汤与周文武吊民伐罪，他们实行王道，永为后世法则，故言必称尧舜。孔子的学说以仁学为核心，强调仁者爱人，爱人的体现则为忠恕之道，其在家族则为孝悌，其在政事则为惠民富民，其在友朋则为诚信崇德，无求生以害仁，有杀身而成仁。孟子之学在孔子仁学的基础仁义并举，进一步发扬了仁学的精神，他将仁爱的内涵揭示为"不忍人之心"，"恻隐之心"，谓"仁也者人也"，则仁学即是人学；又谓"亲亲，仁也；敬长，义也，"此即孝悌之义；仁心发为仁政，则需制民之产；当生命与正义不可得兼时，要"舍生而取义"。孔子重义利之辨，谓"君子喻于义，小人喻于利"，人应"见利思义"，取之有道；孟子说梁惠王："王何必曰利，亦有仁义而已矣"，又说"鸡鸣而起，孳孳为利者，跖之徒也"，为善者即合于义者也，可知孔孟皆重义轻利，同时又皆以私利为利，以民利为义，故孔子讲"其养民也惠"，孟子讲"与民同乐"。孔子认为自己肩负着天的使命，为人间传承文化，故说"天之未丧斯文也，匡人其如予何"；孟子亦以天命之承担者自居，故曰："夫天未欲平治天下也；如欲平治天下，当今之世，舍我其谁也"。在道德修养上孔子强调自省自责，故有"躬自厚而薄责于人"的话，曾子也说"吾日三省吾身"；而孟子更是反复强调自我批评的重要性，他认为出现了不理想的事情，要先检查自己是否做得不妥当，故曰"爱人不亲反其仁，治人不治反其智，礼人不答反其敬，行有不得者皆反求诸己"，这就形成了儒家严于律己的修身态度。孔子、孟子皆是教育大师，孔子学而不厌，诲人不倦，对学生循循善诱，以私人为学的方式为社会培养了一大批高素质的人才；孟子继承孔子的事业，在参政受阻之后，致力于民间教育事业，以"得天下英才而教育之"为人生之大乐，并总结出教育的五种方式："有如时雨化之者，有成德者，有达财（才）者，有答问者，有私淑艾者"，他的教育思想是生动活泼的。以上种种，都足以说明孟子是孔子的忠实学生，在思想上与孔子一脉相承。

孟子之所以成为亚圣,与孔子并列为早期儒家的主要代表者,不仅在于他继承了孔子的思想,更在于他创造性地发展了孔子的思想,提出许多新观念,有独特的精神风貌,补充了孔子的思想,提高了儒学的水准,给后来儒学的发展以巨大的影响,并且使一般士人和民众受其泽惠,孟子在历史上有其特殊的贡献,是一面鲜艳的思想旗帜。

二

我以为孟子创造性的贡献有以下几点。

(一)仁学与民生密切结合

孔子对民生问题是重视的,他的"为政以德"的治国方略之中,包含着富民的思想,故子贡问政,子曰:"足食,足兵,民信之矣",吃饭问题是第一位的。他又讲过能行五者于天下可为仁,即恭、宽、信、敏、惠,他认为能"博施于民而能济众"者,超过了仁德而为圣王之事。但是在民生问题上,孔子的言论总嫌语焉不详,比较空泛。孟子则不然,他不停留在对仁学的一般理论说明上,而是把仁学落实到政治的措施上,要社会统治者和管理者在解决民生基本问题上体现仁民爱物的思想感情,中国近代的民生主义即发源于此。

首先,他要求仁人在高位,仁者要有权。"先王有不忍人之心,斯有不忍人之政矣"。所谓仁政是由掌权者的仁心发用为治国之道,"不仁者而在高位,是播其恶于众也"。由此而言,执政者的品德及修身就是善政的必然要求,因为他掌握着巨大的权力,既可以造福于民,也可以祸国殃民。

第二,"制民之产",使百姓丰衣足食。孟子说:"明君制民之产,必使仰足以事父母。俯足以畜妻子,乐岁终身饱,凶年免于死亡",这就是"耕者有其田"的思想。孟子设想一家农夫应有五亩宅院,百亩耕田;用宅院树桑养蚕、畜养家禽,老年人就可以衣帛食肉,用百亩耕田种粮,只要统治者不违农时数口之家便可以温饱。仁政最核心的内容便是解决好民众的吃穿问题,使他们的物质生活有起码的保障。不解决好这个问题,仁政便是一句空话。孟子说"养生送死无憾,王道之始也",这是很切实的主张。要解决这个问题无非两条:一是要使农民拥有一定的土地;二是不过分盘剥农民。第一条要求平均地权,反对土地兼并;第二条要求贵族自奉节俭,减少徭役和赋税。这个问题解决得好的时代便是治世,否则便是乱世。

第三,"省刑罚薄税收",这一条是上一条的延续和补充。刑罚繁重固然包括无罪而罚、轻罪重罚以及严法苛刑,而更多的则是租税劳役太重,引起民众抗拒，官府则用严刑和暴力加以镇压，必欲榨干百姓的血汗。生活没有出路就会铤而走险。孟子提出："有布缕之征，粟米之征，力役之征。君子用其一，缓其二。用其二而民有殍。用其三而父子离"。人民的负担要有一个限度，过此即有灾难，所以要省刑罚，必须薄税敛。孟子对梁惠王说："王如施仁政于民，省刑罚，薄税敛，深耕易耨"。他是很能体察民众疾苦的，所以能为民请命。可惜梁惠王一类君王只顾满足个人的私欲，上下交征利，听不进孟子的忠言，因此所谓"仁政"只是在口头上说说而已。

第四，救济社会上孤苦无援者。制民之产可以解决多数人的民生问题，但社会上还有少数人有特殊的困难，需要特别关照。孟子说："老而无妻曰鳏，老而无夫曰寡，老而无子曰独，幼无父曰孤。此四者，天下之穷民而无告者，文王发政施仁，必先斯四者。"社会救济是一个长期的问题，要靠行政系统、社会团体、富好仁者和民众互助等多种途径来解决。老子说："天之道损有余以补不足"，人之道亦应如此，以富者之余补穷者之不足。

第五，在上位者与民同乐。孟子劝齐宣王实行仁政，齐宣王表示为难，理由是他本人好勇、好货、好乐、好色，无法自苦以利百姓。孟子对他说，无须去掉这几种爱好，只是要推广此心及于百姓，做到与百姓同乐，则百姓唯恐君王不乐。例如君王好色，则要使社会上"内无怨女，外无旷夫"，每个人都有家庭之乐，琴瑟之好，这样就可以实现王道了。不过大多数君王总是把个人的快乐建立在百姓的痛苦之上，所以这一条行仁之方就很难实行。

第六，加强教育，德化民俗。孟子认为："人之有道也，饱食暖衣，逸居而无教，则近于禽兽"，故要在富民的同时，"谨庠序之教，申之以孝悌之义"，使民去恶从善，形成礼义之风。这样，社会才有秩序，人民才会有真正的安宁寿福。于是孟子提出五伦之教："父子有亲，君臣有义，夫妇有别，长幼有序，朋友有信"。孟子引放勋之言曰："劳之来之，匡之直之，辅之翼之，使自得之，又从而振德之"，意思是把百姓吸引过来，纠正他们，帮助他们，使他们各得其所，然后又提高他们的道德水准。

总之，孟子对于百姓切身的生活问题非常关心，认为解决这些问题是治国的当务之急，故说"民事不可缓也"。他提出一条重要原理："民之为道也，有恒产者有恒心，无恒产者无恒心"，一定要使民众有稳定的产业，在当时主要是拥有稳定的土地，民众才会有稳定的思想情绪，易于为善难于为恶，社会也才能获得稳定。中国一向是以农业立国，因此土地问题就成为民生的首要问题，也是社会稳定与否的基础，历史的治乱与衰亡反复证明了这一点。

（二）民本主义的高扬

在早期儒家代表人物中，没有哪一位比孟子更重视民众的社会作用和历史地位。

孔子讲过："民无信不立"的话，但他在君民关系上还是比较维护君权的尊严，在他眼里，民众的地位和作用是被动的，故坚决反对犯上作乱，并认为"民可使由之不可使知之"，这是那个时代民众的力量尚不很强大的缘故。孟子则大大前进了一步，他有强烈的民本主义意识，相当充分地觉察出民众对兴邦治国的重要作用，他提出"得天下有道，得斯民斯得天下矣；得其民有道，得其心斯得民矣；得其心有道，所欲与之聚之，所恶勿施，尔也"，这就是民为邦本的思想。这一思想后来发展出"民可载舟，亦可覆舟"的警言，凡有为之君，都不能不考虑这一历史的真理。

孟子相信天命，但他把天命化为民意，认为这两者是一致的，这实际上是用民本思想重新解释了传统的天命论，大大提高了民众的地位。孔子曾说过"天何言哉，四时行焉，百物生焉"，孟子的解释是："天不言，以行与事示之而已矣"，具体到君权的继位问题上，如果天接受了新的君王，其表现是："使之主祭，而百神享之，是天受之；使之主事而事治，百姓安之，是民受之也。"他引《太誓》的话："天视自我民视，天听自我民听"，百姓的感受和意志，体现了上天的精神，而上天是看不见摸不到的，百姓的情绪和愿望是明显可见的，"民之所欲，天必从之"，君王只要能使百姓满意，就等于服从了天命。历史上的君王总是用天命的权威来压制民众，而孟子则相反，他用民众的意志代表天命，从而限制君王的意志，"君权天授"变成了"君权民授"，这样，传统的宗教天命论只剩下了一个外壳。

孟子于是提出了一个超越同时代人的口号："民为贵，社稷次之，君为轻"。这个口号一经提出，便使社会震动，响彻了两千多年，成为批判君主专制的有力武器。孟子当然不是说百姓比君王还尊贵，而是说百姓比君王更重要，君王应该为百姓效劳而不是相反。这个"民贵君轻"的说法，在先秦诸子之中是极为罕见的，它肯定民众是国家的主体，对于君权至上的制度具有很大的冲击力。按照孟子这一思想来设立政治体制，至少能发展出开明君主立宪制。与孟子这一思想比较接近的是《吕氏春秋·贵公》的"天下非一人之天下也，天下之天下也"。它们都是早期民本思想的高峰。

在施政程序上，孟子主张察顺民意，特别是用人和处罚的问题必须广泛听取下级乃至民众的意见。孟子说："左右皆曰贤，未可也；诸大夫皆曰贤，未可也；国人皆曰贤，然后察之；见贤焉，然后用之。"一般君王容易犯的毛病是听信左右,疏远士大夫,无视国人,所以孟子强调进贤必须得到民众的拥护,还要再作实际的考察。罢免和惩治官吏亦须大范围征求意见,既不得专制独裁,亦不能小圈子说了算。

古代民本主义当然达不到近现代议会民主和多党制的水平,但它们之间也是相通的,只是由于时代条件不同,发展有高有低罢了。孙中山提出民权主义,其思想源头之一当是孟子学。

(三)士人独立性格的确立

孟子所有贡献中,最大的贡献是确立中国士人的独立性格,提升了士人的精神境界,为中国知识分子立身处世,建立了一种较高的标准。他的思想陶冶出许多仁人志士,为中华民族的发展作出积极的贡献。

孔子的性格比较平和,孟子的性格比较高昂,在知识分子的操守、气节方面,孟子的影响似乎比孔子更大一些。

在君臣关系上,孔子主张,"君使臣以礼,臣事君以忠",君可以不君,臣不可以不臣。孟子进了一步,他认为君臣关系完全是相对的,他说"君之视臣如手足,则臣视君如腹心;君之视臣如犬马,则臣视君如国人;君之视臣如土芥,则臣视君如寇仇"。士可以为明君而死,但不必为昏君而死。暴虐之君可以被废除诛讨。所以齐宣王问孟子"汤放桀、武王伐纣"应怎么看的时候,孟子回答说桀纣乃独夫民贼,配不上君的称号,当然可以讨伐,不能说是臣弑君的行为。据说明代开国皇帝朱元璋读《孟子》到"草芥"、"寇仇"语时,勃然大怒,"谓非臣子所宜言,议罢其配享"。孟子认为士大夫事君是有原则的,他说:"古之人未尝不欲仕也,又恶不由其道",又说:"士穷不失义、达不离道",所以他不赞成愚忠。他认为明君必须"贵德而尊士","故将大有为之君,必有所不召之臣"。这样,孟子就大大提高了士君子的社会地位,要他们保持独立人格,不可依附权势,丧失人格。但士君子要做到这一点必须不贪图富贵而能有自己的高尚人生目标,这样才能"说大人则藐之,勿视其巍巍然",要意识到士君子与王公贵族各有所尚,后者有权势有富贵,前者有道德,有学问,这是比富贵还重要的东西。有了这样的自尊自信,才能在贵族面前站立起来,和他们平等交往,"乐其道而忘其势"。"君子有三乐,而王天下不与存焉",乐天伦之乐,乐心安理得,乐育英才,不去追求利禄,则利禄就不能买人心。故孟子认为"养心莫善于寡欲",贪欲太强烈就不能有坚固的操守,这就是无欲则刚的道理。

孟子刻画了有社会责任心的知识分子的气象,此即是:"得志与民由之,不得志独行其道,富贵不能淫,贫贱不能移,威武不能屈,此之谓大丈夫。"

大丈夫的气度是何等的雄伟宏大，富贵、贫贱、威武这三样东西之所以不能改变一个人的气节，是由于他行道之志坚定，对各种考验作了充分的准备，而且他懂得，志士仁人不经过严峻考验是不能成大材的。所以孟子又说："天将降大任于斯人也，必先苦其心志，劳其筋骨，饿其体肤，空乏其身，行拂乱其所为，所以动心忍性，增益其所不能。"人生在世，顺境固然有利于事业的成功，逆境亦可磨炼人的意志，增加经验和智慧，坏事可以变成好事。后来张载发挥孟子的思想，说"富贵福泽，将厚吾之生也；贫贱忧戚，庸玉汝于成也。"但是张载只说富贵厚生，没有说富贵害生，不如孟子说的完整。近代西方学者区别知识分子和专业人才，认为只有具备强烈社会关怀、以天下为己任的文化人才称得上知识分子，因此知识分子是社会的良心。孟子所说的大丈夫和士君子正是这样的知识分子，这样的知识分子是些先知先觉者，他们无恒产而有恒心，他们有责任去觉后知后觉者，这样社会改革事业才能成功。

为了造就高尚的人格和坚毅的品质，孟子提出养气说。孟子说："我善养吾浩然之气"，这个"气"不是作为物质的"元气"，也不是道家所炼的"真气"，而是一种精神气概，一种心理素质，是由强烈的道德所发出的精神力量。孟子说"其为气也，至大至刚，以直养而无害，则塞于天地之间。其为气也，配义与道；无是馁也。是集义所生者，非义袭而取之也"。我们平常说"胸怀世界"、"气贯长虹"、"浩气长存"，就是这种"浩然之气"。后来中国人习惯叫着"浩然正气"。养气的办法就是顺其自然，慢慢积累，"必有事焉，而勿正，心勿忘，勿助长也"，日积月累，形成稳定的道德心理状态，便可以做到"不动心"了。所谓"不动心"，就是"持其志，无暴其气"，任何外在的干扰，都不会使自己心乱，"自反而缩，虽千万人，吾往矣"，这就是英雄气概。宋朝文天祥写了《正气歌》，歌颂浩然正气，并用壮烈牺牲的行为，谱写了一曲感人至深的正气之歌。

士人的节气往往要经受生死的考验。孟子说："志士不忘在沟壑，勇士不忘丧其元"，在平时就要有不怕牺牲的准备，等到生命与道义不可兼得的时候，仁人志士便要"舍生而取义"，最后成全自己完美的人格，在中国历史上，为了社会进步事业而"成仁"、"取义"的志士仁人是很多的，他们的思想多少都受到孟子的影响。

（四）首倡心性之学

孔子未直接论心，而性与天道亦所罕讲。孔子以仁言人心，并说过："性相近也，习相远也"的话。

孟子创造性地发挥孔子的仁学，不仅指出"仁，人心也"，而且用四端良知说为仁学建立了人性论基础，又将人性与天道贯通。孟子的人性之学直接启示了宋明的内圣之学，在儒学史上产生巨大的影响。

孟子认为人性中本有善端为四："恻隐之心，仁也；羞恶之心，义也；恭敬之心，礼也；是非之心智也。"这四种善性人皆有之，扩而充之即是善人，"若夫为不善，非才之罪也"。孟子又把四端称为"良知良能"。孟子发现了人性的道德本心，他所倡导的性善说成为中国人性论史上的主流，其特点是强调人类要自我回归，自我救赎，而不必借助外在的力量。先秦诸子中，荀子与韩非主性恶论，告子主性无善恶论，汉代扬雄主人性善恶混论，董仲舒主性三品论，这些人性论始终是支流学派。宋明理学家提出人性二元论，分疏"天命之性"与"气质之性"，其实这种人性论从本质上说乃是孟子性善说的一种新的理论形态，所谓"天命之性"即是孟子所说的良知良能，所谓"气质之性"是指现实人性的复杂性，孟子并不否定这种复杂性，只是说人有向善之可能性。宋明理学家所反复阐扬的天理人心，归根到底就是孟子所说的道德良知。陆王心学更是直接得力于孟子。陆九渊认为自己的思想因读《孟子》而自得于心，"先立乎其大者"这句话成了陆学简易工夫的特征。王阳明则运用孟子的良知说，建立起自己的"致良知"的心学理论。

孟子不满足于讲四端良知，他要进一步探讨人性的终极来源和人心如何回归天道，他提出了著名的命题："尽其心者，知其性也；知其性，则知天矣。存其心，养其性，所以事天也。"尽心→知性→知天，这是人性回归天道的过程。人通过扩充善良的本心，彻悟自己的本性，从而体悟那作为存在与价值源泉的天道，这样便达到了天人合一的最高境界。《中庸》说："天命之谓性，率性之谓道，修道之谓教"，这一表述与孟子有异曲同工之妙。人的本性来源于天命，顺其本性而为之是人道，通过修养使自己合于人道便是教化的任务。很显然，无论孟子或是《中庸》，"天"已经不是高高在上、有意志的宗教之天，而是人道的来源与根据，是理性化了的道德之天。从此，儒家的思想，便有了形上学的基础。《易传》所说的"天道"，宋儒所说的"天理"，都与孟子和《中庸》相通。一种真正的哲学必须追求超越性的存在。在孔子那里，这种超越性的存在便是天命，但天命与心性是什么关系，他没有来得及阐述，孟子把这个问题初步解决了。孟子解决的途径是内在的超越，即通过自我反省与修养，体悟天命或天道的伟大，从而产生一种天人一体的宇宙意识。孟子说"万物皆备于我矣，反身而诚，乐莫大焉。"万物与我皆由天道而生，故其本性是相通的，我如能诚心诚意地发挥自己的本性，也必能很好地发挥万物的本性，体验到一种与万物共存荣的快乐，这种快乐既是道德的，也是超道德的，只有具有宇宙意识的哲人才能真正感受它。

孟子认为心还有认知的功能，他说："心之官则思"，人心之良知良能"求则得之，舍则失之"，因此人心要充分发挥思考的功能去认识和扩大良知良能，"求其放心"，"养其大体"，"先立乎其大者"，这就是尽心知性的工夫。可见道德心的挺立离不开道德理性的帮助。《中庸》说："自诚明，谓之性；自明诚，谓之教。诚则明矣，明则诚矣。"思诚则明，行明则诚，亦明亦诚，是同一个过程。《中庸》还说：孔子"尊德性而道问学"。尊德性即诚学，道问学即明学，两者是不可分的。后世儒者，有以尊德性而贬道问学者，有以道问学而轻尊德性者，皆背离孟子与《中庸》而不得其真传。韩愈提出儒学道统说，他认为尧舜禹汤周文武孔子之后，能传其道者唯有孟子。我们虽然不必拘泥于韩愈此说，但从儒家内圣之学来看，能继承孔子仁学并发扬光大者，以孟子的功劳最大，所以"亚圣"的称号对他是受之无愧的。

孟子的上述四个方面的贡献，对中国传统社会的政治、经济、学术、道德，都产生了深远广泛的影响，其文化生命至今仍熠熠放光。对于我们来说，孟子的思想是一笔珍贵的精神财富，如能认真开发而运用之，对于今天人性的改良，社会的治理，将有莫大的助益。

(载韩国孟子学会《孟子研究》，第 1 辑，1997 年)

荀子宗教观的当代价值

荀子是先秦时期继孔子之后的儒门重要思想家，在历史上影响巨大，这是得到公认的。但他也常常被误解，或者受时代潮流的影响，或者受学派眼界的局限。学界有些人对荀子批判太过，有些人又赞扬而不得其正。如谭嗣同把荀学与秦政相提并论，谓之"乡原工媚大盗"（《仁学》），这不过是愤世嫉俗之言，算不上实学求真之论。新中国成立以来，学界称颂荀子者居多，但他们又往往在褒其《天论》的同时，贬其《礼论》，似乎也不够理解荀子。"文化大革命"中，"四人帮"把荀子推崇为进步的法家，把他与"反动"的孔子对立起来，充满了影射史学的气味，这与真正的学术研究是毫不相干的。随着人们理性意识的增强和民族文化的自觉，人们对荀子的理解也越来越深入全面了。但研究深化和开拓的空间仍然是很大的。

我以为，荀子对儒学的贡献，侧重在制度文化即礼文化的层面上。它使孔子的思想与社会管理结合起来，在历代社会稳定与发展的实践中发挥了建设秩序、完备体制、协调群际的作用，为我国古代文明的发展作出了重大贡献。诚然，古代宗法等级社会的礼文化包含着"三纲"（君为臣纲、父为子纲、夫为妻纲）这样具有压迫性、专制性的旧礼教，为现代社会所不取；但它仍然包含着许多社会人生常道和东方文明积累的社会管理智慧，因此才造就了中华民族光辉灿烂的文化，使中国长期雄踞于世界的前列，获得了世界的尊重。我们不能因为礼文化在近现代的落伍而否定它在古代的先进，我们更不能因为礼文化陈旧腐朽的部分而把整个古代礼文化说成是"吃人"文化、"酱缸"文化和奴性文化，那样是没有历史眼光和辩证思维的表现。荀子对孔子的礼学作了创造性发挥，关涉到礼文化多个层面的问题，例如，礼的起源和本质，礼的特点和功能，礼与法制、民俗的关系，礼与社会群体的组合，人道与神道的关系，礼的演变与发展等。其中许多思想对于今天的政治文明、精神文明建设，都有借鉴意义。

我现在从社会管理文化的角度谈一下荀子的宗教观，看他如何认识和处理神道（宗教）问题。

荀子不相信有鬼神，不认为神道能创造奇迹，是一位有名的无神论者。孔子相信天命，并赞成"慎终追远"，但"敬鬼神而远之"，不正面回答死后如何、鬼神有无的问题。荀子又进了一步，他明确否定天有意志、人死为鬼，认为天就是大自然，"天行有常，不为尧存，不为桀亡"（《天论》），它有自己客观运行的规律，不受人间是否对它祭拜的影响，"雩而雨，何也？曰：无何也，犹不雩而雨也"（《天论》）。人间的治乱在于政治的清浊，天道与人道各有自己的际分，这便是"明于天人之分"（《天论》）。一切所谓怪异现象只是人尚未能认识的少见的自然现象而已，并无鬼神从中作祟，故曰："星队（坠）、木鸣，国人皆恐。曰：是何也？曰：无何也，是天地之变，阴阳之化，物之罕至者也。怪之，可也；而畏之，非也。"（《天论》）所谓"见鬼"，是由人的主观意识不清醒造成的，"凡人之有鬼也，必以其感忽之间、疑玄之时正之。此人之所以无有而有无之时也"（《解蔽》）。荀子在鬼神问题上消除了孔子含混模糊的成分，以鲜明的态度赞成无鬼神论，表现出很强的理性和科学精神。

  但这还不是荀子最高明的地方，他的伟大在于他能够超越一般的无神论，站在社会整体的高度，给予他并不相信的神道以合理的定位：把神道视为人道的一部分，具有重要的社会文化功能。一般人如果不信鬼神，坚持不信也就够了，但对于社会管理者而言，他还面临着如何超出个人的信仰，正确和宽厚地对待他人和社会民众的信仰的问题，还面临着如何将神道纳入社会管理体系使之成为积极力量的问题。而荀子对此在理论上和实践上都作了深入的思考和设计。

  首先，荀子把敬天祭祖的神道纳入礼文化之中，并且作为礼文化的价值源泉，从正本澄源的高度说明敬天祭祖不可废，这就是"礼有三本"之说。《礼论》说："礼有三本：天地者，生之本也；先祖者，类之本也；君师者，治之本也"，"故礼，上事天，下事地，尊先祖而隆君师，是礼之三本也"。中华民族是一个不忘本根、有着深厚历史意识的民族，它对"我们从哪里来"的问题的基本认识是"万物本乎天，人本乎祖"（《礼记·郊特牲》）。敬天祭祖就是报本返始，保持民族根源性意识，使民族文化连续不绝。荀子认为这是人应有的文化自觉，其中既没有神秘的成分，也没有功利的期盼，有的只是知恩感恩的诚心和文明溯源的意向。"君师"中的"君"，当时其实就是代表国家，国家和教师并重，前者职责在管理，后者职责在教化，结合起来才能维持正常的社会生活秩序，所以是"治之本"。荀子"礼有三本"之说，后来成为整个民族的文化意识，成为礼文化的灵魂和底色，成为中华民族普遍的基础性信仰，直至今日还在发生着潜移默化的影响，使得中国人对天与祖存有敬意，热爱祖国，尊师重道。

其次，荀子认为，包括神道在内的礼文化是"化性起伪"的方式，是人摆脱动物性、调节秩序与性情、达到文明社会的依凭力量。荀子认为自然人性是趋恶的，放纵情欲必导致争夺混乱，因此要用后天的礼义文化加以修饰、调化，使人性臻于文明。这样来看，礼义是涵养人性的，"故礼者，养也"（《礼论》）。人有了礼义，社会秩序才有保证，同时其性情也能趋向健康；失掉礼义，性情便会流荡："故人一之于礼义，则两得之矣；一之于情性，则两丧之矣"（《礼论》），这叫做"性伪合"，"性伪合而天下治"（《礼论》）。具体到丧葬祭祖之礼，便是"称情而立文，因以饰群，别亲疏贵贱之节"。它的功用有几层意义：其一，使人"事死如事生、事亡如事存"，养成善始善终的品质。"生，人之始也；死，人之终也。终始俱善，人道毕矣。故君子敬始而慎终"，若"厚其生而薄其死"，"是奸人之道"。（《礼论》）亲人一死便忘却的人对生者也不会忠厚。其二，使人的哀思、爱敬的亲情得以寄托和发散，形成文明的民俗。故曰："祭者，志意思慕之情也，忠信爱敬之至矣，礼节文貌之盛矣。"（《礼论》）丧祭是人们感念追思先辈故亲的重要方式，所以孔子要求"丧思哀"、"祭思敬"《论语》），不能走过场。荀子关于祭祀有表达情意功用的思想与孔子是一致的。以上两点都是从人生需要和提升文明程度的视角考察丧祭礼仪的现实作用，类似于后来宗教社会学的思路。祭祀文化并没有神秘的成分，不是要安顿死者的灵魂，也不是祈求死者神灵的保佑，它不过是人性的外在表现，是社会文明的需要。

复次，从社会管理的角度看，宗教祭祀是社会文化的有机组成部分，是建立社会秩序的积极力量；管理者即使不信神道，也要给予尊重，并通过神道，安定民众，稳定社会。荀子认为，对于神道，社会不同阶层可以有不同的看法和态度，不必强求一律，两者相异又可以相安。例如，对于"日月食而救之，天旱而雩，卜筮然后决大事"等神道行为，"君子以为文，而百姓以为神。以为文则吉，以为神则凶也"（《天论》），君子把这些鬼神之事看做是一种文饰，可以安慰人心，可以维持社会秩序；当然也不能依赖神道，还要明于礼义，强本节用，制天命而用之。普通百姓则以为神道真有灵验，只知迷而信之，不知人力可以参与天地的变化，坐等自然的恩赐，这样只会带来灾祸。再拿祭祀礼仪来说，其中也存在着管理文化与民俗文化的分际，如荀子所说："圣人明知之，官人以为守，百姓以成俗。其在君子，以为人道也；其在百姓，以为鬼事也。"（《礼论》）有大智慧的圣人很清楚地认识到祭祀礼仪是社会文化的一种形态，是道德教化的方式；而一般官吏只要懂得祭祀礼仪有助于维持社会秩序，从而用它来治理地方也就够了；普通百姓则把祭祀礼仪作为风俗习惯和生活方式，他们是真诚信仰神道的。君子以为是人道，但不必强制百姓改变信仰；反之，百姓以为是鬼事，亦不妨碍君子以理性的态度对待它，把它作为一种人道予以肯定。这是两个不同的层次：一是鬼神的有无问题；二是鬼神信仰及其行为方式的社会定位和功能问题。社会管理者不管自己信什么和不信什么，他必须承认别人尤其是民众的深厚的神道传统，能够"因俗而治"，而信仰上保持差别并不影响社会的治理。

荀子的无神论可以称为温和的或理性的无神论，他的宗教观可称为纳神道入人道的人本主义的宗教观。这种无神论和宗教观对后世管理制度文化影响巨大。

汉以后历代王朝在管理层面上大都实行了人道和宽容的宗教文化政策。其要点有三：第一，使政治超越宗教，不搞政教合一，不举国热衷神道，不宣布任何一种组织化的宗教为国教，允许多种宗教和信仰同时存在。但作为民族和国家的信仰基础，敬天法祖是不可动摇的，它是中华民族文化的底色，它并不排斥其他宗教，但能让其着色。第二，认同"神道设教"，认为宗教"有助王化"，可以劝人为善，有利于改善社会道德风气，凡能与王权合作并能行善积德的宗教，不论是本土的还是外来的，都允其合法存在，并纳入国家管理体系，使其成为社会秩序的调控力量和社会教育的组成部分。第三，鼓励宗教脱离低层次的迷信，向高层次发展，提高文化品位和文明程度，成为当时先进文化的组成部分，能为社会提供人生智慧和艺术珍品，能丰富、美化社会的精神生活，使人们受到审美的熏陶，正如荀子所说，让宗教成为"养情"的"礼义文理"，这样的宗教就会受到社会的欢迎。

中国共产党是没有宗教信仰的无神论政党，同时又信仰辩证唯物主义和历史唯物主义，在信仰层面上和历史上的执政者根本不同，后者或多或少都有鬼神观念并敬天尊祖。但历史智慧和经验并不是完全不能借鉴的。其一，历史上政治家所尊奉的礼教与儒学，本质上是一种人学，而社会主义也是要以人为本；古人把神道看成一种特殊形态的人道，因而予以认可，我们为什么不能把宗教看成是一种以超凡的形式反映人类精神需求的人间文化常态呢？其二，历史上的社会管理者面临着广大民众中的多民族、多宗教、多民俗的国情。他们必须超越某一种信仰（包括自己的信仰），而能包容所有劝善守法的信仰，才能取得民众的广泛拥护，从而正常发挥国家调节族群、协和社会的管理功能；社会主义社会同样是多民族、多宗教、多民俗的社会，管理者只有全面协调好各种信仰群体的关系，才能使社会和谐稳定。其三，"神道设教"是古代国家在宗教管理实践中形成的基本经验，管理者是否信仰宗教和有何种信仰并不重要，关键所在是管理者懂得借用宗教推进社会道德教化，并视宗教为维系道德风尚不可缺少的要素，而且是行之有效的方式。社会主义者面对宗教的长期性、群众性，面对道德建设的繁重任务，必须借助于诸家众教的力量，共同建设精神家园。充分发挥宗教的道德功能是现代文明的需要，也是宗教健康发展的需要。荀子是无神论者，在这一点上与我们今天的社会主义者比较接近；他又是一位理性的温和的无神论者，倡导宗教文化论，在这方面更与我们接近。当然，荀子是一位朴素的人文学者，而我们有唯物史观和中国特色的社会主义理论，我们能够学习荀子又超越荀子，更加宽容、更加理性地对待宗教。我们在处理社会主义与宗教的关系上，已经归向了"和而不同"、"求同存异"的东方传统。在这"回归"的路上，荀子给了我们重要的启示。

（载《社会科学战线》，2008年第6期）

韩愈评传

韩愈是中国历史上著名的文学家,也是哲学家。他在生前已享有文名与德名,死后虽不无疵议,但在北宋以后的漫长封建社会里,总的说来,是备受推崇的。比如,明朝以后,在吏部和学府开始祭祀韩愈,把他当成神来供奉。又比如,编于康熙年间,在社会上流传颇广的《古文观止》,全书上起东周,下迄明末,共辑50余家古文220篇,而其中韩愈一家的文章竟有24篇之多,他在散文史上的地位,由此也可见一斑。

新中国建立后,对于韩愈的文学活动,特别是散文的成就,学术界大体上是肯定的,但对于他的政治思想和哲学理论,则有毁有誉,迄今尚无定论。不过,大家都不否认他在中国历史上有过巨大的影响,是一个重要的人物。

韩愈生活在"安史之乱"后的中唐时期。那时大乱虽已过去,但时局仍处于多事之秋。"安史之乱",随着史朝义于公元763年的死去在表面上是平息了,但封建割据势力并没有被消灭。诸叛军节度使摇身一变,成为唐朝廷的节度使。他们兵权在握、各霸一方,唐朝的政权只是名义上的统一。这是内乱的最大祸根。内部的分裂未息,民族的外患又起。公元763年吐蕃军攻入长安,公卿束手,诸将观望,代宗出逃。幸赖郭子仪等名将团结诸军,奋力战斗,方使唐帝国化险为夷。公元779年,代宗死,德宗即位。公元781年,淄青镇、成德镇、魏博镇诸将领因争传子制而举叛旗。此乱刚平,李希烈又反叛,接踵而来的是朱泚、李怀光作乱。朝廷靠浑瑊、李晟等武将治兵,靠李泌、陆贽等文臣用谋,这起伏不断的战祸方告结束。而后外和回纥、南诏,国势稍安。但朝廷昏朽,宦官用权,腐败的政治并未有大的起色。公元805年,德宗死,身患中风病的顺宗即位,起用王伾、王叔文。二王以柳宗元、刘禹锡、韩泰等人为助,实行改革,试图削减宦官和藩镇势力,整顿法纪财政,以加强中央政权,史称"永贞革新"。但这次改革力量单薄,遭到宦官和部分有势力的朝官的联合反击,以致很快失败。数月后,顺宗退位,宪宗立,二王死,八司马被贬斥。宪宗较有作为,他任用李绛、裴度等能干的大臣,下决心用武力平乱。公元806年平夏州。公元807年平蜀,斩刘闢。公元808年平江东,斩李锜。

公元810年擒卢从史，得泽、潞、邢。公元812魏博镇归顺。公元817年平淮西，擒吴元济。公元818年横海镇、幽州镇、成德镇归顺。公元819年取淄青镇，杀李师道。至此，藩镇割据势力基本上被削除。宪宗亲信宦官、斥疏功臣，于公元820年被宦官杀死。穆宗即位，唐朝进入后期。

韩愈一生，经历了代、德，顺、宪、穆五个皇帝执政的年代。这个时期的主要社会矛盾是统一的中央集权国家同割据的地方势力之间的斗争。叛军作乱，他遭遇过；朝廷腐败，他谏争过；平定藩镇，他参加过；"永贞革新"他抨击过。他日夜思虑并力图解决的问题，正是统治阶级向当时本阶级思想家尖锐提出的问题：如何从思想上巩固封建中央集权制度，保证在全国范围内实现封建社会秩序的相对稳定，减少或避免大的政治动乱。统治者当时手中的主要思想武器，无非是儒、释、道。隋唐佛教，在度过它的黄金时节之后，正在走向衰落。佛、道都为封建制度效过大劳，但它不事君父、不担税役给封建社会带来离心倾向和经济损失，这些消极面在藩镇作乱中日益显露。统治者从历史经验教训中逐渐感到需要调整儒、释、道之间的关系，三者不应等同看待，必须大大提高儒学的正统地位，以儒为主，同时佐以释、道，才能形成最适合维护封建统治的意识形态。这个问题，韩愈以思想家特有的嗅觉，敏锐地觉察到了。此外，在文学上，齐、梁以来的骈体文，为追求绮丽的形式而牺牲了内容的真实性，它腐朽僵死了，只剩下一具失掉灵魂的躯壳，但它仍不肯退出语言文学的舞台。改革文体和文风，早已成为社会前进、文化繁荣的迫切要求。自武朝陈子昂，已开新古文风气之先，后有萧颖士、元结、李华、独孤及、梁肃等相继以推之，新古文运动正在开展中。不过，要将雕藻绮靡之习一扫而廓清之，尚需有一个较大的推动。

韩愈的思想就是在这种社会历史条件下应运而生的。他既是复兴儒学运动的旗手，又是新古文运动的中坚，一生兼思想家和文学家而二任。他的哲学思想就是在当时两大社会运动中产生，并为之服务的。

一、韩愈的生平和主要社会活动

韩愈字退之，生于唐代宗大历三年（公元768年），卒于唐穆宗长庆四年（公元824年），河南南阳（今孟县西）人。[1]其先世曾居昌黎，故韩愈也自称昌黎人，[2]李翱《韩吏部行状》、皇甫湜《韩文公墓志》及愈子韩昶自撰墓志，皆因循之。

韩愈出生在一个普通官僚地主家庭里。其父韩仲卿曾为武昌县令，官终秘书郎,其叔韩云卿曾为监察御史,以文章名于当世,其伯兄韩会官至起居舍人,后贬韶州刺史,善文章,与梁肃等相亲。韩愈3岁父母双亡,居伯兄韩会家,由嫂郑氏抚养。10岁随兄远赴韶州。韩会死后,又随嫂扶柩数千里归葬兄于中原,依寡嫂而成人。韩愈虽从小生活在官僚世家和书香门第,早识文字,不愁饥寒,[3]但因父兄早逝,自幼孤独,饱尝寄人篱下、长途颠沛的艰辛,经历过兵荒马乱、动荡不安的岁月,这使得他早熟,并具有较强的自我奋斗精神。

韩愈一生的经历和活动,大致可分为五个阶段。

第一阶段:从童稚到应试前(7—25岁)。

韩愈自幼所学皆六经百家之书,而以学儒为主,[4]直至成年。他的世界观就是在儒学的熏陶下形成的。青年的韩愈服膺孔孟,崇信儒经,辨别是非以孔孟之言为标准,撰写文章以颂圣阐经为内容,[5]成为孔孟之道的忠实信徒,这就为他一生的活动奠定了思想基础。

韩愈于六经之外,又博览百家之作,尤喜司马相如、司马迁和扬雄之文。这使得他博学多识,并在古文上立下深厚的根基。韩愈开始文学活动时是追随独孤及和梁肃的,《旧唐书·韩愈传》说:

> 大历贞元之间,文士多尚古学,效扬雄、董仲舒之述作,而独孤及、梁肃最称渊奥,儒林推重。愈从其徒游,锐意钻仰,欲自振于一代。

在文学上鄙时文而尚古文,在思想上远佛老而奉儒术,初出茅庐的韩愈即心怀着在这两个方面"自振于一代"的奋斗目标。

第二阶段:进士及第到入仕前(25—29岁)。

贞元八年,陆贽主持科举考试,经梁肃引荐,25岁的韩愈考取礼部进士。官场的大门似乎就要向韩愈敞开了。唐朝制度,学子经礼部选取后,还要经吏部考试合格,才能授予官职。可是韩愈连续三次应试吏部"博学宏词"科,都告失败。他怀才不遇,又囊资已罄,只好以文章为谒见之资,奔趋权贵之门。他曾三上宰相书,以动人之笔,细表自己的抱负才华和如何穷困窘迫,求提拔乞官职的心情,跃然纸上。他还提出一种理论来说服权臣起用自己:

> 布衣之士,身居穷约,不借势于王公大人则无以成其志。王公大人,功业显著,不借誉于布衣之士则无以广其名……其事势相须,其先后相资也。(《与凤翔邢尚书书》)

韩愈是够坦率的，无奈权势者无动于心，不予理睬。于是韩愈苦闷彷徨不知所之，便发出"遭时者虽小善必达，不遭时者累善无所容"(《感二鸟赋》)之慨。他把遭遇归于天命："其哀之，命也，其不哀之，命也，知其在命而且鸣号之者，亦命也。"(《应科目时与人书》)又把希望寄于天命："盖上天之生余，亦有期于下地。"(《感二鸟赋》)"天不欲使兹人有知乎，则吾之命不可期，如使兹人有知乎，非我其谁哉！"(《重答张籍书》)他模仿孔丘、孟轲的口气，说自己肩负着上天的使命，前途大有希望。这一时期的韩愈，戚戚于贫贱，汲汲于富贵，表现得庸俗卑下，无怪后代一些清高之士，在这一点上看不起他。但这是社会历史条件所使然。

第三阶段：为董晋僚属到贬阳山迁江陵（29—38岁）。

贞元十二年，宰相董晋兼宣武节度使，韩愈当上观察推官，随董晋出镇大梁。这是韩愈生平第一次做官，时年29岁。董晋卒，韩愈又依于武宁节度使张建封，辟为推官。这时的韩愈缺乏社会经验，不谙人情世故，《旧唐书》说他"操行坚正，拙于世务"，《新唐书》说他"鲠言无所忌"。贞元十八年，调授四门博士，翌年升监察御史。此时，韩愈同柳宗元、刘禹锡结成好友。他决心实行儒家治国平天下的主张。是年关中旱饥，他上书请宽徭役、免田租以安京师，又上书论除宫市之弊，从维护地主阶级长远利益出发，主张对皇家和剥削者的贪欲有所抑制，以便缓和阶级矛盾、安定政局。不料却引起了德宗的不满，德宗又嫌他一提升为朝官就直言多事，便将他远贬为连州阳山（今在广东西北）县令。这个晴天霹雳，把他打得晕头晕脑，他在两年后一首诗中回忆说："前年出官由，此祸最无妄"(《岳阳楼别窦司直》)，还怀疑柳宗元、刘禹锡是否背后说了他的坏话。这是韩愈在政治上第一次大进退。这一挫折给他的教训很大，开始觉得处世做人要学得圆滑一些，"自从齿牙缺，始慕舌为柔"。不过韩愈呶呶多言的性格，始终没有改变。

永贞元年，韩愈遇赦，迁江陵法曹参军，赴江陵途中他曾在湖南郴县待命3个月。38岁的韩愈，在此时写下了被称为"五原"的哲学论文，即《原道》、《原性》、《原毁》、《原人》[6]、《原鬼》。这五篇文章是韩愈政治思想和哲学理论的代表作，标志着他的新儒学思想已经成熟。韩愈有鉴于儒学的衰落和释、道的蔓延，看到了封建帝国的危机。他总结以往思想统治方面的经验教训，深感只有大力提倡忠君孝亲的孔孟之道，才能有效地制止犯上作乱的发生，使大一统的中央政权得到巩固。于是他挺身出来大声疾呼，发出尊孔孟、排异端的号召，独自举起了复兴儒学的旗帜，要在扶树名教上大干一番事业。

第四阶段：从权知国子博士到贬为潮州刺史（39—52岁）。

元和以后，韩愈时来运转，在官途上步步升迁，历任国子博士、都员外郎、河南令、职方员外郎、比部郎中、史馆修撰、考功知制诰、中书舍人等官职。其间曾有小的波折，但数贬而后复升。

韩愈力主政治统一，反对地方割据。元和九年，彰义军节度使吴少阳卒，其子吴元济自立，向朝廷闹独立。韩愈上书言事，主张征讨，论及军事，颇有韬略，但因埋怨在上者寡断，遭到贬抑。元和十二年，裴度为相，节度彰义军，决心平淮西之乱，任用韩愈为行军司马。韩愈亲自劝说汴军都统韩弘听命于朝廷，使吴元济孤立，又献奔袭蔡州的计谋，很得裴度赏识。淮西平后，韩愈因功被提拔为刑部侍郎，厕身于大员之列。

为了重新树起儒学的权威，韩愈在《原道》中即倡言辟佛，甚至提出了"人其人，火其书，庐其居"的激烈主张。元和年间，在宪宗支持下，佛教继续泛滥。元和十四年，宪宗使人从凤翔法门寺迎佛骨入宫中供奉三天，煽起了宗教狂热。这时韩愈不怕冒犯君颜，上表谏迎佛骨，历数佛教伤君祸国殃民之罪，要求将佛骨投之水火，并表示"佛如有灵，能作祸祟，凡有殃咎，宜加臣身。"（《论佛骨表》）言辞慷慨激昂，上下为之震动。宪宗大怒，要处死韩愈，幸赖亲贵说情，远贬潮州为刺史。韩愈到潮州后上表悔罪表忠心，言语沉痛哀戚，使宪宗动心，将他内移为袁州刺史。这是韩愈在政治上最大的一次起落。他在这个时期着力于"觝排异端，攘斥佛老"、"障百川而东之"（《进学解》），力图恢复儒学独尊的权威，并因此付出了惨重的代价。

早在青年时代，韩愈在文学上就勇于创新，创作出一系列高水平的散文，推动着新古文运动的前进。在这一时期，他又大力掀起新古文运动的思潮，并形成了韩门学派，使新古文运动得以广其影响、长其流传。韩门散文家有张籍、李翱、皇甫湜、孙樵等，韩门诗人有张籍、孟郊、贾岛、樊宗师、卢仝、李贺等。他们的共同特点是大胆抛弃骈文俪句，不因袭陈词滥调，以崭新的语言文学形式进行创作，同时他们各自又有自己独特的艺术风格，形成百花争艳的局面。韩愈则是他们的师长和中坚。还应当特别指出，韩愈同柳宗元于这期间在文学活动上的通力协作，对于推动新古文运动有巨大作用。韩柳之间的友谊早年很深。自从韩愈被贬阳山，柳宗元参加"永贞革新"，两人在政治上产生了一定隔阂，但他俩的友谊却始终没有破裂。在文学上，韩柳对新古文运动的基本观点一致，彼此都赏识对方的文才，尊重对方的文学风格，一直互相关怀、鼓励和支持。柳宗元遭贬后，韩愈并不落井下石，而是给予深切的同情。柳宗元曾赞扬过韩愈不随顺时俗的精神，并在卒前将子女托付于韩愈照顾。韩愈在柳宗元死后写祭文、撰墓志,以深情浓墨赞美柳的文章和为人。两人的文学联盟,为新古文运动建立起强大的阵容,这也是运动能够取得胜利的重要原因。

第五阶段:由袁州回京城直到病死(53—57岁)。

穆宗即位后,召回韩愈做国子祭酒,这是韩愈一生第三次在教育部门任职。韩愈是个重视教育并躬行实践的人。他在平时就喜欢教育青年,奖掖后进,选拔人才。后来在教育方面取得了成效,造就出一大批有真才实学的知识分子。

长庆元年,韩愈转为兵部侍郎。时值镇州兵乱,乱兵杀田弘正,立王廷凑,围深州刺史牛元翼。穆宗派韩愈前去宣抚。朝臣们都以此行险恶,替韩愈担忧,穆宗也诏示韩愈灵活行事,但韩愈声称"安有受君命而滞留自顾"(《新唐书·韩愈传》)的,疾驱入乱兵阵中,劝王廷凑解牛元翼之围。韩愈此行表现得有勇有智,居然成功,乱得以抚平,因功迁吏部侍郎。后一度任京兆尹兼御史大夫,复为吏部侍郎。长庆四年病卒。

韩愈的为人,一方面功名心重,迁升则喜,贬斥则悲,并用利禄教育后代;[7]另一方面又不满足于个人富贵,仍然保持其进取心,在学业上继续取得成就。他对那种"得一名,获一位,则弃其业而役役于持权者之门,故其事业功德,日以忘,月似削,老而益昏,死而遂亡"(《上考功崔虞部书》)的人是看不起的。他身列朝官后,虽然阅历渐深,而且懂得"事修而谤兴,德高而毁来"(《原毁》),但他并不一味明哲保身,仍然直言抒怀。他做官,往往由于上书切谏,触犯皇帝权臣,遭到贬逐,然后他又诚惶诚恐,悔过求恕。一旦宦途顺坦,他又不甘寂寞,评议朝政,以致一生宦途几番上下。

二、韩愈新儒学的政治思想和社会历史观

先秦的儒学,经西汉董仲舒之手,变成了神学化的儒学,并取得独尊的地位。随着汉末农民大起义和汉王朝的覆灭,儒学丧失了至上权威,魏晋南北朝时期,儒、释、道三者鼎足而立。隋唐以来,佛教大盛。不过儒学也在重整旗鼓,并逐渐为统治者所重视。唐太宗、高宗钦定的孔颖达的《五经正义》,成为科举考试的标准。开元二十七年,追谥孔丘为文宣王,这些都为恢复儒学的权威作了准备。但儒学尚未形成适应新时期需要的新的理论体系,而单凭重复六经的词句,是无法与佛教庞大的哲学理论相抗衡的,更不用说要取而代之了。政治集团为了巩固封建制度急需复兴儒学,而复兴儒学必须提出新的儒学

理论，这项工作是由韩愈开其端的。

表达韩愈新儒学主要思想的，有《原道》、《原人》、《读荀》、《送浮屠文畅师序》、《处州孔子庙碑》等文章。

（一）新儒学理论的特点

1. 韩愈能够对庞杂的儒家社会政治伦理学说，作简要的归纳，使之条理化通俗化，易于为人们理解和接受。《原道》开头就说：

> 博爱之谓仁，行而宜之之谓义，由是而之焉之谓道，足乎己无待于外之谓德，仁与义为定名，道与德为虚位。

韩愈认为道德的内容就是仁义，而仁义不过是主张和实行博爱而已。不管韩愈关于仁义道德的定义是否完全符合孔丘的原意，它至少是简洁明确的。韩愈把仁义道德看做新儒学的总纲，具体来说，它表现为几个方面：

> 其文《诗》、《书》、《易》、《春秋》，其法礼、乐、刑、政，其民士、农、工、贾，其位君臣、父子、师友、宾主、昆弟、夫妇，其服麻丝，其居室宫，其食粟米、果蔬、鱼肉。（《原道》）

前四条分别规定了宗法社会思想和政治统治的内容，阶级关系、等级制度，后三条讲吃、穿、住，看起来有点琐碎，其实有其用心，是为了强调儒学不离乎人伦日用，使人产生对儒学的亲切感，同时也可以与佛教道教的出世哲学相对立。韩愈很会做宣传普及工作，他把儒家的社会理想和政治主张概括得有纲有目，表达得深入浅出，形容得明白易行，给人以深刻的印象。

2. 在伦理道德观上，将博爱与亲亲结合起来。韩愈根据孟轲"亲亲而仁民，仁民而爱物"（《孟子·尽心上》）的说法，提出"圣人一视而同仁，笃近而举远"（《原人》）的观点。"一视同仁"就是《原道》里讲的"博爱之谓仁"，这种爱不单要施于中国，还应及于"夷狄禽兽"（《原人》）；"笃近而举远"则说明博爱并非墨家的兼爱无差等，要"亲亲而尊尊"（《送浮屠文畅师序》），要由亲及疏。韩愈这种以博爱为口号，以亲亲为实质的道德观，为后来宋儒所赞赏和吸收。北宋张载在《西铭》里提出"民，吾同胞；物，吾与也"，使爱的范围更扩大，推及一切的人与物。程颢则有"仁者以天地万物为一体"的博爱观，朱熹又从其中引申出"理一分殊"之义（《张载集·附录·朱熹西铭论》，中华书局，1978年，第411页）。

3. 进一步推尊孔丘，极力褒扬孟轲，并提出从尧到孟轲的儒家道统说。

韩愈以前的儒者都崇拜孔子,至韩愈达到一个新的高度。他说:"生人以来未有如孔子者,其贤过于尧舜远者。"(《处州孔子庙碑》),他把孔丘视为中国最高的圣贤,赞同各地祭拜孔丘的活动。杜牧对此曾有过评论:"称夫子之德,莫如孟子,称夫子之尊,莫如韩吏部。"(《处州孔子庙碑》注引)

孟轲在唐以前的儒者心目中的地位,并未高于荀卿、董仲舒、扬雄等。韩愈第一次把孟轲说成是孔学最忠实最完美的继承人,认为孟轲的儒学思想纯粹无疵,"孟氏醇乎醇者也"(《读荀》),荀卿、扬雄同孟轲相比就次一等,"荀与扬,大醇而小疵"(《读荀》),他们的学说"择焉而不精,语焉而不详"(《原道》)。从此之后,孔孟并提,儒学被称为孔孟之道,孟轲被尊为"亚圣",《孟子》一书至宋代更列为儒经,是"四书"之一。

韩愈认为儒学的宗旨即"道",有一个代代传授的系统,最早从尧开始,"尧以是传之舜,舜以是传之禹,禹以是传之汤,汤以是传之文武周公,文武周公传之孔子,孔子传之孟轲,轲之死不得其传焉。"(《原道》)这个道统是根据孟轲和扬雄提出的儒家圣人顺序而构建出来的。韩愈为什么要编制儒家的道统呢?目的是为了坚守和传承儒家的思想路线,确认儒家在历史上的正统地位,并与佛教各宗派的传法世系相区别、相抗衡。他把自己说成是儒家道统在唐代的真正继承人,以取得复兴儒学的旗手资格和传统根据。韩愈虽未明确说儒家道统自孟轲后就传到他的身上,但确有志于传儒家之道。他说:

> 释老之害,过于杨墨,韩愈之贤不及孟子……使其道由愈而粗传,虽灭死万万无恨。(《与孟尚书书》)

韩愈以孟轲继承者自任,其着眼点是吸取孟轲辟异端、继孔学的斗争精神,像孟轲辟杨墨那样去辟佛老,以便恢复儒学在思想领域的主导地位。他知道任务很艰巨,但他兴亡继绝的决心很大,立志要"寻坠绪之茫茫,独旁搜而远绍,障百川而东之,回狂澜于既倒"(《进学解》)。

4. 阐扬《大学》的"修齐治平"的思想。《大学》是《礼记》中的一篇,在韩愈之前,并未引起儒者特别的重视,自韩愈起《大学》的地位被抬高了。韩愈在《原道》里引用了《大学》一段重要的话:

> 古之欲明明德于天下者,先治其国;欲治其国者,先齐其家;欲齐其家者,先修其身;欲修其身者,先正其心;欲正其心者,先诚其意。

他接着说道:"然则古之所谓正心诚意者,将以有为也。"韩愈为什么特别重视《大学》这段话呢?第一,它很精辟地概括了儒家的修养方法和从心到物的认识论路线。《大学》把社会的改造、天下的治理,一步一步归结,最后归结到个人诚意正心的思想修养上,把修身养性看成是万事之本。后来的宋儒讲的性命之学,就是对这个观点的大力阐发。第二,它强调"诚意正心"的目的是"齐家治国平天下",是要有为而不能无为,必须入世而不能出世,这正是儒学区别于佛老的地方。此后的儒者,对《大学》拳拳服膺,"修齐治平"几乎成了口头禅。宋以后,《大学》成为独立的儒家经典,被列为"四书"之一。

(二)新儒学的政治思想

韩愈根据儒家的基本政治主张,结合当时稳定宗法等级制度的实际需要,提出了自己的政治观点,这些观点简言之,就是:忠君、清政、兼礼法、重传统。

1. 提倡忠君。韩愈在这一点上比孟轲后退了。孟轲认为无道之君如殷纣王,不过是"残贼之人",人们可以不承认他是君,诛灭他并不害于礼。韩愈则不然,他认为君王是神圣不可侵犯的。唐天子是天命所授,有权统治四方。"唐受天命为天子,凡四方万国,不问海内外无小大,咸臣顺于朝"(《送郑员外序》)。凡唐天子,不论表现如何,一即位就是"神圣睿哲","功崇德钜",只能服从和歌颂,不能违抗和指责。纵然政治上有过失和流弊,那也是官吏们的责任,而天子总是仁慈英明的。大臣可以犯颜直谏,但遭贬受罚后,绝不能口出怨言,还要感谢皇恩浩荡,自认罪有应得。韩愈被贬潮州,立即上表谢恩说:"既免刑诛,又获禄食,圣恩弘大,天地莫量。"并痛骂自己罪该万死。这不能看做是韩愈故为表态之词,他认为作臣的应该如此,君叫臣死,臣不能不死,忠君之心是不能变的。愚忠是韩愈一贯具有的观念,他所作的琴操《拘幽操》,就模仿被囚羑里的文王的口气说:"臣罪当诛兮,天王圣明。"暴虐如殷纣这样的君,也要颂他圣明,贤明如西伯这样的"圣人",由于是殷臣,也要向纣王低头认罪,这种绝对忠于君主专制制度的观点,很受后代君王们的赏识,它是韩愈思想里最保守的成分之一。

2. 主张除弊抑暴,稳定封建社会秩序,巩固封建国家政权。综合韩愈的言行,他主张政治上实行拨乱反正,主要是:第一,铲除军阀割据,维护唐帝国的统一;第二,去掉重赋厚敛,缓和阶级矛盾;第三,取缔佛教活动,尊奉孔孟之道;第四,赎放奴隶,禁止典人。第一、第二、第三条,本文他处都有论述,此处从略。关于第四条现补充一些事实。韩愈为袁州刺史时,曾赎放奴隶七百余人而归之父母,并出令禁止以借贷为由,变良人子女为婢奴。[8]他在

《柳子厚墓志铭》中，又称赞柳宗元在柳州放归奴婢的措施。他认为典贴良人子女为奴是"既乖律文，实亏政理"[9]的违法行为，建议朝廷在全国范围内进行检查，予以纠正。韩愈这方面的言行说明他反对奴隶制的残余，对平民有一定同情心，具有进步意义。

3. 提出礼法兼备的治国方法。韩愈奉六经又通百家，是文人又兼官僚，修文事也治军事。与这种状况相适应，在治国问题上，他主张儒经与法律兼顾，刑政与教化并用。他数次将"礼乐刑政"并提，作为治国之方。[10]礼乐指思想文化方面的统治，刑政指政治法律方面的统治，这两者都是不可缺少的。元和六年，有个叫梁悦的人为父报仇，杀人后自首。如何判决此案引起争议。韩愈在《复仇状》里说，若据《春秋》、《礼记》等经典，许孝子为父复仇；若据国家法律，则杀人者死。假如"一断于法"，"则伤孝子之心，而乖先王之训"，假如"许复仇，则人将倚法专杀，无以禁止其端矣。"韩愈建议对此类事不可偏于一端，应由"尚书省集议奏闻，酌其宜而处之，则经律无失其指矣。"

在法治和人治的关系问题上，韩愈认为定制度比择贤者更重要，例如君位传授上的宗法嫡长子继承制必须遵守，否则会引起动乱。在如何看待"尧舜传诸贤，禹传诸子"的问题上，韩愈反对指责夏禹。他认为当时无贤人可传，与其传之非其人不如传子，"传之人则争，未前定也；传之子则不争，前定也。前定虽不当贤，犹可以守法，不前定而不遇贤，则争且乱。"（《对禹问》）他看到当时君位继承上宦官插手，屡起波折，担心引起政局不稳，所以有上述议论。他的见解里有法治高于人治的合理因素。

4. 维护已成之法，在制度的改革上持保守态度。他说："大凡制度之改，政令之变，利于其旧不什，则不可为已，又况不如其旧哉！"（《省试学生代斋郎议》）他认为采取一项新的政治措施，一要合于古训，二要有利于今（其利十倍），三要实符其名（符合等级名分），否则就是"失其宜"（《省试学生代斋郎议》）。用这个标准衡量，只有传统的制度才符合要求。韩愈的这种言论，貌似稳健，实际上是错误的，它一向是守旧派反对革新的借口，因为新生事物不可能一下子就优越于旧事物十倍。倘若对改革求全责备，挑剔过甚，那么一切革新都根本无法进行。韩愈的保守思想，促使他反对王伾、王叔文实行的有进步意义的革新，有《顺宗实录》、《永贞行》可以为证。韩愈与二王分属不同的政治集团，在权力分配上有利害冲突，韩愈又看不起二王原来官微资浅，并怀疑阳山之贬是二王暗中使坏，再加上对制度的改革有不同见解，这使得韩愈对二王由异而怨，由怨而恨，其仇遂不可解。韩愈在《永贞行》一诗里，攻击二王是"小人"，"超资越序"而为高官，大骂二王是"狐鸣枭噪"，

"一蛇两头"、"怪鸟"、"益虫"、"雄虺毒螫"等。保守的思想和顽固的偏见使韩愈看不到"永贞革新"是为了抑制宦官、藩镇势力。事实上,在加强中央政权这一点上,韩愈与二王不无共同之处,但由于上述种种原因,在实际政治生活中,双方却成了冤家对头。

我们说韩愈的政治主张有保守的方面,绝不是否定其进步的成分,更不是说他在政治上已同宦官、贵戚的腐朽集团沆瀣一气了。他做京官后基本上属裴度集团,而裴度是当时很有作为又比较正直的大臣。当然他与宦官贵戚也保持着一定的联系,当他谏迎佛骨而获罪时,既有裴度、崔群等朝官出面营救,又有贵戚为之援手。他写过一篇吹捧大宦官俱文珍的诗,其序文有"遇变出奇,先事独运,偃息谈笑,危疑以平"等谀辞(《送汴州监军俱文珍序》),不过这是年轻时奉上司张建封之命作捧场的颂诗,说了几句奉承话也不足怪。

(三) 新儒学的历史观

正像佛教徒膜拜佛祖菩萨、道士们尊奉神仙真人一样,韩愈极端崇拜儒家的圣人,即尧舜禹汤等。在韩愈看来,这些圣人生来就自足全知,完美无过,俨如上帝:

> 夫圣人抱诚明之正性,根中庸之至德,苟发诸中形诸外者,不由思虑,莫匪规矩,不善之心无自入焉,可择之行无自加焉,故惟圣人无过。(《省试颜子不二过论》)

韩愈认为,正是这样含有最纯粹的人性、具备最高尚的道德的圣人,创造了人类社会,决定着历史的命运。《原道》说:

> 古之时,人之害多矣。有圣人者立,然后教之以相生养之道,为之君,为之师,驱其虫蛇禽兽,而处之中土。寒然后为之衣,饥然后为之食。木处而颠,土处而病也,然后为之宫室。为之工以赡其器用,为之贾以通其有无,为之医药以济其夭死,为之葬埋祭祀以长其恩爱,为之礼以次其先后,为之乐以宣其湮郁,为之政以率其怠勤,为之刑以锄其强梗。相欺也,为之符玺斗斛权衡以信之;相夺也,为之城郭甲兵以守之。害至而为之备,患生而为之防。

这一席话,道出了一个典型的圣人创造历史的观点,人类的文明皆发轫于圣人的教导。韩愈断言,"如古之无圣人,人之类灭久矣"。(《原道》)这种历史观的提出,在当时有批判《老子》小国寡民观点的意义。《老子》否定物质文明，要回到原始状态中去，韩愈肯定社会物质和精神生活的进步，是向前看而不是向后看，在这一点上有可取之处。但是它一笔抹杀了劳动创造人类，人民推动历史的基本事实，无限夸大了个别英雄人物的历史作用，从根本上颠倒了人类历史的真实过程，因而是一种唯心史观。

韩愈发挥孟轲"劳心者治人，劳力者治于人"（《孟子·滕文公上》）的观点，以社会分工为理由，论证君、臣、民的上下等级关系和阶级压迫、剥削是天然合理的：

> 君者，出令者也；臣者，行君之令而致之民者也；民者，出粟米麻丝，作器皿，通货财，以事其上者也。（《原道》）

韩愈认为，劳动人民必须把劳动果实拿出来供统治者享受，"民不出粟米麻丝、作器皿、通货财以事其上，则诛"。（《原道》）话说得很坦白、严厉，这就离孟子民本思想甚远了。韩愈后来也许感到如此说法可能引起人民的反感，于是又写了一篇《圬者王承福传》，通过一个劳动者之口，来论证剥削有理、压迫有理。其文有如下几段：

> 人不可遍为，宜乎各致其能以相生也。故君者，理我所以生者也，而百官者，君之化者也。任有大小，惟其所能，若器皿焉。食焉而怠其事，必有天殃，故吾不敢一日舍镘以嬉。
>
> 夫力，易强而有功也。心，难强而有智也。用力者使于人，用心者使人，亦其宜也。
>
> 择其力之可能者行焉。乐富贵而悲贫贱，我岂异于人哉！

韩愈企图说明，劳动人民承认自己天生低能，难于用智。甘心出力，受人支使是天命所定，要乐而为之，不可强求更高的东西。这种观点充分表现出韩愈的贵族立场和感情。

（四）新儒学的人性论

人性论是讨论人的本质问题，它是中国哲学史上的重大理论问题之一，一向为各家所重视，而且争论不休。从儒家来说，孔丘尚未提出较系统的人性论，只有"性相近习相远"，"唯上智与下愚不移"（《论语·阳货》）几个相关的命题。孟轲提出了仁义礼智与生俱来的性善说。荀况则认为"人之性恶，其善者伪也。"（《荀子·性恶》）扬雄折中荀孟，提出人之性善恶混。韩愈写《原性》，其意在为唐以前各家人性论作总结。《原性》认为孟、荀、扬三家的人性论各有所得，亦有所失，它把"与生俱生"的人性分为三等，"上焉者，善焉而已矣；中焉者，可导而上下也；下焉者，恶焉而已矣。"孟、荀是"得其一而失其二"，扬雄是"举其中而遗其上下"，都不如性分三品论全面。关于人性的具体内容，韩愈说是仁、义、礼、智、信五种道德品质，它们在三品中的比重各不相同，上品之性具有仁而行于其余四者，下品之性反于仁而违背其余四者，中品之性里仁的成分多少不同，其余四者杂而不纯。[11]

《原性》认为情是"接于物而生"，即后天才有的，它包括喜、怒、哀、惧、爱、恶、欲。情与性相对应，也分上、中、下三品。上品之情，是七情"动而处其中"（恰到好处）；中品之情，是七情之动"有所甚有所亡，然而求合其中"；下品之情，是七情之动"亡与甚直情而行"。韩愈所说的七情，指人的各种情感欲望，他既不主张无情禁欲，也反对任情纵欲，而主张控制情欲，使之适"中"，这个"中"便是宗法伦理道德的基本原则。

韩愈的人性论从思想渊源上说，是继承董仲舒而来的，董仲舒把人性分为"圣人之性"、"中民之性"、"斗筲之性"三类，韩愈的性三品说，就是在这个基础上形成的。他的人性论与后来宋儒相比，哲学味道不足，所以朱熹对它有肯定又有批评，说："退之说性，祇将仁义礼智来说，便是识见高处。""性分三品，正是气质之性，至程门说破气字，方有去着。"（马其昶：《韩昌黎文集校注·原性补注》）朱熹提出了"天地之性"、"气质之性"的性二元论，是建立在他的"理在气先"的哲学之上的。

综上所述，韩愈的新儒学理论着重强调了儒学的历史地位和发扬儒学传统的重要性，提出要把儒学所维护的伦理纲常名教，作为治国、修身、论事的最高原则，主张罢黜老之学，独尊孔孟之道。韩愈的新儒学不讲求章句的烦琐考释，亦未能展开理论的细致分析，可以说是"择焉而不精，语焉而不详。"但由于他提出的问题得到主流社会的重视，造成的影响却是巨大的。

韩愈倡导的复兴儒学的运动，从社会效果看，有着两重性。一方面，他极力维护宗法等级制度，强调臣要君其君，子要父其父，民要事其事，自然是为了稳定封建秩序，巩固中央君权。不过他所维护的唐帝国，尚处于封建社会中期，仍然有一定的活力，而抑制分裂的倾向、使动乱的社会安定下来，也有利于促进社会生产、因而复兴儒学在当时具有进步意义。另一方面，他的新儒学更加把儒家的圣人和传统神秘化，欲使儒学重走独尊的道路，这是逆着历史潮流而动的。儒学的复兴不能靠排斥佛老，应靠吸收和超越佛老而达到。就儒学史而言，从董仲舒的儒学过渡到宋明理学，韩愈是一个不可缺少的中间环节，他为宋明理学提供了思想营养，有承前启后的作用。

三、韩愈的反佛主张和神学思想

韩愈的反佛言论主要存于《原道》、《论佛骨表》和某些诗中。《原道》列举了佛教流行的三项弊端和辟佛的三条理由。一是白食者众，"奈之何民不穷且盗也。"这是经济上的理由；二是佛教"必弃而君臣，去而父子，禁而相生养之道"。这是政治上和道德上的理由；三是信佛乃是"举夷狄之法，而加之先王之教之上，几何其不胥而为夷也。"这是民族上的理由。《论佛骨表》讲了三条反佛的道理：一是列举历代皇帝事佛者短命，"事佛求福，乃更得祸，由此观之，佛不足事亦可知矣。"这表明韩愈不相信佛教的因果报应说，不认为佛能赐福降祸，所以他敢于大胆声言："佛如有灵，能作祸祟，凡有殃咎宜加臣身。"二是指出天子带头崇佛，会煽起宗教狂热，出现"焚顶烧指"、"解衣散钱"的情况，以至于"断臂脔身，以为供养者，伤风败俗、传笑四方。"这是从教化的角度上讲的，韩愈把拜佛狂看成是一种野蛮不文明的行为。三是申明夷夏之别，"佛者，夷狄之一法耳"，"口不言先王之法言，身不服先王之法服，不知君臣之义，父子之情。"韩愈以宗法等级制度和家族道德为华夏的正统，他认为孔孟之道代表着这个正统，而佛是夷狄之教，与中华民族的传统不合。归纳韩愈批判佛教的论点，有政治经济方面的，有民族传统方面的，也有思想道德方面的，它反映了儒学界比较保守的一派人士的观点，在这一点上韩愈与柳宗元不同，柳宗元也尊崇儒学，但主张接纳佛学，儒佛可以融合。韩愈是用儒家的道德观念去反对佛教的道德观念，用儒家的天命论去反对佛教的因果报应。例如在《论佛骨表》里，就在表示绝不怕反佛给自己带来殃祸之后，紧接着说，"上天鉴临，臣不怨悔"，这说明他只是信上天不信佛，并不是无神论。还要指出，韩愈反佛的着眼点主要是从政治上考虑的，是想通过禁止佛教活动，来消除由于佛教过分膨胀给中央政权的巩固带来的不利影响。他有一首《送灵师》的诗，最能说明这一点，诗里说："佛法入中国，尔来六百年；齐民逃赋役，高士著幽禅；官吏不之制，纷纷听其然；耕桑日失隶，朝署时遗贤……"其中"齐民逃赋役"和"朝署时遗贤"两句最关紧要。当时佛教寺院成了人民逃避赋税徭役的避难所，一些知识分子也遁入山林禅寺，不为朝廷所用。韩愈深感缺臣少民，给国家造成政治和经济的危机，所以他痛心疾首，强烈地主张禁绝佛教。

韩愈的反佛斗争，如果说只反佛教狂热倾向，有其合理性，但他主张禁绝佛教就不对了。尤其他在《原道》中提出"人其人，火其书，庐其居"的用行政手段取缔佛教的主张是很错误的,是一种文化专制主义的极端主张,不符合儒家"和而不同"的文化包容精神,有很大的危害性。事实上韩愈在思想深处,对于佛学的哲理则有仰慕之情并与之相通。他早在《原道》里,就肯定过佛教"欲治其心"的修养方法。后来他被放逐到潮州,悔痛交加,郁郁不能自解,更是转向佛教寻求精神的慰藉,与大颠和尚来往甚密。[12]于是外面出现流言,说韩愈已信佛教。韩愈在《与孟尚书书》中虽强为辩解,仍然流露出对大颠的好感,说大颠"实能外形骸,以理自胜,不为事物侵乱","胸中无滞碍,以为难得,因与来往。"韩愈能够领略佛理"无滞碍"、"外形骸"的妙用,表明他钻研佛学已用过一些工夫,难怪司马光说他善于吸收佛学[13]了。韩愈在失意时还作过一首《遣兴》诗,诗中说:"断送一生惟有酒,寻思百计不如闲,莫忧世事兼身事,须著人间比梦间。"黄叔灿说此诗乃"禅悟后语"[14]。

韩愈是天命论者,他早年不得志时信天命,到了中年老年,天命思想未能稍减。"贵与贱,祸与福存乎天"(《与卫中行书》),"人生由命非由他"(《八月十五夜赠张功曹》),"所谓顺乎在天者,贵贱穷通之来,平吾心而随顺之"(《答陈生书》),这些话都与孔子"死生有命,富贵在天"一脉相承,说明韩愈承认天命的权威,认为对天命只能随顺,不能改变。还有,韩愈反佛贬赴潮州,旋即上表悔过请罪,并向皇帝建议封禅,请宪宗"东巡泰山,奏功皇天"(《潮州刺史谢上表》),表现出他信奉儒家天命论的本色。此外,韩愈对于天人感应,符瑞祯祥也很有兴趣。贞元十五年,巡官向张建封献白兔,韩愈即上书祝贺,说这是逆乱之臣畏威归顺的征兆;元和十一年进兵淮西,鄂岳观察使献白龟,韩愈又上表祝贺,认为是得蔡州擒叛首的祯祥嘉瑞。这种行为固然是为了迎合上司的心意和鼓舞士气,但也是韩愈头脑中天命思想的表现。

浓厚的鬼神思想,是韩愈世界观的一大特色。他在《原鬼》中,明确肯定鬼的存在,认为通常情况下,鬼无声无形无气,一旦出现违天逆伦的事,则"鬼有形(一作托)于形,有凭于声以应之,而下殃祸"。他崇信鬼神,老而愈笃。在潮州时,他写过一篇《驱鳄鱼文》,文中他以天子命吏的威严身份,命令为害当地的鳄鱼,"尽三日,其率丑类南徙于海,以避天子之命吏",若迟至七日不迁,"必杀尽乃止"。据说他的奇文十分灵验,"是夕,暴风震电起谿中,数日水尽涸,西徙六十里,自是潮无鳄鱼患"。(《新唐书·韩愈传》)韩愈在潮州写过《祭湖神》、《祭城隍神》、《祭界石神》等祭神文,对鬼神的态度很虔诚。他移到袁州,又作《祭城隍》、《祭仰山之神》、《祭湘君夫人》等祭神文。他曾于南迁时祈求过湘君神的保佑。这次内移,他认为是神的威力,便捐私钱十万，重修湘君夫人神祠。他还为南海神庙作碑文，提出"治人以明，事神以诚"（《南海神庙碑》）的主张，把治人和事神并而举之，足见他对祭神活动的重视。晚年为京兆尹时，韩愈写下了《祭竹林神文》、《曲江祭龙文》等，仍然没有停止对鬼神的祭拜活动。

韩愈站在儒家的立场上，批评过道家和道教。《原道》指斥老聃，说他的"道"是"去仁与义言之也，一人之私言也，"并坚决反对老聃无为而治的主张和对儒家圣人的否定，韩愈认为道教成仙之说是虚妄的，他作诗道："神仙虽然有传说，知者尽知其妄矣。圣君贤相安可欺，乾死穷山竟何俟。"《谁氏子》）他认为服食金丹不仅不能成仙，反而促成速死，它"杀人不可计，而世慕尚之益至，此其惑也"。（《故太学博士李君墓志铭》）韩愈不相信长生不死是值得称赞的，可是他没有坚持到底，他临终前不久，开始服食金丹以求长生，陷入他批评过的虚妄和迷惑之中。据陶谷《清异录》载，服食养生是相当费财费事的：用硫黄搅粥饭喂养童公鸡，千日后烹庖进餐，名"火灵库"。韩愈每隔一天就要吃掉这样一只公鸡，称为服用"大药"（钱基博：《韩愈志》所引）。结果，他服食中毒而死。白居易曾作诗讽之曰："退之服硫黄，一病讫不痊。"（《长庆集·思归》，见《四部丛刊》）

儒、释、道三家是中华文化的核心，出处不同，而渐行渐近。隋唐以来，三家在实际活动中有冲突，在理论上则出现合流的趋势，而结构上以儒为主，佛、道为辅。唐朝实行三教并奖的文化政策，推动了三教合流的思潮。

四、韩愈文艺理论和教育思想

（一）韩愈一生的最大成就不在哲学而在文学

他创作了许多优秀的散文作品，如《原毁》、《送孟东野序》、《进学解》、《师说》等，都堪称散文的典范。他的散文文体不拘一格，行文流畅，富于变化，感情充沛，笔力雄健；他的散文语言也极为生动精练，给后代留下不少脍炙人口的佳句。他的散文在艺术上的成就，具有持久的生命力，至今仍有其价值。同时韩愈积极推动的文学改革运动，在中国语言文学史上产生了巨大影响，它基本上结束了六朝以来的骈文俪辞，开始了朴实通畅的散文普及运动。它在文体上所形成的新格局，虽几经变化，基本上保持到"五四"运动以前。

韩愈在文学上的成就原因很多，而其重要的原因之一是有着进步的文艺理论，这一理论中包含着较多的唯物论和辩证法的因素。

首先在内容与形式的关系上,他强调文艺形式要服从于思想内容,文章要反映事理,反对单纯追求形式的唯美主义倾向。他说:"文章言语,与事相侔"(《上襄阳于相公书》),又说:"问曰文宜易宜难,必谨对曰无难易,惟其是尔,如是而已。"(《答刘正夫书》)这就是说文章和语言必须恰当表现事理和感情,表现得真实、准确,就是好文章。根据这一观点,他毅然抛弃了与现实生活完全脱节的时文艳辞,不讲排比,不工对偶,不堆砌辞藻,运用朴实生动的口语进行散文的创作。因此他的散文体裁多样,感情奔放,说理真切,叙事明白,语言凝练活泼,能使人受到感染。

至于撰写历史文章,韩愈更是强调要"据事迹实录"(《答刘秀才论史书》),坚决反对"善恶随人所见,甚者附党,憎爱不同,巧造语言,凿空构立善恶事迹"(《答刘秀才论史书》)的行为。在这种思想指导下他撰写的《顺宗实录》据实记录宫中事状,语言直切,引起宦官不满,穆宗文宗时遭到添改。[15]

其次在继承与创新的关系上,他赞成吸取前人的优秀成果又反对沿袭、剽窃,主张创新自立。他的散文是对先秦和两汉散文优良传统的继承和发展,能够吸收诸子百家之所长,具有孟文的雄辩,荀文的谨严,韩(非)文的犀利,迁(司马迁)文的生动,雄(扬雄)文的简练。他也承认和尊重唐朝以来不少文学家在推动新文学运动上的功劳,"国朝盛文章,子昂始高蹈,勃兴得李杜,万类困陵暴;后来相继生,亦各臻阃(音捆)陕。"(《荐士》)同时,韩愈更主张在文学上除去陈腐之言,努力创造崭新的文体和语言。关于文学语言的运用,他说:"唯陈言之务去"(《答李翊书》),这也就是《新唐书》所说的"造端置辞,要为不袭蹈前人者。"韩愈对于因循旧格式的做法是深恶痛绝的,他在《荐士》那首诗里讽刺道,"齐梁及陈隋,众作等蝉噪,搜春摘花卉,沿袭伤剽盗。"但是在当时浮靡文风尚占优势的情况下,提倡和创作新古文,会招致非议。可是韩愈懂得,"若皆与世沉浮,不自树立,虽不为当时所怪,亦必无后世之传也。""能者非他,能自树立,不因循者是也。"(《答刘正夫书》)正是这种革新的思想鼓舞着韩愈去大胆创作,去战胜时文,并取而代之。

韩诗的成就不如散文那样高,但也能够造语生新,独具风格,自成一家。他的诗被称为硬体诗,对于补救元和年间元稹、白居易软体诗的不足,也是起了一定作用的。

内容与形式,继承与创新,是文艺创作中两个带根本性的理论问题。韩愈在这两个问题上的见解符合文艺创作和文学发展的客观规律,与唯物主义认识论和辩证法相一致,是韩愈留下的文化遗产里最可珍贵的部分之一。

(二) 在教育方面，韩愈有丰富的实践经验，在此基础上，他总结出一系列带规律性的东西，提出很多精辟而独到的见解，丰富了我国古代教育学理论

1. 要善于识别人才、培养人才。韩愈认为人才总是有的，关键在于能否加以识别和扶持，"世有伯乐，然后有千里马；千里马常有，而伯乐不常有"（《杂说》），假如没有伯乐那样的鉴别能力，千里马就会被埋没。他嘲笑那种不识人才的人，"策之不以其道，食之不能尽其材"，反"执策而临之曰：'天下无马'"（《杂说》），这是选用人才不得其法而造成的。只要善于鉴别又培养得当，人才就会大量涌现出来。这种爱才、选才、用才的思想，是我国历史上"尚贤"学说的新发展，它与选人唯贵、用人唯亲的腐朽思想是相对立的。在这种思想指导下，韩愈很热心于培养、推荐有才干的青年，使之充分发挥其才能。《新唐书》说他"成就后进士，往往知名"。诗人李贺很有文才，欲举进士，而有人忌其才加以反对，理由是李贺的父亲叫晋肃，与"进士"读音相近，父名应讳，故不能举进士。韩愈即作《讳辨》，斥责此说荒谬，鼓励李贺应举。

2. 重视师道，又强调学无常师。韩愈作《师说》，阐述师道的重要性：

    古之学者必有师，师者所以传道、授业、解惑也。人非生而知之者，孰能无惑？惑而不从师，其为惑也终不解矣。

《师说》是一篇重要的教育学文献，它的师道观反对生而知之，强调后天学习的重要性，强调文化继承和知识传授的必要性，它从教育学的观点上，指出了老师对学生有传道、授业、解惑三种作用。关于为师的条件，韩愈反对"位卑则足羞，官盛则近谀"的社会风气，不同意以社会地位和资历作为取师的标准，"无贵无贱，无长无少，道之所存，师之所存也。""圣人无常师"，"闻道有先后，术业有专攻。"只要闻道在先即可为师，只要学有专长即可为师，而不必顾及其他条件。此外，师生之间的关系也是相对的，学生也会有比老师高明的地方，"弟子不必不如师，师不必贤于弟子"，师生可以互相学习。在这里，韩愈颇有些民主精神。韩愈所说的"道"，当然是孔孟之道。他的不耻求师、学无常师以及教学相长的思想，都是相当开明而有创见的，在一定程度上反映了知识积累和教学的客观规律，有助于人才的培育和文化事业的继承。

3. 提倡勤奋刻苦、独立思考。《进学解》里有几句名言："业精于勤、荒

于嬉；行成于思，毁于随。"这是他治学多年的宝贵经验的结晶，也是他对前人治学经验教训的总结。自古以来，在学业上有成就的人，都离不开勤奋和独创。韩愈在文学上的较深造诣，就是靠这两条得来的。在《进学解》中他谈到自己如何孜孜以学，长年不懈：

> 口不绝吟于六艺之文，手不停披于百家之编。记事者必提其要，纂言者必钩其玄。贪多务得，细大不捐。焚膏油以继晷，恒兀兀以穷年。

他手不离书，以读书为乐："平居虽寝食未尝去书，殁以为枕，敛以饴口"（皇甫湜：《韩文公墓志》）。韩愈在《答李翊书》中，还讲述了他的文学修养过程，如何经过精研覃思，从模仿到独创，从迷惘到自得。开始时，"非三代两汉之书不敢观，非圣人之志不敢存。处若忘，行若遗，俨乎其若思，茫乎其若迷"，一心于学，如醉如痴，不暇旁骛，但思想尚不成熟，虽欲去陈言立新语，"戛戛乎其难哉"。数年之后，认识深入了，能够识正伪、辨白黑，有了自己的独立见解，这时进行写作，"汩汩然来矣"，比较自如了。若干年后，文思如泉涌江泻，达到了"浩乎其沛然矣"的境地，创作进入丰收季节。这种描述符合创作实践和认识发展的辩证过程，说明一个人要使自己在学业上成熟并有创造性的贡献是十分艰难的，必须要经过多年的刻苦钻研和独立思考。韩愈在另一处还说过，以古人为师不必拘泥于章句，要"师其意不师其辞"（《答刘正夫书》），反对教条主义的照搬词句，强调融会贯通，自立新意。

4. 教学方法上注重生动活泼。韩愈当博士给学生讲课，不是终日板着面孔教训人，而是采用多种方式活跃课堂教学。他"讲评孜孜，以磨诸生，恐不完美，游以恢笑啸歌，使皆醉义忘归。"（皇甫湜：《韩文公墓志》）他除了讲解义理外，有时作诙谐发笑之语，有时吟唱诗歌，使学生们沉醉在他的讲学之中。这表现出韩愈作为文学家的特点，同时也说明他的教学方法生动活泼，能打动学生的心弦。

五、关于韩愈的评价问题

韩愈生前并非一贯受人尊敬，正如李汉所说的："时人始而惊，中而笑且排，先生益坚，终而翕然随以定。"（《韩昌黎集》序）在他卒时很受世人称颂。在文学上，"愈所为文，务反近体，抒意自言，自成一家新语。后学之士，取为师法，当时作者甚众，无以过之，故世称韩文焉。"（《旧唐书·韩愈传》）在儒学上，"其《原道》、《原性》、《师说》等数十篇，皆奥衍闳深，与孟轲、扬雄相表里，而佐六经云"，"自愈没，其言大行，学者仰之，如泰山北斗云。"（《新唐书·韩愈传》）评价是相当高的。

韩文热一直保持到晚唐。这时形式主义的文风一度再起。至北宋初，韩愈的地位大降。欧阳修在青少年时代见到的情景是"……号为时文能者，取科第，擅名声，以夸荣当世，未尝有道韩文者。"（《记旧本韩文后》）尔后，经欧阳修、苏轼等人大力提倡，"韩文遂行于世，至于今盖三十余年矣。学者非韩不学也，可谓盛矣。"（《记旧本韩文后》）北宋中期以后，韩愈一直很受推崇，在各种评论中，以苏轼对韩愈的评价为最高。苏轼作《潮州韩文公庙碑》，赞韩愈"一言而为天下法。"说他"文起八代之衰，而道济天下之溺，忠犯人主之怒，而勇夺三军之帅。"

北宋理学家石介也很崇拜韩愈，认为"孔子之《易》、《春秋》自圣人以来未有也，吏部《原道》、《原性》、《原毁》、《行难》、《禹问》、《佛骨表》、《诤臣论》，自诸子以来未有也。"（《原道》题注引）他虽未将韩愈颂成圣人，但尊为诸贤人之首。程颢、程颐很欣赏韩愈抬高孟轲的做法，说"如《原道》之言，虽不能无病，然自孟子以来，能知此者（指推尊孟轲——笔者），独愈而已。"（《朱子校昌黎先生集传》注引）

不过宋儒对韩愈的新儒学理论也有所批评。同一个苏轼，以另一副腔调说："韩愈之于圣人之道，盖亦知好其名矣，而未能乐其实。"他肯定韩愈尊孔孟，拒佛老，但认为"其论至于理而不精，支离荡佚，往往自叛其说而不知。"（《经进东坡文集事略·韩愈论》，见《四部丛刊》）此评确能刺中韩愈在理论上的弱点。对韩愈深有研究的朱熹，首先肯定韩愈"所以自任者不为不重"（《与孟尚书书》注），即韩愈复兴儒学的抱负很高，任务重大，但朱熹又指出韩愈"平生用力深处，终不离乎文字言语之工"（《与孟尚书书》），所以理论上缺乏深度和建树，"韩公于道，知其用之周于万事，而未知其体之具于吾之一心；知其可行于天下，而未知其本之当先于吾之一身也"（《朱子校昌黎先生集传》注）。总之，朱熹嫌韩愈在哲学理论上抽象化的程度不够，没有在本体论上下工夫。

宋以后某些学者，对韩愈及其新儒学是贬低的。王安石曾写过一首诗："纷纷易尽百年身，举世何人识道真？力去陈言夸末俗，可怜无补费精神"（《朱子校昌黎先生集传》注引）说韩愈卫道徒劳无益，并没有掌握真理。王夫之说韩愈"所奉者义也，所志者利也。"（《读通鉴论·宪宗》）口头上卫道，实际上求利。王夫之对于韩愈的道、文、诗，无一褒词，很看不起他的学说和为人。

新中国成立以后，学术界用马克思主义观点研究历史人物，开始打破以往在政治思想方面扬韩、抑柳的传统见解，在思想史上提高了柳宗元的地位，压低了韩愈的地位，人们的耳目为之一新。在评价韩愈时，对于他的散文，一致予以肯定，对于韩诗肯定的程度有高有低，而分歧最大的地方，是如何看待他的政治思想和他的道与文的关系。关于韩愈的政治思想，主要有两种看法：第一种认为韩愈政治上属保守派，支持阉官俱文珍等腐朽势力，打击二王革新派，思想上又是天命论和唯心论，基本上应予否定（杨荣国：《中国简明哲学史》）。第二种认为韩愈不属宦官集团，与二王不是完全对立的，他在政治上主张加强中央集权、反对佛教狂热，有进步意义，但他的哲学世界观是唯心主义的，他的政治立场和世界观存在着矛盾（任继愈主编：《中国哲学史》四卷本，第三册）。

在文与道的关系问题上，也有两种不同看法：第一种认为韩愈在散文上的成功，根本原因是能够"文以载道"，使"文学自附于经术，作者的思想感情才有正统的来源"（范文澜：《中国通史》第四册）。第二种认为韩愈的文章成绩卓越，他的儒学只有虚誉，可取处不多，不是文由道而成功，恰恰是道借助于文才有其声势（黄云眉：《韩愈柳宗元文学评价》，1957年）。

评价历史人物，必须实事求是。韩愈具有复杂的性格，他一生从事过多方面的活动，评价时要切忌简单、武断和感情用事。我们绝不应因其所长就赞颂备至，论其所短则毁之不休，而应当作客观的全面的评论，也就是说分别在文学、教育、政治、哲学几个方面作具体评论。

在文学上，韩愈无疑是杰出的散文家和诗人，他的文学活动固然也有其局限性，但总地说来应予充分肯定。

在教育学上，韩愈是优秀的教育家，他的教育学思想有许多科学的成分，而教学内容则有积极与消极之分。

在政治思想方面，他的新儒学理论和政治主张，从今天看来，无非是宣传君君、臣臣、父父、子子的宗法等级纲常，不过它在当时所产生的社会作用仍然具有两重性。既加强了贵族对人民的思想统治，又促进了社会的稳定和国家的统一。

在哲学理论上，其主导方面是天命鬼神论，但也有一定的唯物论和辩证法思想。他的政治思想和哲学理论本身并没有形成庞大的体系，但对于中国封建社会后期的意识形态，却产生过巨大的影响，这是韩愈生前万万料想不到的。

至于说到韩愈的道与文的关系,我们不能像以往时代的评论家那样,把他的文与道混在一起,都加以赞美。但"文以载道"的观点,从抽象意义上说,是强调文艺要表现真善美的精神,要能寓教化于文艺,这是中华文艺的传统,无论是《诗经》的温柔敦厚,还是《楚辞》的浪漫主义,都不是唯美主义,都有强烈的人文关怀。所以韩愈的"文以载道"说,还是有价值的。

注释:

[1] 愈之先人坟墓、兄会、嫂郑,女挐和愈本人,皆葬于河南南阳,故其原籍在该地无疑。

[2] 一说昌黎韩姓为望族,韩愈慕其大而自称昌黎人。

[3]《感二鸟赋》:"承先人之遗业,不识干戈未耜攻守耕获之勤,读书著文,自七岁至今"。(引自《国学基本丛书》中的《韩昌黎集》,以下引韩诗文只标篇名)。

[4]《旧唐书·韩愈传》:"愈自以孤子,幼刻苦学儒,不俟奖励。"《答李翊书》:"始者非三代商汉之书不敢观,非圣人之志不敢存。"

[5]《上宰相书》:"名不著于农工商贾之版。其业则读书著文,歌颂尧舜之道。鸡鸣而起,孜孜焉亦不为利。其所读皆圣人之书,杨墨释老之学无所入于其心。其所著皆约六经之旨而成文,抑邪与正,辨时俗之所惑。"

[6]《原人》,一作《原仁》。

[7] 韩愈有《示儿》诗,其中有"始我来京师,止携一束书。辛勤三十年,以有此屋庐……开门问谁来,无非卿大夫"等句。

[8][9] 见《应所在典贴良人男女等状》和《新唐书·韩愈传》。

[10] 见《原道》和《送浮屠文畅师序》。

[11] 原文是:"上焉者之于五也,主于一而行于四;中焉者之于五也,一不少有焉,则少反焉,其于四也混;下焉者之于五也,反于一而悖于四。"朱熹认为"一"非专指仁,而指五者(仁义礼智信)之一。此亦备一说。

[12]《韩昌黎集·外集》中有《与大颠师书》三封。信中有"久闻道德"、"侧承道高"、"所示广大深迥,非造次可喻"、"论甚宏博"等语,足里见韩愈对大颠及其学问敬慕良深。信中卑词相请,用"道无疑滞"的佛学义理,劝说大颠入城相会,说明佛学已入其心。这三封信,苏东坡曾论其假,而朱熹侧考之为真。

[13] 司马光:"盖尝遍观佛书,取其精粹而排其糟粕耳。不然何以知不为

事物侵乱、为学佛者所先耶?"(《与孟尚书书》注)

[14] 黄叔灿评曰:"禅悟后语。乃知公之辟佛,只是为朝廷大局起见,正本塞流,维持风教,惟恐陷溺者多。其实至道归根,六如一偈,原不争差。"(钱仲联:《韩昌黎诗系年集释》下册《遣兴》诗注)

[15]《新唐书·韩愈传》注。

(载《中国古代著名哲学家评传》,第二卷,齐鲁书社,1980年11月。略有删改。)

高拱的实政论及其理论基础

一、"志不尽舒，才不尽酬"

明朝嘉靖、隆庆、万历三朝，内阁制度达到最盛时期，出现了一批事功卓著的首辅之臣，其中徐阶、高拱、张居正三人前后相接，皆通达干练，被称为名相。但徐阶、张居正辅政时间较长，生时显赫于世，死则留名于后。徐阶有倒严嵩之功，张居正有改革之劳，颇为史家所关注。独有高拱，论见识才干不亚徐张，论相业功绩卓然有成，论学问人品又高一筹。然而身当徐张两名相之间，秉政二载，其志才未能充分施展，便被排逐，郁郁而死，身后也较为冷落，其学问鲜为世人所知，其事功又为史家之笔所简略，有关研究文字寥寥可数，至今犹然。此种寂寞状态，实在令人为之惋叹。

高拱字肃卿，号中玄子，河南新郑人，生于明武宗正德七年（公元1512年），卒于明神宗万历六年（公元1578年），死谥文襄。据郭正域《高文襄公墓志铭》称，高拱少年苦攻经义，"为文不好琐屑，而沈雄开爽，出人意表"。嘉靖四十一年擢礼部左侍郎，寻改吏部兼学士，掌詹事府事。进礼部尚书，召入直庐。嘉靖四十五年拜文渊阁大学士。穆宗即位后，进少保兼太子太保。与徐阶不睦，矛盾日益激化，为言官弹劾，辞官归养。隆庆三年冬，徐阶罢相，穆宗复召高拱，以大学士兼掌吏部事，继徐阶之后为首辅大臣。隆庆四年到六年，在穆宗信任与重托下，高拱大刀阔斧地进行了洗刷颓风、振兴朝政的一系列改革，在清整吏治、选储人才、安边强兵等方面都颇有建树，使明朝多年因袭虚浮、积弊丛生的内政外交，有所改观，出现一股清明刚健之新风。他的朋友、资历略浅的张居正，亦有扶助之功，但谋划施行，首赖高拱。

高拱勇于任事，殚思竭诚以谋国治，《墓志铭》说他"慨然以天下为己任，凡晨理阁事，午视部事"，繁忙异常，是一位忠于职守的实干政治家。在兼吏部尚书的短短两年中，他自拟呈皇帝诏准而颁行的奏疏，竟在250余份以上，其夙兴夜寐、勤勉为国之情可想而知。

高拱任相期间最显著的功勋是圆满处理贵州安国亨事件和实现俺答封贡

事，特别是后者，使频年北患，终于解除，此后北部边境安定达30余年。在这件事中，高拱是主要决策者，实有大功于明朝政府与百姓，因之更得到穆宗的器重。高拱虽然才干超群，但性格急躁偏狭，质直好露，不谙权术。正当高拱才气横溢、英锐勃发，大有作为之时，不幸穆宗去世，失去靠山。在神宗即位后，他又不懂得如何重新取宠固位，反而开罪于有势宦官，何况又有张居正在身边虎视眈眈地觊觎着相位，他却丝毫没有察觉。于是城府很深、机谋过人的张居正，便趁此良机与宦官冯保勾结，取得太后支持，采取突然袭击，宣诏驱逐高拱。高拱落魄而去，内阁大权遂归于张居正。高张二人才识相等，而沉机默运高拱不如张居正，张胜高败，实属难免。

高拱志不尽舒，才不尽酬，晚年受到的打击是极为沉重的。当高拱斥退乡里后，张居正担心他东山再起，曾利用王大臣闯宫一案，欲诛灭高氏一门，后因群议鼎沸而罢手。他虽然后事不吉，然而公道自在人心，对于他的业绩与遭遇，明人即有客观的评论。万历十二年（即高拱去世六年），户部主事马之骏辑刻《高文襄公集》，作序将高拱、张居正称为隆万间两"名相"，"皆豪杰之致也"，称赞高拱的定边功业"实不下李（李纲）、寇（寇准）"，是"备文武之质者"。郭正域给高拱作《墓志铭》，说：当嘉隆之际，相臣中身任天下之重，而能"行谊刚方、事业光显者，无如新郑高公"。高拱为张居正所倾，这是个人的不幸，高拱所开创的政治改革事业为张居正所继承，这又是高拱不幸中之有幸。高拱在短暂的政治生涯中干出了一番有声有色的事业，影响了明代中后期的社会政治生活与思想文化，历史会给予他公正的评价。

二、"挽刷颓风，修举务实之政"

明代弘治时期，曾一度有中兴气象。武宗即位后，淫于声色，朝政日趋腐败。明世宗即位初期尚锐意求治，但不久他就热衷于"议大礼"、改祀典，加剧了统治集团内部的倾轧；又深居宫闱，迷恋修丹，把国事交给权臣严嵩执掌。严嵩秉政二十余载，以权谋私，卖官鬻爵，贪污受贿，又利用嘉靖帝的猜忌刻薄，巧妙打击异己势力，残害忠直之士。内政浊而边防弛，此时"南倭北虏"的威胁骚扰最为严重，内政外交都出现衰败危难的局面。徐阶为首辅之后，一反严嵩所为，宽刑省狱，清正朝纲，局面有所好转，但社会与财政危机并没有解决。面对如此破败的形势，统治集团内部一些清醒有识之士，深感有革除弊习、重振纲纪的必要，着手实行一些新政，逐渐形成一场改革运动。至张居正秉政时，改革达到高潮。为这场改革呐喊开路的便是高拱。

高拱的政治抱负很大，他想力挽狂澜，从改革吏治入手，把国家整治出一个有生气的面貌。他表示"欲为主上扶纪纲，正风俗，用才杰，起事功，以挽刷颓靡之习"（《答宣大王总督》）。"务为君父正纪纲，明宪度，进忠直。黜欺邪，革虚浮，核真实。"（《掌诠题稿序》）这是他一生为政的奋斗纲领。

高拱对政治生活中的陈规陋习深恶痛绝，多次提出要破除"虚套"、"旧套"、"常套"、"故常"、"旧习"、"虚文"、"拘挛之说"，指出"积习之不善者，是固夫天下之患也"。积之既久，上下相安，以为理所当然，这时无论教育或是刑禁都难以改变它。"始既以人移俗，既乃以俗移人"，积重难返，实在可怕得很。他列举八弊：曲解法律，以成其非，"曰坏法之习"；行贿送礼，以求升官，"曰黩货之习"；刻察重赋，以邀功赏，"曰刻薄之习"；互相排挤，党同伐异，"曰争妒之习"；办事拖拉，手续繁杂，"曰推诿之习"；文武不协，彼此排击，"曰党比之习"；无事偷安，有事鲁莽，"曰苟且之习"；议多决少，朝令夕改，"曰浮言之习"。针对这种虚浮、邪僻、因袭之风，高拱提出切唯实的施政方针，强调要遵"实理"，做"实事"，行"实政"。《程士集·策》说：

> 利必贵当，则失得不偿，非吾利也；法必贵当，则朝四暮三，非吾法也。兹夫能必贵当，则释法为奇，非吾能也；计必贵当，则参验不合，非吾计也；国是所由定也。

> 言必责实，则捷给为佞者不可饰言也；行必责实，则僥利任术者不可饰行也；功必责实，则比周为誉者不可饰功也；罪必责实，则巧文曲避者不可饰罪。兹人心所由一也。国是定，人心一，则上下之间，崇本尚质，急当务而不为无益。

这里标出两个核心概念："当"与"实"。"当"就是合乎客观实际，"实"就是真事和实功。贵当而责实，要求政府部门从实际出发制定法令设施，以实在的功效评定工作优劣，摈弃一切随意出令、敷衍行为和表面文章，加强法制，严肃责任，提高办事效率。

在唯实论的政治思想指导下，高拱在吏治方面推行了一系列的改革，计其大者有以下几项。

第一，改革官吏考察升降制度。以往考课官吏，调降有定数，吏部顾虑不足此数，便将早该黜退的官员，留待临期凑补，致使课查制度，失去及时汰劣斥佞的作用。高拱主张按实际情况查处，"果不肖者多，不妨多去，果不肖者少，不妨少去，惟求至当，不得仍袭故常"（《掌诠题稿·公考察以励众职疏》),在选贤擢升上,高拱令各抚按衙门,向上级推荐属官与地方人才,"不拘出身资格,官职崇卑,惟其心行端平,不修虚誉;治绩卓异,不事弥文者,方许疏荐以备卓用"(《掌诠题稿·覆吏科给事中韩揖条陈疏》)。

第二,精简机构编制,裁革冗员,充实弱项。过去精简,裁小添大,旋裁旋复,很难推行下去。一方面是因人设职,徒为安置;另一方面是紧要部门受到轻视,以不称职者充任。高拱指出:"国家设官,各有所职,而非故为剩员也,若系剩员,则不设之矣。"而与国防关系密切的马政,与民生关系密切的盐政,受到歧视,常以不称职者补之。高拱认为,皆应"大破常套,凡卿使员缺,必以廉谨有才望者推补",以加强实政(以上《掌诠题稿·议处马政盐政官员以责实效疏》)。

第三,储养人才,爱才护才。高拱认为用人要先养人,"养于未用之先,以辨其才;乃用于既养之后,以充其任。务使人得展其蕴,而事得举其实"(《政府书答·答张给事》)。《明史》本传称,"其在吏部,欲遍识人才,授诸司以籍,使署贤否,志爵里姓氏,月要面而岁会之。仓卒举用,皆得其人",这就是设立人才档案。

当时边防形势严峻,知兵人才短缺,高拱用很大精力于选培军事人才。他说,"盖人才难得,而边才尤难得","边防巡抚,其任最重,务求实心干理,经济雄才"。(《掌诠题稿·覆都御史李棠条陈疏》)他还提出一套军事长官晋升的办法,以保证训练有素和智谋过人者能得到重用。他亲自荐举和使用了一批边防重臣,如广东总督殷正茂、宣府大同总督王崇古、贵州巡抚阮文中、辽东巡抚张学颜、广东知府侯必登等,都是定边高才,明体通变,事功卓著,边防军政因此为之改观。

三、力排众议,定策安边

高拱所倡导的实学实政,虽然在吏治上未能见到明显效果,但在边事上却取得了巨大的成功。俺答封贡与贵州乱事的圆满解决,是他一生中最辉煌的功绩。

隆庆四年二月,高拱奉命还内阁兼理吏部,即遇到北方边事吃紧。时朝廷无人习战,人心震恐。高拱特奏调王崇古任宣府大同总督,又调遣大臣领兵扼守京郊隘口,加强城内守备,使俺答当年不敢入侵。秋,俺答与其孙把汉那吉因夺妇发生矛盾,把汉那吉来降。总督王崇古、巡抚方逢时上书,建议许其降顺,授官优待,然后见机处置,借此用和平方式结束长年与俺答的战争状态。

奏疏到达，朝廷众论汹汹，不知所措。御史饶仁侃、武尚贤、叶梦熊皆言敌情叵测，不可轻许，以免上当。兵部尚书郭乾犹豫不决。王崇古颇遭排击。高拱不负众望，以政治家的远见卓识和果敢机敏作出决策，认定此事是解决边事的大好时机，如能处置得当，将会引起形势重大变化。对把汉那吉，不可即送回，更不可杀，应开诚厚待，以结其心。若俺答拥兵来索，则严阵以待，若俺答感德来降，可予接纳，示他需用叛将赵全等人换取其孙，并以此为契机，促成边塞和平。高拱认为许多大臣之所以首鼠两端，是感到此事关系重大，为自身利害计，不敢承担风险。由于他力排众议，上书穆宗，坚决支持王崇古，终于决定了体面安抚的方针，朝廷封把汉那吉为指挥使，俺答则执献赵全以示赎过，表示愿意归附。高拱又请封俺答为顺义王，许岁进贡，并开边市贸易，于是封贡事成，北边始得安宁。边境和平的获得，使明朝每年节省军费百万之金，使边民百万之众的生命财产不再遭受民族战争的破坏。高拱在《伏戎纪事》中说："是举也（指俺答封贡事），非鉴川（王崇古）弘才赤胆，孰能为？非予愚直朴忠，孰肯主？"王崇古在外主边政与具体交涉，高拱在内为首辅主决策与机要，二人内外的一致结合，是此次边事和平解决成功的关键。高拱表现出"只知有国，不知有身，只知事机可惜，不知利害可虑"的忠贞和刚毅的品格，甚令人敬佩。

隆庆四年，贵州还发生了一起骚乱。土官安国亨与安智起兵互相仇杀，当地抚臣袒护安智，而谓安国亨叛逆，奏请朝廷派兵剿灭。安国亨拥兵自卫，造成对抗局面。高拱了解实情后，主张对边疆地区夷族事务要谨慎处理，不可轻行征伐。于是荐阮文中为都御史巡抚贵州。行前指示阮文中，此乃夷族内乱，与叛逆无涉，"宜廉得其实，而虚心平气处之"，不可为生事幸功者所欺。阮文中至贵州得实，果如高拱所言。但碍于浮议，不敢突改前举，具疏请兵征讨。高拱又复书阮文中，反复叮咛不可"过言"，力争和平解决，否则"激而成变"，则"朝廷欲开释而无其由，安国亨欲投顺而无其路，亦已过矣"，"事非其实，而徒勤兵于远"，于国于民都有害而无益。又派给事中贾三近前去勘察，并面授方略。安国亨得知朝廷有据实审理之意，便自出听审，承认本罪，输银四万一千两抵罪，贾三近未至而贵州之乱便告平息。（以上见《边略·靖夷纪事》）

从以上两件事情上可以看出高拱有明确的边略思想：一是以抚为主，不轻用兵；二是处理民族问题不照搬内地格式，充分考虑其特殊性，尽可能宽大为怀，灵活处置；三是据实定策，反复调查，核实真情，冷静对待，不为危言所动。开明的民族政策和求实的科学态度相结合，使他能够圆满地解决棘手的边境民族事件。

高拱在靖边实践中得出一条基本经验:"大抵天下之事,在乎为之出于实,而处之中其机,则未有不济者"(《边略·靖夷纪事》),这是一位实干的精明的政治家的行为格言。总起来说,这一时期的边政,西北、东北、西南、南方等区的整顿、改善和巩固,都与高拱的决策正确、用人得当、施行坚毅分不开。高拱有关这方面的纪事书策,是留给后人的一份宝贵遗产。马之骏在《高文襄公集序》中说:"公所长在边略诸书。"高拱可以说是位难得的文武兼备的政治家。

四、"只要成就一个'是'字"

高拱不仅是一位非常干练的政治家,也是一位博学精虑的思想家,而后一点常为世人所忽略。他把实政与实学联系在一起,说:"圣人有为己之实学,而祸福毁誉不与焉,圣人有为国之实政,而灾祥不与焉"(《本语》),可见他改革的政治活动有着深刻的理论基础。他通过对程朱理学末流的批判和对王阳明心学的改造,建立起一套较为深刻而系统的哲学,相当有开创性。他懂得理论工作的重要性。这与张居正后来敌视学术活动,废毁书院,迫害学者何心隐的做法,形成鲜明对照。

高拱排抵流俗,勇于开拓的精神,与王学有直接关联。他在《本语》中说:"天理不外于人心,只是人心平处,便是天理之公",又说:"苟求诸心而果得,则安敢罔吾之心而随人以为疑?苟求诸心而果不得,则又安敢罔吾之心而随人以为信?"这是王学的可贵精神。阳明说过"心即理",又说:"求之于心而非也,虽其言之出于孔子,不敢以为是也","求之于心而是也,虽其言之出于庸常,不敢以为非也"(《传习录》)。王学以本心为是非标准,大胆破除对权威和古人的迷信,有积极的意义。高拱正是具备了王学这种高度的主体意识,因而才能够不随波逐流,不依附他人门户,有独立的人格和见解,形成一种宏大的一往无前的气概。

但高拱不是王学门徒,他吸收王学而又独立于王学之外。王学的"心"是个人的良知,不承认独立于心之外的客观真理。高拱强调"人心"是要求它符合事物客观之理。《本语》说,"儒家有言,只要成就一个是而已",这个"是"即真理。什么是真理?《本语》说,"夫事有本情,而人有本心,出吾本心,以发事之本情,则议道而道不睽,作之于事可推四海而准,通千古而不谬",可知,"出吾本心",是为了"发事之本情",即认识事物本来的面目。这与他求实的精神是完全一致的。他把人的主体性和能动性的发挥，同认识客观真理结合起来，所以与王学不同，也与程朱理学不同。

高拱在理论上的批判精神相当强烈，他以高屋建瓴的气势，俯视宋明理学，对其中各派观点差不多都进行了批评。他不赞成朱熹"虽无其事，乃有其理"的观点，说"此正后儒曲说，求其理而不得，从而为之辞者也。夫有其理，必有其事。既无其事，理于何在？"（《问辨录》）他称理为"实理"，也就是事物实在之理。理气说落实到社会生活，表现为社会道德与人们情感欲望之间的关系，即所谓"天理人欲"之辨。宋儒的基本倾向是将抽象的道德规范抬高为"天理"，而贬低基本人性与情欲，使圣人的标准不近情理，高不可攀。高拱对此提出尖锐批评，他说："天理不外于人情，然圣人以人情为天理。而后儒远人情以为天理"，他认为做人的道理只是对人情的一种调节，使之适中。"夫中也者言乎其当也，庸也者言乎其平也，和也者言乎其顺也。皆本人情，不远人以为道"。（《本语》）离开人情的所谓天理，只能是虚的假的，口头说说而已。高拱反对程朱将人性二重化为义理之性和气质之性。《问辨录·论语》赞成孔子"性相近，习相远"的说法，认为"千古论性断案，莫的于此"。程颐说孔子论性，乃是"言气质之性，非言性之本也"。高拱反驳说："人只是一个性，此言气质之性，又有何者非气质之性乎？"张载与二程、朱熹分别天地之性与气质之性，高拱问道："气质之性非得之天地者乎？曰然，则三先生之论谓何？"（以上见《问辨录·论语》）按照儒家一贯的思想，人道本于天道，人性源于天地，故《中庸》有"天命之谓性"的说法，既然气质之性源于天地，则亦是天地之性，则张载、程、朱的人性二元说不免自相矛盾。彻底的人性论应是一元的，不应是二元的，一切皆从气来，则性也是气，心也是气。高拱大胆质疑宋儒所谓"义理之性谓其不杂于形气者也"，那么这个义理之性"不在形气之中，则将何所住着乎？"（《问辨录·孟子》）高拱的人性一元论，其实际意义就是要把心性之学，从空疏、伪善的悬浮状态拉回到实地上来，使它与现实人生更贴近，与人的自然性情更合拍，让上层集团更重视解决人们正常的生存和发展所遇到的困难，使国家的政策变得更合情理。

高拱提出的新的义利之辨与新的经权之论，这两种见解突出表现出他在理论上的开拓精神，并最直接地服务于他的实政活动。

孔孟极重义利之辨。孔子说："君子喻于义，小人喻于利"，明显是重义轻利。孟子对梁惠王说："何必曰利，亦有仁义而已矣，"更加贬抑功利。不过孔孟对于国计民生还是重视的，只是在道德动机上反对追求功利。董仲舒提出"正其谊不谋其利，明其道不计其功"，片面发展为极端迂腐的超功利主义。宋明理学末流,侈谈心性,口不言利计功,造成空疏不实的学风。受这种风气的影响,许多知识分子整天坐而论道,以虚辞为业,徒事章句,不通世务,不懂安邦治国,致使真才实学之人奇缺。有鉴于此,高拱不得不从理论上批判超功利主义,重新解释义利之说。《问辨录·大学旧本》载:

《大学》何以言生财?曰:此正圣贤有用之学。夫《洪范》八政,首诸食货;《禹谟》三事,终于厚生。理财,王政之要务也。后世迂腐好名者流,不识义利,不辨公私,徒以不言利为高,乃至使人不可以为国。殊不知聚人曰财,理财曰义,又曰义者利之和,则义固未尝不利也。义利之分,惟在公私之判。苟出乎义,则利皆义也;苟出乎利,则义亦利也。

他以公私辨义利,确实是一种高见,这是继承了墨经的以利说义和陈亮、叶适的功利主义思想,又有所发展,把义利之辨提高了一个层次。实际上也把儒家义利之辨的本来含义说清楚了。他强调为国理财即是行义,反之,"徒以不言利为高"的那班好名腐儒,却是"以名为利者"。不顾国家大利,求取个人私利,这才是真正的不义。高拱这一思想在社会上发生影响,如稍后的学者陈弟批评社会上"义乃道理,利乃货财"的俗见,指出:"义即在利之中,道理即在货财之中","利者,益己损人,厚己薄人之谓。义者,公己公人,视人犹己之谓",(《义利辨》)这一思想正与高拱一脉相承。高拱还为唐朝理财家刘晏鸣冤,认为刘晏之死是遭忌而受构陷,并非如宋儒胡致堂所说,是理财蓄利背义而天道极恶。当时知识分子中许多人中了超功利主义的流毒,标榜清高,轻视经世之务,如将户部蔑称为钱粮衙门,有志之士,不愿就此为官。更有人非但以理财为贱,且又以掌兵、掌刑为贱,如信其言,则天下无兵无刑,未免要大乱了。所以高拱要出来大声疾呼,为功利辩护,从理论上澄清混乱认识,号召知识分子为国家的振兴富强做些切实的工作。

高拱的新经权论也能一反传统偏见而独具特色,他自认为是开创之举,曾在《问辨录·论语》中大胆指出,"自汉以来,无人识权字","即宋人亦未识得",他们"皆以为常则守经,变则行权",都把经与权割裂开了。他把经比作称之衡,把权比作称之锤,"常相为用,而不得以相离"。"经乃有定之权,权乃无定之经"。换句话说,经是定理,权是应用。如父子有亲,君臣有义,这是经,定而不可易。行亲务得其正,行义务得其正,即是权,往来取中,变通而不穷。可知经是权之体,权是经之用,若说常则守经,变则行权,如同说常则用衡，变则用锤一样荒谬。汉儒有"反经合道"之语，高拱指出此说自相矛盾，"一物无权，必不得其正也，斯权之义也"，"圣人以权行经，而汉儒以权反经"。程颐认为经只是存得个大纲大法，权则于精微曲折处曲尽其宜，以济经之所不及。高拱觉得此理"于义未莹"，因为"正理所在莫非经"，不在大小，而使经之用"得轻重之宜者莫非权"，绝不应说衡可自用，有所不及则以锤济之。朱熹的观点是："经者，万世常行之道。权者，不得已而用之，须是合义"，权"不可用之时多"。高拱认为此说离真理更远，难道可以说衡是常用之物，锤是不得已而用之吗？且"义即是经，不合义便是拂经，拂经便不是权"，不能说经之外别有所谓义，别有所谓权。高拱在《程士集·策》反复强调经权的统一性："夫物各有则，经之谓也，称物而使当其则，权之谓也"，"经也者，立本者也"，"权也者，趋时者也，经以权为用"。当然经与权既有差异又相统一。程子说权即是经，这不准确，权与经只是"一事"，然而决非"一物"；朱熹说权与经是"二物"，这也不足，应说权与经虽是"二物"，却还是"一事"。这样，高拱就用中国传统哲学中"体用"范畴，建立起经权统一学说，这在当时是理论上的一大创新。

　　高拱的经权论打破了人们多年相沿成习的经权观，特别是关于"权"的老观念，即把"权"理解为权宜之计，不得已的应急措施，或权术诡行，从而大大提高了"权"的地位和普遍应用性。经权之说在中国历史上长期聚讼不休，高拱之论一出，可谓千古疑义，一朝洞开，不仅在理论上使人耳目一新，也产生极大的实际意义。高拱正是根据这种以权行经的见解，不拘守常规旧套，推行一系列吏治上的改革，使内阁和吏部日常工作出现生气，又能灵活机敏，恰当处理突发的边境事件，无论在正常或非常时期，都表现出高度的主动性、创造性和求实精神。他说："人臣而不知权，则何以酌缓急，称轻重，事君治民，处天下之事，而得其正乎？"。（《问辨录·论语》）高拱的经权论包含着正确处理基本原理原则与具体运用之间的关系问题；任何一种原理原则，即使是经过实践证明是正确的，也不能当做教条机械搬用，或者固守不变，在运用时，不论处常处变，不论何时何地何事，都要结合实际情况，灵活处置，这样才能使基本原理原则保持常新的生命，发挥真正的指导作用。我们从高拱的思想里，应当得到这样的启示。当然，高拱的经权新论亦不是无懈可击的，除了他对"经"的理解带有时代的烙印以外，他用体用关系去说明经权关系，完全排除"权"有"反经"的内涵，这既是对"权"的扩大，又是对"权"的限制。说一切经体之用皆为权，这是扩大了权的应用范围；说经体之用以外无权，这是限制了权的应用范围。事实上，不仅经之用是权，经之别用以及创造发展尤其权,所以权有时是要反经的,也就是说要超越经的原则,另辟新路,这样才是从彻底的发展观上解决经权关系。

高拱一生有着强烈的追求真理的精神。一心只在求得真情实理。他说:

> 夫学求为己,只当忘人忘己,虚心以求其是。人苟是,便当从;如其不是,不从而已。吾苟是,便当守;如其不是,改之而已。(《本语》)

他在《问辨录》序中讲述自己求学的过程,"始袭旧闻,有梏心识,既乃芟除繁杂,返溯本原,屏黜偏陂,虚观微者",于是对于已知之论"验之以行事(考察实践效果),研之以深思(推究理论深度)",然后才真有所得。所以他的理论平正通达,不浮夸、不艰涩,合于情理,不迷信前人和书本,亦不作脱离实际的学究,他的学问既无章句之学的迂滞烦琐,又无心性之学的自是空泛,强调身体力行,将学问发为事功,切切实实地为社会做事,反对一切形式化的行为。《本语》说:

> 今人只用形迹,更不察实。故有务为夙夜奔走之状以为勤者,然有益于事则鲜;务为慷慨忧时之说以为忠者,然有济于事则鲜。夫无益于事,勤于何有?无济于事,忠于何在?若在上者惟要诸有益于事者为勤,有济于事者为忠,而形迹不得以为涸,则务实者既可以奏功,无实者亦不敢增扰。

我们于此可知高拱的实学是相当彻底的。按照他的务实的要求,不仅一切无济于事的空谈和过场要荡除根绝,就是一切无益于事的事务主义行为也要批评禁止。在实学实政面前,种种浮华、巧伪、陈规、陋习,统统都要靠边让路。做人求诚,做学问求是,做事情求实,这就是高拱的真精神。

(载《明清实学简史》,社会科学文献出版社,1994 年 9 月)

焦竑的主体意识和求实精神

一、一位博学多才的学者

　　焦竑字弱侯，号漪园、澹园，江宁（今南京）人，原籍山东日照县，生于明嘉靖十九年（公元1540年），卒于万历四十八年（公元1620年），谥文端。他是明代中后期的一位大学者，是阳明心学的后起之秀，理论上有批判和创新精神，又以博学多才著称于世，其学识之通洽与杨慎齐名。

　　焦竑青年时受学于耿定向，中年以后交于王襞、李贽、罗汝芳，受泰州学派影响，逐渐偏离心学正统，表现出更多的异端精神。50岁考取进士，官翰林院修撰，参与修编国史。事未成而编出《国朝献征录》一百二十卷。撰成《国史经籍志》六卷，后世学者推为精博。后为皇长子讲官，采集古代储君事可为法戒者，编成《养正图解》。为人耿直，遇事敢言，遂得罪上司，又文名极重而受妒于同僚。万历二十五年，焦竑58岁，为顺天府乡试副主考，以科场事被诬受劾，贬官福宁州同知。次年在官吏考核中又被降级，于是厌恶官场之争斗，愤然辞官归家，复为学者，日与朋友讲论学问，著书立说，年81岁而卒。他一生著述鸿富，除上述史作外，还有《澹园集》、《澹园续集》、《焦氏笔乘》、《焦氏类林》、《老子翼》、《庄子翼》、《玉堂丛语》、《俗书刊误》等。

二、"从自己胸中辟取一片乾坤"

　　焦竑认为孔孟之学乃"尽性至命之学"，而汉唐以来其学有明有晦。程朱之学"不从性宗悟人，而以依仿形似为工"（《澹园集·答钱侍郎》），支离于外物，"旁搜物理，而于一片身心反置之不讲"。他推重心学，"阳明先生始倡良知二字示学者，反求诸身，可谓有大功矣"（《澹园集·答友人问》）。阳明之后，他赞扬王艮、王襞，并直接追随罗汝芳，认为在王艮之后，"罗先生衍其余绪，则可谓横发直指，无复余蕴矣"。他自己的体会是："盖当支离困蔽之余，直指本心以示之，学者霍然如梏得脱，客得归，始信圣人之必可为，而阳

明非欺我也。"(《澹园集·罗杨二先生祠堂记》)

焦竑与李贽友谊甚笃,为李贽作《藏书序》。后李贽冤死狱中,焦竑作《追荐疏》,并为之编印《李氏遗书》。焦竑对李贽的评价是:"以为未必是圣人,可肩一狂字,坐圣人第二席"(《明儒学案》),正统学者目为"狂悖"之论。

焦竑受泰州学派精神的感染,强调做学问要靠自悟自证,不能依傍他人门户,只要于义上认得真切,就把住不放。他极赞王畿的话:"人言世儒借路禅家,非也。岂唯吾儒不借禅家之路,禅家亦不借禅家之路,吾儒亦不借吾儒之路",真正有成就的人都不能靠因袭而须靠创造,在这个意义上,学问之路都是自己闯出来的。他列举历史上的事例,香严问沩山西来意,沩山曰:"我说自我底,不干汝事",拒绝回答。后来香严因击竹而自有悟解,遂礼谢沩山的不说破。这就是禅家不借禅家之路的例证。程颢曾说:"吾学虽有所受,天理二字,却是自家体贴出来的",这就是儒家不借儒家之路的例证。于是他发出了震撼人心的呼喊:"学道者当尽扫古人之刍狗,从自己胸中辟取一片乾坤,方成真受用,何至甘心死人脚下?"(以上《焦氏笔乘》)。在焦竑眼里,一切古圣经典,都不过是时过境迁的陈迹,士人应在它们面前站立起来,走出自己的新路,开出属于自己的新天地,做个铮铮有血气的大丈夫。正是在这种强烈的主体意识的支配下,焦竑才敢于指点汉唐,评说宋明,粪土官学。他说:"唐疏宋注,锢我聪明"(《笔乘》),"汉宋诸儒之所疏,其糟粕也"(《笔乘》),把章句之学看得一钱不值,这在当时是很大胆很解放的言论。焦竑、李贽、何心隐等学者,都是个性自由的鼓吹者,他们的言论代表了中国先进知识分子对于封建礼教与经学的长期压抑所作的反抗,是他们对于独立人格有了初步觉醒的表现。

三、"释氏诸经,即周孔之义疏"

程朱理学与陆王心学虽归宗孔儒,却是儒、佛、道三教合流的产物。然而程朱陆王只是在事实上吸收佛老,在口头上却激烈批判佛老。王阳明之后,一些王派学者认为,既然三教在理论上已经沟通,就应当公开兼容三教,不必视佛老为异端。王畿与焦竑就是这种新观点的代表人物。王畿作《三教堂记》,认为"学佛老者,苟能以复性为宗,不沦于幻妄,是即道释之儒也。为吾儒者,自私用智,不能普物而明宗,则亦吾儒之异端而已",表现出一种相当开放的心态。焦竑进一步发挥王畿的说法,强调只问真理,不论学派。他认为普天之下，良知本有自足，为道就在尽性至命，"道是吾自有之物，只烦宣尼与瞿昙道破耳，非圣人一道，佛又一道也"（《澹园集·明德堂答问》）。道只有一个，至于它由哪家发现，称呼什么名字，都无关紧要。孔、孟、《中庸》皆是尽性至命之学，而后儒失传，反视此儒家故物之妙理为异端。佛虽晚出，而得尧舜周孔之旨，佛教诸经皆发明尽性至命之理，故曰："释氏诸经即孔孟之义疏"（《澹园集·答耿师》）。由于释氏直指人心，无儒者支离缠绕之病，故可进而说"释之所疏，孔孟之精也；汉宋诸儒之所疏，其糟粕也"，"释氏之典一通，孔子之言立悟"（《焦氏笔乘》）。焦竑的大胆怪论，表示了当时儒学的一种积极求通求合的倾向。用佛学解释儒学并不符合孔子原旨，但把真理看得比门户要高，还是可取的。当然焦竑还是一位儒者，他只欣赏佛理而排斥佛教礼俗，他反对两种极端："辟佛者欲尽废其理，佞佛者又兼取其迹。"（《崇正堂答问》）

焦竑赞赏道家而批评道教，在道教内又摈弃外丹、符箓而首肯全真道，因为后者破斥肉身成仙，以治心养性为主，更讲求人伦日用，向道家精神回归。道家的精神是："道以深为根，以约为纪，以虚极静笃为至"（《国史经籍志·道家书目后》）。他不赞成孔老互绌，而主张互补。他说："儒学绌老子，老子亦绌儒学。绌儒学者，非独不知儒，亦不知老。绌老子者，非独不知老，亦不知儒"（《笔乘》）。《老子》乃"明道之书"，它"有以证无"，"则为无为，事无事，而为与事举不足以碍之"，老子"除心不除事"，所谓无为，不是"郁闭"，而是天门开阖而能为雌。所谓涤除玄览，不是晦昧，而是明白四达而能无知。主空虚，不毁万物为实，绝非独任虚无"（《老子翼》）。庄子表面上弃绝仁义礼乐，而却说瓦砾糠秕无非道妙，哪里会真正排除世教呢？恰恰相反，庄子所言虚无之理，正是世教确立的基础（见《澹园集·读庄子七则》）。孔孟寓无于有，而学者拘于有而不通乎无，故庄子着重发挥无的道理，"庶几乎助孔孟之所不及"。"因"一字乃老庄要旨，其内涵自然是包容和随顺世事（《庄子翼》）。复性致明的要领是"以恬养知"；"恬"就是道家的自然无为和禅家的无知，"知"就是人的觉性，它可以恬养之，不可以学缮之。知与恬交相养，则仁义礼乐都有一贯之道，一切行为皆于性中自然流出，则无往而非真（《庄子翼》）。

焦竑以复性为宗旨，以虚实不离、即体即用为精神，将儒、释、道三家包容为一。同一时期的管志道、林兆恩、何心隐、李贽等人都有类似主张，他们互相推扬，使三教合流思潮影响扩大，其中林兆恩甚至以三教合一为基础，从学术团社发展出"三一教"的宗教组织。

四、"非博学不能成约"

焦竑在一点上不同于王学末流，即在复性至命的同时不废典籍之学，兼有王学与朱学之长。《明史》本传说他"博极群书，自经史至稗官、杂说，无不淹贯。善为古文，典正驯雅，卓然名家"。他的学问非常博洽，著作内容涉及经学、子学、史学、文学、佛学、道学，以及博物、典制、金石文字、目录版本等，并在这些领域都有重要的贡献。

在经学方面，除孔孟外，对易学、春秋学也有精辟见解。他认为《易》不离于象数，象以表意，显以阐幽，"六十四卦三百八十四爻皆象也"，无象则《易》不能明，则象数乃《易》学之本源。郑玄易学主象数，王弼易学主义理，而义理象数本是一体，于象数之内求索义理，不易将两者强行割裂（《澹园集·易篆言序》）。焦竑不满意当时春秋学之重传轻经，而纠之以重经轻传，以为直接揭示《春秋》经文本义，可以避免三传的失误。他在《国史经籍志》里批评三传，谓："《左氏》传事不传义，是以详于史而事未必核；《公》、《谷》传义不传事，是以详于经而义未必当"，而后世儒者，抱残守陋，主传而宾经，其失弥甚。他坚持认为《春秋》之经，无有三传亦可自明，"学者当以无传求《春秋》"。焦竑不迷信三传是对的，但把经与传完全对立起来，特别抹杀《左传》的成就和贡献，恐怕有失偏颇。但他力求恢复古经本色，反对传作者对经义随意发挥，表现出史家的求实风格。此外，他辨析《尚书》古文的真伪，《周易》文句的正误，《论》、《孟》文义的宗旨，《三礼》仪制的原貌，《诗》音义的变迁等，都有较中肯的意见。

在史学方面，焦竑倾注了极大的热情与精力，成就十分突出。主要史学著作有：《国史经籍志》、《国朝献征录》、《玉堂丛语》。《国史经籍志》六卷，首列制书类，余分经、史、子、集四部，末附纠缪一部，是为撰明史预备的图书目录。该书目虽有考订不精之处，但在纠正汉隋唐宋诸史志分门的错误方面，甚有见地。对每类书目所做的评述，亦颇具匠心，是研究明代文献史不可缺少的参考书。《国朝献征录》共一百二十卷，收集了明代开国以来各类人物的传记、行状、墓志铭、神道碑等，包纳极为丰富，为后来治明史者看重。清初明史专家万斯同就说过，焦氏《献征录》一书，搜采最广，自大臣以至郡邑吏，莫不有传，欲撰修明史，可备采择者，仅此一书。《玉堂丛语》是焦竑晚年之作，内容上可算是明代万历以前的翰林人物言行录，体裁上模仿《世说新语》，共七卷，有些是作者耳闻目睹，有些采自传、状、碑铭、年谱、文集、笔记、杂著，凡引资料，皆注明出处。顾起元在序中说：此书"义例精而权量审，闻见博而取舍严"，史料价值甚高。他不迷信权威，对司马迁、王荆公、刘知几等名家，既有肯定，又有批评，不附俗见而昂然自立。他对野史的价值有充分估计，说：秦汉以后，朝廷史官"或屈而阿世，与贪而曲笔，虚美隐恶，失其常守者有之"，因此野史可以"矫史官之失者多矣"。（《国史经籍志·杂史目录后》）

在子学方面焦竑主张兼收并蓄，不仅儒、佛、道要沟通，对于墨、法、名、纵横、杂、农、小说、兵、天文、历数、五行、医、艺术各家，都要分出精粗而有所取舍。他撰注《诸子折中汇锦》，收诸子共四十家。他的精心用力之作是《老子翼》和《庄子翼》，前者编辑韩非以下解《老子》者共六十四家，附以焦氏笔乘，《四库提要》称其"博赡而有理致"。《庄子翼》收罗极富，自郭象注以下共二十二家，自支遁以下共十六家，自为笔乘，标立新意。

在词章之学方面，他是明代古文大家，其文集中的疏、论、书、序、铭、赞、诗、词，皆文质并茂，简洁生动。

焦竑在《笔乘》中用很大篇幅记载搜集到的各种医方，并引许道幼的话说："为人子者尝膳侍药，不知方术，可谓孝乎？"可见重医术是与尽孝道联系在一起的。

关于博与约的关系，他有自己的看法。

第一，学问的目标应是尽性至命，但学习的过程须下学而上达，由博而返约。他说："某所谓尽性至命，非舍下学而妄意上达也。学期于上达，譬掘井期于及泉也。"（《澹园集·答耿师》）他又说："网之得鱼，常在一目，而非众目不能成网。人之会道，常于至约，而非博学不能成约。"（《笔乘》）他认为后世学者之庞杂支离不在于博学，而在于不能由博返约，把学问归结到治心养性上来。

第二，博学并非指举业诵习功夫，而是指全面考查古代传下来的知识，并在社会政治与日常生活中随时体察心性之理，而得以自悟。他说，圣人"为事详，而其妙则不可思；为物博，而其精则不可为。圣人使渐劓涵泳以由之，而其不可思与为者，从容以听其自悟，如此而已"，这样，学者之学不仅能调剂身心性情，亦可用之于治理天下国家。学习的内容，"礼乐行艺，靡物不举"，"论政献囚献馘，皆必于学"。而当世所谓诵习，不过是抱残守陋，"斤斤然求合有司之尺寸"，目的为利禄而已（以上《澹园集·内黄县重修儒学记》）。总之，他是要把学问从教条和僵死中，从举业仕途中解脱出来。

第三，学问之途多端，只要不离复性归根，则无往而非学；若是离性而求学，则无学而非陷溺。人性流离而为四学：清虚之学、义理之学、名节之学、词章之学。若能抓住根本，则此四学皆足以复性至命；若不知复性于初，则"名节为逐物，词章为溺心，清虚增其桎梏，义理益其盖缠"。总之，他是主张博约相济的。

五、"口说不济事，要须实践"

焦竑并不迂腐，他任心而不废学，求道而不废行，可以说是求学以修心，用行以成知。他所谓"行"，不限于忠君孝亲，还包括多种社会实践。《崇正堂答问》说：

> 先儒才言学便有著力处，即学便有得力处，不是说了便休。如学书者必执笔临池，伸纸行墨，然后为学书；学匠者必操斧运斤，中钩应绳然后为学匠。如何学道只是口说？口说不济事，要须实践。

实践的最大事项是治理天下。他在廷试策对中，提出实政实心的主张：

> 臣闻帝王之临驭宇内也，必有经治之实政，然后其具彰而有以成整齐天下之化；必有宰治之实心，然后其本立而有以妙转移天下之机。何谓实政？饬制度，明宪典，使天下分定而心安，威行而志慑，日范于精明严密之规而清和咸理者是已。何谓实心？惩玩愒，谨几微，使天下不约束而严，不刑名而肃，独运于渊微，宥密之妙而鼓舞莫测者是已。（《澹园集·廷试策一道》）

立实心而行实政，必须坚忍不拔，身体力行。"能创之必能行之，能倡之必能遂之"，"身奉之又心安之，始从之又终守之"，凡成就治国大业者莫不如此。

焦竑指出，身居官位者，首先要通晓政务，书本知识尚在其次，故云："居官以明习国朝典制为要。衙门一切条例，既能洞晓，临事斟酌行之，滑胥自无所措其手矣。此外，治经第一，诗文次之"（《澹园集·答乐礼部》）。这是很切实的主张，是针对那种有了书本知识、娴于应制诗文便可做官的俗见而发。他把官职看成专业，必须严格训练而后方可为之。如掌管历法之事就不容易。《国史经籍志·历数书目后》说：

刘洪有言，历不差不改，不验不用，李文简叹为至言。顾必有专门之裔，明经之儒，精算之士，如班氏所称，乃足任之。有虞羲和与四岳九官同重，而后世至以文史星历介于卜祝之间……夫闰以正时，时以序事，事以厚生，其在周官，皆史职也。

焦竑一向对社会现实问题极为关切并有对策。在《因旱修省陈言时政疏》中，他提出吏治的两大要害问题即理财与用人，云："民之父母而好恶在理财与用人，财积于上而不流，吏蠹于下而不去，皆足以酝酿民怨，上干天和"，只要这两个问题解决得好，社会就会安定。《备荒弭盗议》说："国富民殷，善良自众。民穷财尽，奸宄易生。盖天下大势，往往如此。"所谓"盗贼"问题归根结底是贫困问题，因而解决社会动乱必须从富民入手。《国计议》对于财政收入与支出的比例作了很好说明："善为国者常欲使财胜事，而不使事胜财。财车马也，事其所载之物也，"要量入为出。他提出四项建议以解决财政危机："一曰议垦田"，"二曰议关税"，"三曰议赎锾"，"四曰议内供"，总的精神是开源节流，一方面励本农以足国，另一方面常俭朴以化人，特别要减少朝廷生活的奢侈浪费，这都是切时之实政。

与重实政实事的思想相适应，焦竑主张义利统一论，反对将二者割裂。他在评论《盐铁论》时说："自世猥以仁义功利为二涂，不知即功利而条理之乃义也。"贤良文学之谈甚美，然而只能画饼充饥，并无济于实用。桑弘羊之法则可厚农足国，不可嫌其人而废其说。（《澹园集·书盐铁论后》）

他特重经筵讲官的责任，云："我朝经筵日讲，非徒辨析经史为规美也，谓当旁及时务，以匡不逮，"即要使书本联系实际，对现实政治问题有所议论。他为皇长子讲读，曾编著《养正图解》一书，乃是知古鉴今、学以致用的尝试。他在读书序中说：

独念四书五经，理之渊海，穷所讲习，未易殚明，我圣祖顾于遗文故事拳拳不置，良縣理涉虚而难见，事征实而易知，故古今以通之，图绘以象之，朝诵夕披而观省备焉也。

这是一种通俗形象的教学方法，很适合未成年嗣君的特点。此书采集六十个故事，从春秋战国，直到唐宋，将一些名人行事编成生动短篇，配以图画，标以醒目戒语。其篇目表现了为君之道的理想，如："振贷贫民"、"戒君节饮"、"泣思直臣"、"诛绝佞人"、"崇师问道"、"乐受格言"等，而以任人唯贤的内容居多，如"亟用贤人"、"因乐求贤"、"得贤弥盗"、"咨访相材"、"礼聘遗贤"、"师事名贤"、"开馆亲贤"、"克己任贤"等。《养正图解》后来为郭正域辈所阻，未能成为太子的正式教科书，但终于流传下来。清末有武英殿刊本，书前印有光绪皇帝批语，下旨刊用，可见该书确有实用价值。

徐光启是焦竑的学生，他在《澹园续集》序中对焦竑备极推赞，说："读其文而有益于德，利于行，济于事，则一而已"，对焦竑学兼理事的风格有所悟解。

六、"无小学一段功夫则根基不立"

文字、音韵、训诂等小学学问，在陆王一派学者看来是与心性之学不相干的支离事业，所以稍重小学且有成就者多出自程朱门下，如黄震、宋濂等。可能是物极必反的规律在起作用吧，在王学盛极之时，小学事业却在悄悄地重新振兴。先是嘉靖年间学者杨慎标揭反对宋学、推崇汉学的旗帜，其人博学多识，开考据学新风。杨慎之后，为考据学推波助澜并卓有成效者，当推万历时期的焦竑与陈第了。

根据焦竑的一贯思想，灵觉明妙不能一蹴而就，必须下学而上达，所以求学问要有步骤，要循序渐进。《养正图解序》说："圣须学也，学须正也，而功必始于蒙养"，蒙养的内容便是小学。故又云："小学固蒙养之正鹄，而圣功之先鞭也"（《澹园续集·刻小学序》）。焦竑自云此种识见得之耿定向，间接受到朱熹的影响。《小学衍义序》说："余少侍先师耿恭简公（耿定向）于南都，尝语余曰：'先哲谓为学无小学一段功夫故根基不立。朱子作小学以补之是也。'"（《澹园续集》）焦竑认为，宋儒之支离不在致知，而在把用敬与致知分成两截；王心斋的高明处，在于他能"以经证悟，以悟释经"（《笔乘》），将经籍学问与心性修习结合为一体。

《国史经籍志》专设小学书目一栏，其后有一段评说，云：

> 古者八岁入小学，习六甲四方与书数之艺，成童而受之经。追其大成也，知类通达，靡所不晰，而小学始基之矣。《尔雅》津涉九流，标正名物，讲艺者莫不先之，于是有训诂之学。文字之兴，随世转易，讹舛日繁，三苍之说，始制字法，而《说文》兴焉，于是有偏旁之学。五声异律，清浊相生，孙炎、沈约，始作字音，于是有音韵之学。保氏以数学教子弟而登之重差夕桀，勾殷与九章并传，而乡三物备焉，于是有算数之学。盖古昔六艺乘其虚明，肆之以适用，而精神

心术之微寓焉矣。古学久废，世儒采拾经籍格言，作为小学以补亡。夫昔人所叹，谓数可陈而义难知；今之所患，在义可知而数难陈，孰知不得其数，则影响空疏，而所谓义者可知已，顾世所显行不能略也。

焦竑正确地指出，训诂学肇于《尔雅》，文字学形于《说文》，并以训诂、文字、音韵为小学主要内容，这是对小学一个很好的历史叙述和总结。朱熹所提倡的小学，是指"洒扫、应对、进退之节，礼乐、射御、书数之文"（《大学章句序》），使小学与伦理、礼乐混在一起。焦竑则明白地说："小学，谓文字之学也，"（《笔乘》）他使小学从一般儒学中分离出来，使小学渐渐成长为一门独立的学科。

焦竑关于小学的专著有《俗书刊误》一书。他在该书自序中说：

夫书有通于俗，无害于古者，从之可也。有一点一画、转仄从横，毫发少差，遽悬霄壤者，亦可沿袭故常而不知变哉？此编所载，其略也，学者能触类以求之，通经学古，此亦其津筏也。

焦竑对待语言文字的态度是科学的和严肃的，既承认它的约定俗成的变化性，又反对乱变滥改，变化的限度应无害于正确理解典籍原义，否则就要造成极大的混乱。读书按"音义同字异"、"字同古义异"、"俗用杂字"等项分类，每项罗列俗间大量用字，从字形的正误上一一加以辨析，有时也涉及字义与读音的正误及古音通假现象。这部书的诞生，说明焦竑对语言文字流行的实际情况做过大量社会调查，而后才能在理论上加以分析概括。

《焦氏笔乘》一书属杂记性质，有许多关于古代文献资料的考证和古今文字形音义的辨正，皆零散不成系统，现摘要归纳分述如下：

（一）关于古代典籍真伪的考辨

关于《庄子》，他认为外杂篇多假托，《胠箧》曰："陈成子弑其君，子孙享国十二世"，以此推之，则是秦末汉初之言。又有"封侯"、"宰相"等语，秦以前无之，且避汉文帝讳，故田恒为田常，可知外杂篇出世较晚。关于《史记》，他指出该书多为后人殽乱，如《贾谊传》言贾嘉最好学，至孝昭时列为九卿，《相如传》引扬雄以为靡习之赋，劝百风一，犹驰骋郑卫之声，曲终而奏雅，这都是后人妄增的痕迹。又设"伪书"一节，指出：《本草纲目》非神农书，《山海经》非禹益书，《三坟》非伏羲、神农、黄帝书，《三略》、《六韬》非太公书，《尔雅》非周公书，是假托古圣贤之伪作。又云。"此类甚多，或摹古书而伪作，或以己意而妄增，至使好事之流，曲为辨释，以炫其博，是皆未之深考耳"。这种大胆破除迷古偏见，重新审查古籍真伪的态度，值得赞赏，它开创了古书辨伪的新风。

(二) 关于传注与注疏的形成与评价

焦竑论"传注"，指出"古人未为训传"，子思与孟子欲发挥《论语》的思想而写了《中庸》与《孟子》，都是自成一书，不算传注。《易》的《象》、《彖》、《系辞》本来不与经文相附，至王弼时才合在一起。《尔雅》将《诗经》的词汇收集分类，逐一加以解说，则是真正的传注。"至毛公传《诗》，孔安国传《书》，而传注遂有定体定名矣"(《笔乘》)。

焦竑不满唐代定孔颖达《五经正义》为标准读本的做法。"注疏"一节说："案唐制：孔疏既成，诏颁之天下，学者不得违疏，""以理推之，唐世此诏，大为未当。圣贤之言，岂一端而已？学者当曲畅旁通，各极其趣，安有立定一说，而使天下强屈其见，以从一家也？"他反对学术垄断，官方钦定，认为学术见解不应强求一律，这无疑是很开明的主张。他又指出，宋初犹袭唐风。明初，朱注与古注疏同颁学官，未尝定为一说，而奉行者执泥，其失超过唐宋。他主张改变注疏定于一尊，促成学术自由，把矛头指向官学，是有相当胆识的。

(三) 关于六书

焦竑认为《周官》六书之名，即"象形、指事、会意、谐声、假借、转注"，不如班固的"象形、象事、象意、象声"之说，因为后一说据其名即可明了其义(《笔乘》)，这一见解颇佳。汉字是表意文字，"象"字最能体现这一根本特征。六书中较困难的是对假借和转注的理解。他说，"假借，借义不借音"，即义变而音不变，如离丽、资齐、汶岷、辨贬、空孔，古皆假借通用。转注之义最为难明。焦竑不赞成许慎以"考老"为例申明转注含义，他同意程端礼之说："假借借声，转注转声，"并引申云，转注是"转音而注义"，即所谓一字数音也。以上关于六书的见解，未必句句皆是，要之可成一家之说。前此学者未有用力如此细微者。

(四) 关于诗经的研究

焦竑在《诗经》研究中的最大贡献是证明"古诗无叶音"。他指出"诗有古韵今韵"，而古韵久不传，学者皆以今韵读古诗，读不合韵，则以叶韵解之，一字转数音以求通，"如此则东亦可音西，南亦可音北，上亦可音下，前亦可音后，凡字皆无正呼，凡诗皆无正字矣。"其实，只要运用归纳和取证方法找出该字古韵，则古诗押韵问题迎刃而解。如"下"字，今发"祒"音，古作

"虎"音。故《凯风》云："在浚之下"，下韵为"母氏劳苦"，《大雅·绵》云："至于岐下"，上韵为"率西水浒"。又如"服"字，今发"屋"音，古皆作"迫"音，故《关雎》云："寤寐思服"，下韵"辗转反侧"；《有狐》云："亡子无服"，上韵为"在彼淇侧"。焦竑嘲笑一班儒徒，不懂古韵，只好凿空附会。

焦竑好友陈第研究《诗经》有成，他得知焦竑"古诗无叶音"之说，赞为"千载笃论"，于是自作《毛诗古音考》四卷，将焦竑见解加以发挥和系统论证，为《诗经》等古诗音韵研究开创了新的局面。焦竑和陈第所用的方法，就是收集和分析大量文献语言，分类、引证，从中探寻古代语言文字的规律性，据此订正古书的讹误和后人研究中的失错，而这正是后来清人的考据学方法。他二人都未曾想到，他们的方法到了清代乾嘉年间，竟会发展成为一代学术的主流。

（载《明清实学简史》，社会科学文献出版社，1994年9月）

在聪明与糊涂之间

——读《郑板桥集》有感

清代"扬州八怪"之首郑板桥所书"难得糊涂"的字幅广为流传。将其视为座右铭的人之中，有些人以为它的用意是宣扬圆滑自私、不分是非、明哲保身，其实大谬不然。"难得糊涂"是劝人忠厚积德，少一点个人盘算的机关，这是比一般聪明更高级的糊涂。当初孔子、孟子在推崇"中庸为至德"的同时，极力批评"乡原"。中庸以刚健行仁为标尺，反对过与不及；乡原则是乱德的媚世者，宁与浊风恶俗同流合污。表面上两者都不走极端，有些相似，而实质完全相反，关键在是否坚守仁德，故有善恶之别。郑板桥的"难得糊涂"正是教人多做好事，践仁利他，自家利益不要太过计较，进取有度，必要时退一步，以使自己安心。这正是实行中庸之德，而反乎名利场中的流俗乡原。

我的专业不在文学，更不是研究郑板桥的专家，只是喜欢郑氏的作品，心灵有以相通。近重读《郑板桥集》（上海古籍出版社，1979 年版），深为他的"与舍弟书十六通"所打动，引起一些新的感想。这些家书与他的"诗、书、画"三绝不同，不是为了送人和流传，纯属兄弟间有话要说、有事相托，故不工雕琢，随意写来，涉笔成趣，漫谈家事国事，又及历史文化，无一不是从生命深处潺潺流出，真情实意，感人至深，表达出一位忧国忧民的儒道互补的士人的博大胸襟，又质朴亲切，直白晓人，比之那些时文鸿论，另有一番意蕴滋味，却似乎未能引起学界应有的关注。我还从中找到了"难得糊涂"的正解，是近来一大收获。他在一封家信里说："愚兄为秀才时，检家中旧书簏，得前代家奴契券，即于灯下焚去，并不返诸其人。恐明与之，反多一番形迹，增一番愧恧。自我用人，从不书券，合则留，不合则去。何苦存此一纸，使吾后世子孙，借为口实，以便苛求抑勒乎！如此存心，是为人处，即是为己处。若事事预留把柄，使入其网罗，无能逃脱，其穷愈速，其祸即来，其子孙即有不可问之事，不可测之忧。试看世间会打算的，何曾打算得别人一点，直是算尽自家耳。"板桥以仁心积阴德，不仅不要求受惠者回报，而且不使其知晓施惠者为谁，以免对方长怀感激不安之情，这是一般人难以做到的。《聊斋志异》里有一句话："有心为善，虽善不赏；无心为恶，虽恶不罚，"这个标准也许太高了，所以我改为："有心为善，赏之何妨？无心为恶，不可再犯。"板桥思想里存有"积善之家，必有余庆；积不善之家，必有余殃"的家族报应观念，其中包含着"爱人者，人恒爱之"的社会人生真理。若忠厚者处处吃亏，狡狠者时时得意，则社会必将变成虎狼世界，人类文明必不如此发展。社会生活尽管善与福不对应的现象颇多，它却更多地展示出这样的因果规律：太"聪明"的人，特别是那些工于谋划如何损人利己的人，常常是以害己告终，如《红楼梦》所说，"机关算尽太聪明，反误了卿卿性命"，这叫小聪明大糊涂。不是么，美国当政者处心积虑地算计中东国家的利益，不惜用最精确的制光导弹乱炸滥杀那里无辜的百姓，何曾想会陷入泥潭，难以自拔，又哪里料到会把一股恐怖主义的祸水引到自家的土地上，从而发生"9·11"悲剧，并且至今终日惶惶不宁。社会上那些贪得无厌的赃官和非法团伙，到头来不是一个又一个落入法网，受到法律的严正制裁吗？有些企业用假冒伪劣产品砸了自己的牌子。有些学界人物用投机取巧的手段，甚至违法乱纪的行为，毁了自己的人格和前程。这些人都是在邪道上太聪明了，以至于变得愚不可及。在该聪明的地方糊涂，在该糊涂的地方聪明，是可悲的。

又有一封家书谈购置墓地作为自己身后安葬之所。墓地本有无主孤坟一座，其父曾因不忍刨去而罢购。板桥示其弟买下来，并"即留此孤坟，以为牛眠一伴，刻石示子孙，永永不废，岂非先君忠厚之义而又深之乎！"他并不在意墓地风水的好坏，而谓："吾辈存心，须刻刻去浇存厚，虽有恶风水，必变为善地，此理断可信也。"板桥强烈同情农夫，谓："天地间第一等人，只有农夫，而士为四民之末，"农夫"皆苦其身，勤其力，耕种收获，以养天下之人。使天下无农夫，举世皆饿死矣。"所以为官者不能"贪求无厌"，而要体恤农夫。在他的诗词中多有表现民间疾苦的诉求，自己则以清廉自律，故仕途不顺，不得升迁。

可知板桥在人生目标、价值取向上不仅不糊涂，而且居仁由义，善恶分明。在涉及个人利益的时候，他要糊涂一点，宁可自己受损吃亏，也要去帮助弱势人群。其实这是大聪明小糊涂。我们要在"难得糊涂"的背后，发现板桥的"难得聪明"，这种聪明属于大智慧，能够完善人格，兼善天下，见世俗之利则有不争之德，在一些人看来是愚笨可笑，故大智若愚。精神境界不同的人是很难有共同语言的。现在大家都想做聪明人，不愿意被称为糊涂人。但什么是真聪明、什么是真糊涂，并不容易取得共识，除了认识上的分歧，还有价值观的不同。人各有志，各有自己的活法。聪明人只要不聪明到害了自己，糊涂人只要不糊涂到触犯法理，也就罢了。但善恶却是不同道的，如板桥家书所云："他自做他家事，我自做我家事，世道盛则一德遵王，风俗偷则不同为恶。"假若想做一个有理想有道德的人，使自己的生活充满光明、自在和安祥，能够远离丑恶和烦恼，不妨在修习的过程中读一读《郑板桥集》，人们会从中得到许多人生的启迪。

(2004年)

十三经的形成与经学类别

一、经学与"经"

中国传统思想文化的主干是儒家,儒家思想以经学为主线而演变发展。研究中国文化,必须对经学有所通晓。什么是儒家经学呢?经学是这样一门学问,它以若干确定的儒家经典为对象,专门对这些经典进行注释、疏解和发挥,形成与这些经典内容直接相关的种种学术,统称为经学,其著述体裁一般为"传"、"注"、"疏"、"笺"、"义疏"、"集解"等。经学还有一个重要的特征,就是经学家是抱着对经典尊崇信奉的态度去研究经典的,经学是在圣贤崇拜和经典崇拜气氛的笼罩下进行的一门学问。尽管不同时代不同学派的经学家或儒者在思想观点上实际差异甚大,以至于相互尖锐对立,乃至背离本经,但他们都要打起儒经的旗帜,表白自己的一套看法出自圣典,合于孔子真意。所以思想界的斗争往往表现为经学内部的斗争。经学的发展从治理早期经典起手,不断出现各种注释,又出现注释的注释,像滚雪球似的越滚越大,绵延两千余年,著作汗牛充栋,《四库全书总目》著录的经部书籍已达一千七百七十二部,二万零四百二十七卷,成为卷帙浩瀚的经学大系。

既然经学是解说和阐发经典的学问,那么什么书能算上儒家的经典呢?儒经又是怎样形成的呢?按照近代今文经学家皮锡瑞的说法,"经"是孔子著作的尊称,所以孔子以前不能有"经",孔子以后也不能称"经"。按照近代古文经学家章炳麟的说法,"经"是群书的通称,"经"、"传"、"论"的不同只是竹简长短的不同。但在事实上,汉朝通行的《五经》、《七经》,唐朝通行的《九经》、《十二经》,宋代以后通行的《十三经》,既不像前一说那样狭窄,又不像后一说那样宽泛。儒家经典的范围有一个逐步扩展的过程,但它们总是有一定数量和一定标准的。大体说来"经"有这样几种规定性。第一,它们都是儒家早期的基本典籍,被儒学界公认为足以代表周孔等圣人的基本思想。有的儒经晚出,但要使人相信它得到了圣人的"真传"。第二,它们都是儒家立论的最后依据,评判是非的最高标准,思想上的至上权威。经的文字可能有讹误,需要考订，但经的基本原理和原则则被认为是永恒不变的真理。第三，它们都是先后经过封建国家法定列为官学课本的儒家典籍，国家为它立博士，教授生徒。知识分子只有读经明经，通过考试，才能跻身于官场。

按照上述的理解，先秦的儒典不是"经"，先秦的儒学也不是经学。先秦有子学而无经学。虽然《庄子·天运》中称《诗》、《书》、《礼》、《乐》、《易》、《春秋》为"六经"，但这个"经"字只表示这六种书是儒家的基本典籍，不同于后学儒生的一般著述，并不包含神圣不可违背的意思。当时墨家典籍亦称《墨经》，也是同类情况。经典的正式形成，经学的正式建立，我以为应从西汉算起，它的标志是尧舜周孔被推崇为圣人，《诗》、《书》、《礼》、《易》、《春秋》（《乐》亡佚）陆续成为官学，《五经》崇拜主导了儒家学者的头脑。特别是汉武帝罢黜百家，独尊儒术以后，儒学成为唯一的封建正统学说，《五经》便完全超出了一般古代文献的地位，变成了与政治权力相结合的、高高在上的思想意识法典。

二、十三经的形成

儒家早期典籍被尊奉为"经"是一个选择和逐步扩大的过程，这些经的传注的确定也有一个演变的过程。其间有三种因素在起作用：一是人们对"经"的理解有变化；二是社会需要在发展，经学不同学派的社会地位有升降起伏，所崇尚之经书便有差异；三是经注的质量与社会影响对于读经地位的确立亦有关联。

汉代今文经学占优势，以孔子所手定之典为经，故经只有五：《诗》、《书》、《礼》、《易》、《春秋》。《五经》于武帝时都列于学官，得立博士。《论语》虽记孔子之言，却非孔子所作，故多称"传"而不称"经"。《孝经》虽名为"经"，而不在六艺之中，亦归属为"传"。这两部书在东汉后期的地位上升，可与《五经》等列，因为《论语》逐渐成为知识分子必读的手册，而《孝经》阐述孝道，对于推行"以孝治天下"的统治阶级来说具有头等重要意义。汉人对于"经"与"传"有严格区分，一"经"数"传"，习"传"者立为博士是为"经"而立，并不是承认"传"具有"经"的地位。如文帝时，《诗》列于学官，所置博士有齐、鲁、韩三家，而《毛诗》不立。景帝时立《春秋》学，董仲舒治《公羊传》，为博士，《谷梁传》、《左氏传》不立。武帝时《五经》博士十四：《易》有施、孟、梁丘、京四博士。《书》有欧阳、大小夏侯三博士。《诗》有齐、鲁、韩三博士。《礼》有大小戴二博士。《春秋》有严彭祖、颜安乐二博士。东汉末年，古文经学和混同今古文的郑玄经学兴起。郑玄遍注群经，影响极大，《五经》以外的若干书传因他注释而提高了身价，获得了与经等列的地位。如《礼》形成《周礼》、《仪礼》、《礼记》三礼同尊的局面。《毛诗》、《左氏传》地位大大上升。

魏晋南北朝时期，经学处在动荡、分立之中，不能统一，不能稳定。大致说来，经典的范围有了这样一些重要变化。《易》的"经"与"传"两部分，包括《系辞传》，都被视为"经"。《书》在汉代有今古文之争，两晋之际今古文皆佚，复有《伪古文尚书》、孔安国《传》出，行于世，被视为《尚书》真本，取得"经"的地位。《诗》在汉代有齐、鲁、韩、毛四家，后来《齐诗》亡，《鲁诗》不过江东，《韩诗》无传者，唯郑笺《毛诗》为世所重。《礼》则《周礼》、《仪礼》、《礼记》并行，郑玄的《三礼注》最为世所重。《春秋》三传都具有"经"的性质，其中汉代重视的《公》、《谷》二传渐微，而《左传》复兴，特别是西晋杜预注《左传》以后，《左传》的影响超过《公》、《谷》。《孝经》在汉代有古文孔安国《传》和郑玄注《孝经》，于此时《古文孝经》不行，而世间通用郑注十八章本，也取得了"经"的地位。《论语》汉有《张侯论》和郑玄注本，魏世何晏作《论语集解》盛行于世，《论语》的经典地位又有提高。《尔雅》在汉代属于小学，附于经学，晋代郭璞为之作注，至南朝末，陆德明作《经典释文》，以其书有训释《五经》的功用而列为经典之一，其地位已接近于"经"。总之，南北朝后期以上十二经已初具规模。

唐太宗命颜师古定《五经》文字，又命孔颖达撰《五经正义》，用行政力量正式统一了《五经》的文字与解释。《五经正义》之后还有贾公彦的《周礼疏》、《仪礼疏》，杨士勋的《谷梁传疏》，徐彦的《公羊传疏》，还有唐玄宗的《孝经注》（宋代邢昺为之作疏）。再加上已经通行的《论语》（何晏集解），《尔雅》（郭璞注），于是有十二经之称。北宋时，政府派人校订了上述《周礼》、《仪礼》、《公羊》、《谷梁》、《孝经》、《论语》、《尔雅》七部经书的疏，连同原有的《五经正义》，十二经注疏于是确立。

宋代经典的最大变化是《孟子》升为经和《大学》、《中庸》单列。《孟子》在唐以前都列为子部儒家。韩愈提出道统说大倡尊孟，天下学者始以孔孟并称。宋代理学重心性之学，恰与孟子合拍，所以特重其书。又以《礼记》中之两篇《大学》与《中庸》于儒家哲学有精深阐述，故出而尊之。淳熙间朱熹以《论语》、《孟子》、《大学》、《中庸》并列，称为"四书"，其地位遂与《五经》等同。朱熹以毕生精力作《四书集注》，影响极深极广。元代延祐年间，复行科举，以《四书集注》考试士子，明、清因之，于是《四书》的重要性几乎超过《五经》。由于《孟子》加入"经"的行列,十三经便正式确定,此后再无别的儒家典籍上升为"经"。

三、经学的类别

经学派别的归纳分类,前人有以时代前后划分派别的,如刘师培在《经学教科书》序中说:"大抵两汉为一派,三国至隋唐为一派,宋、元、明为一派,近儒别为一派。"也有结合时代与治经思想、方式的不同划分派别的,如周予同在为皮锡瑞《经学历史》写的序中说:"就我的私意,可称为:一、'西汉今文学';二、'东汉古文学';三、'宋学'。今文学以孔子为政治家,以六经为孔子政治之说,所以偏重于'微言大义',其特色为功利的,而其流弊为狂妄。古文学以孔子为史学家,以六经为孔子整理古代史料之书,所以偏重于'名物训诂',其特色为考证的,而其流弊为烦琐。宋学以孔子为哲学家,以六经为孔子载道之具,所以偏重于心性理气,其特色为玄想的,而其流弊为空疏。"上述分类法都有其合理性,也有所不足。

我现在提出另一种分类法,以十三经的不同性质和治经的不同方式相结合为据,将经学分为训诂之学、义理之学和实用之学三大类。每一类又有其自身的历史因革演化。这种分类法首先要考虑到十三经自身的性质。传世的十三经,从属性上可以分成六类:一类是文字训诂学著作,如《尔雅》;一类是典章制度学,如《周礼》、《仪礼》和《礼记》的大部分篇章;一类是政治历史学著作,如《尚书》和《春秋》三传;一类是政治文学著作,就是《诗经》;一类是政治伦理学著作,如《论语》、《孟子》、《孝经》;一类是哲学性质的著作,如《周易》(主要是《易传》)和《礼记》中的《大学》、《中庸》等篇。这六类经典各以自己的特殊内容和功能,从不同角度不同层次上为封建宗法社会服务。资治于历史经验,多取证于《尚书》、《春秋》三传;制典修仪多取证于《三礼》;道德教化多取证于《论语》、《孟子》、《孝经》;哲学构思多资借于《周易》、《大学》、《中庸》。《公羊传》、《谷梁传》多微言大义,故亦为后来儒家哲学所依凭,也常常引发社会政治理想。

从经师治经方式,可以将经学分成训诂、义理、实用三种经学。训诂之学又有《尔雅》派与传注派之分,其特点是专门解说经典的文字章句,正其讹误,释其疑难,探其原意,使不同时代的读者能读懂这些经典,把积累在经典中的文化知识继承下来,传递下去。《十三经》都有训释文字名物的必要,因而都可以建立起训诂之学。汉代的古文经学,马融、郑玄经学,隋唐的《经典释文》(陆德明著)、《五经正义》(孔颖达等撰),清代的经典考据学,都属于经学中的训诂之学。义理之学的重心不在训释经典文字,而在阐发经典的思想,甚至借"我注六经"之名,行"六经注我"之实,发挥出一套成体系的新学说,以便回答当代人们对天道性命、治国安邦的关切,为社会提供一种能够统帅整个意识形态的哲理、伦理和政理。汉代的今文经学如董仲舒的《公羊》学,魏晋的玄学经学,如王弼的《易》学,宋明的道学,如朱熹的《四书集注》、王阳明的《传习录》,都属于义理之学,儒家哲学思想的发展基本上靠这种学问。实用之学的特点则是运用经典直接解释或解决现实政治与社会生活中遇到的重大问题,特别是礼仪方面的问题,为典制的修订提供理论依据。历代朝廷引用《三礼》确定官制、祭天之制、丧葬之制,都是经学的实用部分。正史的《礼乐志》多载有这方面的资料。魏代王肃的《圣证论》,刘宋何承天的《礼论》,萧齐王俭的《礼义答问》,萧梁武帝亲定慈母孝服,唐代祝钦明议助祭之礼,长孙无忌议郊天之制,皆是实用经学突出的例证。这是经学的一个重要系统,缺少了这一部分内容,经学史就是不完整的。

以上三种治经方式与经学系统又不能不受到经典本身的特性、属性的制约。例如,《尚书》、《诗经》、《周礼》、《仪礼》、《左传》、《尔雅》等经典是知识型的书籍,没有多少思辨性理论,治这些经典只能以训诂为主,很难从中发挥出系统的哲学思想,所以流传至今的影响较大的经注,都是训诂之学。由《尔雅》开始,尔后有《说文解字》、《小尔雅》、《释名》、《广雅》相继,再后有《玉篇》、《经典释文》承接,直至清代《经籍纂诂》、《经传释词》,形成儒经的文字学传统,起着经学工具书的作用。《周易》的《传》,《礼记》中的《大学》、《中庸》,以及《论语》、《孟子》,本身就是哲学著作,属理论型,既可以作文字上的考订训释,也可以为新哲学的建构提供思想营养。所以王弼、韩康伯通过注释《周易》来阐发玄学哲学,二程、朱熹依靠《周易》、《大学》、《中庸》建立性理之学,陆象山、王阳明借助于《四书》建立心学。儒家的哲学在《易》学中包含得最多。《孝经》是伦理学著作,训诂和义理都可以依附于它。《公羊传》与《谷梁传》在汉代属于今文经学,倡言微言大义,但后世治《公羊传》、《谷梁传》的学者转而致力于注疏章句,使之变成了训诂之学。至清代,《公羊传》的义理之学再次复兴。《周礼》、《仪礼》、《礼记》三书,是实用经学的主要凭借,因为它们对礼乐制度的说明比之其他经典最为详备,具有实用性,礼仪典制的修订自然主要引据《三礼》。

总之,《十三经》包罗了儒家学说的多方面资料,表述了儒家的政治观、道德观、历史观、文学观、宗教观和哲学原理。在《十三经》基础上建设起来的历代儒家经学,是中国儒学史的核心内容,它在长达两千余年的中国封建宗法社会的全部思想文化中占有主导地位,其影响远远超出了儒学范围,而及于佛教、道教、基督教、伊斯兰教、民间宗教以及社会政治、哲学、道德、文学、艺术、民俗等各文化领域,并渗透民族性格与心理之中。经学在历史上是为维护封建宗法制度服务的,因而为历朝封建统治者所提倡。但经学又是中华思想文化的重要组成部分,包含丰富的思想资源,辐射到中国文化各个领域,需要重新研究,做到古为今用。五四运动以后,经学逐渐退出历史舞台,一些进步学者不以经学家眼光而以史学家眼光研究儒经,或为深入批判经学而研究经学,或者为借鉴古人智慧而研究经学,或者为深入把握中国文化史而研究经学,开创了站在旧经学圈以外从根本上清理经学的新学术。这项工作尚任重道远,有待今后大力加强。

(载《文史知识》,1988 年第 6 期)

南北朝经学述评

一、汉末魏晋经学的变迁

汉末，官方经学随着汉帝国的腐朽而衰落，私家讲授代之而兴，最有成就者当推郑玄。郑玄扫除家法，兼采今古文经学，参合融通，遍注群经，蔚成大家。党禁解除后，四方之士负粮来从郑玄学经，世称伊洛以东，淮汉以北，康成一人而已。实则非唯齐鲁学者宗之，其影响几遍全国，如吴地程秉，蜀地姜维，皆宗郑学。其原因如范晔所说："郑玄括囊大典，网罗众家，删裁繁诬，刊改漏失，自是学者略知所归。"(《后汉书·郑玄传·论》)但郑玄是大学问家，却不是大思想家，他精于训诂经学，而缺乏哲学高度的整体思考，不能为已经变化了的时代提供新的思想体系，所以他没有挽回汉代经学的颓势。而后有以宋忠为代表的荆州学派异军突起，他们重视《易》学和《太玄》学，热心探索天道性命，对王肃与王弼都有直接或间接的影响，是魏晋经学的萌芽。荆州学派的出现，开始打破郑学的一统天下。王肃则正面向郑玄的权威发起攻击，于是经学进入王、郑对抗时期。

王肃所著诸经注及其父王朗《易传》，在魏与晋初皆列于学官，一时几乎取代了郑玄。这固然是凭借了司马氏的权势，但王肃学问渊博，不囿旧说，遍考诸经而后能自成一家之学，不能看做单靠政治力量。其经注主要驳郑，对贾逵、马融亦有所超越，立论常有合理依据，的确能弥补郑学疏漏，不可一概视为故意黜郑之作，故其在东晋南北朝能继续发生影响。王肃的功绩，除了增加若干经学知识外，主要是动摇了郑学的至高权威，为玄学经学的成长创造了独立思考、自由竞争的合适环境。王学虽盛而郑学未亡，至东晋元帝时，所置经学博士，除《周易》为王肃之学，大多数为郑学。此后在训诂上，郑学基本压倒王学。其原因在于王郑之争是训诂经学内部之争，二人的治经方法相同，只是具体知识上有异。王肃没有提出新的哲学体系，他所做的最多算是对郑玄经注的修正和补充，所以王学不能最终从理论上胜过郑学，这个任务落到了玄学经学身上。

玄学兴于正始年间,何晏《论语集解》、王弼《周易注》是玄学经学建立的标志。玄学经学是玄学的一部分,其特征是用道家思想解说儒家经典,重点不在疏通经义,而在发挥注者自己的理论见解,所谓寄言出意,即通过事象探寻玄理,一扫章句之学的旧习,是一种义理经学。这样,玄学经学就与郑、王的训诂经学有了根本性的差别,使经学发生划时代的变化。王弼注《易》,排除汉代象数之学,援《老》入《易》,专以阐述形器之上的本体为务,提出有以无为本,名教以自然为本的玄学本体论,简易而不肤浅,深刻而不晦涩,故能取代汉代神学经学,成为魏晋经学的代表作。

两晋经学新旧参半。西晋重王肃,东晋重郑玄,皆是训诂经学传统。何晏、王弼的玄学经学亦流播其间。西晋杜预著《秋左传集解》、《春秋释例》,崇《左传》而贬《公羊传》、《谷梁传》,自立体例,不同前人,深受孔颖达赞许。杜预《左氏》学不属于玄学经学,而是古文经学的创新,但其清醒的理性主义倾向与魏晋思潮的主流合拍。

东晋今文经学湮灭。在玄学经学方面,有韩康伯注《系辞》,崇自然而贵无,是对王弼《易》学的补充。范宁是儒家忠实信徒,玄学的激烈批评者,以《春秋谷梁传集解》一书闻名于世。他治《春秋》目的在于对抗玄风,扶树名教;方法上广采博收,择善而从,"据理以通经",融会《三传》又特重杜预《左氏解》。清人马国翰谓其"不苟随俗,能发前人所未发"。干宝注《易》兼顾象数与玄义,能结合历史而立论,自成一家之学,对于宋代程朱与苏氏《易》学都有影响。

魏晋时代的经学、学派并起,是经学史上变动剧烈的时期。各派都能打破两汉今古文壁垒与师法家法界域,在观点上糅合儒道而力求有所创新。义理之学、训诂之学、礼制之学并行不悖。经学在外部要与佛道抗衡,在内部又学派杂多,自身不能统一起来,这是政治上不统一和文化上多种思潮势力敌所造成的结果。这固然使经学丧失了两汉时代那样的绝对优势,却由于破除汉代经学的固陋、烦琐、荒诞而焕发了经学的生机,丰富了经学的内容,为后来经学的更大发展准备了条件。魏晋经学对南北朝经学有直接影响,又在整个中国经学史上占有重要位置。孔颖达作《五经正义》,用魏晋人经注有三,汉人经注有二。世传《十三经》,除《孝经》注是唐玄宗所作外,汉注与魏晋注各居其半。魏晋经注有较高的学术价值,所以能够长久流传。

二、南朝经学

南北朝政治上对峙，学术风格迥异，经学的崇尚亦有很大不同，皮锡瑞称之为"经学分立的时代"。《北史·儒林传》说：

> 大抵南北所为章句，好尚互有不同。江左，《周易》则王辅嗣，《尚书》则孔安国，《左传》则杜元凯。河洛，《左传》则服子慎，《尚书》、《周易》则郑康成。《诗》则并主于毛公，《礼》则同遵于郑氏。南人约简，得其英华；北学深芜，穷其枝叶。

换言之，南朝经学重魏晋传统，北朝经学重汉末传统。所谓"分立"只是相对而言，南北流行的《诗》、《礼》注本同，南朝亦重郑玄，北朝亦有王肃之学，河南及青、齐间儒生多讲王弼《易》注，齐地多习杜预《左氏》，南北儒者的交往未曾断绝，故南北经学有同有异。

南朝《宋书》、《齐书》无《儒林传》。宋、齐两代享国较短，第一代皇帝身后，政治稳定即被内乱破坏，官方经学事业难以充分发展，虽有精于五经的学者，不能造成经学的强大声势。

宋元嘉年间立四学：儒、玄、史、文，雷次宗、朱膺之、庾蔚之主持儒学，开馆授徒。宋代最重《礼》学，亦即应用经学。雷次宗明《三礼》，曾为皇太子、诸王讲《丧服经》，其礼学造诣与郑玄齐名。何承天将先前《礼论》八百卷删减并合为三百卷，传于世。据《宋书·礼志》，朝廷礼制多用郑注，何承天《礼论》亦用郑玄而斥王肃。然而宋代士人亦钦慕魏晋玄风。颜延之为国子学祭酒即重玄学经学，又著《庭诰》论《易》学：

> 《易》首体备，能事之渊，马陆（马融、陆绩）得其象数，而失其成理；荀王（荀爽、王弼）举其正宗，而略其象数。四家之见，虽各为所志，总而论之，性情出乎彻明，气数生于形分。然则荀王得之于心，马陆取之于物。其善恶迄可知矣。夫数象穷则大极著，人心极则神功彰。若荀王之言《易》，可谓极人心之数者也。

颜氏将荀、王并提似不妥，但他分别汉《易》与玄《易》的议论却很精妙，说明王弼《易》学在宋代有重要地位。

齐代经学兼重两汉魏晋，"时国学置郑、王《易》，杜、服《春秋》，何氏

《公羊传》，麋氏《谷梁传》，郑玄《孝经》"（《南齐书·陆澄传》）。陆澄与王俭书信论经学，谓汉《易》以象数为宗，王弼所悟虽多，不能顿废前儒，元嘉建学之始，郑、王两立，颜延之为祭酒，黜郑置王，意在贵玄，今"众经皆儒，唯《易》独立，玄不可弃，儒不可缺。谓宜并存，所以合无体之义。"又："案杜预注《传》，王弼注《易》，俱是晚出，并贵后生。杜之异古，未如王之夺实，祖述前儒，特举其违。又《释例》之作，所弘唯深。"王俭答书赞同陆澄。由此可知，齐代经学虽谓玄儒并立，除《易》、《左传》外，汉人经注实占多数，玄学经学反成劣势。齐代《礼》学亦较发达，官学有王俭，私学有刘瓛，堪称大家。《南齐书·王俭传》称："俭长《礼》学，谙究朝仪，每博议，证引先儒，罕有其例。八坐丞郎，无能异者。"王俭著《古今丧服集记》、《礼义答问》等。对于朝廷礼仪事，多有议定。刘瓛是一代大儒，刘绘、范缜、司马筠、贺琚等皆出其门下，"儒学冠于当时"，"所著文集，皆是《礼》义，行于世"。（《南齐书·刘瓛传》）

　　南朝经学以梁代最盛。梁武帝会同儒、释、道三教，尤重儒术。天监四年，下诏置五经博士各一人，以明山宾、沈峻、严植之、贺玚、陆琏为博士，各主一馆，每馆有数百生，射策明通者除为吏，"十数年间，怀经负笈者云会京师"。又分遣博士祭酒，到州郡立学。天监七年又诏皇室贵胄就学儒业，武帝亲自祭奠儒圣并为讲经，一时经学大兴（以上见《梁书·儒林传》）。梁代明经学者尚有伏曼容、何佟之、范缜、司马筠、崔灵恩、太史叔明、皇侃等人。

　　梁代经学有以下特点：第一，综合采纳以往经学各派，郑玄、王肃、王弼的经学及晋代新经学都受重视，学风较为开放，其中以玄学经学影响最大，但都受到筛选。如梁武帝在礼乐上用郑又纠郑，崔灵恩初习服虔《左氏》，后又改说杜预义，却又常申服难杜，助教虞僧诞作《申杜难服》以答之。《南史·王元规传》说："自梁代诸儒相传为《左氏》学者，皆以贾逵、服虔之义难杜预，凡一百八十条。元规引证通析，无复疑滞。"朱异对北朝李业兴说："北间郊丘异所，是用郑义，我此中用王义。"（《魏书·李业兴传》）皇侃《论语义疏》引凡三十余家，包括梁以前各派经注，其中玄学经注居多。

　　第二，更加重视经学在宗法礼制方面的应用，即《礼》学。南朝门阀士族极讲究宗法血统、远近亲疏，这关系到人们社会地位、出路和财产、门第的承袭。宗法等级关系必须由严格、细琐的礼仪来维持，《三礼》之学恰能满足这种社会需要，故而发达兴旺。南朝皆重《礼》学，梁代尤甚。如马宗霍《中国经学史》所说：

经学之最可称者，要推《三礼》。故《南史·儒林传》何佟之、司马筠、崔灵恩、孔佥、沈峻、皇侃、沈洙、戚衮、郑灼之徒，或曰"少好《三礼》"，或曰"尤明《三礼》"，或曰"尤长《三礼》"，或曰"通《三礼》"，或曰"善《三礼》"，或曰"受《三礼》"。而晋陵张崖、吴郡陆羽、吴兴沈穗威、会稽贺穗基，亦俱以《礼》学自命。《三礼》之中，又有特精者。如沈峻之于《周官》，见举于陆僈；贺德基之于《礼记》见美于时论。《仪礼》则专家尤众。鲍泉于《仪礼》号最明。分类撰著者，有明山宾《吉礼仪注》、《礼仪》、《孝经·丧礼服仪》，司马褧《嘉礼仪注》，严植之《凶礼仪注》，贺场宾《礼仪注》，而沈不害则总著《五礼仪》。

第三，在治经的方式方法上，讲疏或义疏体最为流行。它的兴起，初缘于讲经之风，效佛教升座说法，讲论经义，然后形诸文字，便是讲疏。如梁武帝《周易·中庸讲疏》、褚仲都《周易讲疏》、费翾《尚书义疏》、何佟之《丧服经传义疏》、皇侃《礼记·论语义疏》等。此类经著，数量相当可观，而后来失传者居多。从少数遗存讲疏看，其方式不同汉代传注或集解，略于诠释经文名物，而重在疏通经文大意；又不同玄学经学，一般不离开经义纵情自我发挥，而是守一家之注。或旁征博引诸家之说，加以选择、融会，用来阐明经文的旨意。所以它是介于义理经学与训诂经学之间的一种经学著作形式。

梁武帝是一位大经学家，一生撰写经义凡二百余卷。天监初，何佟之等撰吉凶军宾嘉五礼，共一千余卷，"高祖称制断疑"（《梁书·武帝下》）；著《明堂制》，纠正《大戴礼》与郑玄（《隋书·礼仪志一》）。天监七年，朝议皇子慈母丧服，司马筠引郑玄义，梁武帝驳之，指出"慈母"有三义，而"郑玄不辨三慈，混为训释"（《梁书·司马筠传》）。皇子丧服需由大臣朝议而经皇帝决断，乃是由于它关系到正嫡庶、别亲疏的一整套封建宗法秩序能否得到严肃遵守的问题，如吴承仕先生言："《丧服》中诸条理，是宗法封建社会中一种表现人伦分际的尺度，"（《吴承仕文录》）其重要性不亚于法律。梁武帝又对《孝经》颇多疏证，其《孝经义疏》列于学官。然而梁武帝经学思想驳杂不纯，兼容佛道，如《孝思赋》（载《全梁文》）有浓厚佛教思想，又如与北魏李业兴问答时，并论儒玄，又问太极是有无，则有玄学意味（见《魏书·李业兴传》）。

皇侃是贺场的学生，对《三礼》、《孝经》、《论语》很有研究，其《孝经义疏》已佚，其《礼记义疏》亦佚，孔颖达《正义》多所引证。孔氏谓皇疏"既遵郑氏，乃时乖郑义"（《礼记正义序》）。不固守汉代传统，这不仅是皇侃，也是梁代和整个南朝经学的特点。皇侃的《论语义疏》是在何晏《论语集解》的基础上，广采博引而后成的，此书亡于南宋，清乾隆年间复从日本传回中国，是南朝诸多经疏中至今保存最完整的一部。该疏博极群言，搜集了一大批重要注疏，反映出当时经学求同存异的风气。所引资料，有江熙所集十三家注，以及汉魏两晋南北朝注约三十余家，以魏晋经注居多，尤以王弼、郭象、范宁、李充、孙绰、顾欢等人经注，最受重视。从思想倾向上说，该疏偏向玄学并杂以佛学。皇侃《论语义疏叙》说："圣人虽异人者神明，而同人者五情，"这正是王弼的看法。《为政》篇"子曰为政以德"，皇侃引郭象"万物皆得性谓之德"以释之。《公冶长》篇"夫子之言性与天道不可得而闻之已矣"，皇侃云："文章者六籍也，六籍是圣人之筌蹄，亦无关于鱼兔矣，"与玄学得意须妄言之旨吻合。《先进》篇"屡空"，皇侃的解释之一是"空犹虚也"，将儒家原意改换成道家玄学。皇侃在解释鬼神问题时，说："周礼之教唯说现在，不明过去未来"，以佛教徒口吻贬周孔为"外教"（见《先进篇》义疏）。皇侃常能在疑难聚讼问题上勇于断案，推出自家新说，这也是南朝人的风格。如《里仁》篇"子曰事父母几谏，见志不从又敬而不违劳而不怨"，皇侃指出，以往经记说法不一，《檀弓》云"事亲有隐无犯，事君有犯无隐"，但《孝经》、《曲礼》、《内则》并云君亲有过皆宜微谏，有大过则极于犯颜。皇侃说："《檀弓》所言，欲显真假本异，故其旨不同耳，""父子天性，义主恭从，所以言无犯是其本也。而君臣假合，义主匡弼，故云有犯亦其本也。"有人援引《春秋》，皇侃则说："《春秋》之书，非复常准，苟取权宜，不得格于正理也。"通常经学家宣扬《春秋》笔法严正，一字褒贬，重于千金，而皇侃则予蔑之，这在当时是一种很大胆的行为。《论语义疏》是《论语》学史上划时代的著作，有较高的历史价值，如《四库提要》所说：

> 今观其书（指宋邢昺《论语正义》——笔者），大抵翦皇氏之枝蔓，而稍傅以义理，汉学宋学兹其转关，是《疏》出而皇《疏》微，迨伊洛之说出，而是《疏》又微。

陈代经学可视为梁代经学的绪余，大儒周弘正、张讥、沈文阿、戚衮、沈不害、王元规等人，都是梁、陈两朝学者。陈代经师多喜老庄，能玄言。周弘正幼通《老子》、《周易》，其说《易》曰："《易》称立象以尽意，系辞以尽言，然后知圣人之情，几可见矣。自非含微体极，尽化穷神，岂能通志成务，探赜致远"（《陈书·周弘正传》），则知周氏《易》学实宗王弼，如马国翰所说：

"大抵衍辅嗣之旨，亦或用郑说，而于《序卦》分六门以主摄之，颇见新意。"（《玉函山房辑佚书·周易周氏义疏序》）《颜氏家训·勉学》说："梁世《老》、《庄》、《周易》总谓三玄。武皇、简文躬自讲论；周弘正奉赞大猷，化行郡邑。"则周氏是南朝三玄之学的代表人物之一。张讥是周弘正的学生，学贯儒、释、道三教，并为三家学者共同传习。陈代亦重《礼》学，沈文阿、沈洙、戚衮、贺德基皆是治《礼》专家。

　　我不同意把南朝经学归结为玄学经学一种倾向。玄学在南朝经学中的影响无疑很大，但是并没有包容整个经学。若要给南朝经学的总特征以概括性说明，可以称它为开放型经学，从横向看，不拘守一家，不滞于一教；从纵向看，上承于两汉，续接于魏晋，又开创于当代，具有多样性、丰富性。这种情况与经学本身的层次性和宗法社会对经学的全面需要有关。传世的十三经，从性质上大体可分为六大类：一类是文学训诂学，如《尔雅》；一类是典章制度学，如《三礼》；一类是政治历史学，如《春秋》及《三传》、《尚书》；一类是政治文学，如《诗经》；一类是政治伦理学，如《论语》、《孟子》、《孝经》；一类是哲学，如《周易》。《三传》、《三礼》、《论语》、《孟子》中有哲学，但它们本身还不是哲学著作。这六类经籍各以自己的特殊内容，从不同角度和层次上为封建宗法社会实际生活服务。资治于历史经验，多取《春秋》、《三传》、《尚书》。朝典仪制多取《三礼》，道德教化多取《论》、《孟》、《孝》，哲学构思多取《周易》。《公羊》、《谷梁》作者将《春秋》经注发挥成理论，多微言大义，故亦为后来儒家哲学所依凭。从经师治经方式上，可将经学分成训诂、义理、实用三种经学。训诂经学用来满足人们获取儒家积累下来的文化知识的需要，保证儒家经典能为不同时代人们所理解和继承。义理经学用来满足人们精神上的高层需要，如对天道性命的关切，给社会提供一种能够统帅所有意识形态的理论指导。实用经学则用来指导社会行为和建设典章制度。这三种治经方式又要受经籍类别的限制，如对《尔雅》、《诗经》、《周官》、《仪礼》、《左传》的诠释，就只能以训诂为主，很难从中发挥出系统的哲学思想；《周易》与《礼记》中的《大学》、《中庸》等篇本身就是哲学著作，既可以考证训诂，也可以引发出创造性的新理论体系，所以玄学经学主要依靠注解《周易》来阐发玄义；实用经学重在礼仪典制的修创，自然要依凭《三礼》，旁借他典。南朝是一个发达的封建宗法社会，对政治性、伦理性、学术性、哲理性的经注都有强烈需要，并且士族文化繁荣昌盛，存在着发展经学各种分支的社会条件，所以训诂经学、义理经学、实用经学都很发达。但是南朝三教并立，思潮流派杂多，高层次的玄学经学宗主道家，与中、低层次的儒家训诂、实用经学有些脱节，尚不能产生出一种足以统领全部文化的儒家哲学体系,所以南朝经学在层次上是完整的,而在思想倾向上彼此却不能有机统一起来。

三、北朝经学

北朝文化上承十六国,故论北朝经学应上溯西晋及北方诸国。陈寅恪《隋唐制度渊源略论稿》指出:西晋永嘉之乱,中原魏晋以降之文化转移保存于凉州一隅,至北魏取凉州,而河西文化遂输入于魏,其后北魏孝文、宣武两代所制定之典章制度遂深受其影响。前凉张轨,西凉李暠,皆汉族世家,故奖掖儒术。吕氏、秃发氏、沮渠氏虽非汉族,都欣慕汉族文化,重用士人,故儒术亦能申扬。敦煌人刘昞,于酒泉教授儒学,弟子五百余人,李暠曾用为儒林祭酒。常爽,河内温人,祖父因世乱避居凉州,爽后归北魏,置馆授徒七百余人,"京师学业翕然复兴"(《魏书·常爽传》)。《魏书·张湛传》引崔浩《周易注》:"国家平河右,敦煌张湛、金城宗钦、武威段承根三人,皆儒者,并有俊才,见称于西州",皆归北魏。

北方匈奴、鲜卑、羌、氐、羯等少数民族以军事力量入主中原后,面临着改变游牧民族习俗、建立新的统治方式和生活方式以适应经济高度发达和文化积累深厚的中原封建社会的任务,他们任用北方士族中有才学的俊士参政,用儒家传统文化来提高本民族的素质,又借以笼络汉族的人心,并依据儒经建立各种封建典章制度,从而加速了民族融合。这些少数民族贵族兴自边陲,又想成为中国传统文化的正式继承人,有着发展儒家文化的紧迫感,反而比南方贵族更热心于儒学教育。据《晋书·载记》,刘曜立太学于长乐宫东,立小学于未央宫西,选青少年一千五百人,由明经笃学者加以教育(汉)。石勒立太学、小学,选将佐豪右弟子入学,并亲临学校考诸生经义。石虎又复置五经博士和国子博士助教(后赵)。慕容廆以刘赞为东庠祭酒,命世子皝拜师受业,就即位后,立东庠于旧宫,学徒至千余人(前燕)。苻坚仿效汉制,立明堂,郊祀苻洪以配天,宗祀苻健以配上帝,亲耕籍田,并广修学官,遣公卿以下子孙受业,亲临太学考查,问难五经,博士多不能对(前秦)。姚苌置百官,自谓以火德承苻氏木行,服色如汉承周故事。姚兴时,姜龛、淳于岐、郭高皆耆儒硕德,经明行修,各门徒数百,教授长安,诸生自远而至者万数千人,兴为之奖励,儒风遂盛(后秦)。教授经学的都是汉族学者,接受经学的主要是少数民族贵族子弟,这是一种自上而下的儒家文化洗礼。

北魏经学及其应用,除得力于河西文化外,还得力于北方世家大族,如清河崔浩、范阳卢玄、渤海高允，又得力于南朝北徙的学者，如崔光、刘芳、王肃等，拓跋氏贵族又提倡儒学不遗余力，代代相传，坚持不懈，遂见成效。据《魏书·儒林传》称"太祖初定中原，虽日不暇给，始建都邑，便以经术为先，立太学，置五经博士生员千有余人。天兴二年春，增国子太学生员至三千人"。孝文尤好儒典，"刘芳、李彪诸人以经书进"，后"燕齐赵魏之间，横经著录，不可胜数。"孝文时经学最盛，文化上的汉化也最迅速。他倚重王肃改革旧制，"朝仪国典，咸自肃出"（《北史·王肃传》）。又自作《职员令》二十一卷，严肃典制（《魏书·高祖纪下》）。

北朝贵族当务之急是熟悉儒典，按照内地旧有纲常名教的模式建立国家制度和培养贵族子弟，来不及去探讨新的儒学理论，故北朝经学主要是训诂经学和实用经学，具体地说，它经由河西文化和关陇文化直接承接了汉代经学特别是郑玄之学，而南方玄风在北方影响不大。《魏书·儒林传》说：

> 玄《易》、《书》、《诗》、《礼》、《论语》、《孝经》，虞《左氏春秋》，休《公羊传》，大行于河北。王肃《易》亦间行焉。晋世杜预注《左氏》，预玄孙坦、坦弟骥于刘义隆世并为青州刺史，传其家业，故齐地多习之。自梁越以下传授讲说者甚众。

北魏经师众多，著名者有常爽、刘献之、张吾贵、刘兰、徐遵明、卢景裕、李业兴等人。常爽与崔浩同时，著《六经略注》，《魏书》本传录有《序》文，文中论述六经性质作用采自《礼记·经解》与《汉书·艺文志》，足证他承袭了汉学。刘献之注《三礼》、《三传》、《毛诗》，行于世，以为学问重在修身，"要以德行为首"，博闻多识要有益于立身之道，这正是儒家的一贯传统（以上《魏书·刘献之传》）。张吾贵通《礼》、《易》，而于《左氏》，"兼读杜、服，隐括两家，异同悉举"（《魏书·张吾贵传》），"其所解说，不本先儒之旨"（《魏书。刘兰传》），张氏有魏晋风度，喜欢标新，虽门徒众多，而业不久传。刘兰与张吾贵不同，"推《经》、《传》之由，本注者之意，参以纬候及先儒旧事"，"兰又明阴阳，博物多识"，学徒前后数千。刘兰是汉代古文经学传统，后因"排毁《公羊》，又非董仲舒"而见讥于世（《魏书·刘兰传》）。徐遵明是北方大儒，师承多门而成为一代经师，在诸经师中影响最大。他遍通《孝经》、《论语》、《毛诗》、《尚书》、《三礼》、《春秋》，观其讲学方法，"先持经执疏，然后敷讲"，乃是章句之学，"遵明见郑玄《论语序》云'书以八寸策'，误作八十宗'，因曲为之说"，成为千古笑谈（《北史·徐遵明传》）。徐氏主要贡献是传经，培养了一批熟悉训诂经学的门生；后来北方诸经的传授，多自徐遵明开之。卢景裕两度为国子博士，注《周易》、《尚书》、《孝经》、《论语》、《礼记》，"所注《易》大行于世；又好释氏，通其大义。"（《魏书·卢景裕传》）其《易》学受之于徐遵明。李业兴亦是徐遵明的学生，博闻多识，曾与李谐、卢元明出使南朝萧梁，在答朱异问中说明北方郊、丘异处，专用郑玄义，又以纬书《孝经援神契》为据，主张明堂应上圆下方。梁武帝问他："闻卿善于经义，儒、玄之中何所通达？"业兴答曰："少为书生，止读五典，至于深义，不辨通释。"武帝又问："《易》曰太极，是有无？"业兴对曰："所传太极是有，素不玄学，何敢辄酬。"（《魏书·李业兴传》）梁武帝与李业兴的问答，很典型地表现出南北经学之异：南方儒玄并崇，通达开放；北方遵守郑学与训诂章句，故李氏不善玄言。

事情不可一概而论，北方经学中亦有非郑玄而尚王肃，或者折中于二家。或者兼综汉晋，或者独出新意。《魏书·高允传》说，高允见崔浩所注《诗》、《论》、《书》、《易》，上疏云："马、郑、王、贾虽注述《六经》，并多疏谬，不如浩之精微。"孝文帝令群臣议禘祭之义，并下诏说："王（肃）以禘祫为一祭，王义为长。郑（玄）以园丘为禘与宗庙大祭同名，义亦为当。今互取郑、王二义。"（《魏书·礼志一》）李谧《明堂制度论》指责郑玄的明堂论是"攻于异端，言非而博，疑误后学"（《魏书·李谧传》）。《魏书·贾思伯传》谓"国子博士辽西卫冀隆为服氏之学，上书难《杜氏春秋》六十三事。思同（思伯弟）复驳冀隆乖错者十一条。互相是非，积成十卷。"《魏书·房法寿传》载房景先《五经疑问》佚文，对五经提出一系列疑难，甚有胆识。这说明北魏经学并不都死守郑玄章句，且在治经方法上则注重事象的考辨，不习惯于玄谈。李谧的话很有代表性："余谓论事辨物，当取证于经典之真文；援证定疑，必有验于周孔之遗训，然后可以称准的矣。"他考证明堂制的具体方法是："乃借之以《礼传》，参之以训注，博采先贤之言，广搜通儒之说，量其当否，参其同异，弃其所短，收其所长，推义察图，以折厥衷。"这是北人治经的典型态度和方法，它与南朝玄学经学超言绝象、得意明体的态度和方法形成鲜明的对立。

北齐经学是北魏经学的继续。齐高祖用殊礼厚待卢景裕和李同轨，为置宾馆授经。后又征张雕、李铉、刁柔、石曜等名儒，为皇室诸子讲经。诸郡并立学，置博士助教授经。《北齐书·儒林传》对魏、齐两代经学及师承关系述之甚详，大致情况是：经学诸生多出自徐遵明门下。徐氏讲郑玄《周易注》，传卢景裕，卢传权会，权传郭茂，其后言《易》者多出郭茂之门。青齐间多讲王弼《周易注》。徐氏又通《尚书》，下传李周仁、张文敬、李铉、权会，皆郑玄注。《三礼》之学并出徐遵明之门,下传李铉等人,李铉传刁柔、张买奴、刘昼、熊安生,安生又传孙灵晖、郭仲坚、丁恃德,其后通《礼经》者多是安生门人。《毛诗》学者多出于刘献之,献之传李周仁,周仁传董令度、程归则,归则传李敬和、张思伯、刘轨思。《春秋》服虔注行于河北,亦出自徐遵明,姚文安、秦道静兼讲杜预注。河外儒生重杜氏,轻《公羊》、《谷梁》。《论语》、《孝经》皆为诸生通习。权会、李铉、刁柔、熊安生、刘轨思、马敬德之徒多自撰义疏。总之,北齐经学中,以徐遵明所传郑玄经学占压倒优势。

周文帝雅重经学,《周书·儒林传》说他"求阙文于三古,得至理于千载;黜魏晋之制度,复姬旦之茂典。卢景宣学通群艺,修五礼之缺;长孙绍远才称洽闻,正六乐之坏"。周武帝更重经学,使北朝经学继北魏孝文帝之后形成又一发展高峰。他在儒、释、道三教中确定以儒教为先,曾为群臣亲讲《礼记》。他对大儒十分敬重,《周书·儒林传》说他"徵沈重于南荆","待熊生以殊礼"。沈重为南梁儒者,明《诗》、《礼》及《左氏春秋》,曾为梁武帝五经博士,后事梁元帝及梁主萧督。周武帝特派柳裘至梁徵之,致意殷勤,邀其北上。保定末,沈重至北周京师,"诏令讨论《五经》,并校定钟律。天和中,复于紫极殿讲三教义。朝士、儒生、桑门、道士至者二千余人。"(《周书·沈重传》)后还梁,隋初卒世。熊安生曾师事徐遵明,专以《三礼》教授,曾为北齐公卿释讲《周礼》疑义。周武帝平齐人邺,亲临其家,引与同坐,赏赐甚多,"至京,敕令于大乘佛寺参议五礼。宣政元年,拜露门学博士、下大夫"(《周书·熊安生传》)。其弟子马荣伯、张黑奴、窦士荣、孔笼、刘焯、刘炫,皆活跃于隋初,其中尤以刘焯、刘炫对隋初经学影响显著。熊安生有《周礼义疏》、《礼记义疏》、《孝经义疏》,今皆佚。从马国翰所辑《礼记熊氏义疏》四卷看,熊安生治《礼》有两个特点:一者用《老子》疏通《礼记》,如"道德仁义,非礼不成"句,疏云:"此是老子失道而后德,失德而后仁,失仁而后义";"太上贵德,其次务施报"句,疏云:"《道德经》云'上德不德',其德稍劣于常道,则三皇之世,法大易之道行之也。"二者在据引郑玄义外,又广引群书,如《春秋》、《谷梁》、《尚书》、《大戴礼》、《周易》等,然后按己意疏通经文,类似皇侃《论语义疏》。孔颖达在《礼记正义序》中评论说:"熊则违背本经,多引外义",而他作《正义》时虽据皇侃疏以为本,又"其有不备,以熊氏补焉"。熊氏《礼》疏已具有综合南北经学的倾向,并对唐初经学发生了实际的影响。

(载《孔子研究》,1987 年第 3 期)

隋与唐初经学

一、隋与唐初统一形势对经学的推动和要求

儒家经学从魏晋南北朝到隋唐经历了一次大的转变，从现象上看，最显著的变化如皮锡瑞所说，经学从分立的时代进入了统一的时代，以孔颖达《五经正义》为标志，开始了经学统一最长的新时期。这种情况是经学自身演变的结果，更受到中国政治上重新统一的决定性的推动。

南北朝后期，南北学人交往频繁。南北学术上的差异也在缩小，预示着统一的春天即将来临。如"北儒之来南者，有崔灵恩、卢广、孙详、蒋显；南儒之北往者，有沈重，戚衮亦两度入北"，"是南北学之沟通，其来已早"（马宗霍《中国经学史》）。南学重玄学，亦重礼学与训诂；北学重汉学传统，亦修习义理，如熊安生以《老子》疏通《礼记》，于郑玄外广引众说，已具有综合南北经学的倾向。但由于南北政治上的对峙，学术交流受到重大限制，经学分立的基本状态不能消除。

隋文帝依靠长期积累的强大实力，夺取北周宇文氏政权。接着灭后梁，并用武力南下消灭陈国，统一了全中国，西晋以来近三百年的动乱、分裂终于结束。隋朝废除北周官制，恢复汉魏旧制，表示复兴华夏传统。中央最高政务机构——尚书省，下设吏、礼、兵、刑、民、工六部，分掌全国政务。此种体制为唐代沿袭，直到清末。综合南北礼乐，修成吉、凶、军、宾、嘉五种新礼。隋炀帝时，分设十科拔举人才，创立"文才秀美"一科，即进士科，以考试诗赋为主。这就是科举制度的开始。后来唐代予以完善，以明经、进士两科为重，明经要考试经学知识，推动了五经标准读本的编纂。但隋文帝、隋炀帝都不是成熟的封建政治家，头脑有时清醒有时糊涂，表现为文化政策不能稳定，言论与行为严重脱节，即以对经学的态度而言，隋文帝曾大力奖励经学。开皇三年依准秘书监牛弘上表，下诏购求遗书于天下，表示了对经籍的重视。《北史·儒林》称隋文帝"超擢奇俊，厚赏诸儒，京邑达乎四方，皆启黉校。齐鲁赵魏，学者尤多，负笈追师，不远千里，讲诵之声，道路不绝，中州之盛，自

汉魏以来，一时而已"。一个政治家成熟的程度，与他对个人好恶控制的能力成正比。隋文帝对儒、释、道三家的政策，极受私好影响，波动性很大。他少时得尼智仙教养，及即帝位，每谓群臣曰：我兴由佛法。仁寿元年以后，立舍利塔，遍及天下。与此同时，"不悦儒术，专尚刑名"，"暨仁寿间，遂废天下之学，唯存国子一所，弟子七十二人"（《北史·儒林》）。又刻薄寡恩、猜疑好杀，缺少治国的战略眼光，最多是二流皇帝。与隋文帝相比，隋炀帝对经学却一贯重视。《北史·儒林》说："炀帝即位，复开庠序，国子、郡县之学，盛于开皇之初。征辟儒生，远近毕至，使相与讲论得失于东都之下，纳言定其差次，一以闻赛焉"。但隋炀帝虽重文教，而无德政，不知守业之艰，专恣一己之欲，率先践踏了儒家治国的准则，成为独夫民贼，"空有建学之名，而无弘道之实，其风渐坠，以至灭亡"（《北史·儒林》），"口诵尧舜之言，而身为桀纣之行"（魏征语）。这样的皇帝自身犹且不保，遑论推扬经术。

唐太宗是位有战略眼光的封建政治家，能够以全局观点、从国情出发，制定政策，不仅做到了巩固统一、稳定政局，还为唐代的繁荣强盛奠定下坚实的基础。当他为秦王之时，虽战事未息，而海内渐平，他已开始考虑如何由武功转向文治，"乃锐意经籍，于秦府开文学馆，广引文学之士，下诏以府属杜如晦等十八人为学士"。即位以后，"又于正殿之左，置弘文学馆，精选天下文儒之士虞世南、褚亮、姚思廉等，各以本官兼署学士，令更日宿直。听朝之暇，引入内殿，讲论经义，商略政事，或至夜分乃罢。"（以上《旧唐书·儒林传》）可知"讲论经义"是与"商略政事"紧密结合，不像隋炀帝，仅仅把经术当成点缀。他曾说："戡乱以武，守成以文，文武之用，各随其时"（《资治通鉴·贞观元年》），正是他清醒认识到文治的重要性，才在戎马生涯刚一结束，便立即转而认真读书，探究治国之道，曾说："贞观以来，手不释卷，知风化之本，见政理之源，行之数年，天下大理"（《贞观政要》卷十）。唐太宗虽不相信佛道二教，但看到佛道能够辅佐王政，仍然加以奖励；而认为只有儒家学说才与国家兴亡、生命攸关，云"朕所好者，唯尧舜周孔之道，以为如鸟有翼，如鱼有水，失之则死，不可暂无耳"（《资治通鉴·贞观二年》），因而三教并行应以儒术为主。为此他大力提倡经学，亲自关心经学的统一，并两次褒扬历史上的著名经学大师与儒家学者。一次在贞观十四年，褒崇梁代皇侃、褚仲都，北周熊安生、沈重，南陈沈文阿、周弘正、张讥，隋代何妥、刘炫。一次在贞观二十一年，褒崇左丘明、卜子夏、公羊高、谷梁赤、伏胜、高堂生、戴圣、毛苌、孔安国、刘向、郑众、杜子春、马融、卢植、郑玄、服虔、何休、王肃、王弼、杜元凯、范宁，让他们与颜渊一起配享孔子庙堂。由此也可知唐太宗的经学思想是综合开放型的，对于两汉魏晋经学和南北朝隋代经学，都同样重视，没有师法、家法和学派的界限，也不受地域的割制，这就为唐初经学的发展定下了包容众家走向统一的基调。

唐初统一封建国家的稳定和逐步强盛，唐太宗定下的三教并用和特重儒术的政策，为经学的统一和发展提供了有利的社会环境，也提出了急迫的任务。政治的统一要求经学的统一，科举制度也要求有统一的经学，日益兴盛的佛道二教也向儒家提出强有力的挑战，使经学家感到不统一内部、消除门户纷争和地域隔阂，就不能稳住阵脚、抗衡佛道，其官方正统学术地位也难以保持。而经学自身经历了南北朝时期的分立与渗透，经历了隋代经学的初步综合，业已为经学大规模系统整理积累了丰富的资料和经验，以孔颖达《五经正义》为代表的唐初经学，便水到渠成，顺利建立。

二、《经典释文》对南北朝经学的总结

经学统一的趋势，早在《经典释文》中就有明显的表现。据《旧唐书·儒学》，陆德明一生经历南陈、隋、唐三朝，本传谓"太宗后阅德明《经典释文》，甚嘉之，赐其家束帛二百段"。按此处行文语气，太宗读《释文》当在德明死后，故只能赏赐"其家"。《释文》序谓"粤以癸卯之岁，承乏上庠，循省旧音，苦其太简"，遂因暇而撰《释文》。考"癸卯"当是陈后主至德癸卯，非是贞观癸卯，书中所引诸经师皆为南北朝及以前儒者，绝无隋代名儒，不及刘焯、刘炫。且书中称梁为"近代"，则其时在陈无疑。陆德明入唐年事已高，难有精力"研精"、"采摭"、"搜访"。故《经典释文》当写于南陈时期，今本卷首列其死前官爵，系后人追题，不当误为唐初之作。

《经典释文》主要是为十四部典籍注音，兼释义，不仅为经文释音义，亦为注文释音义。陆氏南人，自然宗南学。但能兼采南北，包容两汉魏晋。训释音义的方法亦属汉学系统。该书《周易》主王弼与韩康伯注，《尚书》主伪孔安国传，《诗经》主毛传郑笺，《三礼》俱主郑玄注，《春秋左氏传》主杜预注，《公羊传》主何休注，《谷梁传》主范宁注，《孝经》主郑注十八章本，《论语》主何晏集解，《老子》主王弼注，《庄子》主郭象注，《尔雅》主郭璞注。以上十四种经注中，汉人注占六，魏晋人注占八（包括伪孔传）。剔除《老子》、《庄子》不算，那么儒家经典的标准注本已于此基本确定，只有《孝经》后由唐玄宗作注，流行于世，郑注遂废。孔颖达《五经正义》所据五经注本即因循陆氏，儒家《十三经》除《孟子》，余皆采陆氏所定注本，由此可见陆德明在

这上面实有首创之功。然而这又不单纯是陆氏个人意志的产物。他是在经学发展到那个时代所形成的客观形势下，作了合乎情理的选择，他使用的注本都是最流行的、为学界普遍推崇的。《序录》是一部小型经学史，简约《前汉书》、《后汉书》、《晋书》、《南史》、《北史》、《隋书》、《新唐书》、《旧唐书》的儒林传或经籍志而成文，大致反映了经学兴衰、传承、转换的历史，而《释文》正是承接了经学在长期发展中经过筛选后积累下来的成果。《序录》指出，《周易》至"永嘉之乱，施氏、梁丘之《易》亡，孟、京、费之《易》人无传者，唯郑康成、王辅嗣所注行于世，而王氏为世所重。"《尚书》之学于东晋后，"众家之《书》并灭亡"，而梅赜所献孔传《古文尚书》始兴，至陆氏之时，"唯崇《古文》，马、郑、王（肃）《注》遂废。今以孔氏为主，其《舜典》一篇，仍用王肃本。"《诗经》之学经过演变，"《齐诗》久亡，《鲁诗》不过江东，《韩诗》虽在，人无传者。唯《毛诗》、《郑笺》独立国学，今所遵用。"《三礼》之学，"今庆氏《曲台》久亡，大戴无传学者，唯郑注《周礼》、《仪礼》、《礼记》并列学官，而《丧服》一篇又别行于世。今《三礼》俱以郑为主。"《春秋》之学，自杜预集解《左氏》后，《左氏》大行于世，何休注《公羊》、范宁注《谷梁》行于世，故《释文》采此三注。《孝经》之学于陆氏世，"《古文孝经》世既不行，今随俗用郑注十八章本。"《论语》之学，自魏何晏《论语集解》出，"盛行于世，今以为主。"《尔雅》之学，"先儒多为亿必之说，乖盖阙之义，唯郭景纯洽闻强识，详悉古为，作《尔雅注》，为世所重，今依郭本为正。"以上可知陆氏对诸经注本的确认，没有搜奇立异，只是因其已成之势，顺理成章而已。当然他对北学较为隔膜，所知不多，但南北经学的本质区别不在地域，而在学风。《经典释文》能包纳魏晋与汉末两大学术传统，这无疑是将南北学风汇合为一体，具有总结性质。

陆德明重《老子》、《庄子》，视之为与儒经并列的经典。又多采玄学家经注与晋人经注。据此我们不能说他属于汉学系统；他兼采汉注，并以最典型的训诂方式治经，擅长音义考证，注重文词表达，《序》云："夫筌蹄所寄，唯在文言，差若毫厘，谬便千里"，故应订正经籍文字，据此我们又不能说他属于玄学系统。《四库提要》指出，《经典释文》"所采汉魏六朝音切凡二百三十余家，又兼载诸儒之训诂，证各本之异同。后来得以考见古义者，注疏以外，唯赖此书之存。真所谓残膏剩馥，沾溉无穷者也。"于此可知《经典释文》在经学训诂史上的重要地位。在经学发展史上，《经典释文》总括汉魏两晋南北朝经学典籍方面的成果，成为隋唐经学的先驱。

三、隋代主要经学家及其风格与贡献

隋代国运短暂，经学未能充分发展，但混同南北经学而为一，开启了唐初经学的格局，亦不可忽视。隋代经学家有两种：一是政治家倡导经学，重在实施；二是经师学者，重在讲论著述。

政治家中眼光远大而行动持恒者当推牛弘。牛弘于开皇初年任秘书监时就认识到弘扬儒学乃稳定国政之要务，于是上表请开献书之路，谓："昔陆贾奏汉祖云'天下不可马上治之'，故知经邦立政，在于典谟矣。为国之本，莫此攸先。"（《隋书·牛弘传》）牛弘本传又谓"三年，拜礼部尚书。奉敕修撰《五礼》，勒成百卷，行于当世。"仁寿二年，献皇后死，三公以下不能定其仪注，牛弘为之，旋即悉备。杨素称赞说："衣冠礼乐尽在此矣，非吾所及也。"隋炀帝时礼制亦多为牛弘所定。牛弘是隋代最大的礼乐专家，其贡献不在经学学术，而在经学的实际应用，即依据经典，修订、创立统一封建国家的礼乐典章制度。《隋书》称颂他"采百王之损益，成一代之典章，汉之叔孙，不能尚也。"

隋代名儒南北皆有，其中最著称者是刘焯、刘炫。二刘学冠一代，兼通群经，为儒生所崇仰。是隋代经学在学术上的代表人物。《隋书·儒林》说："于时（指炀帝时）旧儒多已凋亡。二刘拔萃出类，学通南北，博极古今，后生钻仰，莫之能测。所制诸经义疏，搢绅咸师宗之。"

刘焯字士元，信都昌亭人。少与河间刘炫结盟为友，同受《诗》于刘轨思，受《左传》于郭懋当，问《礼》于熊安生，皆不卒业而去（见《隋书·儒林》），后得悉刘知海家藏书甚多，二刘"就之读书，向经十载，虽衣食不继，晏如也，遂以儒学知名"（《隋书·儒林》）。看来二刘的学问初来于北学，后来主要靠自修而成。刘焯初为州博士，后入京，与杨素、牛弘、苏威、元善、萧该、何妥、房晖远、崔崇德、崔颐等"于国子共论古今滞义，前贤所不通者，每升座，论难锋起，皆不能屈，杨素等莫不服其精博。"刘焯勇于疑古，敏于辩难，言锋甚锐，形成桀骜不群的风格。"后因国子释奠，与炫二人论义，深挫诸儒，咸怀妒恨，遂为飞章所谤，除名为民。"此后刘焯回乡，专以教学著述为务，"贾、马、王、郑所传章句，多所是非。《九章算术》、《周髀》、《七曜历书》十余部，推步日月之经，量度山海之术，莫不核其根本穷其秘奥。著《稽极》十卷，《历书》十卷，《五经述义》，并行于世""天下名儒后进，质疑受业，不远千里而至者，不可胜数。论者以为数百年已来，博学通儒，无能出其右者。"（以上皆见《隋书·儒林》）炀帝即位后。

刘焯迁太学博士，大业六年卒。刘焯《五经述义》及其他著作今皆佚，唯《尚书述义》的片段为孔颖达《正义》所引，稍可从中窥其经学功力。《尚书·洪范》："初一曰五行，次二曰敬用五事，次三曰农用八政，次四曰协用五纪，次五曰建用皇极，次六曰乂用三德，次七曰明用稽疑，次八曰念用庶征，次九曰向用五福，威用六极。"刘焯释"皇极"云："皇极若得，则分散总为五福；若失，则不能为五事之主，与五事并列其咎弱，故为六也。犹《诗》平王以后与诸侯并列，同为国风焉。咎征有五，而极有六者，《五行传》云'皇之不极，厥罚常阴'，即与咎征常雨相类，故以常雨包之为五也。"《洪范》："五行：一曰水，二曰火，三曰木，四曰金，五曰土，"刘焯释云："水、火、木、金，得土数而成，故水成数六，火成数七，木成数八，金成数九，土成数十。"我们注意刘焯释"皇极"，强调五事之主应超越五事而又能包容五事，否则即降为与五事同列，犹如周平王以后，周室衰微，周王与诸侯同列一样。刘焯又从五行中选出土作为五行之主，水、火、木、金皆须得土数而成。这里不正表露出玄学以一统众、以约制博的思想影响吗？可是这又不是玄学，"皇极"与"土"都是有而非无。不论如何，刘焯不遵古训，好立新义，这种精神还是可贵的。孔颖达囿于正统之见，指责说："然焯乃织综经文，穿凿孔穴，诡其新见，异彼前儒，非险而更为险，无义而更生义，""斯乃鼓怒浪于平流，震惊飙于静树，使教者烦而多惑，学者劳而少功"（《尚书正义序》）。"烦而多惑"固然不好，"异彼前儒"未必不宜，刘焯之学所以能为后儒确认，在于他有所建树。

刘炫，字光伯，河间景城人。隋开皇中，参与修国史、天文律历。时吏部尚书韦世康问其所能，刘炫答曰："《周礼》、《礼记》、《毛诗》、《尚书》、《公羊》、《左传》、《孝经》、《论语》，孔、郑、王、向、服、杜等注，凡十三家，虽义有精粗，并堪讲授。《周易》、《仪礼》、《谷梁》，用功差少。史子文集，嘉言美事，咸诵于心。天文律历，穷覆微妙。"（《隋书·儒林》）自视颇高，而在朝名士皆证其所说不谬。则刘炫确实是位难得的通儒，又无忸怩作谦之态。《隋书·儒林》谓汉魏硕学多精通，近世巨儒必鄙俗，因为"古之学者，禄在其中；今之学者，困于贫贱。"刘焯啬于财，刘炫则"伪造书百余卷，题为《连山易》、《鲁史记》等，录上送官，取赏而去"。因此被查出丢了官。后复起用，与诸儒修订《五礼》。开皇二十年，上表抗争文帝废学之举。炀帝即位后，牛弘引刘炫修律令，"诸郡置学官，及流外给廪，皆发自于炫。"后除太学博士，岁余去任归乡里。值隋末大乱，冻馁而死。本传称"炫性躁竞，颇俳谐，多自矜伐，好轻侮当世，为执政所丑，由是官途不遂，著《论语述议》十卷，《春秋攻昧》十卷，《五经正名》十二卷，《孝经述议》五卷，《春秋述议》四十卷，《尚书述议》二十卷，《毛诗述议》四十卷，《注诗序》一卷，《算术》一卷，并行于世。"刘炫著作亦佚，但遗文较刘焯为多，影响也更大一些。刘炫之长在于《春秋》学，孔颖达《正义》多所引证。从遗文看，他反对执文求义，好为新说，风格与刘焯相似，《左传》昭公七年："人生始化曰魄，既生魄，阳曰魂。"刘炫疏云："人之受生，形必有气，形气相合，义无先后，而以云始化曰魄、阳曰魂，是先形而后气，先魄而后魂。魂魄之生有先后者，以形有质而气无质，寻形以知气，故先魄而后魂，其实并生，无先后也。"这种看法较之《左传》文更符合科学。孔颖达批评刘炫"意在矜伐，性好非毁。规杜氏之失凡一百五十余条，习杜义而攻杜氏，犹蠹生于木而还食其木，非其理也"。这种指责并不恰当，因为习杜者仍可以攻杜，犹孔氏习刘而规刘一样，问题只在于所攻所规当理与否。从实考查，刘炫确有高于杜预的见解。如隐公《经》："元年春王正月"，杜注云："凡人君即位，欲其体元以居正"，刘规云："'元'、'正'惟取始长之义，不为'体元居正'"，杜预求之过深，刘炫就平实明白。《左传》昭公二十六年："至于厉王，王心戾虐，万民弗忍，居王于彘。"杜注云："不忍害王也。"刘规云："按《周本纪》，民相与叛袭厉王，厉王出奔于彘，""当谓'不忍'者，不能忍王之虐也。"这里仍是刘炫的疏解胜于杜预。清人马国翰认为："刘好非毁，索垢求瘢，固不免烦碎错乱之处，亦有显为杜失，而孔疏必委曲护之，左杜右刘，前人固有定论已。"（《玉函山房辑佚书·春秋规过序》），此评较为公允。刘炫攻杜，并非为了维护汉学，他的《春秋攻昧》遗文中，亦攻难贾逵、何休、服虔等汉儒。他不守师承，不拘一家，自认为可者则可之，否者则否之，个性相当突出。

二刘之学，渊于北学，又入于南学。其于经疏，旁征博引，又相信天人感应，是北学风格；其习杜规杜，留意费甝《尚书义疏》，援老子释《孝经》，又是南学风格。隋代经师中，独有二刘系统撰写了《五经述义》，集以往诸经学之大成，似可与汉末郑玄遍注群经而蔚成大家相提并论。二刘之学代表了隋代经学的最高成就，它同《经典释文》一起，为唐初经学的建立铺平了道路。

四、唐初《五经正义》的撰写及其历史作用

唐太宗在军事上智勇双全，在政治上能纳谏、善用人，在文化上懂得笼络知识分子、发展国家教育事业，与历代帝王相比，是第一流的治国全才。在他

治下的唐帝国不仅统一得到稳固，并逐渐显露出宏大壮阔、兴旺发达的治世气象。与此相适应，在经学上也开创出前所未有的崭新局面。唐太宗发展官方经学事业是有步骤进行的。第一步建立弘文学馆，做组织上的准备。第二步抬高孔子的地位，以孔子为先圣，立孔子庙堂于国学，创造尊孔读经的气氛。第三步统一《五经》文字。贞观四年，"以经籍去圣久远，文字多讹谬，诏前中书侍郎颜师古考定《五经》，颁于天下，命学者习焉"（《旧唐书·儒学》）。自颜师古《五经》定本出，儒家《五经》有了官方认可的标准本，其他异文，自然消除。第四步。也是最重要的一步，统一《五经》注本和章句的解释。《旧唐书·儒学》说，太宗"以儒学多门，章句繁杂，诏国子祭酒孔颖达与诸儒撰定《五经义疏》，凡一百七十卷，名曰《五经正义》，令天下传习。"事在贞观十四年。据《新唐书·孔颖达传》称："初，颖达与颜师古、司马才章、王恭、王琰受诏撰《五经义训》凡百余篇，号《义赞》，诏改为《正义》云。虽包贯异家为详博，然其中不能无谬冗，博士马嘉运驳正其失，至相讥诋。有诏更令裁定，功未就。永徽二年，诏中书门下与国子三馆博士、弘文馆学士考正之，于是尚书左仆射于志宁、右仆射张行成、侍中高季辅就加增损，书始布下。"准此，则《五经正义》虽撰于贞观年间，正式颁布则在高宗即位以后。颖达字仲达，冀州衡水人。据本传，孔氏明服虔《春秋传》，郑玄《尚书》、《诗》、《礼记》，王弼《易》，曾向北方名儒刘焯请教学问。入唐后甚受太宗器重，成为朝廷的经学顾问，所以太宗把统一《五经》义注的重大任务交付他来主持。

《五经正义》的撰写，有五点要加以标明。第一，注本的选定以全国最通行者为准。《易经》主王弼《注》，《易传》主韩康伯《注》，《尚书》主伪孔《传》，《毛诗》主郑《笺》，《礼记》主郑《注》，《春秋左氏传》主杜预《注》。据《隋书·经籍志》，《周易》注本"至隋，王《注》盛行，郑学浸微，今殆绝矣。"《尚书》注本"至隋，孔、郑并行，而郑氏甚微。"《诗经》注本"唯《毛诗》郑《笺》至今独立。"《三礼》注本"唯郑《注》立于国学，其余并多散亡，又无师说。"《春秋》注本"至隋，杜氏盛行，服义及《公羊传》、《谷梁传》浸微，今殆无师说。"这就是孔颖达面临的经注流传现状，孔氏只是将最流行的经注予以确认，使之上升为官方正统注本而已。第二，疏文的撰写，直接继承了隋代经学特别是二刘的经学成果。除《周易正义》径直本于王弼注、《礼记正义》本于皇侃、熊安生外，余三经疏皆与二刘有关联。关于《尚书正义》，孔《序》说："其为正义者，蔡大宝、巢猗、费甝、顾彪、刘焯、刘炫等，其诸公旨趣多或因循，帖释注文，义皆浅略，唯刘焯、刘炫最为详雅。"而自己之撰《正义》"非敢臆说，必据旧闻"，则《尚书正义》多本二刘之说，应无疑义。关于《毛诗正义》，孔《序》说："其近代为义疏者有全缓、何胤、舒瑗、刘轨思、刘丑、刘焯、刘炫等，然焯、炫并聪颖特达，文而又儒，擢秀于一时，骋绝辔于千里，固诸儒之所揖让，日下之无双，于其所作疏内特为殊绝。今奉敕删定，故据以为本。"则《毛诗正义》受惠于二刘者多矣。关于《春秋左传正义》，孔《序》虽对刘炫义疏多有批评，但仍认为刘氏之说，比诸义疏犹有可观。今奉敕删定，据以为本。其有疏漏，以沈氏补焉。"第三，《正义》虽标疏不破注，但在所据注本和义疏以外，亦能广为引证，汇纳诸家经说。如疏解《周易》引用历代易学家数十家之多，有孟喜、马融、郑玄、董遇、王肃、荀爽、陆绩、虞翻、王弼、何妥等以及《易纬》。疏解《礼记》引《易纬》、《礼纬》、郑玄、谯周、贺瑒等。所引诸家说中有的可补足所据注疏之缺，有的则不合于所据注本的观点，孔氏以其有学术价值，便予采纳，这使《正义》能融贯群言、包罗古义。第四，《正义》是唐初诸儒协力合作而成，表现了集体的智慧。孔颖达据主持人地位，于各经《正义序》中一一标明合作者姓名及其承担的任务，有马嘉运、赵乾叶等二十余人。这是《五经》之学有史以来最大的一次系统整理、总结和厘定。第五，《正义》不是杂汇照抄，不拘泥于所据注文、所本义疏，有选择、有补充、有超越，从而具有唐初的时代面貌。如对《周易》王弼《注》有取有弃、并排除江南虚浮义疏和以佛释《易》的义疏；在撰写《毛诗正义》时，"唯意存于曲，非有心于爱憎"（《毛诗正义序》）；撰《春秋左传正义》，虽申杜驳刘，但"若两义俱违，则特申短见"（《春秋左传正义序》）。孔氏态度严谨、取证精审、参合贯通，颇费思虑，对于经注难点尤多疏解，十分系统详密，大大丰富了《五经》的学术思想。

　　孔颖达《五经正义》虽包容了王弼与韩康伯的《易注》，但他的思维方式却是汉学的，而非玄学的。《周易正义序》用阴阳气化的观点解说宇宙的演变，采汉代流行的说法。他受玄学影响也想探究形而上，以为形而上之道即无，形而下之器即有，无为道体，有为器用。他在《系辞》的疏解里称"无是虚无，虚无是太虚，不可分别，唯一而已"，又谓"有从无而生"，"先道而后形"，这是宇宙发生论的说法，不是宇宙本体论的说法，他实际上并没有懂得玄学的奥义本旨。他疏解"言不尽意"一句，而谓"存言以声意，立书以记言"，从玄学的思路又回到了训诂经学的思路。总之，《五经正义》在微观的疏解上周详而清晰，在保存古注、帮助后人读懂《五经》文义上贡献甚大，人们常称汉注唐疏，孔疏是唐疏的最高成就，其学术价值不可否定。皮锡瑞说："学者当古籍沦亡之后，欲存汉学于万一，窥郑君之藩篱，舍是书无征焉"（《经学历史》），诚哉斯言。但孔氏并没有通过疏通《五经》，提出一个系统的新的哲学理论，他的思维方式和水平，尚不足以做到这一点。所以《五经正义》在义理经学史上地位是不高的。

《五经正义》在当时最大的实际功用，是作为统一的官方经学课本用于分科取士。每年科举明经一科，依此考试。天下士子奉为圭臬，直到宋初，长达数百年之久。此举如范文澜所评价的那样，"对儒学的影响，与汉武帝罢黜百家，独尊儒术有同样重大的意义"（见《中国通史》第四册）。经学这一空前规模的高度统一，大大加强了儒家思想的政治地位和思想地位，对于巩固唐初的封建秩序，起了重要作用。

继《五经正义》而作经疏的，还有贾公彦的《周礼疏》、《仪礼疏》，杨士勋的《谷梁传疏》，皆是唐初之作。唐后期又有徐彦作《公羊传疏》。这样，十三经疏中唐疏占其九，加上玄宗注《孝经》，共十家，可谓盛事。它们先后立于学官，为后儒所重，得以广泛流传。

由于唐初经学的统一偏重于文字训解，而没能建构出适应新时代要求的儒家哲学体系，使儒家文化缺少了最高层面，呈不完整状态，无法与佛教哲学相抗衡，人们纷纷到佛道二教中去寻找安身立命之所。儒学在外部面临着宗教理论的巨大挑战，同时经学服务于科举考试，功利压倒了学术。考试方法用"帖经"的方式，助长了死记硬背的学风，讲论探讨的活泼生机全被扼杀，有才华的人争试进士科，轻鄙明经科，彦士俊才纷纷转到文学领域，经学很快就被冷落，走向衰败。在这种情况下，《五经正义》或《九经注疏》，不论其自身的学术价值如何，都在权力的支配下成为猎取利禄的工具，成为束缚士人与社会各界人们头脑的精神绳索，人们只能引经据典，不敢越雷池一步。经学从此失去创造力，也失去吸引力。这种危机引发了儒家有志之士的反抗，在中唐以后出现打破僵化局面、开拓经学新路的风气。

从有经学直到唐初，我们似乎可以看到这样一种规律：经学的发展一起一伏、一兴一衰，都与私学转化为官学有关。开始时都是私学，如先秦儒学，而后经过社会自然选择，其影响大者受到统治阶级关注，被选入国学，成为官方经学，如西汉立五经博士。而学术一旦过于依赖权力，便会丧失内在的生命活力而变为教条，强制的推行又会使人们厌烦，加以统治者的言行脱节，使经学变得虚伪，丧失威信。代之而起的必是新兴的私学，如汉末郑玄，魏晋王弼。新的私学一旦为社会所接受产生广泛影响，又会在新的条件下变成新的官学，如唐初《五经正义》。学术一旦变成官学，特别与高度集中的权力相结合，与个人利禄相结合，它就要丧失原有的内在价值，成为新的面目可憎的教条，而为人们所抛弃。王弼《易》学，极富思辨色彩，开一代新风，当时并非官学。

孔颖达用训诂派的方法处理义理派的作品，又将后者提升为官学，使王弼《易》学不再像当初那样富有启示的哲学意味，不再代表一种新时代的精神，而变成一种官方的解释学，一种人们只看重其实用价值的知识性学问。后来的程朱理学，开始时也是有生气的私学，自从元、明、清的统治者将它钦定为官方哲学以后，即变成禁锢人们思想的精神枷锁，乃至演出"以理杀人"的惨剧。在经学的发展史上，我们只有在私家学术中，在那些具有远见和异端精神的经学作品中，才能找到活生生的、真实动人的、放射智慧光芒的成分，因为学术的生命只能存在于独立思考和创造性的劳动之中。当然，私家学术或被扼杀，或被改造利用，终究要变质。真理要在经学的框子里发展，毕竟是没有出路的。

(载《孔子研究》，1988 年第 3 期)

儒家道统

　　儒家道统是儒者关于"圣贤之道"即儒学基本原理传授系统的学说。儒家学者在圣贤崇拜心理的支配下，对于儒学精要进行长期的反思，在外部同众家异说和佛老划清界限，在内部同异端思想及各种偏向划清界限，以保持儒学基本精神的纯洁性、稳定性和连续性，从而推动了儒家哲学发展主脉的形成。

　　早期儒家即已崇拜古圣王贤臣，认为尧、舜、禹、汤、文、武、周公能够敬天惠民，合乎儒家的理想，而把自己当做古圣贤之道的继承者。孔子是儒家的创始人，他"祖述尧舜，宪章文武"，认为尧、舜、禹、汤、文、武都是顺天应运的古圣王，顺次递相传接。孔子称赞说：尧之为君，"巍巍乎，唯天为大，唯尧则之"（《论语·泰伯》）；舜能"无为而治"（《论语·卫灵公》）；禹则"菲饮食而致孝乎鬼神，恶衣服而致美乎黻冕，卑宫室而尽力乎沟洫。禹，吾无间然矣"（《论语·泰伯》）；周之文武乃是盛世，"周之德，其可谓至德也已矣"（《论语·泰伯》），"周监于二代，郁郁乎文哉！吾从周"（《论语·八佾》）。孔子以复兴周礼、继承和发扬周代礼乐文化为己任，在匡地遇险时说："文王既没，文不在兹乎？天之将丧斯文也，后死者不得与于斯文也；天之未丧斯文也，匡人其如予何？"（《论语·子罕》）足见他已经把自己创立儒学看作是先贤之道的继续。

　　孟子是儒家道统的重要先驱者，他为了"闲先圣之道，距杨墨，放淫辞"（《孟子·滕文公章句下》），对于尧舜之道及其传授世系，作了更进一步的阐述。他指出："尧舜之道，孝弟而已矣"（《孟子·告子章句下》），"尧舜之道，不以仁政，不能平治天下"（《孟子·离娄章句上》）；尧舜之后是夏禹，"禹之相舜也，历年多，施泽于民久"（《孟子·万章章句上》）；汤又继禹，行王政，伐不义，"诛其君，吊其民，如时雨降"（《孟子·滕文公章句下》）；乃至周代，"文王发政施仁"（《孟子·梁惠王章句下》），"视民如伤"《孟子·离娄章句下》)，武王"救民于水火之中，取其残而已矣"（《孟子·滕文公章句下》），"周公思兼三王，以施四事"（《孟子·离娄章句下》）。孟子特别推尊孔子，称他是"圣之时者也，孔子之谓集大成"（《孟子·万章章句下》），"自有生民以来，未有孔子也"（《孟子·公孙丑章句上》）；他还引载我的话，说孔子"贤于尧舜远矣"（《孟子·公孙丑章句上》），从而确立了孔子在儒家道统中的至上地位。

孟子所理解的尧舜之道，其中心就是仁政，即仁义之心发为治国之政。他认为，尧舜之道历代必有圣贤出来为之推动，而圣贤不世出，"由尧舜至于汤，五百有余岁"，"由汤至于文王，五百余岁"（《孟子·尽心章句下》）。按照他这种"五百年必有王者兴，其间必有名世者"的说法，"由周以来，七百有余岁矣"（《孟子·公孙丑章句下》），论年数则超过，论时势则当时，而孔子又不曾为世君所用，未能实现其治国平天下的理想，如果天"欲平天下，当今之世，舍我其谁与？"（《孟子·公孙丑章句下》）。显然，孟子以孔子未竟之业的继承人自居，希望通过自己的努力，实现儒家的社会政治理想。

孔子后学的另一重要代表荀子，同样以"上则法舜、禹之制，下则法仲尼、子弓之义"为仁人之务，却又不赞许孟子，认为孟子"略法先王，而不知其统"（《荀子·非十二子》）。诚如《韩非子·显学》所云："孔墨之后，儒分为八，墨离为三，取舍相反，不同，而皆自谓真孔墨，孔墨不可复生，将谁使定世之学乎？"

两汉经学有今古文之争，汉魏有郑学与王学之争，都重经而轻道，或论阴阳立神学，或考章句订文字，在正统儒者看来都有所偏失，故难入道统之列。扬（杨）雄不满意当时儒家经学的烦琐、蔓衍和神秘，斥之为"羊质而虎皮"。他要效法孟子，起来捍卫圣道："古者杨、墨塞路，孟子辞而辟之，廓如也。后之塞路者有矣，窃自比于孟子"（《法言·吾子》）。但他不赞成孟子"五百年必有王者兴"的观点，指出道统之传，不必拘泥于年数。他极力推崇孔子，认为仲尼之道"关（贯）百圣而不慙（惭），蔽（塞）、天地而不耻"（《法言·五百》），"众言淆乱则折诸圣"（《法言吾子》）。他的卫道精神受到后儒赞赏。唐代韩愈在《读荀》中说："晚得扬雄书，益尊信孟氏；因雄书而孟氏益尊，则雄者亦圣人之徒欤。"

魏晋时期，佛道兴起，两汉的儒学独尊变成了儒、释、道三教并存。直至隋唐，儒家创不出新的哲学体系，道家、道教和佛教的哲学反而兴旺发达，在思想文化高层次上占领了一大片阵地，形成对儒学的巨大压力。一些儒者由此产生危机感，企图重整旗鼓，恢复儒学的正宗地位，以适应巩固宗法等级制度的需要，这就是唐宋儒家道统重新被提出和被强调的社会文化背景。如果说孟子提倡卫道，是为了在诸子争鸣中争取儒家的正统地位，那么由韩愈开端的唐宋道统论，则是在抗拒佛、道的斗争中保持儒家的正统地位。韩愈是儒家道统说的奠基人,在此之前,道统之说并不尊显,而自韩愈在《原道》中明确提出儒学之道的传授世系并大力提倡儒学复兴之后,儒家道统说才大行于世,并在宋代为道学家所公认和发挥。《原道》开宗明义地揭明圣贤之道就是仁义,并说它在治国之教方面的具体表现为:"其文《诗》、《书》、《易》、《春秋》,其法礼乐刑政,其民士农工贾,其位君臣、父子、师友、宾主、昆弟、夫妇,其服麻丝,其居宫室,其食粟米、果蔬、鱼肉,其为道易明,而其为教易行也。"这个儒家之道体现了《大学》修身齐家治国平天下的礼乐文化传统,而根本不同于否定教化的老庄,以及"外天下国家、灭其天常"的佛教。此道由来已久,"尧以是传之舜,舜以是传之禹,禹以是传之汤,汤以是传之文武周公,文武周公传之孔子,孔子传之孟轲",而自孔孟之后,此道隐埋,"火于秦,黄老于汉,佛于晋魏梁隋之间,其言道德仁义者,不入于杨,则入于墨,不入于老,则入于佛"。《原道》一出,道统中圣贤的序位就此正式排定,即:尧、舜、禹、汤、周文、周武、周公、孔子、孟子,两汉与魏晋儒者一概排除在外。从此孔孟并提,儒学被称为孔孟之道。韩愈卫道的感情十分强烈,他"抵排异端,攘斥佛老","障百川而东之,回狂澜于既倒"(《进学解》),立志扶树名教,并以孟子之后道统的继续者自居。他在《与孟尚书书》中说:"使其道由愈而粗传,虽灭死万万无恨。"韩愈崇孔孟,阐扬《大学》,梳理道统,排辟异端的言行,都对宋代的儒学发生巨大影响,成为从汉学过渡到宋学的重要环节。

宋儒对于韩愈排定的道统序位再无异议,但对孟子以后,继其正道者为何人,则众说不一。宋初孙复在《信道堂记》中说:"吾之所谓道者,尧舜禹汤文武周公孔子之道也,孟轲、荀卿、扬雄、王通、韩愈之道也。"其道统范围稍宽。但此后荀、扬、王、韩便少有列入之议。一般学者都把宋学看成超越汉魏隋唐而直接上承孟子之真传,而在宋学内部,又有推尊程朱理学者、推尊陆王心学者,及混而称道者。道统说大倡于朱熹。朱熹在《中庸章句序》中说:"盖自上古圣神继天立极,而道统之传有自来矣。"明确使用了"道统"二字。接着,他赋予圣贤之道以中庸之义:"其见于经,则'允执厥中'者,尧之所以授舜也;'人心惟危,道心惟微,惟精惟一,允执厥中'者,舜之所以授禹也。"确立了宋儒所推扬的十六字心传。朱熹进而将道统与政统相区别,指出继承尧舜之道者,既有汤文武那样的圣君,亦有皋陶、伊、傅、周、召那样的贤臣,尤其孔子,"虽不得其位,而所以继往圣、开来学,其功反有贤于尧舜者"。他认为,孔子传颜回、曾参,再传子思,传至孟子而后中绝。及至北宋,二程兄弟赖《中庸》一书,"得有所考,以续夫子千载不传之绪;得有所据,以斥夫二家（指佛老）似是之非"，这就肯定了二程在道统中的地位。朱熹的后学又以朱熹为道统在二程之后的传承人。其门人黄榦说："道之正统待人而后传，自周以来，任传道之责者不过数人，而能使斯道章章较著者，一二人而止耳。由孔子而后，曾子、子思继其微，至孟子而始著。由孟子而后，周、程、张子继其绝，至熹而始著。"（《宋史·道学传·朱熹传》）此说将周敦颐、张载列入道统，而将朱熹上比孟子。魏了翁在《朱文公年谱序》中说得更直切："韩子谓孟子之功不在禹下，予谓朱子之功不在孟子之下。"元代撰写的《宋史》，判《儒林》、《道学》为二，正是为了突出程朱理学，以为代表儒家正统，其说大致沿袭黄榦，以周敦颐接孟子，添列张载，称赞二程，"表章《大学》，《中庸》二篇，与《语》、《孟》并行，于是上自帝王传心之奥，下至初学入德之门，融会贯通，无复余蕴"。而"新安朱熹，得程氏正传"，使得"颠错于秦火，支离于汉儒，幽沉于魏晋六朝"的孔孟之道，"至是皆焕然而大明"（《宋史·道学传序》）。

陆王一派的道统论与程朱有同有异。王阳明亦以十六字为儒学之精髓，更强调其心学特征。他在《象山文集序》中说"圣人之学，心学也"，"孔孟之学，惟务求仁，盖精一之传也"。周、程二子追寻孔颜之宗，定之以仁义中心。但承接周、程的不是朱熹，而是陆九渊："自是而后，有象山陆氏，虽其纯粹和平，若不逮于二子，而简易直截，真有以接孟子之传。"阳明又直认"明伦"为孔孟之道，"外此而学者，谓之异端；非此而论者，谓之邪说；假此而行者，谓之伯术；饰此而言者，谓之文辞；背此而驰者，谓之功利之徒，乱世之政"（《传习录》）。黄宗羲在《明儒学案》中，谓阳明"致良知"之说，"震霆启寐，烈耀破迷，自孔孟以来，未有若此之深切著明者也"。于是王阳明亦被其后学视为孔孟之道的正宗继承人。

清代一些学者，以为程朱与陆王之学小异而大同，要皆不失为圣人之徒，故将其俱列入道统。如孙奇逢著《理学传心纂要》，"录周子、二程子、张子、邵子、朱子、陆九渊、薛宣、王守仁、罗洪先、顾宪成十一人，以为直接道统之传"（《清史稿·孙奇逢传》）。又有一些学者认为宋儒皆背离儒圣正传，如颜元说："仆妄论宋儒，谓是集汉释老之大成者则可，谓是尧舜周孔之正派则不可。"（《存学编》卷一）清末大儒康有为，以孔门圣人自居，以为"孔子之道，有三世，有三统，有五德之运"。他用今文经学家的眼光理解孔子，为其维新变法作论证。于是众说纷纭，儒宗统绪，莫辨其正。

近世儒家学者亦多有以孔孟嫡传者自居，却少有为世所公认者。流行于港台的当代新儒家，其共同特征之一是"以儒家为中国文化的正统和主干，在儒家传统里又特重其心性之学"。其共同特征之二是"肯定道统,以道统为立国之本,文化创造之源"(韦政通《当代新儒家的心态》)。"从哲学上讲,现代儒家,包括新儒家,是以陆王为主的",如牟宗三便"认为陆王系统才是中国的正统"(余英时《从传统迈入现代的思想努力》)。

可以看出,道统论主要与儒家心性之学相联系,或从经学的角度说,主要与义理派相联系,故论者不把训诂经学置于道统之中。因此,道统论不显于汉学而发达于宋学。宋以后的各派儒家学者,都用道统论为本派学术争得正宗地位,视别家为旁支。在论辩中,儒学的伦理型人学的基本属性得到维护和发扬。当有些儒家学派偏离了儒学的基本方向时,学者们总要回到孔子、孟子那里去,进行正本清源的工作,以避免儒学蜕变成神学,或者变成单纯的政治工具,或者过于驳杂,从而在大体上保持住儒学忠恕之道、民本主义和德治主义的本来面目。但由于各派对儒学核心思想的理解和侧重不同,门户之见遂起,自是而相非,世人难以定其优劣。实则是见仁见智,各有所得,各有所偏,亦各有创新,这是学术发展的常规,不必要亦不可能确定谁为正统,谁为衍支。道统论者在学派内外排除异端,敌视或歧视众家诸说,不符合"和而不同"的传统精神,不利于百家平等争鸣的开展。但道统论者强调王霸之分,宣扬从道而不从君,故而道统中的圣贤,既有圣君,也有贤臣,亦不乏造诣高深的学者,其取舍标准不在社会地位,而在道德学问,从而形成了儒家的学统,取得了对于政统的相对独立性。不论世情如何起伏、权力如何更替,儒学的传统始终绵延不绝,成为几千年中思想文化的主干和中国人的重要精神支柱。

(载《中华文明读本》,译林出版社,2009年1月)

儒学的义理与当代

重建诚的哲学

儒家哲学在当代之转换与新发展，应视为它的陈旧成分的剥离清理，和它的有生命力之内涵的重新发现、有效应用和创造性地开展，对于现代社会和人性的健康发育能够产生深刻的积极的影响。诚的哲学便是一种极有价值的儒学内涵，它既能体现儒学固有的学派历史特色，又能为现代社会补偏救弊，提供一种伟大的精神动力，故应加以发掘和阐扬。

一、诚学发展的历史回顾

儒家哲学是推崇阳刚之性的生命哲学，视宇宙为生生不息之大生命体，视社会为宇宙生命体之有机组成部分，阴阳相推，大化流行，天人一体，相感共生。人道来源于天道，又赞助天道之化育万物，促进宇宙与社会的和谐与蓬勃发展。诚学便是这种生命哲学的精华所在。

孔子未明言诚，但"诚"这一概念内含的忠信、笃敬、正直等品格，却常为孔子所称道。《论语》有云："言忠信，行笃敬"、"主忠信"、"笃信好学，守死善道"、"人而无信，不知其可也"、"举直错诸枉"、"刚毅木讷近仁"等，都与诚有直接关联。孔子将它们作为优良道德品质予以褒扬，未曾上升到哲学本体的高度。

孟子始正式言"诚"，并兼天人之道而言之。《离娄上》云："诚者，天之道也；思诚者，人之道也。至诚而不动者，未之有也；不诚，未有能动者也。"孟子之前后，"诚"字较早见于《左传》文公十八年，"明允笃诚"，疏："诚者，实也。"又《易·文言》云："修辞立其诚"，疏云："诚谓诚实。"又《礼记·乐记》云："着诚去伪"，疏云："诚，谓诚信也。"以信释诚，以伪对诚。《说文》云："诚，信也，从言成声"，"信"字从人言，由此可知，"诚"的概念最早起于人际交往，特指人言之实在不欺。孟子的创新在于将"诚"扩大到天道，强调大自然的存在与变化是真实无妄的，没有作伪的地方，此即"诚者，天之道"的含义。由此形成儒学的一个传统，即肯定现存世界的客观实在性，从而肯定社会人生。儒学常常怀疑鬼神，但绝不怀疑天道的真实性，在这个根本点上与佛家截然不同；佛家以山河大地为虚妄幻觉，故要破法执。但儒家又与西方唯物论不同，并不以天人相分的方式从认识论的角度强调客观世界与主观意识的区别，而是在天人一体思维模式支配下，从道德论的角度强调人道对天道的效法和复归，具有情感色彩，故孟子有人道思诚之说的提出。天道以其诚而能化生成物，人道必须思诚才能产生真正的道德行为，感动他人，成就事业，合于天道，与之一体。不仅如此，孟子对于人道之诚作出两条规定，一是要"反身而诚"，二是要"明乎善"。"反身而诚"强调道德的主体性与内在性，道德行为依靠高度的自觉自愿，发自内心深处，反复省察，真挚无伪，从而打动别人。故云："悦亲有道，反身不诚，不悦于亲矣！"（《孟子·离娄上》）"明乎善"则谓诚身要以知善求善为前提，只能诚于善，即诚于仁义礼智，不能诚于恶，故云："诚身有道，不明乎善，不诚其身矣！"（《孟子·离娄上》）孟子有一句名言："万物皆备于我。反身而诚，乐莫大焉。强恕而行，求仁莫近焉。"意谓：物我一体，物性通于我身；故应自觉培养仁民爱物之心，精神之乐莫过于是；将仁民爱物之心奋力向外扩展，变为仁民爱物之行，便可求仁而得仁。可知孔孟仁学，其理论和方法都离不开诚学，有诚才有真仁真义，无诚只是假仁假义。诚就是仁德的真情实感，故刚毅木讷近仁，巧言令色鲜矣仁。孔孟都极力指斥乡愿，厌恶之情甚于厌恶桀纣，就是因为乡愿是伪善的，其骨子里是大奸大滑，而表面上不然，"居之似忠信，行之似廉洁"，外仁而内诈，容易使人上当受骗，故称之为"德之贼"，乡愿是最不诚之人。可知孔孟诚学的提出，正是为了解决伪之乱德的问题。伪善是人类的一种劣根性，其害人害事不可胜言。不善者犹可导之使知善为善，伪善者知善而不为，假善而为恶，往往难以救药。

　　《中庸》之作，难遽断其作者年代，最像是孟子后学所为，其"天命之谓性，率性之谓道，修道之谓教"，正是发挥孟子尽心知性知天之说。而其论诚，多有创新。第一，提出"不诚无物"、"至诚不息"。物自成，道自道，事物的产生存在发展无一时一处不实，否则便无其物，事物的变化运动从不停止，"不息则久"，因此天道不仅真实无妄，而且恒常不灭。第二，指出人道之诚有两种情况：圣人之诚，天性圆满，"不勉而中，不思而得，从容中道"，自然合于天道，自然明于人道，这就是"自诚明，谓之性"；一般人虽有善性而不能尽，需修道以致之，明善以导之，这就是"自明诚，谓之教"。从学的角度说便是"择善而固执"，"博学之，审问之，慎思之，明辨之"，皆择善的工夫。"笃行之"是固执的工夫，最后达到诚明合一的地步，就与圣人一致了。"择善固执"的提法扩展了诚的内涵,在其真善品格上加入了力行不懈的要求。如果说诚之纯真在于破伪,那么诚之实现在于破怠,皆为体仁达道所不可缺少。第三,指出诚的目标在于成己成物。"诚者,非自诚己而已矣,所以成物也。成己仁也,成物知也"。成己是尽性之善而为圣贤,故仁;成物必知周乎万物而道济天下,故知。其公式是:至诚→尽己之性→尽人之性→尽物之性→赞天地之化育。这是一个由内向外由近及远的开展过程,也是由人道复归于天道的过程。至诚者知善达于极致,求善达于极笃,故能充分了知和发展己身之仁智本性,进而了知和发挥他人的善性,又进而了知和发挥万物之本性,化物而无息,博厚以载之,高明以覆之,悠久以成之,顺助天地之生化养育,故能与天地相配,而成天、地、人三才之和谐。尽己之性是儒家的修身理想,尽人之性是儒家的社会理想,尽物之性乃是儒家的宇宙理想。"赞天地之化育"是一个伟大的口号,表现出儒家关心大自然,协调大自然与人的关系的博大胸怀,已经超出了社会道德,具有生态道德的普遍性品格。在儒家的眼中,人的使命是极崇高的,不仅在于效法天道建设人道,还在于辅助天道,推动宇宙的健康发展。第四,指出至诚的地位和作用。"唯天下至诚,为能经纶天下之大经,立天下之大本,知天地之化育"。按朱子的说法,圣人之德极诚无妄,可以为天下后世法,天下之道皆由此出,而默契于天地之化育。这样,诚便被提到制约人道、通于天道的本根的位置。又有"至诚如神"的命题,认为至诚之道可以前知,虽含有神秘成分,但究其意在于强调诚信之人,不受私心杂念的干扰,能够察微知著,察始知终,观化知远,有比一般人更强的预见性。

《大学》有三纲领八条目,正式提出格物、致知、诚意、正心、修身、齐家、治国、平天下的儒家人学公式。八条目分为两部分,前五者总为修身,后三者总为济世,济世以修身为本,修身以诚意为要,故诚意是《大学》的枢要。王阳明云:"《大学》之要,诚意而已矣。"(《大学古本序》)这是不错的。格物致知是为了诚意,诚意之后,自然心正身修,所以朱子云:"诚其意者,自修之首也。"《大学》特重慎独,"慎独"者,不因监督,独处而能不逾善矩,不仅不欺于人,亦不欺于己,即不昧于本心。慎独必由意诚,意诚自可慎独,这就是道德的自律性。好善必如好色,嫌恶必如恶臭,非但理智能明辨善恶,还要感情能乐为善,厌为恶,如此方可谓意诚,方能慎独,无处而不为善。

荀子论诚,概括《孟子》、《大学》、《中庸》而为之总结,谓天地以诚化万物,圣人以诚化万民,父子君臣以诚成人伦,君子以诚养其心。诚的内容是诚心守仁、诚心行义,故"诚者,君子之所守也,而政事之本也。"(《不苟》)荀子论诚虽无全新内容，而能将诚学凝练以言之，使人更知诚学实为儒家天人之学的根本，儒家种种主张和实践皆是诚的发用流行。

李翱以佛说诚，将圣人之性的至诚心态理解为"本无有思，动静皆离，寂然不动者"，以为性善情恶，将欲复性必先息情。李翱推崇《中庸》，但《中庸》以情之未发谓之中，发而皆中节谓之和，主节情说；李翱受佛家影响以情为邪妄，这是不同的。

周敦颐以《易》说诚。其要有五：第一，诚之源。引《乾卦·彖辞》，谓："大哉乾元，万物资始，诚之源也。"乾为天，万物本乎天，万物之真实无妄源于天之真实无妄。第二，诚之立。"乾道变化，各正性命，诚斯立焉。"天道生生不息，"分于道谓之命，形于一谓之性"，万物因之而有各自确定的属性。第三，诚之质。"纯粹至善者也"，万物各有其性命之正，是谓纯粹至善，人性能正而合于天命，亦是纯粹至善。第四，诚之用。"寂然不动者诚也，感而遂通者神也"，引《系辞》说明诚体是静是明，诚用是动是行，能通感天下事物，具有神妙的作用。第五，诚之位。"诚者，圣人之本"，"诚，五常之本，百行之源也"，成圣成贤以诚为基，道德行为因诚而立。周子以至诚为圣人之道，有体有用，初步建立起诚的形上学体系。

邵雍将诚与直联系起来。《观物外篇》说："为学养心，患在不由直道。去利欲，由直道，任至诚，则无所不通。天地之道，直而已，当以直求之。"治学修身不计个人利害，唯以求真为善为准则，就是至诚直道。直就是无所顾忌，不绕弯子，它是诚的内涵之一。

宋明道学家认为最高的精神境界是物我一体，泯灭天人之间的隔阂，充分理解自己的思、言、行与社会、宇宙的发育流行息息相关，从而使人生具有一种圆满的无限的意义。欲到达此境界，进路不外尊德性与道问学，或谓诚意正心与格物致知。从道问学或格物致知入手而达于圣贤，便是自明诚；从尊德性诚意正心入手而达于圣贤，便是自诚明。由此而形成理学与心学之间的争执。程颐重诚敬，《识仁篇》认为识得仁者浑然与物同体，须以"诚敬存之"。程颐重致知，以诚为实理，谓"未致知，便欲诚意，是躐等也"。二程已开启心学与理学分途之端。朱子着重发挥小程之学，将诚分为实理之诚与诚悫之诚，并认为"知至而后意诚，须是真知了方能诚意"，故其《大学补传》强调即物穷理，用力之久，达于豁然贯通，便会明于吾心之全体大用。阳明心学在大学工夫的次序上与朱子不同，主张以诚意为主，径从诚意入手，方能抓住根本免于支离。他说："若诚意之说，自是圣门教人用功第一义。"（《传习录》）又说："君子之学，以诚意为主。"（《文录·答天宇书》）他把格物看成是诚意的工夫，道问学是尊德性的工夫，以诚统明，诚意就是致良知。

李贽以自然纯真论诚，别开一途，更具道家特色。他说："故诚者，其道自然，足谓至善，是以谓之天地。诚之者，之其所自然，是谓择善，是以谓之人也。"（《李氏文集》卷十九）这近于庄子学说。李贽认为自然之性乃真道学，讲道学者皆假道学。继而提出绝假纯真之童心说，提倡有真心做真人，反对假人假事假言假文，而关键在人之真假，其人既假，满场皆假。李贽是历史上继老、庄、嵇、阮之后，对社会虚假现象的最尖锐之抨击者。道学本来在求真而变为假，正在于丢失了诚的精神，于是转为伪学。李贽重真伪之辨，乃是挽救诚学的功臣。但他所说的童心真心，虽标以自然之性，具体内容并不同于以往道家，主要以私心为人心，说："夫私者，人之心也。人必有私，而后其心乃见；若无私，则无心矣。"（《藏书》卷三十二）这是石破天惊之论，与以往传统儒学义利、公私之辨大相径庭。李贽所谓之"私"当然不是损人利己之私，而是指个体对自身利益的关心，就是人要有生存发展和幸福的正当欲求，抹杀这种欲求必失本真而陷于伪善。以往道学家过于强调道德心而忽视贬低正当的感情欲望，远人情以论天理，很难保持诚的精神，反容易培养伪君子，这是值得反思的。

近代哲学家中，论诚最意味深长者当推贺麟先生。他在《儒家思想之开展》一文中指出，儒家思想里，"诚亦不仅是诚恳诚实诚信的道德意义"，而且有哲学意义，"诚的主要意思，乃指真实无妄之理或道而言。所谓诚，即是指实理、实体、实在或本体而言，《中庸》所谓'不诚无物'，孟子所谓'万物皆备我矣，反身而诚'，皆寓极深的哲学意蕴。诚不仅是说话不欺，复包含有真实无妄、行健不息之意。"同时，"诚亦是儒家思想中最富于宗教意味的字眼，诚即宗教上的信仰。所谓至诚可以动天地，泣鬼神。精诚所至，金石亦开，至诚可以通神，至诚可以前知。"另外，"诚亦即是诚挚纯真的感情，艺术天才无他长，即能保持其诚，发挥其诚而已。艺术家之忠于艺术而不外骛，亦是诚。"经过贺麟先生的重新解释，诚学远远超出了一般道德学的范围，而具有哲学、宗教和艺术的广泛意义。

经过一番简要回顾，我们可以将儒家诚学概括如下：诚是本体之学，诚是天道人道之本，天道真实无妄，物性人性得于天道而守其正，亦真实无妄；诚是德性之学，人性至善在于诚实无欺、纯真无伪，在于扩充仁德，成己成物；诚是践行之学，无论成仁行义，还是格致敬业，皆须精诚无懈、专注、笃行、坚忍不拔、百折不挠。德性之诚来源于本体之诚，并完成于践行之诚，人道之诚本于天道之诚，又通于天道，赞助生化，合内外，一物我。故诚是贯通天人、物我的链条，诚学最能体现儒家本体与工夫的合一，体现儒学赞美生命、肯定人生、提倡崇德广业、追求互爱不欺的传统思想。仁而无诚则伪，义而无诚则欺，礼而无诚则虚，智而无诚则殆。诚的精神实在是儒学的精髓和灵魂。诚的精神的高扬和丧失同儒学的兴旺和衰颓同步，我们可以用诚与伪来判断何为真儒何为俗儒，何为实学何为俗学，这是历史昭示给我们的真理。

二、新诚学的构想

今天我们应对儒家诚学加以分析整理，充实它的内容，扩大它的范围，加强它的价值，赋予它更多的新的时代精神，使它成为一种可以为人们普遍接受的哲学信念，为受诸多社会人生问题困扰的当代人类，提供有积极意义的精神食粮。

第一，"诚者天之道"这个命题可以继承下来，成为我们肯定大自然的客观实在性中国化的表述方式。

首先，大自然的存在是真实无疑的，它既非上帝所造，亦非由心所生，它的存在不以任何人的意志而改变；同时大自然是人类之母，人是大自然的派生物也是大自然的一部分，没有大自然，就没有人的一切，由此我们可以排除宗教的创世说和主宰说。

其次，大自然的生命是永无止息的，不舍昼夜，无有灭时，我们时刻感受到大自然的蓬勃生机，人类禀赋于它，才有了自身的生机。

再者，大自然所发生的一切，都有它的由来和条件，世界上没有无缘无故的事情，自然从不会欺骗人，也不会偏私人，天道无亲，以万物为刍狗，它是"我行我素"，有它自身的发展轨迹。人对许多现象感到出乎意料或惊奇、迷茫，不是自然界在开玩笑，而是人对此无知，不了解它的真相。人道之诚实本于天道之诚，不诚无物，不诚无人，不诚无事，人世间一切有价值的事物，都是实实在在的人利用实实在在的物，通过实实在在的努力创造出来的。虚假将一事无成。这就是人生诚学的本源和根据。

第二，"思诚者人之道"这个命题应超出儒学的一家之说，超出一般修身的规范，提升为普遍性的人生原则，我们可以称它为诚的哲学。

人的生命和生活本来是真实无妄的。但是人类社会长期以来存在着利益的激烈冲突，智能的超常增进与德性的不良发育又形成巨大反差，纯朴的人性早已离散，发生种种扭曲变异，由此出现了真善美与假恶丑的对立和斗争，出现了在自然界没有而只在人类社会中才存在的作伪和狡诈行为，故老子说："智慧出有大伪。"尔虞我诈,虚情假意,伪善蒙骗等丑恶现象充斥着社会生活,毒害着人的心灵,损害着人类的进步事业,痼疾难治,于今为烈。人类要想纯化人性,使社会臻于健康合理,必须下工夫与伪善作斗争,这就需要提倡诚的哲学,培植诚的精神,把它向社会生活各个领域推广。虚伪欺骗是健康信仰的大敌,它不知损害了多少有价值的学说,破灭了多少美好的信念。但是诚毕竟是人性的内在要求,不诚是人性的变异,不诚的行为从来得不到多数人的真心认可,也起不到长久的欺骗作用,人们斥责它,厌弃它,渴望和追求着真诚的人生。一种进步学说,在它充满着诚的精神的时候,它是有生命力的,可以影响人号召人,一旦失去诚意,随即转假,丧失生命活力,而为人所厌弃。一种高尚的道德,当它的倡导者能够身体力行并培植出一批又一批仁人志士的时候,它是有力量的,可以感动人,可以成为风气;而当它变得伪善,迅即发生危机,为人们所鄙夷。这说明求诚厌伪是人性发展的内在需要,人同此心,心同此理,我们的信心也就建立在这上面。

作为一种人生哲学的基本概念,诚的内涵要加以科学的规定,使其层次分明,全面系统,可以分述如下。

1. 以真论诚,是谓真诚,主要破一个伪字。真诚是做人之本。一个人应当活得堂堂正正、坦诚直率,既不必隐瞒自己的观点,亦无须掩藏自己的感情,诚于中而形于外,表里如一,开诚布公,随时显示自己的本色,做一个性情中的真人,不必厚貌深情、矫揉造作,更不应虚假伪善,逢场作戏,带着各种面具生活。有一种角色论,认为人生是一个舞台,人要努力在不同场合扮演不同的角色,这是把真实的人生与艺术的再现混为一谈了。一个人在不同的人际关系中自然有不同的身份,如对父母是子女,对妻子是丈夫,对学生是老师,对上级是下级等,不同的身份当然会有不同的态度,但这是真情的自然流露与转换,不能靠装扮来应付。整天把工夫放在人生表演上,岂不是活得太累太没有意味了吗?就是在艺术舞台上,演员也要贴近人心,拿出一点真情来才能感动观众。在现实生活中没有真诚就不会有感情与心灵的交流,不会建立起真正和谐的人际关系,心灵就会像一座孤岛,甚至像一座坟墓,活泼的人生就会埋葬。儿童保持着人类天真纯洁的性情,所以他们不会说谎,率性而行,纯真自然。人在由幼稚走向成熟,由无知走向多识的过程中,极容易丧失本真,变得圆滑世故。如何保持真纯之情,不失赤子之心,是人生要解决的根本性问题。当然,真诚的人生需要有良好的健康的社会环境。一个虚假的社会会造就一批虚假的小人,及至君子也不得不用某种假言假行作为防身之术,那就是很可悲了。

从历史上看，政治上的虚假表现是欺上瞒下，一手遮天，强奸民意，执法犯法，假人假事得宠受赏，真人真行遭斥挨罚，这是很可怕的。经济上的虚假表现是坑蒙拐骗，偷工减料，靠欺诈捞钱，不惜用伪劣商品害人。道德上的虚假表现是欺世盗名，言则圣贤，行则禽兽，满口仁义道德，一肚子男盗女娼，道德的提倡者正是道德的破坏者，道德脱离人情而甚于酷法，人被其吞噬而无怜之者。文化上的虚假表现便是假文浮词流行无阻，抄袭雷同泛滥成灾，文艺以趋时求利为标的，学术以迎合粉饰为准则。"修辞立其诚"，这是一切语言文字工作者的座右铭，就是说言词著文都要表达自己的真实见解，不能违心而为虚假之言。真实性、诚挚性一旦丧失，文化的内在生命便要枯萎。可见诚伪之辨在某种意义上要重于是非之辨；事情的好坏往往不在是否弄清了是非，而在是否处之以诚；无诚意者善变为恶，正价值变为负价值，有诚意者行善而真，不明可以求明，得一分真知，便有一分实效，有一分真诚，便有一分感人的力量。

2. 以信论诚，是谓诚信，主要破一个欺字。一个国家一个团体一个企业乃至个人，都应当忠信不欺，使人可以信赖。民无信不立，人无信不行，这是颠扑不破的真理。不诚信在政治上的表现是朝令夕改，有言无行，有法不依，有始无终，漂亮话一大堆，实际事不去干，于是上下脱节，离心离德，遂有信任危机发生。所以必须取信于民，得道多助，才有社会的稳定。在现代商品经济生活中，信誉也是第一位的，经济效益要靠产品的质量、功能和服务水平来取得，不能靠虚假的广告宣传和欺骗行为来达到。赢得信誉，事业才能成功，信用破产，必然导致失败，这是企业家都懂的道理。人际交往，朋友相处，以信义为本。言而有信，行而可托，才算是站得住脚跟的人；轻诺寡信，自食其言，变化无常者，先自轻之，鲜能为人所重。诚信要求言行一致，从不说谎入手。古人说"一诺千金"、"君子一言既出，驷马难追"、"言之不出耻躬之不逮"，都是要人慎言重行，讲究信守。当然，信要合于义、明于理，不能是狭隘的和盲目的。自己重信，对他人也不要无缘由地怀疑猜忌，人与人之间应当有起码的信任感，办事交涉双方要抱有诚意，不然什么协商也不能成功，什么集体也不能维持。宁可失之轻信，也不可失之猜忌，君子可欺以其方，不可罔以非其道。在信仰上，诚信的要求就是敬笃不二，忠诚于自己的理想，不以信仰为名行谋私之实。

3. 以直论诚，是谓诚直，主要破一个枉字。做事情要秉公方正，以义为依，不能掺杂私心邪念，更不能拿原则做交易，否则利害的考虑将压倒是非的判断，导致枉断曲行，掩盖事实的真相，损害善良，助长邪恶。

人类在长期的共同社会生活中，逐渐形成带有共性的心理结构和认识能力，对于社会行为的一般性是非，有着天机自发的判断力，照直去做，便可为善去恶。但问题往往出在个人利害的计较上，一有此念发生，便会改变初衷，由直道转入枉道，或则明哲保身，或则昧心就恶，此即古哲所说的"初念为圣贤，转念是禽兽"，直与枉的分途，只在公私一念之间，是非压倒利害，便可直道而行。这并不是说只要合乎义便可蛮干妄为，灵活性要有，策略方法要讲，逼不得已还要委曲求全，但这样做归根结底是为了公正地解决问题，不是要投机取巧，捞取个人的好处。我赞成《淮南子》的话："心欲小而志欲大；智欲圆而行欲方"，方就是诚直，内有操守，外能屈伸。诚直待人，作风正派，办事公道，一向是中国人交友、论文、举人的重要标准，这个传统要发扬。

4. 以专精论诚，是谓精诚，主要破一个懈字。《中庸》讲诚之者"择善而固执"，择善是诚的方向，固执是诚的工夫，不仅要执诚，还要固而执之，这样才能达到至诚，成己成物，感通天下。所以诚是尽力的事，是一生的事。我们常见到一种坏习性，就是"五分钟的热情"，"靡不有初，鲜克有终"，做事敷衍马虎，点卯充数，应付差事，得过且过，好走捷径，这都是不诚的表现。世界上的事情，不论是从政行商，还是科研教学，抑或是作诗绘画，没有认真的态度、执著的精神是一件事也办不好的。佛教宣扬破执，但实际上是破小执而兴大执，执于破执，执于成佛。看那高僧大德，为了解脱和救世，离家弃亲，绝于物欲，以苦为乐，孜孜于研经、传法、弘道，无懈无倦，死而后已，岂非择善而固执者乎？冯友兰先生在《三松堂自序》中说："凡是有传世著作的，都是呕出心肝，用他们的生命来写作的。照我的经验，作一点带有创造性的东西，最容易觉得累，无论是写一篇文章或者写一幅字，都要集中全部精神才能做得出来。"这是深刻的经验之谈。李商隐的"春蚕到死丝方尽，蜡炬成灰泪始干"，韩愈的"焚膏油以继晷，恒兀兀以穷年"，王国维所引"衣带渐宽终不悔，为伊消得人憔悴"，都是说的精诚。精诚是全部身心的投入，是生命之火的充分燃烧，专注不息，如痴似醉，百折不回，愈挫愈奋，只有这样才能成就大事业。"诚则灵"、"至诚如神"如果不是用于祭拜鬼神，而作理性的解说，应指至诚可以充分开发智力，心灵眼明，产生超常的见识与行为。"精诚所至，金石为开"，忍人所不堪，行人所不能，可以创造出人间奇迹。即令失败，也是伟大的失败者，执著的追求本身就具有崇高的价值。

第三，诚的哲学以挚爱为基础，以包容为品格，以创造为动力，完全符合现代社会健康化的要求，具有强大的生命力。

现代社会弊端之一是看重金钱和技术，忽视情爱和心灵，人情薄如纸，人心难以沟通。许多人处在信息社会里反倒产生强烈的孤独感，这只有用爱来消除。有爱心而后有诚心，有诚心而使爱心得以发扬光大，推己及人，由人及物，达于宇宙。人是群体动物，以地球为家，有共同的利益和共生的情感，人心应当是热的，不是冷的，热爱亲人，热爱朋友，热爱人民，热爱祖国，热爱人类，热爱大自然，用爱去温暖人间，用爱去保护自然。虚伪与冷酷共生，欺诈与仇恨相连，冰冷与权谋之心只能泯灭一己之天性，害人之性，损物之性，破坏世界的和谐。所以要有挚爱和真情，然后才能立诚推诚。

包容性是诚学的普遍性品格，它没有门户成见，绝不排斥他学而自我封闭，这与现代社会文化的多元化趋势相一致。在有利于人性完美和社会进步的大前提下，诚学赞同一切诚挚的品格和行为。以信仰而论，不论是宗教还是非宗教的学说，不论是儒道还是其他百家，只要真信笃行，都应受到尊重。忠实于自己的信仰，亦尊重别人的信仰，以诚通其情，以诚成其和。交友之道，不在观点和喜好的一致，而在真诚相待，相互理解和信任，只要有诚意，便可求同存异，友好相处。个人之间的关系是如此，团体之间、国家之间的关系何尝不是如此。

创造是诚学的动力和生命。诚创造着活泼向上的人生、创造着和谐挚爱的群体、创造着各种文明事业。政治的改良、科学的发明、艺术的创作都需要以诚为动力，激发出献身的精神、奋斗的勇气、坚忍的毅力、无穷的智慧。现代社会不是一个因循的时代，而是一个连续创新的时代，似乎一切文化领域都需要重新加以审视和整理，有多得不可胜数的领域需要探索和开拓，更需要人们以诚的精神回应时代挑战，造就一大批有着强烈使命感和求实勤行的仁人志士，担当起总结过去、开创未来的历史重任。抱残守缺，按老章程打发日子的时代一去不复返了。

走出一个虚假的世界，还回一个真实的世界；超越一个虚伪的人生，成就一个真诚的人生，使人间变得更美好，这就是诚的哲学的终极目标。

（载《哲学研究》1991年第2期）

儒家仁学的演变与重建

一

儒学是一种伦理型的人学,讲述如何做人和如何处理人际关系的学问。以人为本位,这是儒学区别于一切宗教的地方;以伦理为中心,这又是儒学区别于西方人文主义和中国道家学说的地方。儒家人学有两大支柱:一曰仁学,二曰礼学。仁学是儒家人学的哲学,是它的内在精髓;礼学是儒家人学的管理学和行为学,是它的外在形态。仁学和礼学在历史上常常结合在一起,但两者起的作用不同,存留价值也不同,因而在近代就有了不同的命运。仁学在儒家所有学问中,代表着中华民族发展的精神方向,蕴涵着较多的人道主义和民本主义成分,它给中国知识分子提供了一种切实而又高远的人生信仰,一种独特的文化价值理想,培养了一大批道德君子、仁人志士,成为中国文化的精英。仁学由于具有较强的生命力和普遍性价值,所以在中国从中世纪向近代社会转型过程中,受到先进思想家的珍重,成为儒学中最值得继承和发扬的部分。礼学作为一种社会管理学和行为学,也曾为中华文明的发展做出过贡献,内涵亦相当丰富,不可简单否定,但它与中世纪宗法等级制度、君主专制制度结合较为紧密,贵族性和时代性都比较强烈,所以在帝制社会坍塌的时候它必然要受到革命派的强烈批判与冲击。特别是礼学在后来的发展中渐渐失去仁的内在精神,变成僵死的教条,甚至"吃人杀人",就更为觉醒的人们所憎恶。五四时期先进思想家攻击孔子和儒学,其锋芒所向,实际上不是全部儒学,主要是封建礼教和官学化了的理学,而这正是儒学应该抛弃的部分,没有这种否定,儒学便不能新生。正如贺麟先生所指出的:"新文化运动之最大贡献,在破坏扫除儒家的僵化部分的躯壳形式末节和束缚个性的传统腐朽化部分。他们并没有打倒孔孟的真精神、真意思、真学术;反而因他们的洗刷扫除的工夫,使得孔孟程朱的真面目更是显露出来。"(《儒家思想之开展》)贺先生在同篇文章中特别提到"仁",认为"仁乃儒家思想之中心概念",可以从艺术化、宗教化、哲学化三方面加以发挥,而得新的开展。贺麟先生对儒家真精神的理解和对五四运动与儒学关系之说明，是近代中国思想家中最深刻、最透彻的一位。他是在近半个世纪前发表上述见解的，真令我们这些还纠缠在尊孔与反孔的对立思维中的晚生后辈惭愧莫名。仁学既然是儒学中精华较多的部分，今天从古为今用的角度研究儒学，就应该把关注的重点放在仁学上面，认真考察仁学生长发展的过程；认真研究人类文明的未来发展在多大程度上需要仁学，现在如何推进仁学，重建仁学，使它在新的时代放出光彩。自从孔子正式创立仁学以来，论仁的论著不可胜计，当代学界对仁的历史与理论考察亦有许多成果，仁学研究一直是儒学研究的热点之一。本文不打算对仁学作系统的历史考察，也不打算层层剥析仁的丰富内涵，而想抓住仁学发展史上最有关键意义的三次重大理论创造活动，揭示出"仁"学在其逻辑发展中的三大阶段性，而这第三阶段正同近现代中国的社会转型相衔接，它对于儒学的现代化更具借鉴意义。

二

早期儒家仁学以孔子、孟子为代表。孔子最重仁德，把仁看做是理想人格首要的和基本的要素，其论仁之言数量既多，提法又各有不同，揭示了仁的含义的丰富性。在众多言论中最重要的是回答樊迟问仁，曰：爱人。这句话集中说明了仁的人道主义性质，"仁"就是人类的同类之爱，一种普遍的同情心。这种爱心被社会阶级、阶层集团间的对立与斗争淹没了，孔子重新发现了它，加以提倡，形成仁学。墨子的"兼爱说"也是一种人道主义，但他未能找到切实的施行途径，所以仅停留在理想的层次。孔子主张爱有差等，施由亲始，在当时条件下这是合情合理的。爱心从家庭敬爱父母兄长做起，此即有子所说的"孝悌为仁之本"，然后推己及人，由近及远，以至于达到"四海之内皆兄弟"的广大境地。爱人不是一句空话，从横向关系说，要表现为"己欲立而立人，己欲达而达人"，此即是忠；"己所不欲，勿施于人"，此即是恕。从上对下的关系说，要"恭、宽、信、敏、惠"，也就是开明政治。爱人不是形式上的，它发自本心，真实朴素，故"刚、毅、木、讷近仁"；但要使爱心达到高度完美的程度，还必须刻苦地修德，并矢志不移，故说："博学而笃志，切问而近思，仁在其中矣。"仁以为己任，直到死而后已，必要时"杀身以成仁"，成仁即成全了自己的人格。

孟子正是沿着孔子仁者爱人和能近取譬的思路向前推进仁学的。他把仁定义为"恻隐之心"，又称为"不忍人之心"，都是指人类的同情心，以爱破忍，视民如伤，使人道主义和民本主义精神更加突出。孟子对仁学的新贡献有五：

一是建立性善说，为仁学提供人性论的理论基础；二是提出"仁，人也"(《梁惠王》下)的命题，指明仁是成人之道，不仁无以为人；三是由仁心发为仁政，建立起仁学的政治论；四是把仁爱从人推及于万物，提出"亲亲而仁民，仁民而爱物"(《尽心》上)，形成泛爱的思想；五是仁义连用，居仁由义，说明仁爱是有原则的。

　　仁以爱为主要内容，不仅是孔孟的看法，也是战国至汉唐儒者的共识，如《礼记·乐记》说："仁以爱之。"《周礼·大司徒》说："仁者仁爱之及物也。"扬雄《太玄·玄摛》说："周爱天下之物，无有偏私，故谓之仁。"《白虎通·性情》说："仁者不忍也，施生爱人也。"这一时期所有论仁之说，就其深刻性而言，均未超出仁者爱人的水平。唐中期儒者韩愈作《原道》，提出"博爱之为仁"，这一说法成为仁者爱人诸说的最高概括。虽然后来有人批评韩愈此说作为孔孟仁学的解说并不准确，但不可否认博爱说乃是孔孟泛爱说的发展，在精神上是一致的。

　　到此为止，早期儒学建立起仁的伦理哲学，它以"爱"为中心观念，把仁爱作为人伦的原则和人道的基石，虽然它不免带有家族社会的强烈色彩，但"爱"作为一种普遍性原则已经得到社会的公认。从个人成长而言，仁爱是君子的第一品性和人生的最高境界，仁爱把人同动物区别开来，也把有德之人和德性未显之人区别开来。仁与爱如此密不可分，我们可以把这一时期的仁学称为爱的哲学。

三

　　中期儒家仁学的代表人物是朱熹和王阳明。朱子上承大易之道，用生生之德充实仁学，把仁德推广到宇宙万化，建立起天人一体的仁学的宇宙观。朱子继承早期仁学的思想，对爱人的内涵有更深入的阐发，如强调仁包四德，仁是爱之理、心之德，仁为体、为性，而爱为用、为情。但朱子仁学的成就不在这里，他理论上的最大贡献是从"生"意上说仁，把"生"字引入仁学，使仁学成为一种生的哲学。他的思想受启于《周易》，如说："天地之心别无可做，大德曰生，只是生物而已。"(《朱子语类》六九)又说："发明心字，曰：一言以蔽之曰生而已。天地之大德曰生，人受天地之气而生，故此心必仁，仁则生矣。"(《语类》五)朱子认为《易》说生生之德即是仁，所以仁不仅是人生界之德，亦是自然界之德，而且人之仁德正来源于天地之仁德。他这方面的话很多，如："仁者，天地生物之心。"(《语类》五三)"仁者人也，仁字有生意，是言人之生道也。"(《语类》六一)"仁本生意,乃恻隐之心也。苟伤着这生意,则恻隐之心便发"(《语类》六八)。一般人把自然界看做是无生命的,朱子则视自然界为一巨型的大生命体,充满着活力,不断育养出众多的生物,这是大自然爱心的体现。但是自然界既生物,亦死物,又作何种解释呢?朱子认为万物生长固然是生命的体现,万物枯槁亦是生命的收敛固藏,为的是更生和日新,所以仁之生物不是一次性的,乃是生生不息的。朱子每每好用树木为喻,说:"到冬时,疑若树无生意矣,不知却自收敛在下,每实各具生理,便见生生不穷之意。"(《语类》六九)"譬如谷种,生之性便是仁。"(《语类》九五)宋代学者喜欢用植物果实比喻仁,而且影响所及,植物果实的命名亦取仁字,如桃之种称桃仁,杏之种称杏仁,皆因其中包含着生命再造的能力。当时学者还喜欢用生命体气血流通比喻仁。如程颢说:"医书言手足痿痹为不仁,此言最善名状。仁者以天地万物为一体,莫非己也","如手足不仁,气已不贯,皆不属己。"(《二程集》第15页)他教导学者须先识仁,仁者浑然与物同体,既已同体,则品物万形为四肢百体,彼此之间痛痒相关,由此可知仁就是生命体的活力与通畅。朱子肯定程颢的说法:"明道言学者须先识仁一段说话极好。"(《语类》九七)总之,以"生"意论仁,一指宇宙生生之德;二指人类怜生之心;三指天人一体之爱。

理学家天地生物之仁的宇宙观与老子不同。老子说:"天地不仁,以万物为刍狗",天地自然无为,对万物无所偏爱,任其自生自成而已。这种天地不仁之说固然消除了人类投射到自然界上的感情色彩,有助于消除神秘主义和鬼神之说,但这种"冷处理"的态度也容易使人对自然界的感情麻木起来,导致"无情"的哲学,其后果往往是很可怕的。朱子坚持天地有心说,反对有以无为本的玄学贵无论,他说:"或举王辅嗣说,寂然至无,乃见天地之心。曰:他说无,是胡说。"又说:"无便死了,无复生成之意,如何见其心?"(《语类》七一)朱子对道家不够了解,无并非死寂,按老子的说法,虚无包含着生机,"虚而不屈,动而愈出","天地万物生于有,有生于无。"无形之道生天地,天地生万物,只是不有意于生物,所以道家也是一种生命哲学。不过儒家是人伦型的生命哲学,以人道涵盖天道;道家是自然型的生命哲学,以天道涵盖人道,最后都要达到同天合道的目的。朱子称赞老子的柔弱胜刚强之说,因为柔弱是有生命力的表现,故说:"仁是个温和柔软底物事。老子说:柔弱者生之徒,坚强者死之徒……看石头上如何种物事出!"(《语类》六)又说:"牝,是有所受而能生物者也。至妙之理,有生生之意焉,程子所取老氏之说也。"(《语类》一二五)

中期儒家仁学可称为生的哲学，它用"生"深化了爱的内涵，突出了生命的价值和意义，强调了对生命的热爱和保护。它还使人道之仁扩展为天道之仁，突破了道德范围，使仁具有超道德的生态哲学的普遍意义，把早期儒学的仁的伦理哲学大大提升了。朱子用生的仁学把人道与天道打成一片，这是他的特色，钱穆先生评论说："朱子专就心之生处心之仁处着眼，至是而宇宙万物乃得通为一体。当知从来儒家发挥仁字到此境界者，正唯朱子一人。"（《朱子新学案》，第 41 页）但朱子更重理学，而且不在仁学的基础上讲"理"，却分别什么"天命之性"与"气质之性"，高性理而贬性情，埋下了后来远人情以言天理的种子。阳明说："礼学即理学。"（《传习录》上）戴震亦说："荀子之所谓礼义，即宋儒之所谓理。"（《孟子字义疏证·绪言》）表面上，程朱理学承接孟子谈心性；实际上，程朱理学是承接荀子，将礼义升华为天理，使理学主要成为礼学的哲学形态。一旦脱离爱和人情，"理"便会成为冷冰冰的东西，反不如阳明心学更接近仁学的真精神。阳明接着程颢的《识仁篇》，讲"天地万物一体之仁"，这种仁也就是人心之良知，它是发自本性的，活泼自在的。阳明论仁不喜欢从冷静的理上说，而喜欢从热切的情上说，以自己的生命体验表述仁者与天地万物痛痒相关的真情实感。他说："盖其天地万物一体之仁，疾痛迫切，虽欲已之而自有所不容已。"（《答聂文蔚书》）见到同类危难而有恻隐之心，见到鸟兽哀鸣而有不忍之心，见到草木摧折而有悯恤之心，见到瓦石毁坏而有顾惜之心，这都是由于人与天地万物原本一体，同此一气，故能相通（见《传习录》下），可知阳明的仁爱即是爱惜生命，突出生的主题。阳明的哲学其主旨是造就生命主体的超脱自得，性情真挚生动，生机盎然，故其用活泼的生物喻道："潜鱼水底传心诀，栖鸟枝头说道真。"（《碧霞池夜坐》）可知阳明的心学即是一种重生的新仁学。

四

晚近儒家的仁学以谭嗣同为代表，康有为、梁启超、孙中山等人辅论之；他们吸收西学，综合诸家，别开生面，形成近代仁学的新特点。谭嗣同是推动维新变法、冲决旧传统的一员猛将，但他不是横扫一切的文化虚无主义者；他在激烈批判封建纲常礼教的同时，改造并创建儒家的新仁学，取仁学而弃礼学，态度十分鲜明。他著《仁学》一书，开宗明义："仁以通为第一义。"这使传统仁学发生了质的飞跃，开出一个崭新的境界。从理论渊源上说，"通"的观念古已有之。谭氏引《周易》："《易》首言元，即继言亨。元，仁也；亨，通也","仁者寂然不动,感而遂通天下之故"。他又引《庄子》"道通为一",认为以此语明通之义最为浑括。他亦引墨子的兼爱,佛家的无相与唯心,耶稣教的爱人如己,欲综合中外诸说而推出通的仁学。然而仅有上述诸说的思想资料,尚不足以建立新的体系;谭氏新仁学的创建,真正起推动作用的是近代西方文明的传入和西学的影响,其中特别是西方民主制度、发达的商品经济和近代的自然科学知识。谭氏眼界由此大开,观察问题的坐标发生根本变化,不再是忠孝之道、夷夏之防、以农为本等所谓传统常道,能够站在近代社会的高度去批判传统社会的专制主义、宗法制度、闭塞守旧等过时的事物,故突出仁学中"通"的内涵,以通破塞,正切中传统社会的要害,这大有益于观念的现代化变革。谭嗣同说:"通之象为平等。"这是"通"的根本义,纯粹属近代观念。分而言之,"通有四义":一曰"中外通",破"闭关绝市"、"重申海禁",通学、通政、通教、通商;二曰"上下通";三曰"男女通",破"三纲五伦之惨祸烈毒"、"死节之说";四曰"人我通",破"妄分彼此,妄见畛域,但求利己,不恤其他。"谭嗣同用"以太"、"电"、"脑气筋"等形容"仁",都是为了揭示仁的贯通四达、自由自流的性质。博爱固然为仁,不通则不能博爱,故"仁不仁之辨,于其通与塞"。有爱心而陋塞,则欲爱之反害之,如"墨子尚俭非乐,自足与其兼爱相消",道家绝对地"黜奢崇俭",则"凡开物成务,利用前民,励材奖能,通商惠工,一切制度文为,经营区划,皆当废绝",他认为"源日开而日亨,流日节而日困,始之以困人,终必困乎己","唯静故惰,惰则愚;唯俭故陋,陋又愚;兼此两愚,固将杀尽含生之类而无不足"。通商乃通人我之一端,"相仁之道也","为今之策,上焉者,奖工艺,惠商贾,速制造,蕃货物,而尤扼重于开矿。庶彼仁我而我亦有以仁彼,能仁人,斯财均而己亦不困矣"。谭氏把仁学同发展近代工商业和国际经贸事业联系起来,认为只有这样才能富国富民并有利于人类,以实现博爱济生的理想。谭氏的仁学以"通"为特色,具有政治民主化、经济现代化、人格自由平等和社会开放、国际交流的新思想,使得仁学从一种伦理哲学和生命哲学跃进为一种概括了政治学、经济学和外交学的有直接现实意义的实学,同时又不丧失传统仁学爱人利生的真精神,更是这种真精神的发扬与落实。有鉴于上述特色,我把谭氏仁学称为仁的社会哲学,它是中西文化碰撞融合的产物。

康有为的哲学亦以仁学为核心,他解释孔子的思想时说:"'推己及人'乃孔子立教之本;'与民同之',自主平等,乃孔子立治之本。"又说:"仁者在天为生生之理,在人为博爱之德。"(《中庸》注),他理想中的大同世界是"至平、至公、至仁、治之至"的世界(《大同书》),没有臣妾奴隶和君主统领,没有欺夺和压制，没有私产，男女平等，至于众生平等。可知他的仁学既保留了传统仁学的爱人、崇生的精神，又注入了近代自由、平等、博爱乃至空想社会主义的思想。梁启超提出道德的新民说，主张自省、独立、利群爱国，他的重要贡献在于把爱他与利己统一起来，肯定合理的利己主义，说："真能爱己者，不得不推此心以爱家爱国，不得不推此心以爱家人、爱国人，于是乎爱他之义生焉。"（《十种德性相反相成义》）这是从西方引进的伦理学思想。孙中山反对君主专制制度，但主张继承中国固有道德而加以改造，如变忠君为忠国，充仁爱为博爱，而博爱与民生主义相通，"为四万万人谋幸福就是博爱"（《三民主义·民权主义》）。他又提倡"仁、智、勇"的精神，激励革命者的士气。可以看出，康有为、梁启超、孙中山皆接纳仁学，并赋予时代新意，然而皆不如谭嗣同的通之仁学理论价值高、现实意义大。可惜后来世人没有在"通"字上做大文章，没有把谭氏"通"的精神从学理上加以弘扬，致使甚为符合时代需要的"通"的哲学得不到流传，这是令人遗憾的。

五

当今世界，西方文明领导着潮流，但已弊病丛生。东方文明在度过它艰困岁月之后，正处在将兴未兴的时刻。随着科技的进步、交往的加深和信息的发达，世界正在越变越小；在世界性生态危机、核战争危险、人口爆炸和国际犯罪的威胁面前，全人类从未有如此强烈的同命运、共呼吸的感受。但人类并未因此而通为一体、亲如一家。有识之士已经认识到，单靠科技的进步和经济的增长，人类还不能摆脱危机，走向和平与幸福。这个世界还缺少许多东西，也许最缺少的是能为国际社会普遍接受的明智的信仰和人道主义哲学。世界迫切需要一种新的仁学。当此之时，儒家仁学的再生可以说是恰逢其时。儒家仁学所倡导的爱、生、通三大人道主义原则，对于医治当代社会的痼疾可以成为一剂良方佳药。当今世界彼此依赖已达到密不可分的程度，爱则共存，仇则两亡；通则两利，闭则两伤。凡是多少实行了爱的哲学、生的哲学和通的哲学的地方，那里就出现了生机、光明和希望；凡是实行斗争哲学、独断主义和关门主义的地方，那里就有较多的悲苦、穷困和破坏。以中国为例，十年"文化大革命"，用仇恨反对爱，用迫害反对生，用闭塞反对通，结果造成大混乱、大悲剧、大灾难。改革开放之后，重新有了爱，有了生机，有了交流，社会面貌便焕然一新。

我以为仁学的重建可以将爱、生、通三大原则综合起来，再加上诚的原则，并在内容上加以增补，可以形成新仁学的体系。这个新仁学以爱为基调，以生为目标，以通为方法，以诚为保证。在"仁者爱人"的原则下，要增加墨子"兼相爱交相利"的思想，把爱人与惠人结合起来，以免爱人成为空论；爱人不能停留在同情、恻隐的层次，还要表现为对他人人格与权利的尊重。在"仁者生物之心"的原则下，要提倡两点：一是解决争端不诉诸武力，最大限度地保护人民的生命财产；二是保护生态与环境，树立做自然界朋友的观念，提倡人与自然的协调发展。在"仁以通为第一义"的原则下，以"人我通"为总纲，实现人际间的广泛沟通。除了中外通、上下通、男女通，还要特别强调民族通、心灵通、信仰通。民族与种族的冲突是引起当今世界动荡与战祸的主要原因，民族不能和解，世界便无宁日。所以要提倡民族通。心灵的闭塞与孤寂是现代社会生活过度物质化和外向化的结果，金钱与权力冲淡了亲情、友情和爱情，彼此不能理解，所以要提倡心灵通。因宗教信仰不同而起纠纷，是常见的现象，解决它的唯一途径是彼此尊重，互容互谅，进而在不同信仰之间提倡平等对话，这样天下便会省却许多麻烦。新仁学还必须以诚作为保证，诚是仁学的生命。诚而后才有真仁真义，不诚只能是假仁假义；诚而后才能躬行实践，感人感物，不诚则遇难而退，有始无终。所以，诚存则仁存，诚亡则仁亡，新仁学应是诚仁之学，期待着众多的仁人志士信仰它，推行它。

（载《哲学研究》1993年第10期）

儒家仁学与普遍伦理

一、普遍伦理建设的必要性与可能性

在人类即将走向 21 世纪的时候，普遍伦理问题受到国际社会空前的关注不是偶然的。这里主要是三大因素推动的结果。其一，人类道德文明危机促使人们猛醒。人类在 20 世纪取得经济与科学技术的巨大成就（以空间技术、核能技术和信息网络为标志）的同时，有识之士发现，人类的道德品性不仅没有同步发展，反而在短期利益驱动下越来越退步并日趋混乱，它无法驾驭巨大的经济力量与科技能量，后者正像一匹脱缰的野马，横冲直撞，在给人类造福的同时也威胁着人类的生存。许多人看到，道德文明如果得不到相应的发展，不仅社会精神生活会走向堕落，而且经济发展也不会健康和持久。最近亚洲的金融危机，政治道德的败坏是其重要原因。其二，人类生活全球化提出建立普遍伦理的需要。由于经济发展的地区化和全球化，由于信息网络的普遍覆盖，由于交通的发达和交往的频繁，地球已经变小了，变成了名副其实的地球村。国家、民族、地区、集团之间的相互依赖比过去成倍地增大了。现在人类所面临的危机，如生态危机、核威胁、地区性冲突等，都具有全球性，不可能由一国一族单独解决。各国之间，如果说过去尚可闭关自守，或者以邻为壑，那么现在必须风雨同舟、兴衰与共了。但是在人类共同利益越来越大于他们之间的分歧和冲突的时候，人类的价值理论和道德意识却仍然是分裂的、狭隘的、互相抵触的，远不能适应国际社会的最新态势。所以好学深思之士与有远见的团体提出寻找人类普遍伦理的任务，正是适逢其时，符合时代发展的需要。普遍伦理的建设是否成功，直接影响到下个世纪人类的和平与发展，所以意义重大。其三，文化的多元化推动了普遍伦理的研究。随着社会的进步和亚非拉发展中国家的复兴，欧美几强领导世界和文化上的欧洲中心论的状态正在改变，人们意识到，用西方价值观来统一人类的思想和用一种宗教来一统世界既不可能也不应该。现在文明意识的重要特征之一便是能够尊重别国别族的制度、信仰、习俗和文化。20 世纪 50 年代中期由中印两国总理首倡的和平共处五项原则，为建立国际新秩序做出了开创性的贡献。20世纪前期和更早的年代，西方宗教的排他性比较强烈；20世纪后期，西方宗教提倡宽容精神，最为典型的是天主教在20世纪60年代初召开的梵蒂冈二次大公会议，正式倡导宗教对话，在各大宗教之间开始了认真而持续的沟通与交流过程。1993年，世界宗教界人士在芝加哥召开了世界宗教议会大会，通过了一份《走向全球伦理宣言》，标志着人类宽容和平等精神的新胜利。在20世纪即将结束的时候，世界范围的南北、东西方的政治对话和文明对话逐渐成为潮流，在伦理领域的对话便是这个潮流的重要组成部分。

迄今为止仍然四分五裂的人类，是否可能在普遍伦理上取得共识，并因此而发展人类的共同道德文明呢？困难和障碍无疑很多，但希望也很大，我对此持谨慎乐观的态度。我这样说，有历史和现实的根据。

人的存在具有双重性。一方面人是社会动物，具有群体性，从人类诞生那天直到现在，每个人的生存和发展都离不开他人、家庭和社会，这就决定了人的本性之中必然具有互相关心、彼此协调的内在素质，可以称之为公心，或公德意识，这正是社会公德能够存在的基础。

另一方面每个人又是相对独立的生命个体，有他自己的特殊欲望、情感、个性、利益和自由意志，因此每个人又都有私心。社会群体和个人利益既是统一的，又常常发生矛盾。所谓统一，便是社会关心个人，个人服务社会。所谓矛盾便是社会压抑个人，个人损害社会。个人利益可以放大为家庭利益、集团利益；社会利益也可放大为全球利益（包括人类与生态）。道德便是在协调这两种利益中发生的。就普遍伦理而言，它其实早就存在，不过它是由小到大、由狭到宽不断地发展着。远古时代，有氏族范围内的普遍伦理。民族与国家形成以后，又有相应的比氏族更宽广的普遍伦理。如今国际社会已经初步形成，国际大家庭不再是一种理想，而是一种现实的感受。人们的生活和命运，当然首先取决于民族国家的兴衰，同时在越来越大的程度上依赖国际环境的变化，人们正在从国家公民走向世界公民。各国之间的外交活动从以往以互相争夺利益为主，转变成以探讨共同利益为主的活动。联合国由过去少数强国把持逐步改变成由多国平等参与并致力于调解国际冲突、维护世界和平、推动世界均衡发展的国际组织。在这种情势下，探讨超出国界、族界，也超出宗教信仰的全球性的普遍伦理，便有其现实的基础和条件，当然还要看我们努力的程度。

二、儒学的特殊性与普遍性

　　由孔子创立的儒学是东方大国中国传统文化的主导性学说。从公元前5世纪到20世纪初的两千多年的传统社会里，儒学既是官方学说，是国家的指导思想，又是民间的道德习俗的精神支柱。它不断融合佛教、道家、道教，形成包括哲学、道德、政治、经济、教育、礼俗、文艺等全方位的文化体系。儒学以其深厚的文化内涵和强大的文化辐射力而走出中国，流传到东亚各国，形成东亚地区性的儒学文化圈。儒学是世界上少有的几个历史悠久、积蕴丰厚、影响巨大的思想文化体系之一，它可以与基督教文化、伊斯兰教文化，印度教与佛教文化相并立。

　　20世纪东方家族社会和农业文明解体以来，儒学受到西方文明和不断高涨的社会革命运动的强烈冲击而失去它在中国和东亚文化中的主位性，进入低谷和萎缩时期。许多人断定儒学的生命行将结束，理由是儒学与家族社会相联系，不能适应社会现代化的需要。但是半个多世纪的猛烈批判并没有使儒学归于消亡，而只是冲掉了它的腐朽过时的成分，显露出它深层的精华和价值，正是这些合理内核支撑着儒学的生命，使它打而不倒，批而不臭。外部的批判也推动着儒学内部的自我批判与超越，促使当代儒者用新的时代精神并吸收西方文化的长处，重释和转化儒学，探索儒学再生的道路，于是有当代新儒家和当代儒学研究兴起。20世纪七八十年代以来，随着中国实行改革开放和东亚的复兴，随着西方文明的反省与转型，东方和西方都更加关注儒学文化资源的开发与运用，儒学的价值被重新评估，儒学的现代与未来意义被更多的人发现。从历史的长河看，20世纪中期儒学的衰退，不过是全部儒学史上的一个暂时的曲折和低落，儒学在下个世纪的复兴是可以期待的。

　　正确认识儒学的特殊性和普遍性，是批判继承儒学遗产的理论前提，也是探索儒学能否为普遍伦理提供思想资源的理论前提。儒学的特殊性与普遍性问题，从时间上说，即是儒学的时代性与跨时代性问题；从空间上说，即是儒学的地区性和跨地区性问题。儒学的宗法等级的时代特征是显而易见的，其集中体现便是所谓的"三纲"说，即君为臣纲、父为子纲、夫为妻纲。这也是它与社会现代化最有抵触的地方，所以它理所当然地遭到社会革命的否定。然而儒学又阐述了许多人生常道，揭示出东方社会乃至人类社会走健康化道路的普遍法则，具有永恒的价值和意义，这又是它的超时代性。例如孔子提出"仁、智、勇"三达德，就是人格结构的三要素：仁是德性，智是才识，勇是胆略，缺其一便会造成畸形人格。又如由孔子孟子奠基而形成的"五常"：仁、义、礼、智、信，其中便包含着任何时代都不能违背的普遍含义，不同时代可以有不同解释和补充，但不能抛弃。一个有素养的现代人和一个文明的现代社会都不可缺少这五种品质，即人道主义、社会正义、文明礼貌、理性睿智、诚信不欺，只嫌其少，不嫌其多，永远不会过时。否则人们就要倒退到野蛮与愚昧。

从空间跨度上说，儒学长期影响东亚社会，具有东方文化的特色。例如儒学看重家庭，提倡孝道，强调子女对父母的敬养，视孝为百行之先，万善之首，既是做人之本，亦是治国之道，如此强调孝道，确与西方文化形成鲜明反差。有的社会学家把西方家庭模式称为接力式的，把中国和东方家庭模式称为反馈式的；前者更重爱幼，后者特重敬老。在夫妻关系上儒学则强调忠贞不二和互敬互爱。当然儒学的家庭伦理有其等级性和男尊女卑的消极面。在近现代社会变革中，中国人抛弃了封建家长制和男女不平等的陈旧内容，却仍然保持了对家庭的爱恋和敬老爱幼的传统，看重家庭的稳定与和睦。那么，儒学这种重家庭重孝道重忠贞的理念是否只适用于东方而对西方毫无借鉴意义呢？我想它对西方是有参考价值的。西方宗教本来也重视婚姻家庭的和谐与持久。但近代以来，西方社会流行性解放、同性恋、协议家庭等新潮流，同居、离婚现象增多了，单亲家庭增多了。随之而来的便是老人的孤独，儿童的失爱，成年人的迷惘，社会的失序。于是西方有识之士转而羡慕中国和东方的家庭传统，老少互补，相依为命，稳定而温馨。1993年世界宗教议会宣言说："尽管有不同的文化和宗教形式，社会的婚姻制度的特征依然是爱情、忠诚与持久。它的目标在于为丈夫、妻子和儿女提供安全并保证其相互的支持。"它又说："只有在个人关系和家庭关系中已经体验到的东西，才能够在国家之间及宗教之间的关系中得到实行。"这种婚姻家庭理念不仅可以与儒学相沟通，而且可以由于儒学的加入而得到强化。可见儒学的家庭伦理也可以面向西方。

概括地说。儒学由于它的特殊性和局限性而必须不断接受批判和不断更新；儒学又由于它的普遍性和永恒性而会永葆其生命活力并走向世界。

三、儒家仁爱通和之学与普遍伦理

儒家仁学，也可称为仁爱通和之学，是儒学的精华，最具有普世性，它可以为人类普遍伦理提供重要的思想基础。

孔子为"仁"规定的内涵是爱人，孟子称为恻隐之心，或叫良心，它是一种人类之爱，普遍的同情心。人是在爱之中诞生，在爱之中成长的，所以自然会有爱心，不过有广有狭，有强有弱罢了。如果失掉爱心，这样的人便丧失了人性。爱最初在家庭中培养，然后扩展到团体和社会，爱民族爱国家，最后扩充到天地万物，这就是儒学所说的仁者的天下一体之爱，彼此痛痒相关，休戚与共。仁爱之心是一切道德行为的基石，培养爱心，扩充爱心，是建设道德文明的基础性工程。对于普遍伦理建设来说，最紧迫也最困难的任务是将爱心扩充到全人类。一般人爱家庭、爱民族、爱国家、爱同道是不难做到的，但要超出这些界限去爱别国别族异道的人就比较困难。因为他们觉得彼此在利益上理念上有冲突，或者相距遥远，互不相关。其实从短期和局部看，彼此会有冲突，但从长远和全局看，人类大家庭里是兼相爱交相利的，而且彼此不能分割。儒家强调"四海之内皆兄弟也"，视天下犹一家，人类只有具备了这种情感和意识，普遍伦理建设才会顺利进行。

　　孔子认为仁者爱人要体现为忠恕之道。用肯定的方式说，便是"己欲立而立人，己欲达而达人"，也就是关心人帮助人，认真为社会做事，这便是忠。用否定方式说，便是"己所不欲，勿施于人"，也就是要宽待人，体谅人，尊重人，不损害人，这便是恕。恕道比忠道更具基础性和普遍性，是人类社会维持正常秩序的起码准则，被称为黄金规则。假如你不能自觉帮助他人，至少你不要有意去损害他人，这个"他人"既指个人，也指群体，包括民族和国家。道德行为都是相互的，普遍伦理必须普遍适用，忠恕之道便是可以普遍适用的道德准则。孟子说："爱人者，人恒爱之"，这是普遍真理；假如你想得到别人的爱，你就必须去爱别人；假如你不想受到别人的损害，你就必须不损害别人。所谓损人利己的非道德观念只有在短期和局部情况下有可能实现，从根本和长远上说损人利己是不可能的，损人者到头来必以害己告终，因为损人者要受到同等的回报，这是迟早的事。更何况还有良心的谴责。如果说儒家的忠恕之道较多用于个人道德修养，那么在今天，我们应当把它扩大为民族与国家之间的道德准则，使它在世界上流行，特别在政治行为上推行忠恕之道，那么国际争端和地区性冲突便容易解决或避免，这对所有的人都有好处。

　　忠恕之道要与通和之学相配合，否则它易流于纯粹的理想主义的道德说教。通和之学有两个基本理念：一是"和"，二是"通"。"和"是仁爱精神在处理人群差异上的体现，"通"是实现"和"的途径。"和"要避免"斗"与"同"，"斗"是把差异导向对抗，"同"是只讲依附、顺从。仁爱之道不主张把爱单方面强加于人，也不要别人按自己的模式生活。"通"是相对于"塞"而言，要求族群之间沟通、来往、交流、合作。谭嗣同著《仁学》，提出"仁以通为第一义"，"通之象为平等"，有四义：中外通，上下通，男女通，人我通。

他反对当时清政府的闭关绝市政策，反对君主专制和男女不平等，他是中国改革开放思想的先驱者。他认为不通不能有真爱，封闭落后的社会空有爱人之说而不能实现。而开通的社会必然是工商发达，政通人和，文教繁荣，自由平等，此乃"相仁之道"。故曰："仁不仁之辨，于其通与塞。"由此可知，"通"的理念包括了政治民主化，经济国际化，文化多元化和道德人格平等一系列内涵。从伦理学的角度看，"通"既是一种道德态度，也是一种道德实践方法，它比之其他道德要求更具有现代精神。"和"是目标，"通"是手段，为"和"而"通"，"通"而后"和"，两者不可分割地结合在一起。没有沟通不会有真正的和谐。

长期以来在国家与民族关系上，人们迷信斗争哲学，认为人与人之间只能是弱肉强食、适者生存，所以道德是十分狭隘的，道德的善只能实行于一国一族之内，而人类的共同道德所剩无几。这种斗争哲学和狭隘的道德观既给人类带来数不清的灾难，也使奉行它的民族和国家遭受祸患。20世纪两次世界大战和战后近半个世纪的冷战，就是斗争哲学造成的严重后果。人类从中得到了什么？法西斯垮掉了，冷战的热衷者被历史超越了，而正义的国家和人民则受到重大牺牲并历经磨难。所以20世纪后期人民再也不要世界大战，也不要什么冷战，只要和平与发展。现在的世界比以往更脆弱，不仅经受不住一场新的世界大战，也经受不住再一次的全球性冷战。尤其在政治、经济全球化速度加快的今天，再坚持斗争哲学必然导致两败俱伤。所以必须用通和之学取斗争哲学而代之，使它成为处理国际争端和全球道德的主导思想，舍此人类别无出路。

通和之学用之于国际政治，便是承认一切国家、一切民族的主权尊严和自主选择发展道路的权利，在平等的基础上，对话沟通，交流合作，实现良性互补；对于一切历史遗留纠纷和现实争端，都坚持用和平谈判的方式解决，而不诉诸武力。通和之学用之于文化，便是用文明对话取代文明冲突，扩大交流，相互学习，共同保持这个世界精神生活的多姿多彩。通和之学用之于道德，便是要打破以邻为壑的狭隘性，把爱族爱国之心，推广到爱别人之族别人之国上去，实现真正的博爱，至少应该淡化族群仇恨心理，保持起码的人类同情心。

通和之学并不反对一切斗争。有差别就会有对立，有矛盾就会有斗争。问题在于要把对立与斗争引导到公正而健康的轨道，即按照共同的规则进行和平竞赛，使人际、族际、国际形成你追我赶、生动活泼的局面。

在现代社会条件和科技手段下，国际的人员往来、经贸流通和信息交换已经变得十分便捷，所以现代社会是一个国际性的流通的社会。现代国际社会真正不通的地方是在不同族群之间的观念和情感方面，即心灵不能沟通。国家之间、民族之间不能互相理解和体谅，存在着隔膜、成见、歧视，甚至敌对与仇恨。由于历史积怨颇深，有些仇恨世代相传，很难化解。普遍伦理的实行在这些地方会遇到很大的困难。这一方面要求本族本国的远见卓识之士，以其大智慧大魄力从事开导工作；另一方面彼此要通过各种渠道进行对话和交流，在不断地接触中交流感情，交换观点，打破心理障碍，逐渐消除偏见和宿怨。

历史和现实证明，凡是通和的地方便有忠恕，便有道德；凡是不通不和的地方便有野蛮，便有欺诈。所以凡热心于普遍伦理的人，首先要倡导推动和平对话，包括宗教对话、文化对话、民族对话、地区对话、政府对话。要和平不要斗争，要对话不要对立，使和平对话成为风气，成为潮流。有了对话，便会有相互理解；有相互理解，自然会发现彼此更多的一致和贯通的地方。普遍伦理只能在不断地广泛地对话沟通中形成，不能靠少数人预定方案加以推广。我相信，儒家仁学，包括它的忠恕之道与通和之学，会为普遍伦理的建设提供有价值的理念，这种理念的高明处不仅在于提出一些人类共同的道德范畴，更在于提出正确处理文化差别、道德差别的恰当方式，这就是"和而不同"的原则。有了这个原则，我们建设的普遍伦理彼此既可以相通，同时又保持着各自的特殊性和整体的多样性丰富性，这样的普遍伦理才具有现实性和真正的普遍性。

（载《中国哲学的诠释与发展——张岱年先生九十寿庆纪念论文集》，北京大学出版社，1999年5月）

弘扬儒家仁爱通和之学

由孔子创立的儒学是东方大国中国传统文化的主导性学说。从公元前5世纪到21世纪初的两千多年的传统社会里，儒学既是官方学说，是国家的指导思想，又是民间道德习俗的精神支柱，它不断融合佛教、道家、道教，形成包括哲学、道德、政治、经济、教育、礼俗、文艺等全方位的文化体系。儒学以其深厚的文化内涵和强大的文化辐射力走出中国，流传到东亚各国，形成东亚地区性的儒学文化圈。儒学是世界上少有的几个历史悠久、积蕴丰厚、影响巨大的思想文化体系之一，它可以与基督教文化、伊斯兰教文化、印度教与佛教文化相并立。

20世纪东方家族社会和农业文明解体以来，儒学受到西方文明和不断高涨的社会革命运动的强烈冲击而失去它在中国和东亚文化中的主位性，进入低谷和萎缩时期。许多人断定儒学的生命行将结束，理由是儒学与家族社会相联系，不能适应社会现代化的需要。但是半个多世纪的猛烈批判并没有使儒学归于消亡，而只是冲掉了它腐朽过时的成分，显露出它深层的精华和价值。正是这些合理内核支撑着儒学的生命，使它打而不倒，批而不臭，外部的批判也推动着儒学内部的自我批判与超越，促使当代儒者用新的时代精神并吸收西方文化的长处，重释和转化儒学，探索儒学再生的道路，于是有当代新儒家和当代儒学研究。20世纪七八十年代以来，随着中国实行改革开放和东亚的复兴，随着西方文明的反省与转型，东方和西方都更加关注儒学文化资源的开发与运用，儒学的价值被重新评估，儒学的现代与未来意义被更多的人发现。从历史的长河看。20世纪中期儒学的衰退，不过是全部儒学史上的一个暂时的曲折和低落，儒学在下个世纪的复兴是可以期待的。

儒家仁学，也可称为仁爱通和之学，是儒学的精华，最具有普世性，它可以为人类文明的转型和更高发展提供重要的思想基础。

孔子为"仁"规定的内涵是爱人，孟子称为恻隐之心，或叫良心，它是一种人类之爱，普遍的同情心。人是在爱之中诞生，在爱之中成长的，所以自然会有爱心，不过有广有狭，有强有弱罢了。如果失掉爱心，这样的人便丧失了人性。爱最初在家庭中培养，然后扩展到团体和社会，爱民族爱国家爱人类，最后扩充到天地万物，这就是儒学所说的仁者的天下一体之爱，彼此痛痒相关，休戚与共。仁爱之心是一切道德行为的基石，培养爱心，扩充爱心，是建设道德文明的基础性工程。对于普遍伦理建设来说，最紧迫也是困难的任务是将爱心扩充到全人类。

一般人爱家庭、爱民族、爱国家、爱同道是不难做到的，但要超出这些界限去爱别国别族异道的人就比较困难。因为他们觉得彼此在利益上、理念上有冲突，或者相距遥远，互不相关。其实从短期和局部看，彼此会有冲突，但从长远和全局看，人类大家庭里是兼相爱交相利的，而且彼此不能分割。尤其在20世纪末，人类生活全球化的趋势在加快，地球村正在形成，人类的共同利益，越来越大于他们之间的分歧和矛盾，这时候提倡人类之爱就更有必要了。儒家强调"四海之内皆兄弟也"，视天下犹一家，人类只有具备了这种情感和意识，普遍伦理建设才会顺利进行，人类的社会生活才会走向和平稳定。

孔子认为仁者爱人要体现为忠恕之道，用肯定的方式说，便是"己欲立而立人，己欲达而达人"，也就是关心人帮助人，认真为社会做事，这便是忠。用否定方式说，便是"己所不欲，勿施于人"，也就是要宽待人，体谅人，尊重人，不损害人，这便是恕。恕道比忠道更具基础性和普遍性，是人类社会维持正常秩序的起码准则，被称为黄金规则。假如你不能自觉帮助他人，至少你不要有意去损害他人，这个"他人"既指个人，也指群体，包括民族和国家。道德行为都是相互的，普遍伦理必须普遍适用，忠恕之道便是可以普遍适用的道德准则。孟子说："爱人者，人恒爱之。"这是普遍真理，假如你想得到别人的爱，你就必须去爱别人；假如你不想受到别人的损害，你就必须不损害别人。所谓损人利己的非道德观念只有在短期和局部情况下有可能实现，从根本和长远上说损人利己是不可能的，损人者到头来必以害己告终。因为损人者要受到同等的回报，这是迟早的事，更何况还有良心的谴责。如果说儒家的忠恕之道较多用于个人道德修养，那么在今天，我们应当把它扩大为民族与国家之间的道德准则和政治原则，使它在世界上流行，特别在政治行为上推行忠恕之道，那么国际争端和地区性冲突便容易解决或避免，这对所有的人都有好处。

忠恕之道要与通和之学相配合，否则它易流于纯粹的理想主义的道德说教。通和之学有两个基本理念：一是"和"，二是"通"。"和"是仁爱精神在处理人群差异上的体现，"通"是实现"和"的途径。"和"的理念相对于两个理念而提出，一是与"斗"相对立，二是与"同"相区别。孔子说："礼之用，和为贵。"礼制使人有差别，但不应使人疏远和对抗，而应在差别之中形成和谐关系。孔子又说："君子和而不同，小人同而不和。""同"是指人际关系中的依附、一统、服从，"和"是指在不同人群和事物之间的相互协调、相互补充、相互推动。"和"是多样性的统一，既承认差别，又主张和谐。人与人之间的敌对关系和类同关系都是不良状态，只有多样性的和谐才是良性状态。仁爱之道并不是单方面把爱强加给别人，也不是要别人按照自己的模式生活，而是尊重别人的特殊性、独立性，彼此并行不悖，协调互助。所以儒家主和的理念是一种最合乎人性的道德理念，也应该成为一种文化理念和政治理念，即在道德上主张宽容，在文化上主张多元化，在政治上主张和平。中国文化由于有儒学主和的理念而形成了宽厚能容的优良传统，在历史上出现百家争鸣、儒道互补、儒佛道三教融合，没有因信仰不同而发生流血战争的悲剧，一直保持着多民族团结统一的共同体，这里确有儒家的贡献。

"通"的理念是相对应于"塞"的状态而提出来的，"通"就是沟通、联系、平等、开放、交流、理解。《周易》认为《易》的精神可以"感而遂通天下"。近代思想家谭嗣同著《仁学》，提出"仁以通为第一义"，指出"通之象为平等"，通有四义：一曰"中外通"，二曰"上下通"，三曰"男女通"，四曰"人我通"。他反对中国当时政府实行闭关绝市的政策，反对君主专制制度，反对男女不平等，他是中国改革开放思想的先驱者，他认为仁者当然要爱人，然而不通则不能真爱。不通而塞的社会，一定是落后的、贫困的、愚昧的，空有爱人的意愿而不能实现。而开通的社会必然是工商发达、政通人和、文教繁荣、自由平等，此乃"相仁之道"。故曰："仁不仁之辨，于其通与塞，"由此可知，"通"的理念包括了政治民主化，经济国际化，文化多元化和道德人格平等一系列内涵，从伦理学的角度看，"通"既是一种道德态度，也是一种道德实践方法，它比之其他道德要求更具有现代精神。"和"是目标，"通"是手段，为"和"而"通"，"通"而后"和"，两者不可分割地结合在一起，没有沟通不会有真正的和谐。

长期以来在国家与民族关系上，人们迷信斗争哲学，认为人与人之间只能是弱肉强食、适者生存，所以道德是十分狭隘的，道德的善只能实行于一国一族之内，而人类的共同道德所剩无几。这种斗争哲学和狭隘的道德观既给人类带来数不清的灾难，也使奉行它的民族和国家遭受祸患。20世纪两次世界大战和战后近半个世纪的冷战，就是斗争哲学造成的严重后果，人类从中得到了什么？法西斯垮掉了，冷战的热衷者被历史超越了。而正义的国家和人民则受到重大牺牲并历经磨难。所以20世纪后期人民再也不要世界大战，也不要什么冷战，只要和平与发展。

现在的世界比以往更脆弱，不仅经受不住一场新的世界大战，也经受不住再一次的全球性冷战。尤其在政治经济全球化速度加快的今天，再坚持斗争哲学必然导致两败俱伤。所以必须用通和之学取代斗争哲学，使它成为处理国际争端和全球道德的主导思想，舍此人类别无出路。

通和之学用之于国际政治，便是承认一切国家、一切民族的主权尊严和自主选择发展道路的权利，在平等的基础上，对话沟通，交流合作，实现良性互补；对于一切历史遗留纠纷和现实争端，都坚持用和平谈判的方式解决，而不诉诸武力。通和之学用之于文化，便是用文明对话取代文明冲突，扩大交流，相互学习，共同保持这个世界精神生活的多姿多彩。通和之学用之于人类道德，便要打破以邻为壑的狭隘性，把爱族、爱国之心，推广到爱别人之族、别人之国上去，实现真正的博爱，至少应该淡化族群仇恨心理，保持起码的人类同情心。

通和之学并不反对一切斗争。有差别就会有对立，有矛盾就会有斗争。问题在于要将对立与斗争引导到公正而健康的轨道，即按照共同的规则进行和平竞赛，使人际、族际、国际形成你追我赶，生动活泼的局面。

在现代社会条件和科技手段下，国际的人员往来、经贸流通和信息交换已经十分便捷，所以现代社会是一个国际性的、流通的社会。现代国际社会真正不通的地方是在不同族群之间的观念和情感方面，即心灵不能沟通。国家之间、民族之间不能互相理解和体谅，存在着隔膜、成见、歧视，甚至敌对与仇恨，由于历史积怨颇深，有些仇恨世代相传，很难化解，普遍伦理的实行在这些地方会遇到很大的困难。这一方面要求本族本国的远见卓识之士，以其大智慧大魄力从事开导工作；另一方面彼此要通过各种渠道进行对话和交流，在不断地接触中交流感情，交换观点，打破心理障碍，逐渐消除偏见和宿怨。

仁爱通和之学还应该扩展为一种当代的生态哲学，用以处理人类社会与自然环境之间的关系。儒家主张把爱心推广到万事万物，提出"仁者与天地万物为一体"的思想。儒者视宇宙为大生命体，人与自然具有共生相依的关系，人的作用是"赞天地之化育"和"为天地立心"，帮助自然界万物健康活泼的生长发育，而不是去征服它、摧残它。有仁心的人，他的心不仅与人类相通，也与动植物相通，看到生灵的损毁而有不忍、悯惜之心。这种博爱之心是人性健康发育必不可少的组成部分。对自然的残忍也会导致对他人的残忍。所以仁爱通和之学用来改善生态环境的同时，也会改善社会和人性，改善人的心态。

　　这样，儒家的仁爱通和之学可以做到三重和谐：人与自然的和谐，人与人的和谐，人内心的和谐。这三重和谐正是人类未来幸福之所系。所以仁爱通和之学是一种伟大的学说，它应该受到全世界人们的尊重和关切，使它在现实生活中发挥应有的作用。

　　　　（载《儒学与世界和平及社会和谐》，首都师范大学出版社，1999年9月）

仁和之道——时代的呼唤

一、西方文明的两重性和人类面临的危机

西方工业文明主导世界两三百年，给人类带来巨大的进步，人类的社会生活有了根本性的改观。第一，由于市场经济的发达，积累起以往农业文明不可企及的物质财富，虽然存在着明显的贫富差距，但总体上说，多数有职业的人的衣食住行还是有了很大的提高。商品经济和社会公共事业的发展，使得当代中等以上发达国家普通的人能够享受到农业社会中小地主得不到的物质生活水平和丰富的商品。第二，由于科学技术的进步，人类生活和劳动的方式、条件，有了质的飞跃，更加舒适、方便、高效率，并有益于健康。如信息发达，交通便捷，电气化、自动化、网络化，医药卫生保健事业日益完善，服务网遍布，许多行业摆脱了繁重的体力劳动，极大地提高了劳动生产率。第三，由于打破了封建等级制度和人身依附，人的个性和创造力获得很大的解放，个人的自由度和基本权利得到更大程度地实现，与此相适应，民主与法制成为当代国家制度的普遍模式，公民参与政治生活，个人权力受到有效制约。它所积累的自由、民主、人权、法制等理念具有普遍价值，成为现代文明不可或缺的要素。

但是西方工业文明也给人类带来一系列严重的问题和危机，其危害人类的程度与它所作的贡献等值，甚至又有过之，如不及时纠正，其后果是可怕的。第一，资本的本性是贪婪，商品社会释放了人性的贪欲，使之膨胀，不仅造成贫富悬殊，导致市场经济失控，发生周期性经济危机，而且影响到整个社会人心，趋向功利主义、见利忘义、道德沦丧、信仰丧失、人性堕落、人被异化、成为钱奴。奢华享乐的过度消费导致资源枯竭，使人类不能持续发展。第二，强势国家和集团为获取最大利益必然要掠夺世界性资源，控制市场，榨取广大落后地区人民的血汗。早期是赤裸裸的殖民侵略和帝国暴力，其极致便是法西斯主义。后期改变为以军事政治为后盾的经济和文化扩张，时而伴以军事侵略，这是世界性对抗、冲突和战争的总根源。第三，霸权主义激出极端主义和

恐怖主义，恶性循环，无有已时，民族宗教冲突不断，使大批无辜百姓遭殃，使世界陷于混乱和动荡。从"9·11"到伊拉克战争，到印度孟买连环恐怖袭击，族群之间的仇恨在增加，人类仍然是四分五裂，和谐世界还是一个可望而不可及的理想目标。第四，核武器是悬在人类头上的一柄达摩可利斯剑，随时威胁着人类，而且核军备竞赛还在进行中。如果发生核恐怖袭击，人类将遭受重创；如果在核大国之间发生战争，人类将遭受毁灭性打击，有幸活下来的人只能苟延残喘。第五，生态恶化，资源滥用，环境危机不仅是全球性的，而且在继续发展，总体上没有得到遏制。更为严重的是，人类生存的基础性条件正在恶化，如清洁的淡水，清新的空气，稳定的气候，无毒的农牧产品，这些古人不用费事就可享用的资源现在都成了问题，一旦恶化到人类无法正常生存，再想改善已经来不及了。而生态危机始自工业革命。美国学者格里芬在《后现代宗教》中指出，以往的传统社会，尽管社会发展迟缓，今天看来落后，毕竟延续了几千年；而如今高度发达的现代社会，由于人和自然的关系严重失衡，能否持续一个世纪，是不敢保证的。西方文明引领世界，引领到这个地步，难道不值得全体人类深刻反思、猛然惊醒吗？

二、贵斗哲学的反思

贵和哲学是东方中国文化的传统，贵斗哲学是西方文化的传统。孙中山在《大亚洲主义》一文中说："东方的文化是王道，西方的文化是霸道。讲王道是主张仁义道德，讲霸道是主张功利强权。讲仁义道德，是用正义公理来感化人；讲功利强权，是用洋枪大炮来压迫人。"这样的评断未免简单化了，因为贵和哲学也有它的历史局限性，贵斗哲学也有它的历史贡献，不过孙中山对两种文化差异性的分析，却抓住了问题的要害之处。让我们评论一下源自西方文化的几种主要贵斗哲学形态。

（一）达尔文进化论和社会达尔文主义

达尔文的生物进化论是科学史上一次根本性的变革，它打破了基督教上帝创造世界的神话，用自然界本身进化的历史说明生物多样性的形成。从此西方才有了现代意义上的生物学、人类学、宗教学，推动了整个的自然科学和社会科学。但是达尔文所发现的生物界生存和进化的规则：物竞天择、适者生存。严格讲也是不完整的，它忽略了生物突变的现象，也没有容纳生物之间相互依赖、共生共荣的事实。最大的问题在于，一些人把达尔文描述的生物界的优胜劣汰、弱肉强食的规则，直接搬到人类社会，认为也是人类生存发展的规则，这就是社会达尔文主义,它成为民族沙文主义、帝国主义乃至法西斯主义共同信奉的教条,危害甚大。人类不同于生物和动物,人是有文化的,人的社会是讲文明的,人和人之间不能服从于生物界盲目的争斗规则,还需要相互扶助、友爱团结、救困济弱等文明规则。孟子认为人之异于禽兽,在于有恻隐之心、羞恶之心、辞让之心、是非之心。荀子说:"水火有气而无生,草木有生而无知,禽兽有知而无义,人有气有生有知亦且有义,故最为天下贵也。"(《王制》)人类若没有爱心,不讲正义只讲争斗,则禽兽不如,因为人有智能,用之于残杀,其害万倍于禽兽,社会若是虎狼世界,其前途不是生存而是毁灭。现在西方政治上的大国主义、单边主义、霸权主义正是以社会达尔文主义为其思想基础。杜维明教授指出:"现代西方文明完全以动力决荡天下,以达尔文的进化论和浮士德精神的无限的扩张、无限的发展、无限的争夺这种心态作为主导,必须重新反思。"(《杜维明学术文化随笔》)可以说,社会达尔文主义"有见于竞,无见于兼"。

(二)马基雅维利的强权政治论

马氏是文艺复兴时代西方政治学之父,强调国家至上,权力神圣,为了国家利益可以摈弃道德,不择手段。近现代西方政治家口头上讲人权、平等,实际上将马氏的政治论视为圭臬,奉行"强权就是公理"、"弱者无外交"、"政治斗争无诚实可言"的原则。尤其美国在世界事务上,一方面推行"强者为王"的霸权主义,另一方面从国家利益出发,奉行实用主义外交,践踏国际法和公理,搞双重标准,欺负不听话的弱小的国家。但事实反复证明,只有硬实力而没有软实力的国家不是真正强大的国家。大国必须拥有道义的力量才能服众。美国发动伊拉克战争至今难以自拔,也遭到美国人民的谴责,就证明了这一点。可以说,马氏的理论"有见于强,无见于柔"。

(三)基督一神教的排他性

基督教属于亚伯拉罕系三大一神教之一,对欧洲的社会史、文化史有巨大影响。它成为欧美西方国家的精神支柱和维系社会道德的主要力量,它的博爱思想和献身精神成为西方人参与社会事务、推进公益事业的动力。但基督教是一神教,相信"耶稣之外无拯救",视其他信仰为异端。从这种教义出发,在历史上西方教会发动过"十字军东征",建立过"宗教裁判所",大肆屠杀异教徒,迫害科学家。基督教后来一分为三:天主教、东正教、基督新教,各自为了适应近代社会的发展,都进行了不同程度的改革,增加了宽容性,减弱了排他性。当代一批自由主义神学家对基督教作自我批判和反思,主要是批判它的排他性和独尊性,强调宗教的多元性与宗教之间的对话。但是基督教的基本教义派的力量仍很强大，在当今西方强国压迫控制伊斯兰教国家的霸权行动背后，基督教的排他性发挥着很重要的作用。基本教义派至今没有放弃"把福音传到全世界"的战略目标，这就不可能尊重其他的信仰者，并与其他信仰发生冲突，于是博爱的宗教很容易变成暴力的宗教，可以说它是"有见于神，无见于人"。而且这种强烈的扩张式传教的愿望与实践，与西方霸权主义者要控制全世界的政治野心与行动恰相配合，共同推销西方的价值理念和生活方式，这是今天世界动荡不安、冲突不断的重要根源。

（四）阶级斗争论和文明冲突论

阶级斗争是阶级压迫的产物，有其历史的合理性。革命都是"逼上梁山"，而暴力革命往往是在改良走不通的情况下发生的。当广大劳动群众在剥削制度压榨下过着饥寒交迫的奴隶般生活的时候，"造反有理"就深得民心。尤其近现代的民族解放运动和社会主义革命运动是对旧秩序旧制度的冲击和超越，是时代的进步运动推动了社会的发展。马克思主义推动社会革命和阶级斗争，其目的是打破束缚生产力发展、压抑人性的制度，建立自由、民主、平等、繁荣的新社会，实现人的解放。而革命是手段，建设才是目的。当革命成功，新的社会制度建立以后，人们的主要任务转向建设，这时团结各种力量，稳定和巩固新的秩序就成为新的行动方针。革命不可滥用，斗争不能过度。如果这时候还要提倡不断革命，强调以阶级斗争为纲，那就是把手段当成了目的，偏离了马克思主义要解放人的目标。由此总结我们的历史经验教训，1957年以后还强调以阶级斗争为纲，不断发动社会批判运动，乃至发动"文化大革命"，这是背离了马克思主义的终极目标，滥用了斗争哲学，受到伤害的是人民，不是敌人。今天我们强调以人为本、构建和谐社会，正是抛弃极端主义，回归中国特色的马克思主义人学原理。

美国政治学权威亨廷顿于1993年提出"文明冲突论"。国际上各界人士批评它是冷战思维的延续。亨廷顿在说法上作了调整，他知道冲突论已经不符合时代潮流了。但骨子里仍然是社会达尔文主义、马基雅维利强权政治论和基督新教福音救世论的思想。一是维护美国盎格鲁·撒克逊新教徒（WASP）的优势地位和它的文化在世界上的引领位置，使美国永保超级大国的特权；二是把伊斯兰教文化和儒家文化视为美国文明的敌人，认为它们之间难免发生对抗，所以美国要及早加以应对。显然，文明冲突论背后仍然是大国主义和斗争哲学，它代表了今日西方主流意识形态。然而它毕竟过时了，因为危机日深的世界不能再冲突下去，人们在寻找新的出路，于是文明对话论兴起，渐渐成为主流话语。

三、儒家仁和之道为世界提供了前进的智慧

20世纪末期，时代的风向变了。一切激进主义都逐渐丧失了推动社会前进的积极作用，而让位给社会改革和建设。邓小平在20世纪80年代就指出，世界的主题不再是意识形态对抗，而是和平与发展。中国哲学家冯友兰敏锐地观察到，如今世界和中国，不能再讲斗争哲学，"仇必仇到底是没有出路的"；人们应当向儒家学习，走张载所说的"仇必和而解"之路。从此以后，中国人把孔子和儒学所阐发的贵和哲学之旗举起，而且越举越高。"建设和谐社会"、"建设和谐世界"不单是响亮的口号，而且变成中国各界和大众的心声和行动。它与世界上文明对话、反战和解的声音和力量汇合在一起，形成引领时代的新的文化旗帜。时代需要儒家的仁和之学，它能够给人类文明的转型提供伟大的智慧。

（一）以仁为体，以和为用

我称儒家学说之宗旨为"仁和之道"，不赞成孤立地讲"和"，其因盖在于仁是和之体，和是仁之用。有子讲："礼之用，和为贵。先王之道斯为美，小大由之。有所不行，知和而和，不以礼节之，亦不可行也。"（《论语·学而》）礼代表秩序，和是在秩序内的和谐，不是为和而和。而礼以仁为内在精神（"人而不仁如礼何？"），所以和是以仁为体、以礼为限的，而仁是人类的爱心和同情心。人与人之间，有爱才能和，有大爱才能大和。人心柔暖，才能和谐相处；人心冷酷，不可能和谐。按照孔子和儒家的说法，爱自亲始，及于社会，达于万物。孔子说："泛爱众，而亲仁。"孟子说："亲亲而仁民，仁民而爱物。"现在的问题有二：一是推己及人不足，有些人的爱止于其亲，有的止于其族，不能达到爱人类、爱万物。民族冲突，乃是爱与恨交织，用仇恨他族表达热爱本族，其结果共同受损。事实证明，不能施爱于他人者，不能真正爱己，爱是相互的。保持人类之爱，是实现人类和谐的基础。二是己所欲，施于人，不会尊重人，这种偏执的爱也不能达到和谐，对方感受的是强迫带来的痛苦。所以孔子讲："己所不欲，勿施于人。"更进一步，还要做到"人所不欲，勿施于人。"所以和谐要求人们：一要有大爱之心，二要平等互尊。

在这里，儒家的忠恕之道最能体现仁和精神，为世界提供人际关系的原则。忠是仁爱的施于，"己欲立而立人，己欲达而达人。"在关怀人、帮助人的时候，不是一厢情愿地将自己的模式强加于人，而是自己希望独立于世，也帮助人独立于世；自己希望发达，也帮助别人发达。恕是平等的守护。"己所

不欲，勿施于人。"它的精神就是尊重人、体谅人。当社会各族群、各阶层之间实行忠恕之道时，社会就和谐了。当世界各民族、各国之间实行忠恕之道时，世界就和谐了。

"和而不同"是处理世界民族、国家、文化、宗教之间差异性的基本原则。世界在各方面都是多样性的存在，五光十色、多姿多彩，世界因而才有生气的。政治上不能一个模式，经济上不能一种产业，文化上更不能一种类型。一体化是有害的，趋同化是倒退的，不仅做不到，还会引起争斗。只有承认多样，尊重差别，才能和谐相处；只有各得其所，互补相生，才能共同发展。所以只有和而不同的思想才能使人摆脱纷争、对抗，使世界达到和平。

（二）天人一体，泛爱万物——天和

天和，即是人与自然的和谐。儒家不仅要求人们认识到天地乃人类生存之本（荀子："天地者，生之本也。"），还要在情感上自觉到人与天是一体的。程颢说："仁者浑然与物同体。"程颐说："仁者以天地万物为一体。"人对自然要有敬畏，谦卑地做事，这样才能破除人类中心论和征服自然论。为此，保护自然，节俭的生活，认真倾听自然的警示，随时调整过度的发展方式，应当成为人类社会的自觉责任。科学发展的基本要求是经济社会发展要与保护环境生态相协调，这是可持续发展的大前提。

（三）协和万邦，睦邻友好——世和

儒家在国家关系上，历来主张"协和万邦"、"化干戈为玉帛"，反对侵略战争和霸权主义。孔子提出"四海之内皆兄弟也"，主张"远人不服，则修文德以来之。"孟子更是主张以德服人的王道，反对以力服人的霸道。要求给"善战者服上刑。"他坚信"仁者无敌"，道义的力量是巨大的。在这种思想影响之下，中国历朝政权对外关系上没有形成扩张侵略的传统，而有和平外交的传统。成吉思汗未接受儒学时，其游牧文化具有侵略性，后来丘处机用儒家敬天爱民的思想劝诫成吉思汗去残止杀，颇有功效。明代郑和率舰队下西洋是和平之旅。近代以来都是抵御外国侵略。新中国建立以来，提出和平共处五项原则，实行独立自主的和平外交政策，现在更强调和平发展与睦邻、安邻、富邻，劝和促谈，化解冲突，积极参与维和，这都是对儒家和平睦邻传统的继承和发扬。

（四）民族团结，华夷一家——族和

儒家有华夷之辨，但强调文化的先进性，而不看重种族的差异。孔子、孟子不仅主张先进的华夏民族要用文德来吸引落后民族，而且认为夷狄民族可以出圣贤而为华夏族所尊。孟子说："舜生于诸冯，迁于负夏，葬于鸣条，东夷之人也；文王生于岐周，卒于毕郢，西夷之人也。"儒家的圣人出自少数民族，再加上贵和的哲学，所以儒学有利于促进民族团结与融合。不论哪个民族主政中国，只要代表先进文化，都可以得到各民族的认可。而历代王朝在文化和宗教上都实行多元并奖的政策，对于边疆民族，尊重其固有文化，管理上"因俗而治"，给予其正常生存的空间，不要求信仰一律，从而有益于中华民族内部各民族的团结。中华民族形成内部保持差异的文化共同体，所以历经政治分裂而不解体，复又走向统一，儒学是有功劳的。

（五）以民为本，政通人和——政和

政和之要在官民关系的协调。儒家虽然肯定等级制度，但主张国家管理者要以民为本，提出"民为邦本，本固邦宁"。孔子理想的圣王要能"博施于民而能济众"。孟子更勇敢提出"民为贵，社稷次之，君为轻。"君王和官员要爱民、惠民、富民，为政以德，同时倾听民众的呼声、国人的意见，善于举贤和纳谏，做到下情上达，上情下达，政通而后人和。政治上最可怕的是上下堵塞，为君为官者专横腐化，平民百姓饥寒交迫而无人关心，矛盾激化必然导致社会动荡。现在的社会制度和政治体制已经不同于古代了，但仍然存在着管理者与民众的上下级关系，儒家关于政通人和的理念和民本主义思想依然有其借鉴意义。

（六）廉洁奉公，济贫救弱——均和

社会之不平等主要表现为富贵与贫贱的差别过大。贵贱是社会地位问题，富贫是财产多寡问题；前者关乎权，后者关乎钱。儒家并不主张绝对的平均主义，而是强调差别要适度，关系要和谐。对于贵贱问题，主要在于为官者要廉洁奉公，为民办事，则百姓就会信任他、亲近他。对于富贫的问题，则要使民有恒产，能养生送死，同时损有余而补不足，使富与贫不形成严重对立。孔子说："有国有家者，不患贫而患不均，不患寡而患不安。盖均无贫，和无寡，安无倾。"国家的安宁不在人口多少、总财富多少，而在财富分配是否公平，阶层关系是否和谐。

（七）孝慈恩义，家道和顺——家和

家庭关系有二：父母与子女，丈夫与妻子。前者是血缘关系，后者是情感关系。儒家最重家庭伦理，讲父慈子孝，而以孝道为百行之先。孝道最能体现生命伦理的价值，表达人对父母给予生命的感恩。孔子强调孝道重在"敬养"，使父母衣食无忧，心情愉悦。家有孝子，不单父母老年有所依托，而且全家自然和顺；家出逆子，父母之悲，全家不宁。夫妻关系以往强调夫主妇随，现在则强调男女平等。但古人认为夫妻同体，要互敬互爱、百年好合，有其合理性。离婚自由是应该的，但不宜太随意。家庭的不稳定不利于社会的稳定，有害于子女的教育成长。所以夫妻的伦理应当是"情义"，感情加恩义，这才有益于家庭和谐。

（八）理欲调和，德才兼备——身和

人性中有生物性，有文化性；前者表现为情欲，后者表现为理义。宋明理学家有"天理、人欲"之辨，其"存天理灭人欲"之说未免有偏颇处。后人起而纠之，谓"天理就在人情之中"，更合儒家精神。《毛诗序》云："发乎情，止乎礼义，"情与礼（理）是要兼顾的。关于健康人格的养成，孔子有"三达德"之说："仁者不忧，智者不惑，勇者不惧，"仁、智、勇为人格三要素，以仁为主，三者平衡，才有人格尊严。总之，"身和"要求合情合理，德才兼备。

（九）执两用中，无所偏倚——中和

这是儒家实践仁和之道的总原则，也就是中庸之道。其要求有三：一是防止极端，"过犹不及"；二是掌握两极而用其中道；三是兼顾各方，达成妥协。《中庸》说："致中和，天地位焉，万物育焉。"可知中和之道能使天地万物各得其所，健康地发育流行。张岱年说："兼赅众异而得其平衡，简曰兼和。"（《天人简论》）兼和即是中和，它能照顾各方面的利益，寻找行仁的最佳方式，用现在的话说，就是通过统筹兼顾，达到全面协调持续的发展，以造福于人民。但在现实中，人们为了自身和小集团的利益，有时受到认识和情感的局限，往往在理念与行动上走偏，行中道是很难的。所以孔子说："中庸之为德也，其至矣乎，民鲜久矣。"当代中国人曾一度抛弃中和之道，热衷于偏激主义（"文化大革命"达到极点），吃过很大苦头，终于醒悟过来，走上了中和之道，于是万象更新，朝气蓬勃。目前在国际范围内，人类仍然在经受各种偏激主义（包括单边主义、民族宗教极端主义、恐怖主义等）的折磨。人类只有摆脱偏激主义，走上中和之道，才能生活在和谐世界之中。

四、广纳人类文明，创新仁和之道

儒家传统的仁和之道也有其不足之处，须借鉴西方现代文明以弥补之，方能与时俱新，永葆其生命活力。

（一）公平竞争，你追我赶——竞和

传统农业社会竞争意识不强。儒家讲争，如同射箭比赛，要以礼为之。孔子说："君子矜而不争"，"血气方刚，戒之在斗"。老子讲不争之德。然而社会要快速发展，必须有激烈的竞争，有选拔和淘汰机制。中国在近代的落后与竞争意识不强有关,不改变就会在世界性竞争中被淘汰出局。因此达尔文的进化论讲优胜劣汰有其合理性,只是他没有讲出人类社会与生物界在竞争上的不同。我以为文明社会的竞争,一不要暴力战争,二要遵守公平规则。如政治上的联合国宪章,经济上的共同市场规则,体育上的共同竞赛规则。这样的竞争可以激发国家、民族和个人的强烈上进心,努力去争优比胜,开拓创新,而社会进步的结果使大家共同受益。这就是竞和,是动态中的,发展中的和谐。

(二)健全法制,调解纷争——法和

中国历史上有法制,但在管理层面缺少法治,依赖人治。现代社会讲民主与法制,要依法治国,在这方面要多吸收西方国家的经验。社会矛盾总是普遍存在和不断发生的,现代社会的矛盾和纠纷更多。中国人以往在矛盾面前或者求助权力,或者疏通关系,或者打点财礼,就是不习惯于诉诸法律。由于法制不健全和法制意识不强,潜规则流行,矛盾反而不易化解,成本却成倍增加,社会处在半无序状态。法律法规体现社会公共生活准则,大家都来遵守才能有秩序地生活,遇到纷争求诸法律法规,就可以及时解决矛盾而不使之扩大加剧,看起来官司不断,依法执法的结果实际上更有利于社会的稳定。当然法律要与道德并举。法不治众,没有良好的道德风气,法律将疲于奔命。

(三)搁置分歧,利益求同——利和

中国与西方国家之间,还有与阿拉伯国家之间,在意识形态和价值观上有同有异,相异之处比较明显。只有和而不同和求同存异才能避免冲突、和平共处。和而不同是尊重差异,求同存异是致力合作。由于"地球村"的形成和它面临的共同性的生态危机与社会危机,人类内部的分歧已经降到次要地位,必须通力合作才能应对挑战,实现可持续发展。具体地说,最敌对的民族和国家之间也有共同利益可以寻求。以邻为壑、幸灾乐祸的时代已经过去,一荣俱荣、一损俱损的时代已经到来。世界金融风暴影响到所有国家,团结应战各国才有出路。当意识形态还无法互相理解的时候,共同利益便可以成为国与国之间化解对立、实现和解乃至合作的底线。

(四)文明对话,沟通理解——通和

中国古代哲学就讲通变、通达。《周易》的"元、亨、利、贞"中的"亨",就是"通",亨通也。《庄子》讲"道通为一"。近代谭嗣同的《仁学》提出"仁以通为第一义",要求男女通、上下通、内外通、人我通。当代德国哲学家哈贝马斯提出"沟通理性",认为人的理性不仅表现为把握事物的本质和规律,还在于不同文化之间的沟通。文化的沟通是实现世界和解的基础。孔汉思提倡宗教之间的对话,认为没有宗教之间的和平就不会有世界和平。人类各种大的文化，其主流都是追求真善美的，但由于各自的形态不同和自我膨胀，再加上特殊集团的曲解利用，遂出现对抗。其实如能互相理解和学习，可以殊途同归，共同为人类造福。问题是人们容易患上"塞而不通"的病，表现为自以为是，妄自尊大，排斥异己，于是天下纷扰，争斗不已。眼前最重要的莫过于放下身段，互相沟通，加深理解，取长补短，以求共生共荣。按照儒家的思想，仁而求通，通而后和，所以通是实现和的关键。

费孝通先生关于多样性文化如何相处，提出十六字方针："各美其美，美人之美，美美与共，天下大同。"能如此者即是达到了文化自觉，它需要在学习沟通和综合创新中实现。

（载《和文化论》，首届和文化高端论坛论文集，徐诚主编，中国儒学年鉴增刊号，2008年出版）

儒家中庸之道与人文理性精神

一

儒家中庸之道有持中、稳健、理性、包容、调和的特色，它是一种温和主义，适用于社会改良和社会稳定，故它在20世纪大半时间里不能不遭到冷落和反对，因为这个时期社会革命高涨，集团、阵营之间的对抗十分激烈，斗争哲学因此而大行其道。

20世纪末以来情势大有变化：冷战结束，经济全球化趋势加快，信息网络把人类连成一体，中国和大多数发展中国家实行改革开放，与国际接轨，世界正在成为名副其实的"地球村"。同时，全球性的生态危机和核威胁又把人类更紧密地联系在一起。经济的全球化需要相对稳定的国际和平环境和公平合理的国际新秩序。然而冷战思维和斗争哲学在许多人头脑中仍然根深蒂固，由民族或宗教矛盾引发的地区性冲突和危机接连不断，国际霸权主义和国际恐怖主义越来越猖獗，成为严重妨碍世界和平与发展的两种破坏力量。世界原有的均衡被打破以后，新的均衡未能建立。美国作为唯一的超级大国，它与其他国家的实力之间的差距不断扩大，一极独霸的趋势仍在发展，新帝国主义的论调甚嚣尘上。而极端民族主义的力量十分活跃，正在不断地培育着各种恐怖主义。在新世纪开始以后，特别是"9·11"事件以后，整个世界处在更加不稳定、充满着危险的状态之中，有识之士对此表示了极大的忧虑。两次世界大战的惨剧记忆犹新，冷战时期的阵营对抗也使人厌倦，人们渴望世界和平，追求经济发展和文化繁荣，和平与发展已经成为时代的主题。时代的变化正在改变着人们对孔子思想和儒学的陈旧看法，彰显出中庸之道的现代价值，特别是它的理性精神。中庸之道需要有重新的发掘和评价，人们期盼着它会成为当代人类处理国际问题的新思路，使它为解救世界、促进和平与发展做出积极的贡献。

二

　　我们先要厘清中庸之道在孔子仁学体系中的地位和真正内涵。孔子说："中庸之为德也，其至矣乎！民鲜久矣。"（《论语·雍也》）中庸被孔子看做是道德的最高表现，可见是非常重要的。而"仁"又是孔子道德理论的核心。那么中庸和仁之间是什么关系呢？中庸作为道德侧重于态度和方式，可以说它是仁的最佳状态，做得恰到好处，无偏颇之失。朱熹说得明白："中者，未动时恰好处；时中者，已动时恰好处。"这是一个理想的目标，日常生活中人们的道德行为多少总有偏失，所以孔子不得已而求其次："不得中行而与之，必也狂狷乎？狂者进取，狷者有所不为也。"（《论语·子路》）"中行"即合于中庸的行为，虽不能至，心向往之，只是在现实中不能对人求全责备而已。

　　中庸之道的内涵大致有以下几点：

　　第一，以中道行事，不走极端，孔子说"过犹不及"（《论语·先进》），孔子不赞成偏激行为，不论是左偏还是右偏，他主张中立而不倚。那么中道的标准是什么？就是仁义之道。孔子说："唯仁人能好人，能恶人"（《论语·里仁》）；"行义以达其道"（《论语·季氏》）；"君子义以为上"（《论语·阳货》）。仁义之道就是儒家的人道主义和社会公正原则。有人把中庸之道理解成不讲原则的折中主义，其实是不对的。不讲原则、四面讨好、自私伪善，孔子称之为"乡愿"。"乡愿，德之贼也。"（《论语·阳货》）孔子对之深恶痛绝。所谓不偏，是不偏离人道精神和社会公正，这是一个基本坐标。

　　"过犹不及"有两种：一种是"小过"和"小不及"，不离仁义之道的大方向，而在性情和行为上小有偏失，如"师也过，商也不及"（《论语·先进》）；另一种是"反中庸"，即不仁不义，胡作妄为，如《中庸》所说："小人反中庸，小人而无忌惮也。"不遵守社会公共生活规则，任意肆行，这是危害最大的。

　　第二，执两用中，实行稳健的主张。《论语》曰："允执其中"（《论语·尧曰》）；《中庸》曰："执其两端，用其中于民。"这"两端"并非仅指两个极端，而是指各种不同的意见，特别是正面和反面的意见。执两用中的原则，要求主事者要多听赞成的和批评的意见，然后全面考察，采取比较客观和稳妥的主张加以实行。从思维方法上说，这是考察事物矛盾的两个对立面而后加以统一；从认识论上说，是集思广益而后做出科学的判断；从实践行为上说是照顾各群体的实际利益而有所妥协，在异中求同，以便达成一致，实现合作。所以中庸之道尽管不是折中主义，但有折中的成分，是一种积极的调和论。

第三，符合社会人生常道，做到合情合理。按二程的说法，"不偏之谓中，不易之谓庸。中者，天下之正道；庸者，天下之定理。"中庸即是用中之常道，它的最大特色是人情与道理的协调，符合多数人的健康生活需要。孟子说"仲尼不为已甚者"（《孟子·离娄下》），所谓"甚"就是不合于情理。人性之中有三大要素：情欲、德性、理智，德性是调节情欲与理智的杠杆。情欲强而理智弱则流于放荡，理智强而情欲弱则失于冷酷。健康的人性，应是情与理的平衡，他所做的事情便会合情合理，为多数人所接受。这是一种理性精神。

当然人生常道并非一成不变，因为生活在不断地变化，所以孟子说孔子是"圣之时者也"（《孟子·万章下》），《中庸》讲"君子而时中"，朱熹说："盖中无定体，随时而在，是乃平常之理也。"中庸之道接近生活，又是健康的，所以它既是平常的，又不与陋习同流合污，所谓"和而不流"者是也。

第四，宽容包纳，和而不同。中庸之道与"和为贵"的思想相结合，便是中和之道。《中庸》说："喜怒哀乐之未发，谓之中；发而皆中节，谓之和。"这是从人性论角度讲的。人的本性是淳朴的，并无偏失；而后天的性情则有中节与不中节之分，所谓中节，就是符合社会行为一般规则，能与社会人群和谐相处。淳朴人性是天下之大本，和谐原则是天下之达道，离开中和之道，便会人性浇漓，天下大乱。实行中和之道的关键便是使人的行为符合忠恕之道，己欲立而立人，己所不欲勿施于人，做到互爱互信，互尊互谅。人得其所，事得其宜，则天下太平。孔子提出的"和而不同"的原则最能体现中和之道的精神，它是正确处理人际关系的黄金规则，具有最普遍的意义。

三

现代国际社会公共秩序的建立是不容易的。从联合国宪章，到世界贸易组织规则，还有许多国际性公约和地区性条约，都是健康力量长期艰苦努力、各国进行协商取得的。尽管这些规则未必完善，但改进它、补充它仍然需要通过一定程序，通过对话和协商解决。大家制定规则，大家共同遵守，这是世界和平的保证。但是霸权主义者和恐怖主义者置这些规则于不顾，为了某些集团的狭隘利益，或者为非理性的欲念驱使，不择手段地挑起冲突和战争，伤害平民百姓，破坏世界的安宁。他们犯了荀子所说的"偏伤"之病，"见其可欲也，则不虑其可恶也；见其可利也者，则不顾其可害也者"（《荀子·不苟》），都是反中庸的极端主义的表现，如任其发展下去，可能会触发大的灾难，人类的前途是很危险的。除了用正义的力量加以抵制、反对以外,弘扬包括中庸之道在内的人文学说和理性精神,为建立国际新秩序制造舆论,使各种极端主义成为众矢之的,逐渐失去市场,也是很重要的。

中庸之道是一种富于理性精神的学说,是我们这个时代很需要的一种伟大的智慧。它不仅能提升人性,促进文明,而且也有很强的实践性,对于正确处理国际关系有现实的指导意义。

第一,要大力弘扬中庸之道的温和持中精神,克服国际活动中的各种偏激情绪与行为。极端主义是恐怖主义和霸权主义的共同特征,是反理性的行为。当今国际恐怖主义是从民族和宗教极端狂热中孕育出来的,它蔑视规则和秩序,提倡民族仇恨和宗教暴力,践踏宗教博爱、和平的精神,为了打击对手,不惜大量滥杀无辜平民,精神完全处在癫迷状态中。霸权主义,有人称之为"单边主义",其特点是一家独霸,强加于人,为了推行自己的主张,不惜动用武力和以武力相威胁,不考虑他人的意愿和利益。霸权主义也是反理性的,因为它的行为不符合时代潮流,过度施压,必引起反弹,激起抗争,自己的形象和利益反而会受到损害。国际恐怖主义往往借口反对霸权主义来进行国际犯罪活动,恰恰给霸权主义的扩张提供了借口;而霸权主义也往往借口反对恐怖主义来进行侵略和压迫,其实正是它的野蛮无理的行径才激发了民族和宗教的极端主义,从而为恐怖主义的活动提供了方便。所以在一定的意义上,霸权主义和恐怖主义是一对孪生兄弟,它们有相互依存的关系。

中庸之道强调做事情要合于度,即使是善举,若是超过限度,便会转化为恶。温和公正是国际健康政治的重要原则。对于大国来说,要提倡王道,反对霸道。王道者以德服人,处事公道、稳重,使人心悦诚服,自己也得道多助。孔子称赞齐桓公"九合诸侯,不以兵车"(《论语·宪问》),这是大国、强国应当借鉴的。

强大之国在参与国际事务时应"威而不猛"(《论语·尧曰》),使之可敬可亲,而不是可畏可恨,这样才能众望所归。否则以力压人,压而不服,终究要众叛亲离,陷于困境。

在宗教信仰上要虔诚,但不能狂热,要用宗教理性来调节宗教感情,使之中节适度。所谓宗教理性就是使宗教信仰保持人道主义和宽容精神,不脱离日常人情,不对抗社会进步,不排斥他种信仰,不煽动暴力冲突。用宗教理性抵制宗教狂热,用民族理性抑制民族偏激,使具有理性精神的稳健派、温和派占据优势,获得本族本教多数的支持,这是消解宗教与民族对抗,促进宗教对话与民族和解的必由之路。

第二，要大力弘扬中庸之道的宽容、和谐精神，克服文明发展中出现的独尊一家、排斥异己的文化专制意识。孔子提出"和而不同"的理念，认为多样性事物之间可以和谐相处、互补共进，从而形成儒家多元的文化观。《中庸》提出"万物并育而不相害，道并行而不相悖"的观点，《周易大传》提出"天下一致而百虑，同归而殊途"的观点，认为文化上的多元性并不妨碍人类走向终极大同的目标，而且可以使人们的精神生活丰富多彩并有广大的选择空间。今天国际社会存在着许多不同的文明类型，如中国与东亚文明、阿拉伯文明、欧美文明、印度文明等，不同文明各有自己的核心价值观及与之相适应的社会行为方式，当然也有共同或相近的内容。按照中庸之道，开展文明之间的对话和交流，便可以取长补短、良性互动，给世界带来文明的进步和繁荣。反之，挑动文明之间的冲突，或者独尊一种文明，强行推广到其他文明地区，都会加剧矛盾，造成纷争，引起动荡。有一种"自由帝国主义"的理论，认为可以用强制和干涉的办法来推行自由和民主，这是完全错误的。用反自由反民主的手段来推行自由和民主，这无异于南辕北辙，只会损害自由和民主的声誉。事实上，文明之间的差异并不导致对立和冲突，往往是某些集团在经济利益和政治偏见驱动下，或者在非理性的情绪支配下，利用文明的差异，来掩饰真实的意图，达到不可告人的目的。"文明的冲突"是霸权主义者和恐怖主义者喜欢使用的口号，我们不能上当。我们要大声呼唤和认真推行文明的对话，倡导平等和宽容的精神，致力于不同文明之间的沟通和理解。

第三，要大力弘扬中庸之道的均衡与调和精神，克服国际关系中独断专行和对抗到底的做法，使危机早日解决，使世界走向稳定。中庸之道包含一个很重要的原理，就是均衡制约原理。为了不使人的行为走偏，必须有两个相对应的力量互相制约，才能使行为主体保持中正状态。如"刚而无虐"、"简而无傲"、"群而不党"、"直而温"、"欲而不贪"等。按照这个原理，世界各种政治力量，其内部要有左、中、右互相制约，其外部也要有相应的对立力量加以制约，达到一个相对均衡的状态，这样有利于国内的稳定与国际和平状态的保持。在目前情况下，政治多极化的发展和形成一定的均衡，是世界和平之福；破坏这种均衡的单极化趋势，必然引起动荡和危机，则世界难有安宁。政治专制主义在国内难以持久，在国际上更难以维持。重温世界帝国之梦的时代一去不复返了。当然均衡不等于停滞。我们赞成和平竞赛，在经济和文化发展中你追我赶，按照公平的规则不断打破均衡，又不断建立均衡。军备竞赛无论是均衡还是不均衡，都包含着战争的危险，尤其是使用核武器的危险，是必须加以防范的。中庸之道的均衡论要建立在人道主义的基础上，以和平与发展为导向。

中庸之道允许在一定范围内的妥协与调和,"取两用中"包含着这层意义。国际纠纷和冲突的解决必须有所调解和达到某种妥协,这样的和解才可能稳定持久,而单边的压制或许会一时平静,但冲突又会再起,因为它是不公平的。要和解就必须妥协,所谓妥协就是双方都要有所让步,双方都要有所照顾,才能取得一致的意见。这种调和主要是利益的调和,并不违背人道的原则,恰恰由于相互妥协而换来了和解,给人民带来和平与友好,正是体现了人道主义的精神。有许多国际纠纷是历史遗留下来的,不可能彻底加以清算,只能从现实出发,本着友好和互谅互让的态度,进行和平谈判,加以妥善解决。例如中国与俄罗斯、蒙古、缅甸、泰国等国的边界问题,都是经过和平谈判,互相有所让步,陆续达成协议,获得最终解决的。而印度与巴基斯坦关于克什米尔的纠纷,以色列与巴勒斯坦的冲突,由于双方或一方不愿妥协,或由于极端势力的不断破坏,和解始终不能实现,那么双方都要忍受由于持续对抗而带来的苦难。如果不能"执两用中",而只是执一用一,则和平永远没有希望。所以学会妥协,学会调和,是当代人类特别是政治家们必须具有的一种品质和能力,它是人类进一步摆脱野蛮,走向高级文明的重要标志。它是"地球村"的公民应当努力掌握的一种行为艺术。中庸之道是一种伟大的思想资源,中庸之道可以成为当代有价值的人文理性主义,中庸之道将在21世纪大放光彩。

(载《儒学与全球化》,齐鲁书社,2004年2月)

儒学与社会和谐

在确立全面建设小康社会的战略任务之后，中央又提出构建社会主义和谐社会的治国目标，就是要建设一个民主法制、政通人和、诚信友爱、经济繁荣、安居乐业、人与自然和谐的社会。"和谐社会"的理念一经提出，便得到社会各界和广大民众热烈的响应，在中华大地上响起了雄壮嘹亮的文明建设进行曲，而它最引起人们共鸣的主旋律便是"和谐"。"和谐社会"是一种伟大的构想，它既符合和平与发展的时代主题，体现社会主义公平正义的本质要求，又深深根植于中华民族博厚悠远的文化传统，表达了民众千百年来追求太平盛世的热切愿望，因此它是顺乎潮流、合乎民心的治国方略。中国人民百余年来经历过内忧外患和战争、贫困的岁月，饱尝过饥寒交迫、流离失所的痛苦，对于和平安宁民主繁荣有特别强烈的渴求。新中国成立以后，民众享受到国家独立和社会主义带来的新生活新风尚；同时又不幸遭受到"以阶级斗争为纲"的"左"倾错误的损害，尤其是"文化大革命"十年动乱的折磨。如今终于盼来了改革开放、安定发展的崭新时期，赶上了千载难逢的中华民族全面复兴的历史机遇期，大家过上了前所未有的社会稳定、经济繁荣、生活改善、文化丰富的日子。抚今追昔，人们对于和谐、有序、安全的局面倍加爱惜，对于战争、动荡、混乱则深恶痛绝。人同此心，心同此理，上下一致，不可违逆。

一、和谐社会的构想，根植于儒学的精华和传统

儒学是中国传统文化的主干和基础，它所构建的仁礼之学着力于彰显人类的道德文明，对于促使中华民族形成"礼义之邦"，推动中华民族多元一体的格局和文化，维持中华民族共同体的延续和繁荣，做出了巨大的贡献。儒学也曾经由于带有家族社会和农业文明的时代局限性，在近代西方工业文明的冲击下，一度衰落和被边缘化。但它经过内部反思和外部批判之后，在东方西方文明交会中，在应对当代种种危机和挑战中，儒学的普遍价值和人文精神又重新被发现、被阐扬，出现复兴和壮大的势头，正在回归中国并走向世界。儒学的

内涵是博大精深的，其中的贵和哲学与文化是它的核心要素，在今天更备受重视，正在社会生活中显示越来越大的积极作用。

儒家思想的发展，贯串着一条红线，便是贵和的哲学，主张多样性事物之间应当和谐相处、互补共进，不应当对抗冲突、你死我活，人与人之间、人与自然之间皆当如此；因为宇宙和人类是一个整体，天下如一家，社会如一身，彼此痛痒相关、休戚与共。多样性事物之间的差异和矛盾当然是普遍存在的，但对待和解决矛盾的态度与方式应当是包容的、文明的，即共生共处，合作两利。儒家赞成包含着多样性、协调性的"和"，反对单一化、一言堂的"同"，因为"同"不符合客观事物的本性，是行不通的，也会带来争斗和破坏。《国语·郑语》说："夫和实生物，同则不继"，这是从发生学上肯定了"和"的哲学意义。春秋时期晏婴将"和"的哲学从烹调、音乐推广到社会政治，认为君臣关系不仅是命令与服从，还应有不同意见，相异而相济，这就是"和"，由此才会有良好的政治。到了孔子，总结以往"和同之辨"，明确提出："君子和而不同，小人同而不和"的命题，"和而不同"于是成为一个社会文化的伟大原理。它的内涵至少具有以下要义：一、承认事物的多样性和差异性；二、承认每一种事物都有其特殊的属性和价值；三、人们之间要互相尊重；四、避免冲突与对抗，实行和平共处之道。"和而不同"的原则可以有多种体现，不同事物、不同意见有时可以并行不悖，有时可以相异相成，有时也可以相反相成。由此可知，"和而不同"的理念是理性的、人道的、开放的、宽容的、平等的，因而与现代文明精神完全能够相通，它是一种大智能，对人类社会的发展有重要指导意义。

孔子弟子有若说："礼之用，和为贵。"乐合同，礼别异，但别异之礼以和谐人群为贵，不是要割断不同族群之间的密切联系。《中庸》说："和也者，天下之达道也"，认为"和"是社会发展的普遍真理。它还说："君子和而不流"，"万物并育而不相害，道并行而不相悖"。"和"是有原则的，人们不能与歪风邪气同流合污，而各种健康的生命和文明的理念都可以共生共进。《易传》提出："乾道变化，各正性命，保合太和，乃利贞"，认为阴阳之道在于使万物各尽其性、各得其所，从而相依共成一体，这就是"太和"的理想状态。它还提出"天下同归而殊途，一致而百虑"，坚信人类社会可以经由不同的道路最后走向大同世界，"同归"与"殊途"，"一致"与"百虑"是相辅相成的，这就把多样性与一体性统一起来了，从而形成宽容的文化战略，给予诸子百家以广阔的发展空间。其后宋儒提出"理一分殊"的思想，从哲学的高度概括了中华文化多元一体的格局。近代则有谭嗣同提出"仁以通为第一义"，强调上下通，男女通，内外通，人我通，把经济、政治、文化的交流沟通作为实现国内外和谐发展的必由之路，这就是"通和"的思想。我国近现代许多学者，在儒家"仁爱通和"思想指导下，提出"贯通古今、融合中西"的文化战略，这是孔子"和而不同"思想的当代发展，它说明中华民族有着兼收并蓄的气概和综合创新的能力，能够在开放中走和平发展的道路。

如今中央提出构建和谐社会的治国目标，正是对中国历史上"贵和"文化优良传统的继承和在新的历史条件下的创造性发展，因此它是具有鲜明中国特色社会主义理论的重要组成部分。这一理论激活了儒学精华，它不仅使传统的"贵和"思想具有现代社会主义的理论形态，而且也使"贵和"思想摆脱了种种历史局限性，显现了它内在的品格，全面向社会生活辐射，发挥出巨大的正面价值。

从中国历史上看，儒家贵和的思想很难在宗法等级社会得到全面施行，尤其在政治领域受到君主专制制度和"三纲"（君为臣纲、父为子纲、夫为妻纲）名教的抑制，贵和思想不能正常发展。而在社会文化领域则是另一番景象。有的朝代和有的贵族统治者试图实行文化专制主义，不愿求同存异，如汉代一度"独尊儒术"，南北朝至唐后期，发生过"三武一宗"灭佛事件，但都没有维持太久；而孔子"和而不同"的多元文化观念主导了历朝的文化政策，影响了民间文化的发展。于是有佛教、伊斯兰教、景教、摩尼教、袄教等外国宗教的和平进入和传播；在儒学作为主导思想的同时，有道家和道教的兴盛流布。从魏晋到民国约1600余年历史长河中，儒、佛、道三教鼎立与融合，成为文化的主流；在三教共处并进的同时，还有伊斯兰教、基督教及大量民族传统宗教和各式各样的民间宗教，都在中华大地上找到它和平生存的空间。除鸦片战争后一段时间基督教在中国的传布与西方殖民主义的侵略相联系以外，中国的多样性文化之间大致上是和谐的，中原地区没有发生长期流血的宗教战争，也没有像欧洲中世纪那样的宗教裁判所，中国人的信仰不单自由选择空间较大，而且可以二教或三教共信，在民间信仰中教门的界限相当模糊。中国是一个多民族多宗教的国家，在信仰上从世界三大宗教（佛教、伊斯兰教、基督教）到国家民族宗教（敬天祭祖教和道教），再到民族民间宗教（萨满教、东巴教、毕摩教等），再到具有原始信仰特征的各种神灵崇拜民俗，各种层次类型的宗教应有尽有，彼此相安共处，很少由于信仰不同而引起族群冲突，这在世界大国之中是极为罕见的。这不能不归功于儒家"清明安和"（梁漱溟语）的理性。作为主导思想的儒学，其主流派主张和而不同、多元和谐、兼收广纳，从而形成文化宽容传统和氛围，使各种异质文明容易进入、生长。中华民族能够成为多元一体的"文化中华",儒学有功焉。

由于儒家的贵和思想深入人心,已经渗透到整个民族的血脉骨髓之中,成为一种民族性格和根深蒂固的传统,即使是剥削制度,专制政体也不能掩其光芒。例如中国在历史上对内注重"为政以德"、"礼主刑辅",对外注重"讲信修睦"、"化干戈为玉帛",在最强大的时候也没有到处侵略扩张,表现出和平大国的气象。汉唐开辟的陆地和海上的丝绸之路,从来都是和平友谊之路,经贸文化之路,没有发生掠夺和战争。与世界上若干国家武力输出宗教相反,以玄奘为代表的中国人不远万里赴印度学佛取经,引进另一种崭新的文明。唐代鉴真法师东渡日本,带去中国文化的丰硕成果,日本人至今敬拜不绝。明代郑和率领当时世界一流舰队出使南洋各国,宣扬中国文明,在各地秋毫无犯,体现出和平外交的优良传统。

中国的今天是中国历史的继续和发展,我们不能割断历史,从炎黄人文始祖到老子、孔子,再到孙中山,我们必须加以继承和总结,理顺中华民族的文化传统和文化生命。然后在这个基础上广泛吸收世界文明成果,进行综合创新,社会各项事业才能顺利发展。构建和谐社会正是一项返本开新的伟大工程,由于它连接着中华民族的优良传统,符合广大民众的心愿,自然会得到全民族的拥护,如江河之奔向东海,沛然莫之能御也。

二、贵和哲学正在超出贵斗哲学,成为时代的最强音

事物是不断运动变化的,而运动变化是由事物内含的矛盾推动的,矛盾无时不在无处不在,所以世界的运动变化也普遍存在和永无停息,这就是我们常说的辩证法的对立统一规律。由于历史文化传统不同,人类对辩证法对立统一规律的认识也有不同,主要分为两种:一种强调对立斗争,一种强调统一和谐;前者可称为贵斗哲学,后者可称为贵和哲学;前者在西方文化中占有主导地位,后者在中国文化中占有主导地位。事物的矛盾运动,本来是又统一又斗争,统一性和斗争性互相交错,不可分割;但人们可以从斗争立论,包纳统一,也可以从统一立论,包纳斗争。贵斗哲学长于破坏,贵和哲学则长于建设。

西方贵斗哲学以社会达尔文主义为代表,从达尔文的物竞天择论,中经韦伯的资本主义精神论,再到亨廷顿的文明冲突论,这条线索很清晰,他们都看到对立斗争的普遍性、社会竞争的必要性,相信强者必胜的原理。他们的哲学反映了资本主义市场竞争和殖民征服的历史和传统,可视作工业文明的一种理

论凝结。达尔文的进化论有伟大的历史功绩,不仅揭示了生物进化的规律(当然不完整),而且帮助了西方人文学科(如人类学、宗教学)摆脱宗教神学的束缚,走上独立发展的道路。但社会达尔文主义把"弱肉强食"的生物学规则搬到社会领域,认为人与人之间、族群与族群之间的争斗拼杀是正常的,优胜劣汰、强者为王,抹杀人类社会道德、共处、互助、救弱等文明规则的必要性,这是帝国主义和种族主义的理论基础,发展到极端便是法西斯主义。20世纪两次世界大战的惨剧和结果,既暴露了强权主义的反人类本质,也宣告了法西斯主义的破产。韦伯的新教伦理强调个人主义和竞争精神的重要性,鼓吹追求利润、征服自然和主宰世界,认为这是资本主义发展的精神动力。这种资本主义精神固然促进了经济和科技的迅速发展,同时也造成了贫富的对立和环境的恶化,因而有社会主义理论和后工业社会理论出来批判资本主义,逼着它进行调整和改良。亨廷顿的文明冲突论则是冷战思维的继续,其着眼点在不同文明之间的斗争和对抗,他用斗争哲学解读世界政治的现状与未来,看不到文明对话与互补的内在动力,站在西方基督教文明中心论的立场上,视伊斯兰教和儒教两大文明为敌人。这种理论反映了西方霸权主义者的思维方式和贵斗的心态。霸权主义与恐怖主义之间的恶性拼斗,正是文明冲突论在实践中的极端体现,它不断撕裂着族群和国家,给世界和平与发展造成严重的危害。

马克思主义阶级斗争理论是针对资本主义剥削压迫制度而产生的,它主张通过社会革命来解放无产阶级,实现没有剥削压迫没有战争掠夺的人们共同富裕的社会。因此阶级斗争只是手段,实现社会的平等、团结、繁荣才是目的。革命是逼出来的,不得已而为之,是为了改造不合理的社会制度,解放全人类,不是为了打倒某些人,所以要团结一切可以团结的力量,并化消极力量为积极力量。革命成功后要给从前的剥削阶级以出路。所以革命不可滥用,斗争不可过度。在辩证法哲学理论上,列宁强调矛盾的对立面又统一又斗争,推动事物的运动,讲得很全面(见《哲学笔记·谈谈辩证法问题》)。但在后来的社会主义革命实践运动中,由于斗争形势的严酷和激进主义思潮的流行,革命的人们更强调矛盾的斗争性,把矛盾斗争放在第一位,形成思维定式。在新政权建立以后,仍然以阶级斗争为纲,人为的激化矛盾,扩大打击面,给社会主义建设造成重大损失,这种情况在苏联和改革开放前的中国都发生过,已经被证明是错误的,偏离了辩证法的原则。在社会主义制度下,团结是目的,斗争只是手段。人民内部矛盾是大量的和主要的,要采取协调、化解、和风细雨的讨论或用法制化的方法来解决。即使少量敌我矛盾和犯罪行为,也要依法处置,不能扩大化。"文化大革命"十年的滥斗和动乱,人们吃尽了苦头,认清了贵斗哲学走向极端的危害，要求对矛盾的统一性有新的解释，探索用儒家的贵和哲学来丰富辩证法的理论。此事关系到社会主义理论的中国化问题，不可等闲视之。在老一辈哲学史学者中，冯友兰先生较早着手将辩证法与儒家思想结合起来，开了风气之先。他在《中国哲学史新编》的结论部分指出，人们对辩证法有两种认识，一种是突出矛盾的斗争性，强调对立面之间的不可调和性，或者说叫"仇必仇到底"；另一种是突出矛盾的统一性，强调对立面之间的互相依存。在中国古典哲学中，张载把辩证法归纳为四句话："有象斯有对，对必反其为；有反斯有仇，仇必和而解。"他把统一性放在第一位。冯先生说："革命家和革命政党，原来反抗当时的统治者，现在转化为统治者了。作为新的统治者，他们的任务就不是要破坏什么统一体，而是要维护这个新的统一体，使之更加巩固，更加发展。这样，就从'仇必仇到底'的路线转到'仇必和而解'的路线。"他又说："'仇必和而解'是客观的辩证法，不管人们的意思如何，现代的社会，特别是国际社会，是照着这个客观辩证法发展的。"冯友兰先生不愧是大哲学家，他用大儒张载的贵和哲学预言了国际社会和中国社会的发展趋势，事实证明他是对的。20世纪90年代以来，一批学者专题阐释儒家"和而不同"的理念，其中张立文教授建立了"和合学"理论体系，在国内外都产生了一定的影响。

在国际上，贵斗哲学支配下的霸权主义和恐怖主义都没有出路，民族与宗教极端主义引发的地区性冲突与战争也没有出路。西方世界的反战反霸呼声日益高涨，联合国维和事业得到越来越多的各国人民的支持。发展中国家都在努力化解族群对抗而致力于和平建设；以色列与巴勒斯坦，印度与巴基斯坦，都出现了和解的新趋向；亚、非、拉地区性经济联合继续发展。伊拉克战争遭到越来越强烈的批评，伊朗与朝鲜的核问题只能靠谈判来解决。当然贵斗哲学还有市场，大规模战争的危险仍然存在，不过赞成的人不多，它行动的能力受到极大的限制，和平的声音和力量开始引领世界的潮流。

从中国社会看，贵和哲学早已取代贵斗哲学而成为主流，全面体现于社会生活各个方面，有力地推动了社会的繁荣进步。在内政上，中央提出以人为本，协调发展的科学发展观，全面建设社会主义小康社会与构建和谐社会；稳定压倒一切，在稳定中改革，在改革中发展；强调民族平等、民族团结、宗教和睦、各民族互相合作共同繁荣；两岸关系在"一个中国"的基础上以最大的诚意争取和平统一，促进两岸的交流和解，实现互惠双赢。2005年5月台湾国民党主席连战和亲民党主席宋楚瑜率团先后访问大陆，与中国共产党总书记胡锦涛会谈，取得巨大成功，谱写了两岸和解的新篇章，我们从中看到了中华文化与贵和哲学的伟大力量。"构建和谐社会"的提出,是儒家贵和文化在当代的重构和发展,是一次伟大的实践。在对外关系上反复声明中国永不称霸,坚定地走和平发展的道路,实行独立自主的和平外交政策,强调国家之间和平共处,与邻为善,以邻为伴,睦邻、富邻、安邻,努力改善与邻国的关系,积极参与联合国维和行动,努力调停跨国的冲突,承担起更多的劝和促谈的责任。非常明显,社会主义中国的内政外交正在更好地体现中华民族优秀文化(包括儒家和合文化)的崇高精神,正在运用儒家贵和的人文理性消解各种非理性的极端主义,促进世界性的文明对话,展示东方文明古国在复兴中的当代风采。

当然,贵和哲学不是不要斗争,它把矛盾的斗争性加以合理的解释和限制,使之服务于和谐的目标,成为贵和哲学的一个环节。"弱肉强食"是不人道的,但努力进取和公平竞争却是社会发展必要的动力。对抗和强制是不应该的,但对于反社会反人类的恐怖主义和社会假恶丑的现象却需要用正义和法律的力量加以惩治。按照儒家"和而不同"的理念,和谐本身即包含着差异与矛盾,甚至包含着"相反"的因素,如争议、讨论、互相批评、学术争鸣,只要以文明的方式进行,便可形成动态的和谐。此外,贵和哲学要想加以推行,取代贵斗哲学,必须使它的信奉者拥有强大的现实力量。物质的力量和道义的力量加在一起,才能形成无敌的力量。所以中国必须抓住千载难逢的历史机遇,努力推进现代化建设事业,加速提高国民素质和综合国力,大力加强各种制度建设,使中国作为一个和平崛起的大国具有愈益增大的信誉和磁性,那么它的和谐诉求与和平使命,便会产生巨大的感召力,不断地转化为美好的现实。

三、发扬儒学智能,全面促进社会和谐

儒家的贵和哲学是祖先智能的结晶,代表着一种高度文明高度人性化的人类文化,它有着丰厚的积累,丰富的内涵,需要深入开掘,系统阐扬,使其与当代社会生活交融,发挥其潜在的巨大能量,成为构建和谐社会的重要精神动力。

（一）仁爱是儒家贵和哲学的灵魂和源泉

人对人、人对自然为什么必须和谐而不能残杀？根本在于人是有道德、有爱心高于动物的生灵,人类是文化群体,懂得爱同类、爱万物,在生活中感受到互爱的重要和幸福。虽然人际、群际有局部的、暂时的矛盾和冲突,从长远和全局来说,人类的利益和目标是一致的。人是群体动物,在家庭中成长,在

社会中发展，离不开社群和环境；人类如果没有互爱，便无法生存和延续，所以爱己与爱人是统一的。孔子认为，仁爱应先从爱父母爱兄长做起，培养孝悌之心，然后推己及人，去爱他人爱社会。一个有仁爱的社会应当是"老者安之，朋友信之，少者怀之"的社会；一个有仁爱的世界应当是"天下为公"的世界。为了使仁爱的精神落实到人际关系上，必须实行忠恕之道，即"己欲立而立人，己欲达而达人"和"己所不欲，勿施于人"；在互助互利的同时互尊互谅，以求得共生共处、共同发展。孟子称仁心为"恻隐之心"、"不忍人之心"，还有"羞恶之心"、"是非之心"、"辞让之心"，认为此乃人性的善端四德，是人有别于动物的地方。如能自觉发挥，便成为仁人义士，有益于社会；如流散丧失，便会陷于不仁不义，无别于禽兽。孔子、孟子提出了高于生物学"物竞天择"的人类学道德理性规则，指出了人类文明发展的方向。动物具有野蛮性和残忍性，充满了严酷的生存竞争。建立在社会达尔文主义基础上的贵斗哲学，从本质上说是人性中动物性膨胀的表现。当然，动物和一切生物之间，也有互依共存的关系，形成生态平衡，不过没有文化自觉而已。就此而言，社会达尔文主义"优胜劣汰"的生物学规则，也是不完整的。建立在仁爱道德基础上的贵和哲学，则反映了人类特有的文明性，人们有了平等团结、互爱互尊的自觉。仁爱忠恕之道落实在人际关系、人物关系上，就是"和而不同"的理念和规则，即平等存异、彼此尊重、和谐合作，不互相伤害，不以强凌弱。总之，要实践和推广贵和哲学，必须在公民中培养爱心，如一首歌曲所唱，"让世界充满爱"。有爱心就能达到和谐；心如变冷，必然争斗厮杀。这就是"以仁为体，以和为用"。

（二）泛爱万物，树立天人一体的宇宙观

人与自然应有怎样的关系？西方长期流行着人要征服自然，做自然的主人的观点，大力鼓吹向自然索取。然而疯狂征服的结果，便是日甚一日的世界性生态危机，西方人于是觉醒，生态文化逐步兴起。而儒家的宇宙观从开始就是天人一体、宇宙一家的，它是一种早熟的生态哲学。儒家习称"自然"为"天"，孔子赞美"唯天为大，唯尧则之"；孟子提倡"亲亲而仁民，仁民而爱物"；《易传》说："夫大人者，与天地合其德，与日月合其明，与四时合其序"；《中庸》提出"能赞天地之化育，则可以与天地参矣"；程颢说"仁者以天地万物为一体，莫非己也"；张载认为"民吾同胞，物吾与也"，人生的最高理想是"为天地立心，为生民立命，为往圣继绝学，为万世开太平"；朱熹说："天是一个大底人，人便是一个小底天"；王阳明说："大人者，以天地万物为一体者也。"总起来说，儒家的天人观是整体性的大生命观，宇宙是一个超型大生命,人是宇宙的产物,他应该像爱护母亲和家园一样爱护自然,像爱护兄弟姊妹一样爱护万物;要自觉担当"天地之心"的责任,做事天、补天的事,不做逆天损天的事;人与自然不仅是朋友,而且是亲人,人对自然的依存度是很高的。方东美先生称赞儒家"广大和谐的生命精神",儒家所追求的"正是要摄取宇宙的生命来充实自我生命,而更推广其自我的生命活力,去增进宇宙的生命",使宇宙与人生交相和谐,共同创进,"这就是中国民族最可贵的生命精神"。我们如能培育和增进儒家这样的天人智能和博爱情怀,必将大大促进我国生态环保事业的蓬勃发展,从而不仅造福于当代,而且延福于子孙后代。

(三)协和万邦,树立天下一家的人类观

人类是一个多民族、多国别、多地域、多文化的世界,国与国之间、民族与民族之间如何相处?这是个很严峻的问题。历史昭示给我们的事实,既有"礼尚往来",又有攻略厮杀,和平与战争交错,友好与怨仇并存。两次大战过去和冷战结束以来,有鉴于大规模战争的残酷和集团对峙的危害,以及由于经济全球化和"地球村"出现所促成的国家、民族之间深深的相互依赖,世界上反战维和的思潮和运动空前高涨,世界大战的可能性正在减少。但是核武器的威胁仍然存在,地区性冲突和战争不时爆发,热点地区引起突发事件和连锁对抗的可能仍在,霸权主义和恐怖主义的肆虐严重威胁世界的安全,人类的未来变量很大。因此爱好和平的国家和人民反对战争、保卫和平的任务仍然艰巨。

儒家的人类观是天下一家。孔子认为"四海之内皆兄弟",他所提出的"忠恕之道"与"和而不同",不仅适用于一国一族之内,还要推之于国际、族际,成为世界普遍性人际原理。现在最难也最迫切的事情是突破国家和民族的界限,把平等、宽容、互尊、互助实现于国家关系和民族关系之中,而实现这一突破的关键是强势国家和民族抛弃大民族主义观念,把弱势国家和民族真正当成亲人和兄弟,推己及人,将心比心,尊重别国、别族对自己发展道路的独立选择。儒家经典早就强调国家对外的方针要"讲信修睦"、"协和万邦",如有冲突要"化干戈为玉帛",实现和发展平等友好往来。儒家一向反对"以邻为壑"、"乘人之危",认为"和则两利,分则两损"。儒家的这些思想在人类相互依存性空前增加的今天,更显现出它的真理性和价值。儒家也看到国家、民族之间发展的不平衡性及大国强国的主导作用,但认为大国要得到尊重和安定天下,不能仅凭军事实力,还要拥有道义的力量,实行"以德行仁"的王道,则"得道多助",天下心悦诚服;反之,实行霸道,一味以武力欺人,则"失道寡助",导致众叛亲离。德、日法西斯的覆灭,当代霸权主义的碰壁,都在从反面证明儒家的世界和平之道才是光明之道。汤因比指出:"世界统一是避免人类未来集体自杀之路。在这一点上,现在各民族中具有最充分准备的是两千年来培育了独特思维方法的中华民族。"

(四)政通人和,树立以民为主的政治观

儒家在历史上受宗法制度的限制,在其礼学中有等级观念,表现出贵族意识,如强调君权、族权和夫权,这是应该加以剔除的。但儒家也有非常可贵的民本思想,虽然不能与当代民主思想等同,却应该视作在中国实现民主的重要资源。孙中山的三民主义就是古代民本主义和近代西方民主主义的结合。孔子主张"为政以德",其重要表现便是惠民、富民,"博施于民而能济众","节用而爱人"。孟子进一步提出"民为贵,社稷次之,君为轻",要"保民而王",实行仁政,重视民生,为民兴利除害。荀子把君比为舟,把庶人比为水,"水则载舟,水则覆舟",故治国者要"平政爱民"。儒家经典《尚书》中早就提出"民惟邦本,本固邦宁",把民众的信任看作国家政权的基础。历代凡是能重视民生民意的政权,便发达兴旺;反之,凡是虐民困民的政权,必然发生危机以至于灭亡。儒家还很重视纳谏采风,以便实现政通人和。孟子说"唯大人为能格君心之非",提倡下对上的直言批评;并主张在用人时要尊重民意调查,"左右皆曰贤,未可也;诸大夫皆曰贤,未可也;国人皆曰贤,然后察之,见贤焉,然后用之",撤换和惩处官员亦复如是,民之所好好之,民之所恶恶之,这样可以保证上下一心,社会和谐有序。《吕氏春秋·达郁》发挥《周语》的思想,认为政治要上下通畅,"治川者决之使导,治民者宣之使言","天子听政,使公卿列士正谏,好学博闻献诗,矇箴师诵,庶人传语,近臣尽规,亲戚补察,而后王斟酌焉",这样可以避免重大过失,并可集思广益,扩大参政的范围。《毛诗序》说,诗之风、赋、比、兴、雅、颂,"上以风化下,下以风刺上,主文而谲谏,言之者无罪,闻之者足戒",这就是采风民间的政治作用。我们今天进行民主与法制建设要有一个过程,要逐步扩大各阶层和广大民众参与政治活动的范围和程度,加强自下而上的民主监督。凡事皆要有助民生,顺应民意,广采民智,则政治文明会有较快的进步。在这个过程中,认真吸取先人的政治智能是十分有益的。

(五)厚德载物,树立多元一体的民族观和文化观

张岱年先生用《易传》的"自强不息"与"厚德载物"来概括中华精神,颇得其根本。中国能自强不息,故不断前进,衰而复兴;能厚德载物,故海纳百川,丰富多彩。中国自古就是一个多民族共生互动的国家,古代文明是多元起源,又不断向中原地区汇聚,再从中原地区不断向四周辐射的反复进行的创造过程,它既是多元的,又有凝聚的中心。作为中华民族集合核心的华夏族和

后来的汉族,它本身就是多民族融合的产物。儒家推崇的圣人,许多是出身少数民族,如舜生东夷、禹出西羌、周文武源自西戎,只要能代表先进文化,便为中华民族共同尊崇。费孝通先生把中华民族的格局称之为"多元一体"是十分精辟的。所谓"多元",是指民族众多,文化各异;所谓"一体",是指多种民族有共同的文化基础,有共同的族群认同,有共同的历史命运,相互渗透和依赖,不可分割。从古到今,各民族都为中华民族的统一和繁荣作出了贡献。在文化上,由儒道互补,进到儒佛道三教鼎立与合流,形成中华民族传统文化的核心。三教文化以其强大的辐射力,影响到各民族的信仰和文化;各民族又以各自独特的信仰和文化丰富了中华民族的传统文化。由于儒家"厚德载物"的宽厚品格,中华民族不仅在历史上不断吸纳了众多的外来文化,使中国成为一个世界文明的重要交汇之地;而且近代中国落伍以来,中国人又以开放的心态到西方去寻找真理,努力学习各种先进文明。经过几百年的努力,现在中华步入迅速复兴之途,现代化事业取得巨大成功。中国成为东方传统优秀文化、西方现代文化和社会主义文化交相辉映的国家。有中国特色的社会主义社会,在思想文化上绝不是一个清一色的社会,而是文化多元和谐的社会。在政治上坚持社会主义方向,维护国家法律、法规的统一性和尊严;在文化上实行"百花齐放、百家争鸣"的方针,把主导性与多样性、先进性与广泛性结合起来,为各种民族特色文化和外来健康文化提供广大宽松的环境,使中国成为集人类文化瑰宝之大成的多姿多彩的"百花苑"和文明对话的胜地。而民族传统文化是根本,返本开新,综合创造,它不仅造福于中国,亦将造福于世界。

(六)诚信正直,树立义利统一的道德观

儒家的道德论以诚直为灵魂,以仁义为基础,以忠孝为主德,以廉耻为底线,以礼法为规则,内容丰富,包含着许多可贵的思想和智能,对于今天的道德建设是不可缺少的精神资源。我们要构建和谐社会和建设社会主义的政治文明、物质文明与精神文明,都必须树立良好的道德风尚。和谐是由道德保证的,文明是由道德衡量的。没有良好的道德,必然造成欺骗、争夺和野蛮。从政治文明建设上说,在制度上、思想上倡导廉洁奉公,反对贪污腐败,从而和谐管理阶层与民众的关系是当务之急。所谓"正直"就是公正公平、实事求是、办事公道、不徇私枉法,这是官德的基本要求。从物质文明建设上说,建立信用体系,推进规范化的市场经济,是经济转型的重要任务。社会主义市场经济既强调市场的调节,又需要法制和道德,否则便会造成无序和混乱。市场经济中信誉是成败的关键,民无信不立,企业无信则垮,靠作假不会长久,这是活生生的事实。从精神文明建设上说,道德建设是精神文明建设的重点,它不仅制约着社会各个精神文化领域，而且影响着社会政治和经济。如果我们不能建成一个有高度道德水准的社会，我们的社会主义现代化事业，就不能说是成功的，在这一方面恰恰存在的问题最多。现在道德滑坡、世风浇漓是不争的事实，严重影响着社会主义现代化事业的发展，我们必须从制度建设上、思想教育上、民俗文化上加以对治。中国是一个道德传统深厚的国家，历史上有"礼义之邦"的美誉。儒家伦理学说构建了中国社会的基本道德，简要地说，就是"八德"：忠、孝、诚、信、礼、义、廉、耻。八德的内容在不同时代有不同解释，但其根本精神具有长久的价值，它们是我们今天道德建设的基础和出发点。

道德建设中的核心问题是义利关系问题。义利问题关涉个人利益和群体利益，物质利益和正义原则的关系。儒家所谓"利"指个人利益，所谓"义"指公共利益。儒家肯定正当的私利，只是主张要把公利，即义放在第一位。孔子的义利观就是"见利思义，取之有道"，主张以义导利，用正当的手段获得利益。孟子认为社会管理者和士阶层应当尚义为公，而普通民众则须有恒产而后有恒心，"使民养生丧死无憾"。孔孟之后，儒家有一派把重义轻利的思想加以膨胀，偏离了中道。如董仲舒讲"正其谊（义）不谋其利，明其道不计其功"，程颢说"大凡出义则入利，出利则入义"，把义与利对立起来。清初儒者颜元加以纠正，主张"正其谊以谋其利，明其道而计其功"，这是符合孔子思想的。当今功利主义流行，道德力量不足。我们要加强道德建设，但不能回到以义抑利的路上，而应当以义导利，把个人利益与社会利益统一起来，鼓励人们在为社会提供有益服务之中取得应有的回报，实现自我的价值。

（七）慈孝恩义，树立家道和顺的家庭观

俗话说："家和万事兴"，家庭和谐是人生的幸福，也是社会和谐的要素。重视家庭和亲情是中国文化的传统，更是儒家的传统。儒家把婚姻家庭看作两性生命的结合与族群生命的延续；家庭作为整个国家民族的基本单位，又担当着培育人才、传承文化、稳定社会的功能，所以家庭的意义是重大的。传统儒学受时代的局限，在婚姻家庭文化中强调族权和夫权，有包办婚姻、封建家长制和男女不平等等弊病，需要加以剔除。但儒学的婚姻家庭观也有许多精华，值得我们继承和发扬。其一是重视亲情，在两代人之间提倡父（母）慈子（女）孝，互相关爱。父母慈爱子女不仅出于天性，又有传统的深厚积累，看来无须提倡。但往往有过之而无不及，表现为溺爱、强爱，忽视子女的独立成长和平等的沟通，这需要纠正。子女孝顺父母是传统美德，但容易减弱和丧失，需要培养和提倡，第一，独生子女多，小时候娇生惯养，以我为中心，不懂得疼爱父母；第二，子女长大独立后，脱离了父母的直接关照，情感方向容易转移。孔子认为孝道基本要求是"敬养"父母，不仅使他们生活有保证，而且精神上有安慰，能得到子女的敬爱，这一点非常重要。现代社会中父母往往不缺吃穿，而缺少与子女的团聚，空巢家庭越来越多，老人的亲情得不到满足。一曲《常回家看看》得到社会热烈的欢迎，说明人们在呼唤孝道，尤其呼唤精神情感方面的孝道。中国家庭育养模式不同于西方接力式，而是反馈式；父母关爱子女，直到辞世；子女敬养父母，直到送终。老、青壮、少三代之间互补相得，乃是一种相仁之道，这对于老人的赡养、青壮人的事业、少年儿童的成长，都大有裨益，敬老爱幼的传统不能丢。

其二是重视夫妇之情，强调夫妇同体，百年好合，互敬互爱，互相忠诚，白头到老。朱熹说："夫妇和而家道成。"夫妻是家庭得以成立的基础，有夫妻然后有父子，家庭可以无子女，不能无夫妻。现代社会受到时代潮流的冲击，夫妻关系越来越不牢固，离婚率不断攀升，婚外情经常发生，单亲家庭日益增多，造成许多社会问题。恋爱自主、感情第一、男女平等、离婚自由，这些都是社会进步的表现。但结婚匆促、感情不专、离婚轻率，也不是好现象，不仅给双方带来痛苦，也给子女造成心灵创伤。按照儒家传统观念，夫妻之间不唯有情，还有恩义，班昭《女诫》说："义以和亲，恩以好合"，"夫妇之道，参配阴阳，通达神明，信天地之弘义，人伦之大节也。"因此应当严肃对待。夫妻以情合，成立家庭，生育子女，便有恩义积累，便有责任在肩，不能由浅薄的感情变化去喜新厌旧。如果缺乏道德责任感和恩义之心，便不要成立家庭，否则一合一分，会给对方造成极大伤害。实在不合，再行离婚，对双方都是一种解放，而不能任情任意，率尔行事。

（八）成己成物，树立崇德广业的人生观

儒学不是宗教，但能给人一种既现实又超越的人生追求，提供一种积极健康的价值理想，在这种追求和理想中，个人的完善与社会的事业达到高度的统一。孔子提出"修己以安百姓"的内圣外王之道，作为儒者的人文理想。孟子提出"居仁由义"的道德人生。《大学》则总括出"格物、致知、诚意、正心、修身、齐家、治国、平天下"的人生进路。《中庸》又总括出"至诚、尽己之性、尽人之性、尽物之性、赞天地之化育"和"成己仁也，成物知也"的为人之道。《易传》有"崇德而广业"之说。近代新理学哲学家冯友兰的人生指南是："阐旧邦以辅新命，极高明而道中庸"。上述儒家学者的人生观是一脉相承的，其核心宗旨是完善道德人格，推动社会进步事业；在推动社会进步事业中完善道德人格。这种人生观主张树立一个"刚健中正"的人格，肩负起历史使命和社会责任,发挥继往开来的积极作用,在提高思想境界的同时参与社会的进化。

从孔子开始,即接受老子的智能,对人生命运和社会事业既积极推进又不刻意追求,采取灵活的态度,使自己有回旋余地,尽人事而后听天命,承认外在环境的制约。孔子说:"用之则行,舍之则藏","无可无不可",所以孟子称他为"圣之时者也"。孟子则谓"穷则独善其身,达则兼善天下"。儒家认为人生有顺有逆,事业有起有落,有德者既要"择善而固执"(《中庸》),又要有迎接困难挫折的思想准备。张载说:"富贵福泽,将厚吾之生也;贫贱忧戚,庸玉汝于成也",无论什么经历,都是人生财富。要学老子的"道法自然"和庄子的"游刃有余",给自己创造一个自在潇洒的生活空间。如此儒道互补的人生态度,既是健康向上的,又善于自我调节,使内心保持充实和平衡,不会为外界的引诱所迷失,也不会被外部的压力所挤垮。

孔子说:"有国有家者,不患贫而患不均,不患寡而患不安;盖均无贫,和无寡,安无倾"。在这里孔子没有提到发展和繁荣是其不足,但他提出的"均无贫,和无寡,安无倾"却包含着深刻的哲理。"均"不是平均,而是公平;"和"便是协调;"安"便是安全。社会发展并不必然导致社会和谐,只有把实现社会公平、善于协调矛盾和能够保证安全这三件事做好了,才能在发展的基础上形成和保持社会和谐。孔子的话值得我们深思。

(载《中国儒学年鉴》,2005年)

儒学是推动世界文明对话的重要精神力量

一

美国政治学家亨廷顿的"文明冲突论"提出之后，受到广泛关注，而批评者居多。他后来出版了一本书《文明的冲突与世界秩序的重建》，在1997年写的中文版序言中，他承认"在未来的岁月里，世界上将不会出现一个单一的普世文化，而是将有许多不同的文化和文明相互并存"，并申明："我唤起人们对文明冲突的危险性的注意，将有助于促进整个世界上文明的对话。"但亨廷顿并没有提出解决文明的冲突、实现文明对话的理论和方法；相反，按照他书中的内在逻辑，文明的冲突便是不可避免的，他甚至描绘了中美开战的可怕情景。应当说，亨廷顿用文明冲突论解读当代世界政治的理论框架并没有改变，他的思维方式是西方式的"贵斗"哲学。"9·11"恐怖袭击事件和伊拉克战争发生以后，有些人称赞亨廷顿，认为事态证实了文明冲突论的深刻性和预见性，但我并不这样看。

应当说，冷战结束以后，世界政治斗争中意识形态的作用下降了，文化的因素（包括宗教信仰、价值理念、生活方式，等等）上升了。但是，第一，意识形态的敌视并未消失，这在美国对伊朗、朝鲜的政策中都有体现；第二，文化的因素对于已经和将会发生的国际性对抗乃至战争并不具有关键性的影响，经济利益和集中表现经济利益的政治考量，仍然是流血冲突的主要动因。伊拉克战争是美国统治阶层急于称霸中东、掌控石油资源而发动的，背后则是军火、能源等集团的特殊利益，并不是基督教和伊斯兰教之间的冲突。因此，美国国内有强大的反对声音，而与美国具有相同基督教文化的法、德等国也不赞成美国的单边行动。由此可见，要正确认识世界政治生活中的对抗和协调，必须全面分析经济、政治、文化三种因素的交错和互动，而不能过分夸大文化的作用。更不宜夸大文化差异引发族群冲突的能量。

文化的差异虽不必然引发族群冲突，但可以加重族群冲突并使之复杂化。尤其是不同文化中的极端主义活跃和占上风的时候，他们奉行唯我独尊和排除异己的哲学，就会使差异变成矛盾，使矛盾激化为对抗。而不同文化中的理性主义和稳健派主张宽容与合作，化解对抗、协调矛盾，力促族群和平相处。所以，尽管文化没有政治、经济所拥有的现实的巨大力量，但文化是政治、经济的灵魂，文化理念的得当与否，对于族群冲突的避免和解决，有着非同寻常的意义和作用。

人类社会是一个多民族、多国别、多文明的异彩缤纷的世界。在这样一个多元化的世界里，不同群体之间和群体内部必然会发生各种矛盾和冲突，人类如何看待和处理这些矛盾和冲突，有过各种各样的理论和实践，归纳起来不外乎两种：一是斗争，二是和解；前者产生了"贵斗"的哲学，后者产生了"贵和"的哲学。一方面，人类的历史充满了族群的冲突和流血的非正义战争，直到现在战争仍然是让国际社会焦虑而又无法免除的现实；另一方面，人类的历史又表现为族群的不断融合与各种文明之间的交流与合作。而这两个方面又经常交织在一起，形成和平与战争、冲突与合作交替出现的过程。我们可否这样说，"贵斗"的哲学和不义之战，从根源上说，反映了人性所内含的动物性，特别是动物的野蛮性，而侵略战争所吞噬的生命要超过任何凶猛动物的成千上万倍，因为人类有了杀人的智慧和高效能的杀人武器。当然，抵抗侵略战争的正义战争是以战反战，不得已而为之，目的是实现有尊严的和平。只要战争存在一天，人类就不能说真正脱离了野蛮而进入了文明。而"贵和"哲学则反映了人类特有的文化性，是人类文明的重要成果，因为它摆脱了"弱肉强食"的生物学规则，体现了人类道德的社会学原则，有了平等团结、互爱互尊的自觉。

就人类历史上相继出现的若干大的思想文化体系（包括宗教信仰）而言，如古希腊罗马哲学、基督教、伊斯兰教、儒家、道家、佛教等文化，其本质和主流都是主张博爱、和平，反对仇杀和战争，追求世界大同的。因此在不受其他因素严重干扰的情况下，它们彼此之间互相学习、对话交流、取长补短，并不存在困难。至少彼此之间可以并行而不悖，并不是必然会引发对抗。这在世界文明史上有着大量可以引证的事实。但是，当某些特殊利益集团介入其中，加以利用扭曲以后，情形就完全不同了。利益的驱动，野心的膨胀，思想的偏激，会使神圣变为卑污，慈爱变为残忍。在欧洲中世纪宗教战争的背后，难道不是权势、土地、财富和资源的争夺吗？而所有发动战争的政治集团，他们心中真正信奉的绝不是任何一种文明的宗教或哲学，而是社会达尔文主义，即相信人类社会发展的逻辑是互相争斗、优胜劣汰。而所谓的优胜便是种族优良，能够以实力和武力制服其他族群，其极端的表现就是法西斯主义。而所有这些都不过是人的动物性的恶性膨胀，同时也是人的文化性的泯灭，使人性从文明倒退到野蛮。所以和平与战争的较量，并不是什么文明之间的冲突，而是文明与野蛮的冲突，这种较量是对人类文明发展的严峻考验，也是对人性能否真正超越动物性的考验。文明之间会有隔膜，也会有差异，但并不必然发生矛盾和冲突；即使发生矛盾冲突，也会以文明的和平的方式加以解决，因为它们在根本方向上是一致的，用《易传》上的话说，便是"同归而殊途"。所谓文明的和平的方式，便是文明的对话和交流。

推动文明的对话，在当前有其重要性与急迫性。一个是经济全球化和信息科技的迅猛发展，使人类社会真正成为一个"地球村"，各国各族之间在经济利益上的互相依赖性大大增强，超出了彼此之间的不可两立性，初步形成了"一荣俱荣、一损俱损"的局面。一个是全球性的生态危机，使整个人类面临着要么团结合作，共同保护和改善基本生存环境，使人类能正常生存和发展下去；要么分裂对抗，继续破坏资源和污染环境，使人类很快面临共同毁灭的可怕前景。大规模杀伤性武器的袭击和核战争的威胁如同悬在人类头顶上的一柄达摩克利斯剑，随时会掉下来危及人类的生存。客观上全人类已经是"风雨同舟"了，而主观上人类中的一部分仍然相互敌视、对抗，并不惜采用极端的手段进行搏杀，这就叫做自取灭亡。理性和怜悯是人性的重要标志，却又容易丧失。在矛盾被激化的情势下，在动物性泛滥的时候，人会疯狂，走上反理性和冷酷无情的道路，霸权主义和恐怖主义便是人的疯狂性的突出表现。如果世界的文明不起来制止这种疯狂的力量，放任这种疯狂性到处传染，世界的和平便没有希望。人类的前途是非常危险的，所以，进行文明的对话，加强人类内部的相互理解，提高人类的文明自觉和道德意识，将是制止暴力和野蛮、冲突和战争的重要方式。参与文明对话的力量越大，范围越广，文化品类越多，世界和平就越有希望。

二

儒学是人类文化性高度发达的产物，它特别注意消解人的动物性，培养人们特有的高尚道德情操和礼仪文明习性，表现在人与人的关系上，便是彰显和谐、互尊、互助的社会群体精神。因此儒学的性格是和平的和宽容的，它曾经在中国历史上多元文化良性互动中发挥过沟通、融会的重要作用。它也会在当代世界文明对话中发挥越来越重要的积极作用。对于儒学的这种本质特色和未来价值，亨廷顿等西方中心论者根本没有看到，一些中国人也缺乏足够的理解和估量。因此，儒学在国际政治生活中的声音还比较微弱。但事实将证明，世界多种文明的对话是离不开儒学及其精神的，儒学精华的发扬将给文明冲突的消解和世界和平事业带来真正的福音。

儒学之所以能够推动世界文明对话，首先在于儒学体现了人类的道德自觉，揭示了人生常道，维护了人类的尊严。人类如果不想堕落，而要摆脱野蛮走向文明，就只能接受儒学所倡导的仁爱、忠恕之道，以维持社会的正常运转。人是一个个体的存在物，又是一个群体的存在物，因此人性中有自爱也有爱他。仁者爱人，孔子认为这是人应该具有的起码的感情，孟子称之为恻隐之心，即同情心。从爱亲人推广爱社会爱天下。孟子说："爱人者人恒爱之。"因此自爱与爱他是统一的。

没有爱心，心变成冷酷的心，视他人受苦、受难无动于衷，甚至去危害他人的生命，中国人称之为"惨无人道"，已经丧失了人的本性，变得禽兽不如，因为禽兽之中还是有同类之情的。爱心表现为忠恕之道："己欲立而立人，己欲达而达人"，即尊重人帮助人；"己所不欲，勿施于人"，即体谅人宽容人。忠恕之道是人类社会道德的基本原则，或称之为普遍伦理。现在的问题是忠恕之道在国家民族内部推行虽有困难，尚可以在一定程度上做到；最难的是将忠恕之道推广到国家与国家之间、民族与民族之间，而只有如此才能真正使它成为普遍伦理。我们在今天国际政治生活中看到的现实往往相反：在国家、民族的冲突中，同一群体把对另一群体的恨视作对本群体的爱，冤冤相报，族群仇恨达到不共戴天的地步，宁可同归于尽，也不愿实行族群和解。而这种情况主要是由强势国家和民族的强权政治所引起的，它的霸道使矛盾激化，使人们在拼杀中丧失理性，而霸权者却总也达不到称霸的目的。一个决心拼命的民族是征服不了的，而一个压迫其他民族的民族也是无法获得自由的。强势民族有飞机、导弹，弱势民族则有人体炸弹，各有各的招数。孟子说："杀人之父，人亦杀其父。"好战者当深思之。

按照儒家"天下为公"、"民胞物与"、"四海之内皆兄弟"的理想，人类在"地球村"的情势下，应当比以前更容易克服国家、民族和信仰之间的障碍，使人道主义得到更好地推广，尤其是那些强势族群的领导人，要多一点同情心与平等心，把他国他族的人也当成人，将心比心，事情就好办得多了。

其次，儒学具有贵和的传统，一向尊重其他的文明，承认文化的多样性，所以能够成为沟通各种文明的桥梁。孔子提出"和而不同"的理念，现在知道它的人越来越多，逐渐成为处理一切人际关系和多样性文化的普遍性原理。《中庸》提出"万物并育而不相害，道并行而不相悖"的多样性宇宙观。《易传》提出"天下一致而百虑,同归而殊途"的多样性文化观。在这种文化观指导下,中华文明便是在多样文化和多种文明不断沟通、交流中发展的,从百家争鸣到儒道互补,再到儒、佛、道三教并立与合流,再到伊斯兰教、基督教、摩尼教、犹太教的传入与流布,遂使中国成为一个多民族、多信仰、多宗教的国家。既有以人文理性为主导的儒家仁礼之学,又有以神道崇拜为主导的各种宗教,还有大量民间信仰和少数民族传统宗教。各种宗教、学说之间基本上是平等、友好的关系,从未发生由于信仰的不同而引发流血冲突,这在很大程度上要归功于梁漱溟说的在思想领域占主导地位的儒学。由此才有中国僧人不远万里去印度学佛取经;才使陆地和海上的丝绸之路成为和平友谊之路、经贸文化交往之路;才有郑和率领当时世界一流舰队和平出使南洋各国,实行"讲信修睦"而秋毫无犯;才有近现代中国人纷纷到西方去寻找真理,以及知识界提倡的中西文化融合论。这些都是儒家"和而不同"精神的历史体现,它使中华文化丰富多彩、源远流长和具有生命活力。"和而不同"包含四条原理:一是承认文化的差异与多样性;二是彼此平等、互相尊重;三是和谐互补、共同发展;四是协调持中,反对偏激行为。

今天的人类,经济全球化已是不可阻挡的潮流;但文化不能趋同,必须走多元化与和谐互补的道路。否则人类的文化会由于失去内在的张力而衰落,或者强行推广某种强势文化而引发冲突,这都不是人类之福,只有实行"和而不同"的伟大原则,实行文明对话与交流,才能繁荣人类的文化,促进世界的和平。联合国教科文组织于2001年在巴黎通过了《世界文化多样性宣言》,明确把文化权利作为人权的组成部分,把尊重包括生活方式、共处的方式、价值观体系、传统和信仰在内的文化多样性、宽容、对话及合作,看做国际和平与安全的最佳保障之一。这表明人类正在觉悟,正在走近儒家"和而不同"的理念。

我有理由相信,中华民族将不仅发扬儒家文化仁爱、宽厚的精神,使自己的文明与世界各种文明进行更深入、更有效的对话和交流,使中国的新文化成为世界多元文化汇聚交流和综合创新的典范;而且中华民族也将以儒学"中和之道"的态度和智慧促进正在发生冲突的各种文明之间的沟通与和解,起到中介和桥梁的作用。在这个过程之中,儒学的精华将放射出更加夺目的光彩。

(载《探索与争鸣》,2005年第1期)

儒学在思考

一

　　20世纪的人类，一方面享受着西方工业文明积累的巨大财富和造就的发达科技，以及民主体制带来的人的解放和社会进步；另一方面也饱受着西方工业文明造成的生态严重恶化之苦，以及道德危机、社会危机的灾难。两次世界大战和战后长达近半个世纪的冷战，都是西方文明的产物。冷战结束以后，世界形势发生了许多深刻的变化。变化之一，是苏联解体、东欧剧变，美国成为唯一的超级大国，其霸权野心有所膨胀，好战倾向有所增强。变化之二，是民族主义运动进一步高涨，民族宗教冲突加剧，民族矛盾上升为世界主要矛盾。变化之三，是欧洲共同体实力不断壮大，亚洲各国尤其是中国经济与社会事业发展迅猛，世界走向多极化态势。变化之四，是经济全球化借着发达的信息技术而加快了速度，地球变得更小了。本来人们在两大阵营对抗之后内心燃起了更多的和平期望，可是不久这一期望便被连串的战争所浇灭。21世纪来临之后，霸权主义横行，恐怖主义肆虐。美国发生"9·11"恐怖袭击事件，接着便是阿富汗战争和伊拉克战争，后者尚未结束，人类的前途充满了危险。

　　人类社会是一个多民族、多地域、多国别、多文明的世界，不同群体之间自然会有许多矛盾和摩擦。但是回顾20世纪，面对着"地球村"的现实，人类究竟应该如何共处，是需要重新思考的。世纪之交所发生的一切，难道都是必然的吗？"弱肉强食"的生物学规则和"斗争解决一切"的冷战哲学是否依然适用于全球化的时代？几场跨国战争的发动者有没有非理性的失误？这些问题是值得认真研究的。

　　在西方世界，人们有不同的思考。亨廷顿的"文明冲突论"便是其中的一种。他在《文明的冲突与世界秩序的重建》中文版序言（1997年）中，承认世界"将有许多不同的文化和文明相互并存"，并表示，"我唤起人们对文明冲突的危险性的注意，将有助于促进整个世界上文明的对话"。他在中国读者面前不能不这样说，事实上他并没有就文明的对话作出任何有价值的论证，相反他带着西方文化中心论的偏见,大讲文明的冲突,把伊斯兰文明和儒家文明看做是西方文明的威胁。按照他的逻辑,文明的冲突便是不可避免的。书中甚至描绘了中美开战的可怕前景。亨廷顿的"文明冲突论"与其说是为了推动文明的对话,不如说他是在强化人们的冲突意识,提醒西方世界为文明的更大冲突做好准备。

"9·11"事件和伊拉克战争发生之后,有些人为"文明冲突论"唱赞歌,认为形势证实了亨廷顿的构想,这当然是错误的。最近在上海有人问当代美国哲学家理查·罗蒂,伊拉克战争是否是文明冲突的表现,他回答说:"伊拉克战争是美国军方和工业巨头的共同联盟发动的",这大概触及了问题的实质。文明的冲突是有的,如果背后没有利益的冲突,它是可以和平解决的;反之,利益的冲突,斗争不仅可以发生在不同文明之间,也可以发生在同一文明内部,而且可以形成激烈的对抗。20世纪两次世界大战首先发生在基督教国家之间,然后波及全世界;20世纪80年代的两伊战争流血八年,双方都是伊斯兰教国家。

打破惯性思维、开出创新思维的西方有识之士大有人在。早在20世纪60年代,天主教梵蒂冈第二次公会议就正式提出了"宗教对话"的理念。进入20世纪80年代以后,天主教自由派思想家孔汉思努力推动世界各大宗教之间的对话,包括宗教与儒学的对话,探讨世界普遍伦理的建设,形成文明对话的风气。他指出:"没有宗教之间的和平,也就没有世界和平。"从罗马俱乐部到法兰克福学派,再到后现代主义,从斯宾格勒、荣格、汤因比,到佩西、里夫金、弗洛姆、哈贝马斯、福柯,西方思想界对于工业文明的弊端和危机进行了尖锐深刻的批判,其中许多人对于东方文明深怀敬意,有着殷切的期盼。在各国进步人士的推动下,联合国教科文组织于2001年在巴黎通过了《世界文化多样性宣言》,明确把文化权利作为人权的组成部分,把尊重包括生活方式、共处的方式、价值观体系、传统和信仰在内的文化多样性、宽容、对话及合作,看做国际和平与安全的最佳保障之一。这表示人类对现代文明的认识,已经超越了工业文明的水平,而有了新的高度。

二

要促进世界的和平与发展,消除霸权主义与恐怖主义的危害,推动文明之间的对话,有许多事情要做,其中之一便是研究和总结中华文明发展的历史经验,深入阐发儒学的精义,使当代人类获得一种与西方文明不同的智慧,它也许能帮助人们找到一条通往和平相处的道路。

"文明的对话"是现在流行的文化语言，就其内涵和精神而言，它早就成为中华文明的深厚传统了。一部中华文明史，就是多样文化多种文明不断沟通、交流与合作的历史。摩擦、冲突、压制也发生过，但主流是文明的对话与互动。先秦时期有儒、道、墨、法、名、阴阳等诸子百家的思想争鸣，并汇合于齐国稷下学宫。两汉虽有"独尊儒术"的政策，其实是儒道两家的互替与互补，并开通了中国与西域各国的和平交往的通路。接着便是印度佛教的和平进入与道教的诞生成长。魏晋南北朝至鸦片战争的1500年间，中国文化的核心是儒学、佛教、道家道教三家的并立与合作，孔子、老子、释迦牟尼成为中国共同尊奉的圣人，三教融合与共信成为中国民众的信仰特色。此外，还有各民族的传统宗教以及摩尼教、景教、犹太教、琐罗亚斯德教的合法流行。天主教与基督新教最初也是和平传入中国的，鸦片战争以后，它们才与西方殖民主义侵略相联系，变成政治问题。中国在历史上是一个多民族、多信仰、多宗教的大国，这"三多"并没有使它困扰于对抗和分裂；相反，民族在矛盾中走向和谐，信仰在交流中走向丰富，宗教在互动中走向理性。既没有出现浩大的宗教狂热，也没有出现强大的反宗教思潮。各种宗教包括外来宗教，都能在中国这片土地上找到它和平生存的空间。各教之间基本上是平等的、友好的关系，中原地区从未发生由信仰冲突而引发的流血的宗教战争，也未出现过欧洲中世纪迫害异端的宗教裁判所。这种文化的多样性与和谐性，在很大程度上要归功于长期在社会思想领域占主导地位的儒学的"清明安和"（梁漱溟语）的人文理性，是它的"贵和"思想影响了中国宗教的和平性格及历朝的兼容并奖的宗教文化政策。儒学具有国教的地位，但不垄断文化，只给国人提供社会人生公共准则，而能容纳其他信仰，这在世界历史上是罕见的。

受儒学的长期熏陶，中华民族的性格便形成了"自强不息"与"厚德载物"两者相辅相成的结构，勇敢坚强，也善于学习，对外主张睦邻友好、和平交流。在中外交往史上出现过几件大事。一是开通陆地和海上丝绸之路，建立中国与中亚、南亚、欧洲各国的经济文化交往的渠道。它是和平的友谊的道路，没有发生战争与暴力。二是中国僧人络绎不绝前去西域或印度取经学佛，其中以唐代玄奘法师西天取经最为脍炙人口，可以说印度佛教是中国人主动请进来的。佛教在中国流传也遇到过阻力和指责，但起来为佛教辩护并大力弘扬佛法者，还是中国僧人，他们被主流社会认同。三是佛教律宗大师鉴真和尚东渡日本，带去佛法与中国文化，成为和平使者，至今受到日中两国人民的崇敬。佛教一向是中、日、韩三国人民友好的黄金纽带。四是明朝三保太监郑和下西洋。郑和带领当时世界一流的庞大舰队，出使南海各国，至印度、波斯，直抵非洲东岸，前后共七次，经过三十余国，毫无占领、殖民的意图，秋毫无犯，只是宣示中华文明，以加强中国与南洋诸国的友好关系为宗旨，这在世界大国的海洋活动中是独一无二的。有人举出反证，成吉思汗率蒙古大军攻打西亚和欧洲，造成大量流血惨剧。这是新崛起的游牧民族尚未融入中华文明时所表现出来的野蛮性，中原人民亦深受其害。全真道龙门派祖师丘长春，作为当时中华儒、佛、道三教文化的杰出代表，不远万里，奔赴雪山（在今阿富汗境内），劝诫大汗敬天爱民、重生止杀，使大汗第一次正式接受中华主流文明的启示，从而收敛了杀戮行为。这是儒学仁厚爱民思想的伟大胜利。以上可以看出，和平、友善、宽厚已经成为中华民族的传统，成为一种文化基因，代代相传，不会改变。今天中国能够和平崛起，最深刻的根据就在这里。

儒学之所以能够在历史上促进文明对话与交流，是由于它有如下特质：

第一，儒学是一种伦理型的人文主义，它为社会提供了普世性的道德原则和规范，即所谓人生常道，又把它根植于自然之道和共同人性之中，没有归结为某种至上神的启示，因而也没有一般的狭隘性与排他性。儒家道德的核心是"仁"，"仁者爱人"，人皆有之。表现为忠恕之道，忠道即"己欲立而立人，己欲达而达人"，也就是关心人帮助人；恕道即是"己所不欲，勿施于人"，也就是尊重人、体谅人。没有忠道，不能体现利他为善的道德精神；没有恕道，也会使忠道变成偏执的爱，从而破坏人际的和谐。忠恕之道包含着人道主义和平等宽容精神，它是人类社会公德的基本原则，不分种族和信仰，遵守它才能维持社会的正常运行。

第二，儒学具有贵和的传统，尊重文化的多样性，可以成为沟通各种文明的桥梁。孔子提出"和而不同"的理念，逐渐成为处理一切人际关系和多样性文化的普遍性原理。在它的指导下，《中庸》提出"万物并育而不相害，道并行而不相悖"的理事共存的宇宙观；《易传》发展出"各正性命"、"同归殊途"的多样性文化观；宋明儒学发展出"理一分殊"的"一"、"多"互含的哲学观；近现代谭嗣同提出"仁以通为第一义"的开放沟通的社会观；民国一批思想家提出"融会中西、贯通古今"的现代多元文化观；当代费孝通提出"多元一体"的民族观和"美美与共"的文明观；张岱年提出"综合创新"的文化发展观，它们都是一脉相承的。"和而不同"包含四大原则：一是差异原则；二是平等原则；三是和谐原则；四是互补原则。它是一种文明、开放和理性的文化观。中华文明正是在这种多元兼容的主流文化观引导下形成多姿多彩的面貌。

第三，儒学的中庸之道，具有持中、协调、理性的特色，适用于稳定社会和调解冲突。孔子说："过犹不及"，反对偏激行为。《中庸》说："执其两端，用其中于民"，主张照顾矛盾双方的利益。孟子说："仲尼不为已甚者"，认为做事要合情合理。在中庸之道的影响之下，中国文化形成刚柔相济、统筹兼顾、情理均衡的价值追求，对于调适宗教与社会的矛盾、协和多民族文化之间的关系、摆正维护固有文化与容纳外来文化的关系，都起了很大的作用。文化偏激主义是经常发生的，但都没有成为长期的主流的思潮，例如秦始皇焚书坑儒，三武一宗灭佛，不仅是短命的，而且受到批判，名声很差。反之，文化改良主义和社会调和论总是受到欢迎。

第四，儒学具有天下一家、天人一体的情怀，容易克服国家、民族和信仰的障碍，把仁爱中和之道推广到人类全体和天地万物。孔子讲："四海之内皆兄弟也"。孟子讲："亲亲而仁民，仁民而爱物"。《易传》讲："大人者与天地合其德"。《礼运》讲："天下为公"。宋儒讲："仁者以天地万物为一体"、"民胞物与"。儒家认为，社会应当是一个大家庭，人类也应是一个大家庭，宇宙是一个更大的家庭；仁心本于孝悌，而要推广到世界和宇宙。人与人之间、人与万物之间，都是共生互爱的关系。孟子说："爱人者，人恒爱之"，又说："杀人之父，人亦杀其父；杀人之兄，人亦杀其兄。"所以人类内部仇则俱损，爱则共荣。这种人道主义具有博大的胸怀，中国古代之所以能够凝聚众多民族并与周边国家睦邻友好，与儒家的天下一家的思想是分不开的。

第五，儒学对于如何处理大国与小国、强势群体与弱势群体之间的关系，也有很好的说明，表现出一种实用理性的智慧。儒学看到了国家、民族之间发展的不平衡性，承认大国的主导作用；但他认为大国不能仅凭军事实力，还要树立道德形象，才能真正具有威望并有利于天下太平。孔子称赞："桓公九合诸侯，不以兵车"，此乃仁德之力；他主张，"远人不服，则修文德以来之"。孟子总结历史经验教训，提出"仁者无敌"的理念，认为大国应实行"王道"、"以德行仁者王"，如此必然"得道多助"；若实行"霸道"，想以力服人，则会"失道寡助"；而"寡助之至，亲戚畔之；多助之至，天下顺之"。孟子的思想当时虽被视为"迂阔"，但后来秦朝武力强大而国运短促的历史教训证明，孟子是有道理的。大国之强，不仅在军事，更在有道德感召力。故历代强大王朝，对内注重"为政以德"，对外注重"讲信修睦"、"协和万邦"，而以穷兵黩武为失道。"化干戈为玉帛"、"礼尚往来"是中国人追求的理想的国际秩序。

三

儒学在思考，儒学在作现代的思考；儒学在反思自身，儒学也在考察世界。

儒学产生于宗法等级社会和农业文明的土壤之上，虽然有丰厚的内涵，也不免带有时代的局限性和不及工业文明的地方。所以当西方文明挟其现代优势席卷全球并成为东亚社会主流文化之后，儒学在中国由传统社会向现代社会转型过程中遭到猛烈批判，并退到边缘，但没有灭亡。它经历了外部的冲击和内部的反思，清除了自身陈腐和僵化的部分，逐渐显露出其内在的精华，在20世纪后期，终于获得新生，受到国人和世界的重新关注与评价。儒学作为一种民族文化传统正在回归中国，儒学作为一种具有普世价值的文化资源正在走向世界。可以说，儒学的现代转型与它参与中国现代化建设和应对世界性危机是连在一起的。没有儒学的现代思考，便没有儒学的新生。广义的当代新儒家，便是这种思考的主体。

梁漱溟是儒学现代文化学的奠基人，他在《东西文化及其哲学》中指出，西方文化长于科学和民主，但"理智活动太强太盛"，对于自然对于别人都取利用征服的态度，造成西方社会焦惶、慌怖、苦恼；中国文明早熟，"以意欲自为、调和、持中为其根本精神"，追求精神的自得和社会关系的和谐。西方文化将有一天要回到中国文化的路上。熊十力高扬儒家的道德理性，回归《周易》的生生不息的精神，以"体用不二"立宗，认为中国哲学传统可以避免沦入宗教的迷狂，亦可以避免浅近的功利主义，这两点正可以弥补西方文化的不足。贺麟超越了全盘西化论和国粹主义的对立，主张用西方哲学发挥儒家的理学，使之更严谨、更清楚；吸收基督教之精华以充实儒家之礼教，以加强超脱现世之精神；领略西方之艺术，以发掘儒家之诗教，形成艺术、宗教、哲学三者的和谐体。

1958年，牟宗三、徐复观、唐君毅、张君劢等联合发表《为中国文化敬告世界人士宣言》，指出中国文化的人文道德精神是好的，但缺乏民主与科学，故应在高扬自身道统的同时，借鉴西方文化，开出学统，建设政统。西方文化中之民主、自由、博爱、科学等，皆有其普遍永恒之价值，应为一切民族所接受，但西方文化存在着价值独断论或西方中心论，对其他民族文化缺乏敬意与同情，一味扩张其文化势力，遂与其他文化或人群发生冲突，造成战争、对抗、核威胁等危机。因此，《宣言》认为西方人应学习东方文化中诸如人生境界的提升、圆而神的智慧、仁者的悲悯之情、天下一家的情怀等长处。人类应发展出一大情感，一起思索共同的问题，建立"立人极"的学问，以推动世界和平。《宣言》发表之初，自由派胡适曾指斥它是"骗人的"；但从40多年后的今天再来看它，我们不能不承认它包含着远见卓识和人文睿智，我们也不能不为《宣言》作者的文化担当精神所感动。

中国港台新儒家第二代代表性学者杜维明，长期以来致力于推动文明的对话，为此而奔走于世界各地。他把哈佛大学燕京学社办成了多元文化交流对话的平台，使世界各地大批学者不断地走到一起，体现了当代儒者的有容乃大的心怀。他在2001年新加坡一次会议上指出，儒学是在与诸子百家互动中形成的，又是在与佛、道两家对话中成长的，今后有可能在与西方文明对话中走向世界。他说："儒家所体现的具有涵盖性的人文精神是中华民族可以提供全球社群的丰富资源"，"在多元宗教的现实之中，儒家'己所不欲，勿施于人'的恕道，'推己及人'的仁道，以及'和而不同'的共生共处之道，才是文明对话不可或缺的基本原则。"另一位新儒家学者刘述先以儒家身份参加过多次世界性宗教对话会议，学术上致力于阐释宋儒"理一分殊"哲理的内涵，用来推动多样性文化之间的沟通。他认为儒家的仁道文化包含着人类普遍的"常道"，同时又承认文化的多样性差异性，可以在文明对话中扮演重要角色。

中国香港孔教学院院长汤恩佳对世界文明危机有强烈的忧患意识，多年来到处奔走呼号，将孔子和儒学的"仁者爱人"与"和而不同"的思想向社会弘传，为世界和平做了大量工作。他于2003年1月在中国香港中文大学崇基学院座谈会上说："'和而不同'的理念，是中国传统儒家人文精神的精髓，是孔教的基本教义，也是治理世界错综复杂的各种矛盾，维持人类和谐安宁的灵丹妙药"，他指出："当今世界的政治、经济、生态的发展都是全球化性的，人类在互爱中共存，在互仇中俱损。"

冯友兰是融会中西的前辈哲学家，他的理论活动跨越了大半个世纪，直到中国内地实行改革开放。他晚年在《中国哲学史新编》中批评"贵斗"哲学的错误，阐发孔子的"贵和"哲学，指出"仇必仇到底"如普遍推广会发生极大的破坏；而宋儒张载提出的"仇必和而解"应当成为社会辩证运动的主流。并说，"人是最聪明的、最有理性的动物，不会永远走'仇必仇到底'那样的道路。这就是中国哲学的传统和世界哲学的未来。"

当代新儒家不仅在思考，而且在行动。他们参加过各种国际学术会议和文化交流，反复表达儒家对当代国际问题的理解和意见，都能表现出宽容、平等、和解的精神，从而受到各界人士的欢迎，同时也扩大了孔子和儒学的影响。

四

中华民族近代以来社会发展落伍了，文明也走向衰减。为了振兴中华，中国人一方面高扬发愤图强、勇于拼搏的民族精神，反抗列强的侵略压迫，争取民族的独立与解放；另一方面不断检讨自己的缺失，努力向西方寻找真理，认真学习和积极引进西方文明的先进成果，以便改造自己的文化，增强民族的生命。民国时期以学习欧美为主。新中国成立以后则经历了"以俄为师"和全面开放的阶段。中间发生过"文化大革命"的灾难，但痛定思痛、由乱而治，中华民族的发展由此而出现"柳暗花明"的一大转折，进入一个新的境界。正是由于中华民族肯于吸收，善于学习，能够把西方文明合理内核大胆引进，与中国优秀文化传统和现实国情有效结合起来，才能在实行改革开放仅20多年里，便取得社会事业和经济科技如此快速的进步与极为辉煌的成就，世人有目共睹。在这一巨大的飞跃过程中，儒家文化的精粹和智慧焕发出越来越绚丽的光彩，它的文化能量得到越来越大的释放和辐射，它的核心价值得到越来越广泛的认同。在中国内地，以儒学为基本信仰者尚不多见，但赞赏儒学和用儒学思考的人却是很多的。儒学是中华文明的主体思想，要复兴中华文化和弘扬民族精神就不能不继承儒学的优良传统；要推动有中国特色的社会主义现代化事业也不能不运用儒学的资源；要和平崛起，开展国际交往，参与文明对话，亦不能不发扬儒学的优长。研究儒学已蔚然成风，中国孔子基金会的成立，是儒学回归中国的重要标志；国际儒学联合会的成立，是儒学从中国走向世界的重要体现。开发儒学资源，推进祖国和平统一，推动社会道德建设，提高素质教育，创建儒商文化，已经取得显著成绩。在海峡两岸民间互动中开展的儿童中华经典诵读活动，蓬勃发展，方兴未艾。在治国方略上中国领导人强调"以人为本"、族群和谐、社会稳定、协调发展。在对外关系上，中国强调"和平共处"、"与邻为善"、"以邻为伴"，积极参与联合国维和行动，努力调停跨国的冲突，承担起更多的劝和的责任。这些难道不是包括儒学在内的中华优良传统的再现吗？中国之所以能够致力于世界和平，在任何时候都不会称霸，其最深刻的缘由盖在于此，文明特质和民族性格所使然也。很显然，儒学已经成为中国社会发展中的一种积极的精神力量；同时也成为东亚各国加强联络和团结的文化纽带；由于儒学联系着世界广大华人群体和倾心于东方文化的学者与民众，它已经成为国际社会文明对话的重要参与方面，它极有可能在今后世界几大文明和解中扮演沟通使者的重要角色。儒学如能在世界多样性文化互动中从边缘回到中心，成为显学，必将给世界带来和平的福音。

中国当代的儒学，已经通过引进西方文明而使自己的面貌焕然一新；西方文明是否也需要吸收儒学和其他文明而更新自己呢？这个问题既需要西方世界的人士进一步思考，也需要东方世界的人士积极回应。原因很简单，西方文明的优点和缺点正在影响着东方和全世界。例如，西方文明积累起来的民主、科学、人权、法治、自由、平等以及公平竞争等价值理念，已经成为普世的现代文明通则，深刻地影响到中国社会。中国目前正在加强民主与法制建设，把人权正式写入宪法，强调依法行政，维护公开、公正、公平的原则，关心和扶植社会弱势群体，贯彻科教兴国战略，鼓励学术自由和争鸣等，都是在向现代文明迈进，虽然存在的问题很多，但方向已经明确，原则已经确立。儒学也在帮助中国人认清和克服西方文明的负面成分，主要是拜金主义、暴力色情和强权政治，这些坏的东西不符合东方的文化传统，也有违现代文明的通则。

西方文明有一个很大的弱点，便是其核心国家在文明的实践中推行双重标准，国内是一种，国际又是一种，并且常常是对立的。以美国人津津乐道的民主、法治、人权而言，一般人都承认美国是一个法制社会，人权受到较好的保护，政治上也有比较成熟的民主监督机制和选举制度（问题也不少）。但所有这些都不适用于美国的国际事务，美国可以无视联合国宪章和国际条约，经常侵犯他国的主权，干涉他国的内政；非法发动侵略战争、残害他国公民、虐待他国囚犯、破坏他国家园，造成一系列人道主义灾难，却得不到监督和惩罚；它的警察在国内为了保护被劫持的人质而不敢轻易开枪，它的军队在他国以清除恐怖分子为名却可以滥杀妇女与儿童；死伤数百名美国士兵它便痛心疾首，而杀害成千上万的他国百姓它可以无动于衷，如此等等。美国在国际上的行为，看不出有丝毫的民主、平等、法治和人权。于是形成西方文明自身的一个悖论：用最野蛮的手段来推广现代文明的价值，这就叫做南辕而北辙，是注定要失败的。美国人民如果支持了穷兵黩武的总统，恐怕也要承担一定的责任，也要在良心上有所不安。事实上许多美国开明人士和民众已经在反思，并起来批评和抵制单边主义和国家暴力主义，看到霸权主义如不收敛，恐怖主义便不会止息，单靠军事打击和严密防范是不能从根本上解决问题的。有人提出"软实力"的概念，认为作为大国的美国，不能只迷信"硬实力"即拥有物质力量，还要拥有道义的力量，否则便会受到孤立。例如海湾战争、阿富汗战争，得到国际社会的支持，结果就比较顺利；而伊拉克战争，由于师出无名，残暴非义，便陷于困境，既使伊拉克人民遭受苦难，也使美国付出沉重代价。民主党总统候选人克里提出，美国应当赢得世界的尊重，而不是遭到世界的仇视。

这难道不是在印证孟子所说的"得道多助"和"失道寡助"的道理吗？西方政治家的智慧不能停留在"耀武扬威"和修建隔离墙的水平上，他们若能学一点孔子大的智慧，便能提高自己的精神境界，对于国家和世界都是大有益处的。

看来在现代文明通则之中，除了民主、自由、科学、人权、法制、公平等价值理念之外，还必须加上东方儒学所申明的天人一体、天下一家、和而不同、忠恕、诚信、礼义等价值理念，共同构成现代人类的普世性文明规则，使这些理念也像民主、科学、人权一样，深入人心。这是东西方文明真正的优势互补，如大国能带头推行，则文明对话便可大行其道，世界将会走出对抗和残杀，走向祥和与繁荣。人类进入"地球村"的时代以后，彼此之间的共同利益已经超出彼此之间的分歧和矛盾，"以邻为壑"的时代过去了，"风雨同舟"的时代来临了。任何一场世界性的危机和灾难，没有一个国家和民族能够从中得到真正的好处。人类不在团结中共荣，就会在厮杀中俱灭，所以人类要赶快觉悟。

宋代大儒张载有"横渠四句"流传于世，我们把它作现代的解释，便可表达当代儒学的人文理想。"为天地立心"——人类要成为自然界的头脑，做好保护地球生态的工作，使万物的生命得到健康的发育；"为生民立命"——反对战争，消除贫困和压迫，使人类的生命与健康得到切实保证，过上安宁、幸福的生活；"为往圣继绝学"——继承和发扬古圣贤的大仁大义大智大勇，使他们的救世情怀、仁德品性、人文睿智能重放光彩，照耀人类前进的道路；"为万世开太平"——化解各种文明危机，开展文明对话，在经济全球化的同时确立新的合理的国际秩序，共同建设一个繁荣、公正、安和的新世界。这是人类努力的方向。

（载《儒学与当代文明》卷一，九州出版社，2005年6月）

是天下一家还是弱肉强食？
——儒学天下观的当代意义

一

儒家"以人为本"的人文视野，把个体的道德完善作为出发点，进而推恩于家庭，进而施爱于社会，进而泽惠于天下，最高的目标是"赞天地之化育"。如台湾学者黄俊杰所指出的，儒家认为人的存在是"连续性"的和"有机论"的，个体与社会与宇宙"共生共荣共感"，"互为主体、互为依存"[1]。孔子说，"修己以安人"，"四海之内皆兄弟也"。孟子说，"老吾老以及人之老，幼吾幼以及人之幼"，"亲亲而仁民，仁民而爱物"。《大学》说：修身、齐家、治国、平天下。儒家所说的"人"泛指一切人，所说的"天下"泛指人类社会，尽管为当时知识所限，他们不知道遥远地域上人群的生活，但概念的指向是普世性的，所以把"国家"与"天下"分开，后者超越了国与族的界限，推及于整个人类。可见儒家是超民族主义，本质上是世界主义的。它考察人的本质从来不把个体孤立起来，而从人类的关系上、整体上去寻找人的真实存在，可以说儒家把人看做体现网状结构的、在群己关系和天人关系中生存的文化动物。儒家"能近取譬"，喜欢用人体生命的一体性和家族家庭的亲和性来比喻人际关系和天人关系。程颢说："仁者以天地万物为体，莫非己也。"[2] 所以世界上的人与物同自身是血脉相连、痛痒相关；若有隔阂和冷漠，如同得了瘫痪病，那就是"麻木不仁"，不是个正常的人了。张载说："乾称父，坤称母，予兹藐然，乃混然中处。故天地之塞，吾其体；天地之帅，吾其性。民吾同胞，物吾与也。"[3] 老百姓都是我的兄弟，动植物都是我的伙伴，都生活在天地之间这个大家庭里，应当相亲相爱。从这种人我一家、天人一体的宇宙观和社会观出发，在政治的层面上，儒家向来反对国家内部的残暴和争夺，也反对国家之间的征战攻略，而提倡"政通人和"、"为政以德"和"讲信修睦"、"协和万邦"。先进的民族和国家，可以和应该在国际事务上起主导作用，把其他民族和国家联合起来，但不能用强制的、暴力的手段，而应当依靠道义的力量。孔子说，

"修文德"、"来远人"。孟子主张"以德行仁"的王道，反对"以力服人"的霸道，甚至认为"行一不义、杀一无辜，得天下，而不为也"，规定了手段必须服从于和平的目的，而不可滥用。这些思想虽然被一些政治实践家认为"迂远而阔于事情"，许多时候不被采用，它自身也存在着忽略实力、把政治泛道德化的缺点，但它仍然成为一种文化基因深植于中华民族的性格之中。在这种文化精神影响下，中国历代的外交政策，基本上是和平睦邻友好的，在强大时也不致力于侵略扩张，这才有和平文化经贸的丝绸之路，才有郑和下西洋而不殖民，才有殖民主义来到之前的东亚无战事，才有儒学和佛教在东亚的和平友好传布，这是不容否定的历史事实。儒家和平友好的天下观具有强烈的人文关怀和理想主义成分，体现出农业文明和家族社会的和谐稳定、与邻为善的特质，但不能适应工业文明的时代和殖民强国的入侵。所以中国近代，在洋钱、洋货、洋炮、洋舰面前吃了败仗，沦为半殖民地和被欺侮被瓜分的对象。先进的中国人认识到在一个列强争霸、科技发达、竞争激烈的虎狼世界，要救中国单靠传统文化不行了，必须到西方寻找真理，通过学习西方文化使自己富强起来，于是引进工商文明，发展商品经济；引进民主平等，改造社会政治；引进科技教育，开启理性民智；提倡人权自由，培育公民意识。经过100多年艰难曲折的奋斗，中国终于实现了民族的独立和经济的腾飞，初步做到了自立于世界民族之林。作为西方近代文化结晶的科学、民主、理性、人权、自由、法治等基本价值，虽然在实践的层面上还有待继续落实，而在思想的层面上已为当代中国人所接纳，承认是共同的价值标准。站在时代前列的一批中国思想家，曾一度认为中国传统文化整个陈旧过时，西方现代文化整体先进发达，主张全盘西化。也有一批中国思想家认为中国文化有长有短，西方文化亦有优有劣，主张中西融合，综合创新。中国人从文化自信到文化自卑，再到文化自觉，经历了漫长而曲折的路，这条路到现在还没有走到理想的境地，但方向已经明确了。例如，在努力从事现代化建设的同时，在内政上推动民主法治建设，确立"以人为本"、"构建和谐社会"；在外交上，确立和平自主、睦邻富邻安邻、劝和促谈、构建和谐世界。这种治国理念超出了近代启蒙思想，包含着儒家以德治国、天下一家的精义。

二

西方近现代文化给人们一个强烈的印象便是它的二重性。它既给人类带来了发达的科学技术和生产力，从而导致财富迅速积累，生活极大改善，也带来现代公民社会的民主法治体制，在更大程度上保障个人的自由和权利，有利于发展个性和每个人的创造性，它给人类提供了秩序和自由相结合的可行模式。同时，它也给人类带来生态危机、道德危机、族群冲突、殖民主义、帝国主义乃至法西斯主义。它也在不断自我反省和调整，但至今似乎仍然没有找到真正走出上述危机的道路。西方近现代文化是在希腊和希伯来文化传统基础上，经过工业革命和资本主义的洗礼之后形成的，因此在体现人类的智慧和文明进步的同时，不能不带有工业文明的局限和资本主义的残酷。它除了在有产者和无产者之间制造富贫和阶级的差别以外，更要在宗主国和附属国、发达国与不发达国之间保持不平等不合理的秩序，以便最大限度地实现资本集团的利润。在这种情况下，掠夺、欺凌、侵略是很难避免的。有时资本集团和国家之间发生利益冲突，也会引起战争。第二次世界大战以后，西方国家总结了法西斯覆灭的教训，面对日益高涨的民族主义运动，又以社会主义运动为借鉴，对于社会发展、社会管理和国际关系的处理模式，进行了大幅度的调整。例如，为了自身的绝对安全，不再轻易发动世界规模的战争，尤其不能轻易使用毁灭性核武器；对殖民地直接的政治、军事控制，更多地让位给间接的资本输出和跨国公司的经济控制，而允其政治独立；在国际关系和民族关系上，取缔种族主义和法西斯主义宣传与活动，承认国家平等、主权尊严和民族和解的重要；反对市场垄断，避免资本集团的冲突发展成为对抗，发展各种经济共同体；对内强调人权、平等和自由，并通过立法控制贫富差距，提供社会福利保障，以缓和社会矛盾，等等，应当说取得了一定的成功。但是从西方文化的现实表现看，它的转型还不是根本性的。相对而言，国内问题解决得好一些，国际问题表现较差，出现双重标准，为世人所诟病。最大的问题是国家、民族和宗教之间矛盾引发的地区性冲突不断，霸权主义与恐怖主义流行，与全球化进程形成鲜明反差。原因是复杂的，但作为主流的西方国家和西方文化要负重要的责任。西方人不仅要批评其他的文化，尤其要反思自己的文化；中国人不仅要反思自己的文化，也要批评西方的文化。西方文化是主流文化，影响到所有国家；中国文化正在重新成为主流文化和走向世界。尤其在人类成为"地球村"甚至"地球家"的当代，相互的依赖早已超出相互的对立，人们只有在世界范围内形成整体性文化自觉和文化共识，国际政治才能走上正轨，人类才有光明前途。孙中山先生早在民国十三年发表的《大亚洲主义》中指出："东方的文化是王道，西方的文化是霸道。讲王道是主张仁义道德，讲霸道是主张功利强权。讲仁义道德，是用正义公理来感化人，讲功利强权，是用洋枪大炮来压迫人。"这段话虽说有点简单，仅就东西文化在国际关系上的表现而言，基本上是正确的。

杜维明教授是生活在西方的开明的新儒家学者,他对中西两种文化都有深刻的反思。他指出:"现代西方文化一方面创造了很多价值,但同时也把人类带到了不仅是自我毁灭,而且可能把经过亿万年才逐渐发展出来的有利于人类生存的生化环境亦同归于尽。"又说:"现代西方文明完全以动力决荡天下,以达尔文的进化论和浮士德精神的无限的扩张、无限的发展、无限的争夺这种心态作为主导,必须重新反思。"[4]这是切中要害的评论。尽管西方盛行各种批判思潮,包括后现代主义,但都不足以纠正其主流文化之偏颇。不仅以核武器为前沿的军备竞赛还在加紧进行,而且由美国发动的局部战争接连不断,民族宗教冲突日益加剧(背后都有西方插手),地区性危机(如伊朗与朝鲜核危机)如处理不当会随时演变为世界性紧张局势,而恐怖主义到处肆虐。西方文化在引导国际形势走向和平的路上似乎是无能为力的,又经常是以暴制暴、暴暴还治的恶性循环。科学家说,地球在宇宙中是孤立无援的,如果自身出了大问题,不要指望外星生命会来救助。笔者敢断言,如果地球毁于人类之手,那么必将是毁于西方文化而绝不是东方文化。西方文化在价值层面上有几种思想传统值得深刻反思。

其一,在政治层面上的马基雅维利的强权政治论。马基雅维利是文艺复兴时代西方政治学之父,他的政治哲学以人性恶为出发点,强调国家至上,权力神圣;为了达到目的可以不择手段,为了国家安全统治者可以背信弃义,玩弄权术。其政治学的最大特色是鼓吹强权,摈弃道德,有点类似于中国的韩非之学,或孟子所斥责的霸道。但中国历代政治以儒家德政礼治为主,法家未能成为主流。而西方近代以来,政界却把马氏之学奉为圭臬,把政治作为集团利益的体现和协调,无视道德和正义,奉行"强权就是公理"、"弱者无外交"、"政治斗争无诚实可言"的原则。美国在外交上公开宣布国家利益至上,习惯于单边主义,推行实力外交,虽时有收敛和权变,但骨子里的强权政治很难改变。美国为了维持其世界霸主地位,一方面不许它讨厌的国家如伊朗、朝鲜实验导弹,开发核能;另一方面,不仅自己加紧先进核武器和导弹的研制,而且支持印度和日本发展导弹,扩军备战,以遏制中国,其政治的实用性太明显了。霸道很实用,但也经常碰壁,尤其不符合时代潮流,从而成为众矢之的,成为遭恨的对象,不改进也是不好维持的。没有道义等软实力的国家不是真正强大的国家,许多美国人也意识到了这一点。

其二,在思想层面上的社会达尔文主义。把生物界的生存竞争、适者生存、优胜劣汰、弱肉强食的规则,也看做社会发展的规则,奉行强者为王的狼吃羊的信条,把本民族的生存与发展建筑在损害和压迫其他民族之上,并认为这是天经地义。达尔文主义不仅是生物学上的一次革命性创举，它还开辟了西方人文学科的新阶段，摆脱神学，进入人学。但它是有局限的，它忽略了即使在生物界除了竞争还有相依共生的一面，它也不能解释生物物种的停滞与突变。而人类社会有文化有信仰有道德，在生物学规则之上还有人学的规则，即文明的规则，它要求人类脱离野蛮和残忍，学会和平友好的相处，改善人性，改良社会，提升人生，消除罪恶和苦难，争取人类共同的繁荣和幸福。一切健康的学说和宗教都致力于这个崇高的目标。社会达尔文主义视社会如动物界，充满了争夺与拼杀，认为以强凌弱、以富欺贫是正当的，为了生存的需要也可以发动战争。以此出发，可以发展出种族主义、帝国主义乃至法西斯主义。社会达尔文主义最大的弊害是种族优越论，视其他民族为劣等，把民族压迫当成常态。在西方国际政治生活中，进化论情结是很深的，民族优越感是强烈的。我们看到的帝国主义、霸权主义、单边主义种种行径，骨子里就是大民族主义，它把本民族视为上帝的宠儿，应当得到世界上的最大利益和最好的生活，为此损害和控制其他民族是不可避免的也是正当的。他们相信斗争哲学，相信凭实力说话。我们批判社会达尔文主义，不是否认民族发展有差别、民族之间需要竞争，而是主张竞争必须是和平的公正的文明的，此外民族之间也需要互助与合作。民族之间的比对，既在军事上经济上，也在文化上道义上。狭隘的民族主义和大民族主义不是民族的长处，恰好是民族的污点，说明他们没有博爱的胸怀，还带有野蛮的气息。西方中心论者当他们以全球价值的代表到处指责别人的民族主义的时候，不妨对自身的更深度的大民族主义进行严肃的省察，不挖出这条毒根，西方文化难以转型。

其三，在信仰层面上的基督教的排异性。基督教是西方文化中的信仰价值体系，是社会道德的支柱，是西方人借以安身立命之所，至今仍然如此。基督教宣传上帝的爱和爱人如己，在上帝面前人人平等，人不可做损害他人的事。它的天堂地狱之说、救赎论和灵魂拯救说有利于劝人去恶从善。基督教在其发展历史上历经改革，从迫害异端、扼杀科学，到主张宽容、协调科学，在很多情况下成为促进和平、宗教对话的积极力量。但基督教传统里的排异性并未彻底清除，尤其它的基本教义派仍坚持旧说不思改革，所以仍存在着它的消极面，在当代多元文化并存中发生着负面作用，这是不容忽视的。基督教一个根深蒂固的理念便是爱上帝高于爱人类，如果崇拜其他神或者主张爱人与爱神合一便不可以得救，所谓的"基督之外无拯救"，这种一神论的独尊性和排他性是一个很大的弱点。正如韩国学者李明汉所指出的："基督教虽然讲的是爱与和平，但只有基督教人的爱与和平才有价值才能进天堂。若是其他宗教的爱与和平入地狱的话,这种爱的根会是恨,和平就会成为战争之母。"[5]历史上的十字军东征在观念上是与此相关的。当然现在的基督教大大进步了,对历史有所反省。但"十字军情结"仍在一部分人心中存在,基督教世界不断有人把伊斯兰教妖魔化,加剧与穆斯林世界的对立情绪,这是客观事实。因此,基督教很难承担起引导世界、化解对抗的重任。亨廷顿的"文明冲突论"就是"西方中心论"和"十字军情结"的再现,这种理论无法为人类的文明找到出路。基督教独尊性和排异性的另一个理念,便是要把基督福音传布到全世界,并以此作为一项神圣的使命,从而有到各国传教的周密计划,并不遗余力地加以推动。由于缺乏对其他民族信仰的尊重,这种只顾扩大本教不顾其他的传教意识和做法,再加上与霸权主义政治相配合,便容易与其他文明发生冲突,需要基督教主体加以反思和调整。曾任美国《时代》周刊驻北京记者站站长的艾克曼写了一本《耶稣在北京》,透露出西方有人要使中国基督教化的行动方案,所谓"基督教的'羊羔'将驯服中国'龙'",表现出一种野心勃勃、傲慢自大的文化帝国主义心态。美国有些政治家总喜欢把自己的价值观灌输给其他民族和国家,甚至不惜动用武力来达到目的,这其中就有着基督教的福音情结在作怪。台湾学者蔡仁厚教授指出,西方的"己所欲,施于人"的金律,比不上孔子"己所不欲,勿施于人"的恕道,会给人类带来灾害。他说:"西方宗教所表现的'狂热',便正是'以自己之所欲',而'强施于他人',就其初心而言,虽然是一番好意(希望他人亦能得上帝之恩宠而赎罪得救),而结果却无可避免地干涉了他人的信仰自由。同时,基督徒又判别人之所信为异端,而加以贬视,加以排斥,于是乃有酷烈地迫害异教徒之惨事。如今,宗教迫害之事虽已革除,但近世以来,西方人挟其强势的军事政治经济力量,直接间接对东方(尤其中国)强迫推销西方的生活理念与生活方式,其背后的精神,亦仍然是'己所欲,施于人'。这正是'强人从己','强人所难',严重地违背了儒家的'恕道'。"[6]现在基督教的自由主义派神学家们努力提倡宗教对话和多样性宗教的和平共处,认真寻求全球性的普遍伦理,已经在改变着基督教的独尊性和排他性。由于传统的强大惯性,基督教要真正变成一个宽容的现代的宗教,还要走很长的路。我们是否可以这样说,西方文化找到了一个相对合理的管理现代公民社会的基本理念与模式,但没有提供建设现代合理世界秩序的基本理念与模式,前者面对的是有统一制度的民族国家,后者面对的则是无政府状态的多国并存的世界。西方文化现有的处理国际关系的主流理念与模式,即强权政治和霸道文化,是世界动荡不安的重要根源,这是西方文化致命的弱点。

三

看来世界要走向和平与发展，需要一种新的智慧和指路明灯。西方有识之士从孔子和中国文化那里看到了希望。1988年诺贝尔奖获得者集会巴黎，提出人类要在21世纪生存下去，必须回首2500年前，从孔子那里吸取智慧。[7]汤因比说："世界统一是避免人类集体自杀之路。在这点上，现在各民族中具有最充分准备的，是两千年来培育了独特思维的中华民族。"[8]在笔者看来，孔子的智慧和中国文化在国际族际关系之道上的精义便是"天下一家"与"和而不同"，前者以仁为体，后者以和为用，颇能对治当代国际社会面临的挑战。

第一，"天下一家"重在爱心的扩展和情感的沟通。人作为一类是一体相关的，不在互爱中生存，就在互恨中灭亡；尤其在"地球村"的今天，相互的依存远大于彼此的矛盾，所以"共荣"、"双赢"的理念取代了"损人利己"、"以邻为壑"。互相残杀必然两败俱伤，再没有真正的赢家，更不能齐心去克服生态危机。两伊战争谁是胜利者？巴以冲突谁能得到安宁？世界其实就是一个大家庭，其成员就是所有的民族和国家，彼此没有根本的利害冲突，应当和能够相亲相爱过日子。爱自己民族，也爱其他民族；爱其他民族，也就是爱自己民族。民族歧视和仇恨是当今人类心头一大孽障，必须在心灵上打通这种族群之间的障碍，视天下为一家，视他族为兄弟，人类的精神便会得到一次大的提升。如果说历史上以强凌弱、军事冲突、以邻为壑、四分五裂是常态，而天下一家、和平共处、互助共荣、睦邻友好是理想，那么在全球化、信息化、地球村的今天，族群仇恨、武力对抗、征服世界便成为过时的野蛮的不能有好结果的东西，而族群和解、文明对话、合作交流日益成为时代的主旋律。人类如果不能培育天下一家的情感，地球村是无法维持的。

第二，天下一家的理念要求人们在民族之间、国家之间推行孔子的忠恕之道。"己所不欲，勿施于人"的恕道，其精神是体谅人、尊重人。"己欲立而立人，己欲达而达人"的忠道，其精神是同情人、帮助人。人与人之间应当如此，族与族、国与国之间亦当如此。与它相对立的便是霸道和损道，霸道引起反抗，损道招来报复，冤冤相报，无时可休。纵观世界上的民族冲突和国家对抗，出于三种矛盾：一曰利益争夺；二曰信仰扞格；三曰尊严受损。皆不知忠恕乃文明相处之道，其作用是相互的。爱人尊人者，人恒爱之尊之；害人侮人者，人恒害之侮之，这是一条定律。国际政治生活中常见到的现象，一是强势国家用最后通牒式的语言向弱国说话，而不能放平身份；二是自认为先进的国家到处指责别国而无自知之明。这些国家的政治家们要改变一下传统的作风，学会关心人尊重人，把博爱平等的理念推广到国际事务中去，这是当务之急。大国领导人要认识到，今后国际交往只有"共赢"，没有"单赢"，"仇必和而解"是唯一的出路。

第三，天下一家的理念要求人们承认和尊重世界的多样性，实行"和而不同"的原则。经济的全球化并不等于世界的趋同化，更不等于世界的西方化。每个国家和民族的历史文化不同，其现代化的道路和模式也必然各异。从政治制度、经济制度，到文化特色、生活方式，多样性和差异性是普遍存在的，世界因此而丰富多彩。而多样性和彼此的比照互补，是文明发展有生命活力之所在。无论是苏联式的输出革命，还是美国式的输出价值，都是一种冷战思维，其背后都有强同排异的文化观作怪。强同不成，便施之以斗，于是野蛮便取代了文明。政治霸权主义必然伴随文化霸权主义，这是世界长期动荡的重要根源。多样性的和谐共存，如今不仅仅成为体现现代文明的文化理念，也成为体现现代文明的人权理念和政治理念。尊重每个国家和民族的制度选择权、国家主权和文化传统，不干涉他国内政，不包打天下，才能和平共处。

第四，天下一家的理念，要求大国强国以德服人，不要以力欺人，实行王道，抛弃霸道。孔子孟子看重大国强国的地位和作用，具有联合群国、开辟局面的举足轻重的权威。但孔孟希望大国以仁德率令天下，不要以武力征伐天下。孔子称赞齐桓公"九合诸侯，不以兵车"，主张"远人不服，则修文德以来之"；孟子更主张"以德行仁者王"，"仁者无敌"，反对侵略战争，"善战者服上刑"。虽然在国际政治中，经济军事实力是后盾，倘若大国不行仁义，专以残暴，亦不能行之久远，德日法西斯的覆灭便是实证。所以孟子的"得道者多助"、"失道者寡助"，至今仍是至理名言。美国因萨达姆侵占科威特而发动的海湾战争和反对毁灭文化的塔利班而发动的阿富汗战争，虽然不符合儒家反战的宗旨，毕竟有其合理性，得到联合国授权和国际舆论的支持，所以进行得顺利。而美国发动攻打伊拉克的战争，不考虑法理和道义的依据，一意孤行，虽然暂时赢得军事胜利，却没有取得政治的成功，使伊拉克成为第二个"越南"，陷溺其中，难以自拔。霸权主义导致自我孤立，证明孔孟关于大国以德行仁的思想并没有过时，值得大国政治家借鉴。看来，实力加道义才是大国成功之路。

注释：
[1] 黄俊杰：《儒家传统与 21 世纪的展望》，《儒学与世界和平及社会和

谐》,第346页,首都师范大学出版社,1999年。

[2] 程颢:《二程集》,中华书局,1984年。

[3] 张载:《西铭》、《正蒙·乾称篇》,王夫之:《张子正蒙注》中华书局,1975年。

[4] 杜维明:《学术文化随笔》,第133页,中国青年出版社,1999年。

[5] 李汉明:《从儒学的观点看世界和平问题》,林安梧:《当代儒学发展之新契机》,第280页,台湾文津出版社,1997年。

[6] 蔡仁厚:《儒家思想对人类前景所能提供的贡献》,《儒学与世界和平及社会和谐》,第251页,首都师范大学出版社,1999年。

[7] 骆承烈:《西方人心目中的孔子———兼议巴黎会议"宣言"》,《中华文化研究通讯》,2006(1)。

[8] 汤因比:《Choose Life》(第2编第4章第3节),《儒学与世界和平及社会和谐》,第459页,首都师范大学出版社,1999年。

(载《探索与争鸣》,2007年第1期)

儒家天人之学与生态哲学

地球的整体是什么样子？长期以来人类并没有直接的感受，只能感知它局部的美，因为人类生活在地球表面上，贴得太近，不能作全方位观察。只有离开地球，才能形成视角，离开到相当的距离，才能形成涵盖全球的视角，这一点一般飞行器做不到。如今到九霄去巡天俯地的美好愿望不再是神话，由于载人飞船的出现，飞行员直接看到了整个地球，拍摄到它的整体形象。地球是湛蓝的美丽的，云团和云流在它表层缓缓移动，按着天籁的韵律，就像一位漂亮的仙女，披戴着素纱，慢步起舞，纱裙飘逸，回旋迷人，在纱罩的后面，时隐时现着倾世的绝色。地球与其他已知的星球相比，是真正的天界仙境。人类在地球上用肉眼看到的星辰，没有哪一个能与地球媲美。在目前可测察的广袤太空里和星团中，它是已知的唯一有高级生命的星体，是大自然的造化之力在数十亿年的漫长岁月中逐渐成就的无与伦比的杰作。

地球孕育出众多生物，生物进化出人类，形成生机盎然、异彩纷呈的世界。然而大自然的杰作中的杰作——人类，自从具有高度的灵性以后，渐渐地从地球可爱的儿女变成地球的异化物，它肆无忌惮地消灭着异类生物，在地球母亲的身上施暴破坏，为的是追求一种畸形的眼前的幸福。地球已经变得有些灰暗，自然之母的润泽肌肤已经变得粗糙难看，到处都是千疮百孔。无怪乎格雷格说："世界生了癌，这癌就是人。"人类确实成为地球生态的最大破坏者，这是人类的悲剧。美丽的地球将要被她最有灵性的儿女摧残而变成没有生气的死星呢？还是地球母亲在忍无可忍的时候毅然抛弃这群不可救药的孽子而重新恢复自己的青春呢？抑或还是人类赶快醒悟，医治他们给地球造成的创伤，重新得到地球大家庭的欢乐呢？这很难预料，在很大程度上取决于人类的觉悟。

一、生态危机威胁着人类的命运

据古人类学的研究成果，人类已有300余万年的历史，其中绝大部分时间是在自然生态正常循环之中度过的。从进入文明史以来的数千年中，人类改造自然的速度显著加快，并且接连不断地发生各种战争，对自然环境时有破坏。但是直到17世纪为止，人类的文明还属于农业文明的范畴，人类的不良活动尚未对生态平衡造成明显的损害，亦未对环境造成难以自然消纳的污染，所有发生的消极后果，对于地球这个大生命来说都是局部的可以忍受的和容易化除的。人类依赖自然，接受它的恩赐，对它怀抱着崇敬、感激和畏惧，不敢有超越的非分之想。无论东圣还是西哲，都在一面赞美人类的灵秀和智慧，一面歌颂自然界的奇妙与伟大，主张人对自然的顺适和协调。古雅典哲学家就认为水、火、土、气是由于大自然和偶然性造成的，艺术必须与自然相协调。政治与立法也要与自然协调合作。

自从西方工业文明兴起以后，情况便发生了根本性的变化，人类生存的环境开始受到大范围的侵害。据日本国立极地研究所分析，北极冰层成分的结果表明，1800年前后，pH（氢离子浓度）平均值为5.35，已明显呈酸性。地球大气污染的起始时间，与欧洲产业革命的时间基本吻合。培根提出靠科学技术建立人类对万物统治的帝国，实行对自然的支配。从此，在征服自然的响亮口号下，工业文明迅猛发展，取得了令人眼花缭乱的巨大成就，创造出无与伦比的发达生产力和物质财富。于是自然统治人类的时代一跃而进入人类统治自然的时代。人类拥有了超出以往千百倍以上的各种能量和科学技术手段，贪得无厌地掠夺自然资源，疯狂地向自然界索取，以实现经济的高速增长作为社会发展的主要目标，为此不惜任何代价地破坏生态的平衡。在最近这二三百年中，人对自然的破坏以加速度的趋势发展，而最近一个世纪更是日甚一日，其严重性终于使有识之士在20世纪中叶猛然醒悟，发现工业文明的成果是以自然环境的巨大破坏为代价的，已经构成对人类健康生存的威胁，这种畸形文明若不赶快设法补救，人类将跨向自我毁灭之途。罗马俱乐部的成立和活动，便是这种觉醒的一个显著标志。于是人类的发展史又来到一个新的交叉路口上。我们这一代人对人与自然的关系作如何的反省，对以往的文明作如何的总结，对社会发展方向作如何的调整，对于我们的子孙后代的幸福将具有关键性的意义。

半个多世纪以来，治理环境成为普遍的呼声，因为生态危机太严重了。生态危机最新的特点是：由缓慢的破坏发展到高速度的破坏，如今环境污染的加重一天超过以往几十年；由地区性的危机发展到全球性的危机，无一国可以保持洁净；由一般生存条件的破坏发展到基本生存条件受到威胁，如水、空气、土地、阳光、森林这些古人可以充分享受的生存基本要素已经变得珍贵而劣质；自然界自我调节机制由局部的暂时的紊乱发展到主要环节上失灵，人类活动打乱了地球的生命节奏，使自然界的再生能力不能补救人类造成的损害。更为严重的是，地球生态的恶化趋势，除局部得到遏止和改善外，从整体上说，不仅不见停止，而且仍在加重。世界的森林，正以每分钟 50 公顷的速度消失。世界上有 500 万－1000 万物种，其中的 50－100 万种为 20 世纪人类所毁灭。由于氟利昂的过量排放，保护人类的臭氧层开始遭到破坏，南极上空出现空洞。二氧化碳作为工业废气的急剧增加，引起的温室效应和气候异常，将导致更多的自然灾害。海洋经常遭到大面积石油等人为的污染，工业污水的排放，核废料与垃圾的弃置，以及超量的捕捞，已经使海洋生物大受其害。在陆地上，农药与化肥的大量使用，不仅土壤质量下降，而且严重污染河流及地下水源，加上工业废水废渣的大量排放，全球性淡水系统的污染十分严重。草原的退化与土地沙漠化亦是世界范围内的严重问题，它影响到农业、畜牧业和气候。

总之，一方面是物质和能量的过度消耗，导致资源的危机和生态的变劣；另一方面是过量废弃物排向环境，摧毁自然净化结构，造成环境污染。此外，还有数量很多的核武器这样一个巨大的潜在污染源，一旦被战争疯人释放出来，将毁灭地球；即使能达成禁止和销毁的协议，并真正实行，核武器废品也将长期污染局部环境。

中国的情况更不容乐观：人口太多，使得农业资源过重超载；可采伐利用的森林资源将面临枯竭，大部分林场无林可采；水资源短缺的矛盾日益突出；近海资源下降，海洋污染逐年增加；以煤为主的能源结构使大气污染加重；工业污染由于乡镇企业的猛烈发展而日益严重；城市生态系统逐步恶化；水土流失每年 50 亿吨，长江正变成第二条黄河；草原退化与土地沙化的势头未能遏止；到 2000 年，全国有 70% 的淡水资源因受污染不能直接使用。由于环境恶化而造成的直接经济损失每年达 860 亿元，环境恶化也是造成各种恶性疾病的重要原因之一。当然，由于这些年的努力，局部地区和系统有所改善，但整体仍在继续恶化，前途令人担忧。

可以说生态危机已经成为全人类面临的最大的共同性危机，生态危机也是中华民族生存与发展的主要危机之一。每一个有社会责任感和对子孙后代关心的人，不能不面对这一严峻的形势作深刻的反省和认真的思考，不能不对迄今仍在一片赞扬声中的工业文明的利弊重新作出评价，不能不在人与自然关系上做哲学高度的探究，并因此而常常回到东方古圣哲那里寻找智慧。如果再不清醒起来，那可真是愚不可及了。

二、与自然界敌对还是做自然界的朋友

要改变现状,必须先改变人们的行为;要改变人们的行为,必须先改变人们的观念;要改变人们的观念,必须先改变人们的指导思想,这里有认识问题也有价值取向的问题。在人与自然的关系上,中国古代哲学是天人一体相关论,西方工业社会的哲学是天人二元对立论,现在似乎应当建立起一种新的天人相化共荣论,即生态哲学,用以促进世界的健康发展。

我们必须在指导思想上作痛心的检讨和根本性的转变,至少对以下问题要重新作出抉择。

(一)人类要成为自然的征服者、统治者,还是与自然界共存共荣、协调发展

人类来源于大自然,又是大自然的一部分,离不开自然,所以人类应视大自然为自己的母亲,视其他生物为自己的伴侣。当然,自然界并不天然就适合人类的生存和发展,还时常给人类带来灾害和麻烦,所以人要改造自然,改善环境,利用天然质料制造各种产品以满足自己的需要,因而有文明的出现和发展。这种情况助长了人们的幻觉,以为自然界只是任人践踏的被动性的对象,人的意志可以随意强加在自然界身上,使自然界成为驯服的奴仆。其实,大自然既给人类创造了最适宜的生存环境,又是活生生的有无限潜力的存在。所谓"适宜"是指地球在几十亿年的演化中形成了包括大气、海洋、生物、森林、土壤等在内的特殊生态系统,有了这个系统才产生了人类,所以从根本上说,从人类生存所需要的基本物质要素:阳光、空气、一定比例的氧气、温度、淡水、土地这些大环境条件来说,地球是最适宜人类居住的地方,而"不适宜"只发生在小环境小气候上,只发生在不能现成提供人类不断增长的各种需求的产品上。"改造自然",严格地说只是"改善自然",改良局部的不协调,绝不是改变人类生存的基本条件。至于"征服自然",那是根本不可能的事,只能表现人类的狂妄自大。"人定胜天"的口号在一定程度上起鼓舞作用,推动人们去建设去创造,但从根本上说它是非科学的,有限的人力怎么能战胜无穷的自然造化之功呢?人不能"胜天",只能"补天",假若非要与自然为敌,对自然实行征服和掠夺,其结果必然遭到自然界的无情报复和惩罚。人类破坏自然的程度与遭到惩罚的程度成正比,只是有早有迟,到忍无可忍的时候,便是人类大难临头的时候,恐怕后悔也来不及了。实际上并非自然界有意识与人类作对,而是人类自作自受,咎由自取。人类是自然界整体的一个小局部,整体被

破坏了,局部焉能独存?当我们看到鱼缸中的金鱼时,觉得金鱼很可怜,生活的天地那么狭小,温度、水质稍有变化,金鱼就不能正常生存。其实人类对环境的依赖要求比金鱼更复杂。大气就是大自然给人类创造的"大鱼缸",大地是其承托,人类只能在其中生存,只是微观的调节能力比金鱼强。我们坐在飞行在10000米高度的飞机上俯视大地,便会有人命如蚁的感受,只要那薄薄的一层大气成分发生大的改变,或者撕裂消散,只要气温发生太大的变化(例如太热到100℃,太冷到-100℃),人类将顷刻全部死亡。蚂蚁夸大,蚍蜉撼树,人间作为笑话;人类妄图统治大自然,岂非五十步笑百步乎?诚为不自量也。人类的生存对环境条件的要求极为精细严格,甚至达到了苛刻的程度,温度、氧气、阳光、营养、空间都有大致固定的要求,可以称之为"生命场",人类必须仔细地保护这个"生命场",因为人力可以破坏它,但不能再造它。英国地球生理学家洛弗劳克提出"加伊尔假说",认为生物与环境的控制交相感应才使地球保持了有生命、能生存的平衡状态,地球是一个"超生命体",不仅有岩石、海洋、大气,也须有动植物及微生物的参与,才使地球形成巨大的自我调节系统。以大气与温度为例,数百万年能保持出奇的稳定,就是因为有自我调节机制。人、动物和火焰,制造二氧化碳,造成温室效应,而绿色植物吸收二氧化碳,又使温度下降。海洋有一种浮游生物能释放乙烷硫化物,将水蒸气压缩成微滴形成云层,云层越多,透过的太阳的光热越少,地球温度下降;冷气温则使这种浮游生物数量衰减,因而云层减少,阳光充足,温度便又上升。加伊尔学说虽然尚未完全证实,但地球存在着精微而有效的自我调节系统却是毋庸置疑的,人类所破坏的环境条件和绝灭的动植物,究竟在多大程度上参与了这种调节,起着什么作用,许多尚不甚清楚,因而其后果存在着一系列的未知数。洛弗劳克警告说,这个自我调节系统若被过于倾斜,就会发生突然变化,加伊尔会加以调节,但那是一个渐进而漫长的过程,人类可能等不及,虽不致被毁灭,但可能成为零星散居的地球上的少数生物类。这已经是一幅很可怕的前景了。

当然,人类也不能做自然界的奴仆,消极被动地听任大自然的摆布。大自然本来就是不完美的,它在生育人类的同时,也不断给人类带来各种痛苦。所以人类不能坐等自然界的恩赐,要通过劳动和科学改善环境质量和生活条件。但生活条件的改善必须在保护环境的前提下进行,否则生活条件也不能得到根本的长远的改善。爱护自然与爱护人类是一致的,为了人与自然的和谐而改造自然,改造自然以达到人与自然的更高一层的和谐。老子说:"辅万物之自然而不敢为。"人的活动从根本上说必须顺乎自然,起辅助的作用。"征服自然"

的口号是不科学的、有害的，必须用另一个口号——"做自然的朋友"来取代。

（二）自然资源是可以无限开发使用的，还是很有限度、必须节约的

中世纪以前的人类社会，人口不多，生产能力低下，使用自然资源有限，所以人们认为天然资源是取之不尽用之不竭的，不必列入成本计算。这种观念直到现有还有影响。可是今天工业的高度发达和人口的迅速膨胀，使地球上一切重要资源都处在紧张状态，照目前的开发速度，不用太久，便会有一大部分陆续枯竭。不要说煤炭、石油、森林等资源储量有限又分布不均，面临供不应求、成本增高、开采难久的问题，就是古人认为最不值钱的清新的空气、充足的阳光、清洁的淡水，也已经不能随时可得，必须付出越来越高昂的代价。这里存在三个问题：一是掠夺式开采，毫不顾及子孙后代；二是污染环境，得到了一些资源的益处，却损害了另一些资源的性能；三是使用上的浪费，用中国人的话说就是暴殄天物。特别是一些发达国家，实行畸形的高消费，从不发达地区掠取资源，在本国挥霍无度，水、电、煤气、木材的消耗大大超出正常生活的需要，以满足一部分人的骄奢淫逸。只要有钱就不会受到限制。

然而，自然资源除部分可以有限再造外，相当一部分都是在自然进化演变的漫长岁月中逐渐形成的，如煤、石油等各种地下矿藏，用掉之后不能人为再生。要看到空气、淡水、森林、土地的特殊价值和不可替代性，及其对整个人类的普遍相关性，对它们的大规模滥用和破坏就是对人类的犯罪。所以从现在起就必须提倡文明开发、节俭使用，不断开发无污染的新能源如太阳能、风能，逐步改变人类现有的生产和生活方式。

（三）理想的现代化模式是以经济高速增长为主要指标，还是协调健康发展包括改善生态环境，使人与自然达到高度和谐

西方工业文明的成果是有目共睹的，迄今我们享用的第一流生产技术与物质生活用品都是它的产物。但从生态哲学的最新眼光看，西方现代化的传统模式不应给予太高的评价，因为它是引起今天全球性生态危机和资源危机的主要缘由所在，它给予人类的好处远没有它给人类留下的祸害大，这种种祸害的严重后果尚难以完全预料和有效消除。由于科学技术的发展和财富的大量增加，人类的确享受到前所未有的幸福。生活过得舒服多了，方便多了，少数富有者甚至达到无欲不足、无所不至的程度。然而这样的幸福充其量也只是一种畸形的暂短的幸福，并且付出了太大太大的代价，包括资源的提前支付、环境质量的明显下降和精神生命的严重萎缩。现代富贵者幸福吗？他拥有财富和权势，开心自在，但他常常是金钱的奴隶和权力的牺牲品。他的欢乐主要靠外在的感

官刺激，身心迷乱；他往往得不到人间珍贵的亲情、爱情和友情；他拥有最值钱的金银珠宝和昂贵的用具，但无法拥有清洁无害、优雅适宜的空间环境。一般人更是挤在狭小的空间里享受物质文明成果，不能生活在青山绿水的环绕之中，随时享受大自然的良辰美景，须待远足旅游才能暂时躲开嘈杂污浊的生活小区，获得喘息舒展的机会，这不是很可怜吗？就算生活在十分美丽的小屋中，而周围一片垃圾，会有多少生活情趣？这是现代人的悲哀。所以幸福应是一个综合的指标，除了财富和现代设施的拥有，还必须拥有丰富的健康的精神文化生活和赏心悦目、有利健康的环境。理想的现代化不应走西方工业化的老路，社会发展必须由单纯追求经济高速增长转变为物质文明与精神文明、社会经济与生态环境互相协调的发展。宁可慢些，但要好些，把环境与发展统一起来。

（四）改善生态环境是只扫自家门前雪，还是全球人类休戚与共，齐心协力克服危机，走出困境

西方发达国家是全球性环境恶化的主要污染源和责任者，但它们率先发现问题，加以治理，并取得明显效果，其有识之士更关注全球性的环境治理和保护。可是一些发达国家仍然存在只顾美化自己家园却不惜污染和破坏别国家园的自私、短见行为。例如把有毒工业废料弃置公海或他国，把污染较重的工业输出到发展中国家，继续掠夺性地开采别国的矿产、森林和猎杀珍贵动物，而又不愿意出钱出技术帮助不发达国家治理环境，被世人称为生态帝国主义。它们这样做，不仅严重损害了不发达国家和地区的利益，而且也不可能使发达国家自身的生态环境得到根本改善。当前的生态破坏和环境污染是全球性的，它不受国界、社会制度和意识形态限制。江河湖海的变质、大气的混浊、气候的异常、地下水的渗污，对所有的人都构成同样的威胁，可以说是一视同恶的。地球只有一个，几十亿人口挤住在宇宙太空这颗小星球上，风雨同舟，共存共亡。只要全球性的大气候一天得不到改善，小气候小环境的改善绝难持久和真正有效，所以要联合全世界的国家和地区，动员全世界的人力和财力，来从事全球规模的生态保护工程。由于不发达国家面临着社会发展的紧迫任务，资金短缺，科技力量不足，保护环境的困难比发达国家要大得多。而发达国家力量较强又责任较多，理应在全球生态工程中做出更多的贡献。所以在生态问题上必须建立全球一家的意识，狭隘的国家或地区观念是有害的。美国哲学家里夫舍认为人类正在"挣扎着保全自己"，如果在这种挣扎中人类还要在内部互相算计，以邻为壑，那么人类就将是自甘堕毁、不可救药的一群动物了。

看来，人类要救自己必须建立一个崭新的生态哲学，它立足于全球，着眼

未来。在人与自然和谐的基础上重新确立价值取向,使社会和人生走上健康合理的发展道路。而这样的生态哲学在中国儒家天人之学中早就已经培育萌芽,并且具有相当丰富、深刻的内涵。

三、儒家天人之学给我们的启迪

儒家的天人之学从孔孟建立,到程朱陆王发展到高峰,内容上十分丰富,思路上与西方近代哲学很不相同,其基本特征是强调天人一体。其中关于人在宇宙中的地位和人对自然的态度与生态哲学的关系最为密切,应是我们发掘思想资源的重点。儒家的"天"或"天地"的概念,大体上相当于"自然界"的概念,当然也包括自然界的神秘性和超越性;其"人"的概念,大体相当于"社会人生",群体与个体都在其中了。因此,天人关系基本上同于人与自然的关系。

孔子主张敬天法天,故有"畏天命"和"唯天为大,唯尧则之"之说,但对天人关系语焉未详。《易传》提出天、地、人"三才"的思想,将人与天地并提,把人的地位看得很高。不过人要仰观俯察,与天地变化相协调,绝不是战天斗地,故云:"夫大人者,与天地合其德,与日月合其明,与四时合其序","裁成天地之道,辅相天地之宜",其基本思路是顺自然之性而促进之。这一思路至《中庸》发展成为天人相通、以人补天的系统理论。《中庸》认为人性本于天道,教化基于人性,故云"天命之谓性,率性之谓道,修道之谓教";人的作用在于使天地正常运转,万物健康发育,故云"致中和,天地位焉,万物育焉";人性最完美的境地是通过成己成物,达到"赞天地之化育"、"与天地参"的水平。"赞天地之化育"是一种宇宙境界,它充分估价了人在宇宙进化中的伟大作用,避免了"蔽于天而不知人"的偏向,又不同于人类中心主义,而将人的作用引向辅天、补天之路,形成天人一体的思想,把宇宙万物发育运行同人类社会的健康发展结合起来,并予以关切。

孟子有"万物皆备于我"和"尽其心者知其性也,知其性则知天"的说法,认为天道与人道、人性是相通的,存其心养其性是为了更好的"事天",亦是把天看成第一位,把人看成第二位。孟子按孔子的思维模式,把仁爱之心向外推去,由己及人、及物,故云"亲亲而仁民,仁民而爱物",热爱亲人也热爱民众,热爱社会的生命也热爱自然的生命,表现出一种泛爱主义倾向。

先秦儒家都把天看成是本源,人是天的派生物,所以从根本上说,人也是天的一部分。不过人与一般事物不同,天生出人,给了人以特殊的禀性和特殊的使命，从而使人成为天的精华之所在和自觉的代表。如《礼运》所说，人乃"天地之德，阴阳之交，鬼神之会，五行之秀气"，故而认为"人者天地之心"。天地本无心，以人为心，人是天地的明觉，天地是人的躯体，所以人要为天地着想，绝无以心毁身的道理。荀子虽然明于天人之分，提出"制天命而用之"的主张，但他的本意绝不如当代一些学者解释的那样是"人定胜天"的思想，而是顺应天道为人类造福，故云"天地者，生之本也"，人要"备其天养，顺其天政"，以与天地相应相和，又云"天有其时，地有其财，人有其治，夫是之谓能参"，人的作用是"治"，顺天时地财而治之，不是乱治，其基本思路仍未脱离天人一致的轨道，只是更看重人的特殊性和能动性罢了。

董仲舒的天人感应和人副天数之说有神秘成分，但他仍十分推崇人的地位和作用，肯定了"天地之性人为贵"的观点，并云"天生之，地养之，人成之"。天地是生命之本源，而人的作用在于使天地所生所养的万物臻于成熟和完美，人的可贵处只在于此。

儒家的天人之学至宋明有一大提升，其重要特点是充分揭示仁学中生命哲学的内涵，天人一体不仅仅是一种认识，也是一种感受，在这里宇宙观与道德心是合一的。周敦颐认为我与天地之同在于皆有生意，其道德表现即是仁。从他开始，以生意解说仁的含义。程颢提出著名的命题是"仁者浑然与物同体"。他用一种很形象的说法来说明这种同体之感，云："医书言手足痿痹为不仁，此言最善名状。仁者以天地万物为一体，莫非己也。"人与天地万物本来就是有生命的整体，血脉相连，痛痒相关，如同头脑、心肺、四肢之间的关系一样。仁人对于自然界受到损害，如己身受到损害一样，应有切肤之痛。不关心天地万物的生命者，是由于他与天地一体这个大生命之间的命脉不畅，处在麻痹的病态之中。所以仁者与物同体不单是一种知识，也是一种境界，一种爱心，故"识得此理"还要"以敬诚存之"。

张载的《西铭》是道学中具纲领性的作品，直认宇宙为一大家庭，天地为父母，人类为儿女，故有"民吾同胞，物吾与也"的深切感受。人的生命活动不仅有道德意义（调整人与人之间的关系），而且有超道德意义（调整人与自然界之间的关系），故人生最高理想应是双重的："为天地立心，为生民立命，为往圣继绝学，为万世开太平"，包括了人与宇宙、人与人的两重和谐。我们可以把张载的人生理想称之为宇宙理想。

朱熹的天人之学有以下几点引人注意：一曰"人是天地中最灵之物"，俗语所谓人为万物之灵。不过人类参差不齐，只有圣人才是灵性之最，堪为天地万物的杰出代表。故云"天地不会说话，请他圣人出来说"，"圣人独能裁成辅相之"，圣人是宇宙明妙之所钟，他的伟大不在于凌驾天地万物之上，恰在于替天行道，辅天育物，使人真正成为天地之心。二曰"天是一个大底人，人便是一个小底天"，用人体推想天地，用天地推想人体，关键在于都是具有内在生命结构的有机体，故相通相应，只是规模大小有别而已。"一身之中，凡所思虑运动，无非是天"，所以人身具有宇宙的全息。三曰"仁是天地之生气"，"仁者天地生物之心"，仁爱的深层本质是爱护生命，人的爱心源于天地生物育物之心。这样，"仁"不仅是人的道德心，也是宇宙本身所固有的普遍性品格，否则哪里会有万物的孕育生成呢？在朱子眼中，宇宙是一片生机，促进生命发育流行便是仁。摧残扼杀生命便是不仁，对待生命的态度成为区别仁与不仁的根本标准，这无疑把仁学深化和拓宽了。

阳明亦云"大人者，以天地万物为一体者也"。他又进一步说明，"盖天地万物与人原是一体，其发窍之最精处是人心一点灵明。风雨露雷，日月星辰，禽兽草木土石，与人原只一体"，"只为同此一气，故能相通耳"。从张载起，即用"一气所化"来讲人与天地万物何以能为一体。阳明继之而言气，当然是指"生气"。一体之仁从爱惜自家生命推到爱惜他人生命，再推到爱惜动植物的生命，最后推到爱惜无生物的成型，形成一种泛爱万物的情感。他主张，一体之仁见之于政治，便是治国之道要兼治人事与天时，不单要富国安民，还要治灾消异，使之风调雨顺，这是最明确不过的将生态调适纳入政治范畴之中，不单单是道德修身的事项了。

总起来说，儒家的天人观是整体性的大生命观，它把宇宙看成是一个超型生命体，人类是其中不可分割的独立的组成部分；人类是宇宙中最灵秀、万物之最贵者，其贵在于有心善思，能自觉意识到自身的价值，人类的伟大和尊贵不是表现为对天地万物的凌辱和征服，恰恰在于它能自觉地为整个大自然着想，善于事天、补天，真正起到"天地之心"的作用；人要懂得与天地万物为一体的道理，还要有热爱自然，与之心心相印、同气相感的深厚感情，这就是对自然的爱心，还要在行动上促使各种生命健康蓬勃的发展，果能如此，人类的幸福也就在其中了。儒家的天人之学在方向上很自然地与现代生态学说吻合，若能很好地加以发掘和阐扬，对于推动我国生态与环境的教育普及工作是十分有利的。

中国的道家也主天人一体论，甚至道家比儒家更主张顺应天道，更热爱山水之美，更重视生态的保持，其哲学和美学带有自然主义的浓郁气味。

儒道两家对于资源开发与动植物保护还提出一系列颇有价值的意见，所以一般意义上的生态学和生态哲学，确实是古已有之。

不过，中国古代的天人之学所包含的生态哲学及种种保护生物与环境的见解，都具有朴素的性质，表现出人类童年时期纯真美好的情感，缺乏严格的论证和成熟的体系，在具体内容上无法与近现代生态学的细密严谨相比。可是古代的天人之学，具体到儒家的天人一体论，又具当代西方生态学和生态哲学所缺少的内在优势，主要是重视人与天地万物之间的感情心理因素。可以说，西方近代生态理论和环境保护主义的兴起，在很大程度上是全球性生态危机所造成的震慑和恐惧，而儒家的天人一体之学，主要不是受到自然惩罚的结果，而是建立在本然的情感与深刻的体认之上。如不从认识上和感情上同时解决问题，就很难扭转人类中心主义和功利主义的心态，所以必须在建立生态哲学的基础上建立生态伦理学，从根本上改造人们的环境意识和道德观念，使之适应于生态文明的需要。

四、努力建设新的生态哲学

关于生态哲学，目前在西方尚无成熟的著作问世，但作为自然科学的生态学早已建立，类似于生态哲学问题的探讨已经开始。罗马俱乐部的若干报告，如梅萨罗维克、佩斯特尔的《人类处于转折点》，佩西的《未来的一百页》，拉兹洛等人的《人类的目标》，都具有生态哲学的性质，即都想在人与自然的关系上，作出根本性的反省与调整。拉兹洛在1985年创立"一般进化论研究小组"，在自然科学和系统科学新成就的基础上探讨宇宙、生物、社会、文化进化的一般规律。尤其注意解决人类自身的社会、经济、文化的价值观念的转变，以便为人类的生存和未来命运开辟出新的途径。在国内，有中国科学院国情分析研究小组于1989年完成的国情研究报告《生存与发展》（科学出版社），这是我国第一份公开的关于生态、资源、环境的综合性调查报告，反映了中国人在这个重大问题上的觉醒。中国社会科学院哲学所研究员余谋昌先生已经出版《生态伦理学》、《生态哲学》两部专著，表明哲学界已经有人十分关注生态问题，并在创造性地建构生态理论体系。我认为建立新的生态哲学必须具有中国特色，这不仅指要紧密结合中国生态的现状，而且指要发掘和转化中国哲学中丰富的思想资源。中国哲学所表现出来的智慧太深刻，太富有启示性，没有这种智慧的帮助，人类很难走出生态的困境。

我以为新的生态哲学要包含以下几方面的基本内容：

（一）天人共生一体的宇宙观

这种宇宙观要阐述人在宇宙中的恰当地位，人与自然生态密不可分的关系：人类如何生活在一个大的"生命场"之中,如何与自然界交换物质、能量和信息,生态系统与社会系统如何保持良性循环。人不是自然的奴隶,也不是自然的主人。要确立:自然与人是母与子的关系,人与自然是头脑与躯体的关系。人为自然着想与为社会着想具有高度的统一性。所以要放弃"征服自然"的口号,代之以"与自然共存共荣、协调发展"的口号,这无疑是哲学观念上的一场革命。

(二) 热爱生命热爱自然的泛爱情怀

生物之间存在着生态竞争,同时也存在着和平共处和互相依存,特别当地球变成人的世界以后,保护人类的生物朋友就成为一项急迫的任务。博爱情感的培养十分重要,人性的改良有赖于此。

(三) 参与创造赞助化育的使命感

自然界适宜人类的生存和发展,但又不完善,它迫使人类在不断改善外部环境的过程中求得生存和发展,因而锻炼了人类特有的智慧。假如靠大自然现在的恩赐便可以生存繁衍,那人类只能停留在动植物本能智慧的水平上。人乃天地之心,天地生人而后具有自我意识,因而赋予人以最特殊的使命——自觉参与大自然的造化过程,使大自然变得更加美好。人的能动性、创造性应当朝着这样的方向去发挥。

(四) 天人和谐相适的价值取向

追求幸福是人类的本性,人总是把自认为最有价值的事物作为幸福的首要因素。但对于何者最有价值可以带来最大的幸福则有极不相同的理解和选择。但有两点不可不予澄清,其一是重物轻人的为外物宰制者不会有真正的幸福;其二是掠夺自然破坏环境而求富足者不会有真正的幸福。以上两者的幸福充其量只是畸形的暂短的幸福,其中隐藏着太多的转化为灾祸和不幸的因素。人类的价值观和幸福观必须根本改变,以天人相适作为社会发展第一位的目标。

(五) 人与人的和谐同人与自然的和谐相一致的社会观

要理顺和保持人与自然的和谐关系,至少要以社会关系的某种和谐为前提,一个四分五裂的社会是无能为力的。当生态危机成为全球性的严重危机以后,国与国之间的某种联合一致便成为克服危机的必要条件,否则任何重大的改善措施都无法实行。生态哲学的任务之一是从理论上论证地球一家,建立生态学的世界意识,这是国际新秩序的重要组成部分。为此就要改善以往种种加剧人际对立的社会学说,以求同存异与和而不同的开放心态加强国际间的关系,共同回应一系列急迫的全球性问题向人类提出的挑战。

在生态哲学的基础上,逐步建设生态经济学、生态政治学、生态伦理学、生态美学、生态教育学等学科。生态经济学要研究国民经济发展中生态的作用，如何正确处理社会发展与环境保护的关系，经济效益与生态效益的关系，如何建立生态农业、生态工业、生态林牧渔业，如何发展绿色产业，等等。总之，没有生态概念的经济学绝不是现代经济学。引入生态概念之后，经济学要发生一系列变化，形成经济学发展的一个新的阶段。生态政治学要研究当代政治、政府、政党与生态的关系，国际合作与生态的关系，研究生态保护法律法令及政府的相应职能。当代的生态问题，没有政府的参与和各国政府的协作是无法着手解决的；同时，当代的政治家若不关心环境与生态，或者不能有效地采取措施加以改善，就不配做一个真正的政治家，他会受到国际社会和国民的同声谴责。生态伦理学要研究人类与自然关系中的道德问题，突破传统的社会伦理的范围，把道德观念、道德规范、道德评价、道德修养扩大起来，运用于人对动植物对环境的态度与行为上，形成保护环境与生态的新观念新规范，并成为习俗和风气，不仅损人利己是不道德的，损害大自然的生机和各种活泼的生物也是不道德的。生态美学要研究人和自然的协调美，克服片面追求人为美、豪华美而忽略自然美、淳朴美的倾向。理论美学要阐发宇宙和谐即美的思想，实用美学要在美的构思与设计上处处体现人与自然融为一体的风格，例如城市规划与建设必须消除污染，改良环境，向花园城市的方向努力，否则就不符合当代城市的标准。生态教育学要研究生态学在当代教育中的地位与实施教学的途径，如何使全体民众尤其是青少年具备生态知识，养成保护环境的习惯，从教学体制、教学内容上作出调整，使生态学成为国民教育的有机组成部分，并培养相应的人才。

我的预测，人类果真能从以往的发展中吸取必要的经验教训，走上健康发展的道路，那么在工业文明之后兴起的必然是生态文明，它纠正了工业文明的偏向，又借用工业文明创造的财富和手段，在更高的基础上向自然回归，其基本特征是社会的发展和人性的改良和环境的优化同步进行，形成协调有序的、互相促进的良性循环。

(载《甘肃社会科学》，1993年第3期)

"赞天地之化育"与"为天地立心"
——儒家生态思想浅谈

一

近代西方工业文明给人类带来巨大财富和高速发展的科学技术，同时也带来空前的社会对抗和生态危机；它的贡献是伟大的，其破坏性也是严重的。人类文明如能顺利转型，会发展出一种更高的文明，使"地球村"安宁幸福；若照老路走下去，人类的基本生存条件依目前的速度继续恶化，人类不仅不能持续发展，还会走向自我毁灭之途。这不是耸人听闻，而是可以感觉得到的正在走近的危机，我们仿佛听到了它的脚步声。人类正处在一个交叉路口上，现在赶快调整还来得及，不能再拖了。

工业文明要转型到哪里去？更高的文明形态是什么？我以为就是生态文明。生态文明有两大系统：一是自然生态系统，包括环境、资源和生物的多样性，人类对它的负面影响已经成为主导性因素，它面临着全球性危机；二是文化生态系统，包括各民族各地区多样性文化的发展、创新与互动，它目前也受到文明冲突的影响，面临趋同还是存异的挑战。要恢复和保持良性自然生态，就必须摈弃"征服自然"、"人定胜天"的狂妄思想，形成人与自然的和谐。要实现人类社会文化生态的健康活泼，就必须摈弃"排除异己"、"唯我独尊"、"价值一元"的偏颇理念，达到人与人之间的和谐。人类需要一种崭新的生态哲学来指导文明转型，儒家的天人之学与贵和之学可以给我们许多有益的启示。

二

在儒家天人之学中，"天"相当于自然环境，"人"相当于社会人生。其天人之学的任务就是研究人类与自然的关系，其基本理念就是"天人一体"。天与人的关系，天是母体，人是子女；天为主导，人为辅助，这种主次关系是不能颠倒的。

（一）人对天要有敬畏之心

孔子曰："畏天命"，"唯天为大，唯尧则之"（《论语》）。我们以前总是批评孔子畏天命是有神论，贬低了人的作用。其实孔子是对的，他心中的天命是指宇宙的秩序和力量，如四时之代谢，人与万物之生死与生存环境，以及人力所不能抗拒的命运，人应当对之有所敬畏，不要太自我膨胀，不要胡作妄为，不要去破坏自然环境，这样人才能找准自己在自然中的位置。大自然是人类的母亲，人类是大自然的儿女，儿女对母亲难道不应该有所敬畏吗？人类却正在践踏自己的母亲，成了不肖之子，妄为过甚，就会被母亲抛弃，不敬畏行吗？什么"战天斗地"，什么"要做自然的主人"，什么"我们的任务是向自然索取"，统统都要抛到垃圾堆里去。大自然的力量是伟大的无与伦比的，人类无法与之较量，只能在它允许的范围内生存和发展。大尧知道"唯天为大"，故效法之，得到孔子赞扬。

（二）人对天要有报恩之情

《礼记·郊特牲》："万物本乎天，人本乎祖，此所以配上帝也，郊之祭也，大报本返始也。"古人祭天祀祖，其用意在于报天祖之恩，不忘根本，并非为了向天祖索要什么。人是自然进化的产物，大自然不仅创生了人类，还给人类提供了赖以生存和发展的环境与资源。美丽的地球是迄今所知唯一适宜人类生存的星体，是真正的人间天堂。我们不能忘记大自然的恩赐，要有所报答；除了纪念活动，便是爱护自然，美化自然，守护它的空气、土地、水源和禽兽草木，不失其本然之真美。

（三）人对天要有辅助之用

《中庸》："致中和，天地位焉，万物育焉。""可以赞天地之化育"。赞者助也。儒家并不认为人对自然是无所作为的，相反，人可以发挥主观能动性去改造环境。但这种改造绝不意味着人可以去控制和征服自然，只意味着改良和辅助自然，即不是胜天，而是补天。《中庸》所说"致中和，天地位焉，万物育焉"，是指人要协调阴阳，和顺五行，使天地能正常发挥其性能，使万物得到健康的发育。《中庸》提出尽性之说，谓："唯天下至诚，为能尽其性；能尽其性，则能尽人之性；能尽人之性，则能尽物之性；能尽物之性，则可以赞天地之化育；可以赞天地之化育，则可以与天地参矣。"所谓"尽性"即是充分发挥物与人本有之潜力，使其生命得到完美的展示。"赞天地之化育"即是辅助自然万物活泼地生息繁衍，这是一个伟大的生态学的口号。

（四）人对天要有效法之意

《易传》："夫大人者，与天地合其德，与日月合其明，与四时合其序"。《易传》："裁成天地之道，辅相天地之宜。"《中庸》："天命之谓性，率性之谓道，修道之谓教。"儒家认为人既然是天的产儿，那么人道也必然是从天道而来的，要符合天道的要求，与天道的精神相一致。人道当然有其特殊性，如荀子讲"明于天人之分"；但在根本点上人道不能违背天道，所以他又强调人要"备其天养，顺其天政"（《天论》）。天道的基本性质是阴阳协和、五行有序、刚柔相济、生生不息、厚德载物，人间的秩序也要与之相配合，可以说人间正道是效法天道而来的。人性也是一种天性，不过人能自觉加以修养，使之完美而已，如《毛诗序》所说："发乎情而止乎礼义"，礼义是人情的修饰，不是反人情的。

总之，儒家把人定位于辅天、补天的位置，绝对没有战天、胜天的思想，这是一种恭谦而又积极作为的态度，符合人在自然中的真实地位。

三

儒家在天地万物之中，又特别推崇人的特殊价值和作用，认为人在天人关系中可以发挥极大的主观能动性。

（一）人与天地参

《中庸》："可以赞天地之化育，则可以与天地参矣。"《荀子》："天有其时，地有其财，人有其治，夫是之谓能参。"参者，人与天地并立为三，形成天地人三才之道，这是天人关系的另一个侧面。道家有"四大"，儒家有"三才"，都把人的地位提到了可以与天地并列的高度。其所以如此，就在于人有智慧有道德，从而具备了其他万物所没有的巨大的主观能动性。"可以与天地参"的"参"字有两义：一是"三方"，即人与天地形成三方；二是"参与"，即人能够有效参加天地的发展变化，影响到它的进程，故荀子称之为"能参"。人的伟大就在这里。但做得不好也会有极大的破坏性。按照《说卦》的表述，"立天之道曰阴与阳，立地之道曰柔与刚，立人之道曰仁与义"。那么人间的仁义之道与天地的阴阳刚柔之道应当是互相配合、相养共生的，人必须作为天地的合作者去参与自然界的发展，世界才会越来越美好。

（二）人为天地之心

《礼记·礼运》："故人者，其天地之德，阴阳之交，鬼神之会，五行之秀气也。""故人者，天地之心也。"人虽然是自然界的产儿，但它具有思维能力，等于自然界长出了一颗心,人就是自然界的心,大自然的灵秀之气全都集中体现在人身上了。

(三) 人为万物之灵

董仲舒:"天地之性人为贵。"(《汉书·董仲舒传》) 朱熹:"人是天地中最灵之物。"(《朱子语类》卷二十) 恩格斯在《自然辩证法·导言》中称人能思维的精神为物质世界"在地球上的最美的花朵"。人是渺小的,但人能在精神上超越自身的局限,去探索、思考眼前以外的事物,直至广袤的宇宙;还能制造各种工具,扩展生理器官的功能,比野兽跑得快,比飞禽飞得高,比雄鹰看得远,比狮虎力量大,人简直成了地球之王。这一切都是由于人进化出能思维的大脑和灵巧的双手。

(四) 人以天地万物为一体

程颢:"仁者浑然与物同体。"(《识仁篇》) 王阳明:"大人者,以天地万物为一体者也。"(《大学问》) 这是从情感上说的,这一点非常可贵。如果说西方当代生态学是在生态危机压迫下的一种醒悟和应对的智慧,是不得不寻找的出路,那么儒家的天人一体的生态观却是发自内在的生命体验的理念,认为本该如此,没有勉强的成分。儒家认为,天下本来就是一家,天人本来就是一体,人之所以做出种种损害他人、破坏自然的事情,是因为他还没有觉悟到事情的真相,缺少应有的情感,只能算作迷失的人。人必须体悟到他与天地万物就像身体各器官之间的关系,休戚与共,痛痒相关,一损俱损,一荣俱荣,不可分割,这就是仁人之心。王阳明说得好,"见孺子之入井,而必有怵惕恻隐之心焉,是其仁与孺子而为一体也","见鸟兽之哀鸣觳觫而必有不忍之心焉,是其仁与鸟兽而为一体也","见草木之摧折,而必有悯恤之心焉,是其仁之与草木而为一体也","见瓦石之毁坏,而必有顾惜之心焉,是其仁之与瓦石而为一体也"(以上《大学问》)。如果一个人对他人漠不关心,对自然万物冷淡甚至冷酷,那他就是一个麻木不仁的人,他就是一个病态的人,做出事来既损他又害己。所以正常的人都应该关心环境,热爱和保护生命。

(五) 人要为天地立心

张载有四句名言:"为天地立心,为生民立命,为往圣继绝学,为万世开太平。"(《张子语录》) 天地本来没有心,生出人来成为天地之心。人若能自觉意识到它对宇宙承担的责任,真正发挥首脑的作用,按照自然规律办事,使自然生态维持多元平衡、可持续发展,这就是为天地立心。人是有智慧有觉解的动物,能够掌控自然界巨大的能量,并对环境施加影响。按照儒家的观点,人为万物之灵,其优异并不表现为凌驾于天地万物之上,为所欲为,恰恰应表现为自觉替天行道，辅天育物。所以"为天地立心"是替天地打算，自觉意识到人对大自然高度的依赖性和应尽的责任，以儿女对父母般的感情去热爱自然，敬尊自然，促进自然万物更好地发育流行，成为自然的代言人和守护者。朱熹说："天地不会说话，请他圣人出来说。"（《朱子语类》卷六十五）圣人是人类的精英，他具有明确的生态意识，愿意带领人类有效保护环境和资源，使人类与自然和谐地相处。自然界虽然不会说话，却拥有伟大无穷的力量，而且有自己独特的显示力量的方式，那就是给予人类的行为以相应的回报，而且分毫不差。保护生态就是保护自己。人类若大规模破坏生态，灭绝物种，其实也就在为自己的灭绝创造条件，迟早会被大自然淘汰，这是人类自然的法则。冯友兰先生提出人生有四种境界：自然境界、功利境界、道德境界、天地境界。在天地境界中，人不仅觉解到他是一个社会公民，同时还是一个"天民"即宇宙公民，自觉做有益于宇宙健康发展的事情（见《新原人》）。具有生态的观念和情感，是人性的升华，是人类文明高度发展的要求。

四

儒家的文化生态观就是"和而不同"，主张多样文化并存与和谐。这种文化观是源远流长和根深蒂固的，已经成为一种文化基因。中华民族是多民族多文化混血而成的，它把文化的多样性和谐视为正常健康状态，把文化一元独尊看做反常和没有生命力的。周朝即有"和实生物，同则不继"（《国语·郑语》）之说。齐国晏婴则用烹调与音乐作比喻，说明文化多样性共融的好处。

（一）孔子："和而不同"、"周而不比"、"群而不党"（《论语》）。《中庸》："和而不流"。"和而不同"包含四原则：一是自立原则；二是差异原则；三是互尊原则；四是和谐原则。这是一种文化的民主精神，最有益于当代文明的对话与合作。

中国文化之所以形成多元通和模式，并有极大的开放性，在很大程度上得益于占主导地位的儒家的这种多元和谐理念。

（二）《周易·系辞》："天下同归而殊途，一致而百虑。"《坤卦·象》："地势坤，君子以厚德载物。"这是儒家看待诸子百家包括异质的外国文化的基本态度和基本观念。各种文化的形态是不同的，各家学说的理论与方法是多样的，但它们的终极追求往往很接近，都是为了人类的幸福安宁，最终会走到一起，所以不必彼此排斥。人要像大地承载万物的生命那样，去承载各种学说，故能成其大。对于今日世界各种文化，亦应作如是观。

（三）宋明儒学："理一分殊"。这一理念是上承孔子"和而不同"而有所发展，主要是讲真理的统一性与多样性。真理是一个还是有许多，真理是绝对的还是相对的，真理是客观的还是主观的，这类问题困惑了古今多少哲学家。如果能辩证地思维，真理恰恰就在一与多、绝对与相对、客观与主观的对立统一之中。有了"理一分殊"的观念，就会促使我们在追求大同的同时去存异、尊异、纳异，不要认为真理都在自己手里。

（四）谭嗣同："仁以通为第一义"（《仁学》）。谭嗣同的仁学除了讲仁爱、和合，还讲"通"，并且把"通"放在第一位，他是近代沟通理论的第一人。在他看来，重要的问题不在认定某种文化，而在各种文化能互相沟通，互相取长补短，共同进步。闭塞就要落后，开通才能进步。中国要对外开放，通政、通学、通商、通邮，发展工商业，使人民富裕起来，这才是相仁之道。可见谭嗣同也是中国最早的主张改革开放的思想家。

（五）清华学派：融会中西，贯通古今。冯友兰："同无妨异，异不害同，五色交辉，相得益彰，八音合奏，终和且平"（西南联大纪念碑文）。近现代中国思想家的主流都主张融会中西文化，国粹派和西化派都是支流。在不丧失民族主体文化前提下，大力学习吸收西方文化先进的成分，并用以改进民族文化，这是中国能衰而复兴的重要原因。中国人在文化上并不保守，原教旨主义难以流行。

（六）费孝通："多元一体"，"各美其美，美人之美，美美与共，天下大同。"费老的思想既是传统的又是现代的，他是当代先进知识分子的代表。中华民族的格局是多元一体的，中华民族的文化是多元通和的。健康的文化心理就应该是：热爱自己的民族文化，同时欣赏其他民族的文化，互相学习，共同建设人类的文化。

中国文化的丰富多彩要感谢儒家。在儒家"和而不同"理念的指导下，中国文化从儒道互补，进到儒、佛、道三教合流，不仅有佛教的和平进入，还有伊斯兰教、基督教、摩尼教、祆教、犹太教的和平流传，以及大量存在的民间信仰和多神崇拜，没有发生宗教战争和宗教对科学的迫害，多元互动，日益繁荣，不断展现其生命活力。虽然其间也有不和谐的事情发生，近代则有西方文化伴随殖民侵略而在中国非正常发展，但主流仍是多元通和的。中国人会自主选择，既保持民族文化的主体性，又勇敢接纳外来优秀文化，并使之中国化。当代我们接受了社会主义，正在使之具有中国特色。我们还在广泛吸收西方先进文化，用以推动中国的现代化。应当承认，我们走过弯路，一度破坏了多元通和文化生态，"文化大革命"达到极端。但我们的文化基因是改变不了的，改革开放以后,我们在努力恢复失去平衡的文化生态,已经取得巨大的成功。目前,社会主义文化、中国传统文化、欧美现代文化正在形成良性互动。中国未来的文化必定是民族的又是现代的和开放的,因此会异彩纷呈。

儒家"和而不同"的文化生态学,不仅造就了中国文化的多元通和模式,而且将走向世界,化解文明冲突,推动文明对话,促使世界文化形成多元和谐的生态。人类文化生态的多样性和谐是人与自然和谐的重要保证。没有文化生态的良性化,便没有自然生态的良性化,没有人与人的和谐,便没有人与自然的和谐,两者的建设要同步进行。

(载《儒学·人与自然和谐论文集》,山东中国儒学年鉴社,2007年增刊)

儒家人性论与新人性论构想

中国哲学偏重于论人，儒家哲学尤重于论人，不能不花大气力探讨人的本性，并依据对人性的理解，形成各家各派的学说，于是人性论便成为中国哲学特别是儒家哲学的重大问题，贯彻始终，丰富多彩，对于中国传统社会的道德建设，乃至治国之道，发生过重大的影响。人类的认识过程虽然是由近及远的，但成就的大小却是由远及近的，也就是说认识大自然不容易，认识人类社会更难，认识人自身最难，人总是敏于认识外界（相对而言）而拙于认识自己的。于是在人性问题上众说纷纭，争论不休，一直达不成共识。从今天的观点看，历史上的各家人性学说也确实互有短长，皆有精辟独到处，也都有令人不满意的地方。这里只想对儒家几种主要的人性论作简要述评，并试图在前人认识成果的基础上，提出一种新人性论构想，作为今后探索的铺路之砖。

一、孔子的性近习远论及其影响

孔子是儒家人性论的开山鼻祖，在人性问题上，他直接讲的一句话就是："性相近也，习相远也。"人的天性是相近的，由于后天的积习而形成了差别。相近的人性是什么？相远的积习又如何？孔子没有讲，因此这句话既简练又相当模糊，正是这种模糊性给后来各派儒者的不同发挥提供了很大的回旋余地。就性近习远这句话本身而言，原则地说，无疑是正确的，而且有极高的概括性，它指明了人性的统一性与差异性，为人性问题的研究指出了根本方向。

孔子还讲了一些与人性有关的话。如说："唯上智与下愚不移。"我们当然可以说这句话是讲人的才智差别，与善恶无关。但人性问题本不应限于善恶，才智气质亦是性，故有才性说；同时在孔子思想里，智与德联系在一起的，上智者必是上善，故孔子这句话具有人性论的含义。孔子认为大智大善者和大愚大恶者都是天生的，前者"生而知之"，不需要学习，后者"困而不学"，教育也没有用。孔子认为自己非生而知之者，当然在他以下的大多数人就更需要学习，上智与下愚是极少数。这个看法就是后来"性三品"说的滥觞，所以不可忽视。

孔子又说："吾未见好德如好色者也。""富与贵是人之所欲也，不以其道得之，不处也；贫与贱是人之所恶也，不以其道得之，不去也。"孔子在这里肯定"好色"、"欲富贵"、"恶贫贱"是普通人性，无论什么人都有这些欲求。但仅停留在这个层次上的人只能是小人，是低等的人。人性还要有更高的层次，那就是"好德"、"义然后取"、以道得之，即用德性制约情欲，做品德高尚的君子。这也是一种欲，但不是一己的情欲，而是利他的德欲，孔子讲"欲仁"、"己欲立而立人"之欲，就是君子之欲，它要靠学习修养才能建立。可知孔子不主禁欲，而主节欲和化欲，他在人性内部区分出高低层次，给人性的升华指出一个方向。孔子的节欲导欲说，保证了儒家道德论既不陷于宗教的禁欲主义，又不流于非道德论者的纵欲主义，凡有这两种偏向在儒家内部出现时，正宗的学者都回到孔子，用孔子的节欲论加以驳正。

二、孟子的性善说及其评价

孟子是性善论的正式提出者，他以为人性之善，与生俱来，乃人性之内本来就具有的趋向，并非从外部灌输进来，亦非后天学来的，后天所学无非善性之扩充。他最典型的论述，有以下几段：

> 人皆有不忍人之心……所以谓人皆有不忍人之者，今人乍见孺子将入于井，皆有怵惕恻隐之心，非所以内交于孺子之父母也，非所以要誉于乡党朋友也，非恶其声而然也。由是观之，无恻隐之心，非人也；无羞恶之心，非人也；无辞让之心，非人也；无是非之心，非人也。恻隐之心，仁之端也；羞恶之心，义之端也；辞让之心，礼之端也；是非之心，智之端也。人之有四端也，犹其有四体也。
>
> 恻隐之心，人皆有之；羞恶之心，人皆有之；恭敬之心，人皆有之；是非之心，人皆有之。恻隐之心，仁也；羞恶之心，义也；恭敬之心，礼也；是非之心，智也，仁义礼智，非由外铄我也，我固有之也，弗思耳矣。
>
> 人之所不学而能者，其良能也。所不虑而知者，其良知也。孩提之童，无不知爱其亲也。及其长也，无不知敬其兄也。亲亲，仁也；敬长，义也。

我们可以把孟子的性善说概括为几个要点：第一，所谓人之善性即是仁义礼智，见同类而能同情，遇荣辱而有羞耻，待长辈而能礼貌，逢是非而能分辨，总起来可以称为道德心，道德心是人性的内涵。第二，道德心是天性所具，人皆有之，自发如此，不需要学习，只要没有利害的考虑，它就会显现。第三，所谓性善，只是说人性中有道德的萌芽即"端"，它还需要扩充，才能完全得到实现，但有此善端乃是成为善人的内在根据，为善的可能性在一切人身上都是存在的。第四，人与禽兽的区别就在有无道德心，丧失道德心者，虽有人形而无人性，与禽兽无异，人要想不堕入兽道，就必须保持本性中的善端，加以发扬，万勿丢失。

我们还可以进一步作些讨论。首先，孟子如何对待人的生理本能和感官追求？孟子承认，在这方面人人是相同的。所以他说："口之于味也，有同耆焉；耳之于声也，有同听焉；目之于色也，有同美焉。"又说："口之于味也，目之于色也，耳之于声也，鼻之于臭也，四肢之于安佚也，性也。"生理满足、感官享受为天下所同好，本来也可以说是与生俱来的人性，但孟子在承认感性同好之后，马上否认它们是人性。理由有两个：一个是这些感官满足不是人兽相别的标志，反是人兽接近的地方；另一个是这些感官满足受客观条件的制约，不是主体想得到就能得到的。所以他说："人之所以异于禽兽者几希，庶民去之，君子存之。"又说："人之有道也，饱食暖衣，逸居而无教，则近于禽兽。"人之高于禽兽不在物质生活有保障，而在有道德教化的精神生活。人身有大体小体之分，大体即心之官，它能够思维，心之所同然者是理义，这才是人性的本质规定，从其大体，心好理义，才是人性发展的方向；小体即其他生理器官，从其小体，迷于物欲，是人向禽兽的倒退，所以不能算作人性。他在承认口、目、耳、鼻四肢欲求之为性时，接着又说："有命焉，君子不谓性也。"反之，仁义礼智能否实现，属于命运的安排，但"有性焉，君子不谓命也"，因为这才是人应该努力去追求的事情。总之，孟子所谓人性，不包括人的生理属性和感性欲求，专指人的道德属性和高层次精神追求，人虽然不一定具有完美的善德，但起码要有为善的要求。孟子关于做人的标准比较严格，在这种标准衡量下，不仅为非作歹者不算是人，就是饱食终日无所用心的人，也离禽兽不远，因为他大体不备，没有道德精神生活。

其次，孟子如何说明恶的起源？概而言之，德性放失而兽性主导，大体不养而小体先立。孟子认为人的生理属性和感性欲求与禽兽具有相同的性质，小体的满足，习焉不察，仅有的一点点道德心才把人与动物区别开来，人与动物所同者实多于所异者，稍不注意就可能把人之所以为人的那点道德心丢掉，所以世上的恶人恶行是很多的。孟子强调"人之所以异于禽兽者几希",除君子能保住外,庶民和小人都把它失掉了。从个人来说,"四端"若不能扩而充之,则"不足以事父母";从社会来说,若"仁义充塞(仁义之路被阻塞),则率兽食人,人将相食",那将不是人的世界了。孟子并不是说生理欲求即是恶,而是说生理欲求若无仁义加以导制,便成为恶,便是兽行。由此可知,孟子并不是一位幼稚的乐观主义者,他对于社会现实生活中的丑恶现象敢于正视并有充分的了解。他的性善说只是想说明,这些丑恶兽行的存在不能怪罪人的天性不好,是人不去努力、自甘堕落的结果,人本来是可以为善的。所以他说:"乃若其情,则可以为善矣,乃所谓善也。若夫为不善,非才之罪也。""故曰求则得之,舍则失之。或相倍蓰而无算者,不能尽其才者也。"换句话说,人不能发挥本性中潜在的品性,故堕恶流。孟子又进而指出,人的道德善性和人的生理欲望有一定的矛盾,彼此相抑相制,此消彼长,不可能同时都很旺盛,所以他说:"养心莫善于寡欲。其为人也寡欲,虽不存焉,寡矣;其为人也多欲,虽有存焉者,寡矣。"所谓"有不存"、"有存"是指善性而言,欲望太多太强,善性必然很少,也就意味着恶性增加。这就是孟子对于恶的看法。在他的学说里,善与恶的对立等同于人性与兽性的对立,所谓恶就是人的兽行,所谓恶人就是只有兽行的人。

再次,孟子提出性善说的目的何在?可以从两方面说,一者人人皆有善端,而又需要扩充发展,所以道德教化是可能的,又是必须的。孟子说过"人皆可以为尧舜"的话,反对自暴自弃,对人的自性表现出很高的信心;但人要做圣贤却极不容易,要"存心养性"、"反身而诚"、"养浩然之气"、"勿忘勿助"、"求其放心"、"尽心知性"、"动心忍性"。从性善说出发,必然重视教育和修养,以便把向善之可能变成为善之现实。二者人之善性爱心必须向外推广,由家庭到社会,乃至到禽兽万物,从而改良整个外部世界。孟子说:"老吾老以及人之老,幼吾幼以及人之幼。"又说:"亲亲而仁民,仁民而爱物。"君子仁人对于禽兽,"见其生,不忍见其死;闻其声,不忍食其肉"。其中最重要的是在仁心的基础上建立仁政,这是仁学的真正目的所在。他说:"先王有不忍人之心,斯有不忍人之政矣。以不忍人之心,行不忍人之政,治天下可运于掌上。"这是向国家领导者提出要求,要他们首先发挥善性,成为仁人君子,然后将仁德实现于社会政治。仁政的主要内容是"制民之产"、"以佚道使民"、"省刑罚""薄税敛"、"勿夺其时"、"与民同乐"。总之是要富民、惠民、爱民、教民。

孟子的性善说后来成为中国人性论史的主流,它开辟了中国文化道德自救的路线，海外一些学者称为自力救赎的道路，以便与西方基督教的他力救赎道路相对应。孟子的学说符合孔子为仁由己的精神，符合儒家重伦理重教化的学派特色，又与中国传统社会重人治、重精神文明而又宗教气氛不浓的国情相适应，所以流传很广而长久。后来的诸多人性学说，如性三品、性二元论、性一元论等，虽然各有千秋，就其基本倾向而言，都来源或接近于性善说。

依今天的眼光衡量，性善说的优点主要有两个：一个是强调人性中的道德层次，致力于人性的改良和升华；另一个是对人类自救抱有充分的信心。伴随着性善说的出现和流行，良心的概念在中国人中间普及开来，使众多的人懂得做人做事要有起码的良心，要不违背社会公德，于是良心（或称良知）成为人们心目中相当稳定的道德是非标准，尤其在社会政治生活和道德生活发生危机（如统治集团失去人民的信任、说教道德流于虚伪）时，良心是维系社会正常生活的重要力量，社会主要靠大家的一点仁心和天良，否则精神生活就要完全瓦解了。道德心显然是人性中一个重要的有待进一步发展的要素，这一要素在当代社会重感官享受而轻精神追求、重才智而轻德性的情况下更显得重要，迫切需要加大它的比重，以恢复人性内部结构的平衡。性善说的救世论，不靠神，不听命，始终相信人类自身的问题还要靠人类自己去解决，坚信人都有成为好人的可能。因此社会不管出现多大的曲折和倒退，人们都不能丧失信心，放弃努力，而要尽最大的努力，千方百计去扬善抑恶，扭转不好的趋向和风气；同时抱着与人为善的态度，去褒扬好人，帮助和改造坏人，绝不放弃任何机会去挽救失足者，只要他的天良尚未丧尽。总之，性善说不仅在理论上有其合理性，在实践上也有其功用性，在改造犯罪者的工作中有指导意义。如果没有"人会变好的"信念，对于堕入歧路者就只有惩罚一途了。

性善说也有明显不足之处。首先，孟子把人的生理本能和感性欲求排除在人性之外，这就不妥当，因为它们是人性的基础，是人性不可分割的一部分。人不仅要有道德生命，也要有感性生命，那才能成为一个活生生的人，有血有肉的人，感性生命受到压抑或摧残，人性就是畸形的，可悲的。中国古人称丧失正常生理性功能者为"不能人道"，称毁坏人身、扼杀生存的行为为"惨无人道"，都把生理的需求、生活的欲望看做人性的内容，这当然是合理的。这一部分人性与动物性接近，但不能因为两者相通就否认它是人性，人本来就是从动物演化而来的，人性不能不内含着某些动物性。仔细考究起来，人的生理属性虽与动物相近相通，但并不完全一样，其生理机制相通，其实现方式相异，含有文化的因素；更何况人的感性欲求在范围和目标上，远远超出了动物，如求富贵求享受，欲望大得很，动物是没有的。

最后，性善说把高层人性全部归结为道德性，是将人性狭隘化了。人的高级属性除道德外，还有自我意识、理性思维、创造精神，等等。再说，人的道德性究竟是怎样形成的？孟子没有说清楚，或者说说得不正确，因为道德心不是与生俱来的，它其实是社会文化的产物，所以孟子所谓的四端，有明显的时代和民族的印痕，它是中国古代社会的产物，尽管它具有超时代超民族的意义，就其当时的表述形式而言，它只能为中国人所熟悉。再说，天赋道德说在论证上也很单薄，最有说服力的就是见孺子将入于井而有怵惕恻隐之心的例子。单有例证还不能说是严密的理论论证，何况人们还可以举出许多相反的例证，来说明人性本恶，例如儿童很小就知道把好东西拿来自己用，表现出一种私心，又如青少年学坏容易学好难，难道还不可以成为人的生性趋恶的有力例证吗？这里还关联着一个更带根本性的理论问题：什么是善？什么是恶？如何给它们以科学的界定？孟子依据当时社会的传统道德观念，把善恶的标准当做不言自明的理论前提，毋庸论证，其实是大有问题存在的。

三、荀子的性恶论及其评价

荀子主性恶之说，与孟子恰相对立，形成中国人性论史上主要的两派。虽然荀子的性恶论在影响上不如孟子性善说，但其深刻性不亚于孟子，又恰恰与孟子形成互补。荀子在《性恶》篇中说：

> 人之性恶，其善者伪也。今人之性，生而有好利焉，顺是，故争夺生而辞让亡焉；生而有疾恶焉，顺是，故残贼生而忠信亡焉；生而有耳目之欲，有好声色焉，顺是，故淫乱生而礼义文理亡焉。然则从人之性，顺人之情，必出于争夺，合于犯分乱理而归于暴。故必将有师法之化，礼义之道，然后出于辞让，合于文理而归于治。用此观之，然则人之性恶明矣，其善者伪也。

这一段是性恶论的典型论述，其论点可以归纳成以下几个：（一）人生而有好利避害之心、耳目之欲，不教而能，不学而知；（二）顺人性自然发展，必导致争夺、残贼、淫乱等恶行发生；（三）辞让、忠信、礼义等道德行为是后天教化的结果，不能自然形成。所以结论是：人之性恶（自然趋恶），善者伪也（人工而成）。这里要注意一点，荀子似乎并不是直认人之趋利避害和情欲为恶，而是说若不加约束，必导致恶，因此所谓性恶，严格地说是人性趋恶。

荀子性恶之说是针对孟子性善说而提出的，他在同一篇中批评孟子说：

> 孟子曰：人之学者，其性善。曰：是不然，是不及知人之性，而不察乎人之性伪之分者也。凡性者，天之就也，不可学，不可事；礼义者，圣人之所生也，人之所学而能，所事而成者。不可学不可事而在人者，谓之性；可学而能可事而成之在人者，谓之伪；是性伪之分也。今人之性，目可以见，耳可以听；夫可以见之明不离目，可以听之聪不离耳，目明而耳聪，不可学明矣。

荀子在反驳孟子时，首先标明何者谓性。他的界定是与生俱来，自然而成，不待学习："不事而自然谓之性。""生之所以然者谓之性。"荀子此一人性的界定，既可以说与孟子不同，又可以说与孟子针锋相对。不同在于，荀子所谓性指人生来就有的本能，孟子所谓性指人之所以异于禽兽的特性，两家因对概念理解不同而辩论，此即墨经所说的"辩无胜"，因为辩论对象不是一个。但是进一步考察，又知两家是对应的。孟子认为人之异于禽兽的道德心是与生俱来的良知良能，不学而知，不虑而作。荀子正是针对于此，指出自然生就的并不是道德而是情欲和求利之心。孟子举出人皆有恻隐之心和儿童无不知爱其亲敬其长等例证，说明道德心天生就有；荀子不是列举而是概括指出社会生活的大量事实，说明情欲与功利才是人的天性，而且造成社会的争斗和混乱，道德不加训练是形成不了的。荀子指出，孟子自己也承认人之善性极易丧失，需不断扩充才能保持，足证善性非性；真正的人性不待扩充，自然而有，很难丧失，那只有感性欲求。从事实上说，我们不得不承认，荀子的论证比孟子更有说明力。

那么，善又由何而来呢？人世间为什么不都是恶人呢？荀子认为人性可以改造，化性起伪便可为善。荀子开始只是说："礼义法度是圣人之所生。"圣人何以能生礼义法度呢？他又说"圣人积思虑，习伪故，以生礼义而起法度"，即圣人善于用心选择，能积伪。那么再问，圣人能积伪，一般人是否也有这种可能呢？荀子说过"涂之人可以为禹"，也就是承认人人皆有为善之可能。为什么呢？荀子说："涂之人也，皆有可以知仁义法正之质，皆有可以能仁义法正之具，然则其可以为禹明矣。""质"是禀性，"具"是才能，荀子最后终于不得不承认，人的资质之中本来具有择善为善的能力，然后才可能接受圣人所作礼义法度的教化。但他不把这种能力称为性，因为这仅仅是择善的能力，还不是善的品德本身，没有教育，这种能力不能自然发挥出来。可是这样一来，他就与孟子相当接近了。孟子所说的性善也是指向善的可能性，是非之心也是一种对善的选择能力，心之官则思而立其大体也是"积思虑"，"化性起伪"。只要承认"涂之人可以为禹"，就不能不与"人皆可以为尧舜"的观点站在一起，承认人性之中含有向善的潜在因素，否则化性即不可能。所以荀子的性恶论并不彻底，他的理论内部存在着矛盾。荀子在另外的场合，又用社会的需要来解释善的存在，此即协调说。他在《礼论》中说：

> 礼起于何也？曰：人生而有欲，欲而不得，则不能无求。求而无度量分界，则不能不争。争则乱，乱则穷。先王恶其乱也，故制礼义以分之，以养人之欲，给人之求，使欲必不穷乎物，物必不屈于欲，两者相持而长，是礼之所起也。

人的欲求必生争乱，社会不能维持，需要礼法加以控制和调节，在欲求和物品之间形成一种动态的平衡。虽然礼是先王和圣人制定的，但从根源上说是为了解决人际利益冲突而产生的，也就是说基于社会群体生存和发展的需要。作为礼义道德的善，虽然外在于个体的人性，但却内在于社会群体的生活。这种观点比较接近于西方法学理论，其原理就是确认人性本恶，故需要法律加以管制。不过荀子又区别礼乐与法度。"由士以上，则必以礼乐节之；众庶百姓，则必以法数制之"。这是贵族意识在礼法问题上的表现。

将孟子和荀子作比较，他们的人性论的理论侧重点不同，孟子侧重于分析人的道德理性，荀子侧重于分析人的生理欲求，所以一执性善，一执性恶。但两人的道德观念、善恶标准是一样的，皆重仁义礼乐而轻物质欲望，所以看来相反的理论，却得出一致的结论，即社会要加强道德教化，个人要加强道德修养（一个要扩而充之，一个要化性起伪），他们的教育思想和修身理论都很丰富精彩，可以说是珠联璧合，相得益彰。他们还有一点也是相同的，即强调社会环境对人性发育有重大影响。孟子说："富岁子弟多赖；凶岁子弟多暴，非天之降才尔殊也，其所以陷溺其心者然也。"荀子说："可以为尧禹，可以为桀跖，可以为工匠，可以为农贾，在注错习俗之所积耳。"又说："蓬生麻中，不扶自直；白沙在涅，与之俱黑。"所以两人都很重视社会环境的选择和改造，这是他们教育思想的重要组成部分。

荀子的性恶论不承认有先天的道德存在，把道德看成社会文化的产物，应该说是合理的。他把人的生理和感性欲望贬为恶流，但毕竟承认它们是人性，而且是基本人性，这也应该肯定下来。他我之间、群己之间存在着普遍的利益冲突，没有道德与法，人类将在冲突中同归于尽，因此善恶问题不能孤立地从个体上看，还要放到社会关系中考察，才能加以判断，这是荀子性恶的内在逻辑。在这里荀子要比孟子深刻得多，他给社会礼法的产生与存在，提出一套不同于道德论的全新的早期社会学论证，颇有理论价值。人类社会是在火与剑、血与泪中发展的，不论古今中外，清明太平的世道少，混乱灾祸的时候多，人间的苦难实在是太深太繁，社会的弊病和丑恶现象无时不有无处不在。这种社会实际状况给予性恶论以有力的支持，而对性善说不利。性善说较富有理想主义色彩，性恶论较富有现实主义精神。

荀子性恶论也有它的缺点。一个是关于感官欲求是否就等于恶的问题没有说得十分清楚，这里涉及对恶的界定。有时候说："古者圣王以人之性恶，以为偏险而不正，悖乱而不治。"这是直接指人性为恶。有时候又说："性者，本始材朴也。"无所谓善恶，尧舜与桀跖之性是一样的，只是小人不能化性起伪，顺其天之性而为之，发展下去，要导致争夺、残贼、淫乱，然后成为恶。荀子说："凡古今天下之所谓善者，正理平治也；所谓恶者，偏险悖乱也，是善恶之分也已。"这是就人性引起的社会效果而言，并不是人性本身就有善恶之分。荀子绝不会认为"饥而欲饱寒而欲暖，劳而欲休"这种人的情性本身就是恶，恶是"纵性情，安恣睢"的结果。由于笼统地讲人性恶，对于人的生理本能和物质欲求缺乏必要的肯定和分析，荀子人性论也同孟子人性论一样，忽略人的感性生命的重要性，使他们的道德论缺乏坚实的物质生活基础，与《管子》"仓廪实知礼义，衣食足知荣辱"[1]的思想相比，有明显的不足。

另一个缺点就是在善的起源问题上持外因论和圣人论的观点。按照荀子的解释，礼义法度生于圣人之伪，非生于人之性情；非但如此，礼义法度恰恰是为了制性养情而由圣王制定的，它是人际关系和谐的需要，不是人的本性需要。这样，荀子就将人性和社会割裂开来，取消了善的人性内因。其实不然，善也是人性的一种内在要求。另外，圣人之伪又从何而来？他的礼义法度如果是从他以外的地方得来的，那他还不是终极原因，如此就会形成循环论证；如果是圣人天生而有之，那就说明人性并不是生来就恶，至少圣人之性是善的，这又违背荀子自己坚持的性恶和善伪的基本论点。所以坚持性恶论，又不信仰神为至善之源，又要致力于社会的道德建设，必然要在理论上遇到绝大的困难，因为根基不牢。道德的本源性根基不立，道德就会成为一种外部灌输的东西，一种悬空不实的东西，绝不会行之久远。

四、世硕的性有善有恶论、告子的性无善恶论和扬雄的性善恶混论及其评价

这三家可以放在一起讨论,因为三家异中有同,都不赞成将人性归结为善和恶中的一种,都认为人性的发展存在着为善或为恶的两种可能性,这三家处在性善论和性恶论的中间地带。

1. 世硕的性有善恶论。世硕是战国初期人,其书《世子》已佚,其人性论主要观点保存在王充《论衡》一书中。该书《本性篇》说:

> 周人世硕,以为人性有善有恶,举人之善性,养而致之则善长;性恶,养而致之则恶长。如此,则性各有阴阳,善恶在所养焉。故世子作《养书》一篇。密子贱、漆雕开、公孙尼子之徒,亦论情性,与世子相出入,皆言性有善有恶。

据此段资料,世硕认为人性之中善恶两种因素皆生而有之,养善则扩而充之为善人,养恶则扩而充之为恶人。世子所谓养,应当包括他养(教育)和自养(自修)。这一理论回答了善恶的根源和现实生活中善恶交杂的原因,又突出强调了后天教化对道德形成的重要作用,相当合于情理,故有许多学者加以附和。只是资料过于简略,不知其详细论证,殊为可惜。什么是善?什么是恶?人性中的善恶两端又从何而来?世硕的说明,我们不得而知。

2. 告子的性无善恶论。告子与孟子辩论人性问题,提出"生之谓性"的人性定义,故而指出"食色,性也"。他认为,作为人的生理本能,不存在道德上的善恶问题,故云"性无善无不善也",人性之善恶乃后来习染改造而分别形成,他用两个比喻来说明:"性犹杞柳也,义犹桮棬也;以人性为仁义,犹以杞柳为桮棬。""性犹湍水也,决诸东方则东流,决诸西方则西流。人性之无分于善不善也,犹水之无分于东西也。"告子的人性论不同于孟子,他以生理本能为人性,孟子以人之所异于禽兽者为人性,告子有见于人兽之同,孟子有见于人兽之异,各执一端,故不可调和。告子又与荀子不同,两人虽然都承认生之谓性,似乎接近,但告子认为生理本能不是善,亦不是恶,而荀子认为生理本能具有恶的性质或恶的趋向;告子将人之后天趋善和趋恶的两种可能性平等看待,荀子则认为顺性必为恶,比较容易,化性方能善,比较困难。

后世之儒者也有言性无善恶者。如王安石论性无善恶,情有善恶;胡宏论

善恶不足以言性；王守仁论无善无恶心之体。但他们的人性论严格说来乃是性超善恶论，与告子本质不同。只有龚自珍明白地说"告子知性"，云："善恶皆后起者：夫无善也，则可以为桀矣；无不善也，则可以为尧矣。"[2] 他非孟而是告，可以说是大胆的行为。

告子的"食色，性也"成为千古名句，不论什么人都难以否认，孟子当时也没有直接反驳。《礼运》也说："饮食男女，人之大欲存焉。"不宜于作道德评价，设若取消这两种本能，人类不能生存，何谈人性的提高。告子以为人之初是未雕之材（杞柳），在成长中因加工不同而形成差别，这一思想颇合于孔子性近习远论，而且能从动态看人性的多样性，是难能可贵的。事实上，儿童的心灵是一张白纸，可以涂抹出不同的色彩，有极大的可塑性，所以教育至关重要。但是人性绝不等同于生理本能，它还有更多的东西；儿童尚未成人，不是完全意义上的"人"，所以人性的研究对象不能不以社会化了的成人为主，告子的人性论在这里就无能为力了。

3. 扬雄善恶混论。他在《法言·修身》中提出："人之性也善恶混，修其善则为善人，修其恶则为恶人。气也者，所以适善恶之马也与！"他认为人性之中善与恶的因素混杂在一起，培养其中的善性就成为善人，培养其中的恶性就成为恶人，在这个过程中，"气"起着承担者的作用，大约是说，修性与养气密不可分。扬雄此论是世硕之说的继续，由于他的文名大，所以善恶混论影响也大。此说的新意在于：第一，人性的内容包括视、听、言、貌、思，感性与理性活动都在人性范围之中；[3] 第二，从动态角度将人性分为三个层次："天下有三门：由于情欲，入自禽门；由于礼义，入自人门；由于独智，入自圣门"[4]。这一看法已接近于"性三品说"。

以上三家反对把人性归结为单一因素，并且都指明道德的善恶不是性中注定的，各种潜在的可能性都有，就看后天如何努力了。善恶混论揭示了人性的复杂性矛盾性，既不像性善说那样乐观，又不像性恶说那样悲观，更接近于现实生活。但三家的善恶观念是传统的，没有创新，他们对人性的考察都是孤立的研究个体，相当忽略人的社会存在和社会属性，加以论说简单，不能构成严密的理论体系。

五、董仲舒、韩愈为代表的性三品说及其评价

性三品说的理论根据是孔子的性近习远说和上智下愚说，而在内容上则是对性善、性恶、性善恶混诸论的综合与提高。

董仲舒认为，人之德性，天生之而人成之，生而即有的自然之质，有善质而未可谓善，需经后天教化而成其善，"性如茧如卵，卵待覆而为雏，茧待缲而为丝性待教而为善，此之谓真天"[5]。一般所谓的性是指有善质可以教化为善的中民之性，教化不足亦可以为恶，这是人口中的绝大多数。董氏在《实性》篇中说："圣人之性，不可以名性。斗筲之性，又不可以名性。名性者，中民之性。"[6]中民之性可以教化，为多数；圣人之性不教而善，斗筲之性教亦为恶，这是极少数。

董仲舒之后有王充。王充在总结前人学说的基础上，提出性三品说："余固以孟轲言人性善者，中人以上者也；孙卿言人性恶者，中人以下者也；扬雄言人性善恶混者，中人也。"[7]

王充之后有荀悦。如果说王充是从正面肯定了性善、性恶、性善恶混三说是各有所得，那么荀悦便是从反面指出以上诸家各有所失。荀悦在《申鉴·杂言下》中说：

> 性善则无四凶，性恶则无三仁；人无善恶，则文王之教一也，则无周公、管、蔡；性善情恶，是桀纣无性，而尧舜无情也；性善恶皆浑，是上智怀恶而下愚挟善也，理也未究矣。

荀悦认为上智下愚不移，其次善恶交争，于是教扶其善，法抑其恶，在全民中，从教者占半数，畏刑者占四分之三，不移之民不过九分之一，而这一分之中又有微移者。荀悦主张尽可能运用教与法来善化民众，绝大多数都能变好。

唐代韩愈，其性三品说最具有代表性，他以为不仅性有三品，情亦有三品，《原性》云：

> 性也者，与生俱生者也；情也者，接于物而生者也。性之品有三，而其所以为性者五；情之品有三，而其所以为情者七。曰何也？曰：性之品有上中下三。上焉者，善焉而已矣；中焉者，可导而上下也；下焉者，恶焉而已矣。其所以为性者五：曰仁，曰礼，曰信，曰义，曰智。上焉者之于五也，主于一而行于四。中焉者之于五也，一不少有焉，则少反焉，其于四也混。下焉者之于五也，反于一而悖于四。性之于情，视其品。情之品有上中下三，其所以为情者七：曰喜，曰怒，曰哀，曰惧，曰爱，曰恶，曰欲。上焉者之于七也，动而处中。中焉者之于七也，有所甚，有所亡，然而求合其中者也。下焉

者之于七也，亡与甚，直情而行者也。情之于性，视其品。

韩愈的性情论源于《礼记·乐记》，后者有"人生而静，天之性也；感于物而动，性之欲也"的话，韩愈接过来，以性为内，以情为外，是性体情用的思想，故性之三品与情之三品相应。性之上品只有善，以仁为主，兼具礼、信、义、智四德；性之中品有善有恶，于五常混而不纯；性之下品有恶无善，于五常皆悖谬。韩愈将情的内容分列为七种，皆属于人的情感欲望范围。他认为情不等于恶，要看是否得当，动而处中者为上品，有过有不及为中品，直情而行为下品。孟、荀、扬之人性论各有所偏，"皆举其中而遗其上下者也，得一而失其二者也"。[8]所以只有性三品说才是最完整的。韩愈把性三品说与社会的教育和法律联系起来，说明对不同品性的人要用不同的方式处理："上之性就学而愈明，下之性畏威而寡罪，是故上者可教而下者可制也。"[9]教育用于上品中品，刑法用于下品，教育与法制各有所用，缺一不可。

性善性恶的讨论，到性三品说的提出和完善，可以说是达到了总结性的地步。就系统性和全面性而言，前此各家是无法与它相比的。性三品说的长处在于它比较充分地考虑到人性的各种复杂情况，与社会现实生活中人性的多元表现相符合。我们不能不承认，在同样的社会环境和教育条件下，总有极个别的人生性善良，不沾恶习，宛若天成；也有极个别的分子生性恶劣，屡教不改，使人无可奈何。当然，大多数人有善有恶，可教而化之，这其中又可分若干档次。我们如果撇开性三品说所标烙的宗法等级社会印痕，那么我们不能不承认性三品说有其合理性。教育绝不是万能的，对于极少数冥顽不化、作恶多端者，只能绳之以法，在强制的情况下加以改造，最后还会有人至死不悟。性三品说还是强调以教育为主，相信大多数人可以为善，但必须辅之以法。这种社会管理的对策既保留了儒家为政以德的传统，又去掉了早期儒家迂阔的成分，从而具有现实的可操作性。教育与法制，两者不可或缺，这是历史经验证明了的。

性三品说的善恶标准和三品分类无疑是中世纪社会的产物，表现出贵族意识和等级观念，例如韩愈说过"民不出粟米麻丝作器皿财货以事其上则诛"[10]的话，那么他所谓以法制之的下品之性，便是指不愿以血汗供养王公的百姓之性，显然是在为专制主义辩护，倒退于孟子甚远，极不足取。性三品说在理论上没有跳出道德人性论的圈子，而且主要依靠归纳法对现成事实作出分类，缺乏深入的理论分析。全面但不深刻。韩愈的长处是使复杂的问题简明化、条理化，语言文字的功夫极深；其短处是论理而不精，不能建立高水平的哲学体系，其人性论也是如此，粗略而不严谨。

六、理学家的扬性制情论及其评价

性情为一还是为二，很早就有不同看法。《荀子·正名》云："性之好恶喜怒哀乐谓之情。"这是性情统一论。《中庸》云："喜怒哀乐之未发，谓之中；发而皆中节，谓之和。"后儒以未发为性，已发为情，性情已有区别，但属体用关系。何劭作《王弼传》云："何晏以为圣人无喜怒哀乐。"这是最典型的性情相分论。李翱受佛教影响，在性情相分的基础上提出性善情恶论，故主张去情复性。

性情问题起源于道德心与感官欲求的关系问题而又比它广大。情包括生理欲求，也包括人的各种低级和高级的情感表现，如爱，既有私爱也有泛爱。儒学史上，凡是重视道德心而贬低感性欲求的学者，很容易走上扬性抑情的道路。《白虎通》以为性生于阳，情生于阴，而"阳气者仁，阴气者贪，故情有利欲，性有仁也"。[11] 凡是主张道德生命与感性生命不可分离的学者，则易于持性情统一论。如王安石就明确提出"性情一也"，他不赞成情善情恶论，根据《中庸》未发已发的思想，指出："喜怒哀乐好恶欲未发于外而存于心，性也，喜怒哀乐好恶欲发于外而见于行，情也。性者情之本，情者性之用，故吾曰性情一也。"[12]

宋明理学家从张载起，中经二程，到朱熹，运用他们的哲学理气论来分析人性问题，提出天地之性和气质之性的性二元论。他们虽然并不直指气质之性为恶，认为天地之性纯善，气质之性中含有恶，就其基本倾向而言，乃是一种变相的性善情恶论，因为气质之性就是有情之性。张载说："形而后有气质之性，善反之则天地之性存焉；故气质之性，君子有弗性者焉。"[13] 学者要变化气质，返于天道之善。

程颐以理气论性，云："性即理也，所谓理性是也。天下之理，原其所自，未有不善。"[14] 又云："气有善不善，性则无不善也；人之所以不知善者，气昏而塞之耳。"[15] 程颐认为性出于天，才出于气，气有清浊，禀其清者为贤，禀其浊者为愚，孔子所说的性相近指气质之性而言，生之谓性之性亦是气质之性，天命之谓性之性方是天地之性，即理性。

朱子是性二元论的集大成者，其论云：

> 人之所以生，理与气合而已。天理固浩浩不穷，然非是气，则虽

有是理而无所凑泊。故必二气交感，凝结生聚，然后是理有附着。凡人之能言语、动作、思虑、营为，皆气也，而理存焉。

论天地之性。则专指理言；论气质之性，则以理与气杂而言之。[16]

性命，形而上者也；气则形而下者也。形而上者，一理浑然，无有不善；形而下者，则纷纭杂糅，善恶有所分矣。[17]

天之生此人，无不兴之以仁义礼智之理，亦何尝有不善？但欲生此物，必须有气，然后此物有以聚而成质；而气之为物，有清浊昏明之不同。禀其清明之气，而无物欲之累，则为圣；禀其清而未纯全，则未免微有物欲之累，而能克以去之，则为贤；禀其昏浊之气，又为物欲之所蔽而不能去，则为愚，为不善。是皆气禀物欲之所为，而性之善，未尝不同也。[18]

朱子认为人之本然之性人人皆同，合于天理，无有不善；但人之生须理气结合方有血肉之躯，禀气则有清浊昏明，故有善有恶。朱子此论，有两点可引起注意，其一是气质之性包括言语、动作、思虑、营为，扩大了人性的外延，涉及人所特有的思维、语言、自觉性行为等项；其二是提出禀气与物欲两项要素，前者为客观要素，后者为主观要素，禀气清而无物欲之累为上，禀气不纯而能克物欲之累而去之为中，禀气浊而不能去物欲之累为下。这种新的三品说容纳了主观努力的因素。

朱子主心统性情说，认为"合如此是性，动处是情，主宰是心"[19]，又云"性，本体也，其用，情也；心则统性情，该动静而为之，主宰也"[20]。性是善的，因为理当如此；一发用便为情，情有中与不中之别，属于气质之性，故有善有不善。恻隐是情是善，人欲是情是恶。朱子认为韩愈性三品说有合理性，但不曾指明分三品者乃气质之性；孟子之性善乃是说天命之性，故纯善，但不曾说到气质之性，其余性恶及性善混诸说皆论气质之性而未说到性命本原处。我们可以看出，朱子之人性理气二元说，一方面是综合以往人性诸家学说，另一方面欲以理学建立人性本体论，即人性的形上学，所以在理论上比以往人性论为高。按照朱子的观点，可以说天地之性为本体，气质之性为发用；性为体，情为用。善是天道所予，恶则发源于气质和人情，故扬理而抑欲，尽性而制情。

这一派人性论的价值在于提出"理想人性"，作为人性发展的方向，所以看起来它比现实人性要高，又相脱节，有此高一层，方能起指导作用。一个具体的人总是不完美的，他应该向往一种理想的人格，并且为此而不断地修德，尽管他永远也达不到那种理想的境地，但努力的方向是明确的，而且步步靠近，人性不断得到升华。这一派人性论在理论上的最大弱点是理与情分离，远人情以论天理，虽讲制情，实则处处抑情，不仅使人感觉理想人性高不可攀，而且感觉理想人性不近人情，有点冷酷，于是圣贤之学与民间日用了不相关，甚或对立。这样的人性论发展下去，负面作用很大，故有人出来加以纠正。

七、性情统一的人性一元论及其评价

这一派人性论的共同点是不赞成程朱将人性分成形上形下两种，主张性在情中，道德心不能离开感性生命。阳明突出一个"心"字，认为心即性即理，心外无性，心外无理，而这个心即是活脱脱的人心，包括灵明知觉和情感。他说：

> 所谓汝心，却是那能视听言动的，这个便是性，便是天理。有这个性才能生，这性之生理便谓之仁。这性之生理发在目便会视，发在耳便会听，发在口便会言，发在四肢便会动，都只是那天理发生。以其主宰一身，故谓之心。[21]

阳明虽不多讲情字，但对情的内涵多有阐发，如人说乐是情感体验，而阳明则谓乐是心之本体。"仁人之心，以天地万物为一体，䜣合和物，原无间隔"[22]。仁人之心必充满爱乐，此即是性，亦即是情。阳明认为圣人之心如明镜，随感而应，无物不照；而"圣人之行，初不远于人性"[23]。他又说："天地间活泼泼地无非此理，便是良知的流行不息"[24]。可见阳明是主张性情一体的。阳明曾经评论告子的人性论，肯定他的性无善无不善的说法，指出他的毛病是说"有个无善无不善的性在内，有善有恶又在物感上看，便有个物在外"[25]，不懂得内外合一之道，而程朱正是以性为体为内，以情为用为外，所以阳明的批判既是针对告子，又是针对程朱的人性论。

阳明之后有刘宗周，刘氏依据理在气中之说，谓"道心即人心之本心，义理之性即气质之性"[26]，"义理之性即天命之性"[27]。其弟子黄宗羲进而指出，性即理，皆不离气，云"其在人而为恻隐、羞恶、恭敬、是非之心，同此一气之流行也；圣人亦即从此秩而不变者，名之为性"[28]。

王船山提出人性日生日成说，为中国传统人性论别开一新途径。在性善情恶说看来，性是不变的，只有情才变化。船山则认为性情一体，都是在不断演变中形成。他说:"夫性者生理也,日生则日成也,""举凡口得之成味,目得之成色,耳得之成声,心得之成理,皆是也。是人之自幼讫老,无一日而非此以生者也,而可不谓之性哉!"他还指出:"惟命之不穷也而靡常,故性屡移而异。"[29] 以往人性诸说,无论主性善主性恶主善恶混,皆企图在复杂多变的众生相中找到那不变的最初的共同性的人性基因。船山打破此种思维模式,首次指出,人性是个过程,人的各种功能包括感性和理性皆在后天生活中逐步形成。

颜元力主性情统一、理气一元。他反对将人性混同天道,认为人性皆气质之性,故云:"夫性字从生心,正指人生以后而言;若'人生而静'以上,则天道矣,何以谓之性哉!"[30] 又云:"非气质无以为性,非气质无以见性。"[31] 颜元指出:"发者情也,能发而见于事者才也。则非情才无以见性,非气质无以为情才,即无所为性。"[32] 他认为宋明理学之论人性,在理论上有两个错误,其一是"以天道人性搀而言之"[33],其二是"以才情气质与引蔽习染者杂而言之"[34],所谓天地之性就是混淆了天道与人性,所谓性善而情恶就是厚诬了才情气质,其实才情气质亦是善的,恶是由于引蔽而误用其情。

戴震是力主性情合一论之学者。他提出血气心知即性,形成鲜明特色。他对人性的界定是:"性者血气心知,本乎阴阳五行,人物莫不区以别焉,是也。"[35] 血气心知之性,是活生生的人性,其内涵又可以分为三:"人生而后有欲,有情,有知,三者血气心知之自然也。给于欲者,声色臭味也,而因有爱畏;发乎情者,喜怒哀乐也,而因有惨舒;辨于知者,美丑是非也,而因有好恶。"[36] 欲、情、知乃人性三要素,欲是生理感官的本能,情是心理活动的起伏,知是理性活动的功能。理义不是性,但性中有知理知义的能力,人之异于禽兽者在知觉能力高,故而知礼义。戴震将"欲"纳入人性,是为了反对理学家天理人欲之辨。他认为,"耳目百体之所欲,血气资之以养,所谓性之欲也,原于天地之化者也"[37]。欲是天性,"自然之符",不可无。当然,除了"性之欲"外,还有"性之德",但性之德只是"由性之欲而语于无失"而已。"欲不失之私则仁,觉不失之蔽则智,仁且智非有所加于事能也,性之德也"[38]。正由于戴震将情欲视为人性,故能尖锐批判脱离人情的"以理杀人"的严酷现实,而为弱者的生存权呐喊。

性情一元论的最大优点是在不忽视人的道德生命的同时,重视人的感性生命,七情六欲皆在性中,只是防止过与不及之失。这样的人性论不使人感到玄远,而使人感到亲切。建立在这种人性论基础上的人格修养论,会使人格的发展生动切实,有整体性,不至于发生人格分裂。建立在这种人性论基础上的社会管理理论,也会有较多的人道主义和民本主义内涵,重视民间疾苦,注意解决各种民生问题。当然在理论上它也不是完全的,它对于人性的内在层次结构及其与社会文化的关系仍未能作出科学说明,其善恶观念有明显的时代烙印。

儒家在以上七种人性理论之外,还有许多种略有差异的人性学说,但大体上可以归类于以上七种。在儒家之外,还有老庄道家的自然人性论,佛教性本清净的人性论,由于不在本章论列范围,故略而不述,它们的影响也远不及儒家人性诸说。

八、新人性论构想

人性问题的探讨在我国内地曾经是一个理论禁区,谁要是一谈起一般人性,便会被扣上"宣扬地主资产阶级抽象人性论"的帽子,这样一来,理论问题变成政治问题,问题就严重了。长期以来,理论界只信奉一种人性论,可称为具体人性论,认为人只有阶级性,没有共同人性,说者认为这是马克思主义的观点。其实这是当时"以阶级斗争为纲"的路线在人性理论上的表现,并不符合马克思主义。这个历史阶段已经过去了。细查马克思的著作,找不到"人性就是阶级性"这样的话,我们所看到的是马克思在《关于费尔巴哈的提纲》中的一句名言:"人的本质并不是单个人所固有的抽象物。在其现实性上,它是一切社会关系的总和。"我们还看到恩格斯在《反杜林论》中的另一句名言:"人来源于动物界这一事实已经决定人不能摆脱兽性,所以问题只能在于摆脱多些或少些,在于兽性或人性的程度上的差异。"这两句名言都说得很好,我们对人性的探讨不能离开社会关系孤立去考察,也不能不从研究人与禽兽的同与异开始,这是科学的眼光和方法。"人性是阶级性"的说法亦有其合理性,我将它改为"人性带有阶级性",并在新人性论构想中给予它一定的地位。我的研究和构想将充分吸收中国历史上儒家人性论的积极成果和借鉴中外其他各家的精华,用社会学、心理学和结构主义的方法,联系社会的发展,对人性的内部结构进行分析,并在理论上重建它,我称之为"人性三层次说",设想用它来解释复杂的社会人生,兼收历史上诸家之说,使它们在人性三层次结构中占有应得的位置。

(一)人性的界定。人性是人类在高级哺乳类动物属性的基础上,在长期生物进化和社会群体文化生活中获得的相对稳定的属性,它既内含动物性,又比动物性高级,并在向更高级的水平发展。当我们怒斥一个人丧失人性的时候,往往说他行如禽兽,其实这是不准确的;当一个人丧失人性的时候,他也丧失了部分的高级兽性,我们应当说他禽兽不如才对。且不可看轻高级动物,其中有的有严格有序的群体生活;有的有浓厚的情感生活,如雌雄之情、母子之情、兄弟姊妹之情,喜怒哀乐皆已有之;有的有初级的思维活动能力以及相应的传递信息的动物语言,所以动物并不简单。人类正是在高级动物特别是灵长类动物古猿的属性的基础上,演化出更高一层的生理器官及相应的思维能力和情感活动。动物有动物的社会,人有人的社会,两者的最大区别在于动物没有文化而人类有文化。文化是自然界的人化,人类按照自己的需要改造自然,形成适于人类生存和发展的独特环境和生活方式,动物基本上只能适应而不能改造环境,所以没有文化。文化是人创造的,反过来又创造了人,形成了人性的高层次性和丰富性。生物的进化给予人类以自然属性,社会的文化给予人类以社会属性;进化仍在进行,文化仍在发展,所以人性仍在继续演变。

(二)人性的最低层次:生理属性。生理属性是人性的基础,主要指人的本能欲求,即所谓饮食男女,人类有此本能而得以生存和延续。这种本能欲求是从动物身上继承下来的,具有遗传机制,生而具有,无师自通,虽圣哲英雄皆与平民相同。就本能实现的生理机制而言,人与动物相同;就本能实现的方式而言,人受社会文化的制约,因而与动物有异,故有饮食与婚姻的习俗,不能仅仅是杂交与果腹。我之所以不把生理本能简单称为自然属性,就是因为人类本能实现的过程已经具有社会性,不是赤裸裸的动物性。压抑本能是违背人性的,放纵本能是向动物倒退,只有本能的合理满足和升华才是人性发展的方向。生理属性除食欲与性欲外,还包括各种生理器官特别是感觉器官的满足与舒适,如耳欲听、目欲视、鼻欲嗅、舌欲味、身欲适,总之包括人的一切感性生活需求,属于养身的范围,不仅要基本满足,而且要质量优美,条件充裕,如要吃得好、穿得好、住得好,希望健康长寿,要求安全可靠,这都是人的正常生理属性。高级动物也有选择较好生活条件的欲求,但它们仅停留在对已有环境的选择上;人却要想方设法改变环境,以满足自己的感性需求,这就是追求享受。这种强烈的欲求不断推动人类去进行发明创造,改良生产工具,改善物质产品,改变环境条件,使社会得到发展。设无生理需求的不断增长,人类社会便不会脱离动物界,也不会越发展越高级。

孟子只用道德心来定义人性,从而不仅否定了人性之中内含的动物性,而且也否定了人类高于动物的一切生理属性;这样的人性论,其本意是要提高人的地位,但由于抽掉了人性的基础,其结果使人性丧失了感性的活力,成为悬空不实之物,导致对人的生存权和生理需要的忽视。荀子肯定人的生理属性是人性,但认为它先天具有恶质,其消极作用与孟子同。其实人类的生理属性本身不存在道德善恶问题，我们必须说它是正常的正当的，应该加以肯定和满足。善恶问题是出在人类在满足生理属性的欲求时，个体与群体及他人之间要发生矛盾，处理矛盾的不同方式，便有善恶的评价，下文将专项论述之。

（三）人性的中级层次：心理属性。动物也有某些高级心理活动，但与人相比，尚处在萌芽状态。人的心理属性比之生理属性来说，距动物更远，它基本上为人类所特有，是在长期的社会群体生活中形成的。人类的心理属性可分为三大类：才（能力）、情（情感）、德（品行）。能力方面有：自我意识的觉醒与控制，理性的思维活动，使用语言交流信息（后来发展出文字），记忆、联想、模仿、创造，制作与使用工具，有目的有计划的活动，等等。这种能力的相应生理器官便是发达的大脑和灵巧的双手。肢体能够直立使双手得到解放并大大开阔了视野。情感方面有：亲情、友情、爱情，怜悯同类，关心群体，自尊自爱，有喜有乐，有怨有怒，荣誉感，心理满足，等等。人类的情感生活非常复杂和丰富，这是人类区别与动物的一个重要标准。从野蛮进入文明以后，人类社会出现了宗教与艺术，在很大程度上就是为了满足人类情感上的种种需要。品性方面有：维持社会起码秩序的基本公德并内化为良心、正义感，一般是非的判断力，社会责任心。协同活动，追求幸福，等等。人类的品性与情感交织在一起，如同类之爱既是情感活动又是品性因素。人类的品性一言以蔽之，就是良心或良知。孟子和阳明以为良心是先天的，这个解释不对，但并不是没有良心。社会风气不论坏到什么程度，我们总会发现，坏人毕竟是少数，好人还是多数，他们是有良心的，否则社会正常生活根本无法维持。人类是作为一种社会群体进化而来的，又必须在保持群体的稳定有序中求得生存和发展，所以不能不对于社会人们的利益冲突和个人行为有所制约，对于人际关系有所协调，这就形成了社会公德，用以加强人群间的亲和力，避免人们在争斗中同归于尽。社会公德通过社会文化体系熏陶着公民，并世代相传，内化为人的心理素质，形成较为稳定的心理结构，这就是良心。人们自觉或不自觉地用这一心理结构为基本坐标来判断或处理事情，似乎觉得良心是先天就有、与生俱来的，其实良心是社会生活的产物，是文化传统的凝结。人在孩童时期，刚刚接受文化熏陶，动物性较强，所以既纯真质朴，又多照顾自己的眼前利益，而道德心是在逐渐接受家庭、学校和社会教育中慢慢形成的。人类其他的品性、能力和情感，也都是人类在社会实践和文化生活中发育起来的，形成的历史过程很长，经由遗传和文化传统，一代一代传下来，成为人类的共同本性。我并不否认人性有一定的遗传性，但是，第一，这种遗传性归根结底是人类进化和社会文化造就的，不是自然界本来就有的；第二，这种遗传性主要是人的生理器官特别是大脑的精密构造的遗传，它只能使儿童具有潜在的人性，要使人性显现出来必须有社会文化的环境。一个从小就脱离了社会和文化的幼儿，为动物所哺育，如已发现的狼孩、熊孩、狗孩，他们的人性发挥不出来，有的只是动物性，只有及时回到人间社会，经过一番教育开导，他才能重新获得人性。而动物不具有人所特有的潜在人性，无论如何培养，也产生不出高级人性。人的上述心理属性为变态者以外一切正常人所具备，只有程度上的强弱、能力上的大小之差异而已。

还有一点要加以说明，即自爱自利是人的心理属性之一，因为人既是群体性的，又是个体性的，任何人都不能不考虑个人的利益、愿望和荣誉，这里无须作道德善恶的评判，只有在个人利益和群体或他人利益发生矛盾时，才有善恶问题出现。"人不为己天诛地灭"，这句话没有错误；"人不损人天诛地灭"，这句话绝对错误。

（四）人性的高级层次：变异属性。这个"高级"的含义并不都是指品位高，而是说它们是在社会史和人性史上较晚出现的，与社会生活的复杂化直接关联。人类社会文化的发展，开始时比较简单同一，随着生产力的提高和智慧的增强，随着社会分工和社会结构的不断复杂化，随着氏族、民族的形成和地区发展不平衡性的加剧，人类社会文化内部出现越来越大的分化和矛盾冲突，统一的淳朴的人性也因此而出现分裂、差异和对立。人性的变异属性就是指人类由于阶级、阶层、时代、民族、地域、集团、行业、文化素养、学识等因素而引起的人性上的差别性和多样性，人们在思维方式、价值取向、道德观念、审美意识、思想信仰等方面是不一样的，有时甚至互相敌对，这就给人类的共同本性打上了变异的烙印。

一种情况是人的社会地位不同，思想感情也不同，这里就包括人性的阶级性。鲁迅就说过，煤油大王不知道拣煤渣老婆子的辛酸，饥区的灾民不去种兰花，贾府上的焦大也不爱林妹妹。费尔巴哈也说过，皇宫中的人与茅屋中的人所想是不同的。《水浒传》里的大宋皇朝讲奉天承运，宋江等梁山好汉讲替天行道，他们的"天"是相反的。在阶级矛盾尖锐的时候，双方甚至不能共存，而形成你死我活的紧张状态。古今中外的这种事实真是太多了。与阶级性相联系的是时代性。中国中世纪社会以"三纲"（君为臣纲、父为子纲、夫为妻纲）为不变的道德法则，近现代社会正要废除这一法则，以平等自由为新的道德法则。

另一种情况是民族与地域的文化差异引起人性的差异，在政治、宗教、道德和习俗上各有自己的特色，这其中既有善恶是非问题，更多的则是文化传统上的习惯不同，可以并存和互补。例如，欧洲人和中国人有许多不同，前者重个人、重竞争、重法制、重宗教，后者重群体、重和谐、重人情、重人文（相对而言）。民族是建立在血缘关系上的文化共同体。民族之间的文化心理、生活习俗是不同的，这样才形成一个五彩缤纷的世界。

由于社会行业、职业和群体不同，也会产生性情上的种种不同，处事的态度、方式各有特点，甚至气质、风度也有差别，所以人们在街上仅通过观察，就可能分辨出学生、教师、职员、军人、工人、农民、学者、领导干部来。这些差别是次要的，不如上述两种差别深刻。此外，不同年龄段的人们，在心理上有明显的不同，也就是说随着年龄的不断增长，人的性情是会改变的，有时会变得很大。如果我们再向下细究，每一个人都有不同于他人的独特的气质、性情、志趣、风格、才能，同一集团、同一家庭内部都不会绝对相同。男女两性之间的一刚一柔，也是一种差异性。

还有一种重要情况，就是人的品性在少数人身上趋于严重的两极分化。有一小部分人在良心的基础上努力修德，融私于公，一心一意为他人和社会作贡献，必要时毫不犹豫地牺牲自己以成全正义事业，达到很高的精神境界，中国人称之为圣贤。如果说有无良心是人与禽兽的区别（动物里也有义犬义马），那么有无献身精神则是圣贤和平凡的区别。一般有良心的人，也可以严于律己，修为君子，达到较高的道德境界，处在圣凡之间；但真正做到忘我的人还是少数，不过他们为世人树立了一个做人的标准，使人明确了人性发展的方向。与此相反，还有少数人或由于环境恶劣，或由于生性顽劣，无限膨胀自己的贪欲，为了利己不择手段的损害他人和社会，把良知抛到九霄云外，把动物性中的野蛮残忍成分发挥出来，再加上人的智慧的狡诈阴险，制造一个又一个骇人听闻的罪行，成为社会害群之马，或者发动侵略战争，使千百万生灵涂炭。这是一些完全丧失人性的大恶大奸之人，其对人类的危害远烈于禽兽。为了多数人的生存和幸福，必须用正义之剑来制服和惩罚他们。当然，这样的人很少；在做了坏事和犯了罪的人们当中，多数人仍有改造的可能。

最后，由于精神失常或半失常，由于生理发育先天有欠缺，一部分人的人性不完全，不具有常人的情感、智力和品性，我们也不能以常人视之，但它也是人性复杂化的一个因素。社会上有犯罪心理学，犯罪与心理失常和变态是有联系的。

（五）人性三层次之间的关系。在通常情况下，人性的生理属性、心理属性和变异属性是同时并存，并互相包含互相制约的。人的生理属性一般不是赤裸裸的表现，多少都接受心理属性和变异属性的影响。就拿食色的本能来说，食有饮食文化，色有婚姻制度，心理的因素和文化的因素大量渗入，同动物的本能差别很大。人的心理属性离不开生理属性的基础，也常常受到变异属性的影响，因而同中有异。我们首先要承认人类有共同的人性，不仅生理属性相同，心理属性也相同。我们不能说只有劳动人民有良心，地主资产阶级没有良心。庄园主和资本家当然不都是道德家，甚至大多数不是，而且有剥削行为，但是他们也有事业管理的功能，只要取之有道用之合法，不违背职业道德，那他们就是有良心的。但是他们的心态与劳动者毕竟不同，有些人昧着良心赚钱，这就是变异性在起作用。变异属性亦内含着生理属性与心理属性，在通常情况下，其变异不超出心理属性所允许的范围，一旦超出此限度，就会丧失人性，堕入兽道。例如，赚钱求利无可非议，假如图财害命或走私贩毒，便是没有人性；集团间有利害冲突亦属正常，若发展到群体灭绝，便是丧尽天良，禽兽不如。人性的变异是不可避免的，但应当向健康化和丰富化的方向演变，应当使人的德性、审美、才智三者均衡的发展，并不断提高它们的层次。现在人性的一个严重问题是重才智轻德性，形成畸形的扭曲的人性，德性不足以驾驭才智，才智就要反过来危害人类，所以人性三要素中德性是第一位的，它决定着人性发展的方向。

（六）善与恶的界说、根源和评论。历史上的学者论说善恶都是把善恶看成单个人所固有的抽象物，不懂得它们的本质存在于社会关系之中。鲁宾孙在孤岛上不发生善恶的问题，后来他遇上了礼拜五，又与原始部族接触，对他的行为就有了善恶的评价。人是社会动物，离开群体就无法生存和发展；人又是单个个体的存在，具有个人利益和自我意识。由此，必然发生个体与群体、自我与他人之间的关系，这个关系是既统一又对立的矛盾关系，它是一切社会的基本矛盾。善与恶的观念固然有其时代可变性与集团多样性，但古今中外善与恶的观念仍有其共同性和稳定的内涵。什么是一般意义上的善呢？能够协调人际关系、注意照顾群体和他人利益的思想行为是善。简单地说，善就是人的利他意念及其行为。什么是一般意义上的恶呢？任凭个人利益膨胀，导致损人利己、损公肥私的思想行为是恶。简单地说，恶就是人的损他意念及其行为。不同时代不同阶级阶层对群体利益的理解不同，所以善恶的观念有所不同；但救人于水火饥寒之中皆谓之善，诬害他人滥杀无辜皆谓之恶，这是没有两样的。

从根源上说，善恶皆源于动物性。高等动物及至古猿有群体生活有个体活动，它们在激烈的生存竞争中养成了维护群体和弱肉强食的双重本性。人类诞生以后保留了部分兽性，又通过文化的创造发展出特有的人性。社会群体（氏族、部落、民族）与个体的利益息息相关，互助友爱的生活使人养成关心他人和全局的习性,社会又通过教育有意培育增强这种习性,于是有了强烈的社会道德意识,即善的意识。与此同时,个体与群体、个人与他人、群体与群体之间不断发生利益冲突,后来又出现了阶级、阶层之间的冲突。多数人受生存条件和狭窄眼界的限制,自发地只顾眼前和个人利益,人性中的动物恶性容易发作,人性中的高层属性受抑制,一过度就会损害别人而成为恶。所以人性中的善与恶的萌端确实是混然杂处,其根据就是人的社会性与个体性的双重性。环境的教化、主观的努力,可以促使善性发育而为善人;环境的引诱,主观的放松,亦可以促使恶性膨胀而为恶人,其间的转化是有条件的,但容易发生,往往在一念之间。多数人是善恶掺杂,有时为善,有时为小恶,道德心和卑劣的念头在互相打架,形成心灵的矛盾和不安。人在社会矛盾中生活,人性也充满着矛盾,人本身就是一个矛盾体。但人无论如何不能失去基本人性即良心,只要有一点天良未泯,他就有希望。

道德的善不是天上掉下来的,不是圣人发明的,不是教科书上学来的,它根植于人性,是人类发展的内在需要。善的行为不仅有利于他人和社会,也同时提高了自我价值,充实了个体的精神生命,如老子所说:"既以为人己愈有,既以与人己愈多。"恶的行为,包括以个人利益损害他人利益,也包括以某一集团的狭隘利益去损害其他群体的利益,还包括以社会的名义去损害其他个体的利益而暗中满足个人私欲,后者不仅是恶,而且是大恶。恶的行为其动机是害人利己,事实上是损人又害己。一方面是对人性的自我践踏、自甘堕落;另一方面要遭到报复,犯法者受刑戮,败德者受人议,作伪者常怵惕,怎么会有好结果呢?古语云:天作孽犹可违,自作孽不可活。良心的自我审判是严厉的,终生不能逃脱。

新人性论构想是面向现实的又是积极向上的,既继承和容纳历史上各家人性论之长,又努力于开拓和创新,它试图解释人性的各种复杂现象,又希望给人性的未来发展找出一条健康的道路。

注释:(说明:孔、孟、荀及常用古典引文出处省略)
[1]《管子·牧民》。
[2]《龚自珍全集·阐告子》。
[3] 扬雄:《法言·学行》。
[4] 扬雄:《法言·修身》。
[5] 董仲舒:《春秋繁露·深察名号》。
[6] 董仲舒:《春秋繁露·实性》。

[7] 王充：《论衡·本性》。
[8] [9]《韩昌黎集·原性》。
[10]《韩昌黎集·原道》。
[11]《白虎通·情性》。
[12]《临川集》卷六十七《性情》。
[13] 张载：《正蒙·诚明篇》。
[14]《二程遗书》卷二十二上。
[15]《二程遗书》卷二十一下。
[16]《朱子语类》卷四。
[17] 朱熹：《明道论·性说》。
[18] 朱熹：《玉山讲义》。
[19]《朱子语类》卷五。
[20] 朱熹：《文集》卷七十四。
[21] 王阳明：《传习录》上。
[22] 王阳明：《与黄勉之二》。
[23] 王阳明：《答刘内重》。
[24] 王阳明：《传习录》下。
[25] [27] 刘宗周：《刘子遗书·语录》。
[26] 刘宗周：《刘子遗书·来学问答》。
[28] 黄宗羲：《与友人论学书》。
[29] 王夫之：《尚书引义》三。
[30] [31] [32] [33] 颜元：《存性编》。
[34] [35] 戴震：《孟子字义疏证》。
[36] [37] [38] 戴震：《原善》。

(刊《齐鲁学刊》，1994年第6期)

儒家的伦理观与当代的取舍

一、儒家伦理思想的简要回顾

"伦理",即人伦之理,已与"道德"一词通用,故儒家伦理思想即指儒家的道德学说,讨论道德的起源、道德的原理原则、道德的规范品质、道德的重大问题与社会功能、道德修养方法以及道德与其他文化形态的关系,内容十分丰富,是今日新道德建设所应批判继承的宝贵思想资源。儒学是一种伦理型的人文主义学说,伦理思想在其整个学说中占有核心的位置,并到处染有伦理色调。

儒家的伦理观源于周代文化。周人建立起成熟的宗法等级制度,以殷为鉴,在传统的天命鬼神崇拜中推出"敬德保民"的新观念,形成一套人文的礼乐制度,用以补充单纯依赖宗教祭祀和政治手段的不足。孔子继承和发展了周人重人伦之道的传统,冲破传统宗教对社会思想的约束,创建了儒家的道德学说,把人道提到首位,形成以道德论为核心的哲学理论体系。孔子以仁为最高道德原则,以礼为仁的表现形态,以孝悌为道德基础,以忠恕为一贯之道,以中庸为至德,把道德行为和修身济世联系起来,强调道德的自觉性和社会功用。孟子仁义并举,用性善说与良知良能说明道德的本源,以五伦为道德的基本内容,以仁政为道德的社会目标,提出存心、尽心、养气、寡欲等一系列道德修养方法。荀子以礼为最高道德原则,用群分、养情说明道德的起源,倡导性恶论和道德后天说,注重教育、学习和实行。《礼记》主张礼义与法令并行而以德教为主,提出天下为公的大同理想,提倡人道亲亲,对于孝道、妇德等道德规范有系统发挥。《大学》一篇以修身为治国之本,确立"三纲领"(道德目标)、"八条目"(修道步骤),提出"絜矩之道"来处理上下、左右关系。《中庸》一篇将天道、人性、教育一体化,概括儒家伦理为"五达道"、"三达德",以诚为道德修养的根本,以"中和"为天道人道的终极理想,又论述了"道问学"、"尊德性"、"慎独"等修养方法。《易传》把仁义与阴阳相配,从天道性命之理的高度为儒家伦理作论证,以"穷理尽性以至于命"作为道德修养的方向。

汉初《孝经》出现并流行,儒家伦理最重要最基本的道德规范——"孝道"得到了突出的强调和阐发,使孝的观念普遍根植于人们的心中。以董仲舒和《白虎通》为代表的汉代儒家,在先秦儒学的四德说、五伦说、忠孝说和礼乐论的基础上,总结出"三纲"作为政治伦理和家族伦理的基本原则,概括出"五常"作为社会伦理的基本范畴,而后又综合为纲常名教,成为全社会不可动摇的行为法则。

宋代及元明清各代,理学占据儒学的主导地位,继续提倡三纲五常。在儒者推动下,社会上又流行起"忠、孝、节、义"新四德说和"孝、悌、忠、信、礼、义、廉、耻"八德说,更加丰富了传统道德的规范。程朱一派,用"理一分殊"的礼本体论来论证三纲五常的合理性,陆王心学用心性良知说来论证三纲五常的内在性,他们都把儒家伦理高度哲理化了。与此同时,义利之辨、理欲之辨成为道德论的热点。在正统的道学之外,出现儒家功利学派(陈亮、叶适等),他们主张志功统一、义利统一,出现心学异端(泰州后学),他们主张以欲明理、礼在情中,有近代新道德的萌芽,于是造成儒家伦理思想的分化。明清之际,王夫之、黄宗羲、颜元等,对宋明理学心学提出批评。王夫之提出变化日新的思想,黄宗羲攻击君王专制制度,颜元高扬经世致用,都对传统道德的弊病有所触动。戴震批判纲常名教,斥之为"以理杀人"。谭嗣同著《仁学》,给予仁以崭新的解释,攻击名教乃"上以制下"的工具,"三纲五伦之惨祸烈毒,由是酷焉",他号召冲决伦常之网罗,预示着儒家伦理思想的终结。

二、儒家关于道德起源的学说

1. 天命说

天命有时指天神的意志,有时指天道的运行。孔子说,"天生德于予",认为人德来源于天命。《中庸》说,"天命之谓性,率性之谓道,修道之谓教",按朱熹的解释,天以阴阳五行化生万物,人物因各得天所秉赋之理,以为健顺五常之德,而气禀或异,故而修之。《易传》说:"一阴一阳之谓道,继之者善也,成之者性也",又说:"立天之道曰阴与阳,立地之道曰柔与刚,立人之道曰仁与义",《易传》认为人间道德是承接和效法天道阴阳之化而来的。董仲舒则谓"人之受命于天也,取仁于天而仁也",他的天命说有较鲜明的神学色彩。程颐和朱熹认为天道与人道只是一个道理,皆有五常之性,只是表现形式不同而已，这是道德本于天理说。

2. 人性说

这一派不否认道德最终源于天道，但直接源于人性，即人之天。孟子提出四端说和良知良能说，认为人生来更具有向善之性。"恻隐之心，仁之端也；羞恶之心，义之端也；辞让之心，礼之端也；是非之心，智之端也"，仁义礼智四德发源于四心，四心乃人性所固有，不是外面加于人的，皆是不学而能不虑而知的良知良能，也就是人们平常所说的良心。陆王心学承继孟子而强调道德的自觉自律；陆九渊谓"仁义者，人之本心也"，王阳明则倡良知说，认为心俱万物之理，"明德之本体，即所谓良知"。

3. 节制说

此说以荀子为代表，主人性恶。认为人性即个体的情欲，顺而任之，必引起争夺、残杀，故须以礼义节之，道德由是而生。可知人的本性无道德，道德是一种调整人际关系和改造人性的外在力量，因此是后天的人为的。荀子说："古者圣王以人之性恶，以为偏险而不正，悖乱而不治，是以为之起礼义、制法度，以矫饰人之情性而正之，以优化人之情性而导之"。按照荀子的说法，道德是圣人创造的，而圣人又是根据"化性起伪"的需要而制作礼义法度，目的是节制人们的情欲本能，使人性变得美好，又协调社会关系，使之和谐有秩序。这种说法可称之为道德源于社会关系论，它对于个体来说是外在的，对于群体来说又是内在的，它是社会正常存在和发展需要。荀子明于天人之分，他不赞成道德源于天道之说。

天命说中的天道说有合理成分，它看到了人性与天性相通的地方。如果我们把天理解为大自然，人归根结底是大自然的产物，是生物进化史上的一个环节，人也是从动物性慢慢演化而来的，至今保留着许多生物性，例如生存本能，人性之中是不能缺少这一基础部分的，否则人性与其他成分无从谈起。但传统的天命说也有神秘的成分和忽略人性的独特性的缺点，仅仅依赖于天道，不能够说明人之所以为人者，这必须到社会群体、社会文化中去寻找答案。人性说致力于探讨人的特殊本质，对人类自身的进步有较强的信心，把教育的基点建立在人皆可以为善，皆可以为尧舜的设定上，最大限度地发掘人自身的积极因素，以实现人类的自救。但人性说没有科学说明良知性善何以形成，只是简单归结为天赋，没有看到个体成长中社会文化环境的潜移默化的影响。同时人性说也没有说明恶的起源，把恶排除在人性之外，这种过于理想化的理论与社会现实生活难以对接。节制说看到了人性的内部矛盾、个体与群体的冲突，从而为社会法度体制的存在提供了理论性的说明。但节制说又把社会需要与人性加以分割，完全抹杀道德的人性基础；其圣人制作礼法之说没有正确说明礼法产生的历史过程，这些都是它的不足之处。

三、儒家关于道德最高原则的观点

基本上有三种看法。

1. 以仁或仁义为至德

孔子的道德论以仁为核心，仁是全德之称，它兼含诸德如忠、恕、孝、悌、恭、宽、信、敏、惠等。仁是人生很高的境界，故孔子不轻许人以仁。孔子认为"博施于民而能济众"者可以称之为圣人，比仁人更高一等；但不是说仁德与圣德有什么高下差别，而是说圣人除了具有仁德，还要有地位和权力，用以成就治国利民的大业，而社会事业的成功与否，需要许多客观的现成的条件，非关道德之事，不是人力能够求取的。孔子亦甚重义，曰："君子义以为上"，但义不是与仁并立的德目，乃是仁德在处理公私关系上的原则表现。孔子是以中庸为至德，中庸也不是仁以外的德目，它是行仁的最佳状态，没有过与不及的偏失。孟子以仁与义并举，同视之为高道德规范。他以亲亲为仁，以敬长为义。亲亲之仁，推而广之，就是仁政和博爱，"老吾老以及人之老，幼吾幼以及人之幼"，"亲亲而仁民，仁民而爱物"。敬长之义推而广之，就是尊重和不侵犯别人的正当权益，"人皆有所不为，达于其所为，义也"，"人能充无穿逾之心，而义不可胜用也"，仁是爱心，义是知耻，仁是圆通，义是方正。孟子用仁来安顿人心，用义来指导行为，故说："仁，人之安宅也；义，人之正路也"，两者如道德之双轮，缺一不可。

2. 以礼为至德

孔子一贯强调仁先礼后，仁内礼外，但也讲过"克己复礼为仁"的话，礼反过来可以为仁的标准；又说"立于礼"，把礼看做成人的标准。这是因为仁德可感受难掌握，它必须外化和凝结成为若干确定的规矩，作为人们行为的守则。荀子从这方面进一步发挥，形成隆礼贵义的思想，用"礼义"代替孟子的"仁义"，作为治国修身之本，在礼义之中又特重礼。他说："礼者，法之大分，类之纲纪也，故学至乎礼而止矣，夫是之谓道德之极。"又说："隆礼贵义者，其国治；简礼贱义者，其国乱。"礼可以包含其他道德条目而成为道德的大宗，故《大略》说："礼也者，贵者敬焉，老者孝焉，长者弟焉，幼者慈焉，贱者惠焉。"宋明以后的理学家以天理为最高道德原则，把客观性的道德神圣化，其实质就是将礼化为理。

3. 以诚为最高道德原则

孟子已有这种思想，说："诚者，天之道也；诚之者，人之道也。"《中庸》加以发挥，把至诚看做道德的最高表现，它说："唯天下至诚，为能尽其性；能尽其性，则能尽人之性；能尽人之性，则能尽物之性；能尽物之性，则可以赞天地之化育；可以赞天地之化育，则可以与天地参矣。"道德之用在于尽性成己，赞化成物；成己为仁，成物为智；从根本上说都必须以至诚为之，不诚则伪，不诚则妄，一切无从谈起，所以说"不诚无物，是故君子诚之为贵"。尚诚与尚仁尚礼并不矛盾，它是从另一个角度强调道德态度的重要性。

四、儒家的主要道德规范与道德品质

1. 仁

仁的基本内涵是爱人，这是孔子规定的，孟子又谓之恻隐之心。但儒家主张爱有差等，施由亲始，由家庭之爱推到社会之爱、天下之爱，以至于爱天地万物。韩愈《原道》谓"博爱之谓仁"，确定了爱的普遍性，是孔孟仁说的发展。张载《西铭》把宇宙看成家庭，说："民吾同胞，物吾与也"，人人是兄弟，人物是同类，更扩大了仁爱的范围。程颢提出"仁者以天地万物为一体"的天人一体的仁说，强调宇宙之爱。朱熹更从生意上说仁，突出重生的内涵，认为"仁者，天地生物之心"，他又认为仁包四德，仁者乃心之德、爱之理。王阳明亦讲万物一体不二，其良知说主张发明本心，即是仁心。谭嗣同著《仁学》，云："仁以通为第一义"，糅合了西学的精神，颇有近代的新意。

2. 义

扬雄《法言·重黎》云："事得其宜之谓义"。《礼记·乐记》云："义以正之。"义指正当的行为原则。孔子孟子常将义与利对举，重义而轻利，实则义指为公，利指为私。义指精神的追求，利指物质的索取。孟子又说："羞恶之心，义也"，义是一种扬善抑恶的道德感情。又引申出恩义、情义，指人不能忘恩负义。仁本身就是善，而义是人对善的选择和坚持。义是儒家处理个人和社会、个人和他人、物质生活和精神相互关系的道德规范，代表社会行为的原则和崇高性，儒家认为它比个人生命还重要，必要时应做到舍生取义。

3. 礼

礼有三重含义：一曰礼法，二曰礼义，三曰礼仪。礼法指政治与社会制度，如孔子所说的"君君、臣臣、父父、子子"，"为国以礼"。荀子所说的"礼者，贵贱有等，长幼有差，贫富轻重皆有称者也"，"礼者法之大分"。具体地说，礼指宗法社会的等级制度和家族制度。在运用上，孔子强调"礼之用，和为贵"。荀子则强调"乐合同，礼别异"。礼义指人的社会行为规范，属于道德的体系。孔子说："克己复礼为仁"，"博学于文，约之以礼"。这些地方的礼皆指道德行为守则。荀子常将礼义连用，云："制礼义以分之，以养人之欲，给人之求"，是道德的内涵。礼仪指人际交往中的仪节，表示自己身份和对对方身份的尊重，也包括已成为习俗的生活方式，称为礼俗。如孔子说："君使臣以礼"，"以礼让为国"。《中庸》说"礼仪三百，威仪三千"。从今日看来，传统礼法大部分过时，礼义与礼仪一部分过时一部分还有存留价值，待人接物的规矩没有是不行的，礼貌是文明的重要指标。

4. 智

智指人的聪明才智学识，有智然后能知人善任，明断是非，故是道德的品质之一。孔子说："智者不惑。"孟子说："是非之心，智也"，又说："智之实，知斯二者（指仁与义）弗去是也"。在儒家看来知仁知义才是智，同时也要具有丰富的知识，而这些主要靠后天学习才能获得，"好学近乎智"。

5. 信

信指诚实而有信用的品质，交友之道以诚信为本，做人做事也要信守承诺。孔子说："朋友信之"，"敬事而信"，"民无信不立"，"人而无信不知其可也"。诚信是道德的基本要求之一，国家、政党、团体、个人无信皆不能立于社会。儒家又认为信要与义联系起来，合称信义，故孔子说："信近于义，言可复也。""言必信，行必果"未必是君子，信必须服从仁义大节，不必学匹夫匹妇之小信，要看大节，故孟子说："大人者，言不必信，行不必果，唯义所在。"

6. 忠

忠有两层含义：一曰尽心为人效力，这是泛义；二曰尽心为君服务，这是狭义。孔子说："与人忠"，曾子说："为人谋而不忠乎？"这都是从泛义上说忠，朱熹概括为"尽己之谓忠"。孔子说："臣事君以忠"，郑玄说："死君之难为尽忠"，这是从狭义上说忠。忠作为一种道德品质，随着君主专制制度的发展，其忠君的含义被强化，在忠君的概念里，尊敬、顺从是首义，忠臣要为君王死节，君要臣死臣不敢不死，而不问君是明还是暗，这是愚忠。但儒家主流派讲忠节是有原则的：第一，君仁而臣忠，孟子认为不仁之君可废可诛；第二，君有过要谏诤，不能一味服从。王符说："人臣者，以忠正为本，以媚爱为末"，也就是说要以正道事君。偷合苟且者，非但不是忠臣，而且是奸臣国贼。忠的道德，在尽己的要求下，包含着忠于祖国忠于中华民族的内涵，这一内涵在近代中国受外国侵略凌辱时日益显露其进步性，尽忠报国者受人尊敬，为奸卖国者为人所不齿。

7. 孝

孝指子女对父母和先祖的道德行为，是仁德的根本，是传统道德中最为重要的道德品质。孝的基本要求，是孔子所说的"生事之以礼，死葬之以礼，祭之以礼"，生时敬养，病则奉侍，死时哀丧，三年守孝，不改父道，以时祭祀。孟子又加上了娶妻生子以承家祭，故曰"不孝有三，无后为大"。《礼记》的说法是："大孝尊亲，其次弗辱，其下能养"，"显扬先祖，所以崇孝也"，孝的内涵逐步在拓展。《孝经》集中论孝道，说，"大孝始于事亲，中于事君，终于立身"，"君子之事亲孝，故忠可以移于君"，这样，孝道包容了忠道，又是忠道的基础。它又说："教以孝，所以敬天下为人父者也。"《孝经》以后，孝道超出家庭伦理，成为政治伦理和社会伦理，故"明王以孝治天下"。孝道一向被认为是天之经地之义，百行之先，万善之首，罪莫大于不孝。后来出现愚孝，谓天下无不是之父母，父要子亡不敢不亡，这不是儒学的本义。儒家有"事父母几谏，见志不从，又敬不违"和"父有争子，则身不陷于不义"的说法，而且主张"父慈子孝"，父子双方都有道德责任。现代社会，孝道不再是道德的首位，父母与子女在人格上是平等的，但孝道不能取消，只宜改造，保留尊老爱幼的优良传统，注入互尊的朋友精神，建立有中国特色的新型家庭伦理。

8. 悌

"悌"通"弟"，是幼对长的道德态度，包括弟敬顺兄和晚生后辈敬顺年长辈高者。兄弟同辈，有骨肉之亲，但家族社会里，在继承权和发言权上，兄有着特殊的优先地位，仅次于父，故常并称"父兄"，在道德上则并称"孝悌"，"入则事父兄"，"入则孝，出则弟"。悌德的基本要求是"敬"，有此敬心，发散开去，便有义行。朱熹说："仁主于爱，而爱莫切于事亲；义主于敬，而敬莫先于从兄。故仁义之道，其用至广，而其实不越于事亲从兄之间。"悌德可使长幼有序，推广到乡里和社会，便会形成礼貌敬让的风尚。中国有敬老（不限于父母）的传统。《礼记·祭义》记载，古代有尊事三老五更的制度，天子亲临辟雍，割祭而赐之，"所以教诸侯之悌也"。《白虎通》说："王者父事三老，兄事五更"，"欲陈孝悌之德，以示天下"。

9. 恕

恕道是对他人的体谅和宽容，它与忠道结合起来，形成"仁"的完整内涵。按照孔子的说法，恕即是"己所不欲，勿施于人"。《大学》提出"絜矩之道"，是对恕道的发挥，"所恶于上，毋以使下；所恶于下，毋以事上"，前后、左右亦如之，都是要人设身处地，去为对方着想。"恕"字上"如"下"心"，即是将心比心，是儒家处理人际关系的基本道德原则，也是一切社会人际关系健康化所必须遵守的信条，它一万年也不会过时。恕道的宽容精神与民主自由的原则相一致，也就是容忍不同于己的主张和行为，不把自己观点强加于人，以平等的态度待人。

10. 中庸

二程说，"不偏之谓中，不易之谓庸。中者，天下之正道；庸者，天下之定理"，朱熹说："中者，不偏不倚，无过不及之名；庸，平常也"，这是儒家对中庸的代表性解说。孔子以中庸为至德，中庸不是一个独立的德目，它表示行仁的最佳状态，故又称"中行"，即根据事情的发展变化准确掌握行仁的尺度，恰到好处，而毫无偏失，这是很难的，不仅需要公心，而且需要智慧和经验，守经行权，能方能圆，因时制宜，很少人能做得到。有人把折中调和称为中庸，这是误解；四面讨好，八面玲珑，不讲原则，似忠而伪，这叫做乡愿，恰恰是孔子孟子所痛恨的，称为"德之贼"。中庸是有原则有标准的，它坚守正道而不与一切偏失错误妥协，故《中庸》说："君子和而不流，强哉矫；中立而不倚，强哉矫。"和而不流才是真正的强者。实在做不到中庸，则做狂者或狷者，狂者有所进取，狷者有所不为，切不可堕落为乡愿。

11. 诚

诚的内涵是真实无妄、信守不欺。孟子强调反身而诚，重视道德自律。《中庸》提出"不诚无物"、"择善而固执"、"成己成物"。《大学》讲修身步骤，以诚意为旨要，意诚才能慎独。阳明主张"君子之学，以诚意为主"。诚是道德的生命，诚则道德存，伪则道德亡，所以诚的精神必须大力发扬。

12. 耻

耻指人的羞愧之心，为保持人格的尊严，对于不道德的行为不屑于去做，从感情上加以排斥；对于别人加于己身的侮辱不能容忍。孔子说，"行已有耻"，孟子说，"人不可以无耻"，管子说，"礼义廉耻，国之四维；四维不张，国乃灭亡"，将耻提到立国之本的地位，也得到儒家的普遍认同。耻是一种道德良心，知耻是做人的基本要求，无耻则无人格可言。国则有国耻，不能忍受外国的凌辱，无国耻则无国格可言。

13. 勇

勇作为德目指行善的胆气魄力，不惧怕恶势力与困难，有勇往直前的精神。孔子说："勇者不惧。"《中庸》将勇与仁智并列，作为道德人格三要素之一。儒家认为勇必须与仁义相联，否则就是盲目的或错误的，可能危害社会，所以它是一种从属性的道德条目。《中庸》说，"知耻近乎勇"，厌恶不道德的行为，而后方能见义勇为，所以有耻能生勇。勇是道德实践的必要条件，有仁智而无勇，是道德人格的重大缺陷，其仁智不能充分贯彻，甚至不能坚持，所以怯懦者是不能成仁取义的。

14. 廉

有操守、不苟取，谓之廉，与"贪"相对立。廉正、廉隅、廉介、廉洁，这些说法都表明，只有廉才能方正纯洁。孟子谓陈仲子为廉士，朱熹注云："廉，有分辨，不苟取也。"凡风骨凛然，不妄营求者，称为廉士。廉洁是为官的道德品质，能廉洁者为清官，其反面便是贪官。无论何时何国，健康的政治机构都要提倡廉洁奉公，清除贪官污吏。

15. 直

公正无私为直。实事求是，不加曲饰，谓之直士。孔子说："人之生也直。""举直错诸枉。"荀子说："是谓是，非谓非，曰直。"邵雍将直与诚联系起来，说："去利欲，由直道，由至诚，则无所不通。"为人处世，不计个人利害，唯以求真为善为准则，就是至诚直道。孔子提出"以直报怨，以德报德"的道德回应原则，比较平实易行，产生很大影响，而宗教所倡导的以德报怨的回应原则则是一般人难以做到的。但孔子认为直道不适用于父子之间，说："父为子隐，子为父隐，直在其中矣"，朱熹注云："父子相隐，天理人情之至也，故不求为直，而直在其中"，按朱熹的意见，父子天伦之亲，不是不要直道，而是要有比直道更多的东西。

16. 节

节有二义：一曰操守，二曰礼仪。操守之节又称为气节，是守义不移的一种道德恒持心，是保持高尚人格不堕的精神力量。曾子说："临大节而不可夺也"，即在紧要关头不变操守。中国知识分子有重气节轻名利的好传统，在国家民族患难之际，坚守民族气节，富贵不能淫，威武不能屈，贫贱不能移，这是一种优良的精神传统。宋代之后，理学家提倡贞节，专对妇女，要求女子不可离婚再嫁，从一而终，以贞操为至宝。再嫁、婚外恋、失身于强暴而不死，皆是失节行为。这是封建礼教的消极性和严酷性，鲁迅曾著《我之节烈观》加以深刻批判。

17. 志

人生要树立正确的奋斗目标，叫做立志；目标一旦确定，便要矢志不渝。孔子十五有志于学，他的最高人生目标是志于道，有此志向，便会有独立人格。"三军可夺帅也，匹夫不可夺志也"。孟子云："何谓尚志？曰仁义而已矣"，尚志就是以行仁义为人生目标。朱熹认为"学者须以立志为本"，立志要高，立志要坚，才有可能成为仁人君子。

18. 俭

爱惜财物，量入为出，谓之俭，它与"奢"相对立，是中国人传统优良品德之一。孔子主张"节用而爱人"，又说"礼与其奢也宁俭"，孔子反对做事铺张。以个人而言，要安贫乐道，生活上低标准，道德和事业上高标准，所以俭亦是重要的德目。俭则廉，廉则义，义则仁，所以《礼记》说："俭近仁。"俭以养德，这是无数事实证明了的。中国人向来反对暴殄天物，把挥霍浪费看做是犯罪，这其中也包含着天地万物一体之爱的感情，人应该对各种器物以及生物无生物有爱惜之心。俭是节流，勤是开源，所以勤俭是连在一起的。勤俭建国，勤俭持家，这是中国人的好传统；就是经济发达了，生活提高了，也要精打细算，不任意浪费。

以上这些道德条目都可以加以改进，继承下来；事实上它们早已深入民间，成为一种道德传统。只是由于多年来"左"的批判运动，在人们思想上造成混乱，好的道德得不到提倡，青少年得不到系统教育，优良传统备受摧残，有丧失的危险，所以重新给予肯定和解释是必要的。

五、儒家关注的重大道德问题

1. 义利之辨

义利问题涉及个人利益与集体利益、物质利益与道德原则的关系，是中国伦理学史上的头等重要问题，一向是儒家道德论探讨的重点所在。孔、孟、荀都重义轻利。孔子说，"君子喻于义，小人喻于利"，孟子说，"王何必曰利，亦有仁义而已矣"，荀子说，"义胜利者为治世，利胜义者为乱世。"他们也讲利，是指国家人民之公利，这样的公利即是义，故孔子有富民利民惠民的主张，孟子有仁政的思想，荀子亦讲裕民养民。汉代董仲舒有两句名言："正其谊不谋其利，明其道不计其功"，董氏把义与利完全对立起来，他的本意是想说，选择一种主张只应看其是否合于道义，不应考虑它是否有功利性的结果，也就是在道德动机上不能掺杂个人利害的计较，但在客观上，董氏的说法容易给人造成义与利毫不相干的印象。其实董氏亦主张为天下兴利，他反对的只是私利。宋儒大都严于义利之辨，在道德论上尚义而抑利。程颢说"大凡出义则入利，出利则入义，天下之事唯义利而已"；"义与利只是个公与私也。"朱熹说"义利之说乃儒者第一义"。儒家主流都以公私分辨义利，强调个人的道德行为只能以行善合义为出发点，不能有私心，故其道德修养论以去私为要。

但儒家还有一支功利学派，不赞成将义与利绝对对立，主张义利统一论。宋代李觏对孟子"何必曰利"提出异议，认为此言偏激，"焉有仁义而不利者乎"。叶适批评董仲舒的正谊不谋利明道不计功的观点，认为此语全疏阔，"后世儒者行仲舒之论，既无功利，则道义者乃无用之虚语耳"。清初颜元将董仲舒两句名言改为"正其谊以谋其利，明其道而计其功"，主张道义与功利的统一，认为不计功利"是空寂，是腐儒"。

其实儒家上述两派是相反相通的。主流派不仅肯定公利，也肯定正常的个人利益。孔子认为"富与贵是人之所欲"，只是需要得之以道。荀子说："好利恶害，是君子小人之所同也，若其所以求之之道则异矣。"朱熹弟子陈淳说："当营而营，当取而取，便是义"。主流派之明义利之分，主要是为了限制贵族统治者不断膨胀的私欲，要他们"乐以天下，忧以天下"；而对社会下层则"因民之所利而利之"，使民"养生丧死无憾"，因此主流派的义利观实际上是以义为利之本，以义导利，不是唯义非利。功利派在重利的同时亦不否认义的重要性，只是要使义落在实处，避免义挂在嘴上，流于虚名；他们所说的利，主要指国家社会的实事实功，也就是公利。所以两派可以互相补充。

儒家传统的义利观进到现代社会以后，最大的不适应处是扬公而抑私，把公私加以割裂，至少不太重视个人利益，在道德上不肯定追求个人利益的行为，这与个性的解放和市场经济的发展是格格不入的。追求私利，可以说是人的天性，也是社会发展的巨大动力，问题是不能损人利己，否则就会转化为社会的破坏力量，所以要用公来加以调节，也就是合理的个人主义。天下的事，往往相反相成，以人们之私而成社会之大公。为了赚钱和办实业，其结果促进社会经济的发展，有利于人民大众。自利而利他，这大概是多数人的道德水准；只有少数管理阶层和知识分子才可能"无恒产而有恒心"，做到先公而后私。在非常时期、紧要关头、祸患来临，许多人都能做到挺身而出、见义勇为，乃至舍己为人；但不能要求人们在平时都有公而无私，这是无法做到的，硬要这样倡导，只会培养出一大批伪君子。《聊斋》上说，"有心为善，虽善不赏；无心为恶，虽恶不罚"，这里强调道德动机的纯正，有其合理性，尤其无意之中做了错事，应该原谅。但是有心为善，赏之何妨？为了声誉而花钱办公益事业，总比为了享受而花钱挥霍要好得多。看来"私为万恶之源"的观念需要加以改变。当然，我们不能够完全否定传统的义利之辨，新的观念应该是公私兼顾、义利统一，因为公利是必须得到保障的，危害公利必然危害多数人的私利，私利膨胀的结果形成互相危害，则每个人的私利最终受损，所以不能见利忘义、损人利己。还是要回到孔子的一句话:"见利思义",这样的义利观比较平实,容易为现代社会所接受。

2. 理欲之辨

理欲问题与义利问题相关,都涉及公私关系;但理欲之辨更侧重于人的道德理性与自发情欲的关系,也就是道德生命与感性生命的关系,它是从义利之辨中发展出来的,在宋明理学中成为头等重要问题。

孔子肯定人皆有欲求,欲富贵,好闻达,好色等,但人应该有更高的追求,如好学、欲仁、闻道,用道义来限定个人欲求的范围。孔子也把人的需求分成感官的和心理的两个层次:口好味,耳好声,目好色,这是属于感官的需求,人之同然;心好理义,这属理性的需求,亦是"心之所同然"。孟子认为,人之所以异于禽兽者在于有道德心,应当加以扩充;而扩充道德心不能不适当抑制情欲,故说"养心莫善于寡欲"。荀子提出"以道制欲"。《毛诗序》说:"发乎情,止乎礼义。"先秦儒家基本上是节欲论者。

天理人欲说首见于《礼记·乐记》,该篇认为人的天性是静的,感于物而动则生出欲望好恶,若不加以节制,被外物所诱惑,就是"灭天理而穷人欲",结果引起道德败坏、社会混乱。宋儒进一步突出天理人欲之间的对立,主张存天理灭人欲。张载明确区别天理人欲高下,说:"上达反天理,下达徇人欲。"程颐说,"凡人欲之过者,皆本于奉养;其流之达,则为害矣。先王制其本者,天理也;后人流于末者,人欲也",程颐认为用道德来节制生活是天理,而超过限度如奢侈腐化、残忍暴虐便是人欲。朱熹说,"学者须是革尽人欲,复尽天理,方始是学",他认为人之一心,天理与人欲不可并,私欲净尽则天理流行。

朱子并不反对人的生存需求,说:"饮食者,天理也;要求美味,人欲也。"朱子的理欲说是主张节欲而非禁欲,其主要指向是限制贵族的纵欲奢华,同时也反映了农业社会经济水准低下情况下的俭朴道德风尚。阳明在理欲问题上与朱子一致,说:"只要去人欲、存天理,方是功夫。"总之,宋明理学家的理欲说偏重道德理性,强调理智对情欲的控制,有其合理性;但它太过分强调道德生命而忽视人的感性生命,带有一定的禁欲色彩,流行起来便发生种种弊害,贵族的穷情奢欲并得不到抑制,而一般人的自然人性反受到限制和损害,远人情以论天理,使天理变得冷酷,于是就有人出来纠正。

明代阳明心学之后的泰州学派,向理欲传统观念发起冲击。王艮提出"安身"即养生的问题,把它与"行道"同等看待。颜钧说,"率性所行,纯任自然,便谓之道",所谓率性即任情,包括"好贪财色"在内。何心隐提出"育欲"说，以便与"灭欲"说相对立。李贽说，"穿衣吃饭即是人伦物理"，又说，"人必有私，而后其心乃见"，在他理想的社会下"使天下之民各遂其生，各获其所愿有"，提出以适性遂欲为伦理的新观念，对传统道德进行了大胆的挑战。清儒戴震提出"理者存乎欲者"的命题，所谓天理不是人情之外的东西，只是情得其平，"体民之情，遂民之欲，而王道备"，他尖锐指出，有势位者利用理来迫害下层人民，使理的严酷性超出刑法："人死于法，犹有怜之者；死于理，其谁怜之？"

理性与情欲既矛盾又统一，情欲的自发性不要道德，道德的理智必然抑制情欲；情欲的健康化又需要道德，道德的理智又依赖情欲。最理想的状态是以理导欲，在两者之间取得平衡和协调，使人的道德生命和感性生命都能活泼健康。人的情欲不能灭只能节，节制情欲主要在两个方面：一是不能放纵到危害身体健康；二是不能膨胀到危害他人的幸福。在这个范围内，不仅生存需求是正当的，尽情享受也是合理的。

3. 义命之辨

这个问题的实质是道德实践中主观能动作用与客观条件的关系问题。孔子既讲"为仁由己"，又畏天命，他在为己和顺命之间划出界限——志道据德、为仁行义、讲论学问、做君子还是做小人，决定于自己；富贵贫贱、生死寿夭以及事业的成败，决定于天命。命给予道德行为的限制，不在道德评价上，而在道德功效的大小上。孟子正式以义命并举，说，"孔子进以礼，退以义。得之不得曰有命"，义是道德原则，命是客观力量，孟子主张重义而顺命。张载提出"义命合一存乎理"的命题，实际上仍重义顺命，说："当生则死，当死则死"，"今日宝贵，明日饥饿，亦不恤，唯义所在"，但他对命的态度积极，既可利用，又可转化，故说："富贵福泽，将厚吾之生也；贫贱忧戚，庸玉汝于成也"，顺境固然有益，逆境更可磨炼，对于道德人格的形成都有好处。程颐说："贤者唯知义而已，命在其中。"总之，儒家在道德行为上的态度是尽人事而后听天命。不顾命运如何，以实践自己的道德信念为第一要务，不轻易言命，不在人事未尽时言命，甚至明知其不可为而为之，都只为求得一个心安理得。这种态度的价值在于不因过分顾虑道德行为的效果不佳而降低对自己的道德要求。

与义命之辨和义利之辨相联系的还有一个义力之辨，也是讨论主观动机和客观条件的关系。明代政治家与思想家高拱在其著作《问辨录·论语》中，载有这样的争论：有人问，《左传》中记述孔子之言："陈恒弑其君，民之不与者半，以鲁之众，加齐之半，可克也。"程颐认为："此非孔子之言。诚若此言，是以力不以义也。"高拱指出，程子的话不对，因为"诚为义，亦必用力而后能济，则力皆义也。"他引用《论语》，子路问孔子："子行三军则谁与?"孔子答曰："必也临事而惧，好谋而成者也"，假若不审度彼我实力，不预测胜负可能，只满足于所谓"义举"之名，必不能成功，这是最迂腐不过的了。高拱接着指出："后世儒者，但言义便不要力，但言力便说非义，而岂知圣人以义用其力，以力成其义乎?"而义不以力之说，"遂使轻事之人，不审彼己，不量胜负，不度事机，而徒然以为义，卒之事败而国家受其祸，犹自以为义也"，这实在是很可悲的。高拱是实政家，是前于张居正的改革派，他看到一种举措或行动，在明确其正义性的同时，还必须有切实可行的计划，有可以操作的实际力量，包括主体的智慧和客观的人力物力条件，空有好心是远远不够的。这一论点可以作为传统义利说和义命说的重要补充。

4. 理心之辨

人的道德行为受两方面的制约，一是内心的道德自律，二是外在的道德规范。这两个方面的关系在早期表现为仁与礼、自然与名教的关系，到宋明时期演变为理学和心学的对立。程朱理学强调道德客体——理的神圣性，视理为宇宙的永恒本体和社会道德的不变法则，要求人们向它认同，建立共识，由此改良人性，稳定社会，二程称理为"天理"，不为尧存，不为桀亡，推之四海而皆准。天理表现在人伦上，便是"父子君臣，常理不易"，人生要修为圣贤，而"圣人与理为一"，为明理穷理，必须用敬致知。朱子亦以天理为宇宙本体，其修养功夫则强调居敬穷理，最后达到"豁然贯通"，心与理为一。以"仁"为例，孔子强调仁的主体真实感受，而朱子说，"仁者，本心之全德"，"心之全德，莫非天理"，天理与仁，名异而实同，于是仁的道德客体意义得到凸显，这是理学家的精神。陆王心学则不同，他们推重作为道德主体的"心"的价值，提出"心即理"的命题，认为主体的道德良知是第二性的，它的发现、保持和扩充对于社会道德风气的改善具有决定意义。陆九渊以发明本心为主旨，认为一切道德准则皆出于人之本心，故只要明心尽心，顺此本心而行，则无不合于道德，这叫做先立乎其大者。王阳明认为人生来便有判断善恶的能力，叫做良知，后天为私欲所蔽，故有愚不肖，学者只要致此良知，扩而充之，就会成就道德人格，所以他说，"圣人之学，唯是致此良知而已"，他批评理学说："后人唯其不知至善之在吾人，而用其私智，以揣摹测度于其外，以为事事物物各有定理也，是以昧其是非之则，支离决裂，人欲肆而天理亡。"王阳明不赞成程朱理学太看重客观的道德规范，因为那样会忽略道德的自律，而没有道德主体的自觉意识，道德便不能有效发挥作用。

程朱理学重视社会共同道德规范的严正性，这有利于保持社会道德的统一性和社会秩序的稳定性，所以它成为元明以后的官学，受到政府的提倡。但由于它重理轻情、重客体轻主体，在政治的扭曲下逐渐造成社会道德的虚伪、冷酷和形式化，而为先进的思想家所批判。陆王心学有强烈的主体意识，看重生命主体的道德自尊自爱自信，努力创造和保持道德生命的真实活泼，很合乎改革家开拓者的胃口。由于它忽视道德规范的客观权威性和统一性，容易导致道德的多元化，形成对传统道德的破坏，因而受到正统卫道者的抨击。

理学与心学所讲述的道德内涵有许多是过时了，但它们所论及的道德的社会性与个体性、道德的他律与自律、道德的外在性与内在性的关系问题，仍然是道德论的重大问题，极富有启发性。它告诉我们，两者之间必须达到积极的平衡、有机的统一，如有所偏，社会道德就要发生危机。

六、儒家论道德的社会功能

儒家认为道德是社会生活须臾不可脱离的，它起着巨大的作用。主要有以下两种学说。

1. 修己以安百姓

儒家认为道德修养本身不是目的，目的是为了济世安民，而且只有在济世安民的事业中才能成就圆满的道德人格。孔子提出"修己以安百姓"和"博施于民而能济众"的目标，他对管仲虽有批评而仍许以仁人，就是因为管仲能九合诸侯，一匡天下，体现了仁德的最终目的性。《大学》提出以修身为本，进而齐家、治国、平天下的公式。成为儒家道德人生的座右铭。《中庸》又有尽性至命、赞天地之化育的公式和成己成物的理论，则道德的功能不仅在于健全人性和社会，而且要扩展到协调人与自然的关系，促进宇宙万物的正常发展。后儒借用《庄子·天下》的"内圣外王之道"的述语，表达儒家内修道德、外成事功的思想路线，逐渐形成经世致用的传统。

宋明道学极重心性修养，并要求人们身体力行。但他们所说的"身体力行"主要指道德实践，比较忽略创业治国的功效，于是有务实派出来纠正。宋代永康学派陈亮与永嘉学派叶适大力提倡事功实学，批评道学为虚语，期于开务成物。朱熹曾从道德论上着眼，褒三代而贬汉唐；陈亮加以反驳，他从实效上盛赞汉唐事业，主张道德与事功的结合。叶适认为有公心的人应该务实，包括富国强兵，发展商业。明代王廷相批评理学心学末流是"聚首虚谈，终岁嚣嚣于心性之玄幽，求之兴道政治之术，达权应变之机，则暗而不知"。东林学派高攀龙说:"《大学》之道,先致格物,后必归结于治国平天下,然后始为有用之学也。"顾炎武指责空头道德家"以明心见性之空言代修己治人之实学",有害于国家民族。他们都主张明道救世、修身济民,既要独善其身,又要兼善天下。

2. 为政以德

治理国家向来有两种不同的方针,一是以德服人,二是以力制人。儒家主张德治,反对力征。孔子提出"为政以德"的治国论,他对德治与法治的优劣做了比较:"道之以政,齐之以刑,民免而无耻;道之以德,齐之以礼,有耻且格",德治能教化人心,法治只规范行为。他相信道德的力量足以抑恶去邪,故说:"君子之德风,小人之德草,草上之风必偃";又相信道德的力量足以聚众,故说:"远人不服,则修文德以来之","德不孤,必有邻"。孟子主张以仁心发为仁政,则可以统一天下,他提出"仁者无敌"的命题,推崇王道、贬抑霸道,云:"以力服人者霸,以德行仁者王。"王道即是仁政,将不忍人之心推及于社会,"老吾老以及人之老,幼吾幼以及人之幼,天下可运于掌"。《大学》提出三纲领八条目,其中心思想是治国须以修身为本,故云:"有德此有人,有人此有土,有土此有财,有财此有用。"《中庸》说,"为政在人,取人以身,修身以道,修道以仁",大舜、周文武和周公都是有德之人,故能讲贤使能,惠民劝业,使四方归之。

儒家的为政以德,具体内容包括:君王有德,能以身作则;施行仁政,惠爱民众;尊贤尚德,纳谏兼听;礼乐教化,淳厚民风等项。德治论是一种政治理想主义,它把道德的社会功用夸大了,所以孔子、孟子在当时到处碰壁,被视为迂远而阔于事情,相反富国强兵的法家学说得到列国的采用。但是道德治国论只是不能独用,但不可或缺,它提出的得民心者得天下、失民心者失天下的见解和正人先要正己的主张,都是万古不移的真理,它比法治论更具有战略的眼光,更符合人道主义的精神。

汉以后,儒家治国论开始包容法治,主张德刑并用,但仍以德政为主,刑法为辅,继续保持儒家的特色。董仲舒说,"庆赏刑罚,异事而同功,皆王者之所以成德也",但董氏以阳为德,阴为刑,德主生而刑主杀,王者承天意以从事,"故任德教而不任刑"。《白虎通》认为圣人明五常之道"以教人成其德",同时治天下必有刑罚,"所以佐德助治,顺天之度也"。韩愈论道统,谓"其法:礼乐刑政",将德治与法治合二为一,而以仁义道德为导向。宋以后的儒者都以扶树纲常名教为治国救世之道,而三纲五常是道德与政治的结合。由于儒家为政以德的思想影响深远,儒家的治国论始终具有泛道德主义色彩,其弊病是往往把道德问题政治化和忽视法制建设,其优点是对领导集团有一种全社会的道德舆论监督，道德水准低的领导者树立不起光辉的形象。

七、儒家论道德修养的方法

儒家的伦理可以分成两大类：一是明道之学；二是修道之学。天生之，人成之，理想人格要靠不断的修习才能实现，修养是达到圣贤境界的必经之路。所以必须讲求道德修养的态度和方法。儒家的道德方法论内容十分丰富，计其大者，有以下数项。

1. 笃志而固执

首先要"志于道"，树立希贤希圣的人生目标。同时要终生追求不懈，不达目的誓不罢休。《论语》说："任重而道远，仁以为己任，不亦重乎？死而后已，不亦远乎？"可见修道是终生的事，不能时重时轻，不能有始无终。《中庸》提出"择善而固执"，这是至诚的精神，精诚所至，金石为开，固执的道德追求是修养的根本前提。

2. 反躬内省

为仁由己，所以要严于律己，发生问题不怨天尤人，而是反复省察自己的思想言行，用今天的话说，就是多作自我批评。孔子说，"躬自厚而薄责于人"，又说："内省不疚。"曾子提出"吾日三省吾身"的方法。孟子进一步强调了反身自检的重要性，说："爱人不亲，反其仁；治人不治，反其智；礼人不答，反其敬。行有不得者，皆反求诸己。"出了问题埋怨对方，甚至把责任推得一干二净，这是常见的现象；儒家认为归根结底是自己不当或不完美，因此要有则改之，无则加勉，把自己完善起来。现实生活表明，在批评与自我批评中，自我批评最重要，相互批评若不以自我批评为基础，便收不到好的效果，道德责任是需要自觉自愿承担的。

3. 慎独

《大学》在解释诚意时提出慎独，意谓为善要诚心诚意，不欺人亦不自欺。《中庸》说明慎独的含义是："君子戒慎乎其所不睹，恐惧乎其所不闻"，在无人监视的情况下更要警惕和自觉，不做非道德的事，这才是诚意为善的表现。慎独的思想来源于孔子。孔子说："古之学者为己，今之学者为人"，为学的目的不是为了表现给别人看，而是为了自身道德的完美，因此必须有高度的自律意识，不因环境有否监督而改变。

4. 从善改过

道德修养不能停留在书本知识上，还要从周围人身上学习，见贤思齐，见不贤而内自省，不失为加强道德的有效方法，随时可以做的。孔子说："三人行必有我师焉，择其善者而从之，其不善者而改之。"荀子说："学莫便乎近其人"，"学之经莫速乎好其人"，亲近和喜欢品德高尚者，自然受到熏陶。改过是进步的重要方法，不文过饰非，随时发现随时纠正，这是勇敢行为。孔子说："过则勿惮改"，"过而不改，是为过矣"。对于别人的批评要持欢迎态度，荀子说："非我而当者，吾师也；是我而当者，吾友也；谄谀我者，吾贼也。"但一般人总是愿听奉承话，要做到闻过则喜是很难的。

5. 下学而上达

通过学习来提高道德境界，而学习方法是多种多样的。《中庸》提出博学、审问、慎思、明辨、笃行五项，并且概括为"尊德性而道问学"两大项。《大学》提出修身要从"格物致知"开始，然后转入身心修养。按照孔子的本意，他是主张先从一般知识学起，打好基础，然后逐步提高的。他说："下学而上达"，"博学以文，约之以礼"。子夏说："君子学以致其道。"在学习步骤上儒家学者有"自诚明"和"自明诚"的争论。张载的解释是："自明诚，由穷理而尽性也；自诚明，由尽性而穷理也。"究竟选择哪一条路好，恐怕因人而异，但学习要通过累积，要有过程，然后才能成为仁人君子，这是儒家的共识。

6. 讷于言而敏于行

孔子强调"敏于事而慎于言"，"听其言而观其行"，把道德实践看做是道德修养的基本功夫和道德评审的标准。荀子更进而认为"学至于行而止矣"。《中庸》说："力行近乎仁"，强调做的重要性。道德学问不是外在的知识，必须同自身的做人处世结合起来，在实践中体会做人的道理，这才是真学问，强调知行合一是儒家道德论的重要特征。

7. 推己及人

孔子说："能近取譬，可谓仁之方也已。"仁是道德的主项，培养仁德的方法是将心比心，推己及人，由近及远，逐渐向外开去，这是每个人都可以入手，切实可行，而又进境无穷，说容易也容易，说难也难。爱己之心人皆有之，爱亲之心亦人皆有之，一定范围内的推己及人不难做到；但是要将这种爱人之心推得广推得远，真正做到视他人如己身，视天下犹一家，这是很难很难的。孟子谓："老吾老以及人之老，幼吾幼以及人之幼。"这句话可以有两层含义：一层是说，我们应当将爱自己老幼之心推广去爱他人的老幼；另一层是说，我们在爱自己老幼的同时，也希望和帮助天下的人都能够爱他们自己的老幼。按照儒家天人一体的思想，人还要把爱心推及于自然之物，这叫万物一体之爱。

8. 存心养性

孔子说："克己复礼为仁"，克己指克服私欲。孟子接着说："养心莫善于寡欲"。孟子又说："存其心，养其性，所以事天也"，他认为天人相通，人性受于天而显于心，故尽心知性可以知天，存心养性所以事天，他首次提出修养心性的问题。存心养性的功夫是保持和扩充心性中之善端，使之健康发育。养性还必须养浩然之气，配义与道，使它至大至刚，塞于天地之间，形成操守不移的大丈夫气概。在修养的态度上，孟子主张不可疏懒，亦不可急躁，"必有事焉而勿正，心勿忘，勿助长也"，从容不迫地去做。

以上道德修养方法都是早期儒学提出来的。唐宋以后，儒家的修身论由于吸收佛道和自身的争论而得到丰富发展。李翱受佛教影响强调"去情复性"，周敦颐受道家和道教影响而"主静"，二程则本于孔子而"主敬"。孔子说过"修己以敬"，敬就是庄重严肃，不苟且马虎。程颢主张"识得仁理"、"以诚敬存之"，程颐也说："涵养须用敬；进学在致知。"《易传》有"穷理尽性以至于命"的话，成为宋明道学家道德修养的共同目标，而在修养方法上各有所偏。理学强调从穷理入手，心学强调从尽性入手，争执不休。以朱熹为代表的理学一派偏重"道问学"，强调入手处是"即物而穷其理"，"至于用力之久，而一旦豁然贯通焉，则众物之表里精粗无不到，而吾心之全体大用无不明矣"，这是由渐到顿，故重视学问的讲论。以陆象山、王阳明为代表的心学偏重"尊德性"，主张直接从诚意正心入手。陆象山强调先立乎其大者，"若能尽我之心，便与天同，为学只是理会此"，"收拾精神，自作主宰，万物皆备于我，有何欠阙？"他自认为是"简易功夫"，批评朱熹的格物穷理是"支离事业"。王阳明的修养方法就是"致良知"，他从"心即理"的前提出发，说明"格物致知"不是即物穷理，而是恢复本心，去恶念复善念，故云："知善知恶是良知，为善去恶是格物"，他主张"知行合一"，真知的过程也就是践行的过程，所以强调道德修养要"从静处体会，在事上磨炼"。

儒家的道德修养方法具有一般方法论意义，大部分可以继承下来，转换其时代内容之后，使其发挥新的作用。凡愿意培练德性的人，不能不借用儒家两千多年积累起来的使人性臻于完美的经验和方法，若把这一切都抛弃，中国人的文明程度肯定要倒退，我们只应比前人做得更好，而不是做得更差。当代社会是一个缺乏德性的社会，人们把主要精力用于才智的发展，功利社会的导向是重才轻德、重利轻文，教育的重心在职业技巧和知识的培训，而对于德性的栽培相当忽略，于是在人性两要素（德性与才智）之间发生严重倾斜，整个社会也因此弊病丛生，其危害已随处可见，其消极后果还难以完全预料。相比之下,儒家重德性德育的思想是十分可贵的,它要解决的是如何做人的根本大事,关系到社会和人性发展的精神方向,切不可等闲视之。

但是儒家道德又不可直接拿来使用,不仅它本身需要改进,取精去粗,重新诠释;而且根据时代的特征,还要吸收新的道德因素,综合古今中西,才能形成适合中国现代化进程中的社会新道德体系。

这里可以简要谈三点。

第一,由儒家系统化了的传统道德,其"三纲"说最具有封建性,必须剔除,凡与君主专制主义、重男轻女、封建家长制相联系的道德观念,如愚忠、愚孝、节烈等,绝不应当保留。对这种旧道德的批判,已由"五四"先进思想家们完成,他们的成果应当继承下来,并随时警惕封建性道德的死灰复燃或变相出现。

第二,传统道德,即使精华的部分,在强调群体意识的同时,相当忽略个体的自由与幸福。它也讲人格独立和人格尊严,但多从义务着眼,缺乏权利意识。现代西方文明,最重个人自由与人权,视为神圣不可侵犯。社会公德和法律是围绕公民个人的权益必须受到保护这一中心而建立起来的,它象征着社会的一种进步。西方的平等、自由观念应当被吸收到中国的新道德中去,以弥补传统道德重人伦而轻自由的不足,真正把公民道德建设起来。

第三,传统道德重血缘而轻职缘,而职缘道德必须大力加以扩展。中国传统社会是家族社会,所以道德带有极深的宗法伦理色彩。现代中国正在向以市场经济为基础的发达国家迈进,道德的领域也大大扩展了。家族血缘关系仍然存在并且将继续下去,所以家庭道德仍有积极作用,何况儒家主张视天下为一家,已经把家庭道德放大了。但仅仅靠放大还不能解决一切问题,因为有些社会关系不是靠旧的思路所能理解的。市场经济体制下的社会,出现许许多多新的人际关系,其中最主要的职缘关系,即人们的职业交往,相应的,必须建立新的职业道德,内容要比家庭丰富广大得多。中国传统道德中也有职业道德的成分,如"敬业乐群"、"童叟无欺"、"以诚招天下客"等,但不发达不系统,这是自然经济的停滞、孤立造成的。在市场经济充分发展和开放的社会,职业道德在社会道德中占有头等地位,要花心思建设,除了发掘传统道德资源,还要认真借重海外的经验,并且大胆进行创造,这已经不是本文的任务,恕不赘述。

(载《中国儒学百科全书》,中国大百科全书出版社,1997年)

道德改良论

道德是社会风气的重心，也是社会管理的基础，它与法律互为补充，如鸟之双翼，车之两轮，不可或缺。道德是软性的，没有外在的强制性；但它的潜在作用和重要性实在要超出硬性的法律强制。如孔子所说："道之以政，齐之以刑，民免而无耻。道之以德，齐之以礼，有耻且格"。法律只能惩治犯罪，最多使人不敢犯罪；而道德则能使人不愿犯罪。它通过良心自律和舆论监督，引导人们去恶从善，并形成良风美俗，于无形中内在地规约着人们的社会行为。没有一定的道德基础，法律将疲于奔命，罚不胜罚。

我们的道德建设已经进行多年，并有显著成效，但大家仍然感到新道德基础薄弱，经受不住风雨，一阵什么邪风吹来就会出现"道德滑坡"。我们社会的道德基础为什么薄弱？一个重要的原因是中华民族优秀的道德传统长期以来遭到连续不断的否定和破坏，已经衰落下去，世代积累起来的社会公德软弱到无法规约多数人的行为。由于深厚的民族道德传统的严重丢失，一切新道德的提倡都缺乏牢固的根基，像一阵一阵风，吹一吹就过去了。从根本上说，道德危机是由道德传统断裂而引起的。

这里有一个理论问题：社会道德的变革可不可以用大破大立的革命手段来实现？在相当长一段时间内人们认为不仅是可以的，而且是必要的，所以喜欢采用政治革命的方法来实现道德的革命。但实践证明这个办法大有问题，往往是破得太快太多，而立的工作又跟不上，最后的结果是，好的传统倒是被破掉了，而糟粕的成分却肆无忌惮地泛滥起来，连新提倡的道德也变形变质。人们于是发现，还要从头做起。社会政治经济制度是有形的，可以在短期内用革命的方式实行根本性变革。但社会道德不同，它是一种精神传统，具有很强的历史性、连贯性和稳定性，以民间习俗为基础，世代相传，成为风气。道德不成为传统便不是真正的社会道德，一旦成为传统便会自行运作，成为维系社会生活有序化的重要力量。社会道德也要随着时代的变化而变化，但它的变化并不与政治、经济同步，既不能靠暴力和行政手段来推动，也不能靠政治运动来促进，只能按照道德发展本身的规律和节奏，在移风易俗的文化建设中，以渐进的改良的方式来实现，这就是我所说的道德改良论。

中国是一个重礼义重道德的国家，历史上已形成深厚的道德传统。这个传统中有相当一部分带有民间性和民族性，属于社会公德和人生常道，是千百年间积累起来的，它可以适应新的时代，无须做大的变动。当然也有一部分与封建宗法等级制度联系紧密，带有较强的封建性和贵族性，必须加以剔除。把传统道德等同于封建道德，一股脑予以否定是不对的。我的想法是：对传统道德要以继承为主，在保持连续性的基础上适当加以改良。同时补充社会主义的和其他的新道德，逐步形成具有民族特色的新道德体系，所以道德建设要从继承和发扬优秀传统道德入手，把基础打好。如果说这是补课，这一课必须补。

传统道德有一系列重要的道德范畴已经相当深入人心，我们可以把它们继承下来，加以改造、补充、提高、倡导，使之发挥实际作用。我举十大道德范畴为例。忠："尽己之谓忠。"（朱熹）封建性的忠君不能要，但忠于祖国和人民，忠于职守，这些具有普遍意义的内涵，不仅要保留，而且要发扬。孝：孝道的基本要求是敬养父母。封建时代，孝成为最高德目，并且提倡愚孝和"不孝有三，无后为大"，这些家族社会的烙印要消除；但孝顺父母却是传统美德，一定不能丢。孝仍然是今天家庭道德的基础，无孝则家将非家。仁："仁者爱人。"仁心即同情心、慈悲心，这是人性的根本，无爱心则人将非人。我们当然不能爱丑恶的东西，所以有爱必有恨。义：义是一种正义感、原则性，代表全局的公共的利益，不义就是损人利己、损公肥私。见利思义、取之有道，永远是人们利益活动的道德准则。礼：礼的封建性较强，集中表现为"三纲"（君为臣纲，父为子纲，夫为妻纲），当然要革除。但文明礼貌和新的社会礼仪仍是必要的，没有规矩和秩序，社会就要发生混乱。诚：不伪之谓诚。诚就是真挚、实在、坦率、让人信得过。一切道德的生命系于诚而不伪，一旦伪而不诚，再好的道德也将瓦解。信：守诺践约谓之信。信既是交友之道，也是立业之道。没有信誉的政府、团体和个人，都是立不住、维持不下去的。廉：不贪为廉。不苟取、有节操，这是为官者的道德原则。贪赃必枉法，廉洁则奉公。反腐倡廉是精神文明建设的重要内容。耻：道德羞愧心曰耻。有羞愧而后能反省，有廉耻而后能励志，故知耻近乎勇。知耻是道德心的生机，无耻是道德心的死亡。恕："推己之谓恕。"（朱熹）恕道要求对人宽厚、理解，将心比心，推己及人，己所不欲，勿施于人，东西方道德都离不开这一条，被称为金律。不过，实行恕道是有限度的，应以义为前提。

以上的分析，说明我们建设新道德不必也不可能完全另起炉灶，只要对传统道德做出新的解释并加以普及，便可以自然而然地实现道德的更新化。这并不是很困难的事情。传统道德包含着做人的起码原则，也包含着理想人格的最高目标。志大者可以修为圣贤，有为者亦可以修为君子，只要稍许用力至少可以做一个合格的中国人，而不至于堕为禽兽或禽兽不如。一个健康的社会离不开传统道德所提供的那些基本理念，否则社会就要失序，人际关系就会出现紧张和纷乱，市场经济也得不到正常的发育。

当然，要建设现代化的中国，要做一个现代的中国人，还需要更多的新的东西，这是不言而喻的；即使在道德建设领域也要补充若干新的内容。例如引入为人民服务的观念、人权的观念、平等和个性自由的理念，以及生态道德的观念。新道德体系不是抛弃传统道德而与它对立，它应当包含传统美德并且比传统美德更丰富更高级，更有益于人性的健康化和社会的合理化。只要我们能切实发扬优秀道德传统并努力开拓和创造这个目标，是能够实现的。

（载《群言》，1995年第7期）

说"良心"

最近，面对着拜金主义的泛滥，谈论良心的人又多起来了。"良心"这个词，对于理论界真是久违了，学者们不大从正面说它，似有意回避，提到的地方也是带有批判性的。不讲良心的结果，泯灭天良的事便多了起来，社会风气越来越坏，多数人日受其害，于是人们又重新呼唤良心的归来。道德的败坏当然有十分复杂多重的原因，但我们不能不承认，理论上对"良心说"的全盘抹杀，使许多人错误地认为良心无用、良心不好，也是重要的导因之一。

"良心说"最早由孟子提出，他有一句话："其所以放其良心者"（《告子上》），朱熹注曰："良心者，本然之善心，即所谓仁义之心也。"孟子更喜欢用"良知良能"来表述人性中之善端。王守仁上承孟子，以"致良知"而著称于世，"良知说"由此而大放光彩。学术界虽多讲"良知"之说，民间却习惯用"良心"二字，无论良知或良心，其所指皆为人类的共同善性。儒家的主流派认为良心是人生而有之的本然之性，扩而充之者为善人，蔽而失之者为恶人。这种解释当然不能令人满意，现代学术界称之为唯心主义的道德先验论。

"良心"这个东西究竟有没有？能否因为儒家没有解释清楚就说它不存在呢？这是我们所不能回避的重大哲学和伦理学问题。我们理论界长期以来是不承认有普遍良心存在的，"良心说"被认为是地主阶级抽象人性论，属于唯心主义，因而常遭到无情的批判。我们提倡的心是"红心"，而红心是有阶级性的，它只属于无产阶级。也就是说，我们只能承认人性的阶级性不承认有共同人性。这大约是"以阶级斗争为纲"的路线在理论上的表现。可是现实生活表明，红心说不能代替良心说，红心必须以良心做基础，否则红心有可能变成黑心。"文化大革命"中的派性，开始时是红卫兵的红心，走到极端，抛弃任何人性良知，残酷迫害对立派而无怜悯，堕落为一种真正的兽性，甚至禽兽不如，红心于是变成黑心。普通老百姓和多数知识分子不管理论界如何批判，还在那里讲良心，凭良心做人，凭良心办事，保持了这个世界还是一个"人"的世界。社会风气不论坏到什么程度，我们总会发现，坏人毕竟是少数，好人还是多数，他们是有良心的，否则社会正常生活就无法维持了。可见良心是实实在在的存有，不是一些哲学家的向壁虚构。无视这一客观事实而把良心硬说成是唯心论的幻想的人，他自己反而背离了实事求是的精神，陷于唯心论。

与"红心说"、"阶级性说"相联系的是"灌输说"，其说认为科学的世界观和人生观不能自发产生，只能从外部灌输到人们的头脑之中，其做法是用一种特定的理论原则来"洗脑筋"、"改造思想"，这一派相当迷信开会和运动，以为"兴无灭资"有奇效。不错，任何理论都不能自发形成，都需要思想家自觉的加工制作。但是任何有价值有生命的理论都不是无本之木、无源之水，它不是天才人物的凭空创造，不能脱离人性的根基。忽视了人性与人情进行强制灌输，虽可能收到一时之效，最终都是要失败的。内因是根据，外因是条件，伟大的理论要基于人性，通情达理，并对人性有所拓展和升华，因其自然，助其化育，才能获得人们的衷心拥护。"灌输说"的毛病不仅在于它的外因论，还在于它把人群分成少数灌输者和多数被灌输者，导致思想垄断与思想压迫，也必然造成言不由衷、盲目信仰和形式主义种种弊端，最后造成被灌输者的反感、抗拒，有百害而无一利。推而广之，一切社会性的举措，合乎人性者存而久，违背人性者浮而败，这是历史经验反复证明了的。看来不研究人性的问题，不考虑人性的需要、人性的提高，社会科学就不能建立在坚实的理论基础上，很难有健全的发展。

什么是人性？它的内涵如何？良心在人性中占何种位置？这些问题很不容易回答，但又必须回答，本文聊且作一尝试，以为引玉之砖。人性是人类在动物属性的基础上，在长期生物进化和社会群体生活中获得的相对稳定的属性，它与动物性既相通又相异，并在继续向更高的水平发展。人性具有多重结构，大体上可以分成三个层次：生理属性、心理属性、变异属性。生理属性是人性的基础，主要指人的本能欲求，即所谓饮食男女，人类有此本能而得以生存和延续。生理属性是从生物进化中继承而来，具有遗传性，虽圣哲英雄皆与平民相同。就本能实现的机制而言，人与动物相同；就本能实现的方式而言，人受社会文化的制约，因而与动物有异。压抑本能是违背人性的，放纵本能是向动物倒退，只有本能的合理满足和升华才是人性发展的方向。心理属性是人类所特有的（高级动物的心理属性处在萌动状态），主要分为能力和品性两大类。能力方面有：自我意识的觉醒与控制，理性的思维与使用语言，记忆、联想、模仿、创造，制作与使用工具，有目的有计划的活动，等等。品性方面有：自尊自爱，求真求美，爱情、亲情、友情，敬老爱幼，怜悯同类，关心群体，协同活动，追求幸福，等等。上述人类的能力与品性，是在人类社会所特有的社会实践和文化生活中形成的，经由遗传和文化传统，一代一代传下来，成为人类的本性。遗传性使儿童具有人性的潜在性，社会生活使人性得以显现。一个从小就脱离了社会和文化的人，如狼孩、熊孩、狗孩，他们的人性发挥不出来，有的只是动物性，只有回到人间，他才能重新获得人性；而动物不论如何培养，也培养不出人性来。人的心理属性为变态者以外的一切正常的人所具备，只是有程度上的强弱、能力上的大小之差而已。变异属性是指人类由于阶级、阶层、时代、民族、地域、集团、行业、文化、学识的不同而引起的人性上的差别性和多样性，在思维方式、价值取向、道德观念、审美意识等方面有诸多差异，有时甚至互相对立，可以说人类共同本性打上了变异的烙印。例如社会地位不同的人们在观念上、感受上就很不一样，像鲁迅所说，煤油大王不知道捡煤渣老婆子的辛酸，饥区的灾民不去种兰花，贾府上的焦大也不爱林妹妹。又像费尔巴哈所说，皇宫中的人与茅屋中的人所想是不同的。变异属性还指人的个性，每一个人都有不同于他人的独特的气质、性情、志趣、风格，即使同一集团内的人，也不会完全一样。变异属性是人性之内的差异，一旦差异超出了限度，就会丧失人性，堕入兽道。例如，赚钱无可非议，图财害命便没有人性，集团之间有利益冲突亦属正常，若发展到群体灭绝，便是人性灭绝，其害远烈于凶禽猛兽。人的生理属性一般不是本能赤裸裸的表现，多少都渗透着心理属性和变异属性的成分。人的心理属性离不开生理属性的基础，也常常受到变异属性的影响，因而同中有异。人的变异属性在通常情况下亦内含着生理与心理属性，异中有同存焉。

人的良心处在人性三重结构的中层，即心理属性之内，它是指做人的基本道德观念与情感，如同情心、正义感、羞耻心、一般是非的判断力、社会责任心等。人类是作为一种社会群体进化而来的，又必须在保持社会群体的稳定中求得生存和发展，所以不能不对于社会冲突和个人行为有所制约，对于人际关系有所协调，这就形成了社会公德，用以加强人群间的亲和力，维持起码的社会秩序。社会公德通过社会文化体系熏陶着公民，并世代相传，内化为人的心理素质，形成较为稳定的心理结构，这就是良心。人们自觉或不自觉地用这一心理结构为基本坐标来判断或处理事情，似乎觉得良心是先天就有、与生俱来的，其实良心是社会生活的产物，是文化传统的凝结。人造就了文化，同时也造就了自己，造就了作为共同人性的良心。

人离开群体不能生存和发展，但人又是个体的存在，具有自我意识和个人利益，这就要发生个体与群体、自我与他人之间的矛盾，这个矛盾是一切社会的基本矛盾，它是产生道德上善与恶的根源。什么是善？能够协调人际关系、注意照顾群体和他人利益者为善。简单地说，善就是群体意识及其行为。什么是恶？任凭个人利益膨胀，导致损人利己、损公肥私者为恶。简单地说，恶就是过分的个体意识及其行为。人既要考虑与他人和群体保持一致，又要考虑和维护个人利益，但受生存条件和眼界的限制，只顾眼前利益和个人利益是一种自发的倾向，稍一过度就会出现恶。所以人性之中善与恶的萌端混然杂处。环境的诱导、主观的努力，可以促使善性发育而为善人，亦可以促使恶性膨胀而为恶人。善的行为不仅有利于他人和社会，也同时提高了自我价值，充实了个体的精神生命，如老子所说："既已为人己愈有，既已与人己愈多。"恶的行为，包括以个人利益损害他人利益，也包括以某一集团的狭隘利益去损害其他群体的利益，还包括以社会的名义去损害其他个体的利益而暗中满足个人私利，后者不仅是恶，而且是大恶。恶的行为，看起来是害人利己，事实上是损人又害己，是自我践踏、自甘堕落；犯法者遭刑戮，败德者受人议，作伪者常怵惕，心灵皆不得安宁。天作孽犹可违，自作孽不可活，完全是自作自受。

良心本来是人人都有的，不难理解，也不难保持，当你半夜扪心自问的时候，你就会发现自己的良心确实存在，除非你不想要它，它总与你为伴。但由于我们长期不敢理直气壮地宣扬良心，反而多方责难，结果以善为恶，造成道德价值观念的混乱，再加上最近社会由传统经济体制向市场经济转型，初期阶段难免出现拜金浪潮，本来就备受摧残的传统美德又遭到强烈的冲击，更加衰落，良心这无价之宝在一些人眼里似乎不值一文。现在的问题很尖锐：发展市场经济果真不需要社会公德吗？良心果真已经过时了吗？如果良心不根植于人性之中，如果道德不再是社会进步和人类幸福的内在需要，那么它的瓦解便毫不足惜，想挽救也挽救不了。然而情况并不是这样。实际上，内化为良心的社会公德，不仅是社会健康稳定和人际和谐的必要条件，它也是市场经济走向成熟的必要条件。近现代世界上任何国家或地区市场经济充分发育都有其良好的文化背景和道德水准。资本主义崛起初期，确实伴随着火与剑、血与泪，但它达到成熟阶段以后，也要接受社会道德的制约，否则便不能正常运转。我们所处的时代已经不允许重复原始资本积累，我们又是社会主义国家，更不应该主要靠非道德手段来增加财富。不错，市场经济免不了有投机和欺诈，但市场的发育和完善却不能靠投机和欺诈，而要靠自由的等价交换、合理的有偿服务、货真价实的商品竞争和各种法制的周备健全，这一切都需要有良好的社会风尚、稳定的职业道德，如公正、平等、信誉、尊重别人、热情周到的服务态度等。社会公德和职业道德是高水平市场经济的内在要素，因而良心也是健康的市场经济的精神基础。各种非法非义的经济行为，如贩毒、走私、造假、诈骗、贿赂、贪污、无信、以劣充优、以权谋利等，如任其泛滥，只会破坏市场经济的发展，贻害社会，阻碍现代化的事业。企业家未必是道德家，但要有良心，取之有道，不去坑害别人，公平竞争，不去暗算别人，树立起良好的形象，这不仅是做人之道，也是企业发达之正路。东亚四小龙在腾飞的同时都注意保持和强化道德建设，花大气力与犯罪和腐败作斗争。中国内地地处东亚文化圈中心地带，道德传统有深厚的根基，应该也有可能走出一条经济与道德并兴的新路，实现既富强又文明的社会发展目标。

(载《孔子研究》，1993年第3期)

传统家庭伦理的当代价值

一

由一夫一妻制婚姻关系形成，以男性血缘关系为纽带的传统家庭，已经存在数千年了。这样的家庭曾经在中国的宗法等级社会和农业文明中起过重大作用，可以说家庭是中国传统社会的基础。与此相适应，以家庭伦理为核心进而扩展形成的儒家伦理，成为中国传统社会伦理的主导，其影响是巨大而深远的。

从戊戌变法到辛亥革命再到"五四"运动，传统的帝制社会走向瓦解，家庭制度也在迅速崩溃之中。随着外国资本、商品和文化的大量涌入，随着中国商品经济的发展和社会革命运动的蓬勃开展，中国也在缓慢和曲折中迈向现代社会。在这样一个大的社会历史背景下，中国人不能不思考家庭变革的问题，不能不探索家庭伦理乃至社会伦理革新的问题。比较激进的中国人提出各种家庭革命的理论并推动家庭革命的社会运动。康有为在《大同书》里提出"去家界为天民"，即废除家庭的主张。辛亥革命前后，一批先进思想家提出家庭革命的理论，认为政治革命必须伴以家庭革命，以致视家庭革命为政治革命的前提。无政府主义者甚至宣扬"毁家"、"灭家"的主张。"五四"新文化运动以反帝反封建为目标，高举科学与民主两面旗帜，对旧传统、旧道德、旧文化进行了猛烈的冲击，在家庭和家庭伦理的问题上主张激烈的变革。他们批判传统家庭及其伦理主要有以下几点：第一，家长制独尊父权，压抑个性，妨碍青年人的自由发展；第二，男性统治女性，妇女处于依附和家庭奴隶的地位；第三，祖先崇拜和封建性家教不利于科学理性的传播，与世界相隔绝；第四，在家庭伦理方面主要是片面的愚孝和包办婚姻与贞节观念，造成人性的扭曲和许多人间悲剧。

这一时期的批判有其历史的合理性。传统社会是家族社会，国是放大了的家，国与家是一体的，这样一种社会制度显然是过时了。现代社会是公民社会，强调公民的平等权利和义务，废除以血缘为社会关系的主要纽带，把每个个人从狭小的家族体系中解放出来,放到更广阔的社会事业之中。因此,传统宗法等级社会的君权、父权、夫权、族权必须予以废除。传统伦理中的家庭至上观念,以孝为百行之首的观念,妇女以顺从、守节为荣的观念,以及其他许多束缚个性、违背平等自由的观念,必须加以改变,这是合于时代潮流的。

但是,家庭在现代社会是否因旧家庭制度的改革而必须废除呢?在现代化的过程中,家庭是走向消亡还是经过改造采取新的形态?相应的,传统儒学家庭伦理有没有合理的成分需要加以保留和发扬?还有,中国的家庭是否一定要走欧美社会的道路,采取西方的模式?这些问题必须从理论与实践相结合的角度作出回答。

二

人类自从摆脱了动物状态,由野蛮进入文明以后,便要求形成比较稳定的两性婚姻关系,组成家庭,从事物质的生产和人口的繁衍,同时给自己的忙碌生活寻找一处栖息地。由此可知,家庭是人类文明的产物。在后来的历史发展中,家庭的结构不断复杂化,家庭的功能不断多样化,许多本来应该由社会承担的职责,都转移到家庭上来,反而使家庭原始的本然的性质和作用受到了压抑,比如说由家庭扩展为家族,形成宗法等级礼制,使家庭异化成为社会,由人的生活基地变成人的桎梏;以情爱为基础的婚姻,变成父母包办的非情愿的婚姻,经常为政治权势和经济利益所左右;妇女由早期的家庭支柱和保护神,变成后来的男性的附庸和为男性生儿育女的工具。这一切随着社会的现代变革将逐步消除,然而家庭作为社会细胞和人生依凭的合理内核肯定会保存下来,继续发挥它不可替的积极功能。那么,家庭的合理内核和稳定不变的价值是什么呢?从家庭结构上说,以爱情为基础的两性结合及其子女,是家庭最深厚的结构,其他关系都是它所派生的。一切家庭都是围绕着这一个中心扩展和运转的。如《周易》序卦所说:"有男女然后有夫妇,有夫妇然后有父子";《中庸》说:"君子之道,造端乎夫妇。"可见夫妇关系是社会人生之始。从现代的眼光看,一切非爱情的两性结合都是不道德的;同时,一切非家庭结构的两性结合都是不健康的,因而不值得提倡。新的文明社会对于离婚将是宽容的,但不会恣惠婚外的性关系,其目的是促进家庭的稳定和幸福。社会学家从结构上将家庭分为:核心家庭,由一对夫妻及未婚子女组成;主干家庭,由一对夫妻与一个已婚子女组成,包括祖、孙同居的隔代家庭;联合家庭,由同一代中两对以上夫妻及子女组成;单身家庭,未婚、丧偶或离异而无子女者。历史学家提供的资料表明，联合家庭即中国人所说的大家庭从未在历史上占主导地位，而核心家庭和主干家庭（包括隔代家庭）从来都是占优势的家庭。明末清初的思想家顾炎武在《日知录》中曾指出，子女婚后与父母分家生活的（即核心家庭）十之六七。子女婚后仍和父母一起生活的（主干家庭）十之三四。这个原因不难理解。中国经济长期以来主要是小农经济，男耕女织适于自营自养，大家庭是维持不了的。传统的大家庭主要存在于富裕阶层，而一般民众通过不断分家仍以小家庭为主，不过人们都要尊祖敬宗，接受家庭制度的制约。近现代以来，随着社会变革和现代化事业的推进，中国家庭的规模是在相对地缩小，最近几十年，核心家庭增多了，联合家庭趋于式微，但家庭的基本结构和规模并没有显著的变化。将来的家庭，由于附加职能的减少和"复归本位"趋势的增强，核心家庭的优势更加明显，主干家庭的比重进一步降低，但绝不会走向衰亡。

传统家庭与当代家庭相比，真正的变化不在结构和规模，而在家庭的关系和功能上。从家庭关系来说，由原来的宗法等级变为人格平等，包括父子与夫妻关系，由注重家族利益变为注重小家庭和个人利益；由紧密的互相依赖变为相对的松散；由注重身份名节变为注重亲情爱情。从功能上说，传统家庭过多承担的政治功能、经济功能和社会交往功能将大大减弱，国与家实行分离，家庭更多地退到日常生活领域。家庭所特有的生理生育功能、生活互助功能、情感慰藉功能、培养教育功能，都会保留下来，有的还会得到加强。上述四种功能是家庭本来应该具有的内在基本功能，它们不仅与现代化进程不相矛盾，而且还可以互补相通，没有家庭的社会是不可想象的。

有人曾经设想，用人工授精和试管婴儿代替父母育子，这事实上是不可能也不必要的。作为科学试验和解决特殊问题，人工生育有其价值，但要推而广之，则违背自然，将断绝骨肉之亲，其害莫大焉。也有人设想，用社会功能代替家庭功能，人的生、教、老、病、死，皆由社会组织包而办之。但是生活经验和科学实践告诉我们，人的一生，母乳、母爱、父爱、家教、亲养、亲情都是不可缺少和无法完全取代的，没有这一切，人不能健康成长，生活不能充实愉快。家务劳动的社会化和自动化是应该提倡的。社会越进步、公共事业就越发达，这也是必然的，但它永远不能代替家庭的特殊功能。现代社会由于竞争激烈和人际关系冷漠，人们在拼搏事业的同时，比传统社会更需要家庭亲人的安慰和鼓励，这种慰藉可以是夫妻间的，也可以是父母子女及兄弟姐妹间的。

家庭是社会的细胞，家庭生活关联社会生活，家庭和谐促进社会稳定，家庭教育影响社会教育。家庭是儿童成长的摇篮和第一课堂，是成年人的战斗后方和心理调节所,是老年人休养的栖息地,是社会矛盾的缓冲地带。在中国人的眼里,家庭是神圣的美好的,它把个人与社会连在一起,它具有永恒的生命力。

如果我们承认传统家庭只能改革而不能取消,那么我们就必须同时承认传统家庭伦理也只能改革而不能取消。传统家庭伦理中的单向服从的愚孝,男尊女卑的"三从"(在家从父,出嫁从夫,夫死从子),都是所当去者。但以儒家为代表的极为深厚广远的家庭伦理传统,其中许多基本理念至今仍未过时。

譬如,孔子提出的仁道是家庭伦理永恒的基石。仁的内涵是丰富多样的,而其核心是"爱人",在家庭范围之内即是亲情之爱。人类社会是一个文明群体,因而有相互关爱之情,而爱人则始自爱家庭之亲人,推而广之,便可爱他人爱社会。一个人爱家庭未必爱他人爱社会,但是一个人不爱家庭一定不会爱他人爱社会。爱是家庭的生命,没有了爱,家庭便失去了灵魂,没有爱又不得不维持一个家庭形式,这是最痛苦的事情。家庭之爱有两类,一类是没有血缘关系的两性之爱,一类是父母子女的血缘之爱。两者都是天底下最亲密的人际关系,生死相依,甘苦与共。家庭应该永远是一个充满着爱的使亲人感到温暖的地方。

孔子认为仁道之爱人应表现为两个方面:一是忠,己欲立而立人,己欲达而达人;一是恕,己所不欲,勿施于人。这两个方面用通俗的话表述,便是帮助人,尊重人。在家庭内部更要随时互助互敬。古代社会有宗法等级制,故忠恕之道不能不受封建礼教的限制,但在今天则应强调平等,把忠恕之道的民主性精华发扬起来,在家庭内部实行人格独立、彼此敬重,夫妻之间是如此,父母子女之间也是如此,只要互相体贴、理解,有事商量办,不强加于人,这样的家庭一定是个民主家庭。家庭是情爱加血缘的共同体。虽有性别、辈分差别,并无高低贵贱之分,在这里也必须讲自由平等。有的丈夫以爱妻为名,有的父母以爱子为名,让他们做许多不愿做的事情,却说"这是为了你好",由于不行恕道,不能相互沟通和理解,主观的爱变成了一种偏执的强迫,令对方痛苦。可见爱是不能强制推行的,爱的实行只能是"感而遂通",爱必须是相互的。

孔子说"君子和而不同"(《论语·子路》),有子说:"礼之用,和为贵"(《论语·学而》)。"和"是仁道在处理人际关系上的重要原则,也是人际关系的理想状态。治理国家,要求"政通人和";治理家庭,要求"家道和顺"。"和"是和谐、协调、温和、团结、互助。实行"和"的原则要注意两点:一是要注意"和"与"同"的差别,"和"是在承认多样性的前提下的互相配合,

"同"是要求单方面的一致和一味的随声附和,"和"的原则具有民主精神,"同"的原则必然导致专制。二是要注意以礼节制"和",也就是说"和"是有条件的,它要求合于礼义,不是一味的和气。在家庭内部更要强调和谐,营造出一个温馨的生活环境,使成员觉得宁静、快乐。家庭与社会不同,虽然难以避免各种矛盾,但家庭绝不是一个搞社会斗争的场所,也不需要每件事情都分清是非,争个水落石出,家庭需要更多的体谅、温存和安慰。人们已经生活得很累了,回到家里需要放松、放心、放开,自由自在一下。如果回到家里又开始了另一场搏斗,挖空心思去运用策略和手段,这个家便不像一个家,而是一个战场了,健康的人们不喜欢这样的家,早晚会离开这样的家。

再如,孔子强调并多方阐发的"孝"的理念,应继续成为处理父母与子女关系的基本道德范畴。孝是子女对父母的道德态度,其基本要求如孔子所说是"敬养",即敬爱而又赡养。孝本出于天性,人之生命受之于父母,从婴儿至成人,无不承受父母的抚育与关爱,有此恩德,子女报之以孝,应在情理之中,不孝则违背人性,乖离情理。

当然,孝不是片面的,古人提倡"父慈子孝",慈与孝互相对待,而且孝也不是子女对父母唯命是从。孔子主张子女"事父母几谏,见志不从,又敬不违"(《论语·里仁》),子女对父母是可以提意见的,不过态度要委婉,在行动上不要生硬顶牛,在一般情况下这是合乎情理的。后来有人提倡愚孝,谓"天下无不是之父母",这就把孝绝对化了,并不符合孔子原意。在慈与孝之中,为什么孔子和儒家特别强调孝道呢?这是因为父母慈爱子女是普遍现象,在中国尤其如此,往往有过之而无不及,无须大力阐扬,问题常出在慈爱的方法有不得当者。而孝顺父母则不然,虽说出于天生,却容易减弱和丧失,不培养不强调是不行的。

其实慈与孝都是世代相递的。父母慈爱子女,子女又慈爱其子女。子女孝顺父母,其子女又孝顺自己。孝顺者必得孝顺儿孙,忤逆者必得不孝之儿孙,其原因并非冥冥之中有神灵赏罚,而是人们的身教所致。社会学家指出,中国和西方的家庭养育模式不同,西方是接力模式,中国是反馈模式。接力模式重视父母养育子女,到成人为止,老人的赡养靠社会和自身,不靠子女。反馈模式既重视父母养育子女,又重视子女对父母的敬养和回报。两种模式相比,以中国的反馈模式为优。接力模式造成老年人的孤独和凄凉,反馈模式使得老年人和青壮年之间互补和相得,乃是一种相仁之道。随着世界范围内社会老龄化的发展,反馈模式更有其重要的现实意义与未来意义。相应的,孝道的重新提倡也会成为新的家庭伦理建设的重要任务。

在当今社会，孝敬老人是承接和发扬我们民族的优良传统，而在孝敬的方式方法上应有许多的变动，才能适应社会的发展。譬如从家庭的结构上不必维持三代以上同堂的大家庭，老年人和青年人可以各自独立生活，但应保持密切的联系，最好是"分而不离"，便于互相照顾；从赡养方式上不必也不可能总是亲身侍奉，有条件的可以雇用保姆帮忙，本人乐意也可以进好的敬老院，子女随时接回或探望；从敬老的责任上社会承担的比重应当加大，不应也不能全部加在子女身上，老年人的医疗、住行和文体活动等福利应得到社会各界的关注，形成保障制度，享有健全设施，使社会和子女一起共同落实"老有所养"的目标。少年儿童忙于学习考试，青壮年则拼搏于事业，不可能像古代社会那样时常守候在父母身边，但是他们必须想念父母，保持联系，定时看望，以各种方式给父母以精神安慰，为父母解决最切身的问题，例如帮助丧偶的父母找个称心的老伴，这也是新时代恪尽孝道的内容之一。

现代家庭伦理建设必须抓家庭教育。不重视家庭教育，或者虽重视而不得其法，都不可能形成良好的家庭伦理。长期以来，人们只重视学校教育，而忽视家庭教育。国家教育部门、社会舆论，都把极大精力投向了学校教育，这无疑是应该的。但是许多人看不到，儿童的第一学校是家庭，儿童在这里接受做人和做事的最初教育，打下一生立身成才的基础。家庭教育的特点是亲切的随时随地的。启蒙重于知识，模拟重于传授，而父母是无法选择的首任教师。我们许多年轻的朋友，恋爱结婚，有当父母的思想准备，却没有当孩子老师的思想准备，或者认为只要当了父母，自然就会照顾好孩子，或者认为只要照顾好孩子的吃穿健康就行，教育是学校的事。其实不论他（她）们愿意与否，想到与否，从孩子生下来起，甚至孩子在娘胎里，就已经在兼做教师的工作，问题只是称职与否罢了。父母对子女，一个是养，一个是育，两者不可或缺。从这个标准看，当今孩子的父母有多少是合格的？这是一个严重的社会问题。现代教育，必须是家庭教育、学校教育、社会教育一起抓，特别要把滞后的家庭教育放在重要的位置上加以对待，在这方面，中国恰恰有丰富的文化资源可供开发。

（载《人民论坛》，1998年第4期）

关于醇化道德风俗的思考

一、社会道德有两个层面：一是理性导向，二是民间习俗，两者缺一不可

理性导向是指高层次的道德理念教育和成文的道德行为规范，包括道德学说、学校教育、英雄楷模、舆论宣传、社会礼仪等，它规范约束着社会道德的方向、原则，带有理想主义的成分。不过社会道德建设若仅仅停留在这个层面上，而不能以此化民成俗，不能形成风尚，则这种道德还只是少数人的道德，不是真正意义上的社会道德，那么道德建设的主要任务便没有完成。民间习俗是指在民众中相沿习成的生活方式，从道德建设的角度讲，就是道德风俗，它是道德理念普化为社会行为，并且具有相对稳定性的结果，道德建设只有在这个时候才可以说是基本成功了。我们可以说，理性导向是一种"成文道德"，民间习俗是一种"习惯道德"。没有前者，则民间习俗不能提高，还可能流于固陋偏邪；没有后者，则理性导向不能实现，停于条文和空谈，甚至可能流于伪善。道德建设必须把两者结合起来，尤其要在化民成俗上下大工夫，社会道德才会出现新的面貌。

二、道德风俗的特征

第一，集体性。道德理念已为这一地区多数人所接受，并且能付之行动。少数人的行为不成风俗，多数人的行为才有决定意义。第二，习惯性。道德行为习以为常，自然而然，成为风尚，表现出一种强大的惯性，不需要有人随时监督和提醒。第三，传统性。道德风俗有深厚的历史文化根基，千百年来积累而成，所以才不容易动摇。第四，渐变性。随着社会政治、经济和其他文化生活的发展，道德风俗也会不断地发生变化，但它的变化常规是渐进的不是急剧的。道德品质需要教育培养，道德习惯需要积累训练，都需要一定的时间。用政治革命的手段来解决道德更新的任务是不适宜的，往往带来破坏有余建设不

足的消极后果。

三、道德风气的形成与改善

　　道德风俗中有非常稳定的传统，也有比较容易改变的成分。例如中国、日本、韩国等东亚国家，人们重视家庭生活和家庭伦理，有深厚的敬老爱幼的传统。这种传统就不容易改变，而且不需要改变，只需要调整和提高，以适应现代社会。道德风气则不然，它是在道德风俗基础上形成的某一特定地区在一段时间之内的道德意识与行力的主流倾向，通过人们的努力，可以使它在较短的时期内发生变化，可以变好，亦可以变坏。同样是在中国，各地的道德风气就不一样；同样是在一个地区，20世纪五六十年代、七八十年代的道德风气也不一样。一个地区，只要真正努力，甚至可以在三五年之内改变道德风气。例如大连市，十年以前脏乱差的现象还很普遍，通过努力，逐渐变化，近三年大变，成为环境优美、秩序良好、风气健康的文明城市。人可以改变风气，风气也可以改变人。就拿社会公德中排队上车、给老弱病残妇幼让座的风气来说，北京在20世纪五六十年代就可以做到，那时外地人来京，跟着北京人学，自然也是排队上车，礼让和气。现在不行了，北京人自己做不好，外地人也不会更好。香港的交通秩序很好，内地人去香港，跟着当地人自动买票、排队上车、不闯红灯，这是风气使然。所以道德建设必须在风气上下工夫，这是最难的也是最关键性的工作。作报告写文章并不难，找一两个品德高尚、舍己为人的英雄模范也不难，难的是把良好的道德普及化，形成群众性的风气，风气一旦形成，它便会以惯性的力量保持下去，不断地熏陶着成年人和儿童少年，其教育作用是无形的、巨大的，我称之为"道德磁场"，外来分子会被无形中"磁化"。

四、中国历史上有优良的民风习俗，
而且历代都重视移风易俗

　　中国被称为礼义之邦，就是因为中国的礼乐文化发达，讲究文明礼貌，在家庭、在社会、在国际来往中，都有一整套道德行为规范，而且成为传统。今天看来，其中有封建性糟粕。例如纲常名教中的"三纲"（君为臣纲、父为子纲、夫为妻纲）是宗法等级制度的产物，当然应该革除。但是传统礼俗中仍有大量的内容是具有民族性和民间性的，应当加以批判地继承。例如"五常"

（仁、义、礼、智、信）就一个也不能丢，只能改造，不能否定。我们有一个时期把它们全当成"封建礼教"，一股脑地进行讨伐，其结果是优良道德传统受到极大地削弱，这是我们新道德建设总是步履维艰的重要原因。道德的继承性极强，道德的改良必须在继承的基础上进行，这是我们在道德建设上长期没有解决的认识问题。人的行为总是要有规矩的，否则社会便会变成无序状态。我们应当在传统礼俗的基础上建设一套新的礼俗，使各类人群在各种场合下的行为都有明确的规矩可以遵循。

中国古代思想家及文化典籍对于礼俗建设有一系列精辟论述。司马迁在《史记·礼书》中说："缘人情而制礼，依人性而作仪"，又说："因民而作，追俗为制"，这就把礼仪制度的来源和它与民俗的关系说清楚了。《礼记·曲礼》说："道德仁义，非礼不成；教训正俗，非礼不备"，指明了道德精神与礼制的关系。没有良好的道德风尚，礼仪便徒具形式；反之，没有必要的礼仪，道德风尚也不能维持。《汉书·礼乐志》说："安上治民，莫善于礼；移风易俗，莫善于乐"，它说明了礼乐的社会功能，其中表现出一定的贵族意识，但指出礼乐可以稳定社会和教化民俗则是正确的。有子说："礼之用，和为贵"，则说明了礼是用以调整与和谐人际关系的。《礼记·学记》说："君子如欲化民成俗，其必由学乎！玉不琢不成器，人不学不知道"，这又指明了加强教育是化民成俗的关键。古代思想家一方面很重视道德理论与礼仪典制的建设，并且认为道德礼制必须符合民情民俗；另一方面又很重视用提高了的道德礼仪规范去移风易俗，使民间风俗不断得到改善，而移风易俗不是靠行政命令，而是靠教育，靠在上位者的以身作则，所以孔子说："其身正，不令而行；其身不正，虽令不从。"上述思想对于我们都是很有启示性的。

五、道德风俗的构成

一种健康的、稳定的道德风俗应该有其较完备的结构，大致应有如下的层面：其一，精神风貌是文明向上的，热情和谐的，有序礼让的；其二，管理体系清廉而有效率，各负其责，为民众办实事；其三，学校教育、社会教育和家庭教育受到普遍关注，教育设施完备而实用；其四，礼仪制度比较健全，包括文明公约、人生礼仪（生、冠、婚、丧）、职业规范、语言文字等；其五，生活环境比较优美、整洁、雅观、舒适，居室宽敞，室外绿化，交通方便，公用设施齐备，文化生活丰富健康。

六、移风易俗，改变风气

根据道德风俗的结构、特点和功能，我们必须也能够做好移风易俗的工作。不要等待全国各地统一步骤来做，也不要太多地强调客观条件。事在人为，人能变俗。某一地方或某一系统，只要领导人重视，又能发动群众参与，重视专家的意见，就能领先起步，别开生面。小到一个单位、一个村庄或街道，大到一个地区和城市，都可能在不太长的时间内得到治理，形成文明道德的风俗。天津市和平区和大连市的经验，都使我们具有这种信心。

道德风尚的建设要做好这样几件大事：

第一，要继承和发扬中华民族优秀的传统美德，把道德的根基培植好。除仁、义、礼、智、信五常以外，忠（忠于祖国和职守）、孝（敬养父母）、恕（宽容与体谅）、诚（真实无妄）、廉（有操守不苟取）、直（公正无私）等，以及见利思义、敬业乐群、行己有耻等，都是值得发扬光大的。这些传统美德在民间仍有深厚的根基，现在的问题是给予它们以新的解释，加以提倡和推广。

第二，加强廉政建设，清除贪污腐化。俗话说，上梁不正下梁歪，改变社会风气必须领导带头。管理层人数虽少，但有导向作用。领导干部以身作则，其道德推动作用是巨大的。反之，吏治不清，邪气便占上风。领导干部如果腐败，他们的道德号召非但不起作用，反而使道德变得伪善，令人憎恶，其危害是严重的所以反腐倡廉必须狠抓不懈。

第三，根据传统优良礼俗和新时代的要求，建立一套新的礼仪规范，包括家庭生活、职业道德、社会交往、吉庆节日，都有仪规可循，民众认可它，逐渐成为习俗。

第四，加强学校教育、社会教育和家庭教育，提高人们的文化素质，这是一项长期的基础性的工作。有高素质的人便会有高品位的文化。而且学校、社会、家庭三者一定要相互配合，否则其教育效果便会相互抵消。

第五，健全法制，加强民主监督，使法律的尊严树立起来，保护好人，惩治坏人，这样法制建设与道德建设便会相互促进，相得益彰。合则两利，分则两害。

第六，加强社区道德建设，这是改善整个社会风气的入手处。社区是社会生活的基本单位，它随着人们生活社会化的发展而日益重要，而且由于社区规模有限、联系紧密，道德建设容易进行和取得实效。好的社区多起来了，整个社会道德风尚便容易变好了。

七、和而不同，一体多元

中国是一个多民族的国家，中华民族的文化向来是一体多元的。不同的民族，甚至不同的地区。都在中华民族母体文化之下有自己独特的子文化。古语说：百里不同风，千里不同俗。同样是良风美俗，其表现形态却是多姿多彩的，不可能也不应该是一个模式。因此我们在推动道德建设的时候，应当尊重各民族各地区的风俗习惯和文化传统，包括宗教习俗，例如藏族有佛教习俗，回族、维吾尔族等民族有伊斯兰教习俗，傣族有上座部佛教习俗，等等。宗教习俗具有很强的传统性和稳定性，如要改革必须由宗教内人士自己来推动，外人不宜干预。非宗教的习俗，有些属于陈规陋习，妨碍生产与科学，妨碍健康与人权，则需要在宣传教育充分、民众积极参与下，加以革除，同时要代之以健康丰富的文化生活。在道德建设中保持民族文化的多样性和传统特色，这是必须注意的一个重要问题。

（载《儒学与中国文化现代化》，中国人民大学出版社，1998年10月）

儒家宗教观与新人文精神

一、儒学不是宗教但有宗教性

儒学是不是宗教的问题，在国内外都有争论。要解决这个问题，需要从三个方面统一认识：一是对宗教概念的理解要恰如其分，不能过窄或过宽，定义标准不同，当然衡量的结果就各异。二是对儒家思想的核心和精神要有准确的认定，究竟它是以神为基点还是以人为基点，其余是枝节问题。三是对儒家和古代传统宗教的关系，以及儒家对传统宗教的态度，要有历史的考察，儒学是基本上继承了古代宗教传统，还是基本上挣脱了这个传统而另有开创？如果能在上述三个方面达成共识，儒学是否宗教的问题，便可迎刃而解了。

宗教的定义，见仁见智，据说有上百种，但归纳起来有三种倾向性：一是以世界上成熟了的宗教为典范，树立宗教划分标准；二是把信仰等同于宗教，凡给人以精神依托者皆是宗教；三是以历史和现实中的各种宗教为基础，概括其共同特征，形成宗教概念。我根据中国传统哲学扣其两端而用其中的态度和方法，倾向于第三种。

首先，我不赞成用西方基督教或伊斯兰教的模式作为考察一切宗教的标准。这两种宗教都不仅是世界宗教，而且是一神教，有完备的制度，是宗教发展史上亚伯拉罕系统的特殊形态。如果以此为标准确认宗教，不单原始宗教、民族宗教、民间宗教都要被抹杀，就连佛教和道教也要被驱逐出宗教的领地，而社会上也确实流行过佛教不是宗教、道教只是准宗教的说法。我也不赞成现在颇为流行的以"终极关怀"或"终极托付"为内涵的宗教定义，这样的定义太宽泛，容易混淆宗教与一般哲学的界限。我认为哲学与宗教是属于同一层次上的文化形态，它们的共性是对世界、社会、人生穷根究底，使人能够安身立命，因而都带有最终超越的性质。而哲学除了宗教哲学以外，还有许多非宗教的哲学。我的理解，宗教的基本特征是将世界二重化为人间和神间，崇拜超人间的神秘力量，以超世的彼岸为人生的归宿，因而出世性就成为一切宗教的基本属性。中国文献中原本没有"宗教"这一术语，它来源于外国文化：一是来源于印度佛教,二是来源于西文 religion。佛教以佛陀所说为教,以佛弟子所说为宗,宗为教的分派,合称宗教。《景德传灯录》圭峰宗密禅师答史山人十问:"(佛)灭度后,委付迦叶,展转相承一人者,此亦盖论当代为宗教主,如土无二王,非得度者唯尔数也。"宗教主就是佛教的主要传承人。西文 religion 泛指对超人间力量的信仰。日本明治十二年(1879)小崎弘通在《基督教的学问》一文中使用了"宗教学"一词,接着许多日本学者都在其比较宗教学研究著作中频繁采用汉字"宗教",作为对西文 religion 的翻译,然后流传到中国,在 20 世纪初逐渐为中国学界接受。章太炎、蔡元培、严复、梁启超等人较早使用"宗教",宗者本也,宗教者,有所本而为教也。中国人认为万物本乎天,人本乎祖,所以要尊天敬祖,并用祭祀教化世人,这也许就是中国人容易接受"宗教"这个外来词汇的原因。在中国古代典籍中,最接近于近代"宗教"概念的词汇,就是"神道"二字。《周易》观卦彖辞云:"观天之神道,而四时不忒。圣人以神道设教,而天下服矣。"后来儒家常用"神道"一词代表鬼神崇拜之事,把它与"人道"相对举,最能体现宗教的特质。魏源说:"《诗》、《书》、《礼》,皆人道设教,唯《易》则以神道设教。"[1]这是在宗教的意义上使用"神道"一词。

若用宗教的出世性或者用神道来衡量,儒学的核心成分便不是宗教,因为它不谈死后,不讲来世,怀疑鬼神,它所关注的重心在现实人生现实社会,它所追求的理想人格——圣贤,是具有完美品格的人,而不是神,实现理想人格的途径也不是仰敬神灵,而是靠自身的信心和磨炼。儒学就其本质而言是一种人学而非神学,所以常被佛教徒称为"世教",而儒者则称佛教、道教和其他宗教为"神道",自称"人道",或"内圣外王之学"。世教和超世的区别,人道和神道的区别,就是人学和神学、哲学和宗教的区别。如果我们不把儒学当作人学而当作宗教,就必然曲解孔子的思想,曲解儒家道统的人文主义性质,这对于深入把握儒学的真精神是有害的。但我们可以承认儒学中有传统宗教的影响,更认为这种影响构成儒学的某种特色,但必须认定儒学发展的主流是非宗教的,儒学史绝不是宗教史。在历史上,儒学主流派允许容纳一定程度的宗教,但不许将儒学在总体上宗教化。凡将儒学化为宗教或神学的努力,最终都只能失败,或者作为一种支流而存在,起不到长久主导的作用。其原因不在于这些努力本身存在问题,根本上是由于儒学的文化基因是入世的而非超世的。至于说儒学在中国传统社会精神生活中,起到了基督教在西方社会那样的作用,这是不同的问题,另当别论。

反过来说,儒学也并非是一些人认为的那样是无神论,无神论间或有之,但亦非主流。儒学主流派诚然不是宗教,但绝不敌视宗教,非但不敌视,还认为宗教有益于社会和教育,不宜取消,只是不热衷于宣扬宗教,把它放在自己学说的次要地位。儒学不是在批判宗教,而是在改良宗教中诞生的,它在保留宗教某些形式、某些概念的同时给予它新的人文主义的解释,减弱其神道性,增强其人道性。承认神道,但神道要服务于人道,这是儒学坚守的总原则。我们可以说儒学在宗教与无神论之间,走了一条不偏不倚的中庸之道。

把儒学说成是宗教的学者,在思想上有一个误区,就是想在佛教、道教、基督教、伊斯兰教之外,寻找真正能代表中华民族多数人的基本信仰,但他们找错了地方,以为非儒学莫能当之,硬把儒学说成宗教。岂不知儒学只是中国知识阶层的信仰,比儒学更基本的属于更广大民众的信仰,则另有所在,这便是尊天敬祖的信仰,它有相应的宗教祭祀,是本来意义上的宗教,是原生型的宗教。它源远流长,与儒学不是一回事。儒学要比它晚出得多,而且形成两个虽有关联却又并行发展的统绪。如能认清这一点,不仅儒学是不是宗教的问题容易解决,而且对于中国早期文化发展史的特殊道路(与西方文化比较)也会加深理解。所以本章想从夏商周三代的宗教文化说起,在论述儒家宗教观建立和发展的历史过程中,考察儒家的思想进路。这样做,一些纠缠不休的问题,也许容易看得清楚。

二、夏商周三代的信仰重心及其转移

中国古代传统宗教继承原始宗教而来,到夏、商、周三代,特别是在周代,形成一套相对稳定和成熟的宗教典制,其核心信仰就是尊天敬祖,在天神崇拜和祖先崇拜之外,还有社稷崇拜以及日月、山川等自然崇拜,并形成相应的郊社制度、宗庙制度和一系列其他祭祀制度,成为维系社会秩序和家族体系的主要精神力量。早期典籍如《尚书》、《周易》、《诗经》、《春秋三传》、《三礼》等书,都保存了许多三代宗教的资料,殷周卜辞、金文中也有宗教的内容,可与文献相互印证。殷人称至上神为"帝",周人多称"天",有时合称"天帝"或"昊天上帝"。天神是百神之长,统领着日月星辰、风雨雷电、山川湖海以及所有的自然百神,同时天神还决定人间的君权授受,主管世上的吉凶福祸。按照《尚书》的记载,殷之伐夏、周之伐殷,都是遵照天命,恭行天罚。祭天是君王不可与人分享的特权,祭天的方式大致有郊祭、封禅、告祭、明堂等形式。祖先崇拜十分发达,它与国家和家族相结合,强调父系血统关系。按照《礼记·祭法》的记载,虞、夏、殷、周都有隆重的祭祖典制,各祭自己民族的远祖和有功之祖以配天。《礼记·王制》记载祭祖活动之大者，有春礿、夏禘、秋尝、冬烝，祖庙之制按天子、诸侯、大夫、士、庶人的等级分为七庙、五庙、三庙、一庙、寝五种。社稷崇拜的地位仅次于祖先崇拜而相近，因为中国一向以农业立国，所以重农业祭祀，而社稷之祀就是最高的农业祭祀。社是土神，稷是谷神。社稷之神最初是自然神灵，后来升华为人格神，并选取传说中的英雄祖先来担当，如有句龙为社、柱为稷、禹为社、周弃为稷等说法。根据《毛诗·载芟》，周代已立社稷无疑。社稷之祭常与南郊祭天同时进行，主要目的是祈求丰年。所以古籍上常将"郊社"并提。其他百神之祭也往往与农业祭祀相联系，都是围绕着消灾去祸，祈求五谷丰登、人畜兴旺这个主题。

周代在发达的农业文明基础上建立起成熟的宗法等级制，它又吸收商代灭亡的教训，改进了社会管理方法，因而使古代宗教达到一个新的水平。周代宗教有两大新特点：一是使宗教活动高度典制化；二是将天命与德政联系起来。周公建立了一套十分丰富的礼乐制度，其特点是政治、宗教、伦理三位一体，郊社宗庙制度与政权、族权紧密结合，是国家体制的重要组成部分，国家全凭这样的以神权为支柱的全方位体制，控制着人心，管理着国家。但周人以殷为鉴，在依靠上天祖灵的同时，也注意争取民心，强调"以德配天"、"天命靡常"、"皇天无亲，唯德是辅"[2]，"民之所欲，天必从之"，"天视自我民视，天听自我民听"[3]。从统治者来说，仅依靠世袭得来的地位是不够的，天子还要"敬德保民"，承担一系列的责任，才能取得上天的支持，否则，天命会抛弃无德之君，转移到新的有德者身上。这样，在周代的神道治国思想中，已经出现了最早的重人轻神的新观念萌芽，这就成为儒家人文主义的滥觞。

随着周礼的崩坏，无所不包的宗教文化出现分裂。春秋时期一股人文主义思潮开始萌动勃兴，其特点是对神道表示疏远和怀疑，在人神关系上开始向人一方倾斜。最典型的例子有《诗经》怨天："昊天不惠。"[4]重人："职竞由人"[5]。《左传》记载季梁的话："夫民，神之主也，是以圣王先成民而后致力于神。"[6]史嚚云："国将兴听于民，将亡听于神。神，聪明正直而壹者也，依人而行。"[7]宫之奇云："鬼神非人实亲，唯德是依。"[8]子产云："天道远，人道迩。"[9]先进的思想家并不直接否定鬼神的存在，他们只把神道降为次要地位，突出人道的重要性，并把鬼神解释成助善为民者，认为神道依赖于人道才能发挥良好作用。这种思想为儒家鬼神宗教观的建立起了直接的催化作用。

三、孔子是儒家宗教观的创建者

孔子是儒家的创始人，也是儒家宗教观的创建者。他的思想是在摆脱传统宗教、发扬人文精神的过程中形成的。但他并不废弃宗教，而采取的是改良的态度，保留传统的天命论，但消除天神的人格特征，使之抽象化为命运之天、义理之天；又进一步限制天命的作用，把仁德修养、智慧积累、事业开拓放置在人的主观能动性支配之下，认为人生一定要尽人事，人事未尽，不可以言命。孔子还主张保留传统的宗教祭祀典制与活动，但不正面回答鬼神的有无问题，却要求人们对鬼神诚敬，以发挥神道的道德教化功能。孔子走了一条在信与不信之间的路，神道的形式，人道的立场，神道的手段，人道的目的。

首先，孔子提出"敬鬼神而远之"的命题，为儒家的宗教观定下了基调。这一基调从两个相反的方向加以限制，一是敬而不慢，二是远而不迷，这是一种道德理性的态度。如果只敬诚而不保持一定距离（远之），则会溺于鬼神之事，从而忽略现实人生；如果只疏远而毫无敬畏之心，则会放纵行为而无所规约。

其次，孔子拒绝从存在论的角度论证鬼神的有无和人死后的情状。他说："未能事人，焉能事鬼"，"不知生，焉知死"，他只要求他的学生以一贯之礼事死如生："生，事之以礼；死，葬之以礼，祭之以礼。"在孔子看来，死是生的继续，神道是人道的继续。

第三，孔子认为宗教祭祀活动不可缺少，而且人参与祭祀要具有诚挚的感情，故云"祭如在，祭神如神在"，"祭思敬，丧思哀"。子生三年然后免于父母之怀，故三年之丧毕而后孝子心安。明知鬼神未必有，却要人们祭以敬、丧以哀，这是可能的吗？是不是自相矛盾呢？按照孔子的看法，万物源于天地（"天何言哉，四时行焉，百物生焉"），子生于父母，那么人之敬天祭祖实属一种忠孝之道，是祀者自身情意的需求和满足（所谓"心安"），发自内心，不是为了向鬼神求福消灾，所以应该敬诚，不慢不欺，并不必计较鬼神有无；只有祭祀求报者才希望鬼神必有，而且能为其所用，但有此功利性考虑则是把鬼神降低为工具，反而不可能做到诚心诚意致敬了。所以"祭如在"是心理上真诚的要求。好比思念一位死去的朋友，必须达到如在眼前的程度，才算是相思之至，至于他的灵魂有无并不重要。

第四，祭祀之重要，正在于通过情意的纯化和浓化而发挥其改良人心、淳厚风气的功能。故曾子云："慎终追远，民德归厚矣。"通过操办父母的丧事和追念远代的先祖，培养人们孝悌之心，感恩之情，使民风淳朴。在宗教祭祀必要性的说明上，孔子放弃了鬼神存在论的理由，而强调祭祀情意论。

孔子宗教观的特点是淡化宗教的神学成分，增强人文内涵，使神道归属人道。这符合宗教在社会实际生活中的位置，但不符合信教者的心理，在信教者心里神道支配着人道。这就是矛盾：神道以高于人道的形式而服务于人道。墨子曾批评儒者"执无鬼而学祭祀，是犹无客而学客礼也。"[10] 不肯定崇拜对象的实在性，崇拜活动又有什么价值呢？孔子却从矛盾中找出统一的途径，就是看到了神道的人道根源。总之，孔子宗教观的人文主义倾向成为尔后儒家宗教观的主流，但他的宗教观的模糊性和内在矛盾，又导致后来儒家在宗教理论上的分化，产生出有神论和无神论两种极端的学派。

儒家宗教观的建立还得力于《易传》。《观》卦《彖辞》说："观天之神道，而四时不忒。圣人以神道设教，而天下服矣"。此处所谓"神道"，原指阴阳变化不测之道，但后人多理解成鬼神之道。于是"神道设教"便成为儒家宗教观最简练的概括，它确实也符合孔子的思想。《系辞》上有几句话："原始反终，故知生死之说。精气为物，游魂为变，是故知鬼神之情状。""阴阳不测之谓神。"这是首次用阴阳二气的变化来说明鬼神，在中国思想史上迈出了将鬼神观念哲理化的第一步，这几句话后来常为宋儒所引证。在《系辞》作者看来，所谓生死不过是阴阳二气的一合一离，合则生，离则死，合则始，离则终，万物如此，人也如此。人之生，精气聚而为形体；人之死，魂气散游而变迁；聚而生人则为神，散而化失就是鬼。《系辞》所谓"神"，实指阴阳变化之妙用，故曰"阴阳不测之谓神"。这是关于鬼神的气化学说，是本体论的论证，它弥补了孔子宗教观之不足，开启了后儒从哲学高度说明鬼神的思路。

四、儒家宗教观的无神论倾向

宗教信仰是宗教的核心，宗教祭礼是信仰的外化。法国社会学家杜尔凯姆认为，全部宗教现象可以归结为两个基本范畴，即信念与礼仪。宗教礼仪就是规范化了的宗教行为，而祭礼是宗教行为中最重要的一种。按照"神道设教"的观点，神道与设教是两大要素，神道可以不神，设教必须靠神道，那么便可能发生没有宗教信念，只把神道作为教化的手段，使祭祀工具化，从而走上无神论。这是孔子宗教观的内在矛盾衍化的一种结果，这种情况果然发生了，这便是荀子的宗教文饰说。

荀子隆礼，以为礼乐之兴，不仅可以节制欲望，明分达治，更是为了报本反始，崇德继孝，故提出"礼有三本"之说："天地者，生之本也；先祖者，类之本也；君师者，治之本也。""礼，上事天，下事地，尊先祖而隆君师。"这里把祭祀与人礼打成一片，都看成是不忘和确立人生根本之大事，非徒为君王治人所设，这是对"慎终追远"思想的发挥。其次，仅就祭礼而言，它能够寄托人们的道德情感而使之有一个隆盛的表现形态，故云："祭者，志意思慕之情也，忠信爱敬之至矣，礼节文貌之盛矣。"荀子认为，死是生的结果，死之道应与生之道一致，死道不善意味着生道不终，故云："生，人之始也；死，人之终也；终始俱善，人道毕矣。"敬始慎终，始终如一，才是君子之道。厚其生而薄其死，敬其有知而慢其无知，是奸人之道，是对亲人的背叛。所以送死是人道的一部分。如死如生，如亡如存，乃孝子一贯之道，若"朝死而夕忘之"，是"鸟兽之不若"，怎么能相与群居而不乱呢？所以祭礼是"称情而立文"[11]。荀子在宗教祭礼上直接继承了孔子的情意论和功能论，表现出强烈的人文主义精神。但荀子又不同于孔子，他放弃了对鬼神"存而不论"的态度，明白承认鬼神并不存在，祭祀仅仅是一种社会文化行为，是一种民间风俗，是一种传统的治国方式，虽能善而不真。故其《天论》云："雩而雨，何也？曰：无何也，犹不雩而雨也。日月食而求之，天旱而雩，卜筮然后决大事，非以为得求也，以文之也。故君子以为文，而百姓以为神，以为文则吉，以为神则凶也。"《礼论》又云："圣人明知之，士君子安行之，官人以为守，百姓以成俗。其在君子以为人道也，其在百姓以为鬼事也。"这两段话说破天机，把神道的存在论基础给彻底抽掉了，神道变成人道，没有了任何出世性。荀子的无鬼神的宗教观，一方面凸显了孔子宗教观的人文主义精神，把宗教行为归结为人间的文化行为；另一方面，由于决然否定鬼神，不能不给传统的宗教观念带来危机，多数人不容易接受，执政者也不允许，就是在士大夫阶层也很难得到广泛赞同，故其学在后来的儒学发展中只能居于支流的地位。

荀子之后，重祭礼者多有，而主无神者少见。承荀学的宗教文饰说而影响较显著者，当推汉代之王充。王充将黄老的天道自然无为之学与儒家的礼学结合在一起，主张无鬼而祭祀，强调宗教的现实文化功用。《论衡·祭意》认为，祭天地宗庙社稷五祀山川，乃礼之常制，"王者父事天，母事地，推人事父母之事，故亦有祭天地之祀，山川以下报功以义也"。社稷五祀之祭，"皆为思其德，不忘其功也"。"宗庙先祖，己之亲也，生时有养亲之首，死亡义不可背，故修祭祀，示如生存，推人事鬼神，缘生事死人，有赏功供养之道，故有报恩祀祖之义"。王充作出总结："凡祭祀之义有二，一曰报功，二曰修先；报功以勉力，修先以崇恩。"皆在于弘扬人道，"未必有鬼而享之者"。《解除篇》更明白地指出："祭祀无鬼神，故通人不务焉。"《祀义篇》从心理学角度说明修祀治病之效在于"祀毕意解，意解病已，执意以为祭祀之助"，实际上是心理治疗的效果，并非鬼神的妙用。王充的无神论锋芒锐利，批判性强烈，但影响不能普及。章炳麟说："汉得一人焉足以振耻，至于今亦鲜有能逮者。"[12]备极赞颂，同时也说明王充曲高和寡，不能形成大潮流大传统。

五、《礼记》使儒家宗教观系统化

儒家宗教观的系统建立，当以《礼记》的成书为标志。《礼记》将古代宗教祭祀加以综合、规范，并按照孔子宗教观的基本精神，加以多层次、多侧面的解释，形成具有体系规模的理论形态，其要点如下。

（一）礼重祭祀论。《乐记》云："明则有礼乐，幽则有鬼神。"宗教与礼乐互为表里，一显一暗，相辅相成。《祭统》云："凡治人之道，莫急于礼，礼有五经，莫重于祭。"按《昏义》，五经礼是：冠、婚、丧祭、朝聘、乡射。"夫礼，始于冠，本于昏，重于丧祭，尊于朝聘，和于乡射，此礼之大体也。"礼以丧祭为重心，合于古代实际生活。丧以送终，祭以追远，祭以敬天，宗法制社会的稳定实赖于此，故其仪式最隆重，其流行最普遍。在古代，"国之大事，在祀与戎"[13]。祀以治内，戎以应外，皆国家头等大事，故《祭统》云："禘尝之义大矣，治国之本也。"《仲尼燕居》说："明乎郊社之义，禘尝之礼，治国其如指诸掌而已乎。"祭礼中郊社之礼尊天道以明人道，宗庙之礼尊先祖以崇恩德，皆关乎立国成人之根本，故后来史书礼志都以吉礼（祭礼）为五礼之首。

（二）报本返始论。祭祀的功用之一是教人不忘自己的本源而生报德之心。故《礼器》云："礼也者，反本修古，不忘其初也。"本源在何处？《郊特牲》云："万物本乎天，人本乎祖，此所以配上帝也，郊之祭也，大报本反始也。""社所以神地道也。地载万物，天垂象，取财于地，取法于天，是以尊天而亲地也，故教民美报焉。"《祭义》云："筑为宫室，设为宗祧，以别亲疏远迩，教民反古复始，不忘其所由也。"儒家认为天地是万物之本，先祖是人类之本，所以要尊天敬祖，而祭祀便是表达尊敬情感的方式。天地祖先之恩德乃生人养人之大德，无与伦比；设若有根不反，知恩不报，必是寡恩少德之奸人，这样的人对社会对他人同样会刻薄无义。这里没有神秘的意味，只是人情物理之必然，天与祖不是畏惧的对象，而是感激的对象，不是超然的主宰，而是实在的源头。

（三）功烈纪念论。祭祀古代伟大人物，非为其有灵而能赏罚，实因其有功于民，祭祀以为纪念。《祭法》云："夫圣王之制祭祀也，法施于民则祀之，以死勤事则祀之，以劳定国则祀之，能御大灾则祀之，能捍大患则祀之。"如神农、周弃、后土、帝喾、尧、舜、鲧、禹、黄帝、颛顼、契、冥、汤、周文武,"皆有功烈于民",故祭祀以资纪念,旁及"日月星辰,民所瞻仰也;山林川谷丘陵,民所取财用也,非此族不在祀典"。由此凸显祭祀的文化意义,减弱其宗教意义。

(四)事死如生论。传统宗教把世界一分为二:一个现实人间,一个鬼神世界。但儒家却要把这两个世界贯通起来,让人从心理感情上把生死、人鬼看成是一体的,认为以生人之道对待死者才是完整的人道。《祭义》发挥孔子"祭如在"的思想,认为孝子祭祀亲祖,应当在心情上觉得死者如生,"斋之日,思其居处,思其笑语,思其志意,思其所乐,思其所嗜,斋三日乃见其所斋者"。这并非说真有亲祖的鬼魂出现,只是说思念已极,宛如听到看到亲祖的音容笑貌。"谕其志意,以其恍惚,以与神明交,庶或享之,庶或享之,孝子之志也"。在恍惚中,似乎看见祖灵降临,希望祖灵尝一尝供品,这是孝子的心情。《祭统》将祭礼看作孝道的继续,云:"祭者,所以追养继孝也。""孝子之事亲也,有三道焉:生则养,没则丧,丧毕则祭;养则观其顺也,丧则观其哀也,祭则观其敬而时也。尽此三道者,孝子之行也。"可知孝道包括生道与死道,以生道尽死道,乃是祭亲的根本态度,故《中庸》云:"事死如事生,事亡如事存,孝之至也。"儒家把祭祀必要性的论证从客观上鬼神的存在转向主观上感情的需要,所以不必去证明鬼神的有无,祭祀是感情的事,不是理智的事。

(五)祭主敬诚论。既然祭祀的意义在主体,那么对于行祭者的心理和态度便要有严格要求,最主要的是有敬诚之心,仪节的周全与否倒在其次。《祭统》云:"夫祭者,非物自外至者也,自中出,生于心也,心怵而奉之以礼,是故唯贤者能尽祭之义。""是故贤者之祭也,致其诚信,与其忠敬","不求其为"。没有功利求报之心,这才是动机纯正的祭祀。这是尽自己心意之事,至于鬼神是否来享,可以不去管它。

(六)祭为教本论。祭祀的功效不在天赐鬼予,而在教化人心,显扬人道。《祭统》云:"崇事宗庙社稷,则子孙顺孝,尽其道,端其义,而教生焉。"它指出了古代宗教活动同时是教育方式,并明确地说:"祭者,教之本也。""祭为教本"是"神道设教"的进一步发展,而祭祀的教化功能是多种多样的,《祭统》把它归纳为十类:"夫祭有十伦焉,见事鬼神之道焉,见君臣之义焉,见父子之伦焉,见贵贱之等焉,见亲疏之杀焉,见爵赏之施焉,见夫妇之别焉,见政事之均焉,见长幼之序焉,见上下之际焉,此之谓十伦。"十伦之中最重要的是忠君与孝亲之道,尊天必忠君,祭祖必孝亲,一为治国,一为齐家。如《礼运》所说:"以降上神与其先祖,以正君臣,以笃父子。"忠君偏于敬畏，故《祭义》说，"明命鬼神，以为黔首则，百众以畏，万民以服"；而孝亲偏重情意，故《坊记》云："修宗庙，敬祀事，教民追孝也。"

《礼记》的宗教观继承了孔子的中庸路线，对鬼神不宣扬也不否定，只强调宗教祭祀的心理学和教育学的价值；同时把宗教祭祀活动作为一种社会管理方式，把天与人、生与死、神与民、祖与孙打成一片，又以现实人生为中心。由此之故，《礼记》虽然整理了古代的宗教祭祀礼仪，却不能给传统宗教提供出独立的神学，因为神学必须以神为本位才可能形成，而《礼记》的宗教观主体是人文主义的，它只能改变传统宗教，而不能加强传统宗教。

《礼记》以后，儒家主流派皆遵循孔子和《礼记》的精神，重祭祀而远鬼神，以人道精神对待神道。其中有两个典型事例足以说明问题。一个是《说苑》里托孔子师徒对话："子贡问孔子，死人有知无知也。孔子曰：吾欲言死者有知也，恐孝子顺孙妨生以送死也。欲言无知，恐不孝子孙弃不葬也。赐欲知死人有知将无知也，死徐自知之，犹未晚也。"《论语》中载孔子拒绝回答死后的问题，而《说苑》作者则替孔子说明了为什么要拒绝回答，原因之一是死后事说不清楚，故留待每个人"死徐自知之"，而主要原因在考虑社会效应的利弊，欲言死者有知，担心孝子贤孙厚葬久丧，以死道妨生道，欲言死者无知，又担心不孝子孙不以丧礼送终，这两种结果都违背人道第一的原则，于是作者只好加以回避，以不了了之。另一个例子见于《旧唐书》，唐宪宗向宰相李藩询问禳祸祈福之说是否可信，李藩回答说"自古圣达皆不祷祠"，"仲尼以为神道助顺，系于所行，既已全德，无愧屋漏"，"若苟为非道，则何福可求"，汉文帝"每有祭祀，使有司敬而不祈"，因为福不是人求来的，是道顺而自来，所以人君只宜"履信思顺，自天佑之"。"故尧舜之务，唯在修己安百姓；管仲云，义于人者和于神，盖以人为神主，故但务安人而已。"李藩的逻辑是："若使神明无知，则安能降福？必其有知，则私己求媚之事，君子尚不可悦也，况于明神乎？"[14]这话说得很好，如无鬼神自然不须祈祷，如有鬼神而祈祷亦属无益，因为神代表善，无善行而徒媚神，神绝不会护佑，所以有神无神，皆须以行善安人为务。"人为神主"的含义不是说人能支配神，而是说人的行为是决定吉凶的关键因素。李藩销神道以归人道，对孔子的人文主义宗教观有深刻领悟。

六、儒家宗教观的有神论倾向

孔子相信天命，重视祭祀，对鬼神不失一个"敬"字，说明他对传统宗教采取宽容妥协的态度。这就使儒家的宗教观从一开始就带有宗教性，它是人文主义的，却不是无神论的，这种情况给有神论者神化儒学提供了理论依据。当统一的汉帝国建立并巩固，急需正宗神学时，便出现了今文经学对孔子的神化。《公羊》学者认为孔丘受天命为王，为汉制法。进而有谶纬经学，把孔子描绘成教主，对六经作神秘化解释，大讲符命和灾异。其中形成神学体系的当推董仲舒，董仲舒的神学是将儒学宗教化，使之与传统宗教相结合的一次重大尝试。

董仲舒首先使儒家义理之天、命运之天，具有人格至上神的属性，又回到传统宗教的观念。《春秋繁露·郊祭》云："天者百神之大君也。"天神是最高主宰，统领神界与世间，它有意志情感。《天地之行》云："天执其道为万物主。"《阴阳义》说："天有喜怒之气，哀乐之心，与人相副。"表现为四季，则"春，喜气也，故生；秋，怒气也，故杀；夏，乐气也，故养；冬，哀气也，故藏"。天授权于君，治理天下，故《顺命》说"天子受命于天，诸侯受命于天子"；《深察名号》说"受命之君，天意之所予也，故号为天子者，宜视天如父，事天以孝道也"。但天神又不像殷代的上帝，可以直接发号施令，它的意志情感通过阴阳二气与五行的变化来表达，阴阳五行的正常运行即是天道，于是董仲舒把阴阳五行学说纳入他的神学体系，从而与先秦的天神崇拜有了区别。《对策》说："天道之三纲，可求于天。""君臣父子夫妇之义，皆取诸阴阳之道。君为阳，臣为阴；父为阳，子为阴；夫为阳，妇为阴。"[15]

人道来源于天道，人道亦可以感应天道。可能有两种情况：一种是"世治而民和，志平而气正，则天地之化精，而万物之美起"；另一种是"世乱而民乖，志僻而气逆，则天地之化伤，气化祸害起"[16]。人之感天，关键在君王，君王无德而行暴，则天降祸异。"祸者，天之谴也；异者，天之威也。一国家之失，乃始萌芽。而天出祸害以谴告之；谴告之而不知变，乃见怪惊以惊骇之；惊骇之尚不知畏恐，其殃咎乃至。"[17]君王若能及时革弊图治，则殃祸可以解除。"五行变至，当救之以德，施之天下则咎除。"[18]改革的措施主要有薄赋敛、减刑杀、赈困穷、举贤远佞等。《玉杯》认为《春秋》的重要原则是："屈民而伸君，屈君而伸天。"可见董仲舒的神学既有替贵族控制民众的意图，又有用神道约束君权的意义。

《白虎通》作为汉代经学法典，接纳了董仲舒的神学思想，对于崇天拜祖祀社稷作了神学的解释。《爵》篇宣明君权天授："天子者，爵称也。爵所以称天子者何？王者父天母地，为天之子也。"其解说社稷云："王者所以有社稷何？为天下求福报功。"[19]其解说灾变云："天所以有灾何？所以谴告人君，觉悟其行，欲令悔过修德，深思虑也。"[20]《白虎通》保存了儒家神道设教的思想，但又大量吸收天人感应和谶纬神学，与董仲舒相呼应，也是儒家宗教化的一种表现。

汉代这一派儒者把儒学宗教化的努力，虽获得暂时的成功，产生一定的影响，但从历史的长河看，他们都失败了。扬雄批评神学经学为"巫鼓"，韩愈的道统说中没有董仲舒的地位，宋明主流派儒家学者都不肯定董仲舒的神学。中世纪后期的统治者褒扬董仲舒，祭孔时列为陪祀，也只是看重他对三纲五常的阐发，董仲舒还是进不了正宗道统的行列。一个重要原因是，董氏违背了儒学的人学本质，过分抬高神道，把社会人生的价值之源，从内在的人性转移到高高的外在的天神上，减弱了"为仁由己"的道德感染力量，这样的儒学是没有发展前途的。

七、理学时代的儒家宗教观

从北宋理学起，儒家的宗教观发展到一个新的阶段，即哲理化的阶段，这个阶段直到明清为止。

张载是理学宗教观的奠基人，他正式将阴阳气化论引入鬼神观之中，从哲学存在论的角度说明鬼神的本质。张载是气一元论者，《正蒙·太和》提出"太虚不能无气，气不能不聚而为万物，万物不能不散而为太虚"，一切物象皆是气的形态，"其聚其散，变化之客形尔"，聚而有形，散而无形，"但云知幽明之故，不云知有无之故"。从天人合一的观点看，"聚亦吾体，散亦吾体。知死之不亡者，可与言性矣"，因此所谓生死，只是变化，并非灭绝。他认为"鬼神者，二气之良能也"，"天道不穷，寒暑也；众动不穷，屈伸也。鬼神之实，不越二端而已矣"。鬼神并非世间所说的神秘之物，其实质就是阴阳二气屈伸变化的本能。动植物的生死乃二气之聚散离合，"至之谓神，以其伸也；反之为鬼，以其归也。"[21] 阴阳在聚合中生物，其化生不可测度，故曰神，"合一不测为神"[22]。人生时气聚而不散，"死而游散者为魂；聚成形质，虽死而不散者谓魄"。这样一来，鬼神的神秘性和超世性便被排除了。

继张载者为程颐，《周易程氏传》解释乾卦《文言》时说："大人与天地日月四时鬼神合者，合乎道也。天地者道也，鬼神者造化之遗迹也。"注释《系辞》云："聚为精气，散为游魂。聚则为物，散则为变。观聚散，则见鬼神之情状。万物始终，聚散而已。鬼神，造化之功也。"伊川的鬼神观明显来源于张载，但朱熹批评其"鬼神造化之功"一语，兼形上与形下，不如张载精妙。

理学家中以朱熹的宗教观为最系统,他上承孔子、《易传》、《中庸》、《礼记》,综合张载、程颐诸家,集大成而有创造。

第一,以阴阳二气的屈伸变化解说鬼神。如说"鬼神只是气","鬼神不过阴阳消长而已"[23],"神者伸也,鬼者归也"[24],"其气归而息,故谓之鬼。其屈升往来而不息者则神也。"[25]这是继承张、程之说。朱熹又发挥说:"二气之分,实一气之运。"以二气言之,"阴为鬼,阳为神",以一气言之,"方伸之气亦有伸有屈,既屈之气亦有屈有伸"。具体到人身,以二气言之,"生者为神,死者为鬼"[26];以一气言之,"只今生人,便自一半是神,一半是鬼。但未死以前,则神为主,已死之后则鬼为主"[27]。再则,鬼神并不等于气,"问:鬼神便只是此气否?曰:又是这里面神灵相似"[28]。在别处又说:"气之精英为神。"[29]实则以理为神,故云:"金木水火非神,所以为金木水火者是神,在人则为理,所以为仁义礼智者神也。"[30]又云:"神是理之发用而乘气以出入者,故《易》曰:神也者,妙万物而为言者也。将神者全作气看则误。"[31]以理释神是朱子的新意,也正是他作为理学家的本色。

第二,以气类相感解说祭祀。朱子认为祭祀当祭者,必与祭祀对象发生相应相感。他说:"祭祀之礼,以类而感。""此身在天地间,便是理与气凝聚底。天子统摄天地,负荷天地间事,与天地相关,此心便与相通。"故当祭天地。"我之气即祖先之气,亦只是一个气,所以才感必应。""祖考之精神魂魄虽已散,而子孙之精神魂魄自有些小相属,故祭祀之礼尽其诚敬,便可以致得祖考之魂魄。"由此而言,祭祀活动并非单纯地报本崇德,在事实上也会感动神灵,否则便成为伪事,所以他斥责单纯设教说,以为"后世设教二字甚害事"[33]。不过这个被感动的神灵只是与祭者相通的祖气而已。这种感应也是暂时的,"为坛以祭,此心发处,则彼以气感,才了便散"[34],所以朱子不主张做许多神像加以膜拜。

第三,重人事轻鬼神,以生理兼死理。朱子受传统宗教的影响,思想里有许多神秘观念,但他主张少谈鬼神,多治实学,故云:"鬼神事自是第二著,那个无形影,是难理会底,未消去理会,且就日用紧切处做工夫","待日用常行处理会得透,则鬼神之理将自见得","鬼神之理,圣人盖难言之。谓真有一物固不可,谓非真有一物亦不可。若未能晓然见得,且阙之可也"[35]。他采取了搁置一边、暂勿深究的态度。这里固然有"存疑"的老实作风,亦由于儒者以生死鬼神为一,生理即涵盖着死理,故无须别立名目,枉费精神也。《答吴公济书》云:"来书云:夫子专言人事生理,而佛氏则兼人鬼生死而言之。鄙意抑又有说焉。不知死生人鬼,为一乎,为二乎。若以为一,则专言人事生理者，其于死与鬼神固已兼之矣。若须别作一项穷究晓会，则是始终幽明却有间隔，似此见处，窃恐未安。"我们可以说，以死生人鬼为一者，自当以生为主，人学也；以死生人鬼为二者，自当以鬼神为主，神学也。理学在本质上不是宗教，就在于它以生理涵盖死理，不赞成将世界二重化。

总之，朱子的宗教观代表了后期儒家主流派的观点，在理论上将敬鬼神而远之的精神与气化气感说结合起来，形成哲学的宗教观。

王阳明的宗教鬼神观亦主气化流通说，谓天地鬼神人物皆一气相通，相与一体，故云"只为同此一气，故能相通耳"，"鬼神也与我同体的"。但阳明心学力主心物一体、心理一体，强调主体心灵的涵盖性与辐射性，不同于朱子突出理的客观性，故在鬼神问题上，阳明阐扬心灵与鬼神相通并为主宰，重视主体的感受。他说："我的灵明便是天地鬼神的主宰。""天地鬼神万物离却我的灵明，便没有天地鬼神万物了；我的灵明离却天地鬼神万物，亦没有我的灵明。如此便是一气流通的，如何与他间隔得？"他的意思是说，天地鬼神万物的价值和意义需要人心赋予它，并不是说天地鬼神万物依赖于人心而存在。这是意义论的问题，不是存在论的问题，但容易引起误解，连他的弟子也感到困惑，问他："天地鬼神万物，千古见在，何没了我的灵明，便具无了？"这仍然是从存在论上发问。阳明回答说："今看死的人，他这些精灵游散了，他的天地万物尚在何处？"[36]这是从意义论上作回答。但意义论中却包含着存在论的答案，既然人死精灵游散，等于承认世间所谓鬼神是不存在的，存在的只有一气之流行，所以阳明的鬼神观是倾向无鬼神的。

王夫之为晚期儒家中最有学问者，他的鬼神观直接继承张载，与朱子则有同有异。《张子正蒙注》肯定气有聚散，非是有无，聚而有散，散而可聚。张载批评佛教，"彼语寂灭者，往而不返"，王夫之注云："释氏以灭尽无余为大涅槃"。张载批评道教，"徇生执有者，物而不化"，王夫之注云："物滞于物也。魏伯阳、张平叔之流，钳魂守魄，谓可长生。"[37]王夫之认为，佛教的错误在于主张人与物因缘散尽而消灭无余，不能复聚为有形；道教的错误在于固执于形体有聚无散，都是失于一偏。他认为张载以气之聚散明生死最为精当，故注云："贞生死以尽人道，乃张子之绝学，发前圣之蕴，以辟佛老而正人心者。"据此，他不赞成朱熹关于人死气散不能复聚之说，认为朱子之说"反近于释氏灭尽之言"，不符合儒典的思想。他解释孔子的"未知生，焉知死"的含义，是指"生之散而为死，死之可复聚为生，其理一辙"。解释《易传》"精气为物，游魂为变"，云："游魂者，魂之散而游于虚也；为变，则还以生变化明矣。"王夫之的聚散往复说不同于佛教生死轮回说。以物而言，气之聚散往复不过是物的形态发生变化,故一面是器毁形散,一面是"造化日新"。以人而言,"尽神以尽性"者,"则与太虚通为一体,生不失其常,死可适得其体",这是站在天人一体的"大我"立场上看待生死,故能死而不亡,只有尧舜周孔那样的圣人才能做到,因为"圣人与天合德之极致"[38]。可见王夫之用气化论和道器论把生死问题哲理化了,从而排除了世俗的鬼神观念,也划清了与佛、道二教的界限。他虽然反对屈君子之道以证鬼神之说,但他仍像孔子,不愿从存在论和认识论上彻底否定鬼神。《读通鉴论·武帝》云:"盖鬼神者,君子不能谓其无,而不可与天下明其有","不能谓其无,六经有微辞焉,郊庙有精意焉。"六经有鬼神之说,郊庙有设教之功。《太和篇注》不赞成人死神灭之说,认为:"使一死而消散无余,则谚所谓'伯夷、盗跖同归一丘'者,又何恤而不逞志纵欲,不亡以待尽乎!"王夫之顾虑无神论可能导致道德的瓦解,所以不反对保存一定的宗教观念和正常的宗教祭祀,但不能狂热入迷,这仍然是孔子敬鬼神而远之的传统。

与王夫之同时代的黄宗羲,除了用气聚散论解释鬼神外,他似乎更倾向于撇开鬼神问题从人格影响上说明死而不亡的道理。其《破邪论》云:"吾谓有聚必有散者,为愚凡而言也。圣贤之精神长留天地,宁有散理。""凡后世之志士仁人,其过化之地,必有所存之神","犹能以仁风笃烈拔下民之塌茸,固非依草附木之精魂可以诬也"。人之祭祖不能感其魂之来格,"其魂即在子孙思慕之中"。黄氏此说颇近于叔孙豹的"三不朽"说和今人所谓"精神不死"、"浩气长存",皆指其人品格事业感人至深,能长留人间。

八、近代儒家的宗教观

近代儒家,我是指以康有为、梁启超、章炳麟为代表的儒家(不包括当代新儒家),他们处于帝制崩溃的前后,开始接受西方的新思想,在中国推行具有近代特色的社会改革,在宗教观上不再走宋儒的老路。他们有鉴于传统宗教的崩坏和传统儒学的危机,在西方社会思潮的强烈冲击下,试图以一种新的模式重建中国社会的精神信仰,吸收传统又改造传统,学习西方又对抗西方,在混乱中摸索出路。

康有为在政治上是改良主义者。他提出建立孔教的主张,形式上是保守的,事实上也行不通。但从精神风格上说,这也是近代改良主义的一种尝试,是文化改革的重要内容。康有为看到西方文明国家信一神教,专奉教主,以发德心;而中国的孔子,不假神道却能教化人心,受到敬仰,故应推尊为中国的改制教主，以孔子配天而祀之，由国人共推尊信。他又看到西方文明国家实行政教分离，遂主张仿效"治教分途"，建立有别于行政系统的教会体系，从中央到地方，从城市到农村，皆立孔子庙，以时祭祀，讲诵圣经。一乡有庙，庙有讲生，司（数十乡）有讲师，县有大讲师，府有宗师，省有大宗师，由各省大宗师公举祭酒老师，为全国教会之长，兼为教部尚书，专理文教。孔子定礼，祭止天祖，其他皆为淫祠，一律废除。他看到西方以宗教弥补法律之不足，认为神是"若有若无而必不可无"的对象，如尽弃宗教，则人即"无所畏惮，肆其作恶而已"，"夫将欲重道德之俗，起敬畏之心，舍教何依焉"[39]。许多人只知道西方文明之长处在政治与物质，不知道端赖维系人心之宗教；独中国为无教之国，使国无所立，民无所依，天下就要大乱。而中国所建之国教应是孔子之道，因其"配天地，本神明，育万物，四通六辟，其道无乎不在"，它是中国数千年立国之本，一旦弃之，国人将进退失据，"教亡而国从之"，前景不堪设想[40]。所以，他不仅要保国保种，还要保教。康有为在宗教观上是民族本位论者，他学习西方的目标不是移植西方的宗教，而是按西方的模式把儒家变成宗教，用这种宗教来强种强国，以便与西方平起平坐。他说："人之生世，不能无教。教有二：有人道教，有神道教。耶、佛、回诸教皆言神，唯孔子之教为人道教。"这个教的好处是"道不远人，与时变通，为人道所不能外"，同时又讲"表祭之法，宗庙之礼"，"以人道而兼神道"[41]；此外，其他诸教都"坚持其门户"，独孔教"敷教在宽，故能兼容他教而无碍"[42]。因此，孔子的人道教比西方的神道教优胜。

　　康有为建立孔教的主张有其进步性和深刻性：（一）看到近代国家民族不能没有自己的主体信仰，这个问题不解决，国家民族在精神上就无所归依；（二）看到宗教在近代仍有巨大作用，它的社会功能为其他精神形态所不能代替；（三）看到孔子之道作为一种人道有其长久与普遍价值的内涵，是不能简单地抛弃的。但康有为建立孔教之举并没有成功，根本原因之一在于这种宗教化的努力同儒学的人学本质恰相抵触，两者不能同时并存。脱离神学，才有人学，摆脱宗教，才有儒学。儒家将人生价值根源放在人性自身之中，其学说的核心是在今生世间如何做人，没有彼岸的观念，是人伦日用之常道。儒家圣人是指道德完美的人（人伦之至），所以孔子尽管在历史上被抬到吓人的高度，封王祭拜，但最终还是落实到"师"的位置上，祭孔的主要意义在纪念与文化认同上。当孔子真的被当作教主和神的时候，他的形象便会失去光彩，儒学就要变质了。康有为一方面承认儒学的此岸性（人道教），另一方面又试图以政权的强制力量将人文主义的儒家纳入宗教组织系统并抬高为国教。用这种不相宜的宗教形式来推崇儒学，不仅帮不了儒学的忙，适足以阉割它的自律精神、诚挚情感、道德理性和从道不从君的人格力量，而使其名存实亡。加上清末儒学趋于衰败，儒家倡导的礼教已脱离人情而成为官方的僵死教条，成为束缚人心自由的枷锁，把这种僵化了的学说和信条再进一步规范化为国教而不作内容上的更新，就更没有出路。时代已经进到帝制社会崩溃和走向近代社会的时期，儒学不经过大的转化和再生，只在形式上做文章，是不能适应新时代需要的。

梁启超比康有为有见识，他也要尊孔，但反对把孔子抬高为宗教家，反对把儒学改造成宗教。他写下《保教非所以尊孔论》，认为西方人所谓宗教，乃是"迷信信仰"，"以魂灵为根据，以礼拜为仪式，以脱离尘世为目的，以涅槃天国为究竟，以来世祸福为法门"，奉其教者，"莫要于起信，莫急于伏魔"，故窒人思想自由，持门户以排外，从人类进化前景而言，终究要被取代的。而"孔子则不然，其所教者，专在世界国家之事，伦理道德之原，无迷信，无礼拜，不禁怀疑，不仇外道"。因此，"孔子者，哲学家、经世家、教育家，而非宗教家也"。持孔教论者，非但不能成功，其论即已厚诬孔子，"孔子，人也，先圣也，先师也，非天也，非鬼也，非神也"，强孔子以学佛，是"误解宗教之界说，而艳羡人以忘我本来也"。梁氏颇受西学熏陶，已具有近代关于宗教的概念，以信仰主义和理性主义为区分宗教与哲学的标志，故能够断定孔子不是宗教家。他指出康有为等保教论是仰慕西方而忘掉孔学根本，这也是深刻之见。梁氏断言："世界若无政治、无教育、无哲学，则孔教亡；苟有此三者，孔教之光大，正未艾也。"但在思想信仰上可以自由选择，这就必须"划定政治与宗教之权限，使不相侵超"，主张"凡一人之言论行事思想，不致有害他人之自由权者，则政府不得干涉之。我欲信何教，其利害皆我自受之，无损于人者也，故他人与政府皆不得干预"，这也是相当开明的近代思想。梁氏另一篇论文《评非宗教同盟》，对宗教信仰的特点有独到的阐发。他强调"宗教是各个人信仰的对象"，其特征是："第一，信仰是情感的产物，不是理性的产物。第二，信仰是目的不是手段。"信仰具有个体的自主选择性，"不能相强"。他认为"宗教是神圣，认宗教为人类社会有益且必要的物事"，感慨"中国人现在最大的病根，就是没有信仰。"梁氏撰《论宗教家与哲学家之长短得失》，指出"哲学贵疑，宗教贵信"，宗教与迷信常相为缘，故对真理有妨碍，但宗教之道德不可毁坏，且信教必至诚，故能任重致远，感人动物，成就惊天动地的事业，而哲学便无此巨大威力，哲学与宗教实可以互补。

梁启超关于宗教的界说、信仰自由、政教分离、信仰神圣等观点，在传统学术中是找不到的，完全属于近代思想范畴，清末民初学者很少能达到这样高的认识水平，在中国宗教观发展史上具有划时代的意义。

章炳麟是近代国学大师，既是革命家，也是古文经学家。他坚决反对君主专制主义，但不反对儒学，倡导尊孔读经，对于除佛教外的其他诸多宗教，他都持批判态度。他批判传统的天命鬼神论，云"天且不物，何论上帝"[43]。"曰：天者自然而已，曰：命者遭遇而已"[44]。人死之后，身体分解成各种元素，"而人之性亡矣"[45]，故无鬼；"死而不忍致死之，荐祭之设，情也"[46]。他批判道教，认为"徒绝其生或与其长生者，其愚则同"[47]。他不赞成基督教，所谓上帝"无始无终"、"全知全能"、"绝对无二"、"无所不答"，皆不能自圆其说。既说世界有始、世界末日，则耶和华"起灭无常"。既说上帝全知全能，则何以有恶魔诱人？既说上帝造万物与人，那么上帝又从何而来？"然则神造万物，亦必被造于他，他又被造于他，此因明所谓'犯无穷过'者，以此断之，则无神可知也"[48]。章氏回顾中国思想史上神学与人学的消长，指出仲尼之导世，"始察于人伦，而不以史巫尸祝为大敌"[49]，老、庄、孟、荀、申、韩等皆"察于人文"；墨子"尊天敬鬼"，汉代"谶纬之书，俱近宗教"，"而巫蛊之祸作，则仲舒为之前导也"；"今之倡孔教者，又规摹仲舒而为之矣"[50]。他的结论是："神道绌，则人道始立。"[51]

章氏反对神学宗教，但主张建立无神的宗教，即佛教，而以法相为其根本。他认为释迦牟尼是师不是神，唯识学不讲灵魂而重心识，这与中国传统文化精神相合。中国佛教之根本在"依自不依他"，"自贵其心，不以鬼神为奥主"[52]。他要"用宗教发起信心，增进国民的道德"[53]，故"立教以唯自识为宗"[54]。章氏只看到佛教哲理化的一面，学者可以从中得到精神满足，但他忽略了佛教对超自然神灵的崇拜，而正是这一面才能吸引广大下层教徒，并使佛教保持着宗教的色彩。

我们不妨将康、梁、章三人当做近代儒家的代表，那么他们的宗教观诚然各有不同，但在精神风貌和基本观点上仍有若干一致或接近的地方。首先，他们都反对把儒学理解为鬼神之道，而主张以人道为教；其次，他们都程度不等地受到西方文化的影响，康有为欲引进洋教的形式，梁启超欲引进西方的信仰自由，章太炎欲引进西方的自然科学；第三，他们都反对取消宗教，认为宗教在近代社会生活中仍有凝聚人心、支撑道德的巨大作用，而中国人必须以"我"为主，重建自己的国民信仰，可知他们在宗教上都是改良主义者，不是彻底的非宗教论者；第四，他们都尊孔而不舍佛，认为两者并行不悖，互补叠用，这也是中国学者长期形成的传统。

九、儒家宗教观的现代和未来意义

以孔子为代表的儒家宗教观体现了中庸之道的特色，在无神论者看来是一种同宗教妥协的不彻底的理论，在正统宗教神学家看来又是一种淡于宗教和有无神论倾向的学说，两方面都不满意它。所以在相当长一段时间内，马克思主义者和基督教神学家对它评价都不高。但是世界历史的发展一再证明了，宗教还将长期存在，无神论者的少数派地位不容易改变；世界历史的发展还证明了，传统的宗教不能按老样子继续下去，它正在减弱其超世性，增强其人文性，宗教世俗化的趋势越来越强烈。那么世界各大宗教将走向何方？是不是也正在肯定与否定之间走向中庸之道呢？假如我们分析一下世界宗教发展的新动向和新时代社会精神生活在结构上的变化趋向，我们不能不承认，儒家的宗教观具有令人惊叹的超前性和早熟性。

从世界范围来说，宗教走了三个大的阶段。第一阶段是自然宗教，各国都普遍经历了这样一个宗教的原始时期，以崇拜自然神灵为主，包括崇拜祖先神灵，具有自发性、全民性、多神性和强烈的功利性。第二阶段是神学宗教，世界各种主要宗教都经历了并正在经历着这个阶段，出现了高位神乃至至上神，神的社会属性占据优势，有了经典和系统的教规教义，有了严格的宗教组织和制度，一批宗教学者创造出丰富的宗教理论和神学哲学，宗教成为可以由个人选择的主要是为了安身立命的思想信仰。第三个阶段是道德宗教或称为心理宗教，许多宗教正在走上或将要走上这个阶段。相当一批神学家，不再坚持传统的宗教神话，尽量淡化神和彼岸的观念，而着重突出宗教的道德功能和心理功能。在西方宗教文化史上，早就存在着人文主义的思潮，至康德而有道德宗教的正式提出。康德认为上帝属于信仰的范围，不属于认识的领域，它的存在是无法论证的，但宗教是至善的代表，为道德所必需，要加以保存。20世纪以来，西方基督教的理论，出现许多新思想，其中重要的一股是把上帝视为真善美的化身，神性即人性，不再崇拜创造和主宰人间的上帝，认为传统的上帝已经或即将死去。其实"上帝已死"只是意味着传统的上帝观念已经过时，科学和哲学的发展逼迫理论家放弃《创世纪》中的宗教神话，而接受一种较为合乎生活常识的新的宗教观念，即把宗教视为社会道德的支柱，把宗教信仰视为人性中的一部分。

由此我们回观孔子与儒学的宗教观，它对鬼神的存而不论或将其散化为自然，它对宗教的情意功能和道德功能的强调，它保留神道并将其纳入人道的做法，都表现出一种难得的睿智和远见。儒家不热衷于宗教，但主张适当保留宗教，而且把神道看成人道的继续和组成部分，这不仅是一种合乎情理的态度，而且在实际上也符合宗教在社会现实生活中的地位和作用。宗教本来就是人类社会进化到一定阶段因需要而产生的，它是人类异化的产物，是人类由于现实生活的巨大欠缺而在精神生活领域所作的补偿，宗教的经典、教义、哲学、礼仪都是为了满足精神慰藉的需要而由人创造出来的，所以宗教所宣扬的神道归根结底是人道的一部分。人类在很长的时期内离不开宗教，但宗教又必须受社会生活和现实条件的制约，在人类文化的适当位置上发挥作用。宗教可以宣传超世，但宗教活动本身不能超世，只能在人间范围内活动。不承认宗教的历史性和长期性，企图很快取消宗教，是不现实的；但是把宗教抬到不适当的位置，使它凌驾在社会之上，使神道脱离人道，这不仅为社会所不允许，而且也与宗教救世劝善的宗旨相背离。宗教教义的虚幻性与宗教生活的正价值向来是不一致的，这是宗教的内在矛盾，正确的态度应该是不因其教义缺乏真实性而否定其功能的积极性，亦不因其有正面价值而承认其教义全部真实。儒家就是这样的态度。儒家"敬鬼神而远之"的态度，不理会神界存在是否真实而突出宗教的道德和心理功能，把神道归属于人道，这是一种非常理智和通达宽容的态度，既不会流于狂热，又不会陷于武断，表现出一种崇高的人文主义精神，它与世界上对待宗教问题的新人文主义思潮恰相吻合，也将给中国人的宗教观的未来发展以重要影响。中国人多数是否会在宗教观上走儒家的中庸之道呢？西方人多数是否会走中国人的路呢？且拭目以待之。

注释：

[1]《魏源集·默觚上》。
[2]《尚书·蔡仲之命》。
[3]《尚书·泰誓》。
[4]《诗经·小雅·节南山》。
[5]《诗经·小雅·十月之交》。
[6]《左传·桓公六年》。
[7]《左传·庄公三十二年》。
[8]《左传·僖公五年》。
[9]《左传·昭正十八年》。
[10]《墨子·公孟》。
[11] 以上见《荀子·礼论》。

[12] 章炳麟：《检论》。
[13] 《左传·成公十三年》。
[14] 以上见《旧唐书·李藩传》。
[15] 《汉书·董仲舒传》。
[16] 董仲舒：《春秋繁露·天地阴阳》。
[17] 董仲舒：《春秋繁露·必仁且知》。
[18] 董仲舒：《春秋繁露·五行变救》。
[19] 《白虎通·社稷》。
[20] 《白虎通·灾变》。
[21] 张载：《正蒙·动物篇》。
[22] 张载：《正蒙·抻化篇》。
[23] 《朱子语类》卷三。
[24] 《朱子语类》卷六十三。
[25] 《朱子语类》卷八十七。
[26] 《朱子语类》卷六十三。
[27] 以上见《朱子语类》卷三。
[28] 以上见《朱子语类》卷六十三。
[29] 《朱子语类》卷八十七。
[30] 《朱子语类》卷三。
[31] 朱文公集·答杜仁中》。
[32] 《朱子语类》卷三。
[33] 《朱文公集·答郑子》。
[34] 《朱子语类》卷八十七。
[35] 《朱子语类》卷三。
[36] 以上见王阳明：《传习录下》。
[37] 以上见王夫之：《张子正蒙注·太和篇》。
[38] 以上见王夫之：《张子正蒙注·太和篇》。
[39] 康有为：《中华救国论》。
[40] 康有为：《孔教会叙一》。
[41] 康有为：《陕西孔教会讲演》。
[42] 康有为：《中华救国论》。
[43] 章炳麟：《检论》。
[44] 章炳麟：《儒术真论》。

[45] 章炳麟；《菌说》。
[46] 章炳麟：《检论》。
[47] 章炳麟：《四惑论》。
[48] 章炳麟：《无神论》。
[49] 章炳麟：《检论》。
[50] 章炳麟：《驳建立孔教义》。
[51] 章炳麟：《检论》。
[52] 章炳麟：《答铁铮》。
[53] 章炳麟：《演说录》。
[54] 章炳麟：《建立宗教论》。

(载《齐鲁学刊》，1993年第4期)

儒家朋友论与新人际关系

一、交友之道是中国文化的优良传统

在社会的人际关系之中，没有哪一种关系比朋友关系更广大长久，更美好纯真，更具有个体的高度选择性与群体的纵横穿透性。如果说，别的社会关系在把人们连接起来的同时，更多的是把人们的差别确定起来，使人们分属于不同的社会群体，那么朋友关系则是更多地把千差万别的人们以一种自愿的方式联络在一起，形成多向的广泛沟通的人际渠道。家庭关系中，除了夫妻关系有一定的选择性（这种选择性越往古代越小）外，父母、姐妹兄弟及子女均无法选择。社会的阶级、阶层、民族、国别都具有相对的稳固性，对于多数人来说，其从属关系大体上是确定的，改变起来很困难。人们的职业的变动性大一些，但往往是客观的因素和力量大于主观的意愿，并且职业的范围相对来说是狭窄的。只有朋友关系不存在上述局限性，它可以超出家庭、年辈、性别、族别、国别、阶层、职业的限制，乃至跨越政治派别和阶级之间的对立，而通达于四海之外。它只受接触机会和双方主体情趣的约束，而蔑视其他种种世俗的人际分割。

中国古人对于朋友一伦的特殊性早有察觉。《性理会通》就指出过朋友不同于一般的人伦："父子也，兄弟也，天属之亲也，非其乖戾之极，固不能轻以相弃。而夫妇或不尽其道，犹得以相牵联比合，而不至于尽坏。至于朋友，则其亲不足以相维，其情不足以相固，其势不足以相摄，而为之者。"那么为什么还需要朋友呢？因为"其势若轻，而所系为甚重；其分若疏，而所关为至亲；其名若小，而所职为甚大"。作者指的是朋友可以"责善辅仁"，起到"纪纲人道，建立人极"的作用。这种见解固然有其时代的局限性，但能发现朋友一伦不同于其他四伦的独特性与重要性，则是可取的。

中国的中世纪是一个漫长的宗法等级社会，所以人际关系中，君臣、父子关系不能不是首要的，而朋友关系自然要排在后面，并受着宗法网络的制约。孟子提出五伦："父子有亲，君臣有义，夫妇有别，长幼有序，朋友有信"，朋友居第五位,这合乎那个时代的国情,可以理解。但是就是在古代社会里,朋友也常常表现出一些特别的精神。与其他人伦相比,朋友一伦包含着较多的平等因素、真情实感和普通人性,具有若干超越宗法等级和外在礼教的内在品格,因而为有识之士所看重。

诸家对朋友的看法不同。道家反对密切的社会交往,主张人与人之间淡薄无为,最好能回到原始朴素状态,这样可以减少摩擦、怨恨、争斗,使社会归于平静安宁。《老子》说:"民至老死,不相往来"[1],庄子说,"相濡以沫,不如相忘于江湖"[2]。他们有感于人情世态的恶劣,发出矫世匡俗之危言,自有其深刻的道理,但在事实上是做不到的。

儒家最重朋友,它以调整人际关系使之趋于和谐为己任,所以对于能够浓化和纯化社会关系的朋友一伦给予极高的评价。儒家经典中有不少论述朋友之道的内容,儒家学者也写过一系列精妙的朋友专论,说过许多交友的名言,并在中国社会历史上发生过广泛的影响。例如,《周易》说"二人同心,其利断金;同心之言,其臭如兰"[3],"君子上交不谄,下交不渎"[4],"君子以朋友讲习"[5]。《毛诗》说"虽有兄弟,不如友生"[6],"嘤其鸣矣,求其友声"[7]。《礼记》说"独学而无友,则孤陋而寡闻"[8],"儒有合志同方,营道同术;并立则乐,上下不厌;久不相见,闻流言不信;其行本方立义,同而进,不同而退,其交友有如此者"[9]。儒家创始人孔子及其弟子以交友为贵为乐,提出了诸如"朋友信之"、"君子以文会友,以友辅仁"等著名论断。孟子纳朋友入五伦。荀子隆师而亲友。自秦汉以下,司马迁、刘歆、扬雄、韩愈、周敦颐、程颐、朱熹、薛瑄、王守仁、戴震等儒家学者,对于友道皆有精粹之语。历代比较著称的朋友专论很多,如后汉朱穆的《绝交论》、蔡邕的《正交论》、王符的《交际篇》,魏晋时期魏文帝的《交友论》,唐代柳宗元的《师友箴》,宋代欧阳修的《朋党论》、司马光的《友箴》,明代李贽的《朋友篇》、何心隐的《论友篇》、利玛窦的《友论》,皆是脍炙人口的佳作。其中除了儒家的友论,也有佛道和其他宗教思想掺杂在内,观点上各家之间有同有异,但都倾注了对交友之道的深入思考。

在社会实际生活之中,中国古人也有推崇朋友的优良传统。许多忠义之士视友情之重远过于金钱财势,甚至不惜用生命来捍卫友情,出现了许多十分感人的可歌可泣的友谊的范例。历史上被人们称颂的友谊,有管仲、鲍叔牙的知心之交,俞伯牙、钟子期的知音之交,廉颇、蔺相如的刎颈之交,刘备、关羽、张飞的生死之交,刘禹锡、柳宗元的患难之交等。还有许许多多的莫逆之交、忘年之交、布衣之交、君子之交、道义之交、神交、心交等,都是形容真诚的友谊。中国人把虚假不义的朋友称为小人之交、势利之交、市道之交、面交、交易之交以及酒肉朋友等，加以鄙弃和谴责。在社会交往中注重道义、珍视友情是中华民族的优秀品德，在传统的朋友论中表现出来的交友态度是中国传统人生哲学的重要组成部分，过去常被人所忽略，我们今天应当对这一方面的遗产加以整理研究，从中吸取有保留价值的内容，用以充实新的人生哲学和社会道德。

二、朋友之义在相契相助

在古代，"朋"与"友"的含义不尽相同。《论语》旧注包氏曰："同门曰朋。"郑玄注："同师曰朋，同志曰友。"据此，"朋"之义在于同出一师之门，"友"之义在于志趣相契。不过在多数场合，朋与友可以通用，或连用，或单用，不再细分，唯朋与党合用则呈贬义，另当别论。孔子曰："有朋自远方来，不亦乐乎？"[10]此处朋即友也。关于朋友概念近似于定义的论断，除"同门"、"同志"外，还有"友者，所以相有也"[11]，"同志为友"[12]，"友也者，助也"[13]。这些论断指明了朋友的基本性质是志同道合和亲爱互助。但古人对朋友的分析有比这更广泛更丰富的内容。

概括地说，朋友有如下突出的特质而为其他人际关系所不具备。

第一，具有平等性。朋友之间在社会地位、年龄辈分、职业部门、性格特征等方面可以很不相同，一旦建立起友谊，便立刻成为平等的伙伴，那些差别不再起作用，彼此互相尊重对方的独立人格。主奴之间不能成为朋友，互为朋友的双方必须站在等高的地面上，朋友的可贵之处正在于此。《周易》说的"上交不谄，下交不渎"和《儒行》说的"并立则乐，上下不厌"，就是指在上位者与下位者交友不能受社会地位的影响。万章向孟子问友，孟子说："不挟长，不挟贵，不挟兄弟而友。友也者，友其德也，不可以有挟也"[14]。交友的时候，辈分、贵贱、血亲都不能作为附加条件掺和进来，否则就不会建立起真正的友谊。任何不平等的强制性的因素都会破坏交友的对等性和自愿性，从而破坏以德为基础的友谊。按照孟子的说法，只要德性相齐，天子可以友匹夫。若仅社会地位，天子是君，匹夫是臣，不能交友。若仅论德性，天子之德不如匹夫者亦不能与之交友，而应拜其为师。

第二，具有契合性。彼此尊重的人们未必成为朋友，来往密切的人亦未必成为朋友；朋友还必须彼此情趣投合、自然相亲，丝毫勉强不得。梁朝刘孝威《箜篌谣》云："结交在相得，骨肉何必亲？"骨肉是天属关系，并非都能产生出友谊。《淮南子·说山训》云:"行合趋同,千里相从;行不合趋不同,对门不通。"这是生活中常见得到的现象。俗语云:"有缘千里来相会,无缘对面不相识。"意亦相通。有的彼此一见如故,迅成知己;有的终生隔膜,形同路人,这真是无可奈何的事情。真朋友,千山万水不能阻隔;冷夫妻,同床共枕不能同心。王守仁曾谓世俗之交,往往"盖苟合于外,而非有性分之契"[15]。"性分之契"是内在的情感交融,又谓之心交。反之,则如扬雄所云:"朋而不心,面朋也;友而不心,面友也"[16],苟合于外的面朋面友当然不能成为真正的朋友。

第三,具有道义性。古人认为道义是友谊的基础。古人理解的道义当然必须合乎宗法制度的基本要求,但也包含着一般性原理。通常道义是相对于势利而言的。友谊的道义性意味着某种共同的崇高的目标或原则,反对把友谊建立在金钱或市场交易的基础上。《学记》说:"乐其友而信其道。"荀子说:"友者,所以相有也。道不同,何以相有也?"[17]只有不论势利并且志同道合的人们,才可能建立起牢固而长远的友谊,否则即小人之交,交非其人宁可不交。蔡邕《正交论》说,"朋友之道,有义则合,无义则离",十分强调思想信仰的一致性。欧阳修《朋党论》将君子之交与小人之交相比较,说:"大凡君子与君子以同道为朋;小人与小人以同利为朋。"而实际上只有君子才有真朋友,因为这种朋友以道义为守,以忠信为行,珍惜名节,所以能够始终如一;而小人之交志在利禄货财,"及其见利而争先,或利尽而交疏,则反相贼害,虽其兄弟亲戚,不能相保",所以小人之朋是"伪朋",不是真朋。司马迁在《史记·张耳陈馀列传赞》中说,张、陈二人"始居约时,相然信以死","及据国争权,卒相灭亡",何以相反如此,"岂非以利哉"?这是小人之交的典型例子。葛洪在《抱朴子·交际篇》中感叹当时不良的世风,谓"世俗之人交不论志,逐名趋势,热来冷去,见过不改,视迷不救",这样的朋友,"有不如无也"。李贽认为当时天下尽为"市道之交","其交不过交易之交耳,交通之交耳","以利交易者,利尽则疏;以势交通者,势去则反","唯君子超然势利之外以求同志之勤"[18]。由于古代君子交友首先考虑道义性,所以主张严于择友,先择而后交,不匆交滥交。

第四,具有诚挚性。朋友之间必须知心,知心则先要交心,以诚相见。明代王达《笔畴·交道》说:"心与色同,色与言合,此必正直忠孝之士也,与之交则无悔。其有欲言不言,而藏钩钳之机;欲笑不笑,而含捭阖之意,此必奸人也。"真朋友之间必能肝胆相照,无须遮盖,诚如钟惺《笔问》所说:"其性皆真至而无饰,其肝肠皆热,举止皆快。"可以说,诚挚是友谊的生命。诚挚的重要表现就是"责善"。朱熹说："朋友之交责善,所以尽我诚。"[19]王守仁说："责善,朋友之道。"[20]"责善"就是责以善道,直率地规劝朋友的过失,对方则视此种批评为善意的帮助。孔子说过："匿怨而友其人,左丘明耻之,丘亦耻之。"[21]荀子说："是我而当者,吾友也。"[22]能行责善之道的朋友谓之诤友,人无诤友,大过必临。见面三分笑,彼此敷衍客套,不抛真心,这是世故,不是友谊。真正的朋友必须是视友之过如己之过,坐立不宁,必忠告之,劝导之,务使其早日改正,有时因爱之深而言之切。当然只有友谊深厚才能互为诤友,否则责之过急会引起误解和疏远。

第五,具有相知性。朋友之间应有深刻的了解,熟悉对方的为人、性格、才能、长处和短处,了解的程度往往胜过上司和亲属。春秋时代齐国的管仲和鲍叔牙之间可算得上相知的典范。《史记·管晏列传》中生动描述了他们之间的崇高友情。引用管仲的话说："吾始困时,尝与鲍叔贾,分财利多自与,鲍叔不以我为贪,知我贫也。吾尝为鲍叔谋事而更穷困,鲍叔不以我为愚,知时有利不利也。吾尝三仕三见逐于君,鲍叔不以我为不肖,知我不遭时也。吾尝三战三走,鲍叔不以我为怯,知我有老母也。公子纠败,召忽死亡,吾幽囚受辱,鲍叔不以我为无耻,知我不羞小节而耻功名不显于天下也。生我者父母,知我者鲍子也。"管仲是位天下奇才,但若无鲍叔牙这位相知甚深、恒信不移的朋友一力推举,很可能早就落魄埋没,或在权力争斗中死去,成不了名垂青史的大政治家。管仲在事业上的成功证明了鲍叔牙观友的眼光和眼力是高水平的,即所谓慧眼识英雄。一般的朋友虽难及管鲍之贤,亦须做到彼此熟知,信任无猜,做到如《儒行》所说的"久不相见,闻流言不信"。

第六,具有爱助性。友谊需要用爱来培养。如戴震所说："友也者助也,明乎朋友之道者,交相助而后济。"[23]这种互相爱护与帮助体现在个人的成长、困难的克服、学问的切磋、事业的成功诸方面。古人早就懂得,不论什么人,没有朋友,就会在社会上孤立无援,难免一事无成。《诗·小雅·鹿鸣之什·伐木序》云："自天子至于庶人,未有不须友以成者。"王守仁说："凡有志之士,必求助于师友;无师友之助者,志之弗立弗求者也"[24]。俗语说:至亲不如好友。又云:在家靠父母,出门靠朋友。人生受益于朋友,远大于亲属,特别是在社会事业方面。缺乏朋友之爱的人生是残缺的人生、孤寂的人生,其他的爱无法代替和弥补友情的缺失。

第七,具有共患性。患难之中见真交,这是友情诸多属性中一个很显著的特性。顺时亲密无间,难时抛却不顾,这不是真朋友。真朋友需能同甘共苦,而且境况越是险恶,友情越加笃实,这就是所谓的共患性。王符《潜夫论·交际》说:"恩有所结,终身无懈;心有所矜,贱而益笃。"韩愈在《柳子厚墓志铭》中称赞柳宗元在其好友刘禹锡被贬往播州时,上书请以柳州相换,是难得的患难交情。韩愈发议论说:"士穷乃见节义。今夫平居里巷相慕悦,酒食游戏相征逐,诩诩强笑语以相取下,握手出肺肝相示,指天日涕泣,誓生死不相背负,真若可信。一旦临小利害,仅如毛发比,反眼若不相识,落陷阱不一引手救,反挤之,又下石焉者,皆是也。"士穷乃见节义,逆境乃显友情,这是古今一致的道理。利玛窦在《友论》中说得好:"临难之顷,则友之情显焉。盖事急之际,友之真者益近密,伪者益疏散矣。"又说:"我荣时请而方来,患时不请自来,夫友哉!"此话真彻悟之言也。患难困约既是真假友情的试金石,又是纯化友情的炼金炉,不经过风雨险阻,很难得到真正的朋友。司马迁在《史记•汲郑列传》后面讲了一个故事,下邽翟公始为廷尉时,宾客盈门,及罢官,门可罗雀。复为廷尉,罢客又要登门,翟公便在门口写了三句话,将这些势利小人拒之门外,三句话是:"一死一生,乃知交情。一贫一富,乃知交态。一贵一贱,交情乃见。"这是痛苦的生活体验的总结,而世情又往往难免于此,能够脱俗而寒暑不渝的毕竟是少数,所以患难之交不易得到,得到时应当珍惜。

三、朋友之用在辅仁成事

古人认为朋友的功能很多,而其要不外乎辅仁和成事两项。《论语》上有"君子以文会友,以友辅仁"的话,成为后世儒者论友的经典性依据。儒家认为一个人的成长受朋友影响极大,与君子交便趋向君子,与小人交则趋向小人,所以孔子把交友分成有益和有损两种,云:"友直,友谅,友多闻,益矣。友便辟,友善柔,友便佞,损矣。"[25]《大戴礼》说:"与君子游,苾乎如入兰芷之室,久而不闻,则与之化矣。"[26]它看到了朋友在日常交往中可以发生潜移默化的作用。朋友聚在一起,首要的事情是讲论道德,切磋学问,"君子以朋友讲习"[27],"朋友之义,务在切直以升于善道者也"[28]。王守仁亦谓:"君子之学,非有同志之友,日相规劝,则易以悠悠度日,而无有乎激励警发之益。"[29]这就需要结识良友,互相鼓励,互相规劝,"善则辅宣之,过则规诲之"[30],发扬优点,克服缺点,相得益彰。朋友之间的交往不仅有助于修身和学问,也会使人获得一种精神上的充实和快乐。得良友而与之常聚确实是人生乐事,故孔子发出"有朋自远方来,不亦乐乎"的喜悦。

依据同类相求、同气相应的道理,朋友大都是近似者相聚,君子与君子交,小人与小人交,所以古人认为观察一个人所交的朋友,便可推断这个人的好坏。《孔子家语·六本》云:"不知其子,视其父;不知其人,视其友。"这一观人的方法,至今不失为一条行之有效的方法。

由于古人生活在宗法社会里,儒家又特重宗法秩序,所以儒者所强调的朋友辅仁之功,其着重点在于维护君臣父子夫妇之道,不使乖谬。《性理会通》说:"夫妇者天属之所由以续者也,君臣者天属之所赖以全者也,朋友者天属之所赖以正者也……夫人伦有五,而其理则一,朋友者又所藉以维持是理而不使悖焉者也。"基于这种认识,统治者也大讲交友之道,如魏文帝就把交友说成是"人伦之本务,王道之大义"[31],这是极正统的朋友观,带有明确的保守性和局限性。不过"以友辅仁"的仁学中毕竟包含着早期的人道主义成分,而各种学派对于"仁"的理解又各不相同,所以朋友讲习在事实上未必全是按照一种模式去塑造人格的。我们的兴趣只在于"以友辅仁"的一般意义,即交友要有益于彼此的健康成长,从朋友身上吸取自己所缺少的优秀品德和科学知识,并同样给予对方以积极的影响,而不能群居终日言不及义,或吃吃喝喝游戏无度。"以友辅仁"是在自觉自愿、情洽意融中进行的,不能太正规太严肃,否则便无情趣。

友谊能产生出加倍的合力,爆发出巨大的能量,从而推动各项有益的社会事业。《易系辞》说的"二人同心,其利断金",就看到了合力的新质。孟子说:"得道者多助,失道者寡助;寡助之至,亲戚畔之,多助之至,天下顺之。"[32]正义的事业必有众多志同道合者相助而后成功,孤家寡人是不能成就任何像样的功业的。刘歆的《新议》云:"夫交接者,人道之本始,纪纲之大要,名由之成,事由之立。"又曰:"交之于人也,犹唇齿之相济。"古人认为一个好人未必著名于世,名声要靠朋友来显扬,故《新议》又说:"才非交不用,名非交不发,义非交不立。"蔡邕引谷梁赤语云:"凡志既通,名誉不闻,友之罪也。"[33]朋友之间有着互相引荐推扬的责任,成人之美,不成人之恶,这对于一个人开创局面颇为重要。当然这不同于无原则的吹捧,需有"行循"、"心志既通"的前提。友谊对于社会各阶层都是需要的,如魏文帝所说:"夫阴阳交万物成,君臣交邦国治,士庶交德行光,同忧乐共富贵,而友道备矣。"[34]他把朋友之道提升为一种普遍性的原则,并且从治理国家的需要出发体会到,君主仅靠地位权势不足以治国,还要礼贤下士,与臣下结成相对和谐的朋友关系,冲淡等级给上下级之间造成的隔膜状态,这有利于同心协力促进国家的巩固和发展。《说苑·尊贤》中有魏文侯屈尊结拜名士田子方的故事,魏文侯的体验是:"自吾友子方也,君臣益亲,百姓益附,吾是以知友士之功焉。"当然宗法等级制度中的君王,一般不大可能与臣下讲平等。但某些较开明而有远见卓识的君王,确实能够在一定程度上用谦虚和尊重的态度结交若干才能特达之士,给予他们以相当的信任,使他们处在师友之间的位置。如周文武对于姜太公,齐桓公对于管仲,魏文侯对于田子方,刘备对于诸葛亮,孙策对于周瑜,唐太宗对于魏征,他们之间至少部分地存在着友谊关系,这是上述帝王能够建功立业的重要保证。不过,这样的实例远不如同一等级人们之间的朋友实例为多。在历史上,将相之间,重臣之间,结成知心朋友,同心事国,此种范例不胜枚举。如廉颇与蔺相如成刎颈之交,使暴秦不敢加兵于赵国;齐国田忌与孙膑相友善,而屡胜强魏;魏公子无忌与隐士侯嬴为莫逆之交,而盗符救赵;唐初房玄龄、杜如晦相得为友,兴唐有功,世称贤相;宋代李纲、宗泽、韩世忠、岳飞戮力同心,共保中原,英名传于后世;明代高拱、王鉴川相知相协,共定安边大业。这些事实都说明了一条重要真理,在一项宏大的事业中,骨干成员之间的谅解、支持和友谊比什么都重要,往往决定着事业的成败。

四、交友之道以诚信为本

朋友之间既然不受年龄、地位、职业、血缘等相对固定的自然与社会条件的限制,那么彼此便没有任何强制性的权利和义务。朋友之间的联系,只是道义上和情感上的联系。这种联系一旦被削弱或被中断,友谊便随之疏淡乃至破裂;而加强这种联系最重要的途径便是诚信不欺,所以说忠诚是友谊的灵魂。古人通常在讲到朋友道德准则时突出一个"信"字,这确实抓住了交友的关键所在。孔子说:"朋友信之,"[35]"与朋友交,言而有信。"[36]孟子说:"朋友有信。"[37]程颐说:"相比之道,以诚信为本。"[38]葛洪认为诚信的否定性要求便是:"不形同而神乖,不匿情而口合,不面从而背憎。"[39]朋友之间只要发现有欺诈陷害行为,友谊必随之丧失无疑。"朋友有信"这一条交友的基本原则,大约一万年也不会过时。

在上述基本原则的指导下,古人又总结出许多交友的态度、方式和方法,有些看法和做法又不尽相同,但都是长期生活经验的积累,时至今日仍有参考价值,现提炼出若干项分述如下:

第一,慎于择友,反对滥交。荀子说:"匹夫不可以不慎取友。"[40]葛洪认为"朋友之交,不宜杂浮",应"先择而后交,不先交而后择"[41]。《孔子家语》说:"君子慎取友也。"[42]慎交是大家都赞成的,但在宽严的掌握上,各人的分寸又有不同。孔子认为"道不同，不相为谋"[43]，更不能建立友谊。又说"无友不如己者"[44]。蔡邕说："非善不喜，非仁不亲。"[45]葛洪说："夫朋友者，必取乎直亮多闻，拾遗斥谬，生无请言，死无托辞，始终一契，寒暑不渝者。"[46]按照这样的要求择友，其得在于精粹，其失在于苛察。以司马光为代表的一派主张从宽交游。说："余何游乎？余将游圣人之门、仁人之里，非圣不师、非仁不友，可乎？未可。不若游众人之场，闻善而迁，观过而改。"[47]这样的交游，其得在于宽厚，其失在于泛浅。他们皆未若韩愈的交友之道，避免了过和不及之失。韩愈认为交友既要有泛交，又要有深交，不可偏废，并且他自己就是这样做的。韩愈给崔群的信中说，在17年的交往中，相识者不下千百人，"其相与骨肉兄弟者亦且不少，或以事同，或以艺取，或慕其一善，或以其久故，或初不甚知与之已密，其后无大恶。因不复决舍，或其人虽不皆入于善而于己已厚，虽欲悔之不可。"这一部分因某种机缘而相结，皆有可取之处，但没有达到知心同志、彼此敬慕、亲爱无间的地步。韩愈说只有崔群算得上是他的最倾心的朋友，其人"明白淳粹"，"心所仰服"[48]。韩愈的交友态度比较通情达理。一个人可能有许多朋友，但其中必有远近深浅亲疏的差别，这属正常现象。俗话说："朋友千个少，冤家一个多。谁要求没有缺点的朋友，谁就没有朋友。"因此，不苛求于人，尽量广交朋友是应该的，这有利于造成人际的和谐气氛。可是知心的朋友又只能是少数，如利玛窦所说："多有密友，便无密友也。"只是那些"视友如己"者，方可称之为"知心朋友"[49]。知心朋友既是认识上双向选择的结果，也是生活反复考验的结果，还有性格、趣味互相投合的因素，往往自然而成，彼此认可，无须勉强捏合。

第二，君子素交。古语云：君子之交淡如水，小人之交甘如醴；君子淡以成，小人甘以坏。这个"淡"字，包含数层意思：其一，淡于财势，非淡于情意。如李贽所说，"超然势利之外，以求同志之劝"[50]淡于迎合，非淡于合作。孔子说，"和而不同"[51]，"周而不比"[52]。徐幹说，"易亲而难媚"[53]。其二，淡于急切，非淡于责善。孔子说："朋友数，斯疏矣。"[54]意谓对朋友不能喋喋不休地去数落他。又说："忠告而善导之，不可则止，毋自辱焉。"[55]王达主张"先淡后浓，先疏后亲，先远后近"[56]，意在稳步发展友谊，方能恒持不渝，不可操之过急。王守仁指出，朋友之间责善要讲求方式，"悉其忠爱，致其婉曲，使彼闻之而可从，绎之而可改，有所感而无所怒，乃为善耳"，不宜于"先暴白其过恶，痛毁极诋，使无所容"，"凡讦人之短，攻发人之阴私以沽直者，皆不可以言责善"[57]，此乃经验之谈。挟私心以毁人者诚不足论，就是出于好意而态度粗暴，亦易伤害朋友之间的感情，不如和颜悦色以情理打动之。

第三，严于律己，宽以待人。孔子讲的忠恕之道，首先适用于朋友关系。"己所不欲，勿施于人"[58]，"己欲立而立人，己欲达而达人"[59]，这样的仁道很难体现在宗法制下的君臣、父子、夫妇、长幼的关系之中，却容易实现在朋友交往之中。对待朋友必须同情、尊重，所以要实行"己所不欲勿施于人"的恕道；对待朋友还需给以真诚的帮助，所以要实行"己欲立而立人"的忠道。朋友之间的感情要靠双方主动培养，要以心换心，多施情义给对方，不能先要求对方给自己多施恩义。出现隔阂或对方不理解自己时，要从自己方面寻找原因，多作自我批评。孔子说："不患人不己如，患不知人也"[60]。曾子说："吾日三省吾身：为人谋而不忠乎？与朋友交而不信乎？传不习乎？"[61] 这些都表现了交往中的主体意识和自律精神。有些朋友，始不甚知而后察觉其不善，只要非大恶大奸，则敬而远之可也，不可激成仇。对此，朱熹有言："若朋友之不善，情意自是当疏，但疏之以渐，若无大故，则不必峻绝之。"[62] 这也是为人宽厚的表现。

第四，友谊贵在恒持。友谊能否长久，同它的思想感情基础牢固与否有关。势利之交，必然是"交利相亲，交害相疏"[63]。富贵时，车马填巷，高朋满座；潦倒时，门前冷落，见面冷淡；有难时，闭门不闻，或落井下石。这种趋炎附势、热来冷去的世俗之交，最为有识之士所厌弃。道义之交则不同，由于心志相通，牢不可破，一日为友，终生为友，"盛不忘衰，达不弃穷，不疑惑于谗构，不信受于流言，经长历远，久而逾固"[64]。中国人最重情义、义气，以为士之相知，应贯四时而不衰，历夷险而益固，此乃仁人志士的古烈之风。但有时也将朋友情义绝对化，而有"士为知己者死"的说法，造成许多为友殉身的悲剧。一般情况下这种做法不值得提倡，假如这种牺牲确实为情势所需、确实为正义事业所需，则另当别论。

第五，君子绝交不出恶声。人情是变化莫测的东西，先前为朋友，后来因世事巨变而政见相悖，或因小人挑拨而转生嫌隙，或因身份迥异而情感薄疏，或因性情不合而语言难通，或因一方背叛而由爱转恨，遂导致绝交行为的发生。这种情况应尽力避免，但总不能完全杜绝。怎么办呢？古人主张以文明的方式处理绝交。乐毅《报燕王书》中说："古人君子，交绝不出恶声"[65]，这是一条很好的原则。能交则信之，不能交则远之，不得已而决绝则断止来往就可以了，无须口出恶语，更不应该必欲置对方死地而后快。乐毅为燕国立下大功，后来逸于燕而归赵，燕惠王使人责之，乐毅回书一封，申明原委，白其心迹，遂与燕绝，不失其士君子雅度。竹林七贤是魏晋玄学放达之士，相结为友，作竹林之游，后来七人的政治态度发生分化。山涛、王戎依附司马氏坐了高官，阮籍内方外圆，为朝隐之士，嵇康则始终保持其傲然任情的不驯性格，蔑视礼法，刚肠疾恶，不为司马氏所屈。当山涛推荐嵇康做官时，嵇康愤然写下了《与山巨源绝交书》，宣布与山涛绝交，言辞相当激烈，但毫不作人身攻击，只着力于表明自己不愿与世俗同流合污的心气。嵇康是位有骨气有思想有侠肝义胆的可爱人物，他既因志趣不同而与山涛这位多年朋友绝交，又因不负心于好友吕安而遭冤狱致死，可谓深知交友之道者。反观当世有些青年男女，初为恋人、朋友，一旦变心，不能好合好散，而生大怨怒，乃至施以人身伤害。难道男女之间不是爱人便是仇敌吗？不做爱人可以做朋友，不做朋友亦可为路人，何以要走极端呢？在这里，似乎可以学学古人的交友风度。

世上还有些学者反对交际。有的看到世俗之交游不务正业，结党营私；有的看到世态丑恶，人情冷薄；有的则厌倦于官场应酬，繁礼缛节，因此而提出断绝交游。东汉朱穆有《绝交论》，南梁刘孝标有《广绝交论》，其"绝交"乃息交之义，与绝交不出恶声者又有不同。陶潜《归去来辞》有云："归去来兮，请息交以绝游！世与我而相违，复驾言兮焉求。"他对人世间失望了，想关起门来过隐居生活，不过他还是要"悦亲戚之情话，乐琴书以消忧"，又与农人为友。可见人是不能完全离群索居的。孔子说："鸟兽不可与同群，吾非斯人之徒与而谁与"[66]，问题只在于与哪些人同群，与哪些人保持距离，这是可以选择的。

五、师友、友悌、朋党

在中国历史上，与朋友关系切近而又有自己独特内涵的还有三种人际关系，即师生关系、兄弟关系和党派集团，其间的异同不可不辨。

老师与朋友皆非血缘天属，也不具有政治隶属性，随意性较强，主要靠自觉的信任来维持这种关系。一个人的成长离不开师友的辅助，在受教育的意义上，师与友非常接近，好友可以为师，好师可以为友，古人将师友视为同类是有道理的。孔子说："三人行必有吾师焉。"[67] 人无常师，友之善者即可为师。荀子说："非我而当者，吾师也；是我而当者，吾友也；谄谀我者，吾贼也。故君子隆师而亲友，以致恶其贼。"[68] 师必能提出中肯的批评，友必能深知自己的长处，皆体现了对自己的爱护关切，所以要尊敬老师，亲近朋友。《礼记·学记》也将师与友并提，云："安其学而亲其师，乐其友而信其道。"又云："五年视博习亲师，七年视论学取友。"把受师与交友看成一个人学习和修养过程中的大事。好的老师与朋友，称之为良师益友，它可以在一个人身上兼而有之。在师与友的关系上,有的学者强调异,有的学者强调同。《太平经》将师单独提出来与君、父归为同类,说:"君、父及师,天下命门"[69],这是最正统的看法。在封建社会里,"天、地、君、亲、师"都是崇拜与祭祀的对象。朱熹说:"师与朋友同乐,而势分等于君父。"[70]确实,在身份地位上,师与友有明显的差别,师生之间是上位与下位、先生与后生、教育者与受教育者的关系,故一日为师,终身为师,师道应当尊严,这是不言而喻的。但师生之间不是人格上的差别,学生应当尊敬老师,老师也应当爱护学生并确实能在学问和人品上成为学生效仿的榜样,使学生的崇敬发自内心,这是不能强制的。而在宗法等级制度下,师生关系往往变成人身隶属关系,受门户、礼法的约束,增添了许多狭隘性和不平等性。旧社会一些帮会里,师傅对徒弟常握有生杀予夺之权。这种关系与尊师重道完全是两回事。另一些学者则强调师生同体和合。孔子与学生们的关系就融洽平和,他从不板起面孔训人,也不强制学生做某事,而是在亲切的朋友般的交往和交谈中启发学生自己去领悟道理,一旦学生出现深刻的思想火花,孔子就加以赞赏和吸收。当子夏从孔子"绘事后素"中领悟到礼后于仁的道理时,孔子就说:"起予者商也"[71],当子路、曾晳、冉有、公西华各言己志之后,孔子说"吾与点也"[72],表示赞成曾点的想法,不再另讲一套。这些地方都体现了孔子对学生的平等精神,不仅在教诲学生,还随时注意向学生学习,所以孔子既是诸弟子的老师,又同时是他们的朋友。孔子办学的成功也得力于这种深情而又和洽的师生关系。《吕氏春秋》认为,善教者"视徒如己,反己以教,则得教之情矣。所加于人,必可行于己。若此则师徒同体"[73],其言颇与孔子之行事相合。唐朝韩愈是位出色的教育家,他作《师说》,阐述师道的重要,但他认为师生关系并非绝对固定的,是相对的可以转换的,"道之所存,师之所存","闻道有先后,术业有专攻",只要闻道在先、学有专长即可为师,"弟子不必不如师,师不必贤于弟子",师生之间可以互相学习。这实际上就是主张在师生之间建立起朋友关系,彼此取长补短。老师处在师友之间是最佳位置。

友悌是指在兄弟之间建立起友谊,或使朋友如兄弟。宗法社会常常父兄并称,长子、嫡子在家庭内有特殊地位,是财产与权力的第一继承人,次子和庶子的地位要低下得多。所以封建伦理强调长幼有序。不过兄弟终究是同辈,共生于父母之骨血,从小在一起长大,较之不同辈分的人更容易建立起平等亲密的友谊,因此兄弟是最接近朋友的一种天属人伦。《尚书·君陈》:"惟孝,友于兄弟。"是说对父母孝顺,能使兄弟之间和顺如朋友。《尔雅》说:"善兄弟为友。"是说好的兄弟必然是朋友。《诗·小雅·棠棣》一诗颂扬兄弟情谊,谓

"凡今之人，莫如兄弟"。在死丧、急难时刻，兄弟比朋友更亲近；而在安宁生活中，则"虽有兄弟，不如友生"。兄弟和睦，才能有幸福家庭，故云"兄弟既翕，和乐且湛"。《论语》有云"兄弟怡怡"[74]，赞扬兄弟关系的和谐性。司马牛忧叹自己兄弟亡故，子夏回答说"四海之内皆兄弟也"[75]。这里的"兄弟"与朋友同义，取其情同手足的内涵。在理想状态中，兄弟是有血缘关系的朋友，朋友是天属以外的兄弟。由于兄弟又多了一层骨肉之情，称呼"兄弟"，更使人感到格外亲切温暖，如一家人一般。旧时知识分子之间喜欢称兄道弟。民间社会里男性成员也常以兄弟相称，女性成员则以姐妹相称。这都是在朋友的意义上使用兄弟的词汇，又多了一层亲切感。在社会实际生活里还有这样的情况，好朋友超过亲兄弟，而坏兄弟不如路人。朋友可以选择，可则合，不可则离；兄弟则天生已定，不论好坏都不能回避否认。由于财产和权力继承和妯娌共处等家庭内部的利害关系，兄弟之间，尤其富贵之家的兄弟之间，往往会发生激烈的摩擦和矛盾，乃至达到势不两立、诉诸官府、互相加害的地步，而一般朋友就没有这些矛盾。在中国历史上，兄弟相爱和兄弟相仇的事例很多，流传着一系列动人的故事。如周族先人古公亶父有三子，长子太伯，次子虞仲，少子季历，太伯与虞仲得知古公欲立季历以传位于季昌（即文王），便奔亡吴越，文身断发，让国于季历。[76]汉代卜式将田宅财物分予其弟，十余年后见弟破产，又数予之，其重友悌如此。[77]又，汉代赵孝、赵礼，兄弟怡怡，值天下大乱，赵礼为流寇所得，将戮，赵孝诣寇，代死，寇受感动，遂并放之。[78]唐代陆南金匿藏朝廷犯人而被重法，其弟陆赵璧请代兄死，朝廷嘉其友义，并特宥之[79]。这些都是让权、让利乃至让命的嘉行。历史上也不乏为争权、争利而危害兄弟的事例。春秋齐国公子小白与公子纠为争夺君位不惜兵戎相见。小白杀纠而即君位。曹魏文帝丕逼迫其弟曹植于七步内成诗，植诗云："煮豆燃豆萁，豆在釜中泣；本是同根生，相煎何太急。"此虽非必信史，但兄弟相煎之事何止千万。历代皇室为争夺皇位，兄弟残杀，比比皆是。烛影斧声，千古之谜，宋太宗被不义之名；屠戮兄弟，以固皇位，雍正改遗诏之讥。帝王之家远不如平民之家有天伦之乐、友于之情。看来要使兄弟关系和洽、亲密无间，必须排除权力与财产的干扰，在兄弟情义上再注入朋友的特质。

朋友与朋党不同，却常被混淆。表面上看，朋友与朋党都是交往密切的社会群体网络，都有相互依赖、相互援助的功能。实际上，朋党只是朋友的一种退化变形，它失掉了朋友间的正常的健康和真诚的交往，变成相互勾结、以营私图利为目的的宗派集团，其内部必然是不讲是非、一味附和，尔虞我诈、钩心斗角同时并存,与友谊的纯洁性、爱助性不可同日而语。朋友与朋党的主要区别,一者朋友为道义之交,朋党为势利之交;二者朋友以诚信为本,朋党以勾结维系;三者朋友和而不同,宽以待人,朋党比而不周,排斥异己。《荀子·臣道》说:"朋党比周,以环主图私为务,是篡臣者也。"这是大臣中的朋党,其主要特征是"图私"。韩非也指责朋党"隐正道,行私曲"[80]。《晋书·郤诜传》论朋党的行为:"争竞则朋党,朋党则诬罔,诬罔则臧否失实,真伪相冒,主听用惑,奸之所会也。"历史上最典型的朋党,是唐代后期的牛僧孺与李德裕两党,彼此猜忌,互相排斥,各引党羽,结为心腹,以攻讦陷害对方为能事,凭爱憎亲疏行褒贬,造成朝臣们长期纷争不和,使唐文宗感慨地说:"去河北贼易,去朝中朋党难"[81],这是一种内耗很大的宗派活动。后人应引以为戒。

中国历史上还有另一种情况,即专制腐朽统治者以清除朋党为名,打击正常的有积极意义的政治反对派和正直之士。东汉有党锢之祸,宦官借以大兴党人之狱,打击李膺、范滂等名士,连累二百余士人,禁锢终身。明代东林党、复社等皆是具有革新精神的进步社团,被视为朋党,遭受打击摧残。宋代欧阳修被视为党人,他写下《朋党论》,辨析朋党的真义,用以自明。他认为"君子与君子,以同道为朋;小人与小人,以同利为朋",而君子之朋为真朋,小人之朋为伪朋,也可以说是无朋,人君应"退小人之伪朋,用君子之真朋,则天下治矣"。又指出,汉献帝禁绝善人为朋,唐昭宗诛戮清流之朋,皆乱亡其国;舜时二十二臣为一朋,周武之世举其国之臣三千人共为一朋,用此以兴治,其间的差别就在于打击还是扶持善人为朋。欧阳修的观点是有道理的。对于由朋友进而结为党派,要作具体分析,其间有健康与腐朽、进步与守旧、为公与为私的分别,不可一概而论之。

六、传统朋友论的近代转换与新人际关系

传统朋友观里混合着精华与糟粕,要做到古为今用必须加以分解、提炼和再加工,使其中有益的成分具有新质,以适应当代社会生活的需要。

传统朋友观有着鲜明的时代局限性。首先表现在朋友之义要服从忠孝之道,两者发生冲突时,必须牺牲前者,保护后者。《白虎通·三纲六纪》说:"朋友之道,亲存不得行者二:不得许友以其身,不得专通财之恩。友饥则白之于父兄,父兄许之,乃称父兄与之,不听即止。"诸葛亮与诸葛瑾为骨肉兄弟,情谊甚笃,然而亮事刘备,瑾事孙权,各为其主,从不以公徇私,这是友

悌服从忠君的事例。有时候，友谊与忠孝发生激烈冲突，择此必害彼，古之义士宁可用死来逃避选择。《吕氏春秋·序意》记载战国初豫让为智伯复仇，要刺杀赵襄子，藏于桥下，赵襄子的参乘青荓是豫让的好友，他发现了豫让，感到左右为难，说："少而与子友，子且为大事，而我言之，是失相与友之道；子将贼吾君，而我不言之，是失为人臣之道。如我者惟死为可。"乃退而自杀。这种行为虽视情义重于生命，但比较消极且不辨是非，不宜提倡。其次，古时朋友的道义性，以宗法社会道德为准，其责善辅仁也是为了成就忠臣孝子。当然，传统的交友之道，也能培养出一大批恪守信用、志向高远的仁人志士群体，不过他们也只能在尽忠孝的大前提下进行朋友间有益的交往，独立人格受到限制，朋友的交游也难以尽情自在。对于反抗不义、公然与当权者对立的民众武装集团，正统的舆论总是斥为盗贼乱党，根本不承认他们结伙的道义性。相反，历代人民起义队伍内部的优秀分子中间，以兄弟相称，极重义气友情，自认为这种人群的结合具有崇高的道义性。梁山的好汉们以"替天行道、保境安民"自许，专杀贪官恶霸，为被压迫者伸张正义。他们结党起义的正义性，施耐庵、罗贯中是承认的。可见朋友的道义性，不同阶级、集团和派别，有着极不相同甚至相反的理解。我们既要站在人民大众的立场上，肯定反抗压迫剥削的起义队伍内部友谊的正当性，同时也要以历史主义的眼光看待士大夫之间友谊的多重性，这种友谊有剥削阶级的烙印，也有利国利民、超乎等级、表现人类共性的一面。

朋友在五伦中的低层地位一直到明代后期才有人出来加以批评，企图对原有的五伦进行较大的调整，主要是突出朋友一伦的重要性，这是由何心隐开创的。何心隐是泰州学派的继承者，崇仰王艮的学说，从颜钧（山农）学习王学。他痛恶宗法等级社会，依此而进，他要打破君臣、父子、夫妇、兄弟的狭隘亲缘性，把"亲亲"、"尊贤"扩展到"凡有血气之莫不亲莫不尊"[82]。他认为，"夫妇也，父子也，君臣也，非不交也，或交而匹，或交而昵，或交而陵而援，八口之天地也，百姓之天地也"，都十分狭窄。朋友之交则广大普遍，"交尽于友也"，所以天下统于朋友[83]。在他的理想国里，社会的组织形式，不再是以父子、昆弟、夫妇关系为联结的家，而是以师友的关系为联结的"会"。他并没有完全抛弃宗法等级，但将朋友抬高到五伦之首，这在当时也属于"掀翻天地"的言论。李贽在《续焚书》中说，有人批评何心隐，"人伦有五，公舍其四，而独置身于师友贤圣之间"，"偏枯不可以为训"。李贽认为这不过是"妄肆讥诋"，他肯定了何心隐的朋友至上论，赞誉何心隐为"六龙"、"上九之大人"[84]。我们可以把何心隐、李贽的言论看做近代民主思想的萌芽，正在冲破枯落腐败的积压层而出现于中国大地，预示着宗法等级社会的晚景已经不长了。

　　清末改良派思想家谭嗣同比何心隐、李贽更明确地肯定朋友一伦，要把朋友一伦从行将崩溃的传统五伦中解救出来。他在《仁学》中说："五伦中于人生最无弊而有益，无纤毫之苦，有淡水之乐，其惟朋友乎！顾择交何如耳。所以者何？一曰平等，二曰自由，三曰节宣惟意。总括其意，曰不失自主之权而已矣。兄弟于朋友之道差近，可为其次，馀皆为三纲所蒙蔽，如地狱矣"。谭嗣同的朋友论最具近代特色，他把朋友与平等自由联系起来，并且在否定三纲的前提下建立新的朋友论，其革命意义是不言而喻的，谭嗣同的观点完全符合社会历史的进程。传统的五伦其存留价值确实不相同，"君臣有义"的时代性最短，它只适用于帝制社会；"父子有亲"和"夫妇有别"的时代性稍长，父权和夫权只适用于宗法等级社会，但父子、夫妇的关系则是长久的，不过要由不平等变为平等而已；"长幼有序"的时代性更长，兄弟与辈分关系总是存在的，关键是要在人格上平等化；"朋友有信"不受家庭的约束，不受社会制度的限制，它的存在最广大最长久，可以涵盖所有其他的人际关系。

　　辛亥革命使帝制解体，以五四运动为开端的新民主主义革命的胜利，摧毁了中国中世纪的宗法等级社会制度，社会人际关系发生了根本性的变化。君臣关系已成为过去，父子、夫妇不再是社会纲纪，阶级关系随之突出起来，朋友关系与阶级联系在一起。在共产党领导的民主革命队伍内部，和中华人民共和国建立以后很长一段时期内，"同志"的称呼极为流行，其内涵指劳动阶级和相信社会主义的人群，比"朋友"为广。在当代正在走向现代化的中国，在实行改革与开放之后，人际关系发生了种种新的变化，其多样性、丰富性、广阔性，又不知超出过去多少倍。由于摒弃以阶级斗争为纲，倡导发展商品经济，职业关系日趋重要，称谓的多元化倾向加强了。家庭关系和阶级关系在社会生活中地位的下降，种种新型社会关系的建立与发展，表明社会正在步入一个更高的发展阶段。在这种形势之下，传统的五伦中的前四伦，有的过时，有的减弱，有的嬗变，唯独朋友一伦非但没有陈旧，反而由于宗法伦理的瓦解而显示了它前所未有的活力，它历久而弥新。社会越进化，朋友越重要。由于朋友关系内在的平等性、坦诚性和爱助性，它成为人们所追求的一种理想的美好的社会关系；又由于朋友关系的兼容性，它可以渗入其他所有人际关系之中而不与之发生冲突，却可以使各种关系健康化。我认为今后应大力提倡和歌颂真诚的友谊，把朋友关系扩展到其他领域，使上下级、师生、父母与子女、夫妻、兄弟姐妹、同学、同事、同行、职业、民族、男女、老少、亲戚，乃至国与国、政治家与政治家之间，都建立起友谊，普天之下广交朋友，这样可以大大改善人际关系的不良现状，也有利于人性的升华。在上下级隶属关系和家庭血缘隶属关系中提倡交朋友尤为必要，前者有利于政治生活的民主化，后者有利于家庭生活的和谐化。人是高级群体动物，不能孤立自存。不仅在成就社会事业方面需要志同道合的朋友相帮，就是在日常生活中，特别在精神生活中，也需要朋友的互助和慰解。现代社会信息交换发达，固然加强了人类之间的交往，地球变得越来越小，在全球种种危机面前人类增强了同舟共济的感情；不过信息传递工具的发达，竞争的加剧，生活节奏的加快，金钱对人情的冲击，这些又减少了人与人之间直接接触和坦诚交往的机会。发达国家中许多人看起来生活在热闹的城市人群之中，但得不到人间的温暖，反而感到孤独苦闷，只好同动物交朋友，觉得动物比亲人和同事强些，它不会背叛自己，这是人类的悲剧。然而心灵不能封闭，人不能没有朋友。俗话说："两个人共尝一个痛苦，只有半个痛苦；两个人共享一个快乐，分成两个快乐。"真诚的友谊会变成一股巨大的精神力量，充实着美化着人们的精神生活，使人们变得高尚、热情、乐于助人，在友谊中感受到无比的幸福。

注释：

[1]《道德经·八十章》。
[2]《庄子·大宗师》。
[3][4]《易传·系辞上》。
[5]《易经·兑卦》。
[6][7]《诗经·小雅·鹿鸣之什》。
[8]《礼记·学记》。
[9]《礼记·儒行》。
[10]《论语·学而》。
[11]《荀子·大略》。
[12]《说文解字》。
[13] 戴震：《孟子字义疏证·原善下》。
[14]《孟子·万章下》。
[15] 王阳明：《与黄宗贤书》。
[16] 扬雄：《法言·学行》。
[17]《荀子·大略》。
[18] 李贽：《续焚书·论交难》。

[19]《朱文公集·跋胡文定公与吕尚书帖》。
[20] 王阳明:《责善》。
[21]《论语·公冶长》。
[22]《荀子·修身》。
[23] 戴震:《孟子字义疏证·原善下》。
[24] 王阳明:《别三子序》。
[25]《论语·季氏》。
[26]《大戴礼·曾子疾病》。
[27]《易经·兑卦》。
[28] 徐乾:《中论·贵验》。
[29] 王阳明:《与陈国英》。
[30] 李华:《正交论》。
[31] 魏文帝:《交友论》。
[32]《孟子·公孙丑下》。
[33] 蔡邕:《正交论》。
[34] 魏文帝:《交友论》。
[35]《论语·公冶长》。
[36]《论语·学而》。
[37]《孟子·滕文公上》。
[38]《程氏易传·比卦》。
[39] [41] [46]《抱朴子·交际》。
[40]《荀子·大略》。
[42]《孔子家语》。
[43]《论语·卫灵公》。
[44]《论语·学而》。
[45] 蔡邕:《正交论》。
[47] 司马光:《友箴》。
[48] 以上见韩愈《与崔群书》。
[49] 利玛窦:《友论》。
[50] 李贽:《续焚书·论交难》。
[51]《论语·子路》。
[52]《论语·为政》。
[53] 徐幹:《中论》。

[54]《论语·里仁》。
[55]《论语·颜渊》。
[56] 王达：《笔畴》。
[57] 王阳明：《责善》。
[58]《论语·卫灵公》。
[59]《论语·雍也》。
[60]《论语·学而》。
[61]《论语·学而》。
[62]《朱子语类·力行》。
[63] 王符：《潜夫论·交际》。
[64] 钟会：《刍荛论》。
[65]《史记·乐毅列传》。
[66]《论语·微子》。
[67]《论语·述而》。
[68]《荀子·修身》。
[69] 王明：《太平经合校》第403页，中华书局1960年版。
[70]《朱子语类·力行》。
[71]《论语·八佾》。
[72]《论语·先进》。
[73]《吕氏春秋·孟夏纪·诬徒》。
[74]《论语·子路》。
[75]《论语·颜渊》。
[76]《史记·周本纪》。
[77]《汉书·卜式传》。
[78]《东观汉记》。
[79]《旧唐书·孝友传》。
[80]《韩非子·饰邪》。
[81]《通鉴纪事本末·朋党之祸》。
[82]《何心隐集·仁义》。
[83]《何心隐集·论友》。
[84] 李贽：《焚书·何心隐论》。

(载《中国传统人生哲学纵横谈》，齐鲁书社，1992年1月)

儒道互补与安身立命

一、儒道互补与中西互补

　　孔子和老子是最早也是影响中国文化最大的两位大思想家。孔子是道德大师，像高山一样巍峨厚载，他开创了儒学；老子是智慧大师，像水一样深沉灵活，他开创了道家。儒道两家各有自己的经典，互不相借，但有《周易》共为两家崇奉，其间有着深刻的道理。《周易》的哲学是阴阳哲学，儒家崇阳，道家尚阴，儒道的对立与互融正体现了阴阳的交感相推之道，构成中国思想文化的一对基本矛盾。也就是说，在中国传统文化的多元成分中，儒家和道家是主要的两极，形成鲜明的对立和有效的互补，给予中国思想文化以深刻的长久的影响。例如，儒家强调人性的后天道德教化，道家强调人性的天然真朴；儒家的人生观以成就道德人格和救世事业为价值取向，道家的人生观以超越世俗人际网络并获得个人内心平静自在为价值取向；儒家的辩证思维尚刚主动贵有，道家的辩证法尚柔主静贵无；儒家的治国论强调"仁者无敌"，导之以德，齐之以礼，和之以乐，辅之以法，任之以贤，使之以惠；道家的治国论强调"因则无敌"，政尚简易，君道俭约，臣道守职，少扰少令，无为而治；大儒的风度与气象是"刚健中正"、"志士仁人"，道家高士的风度与气象是"涵虚脱俗"、"清修隐者"。中国社会既需要儒家，也离不开道家。两家互有短长，互相推扬，形成一动态的均衡与和谐，使中国文化不走向极端，富有生命活力，并显得丰富多彩。佛教文化在中国的时间较儒道为短，它在中国化的过程中，借助于儒家而形成入世的现实品格，借助于道家而形成超世的有中国特色的哲学理论。当然佛教也在一定程度上改造和丰富了儒家和道家，在传统社会的精神生活中自成体系，与儒、道（包括道教）成三足鼎立之势。但要说对中国人影响的深度和广度，佛教是不如儒道两家。

　　儒道两家虽有不同，却都是中国文化基因中的有机成分，都具有中国的风格，例如都认为天人一体，都主张人际和谐，都重视精神生活和内心世界，都重人道而轻鬼神祭祀。这些东方精神又恰恰与西方欧美文化形成鲜明的对立和互补。世界文化是多极的，多极中主要的两极是以欧美为代表的西方文化（近代文化）和以中国为代表的东方文化（古代文化），此之所长，恰彼之所短，反之亦然，互补性极强。东、西两大文明各领风骚数百年，中国文明时间更长，两者之间有时代的差异性，更有民族与地域的差异性，不是靠社会发展水平的趋同所能消灭的。换句话说，中西文化创建时的基因就不同，其进路向来就是殊途的，虽然最终可能同归。正如许多学者所指出的，西方文明重物质，重科学，尚宗教，尚竞争，思维模式偏于二元对立（天人对立、人际对立、主客观对立），重个性，重权力，重法制，等等；而中国文明重精神，重道德，尚人伦，尚和谐，思维模式偏于二元统一，重群体，重义务，重人情，等等。两大文明的差异当然不是绝对的，但侧重点确实不同。我们不妨从人生价值系统即何以安身立命的问题，来探讨一下中西文化互补的必要性和可能性，进而考查一下，儒道两家给中国寻找安身立命之所提供了何种有价值的思想，以及这种思想的世界意义。

二、安身立命新解与当代人生的困惑

人的生命是由生理机体和精神活动两者结合而成的。一个正常的人，不仅要有"生理的自我"，还要有"精神的自我"，两方面都活泼健全，才算是完整的人。安身立命之道就是中国人树立"精神自我"的学问。"安身"一词最早见于《易·系辞下》，云："精义入神以致用也，利用安身以崇德也。"这里的"安身"，指用其所学，安顿好自身的事情，以提高德性。"立命"一词最早见于《孟子》："夭寿不贰，修身以俟之，所以立命也。"[1]依照朱子的解释，立命"谓全其天之所付，不以人为害之"[2]，即通过主观努力而得正命之果。后儒将"安身"与"立命"合起来使用，表示人生要建立崇高的思想信仰，使心灵有所归依，不能在精神上做流浪汉，四处漂泊，所以它是人生根本大事，尤其为士人所重视。"安身"有时又作"安心"，表明"安身"的内涵，虽然包括生理因素与物质生活，但侧重点还是在心灵的安顿上。"安"字很重要。人生大部分时间处在动荡、变易之中，外界的冲击扰动无时不有，要使身心安而不乱，定而不摇，不在内心深处建立起稳固的价值系统是不可能做到的。许多人经受不住环境的引诱或压力，逐外物而不返，或者自暴自弃而毁灭，都因为没有建立或者丧失了精神自我。"立命"的"立"字也很重要，命而可立，说明立命之学并非命定论，它主张人可以在一定范围内掌握自己的命运，确立前进的目标，走自己的人生道路。中国哲学中"命"概念的内涵非常丰富，有天意、自然、生命、命运等多重含义。儒家论命，有客观主观、积极消极之多重性。命的客观性是指富贵贫贱、生死寿夭以及事业的最终成败并非人力所能左右，人对之无可奈何（其实人力可起一定作用）。命的主观性是指修养德性、讲论学问、做君子还是做小人，这些人人可以自己做主，不受客观条件制约。顺境固然有益，逆境更可磨炼。从积极的角度讲，竭尽人力而后成就者，是命之所予；从消极角度讲，竭尽人力而后未成者，是命之所限。人事未尽，不可以言命，尽人事而后方可知命。所以立命既要知道自己不应该和不可能去做的事，更要知道自己应该和可能去做的事。

今日我们谈论安身立命问题，宜在前人的基础上作出现代化新诠释。似乎可以将顺序颠倒一下，成为"立命安身"。立命，即是确定人生理想，树立某种思想信仰，把人生建立在健康而稳定的价值观之上，使精神自我得到挺立；安身，即是根据所确立的人生大目标和各种主客观条件，寻找自己在社会上的恰当位置，选择最佳行业或职业，以便切实推进自己的人生，使所立之命落到实处。立命是立命运之所系，安身是安个体之所处，立命而后方可安身，安身而后始可践命。人不是动物，具有自我意识和理性，不能浑浑噩噩地生活，除了本能的满足之外，还不断追求着人生的幸福和完美，为此而工作，而改良，而创造，即所谓一要生存，二要发展，三要合理。由于对人生的意义理解不同，追求也就千差万别，生命之色彩或斑斓或灰暗，相距甚远。立命安身之道提倡高层次的追求，提倡人生价值的放大，注重精神生活的优化，使人生有高远而切实的目标。

现代工业文明取得了光辉灿烂的成就，人的物质享受水平达到了很高的程度。但当代人的幸福感并未随着物质文明的飞速发展而同步增长，倒是空虚感和失落感加重。人们拼命追求金钱和科技，人像机器一样快速运转，身心的弦绷得太紧，有些麻木了。物本来是为人服务的，而在许多情况下，人成为物的奴隶和受害者，为了取得财富，宁可抛弃理想、道德、爱情、友情、亲情这些更加珍贵的东西，完全颠倒了轻重关系。生理自我的变态满足是以牺牲精神自我为代价的，这就叫灵魂死亡。这样的人并无真正的幸福可言，因为幸福并不仅仅意味着富裕，否则幸福早已被富人所垄断。幸福应当是一个综合的指标，应当具有全面性稳定性，除了以正常手段不断提高物质生活条件以外，还要有崇高的信念、仁爱的德性、创造事业的乐趣、和谐的家庭和真诚的友谊以及优美舒适的生态环境等，这些真善美的事物单靠金钱是无法买到的。古语说："德润身"，德性与善行使人有崇高感，身心健康有赖于此。当代社会是一个畸形发展的社会，当代的人性是一种畸形发展的人性。以社会而言，财富的积聚、科技的发达同贫困的普遍存在和犯罪率上升,形成鲜明的对比。一方面是教育、学术经费的奇缺,另一方面每年有近万亿美元投入军备竞赛。"地球村"的形成、和解的弥漫,同地区、民族、集团、阶层间的激烈冲突同时并存;产业的开拓与全球性生态的破坏都在加速。整个人类都在你追我赶奔向现代化,但发展方向已有所偏离,假若不清醒反思、尽快调整,会像一辆开出大路盲目冲上山坡的车子,越爬越高,自以为得意,及至翻过顶峰,才发现前面就是悬崖,坠覆之际,悔之已晚。在经济现代化的同时出现道德淡漠化、哲学贫困化、环境恶劣化,这绝不是人类的福音。以人性而言,才智飞速进步与德性的不良发育形成巨大的反差,智能愈发达,巧伪愈精到,人心难测,淳朴本性日益丧失,人性内部结构严重失衡。有真诚信仰的人越来越少,以信仰为名行谋私之实的人越来越多。现在最流行的人生哲学是实利之学,讲实惠,做交易,有利可图是第一要义,短期行为是普遍现象。理想、信念、道德很难引起人们的热情关注,却时常成为嘲讽的对象,人生日益浅薄化和外向化。如果用一座房子比喻现代社会,那是一座重心倾斜的房子,周围到处是垃圾,不适合人休养生息;如果用人体构图比喻现代人性,那是一副肢体不合比例的残疾模样,令人难以忍受。中国内地虽然没有实现富裕化,而现代西方社会的弊病多已有之。无论是发达国家,还是发展中国家,都存在着人心内部的不协调、人与人之间不协调、人类社会与自然界之间不协调的共同危机,都面临传统生存模式的重大变更和突破。

　　社会和人性的不正常状态,不仅引起好学深思之士的忧虑,也使各行各业的人们感到苦闷和不安,社会上普遍有一种"累与烦"的牢骚,许多人正在认真思考,上下求索。一些地区初步富裕之后,即兴办各种文化教育事业,一些企业家小有成就之后,即着手建设企业文化,资助教育与社会福利事业。在大学里青年学生谈论着"精神家园"的建立,它由道德、心理、文化、思想、理论、政治六大要素构成。电视连续剧《渴望》在大陆的轰动,说明向往真理、渴望真诚、改善人生、改善社会是人们的内在要求。这种趋向同安身立命之学在精神上是一致的。当此工业文明偏弊丛生、社会呼唤新的文化复兴之际,我国传统哲学中关于建立"精神自我"的学问日益显露出其珍贵的当代价值,应当引起普遍的重视。假如西方的工业文明能同东方的精神文明相结合,人类也许会更好地克服种种全球性危机,走出一条新路来。

三、儒家和道家的安身立命之道

安身立命的提法首创于儒家，但它的应用则不限于儒家，实际上已扩大为诸家所有。中国传统哲学，不论是儒是佛是道，其主要目标，都在探索人生的真谛，解决如何做人的问题，在一定意义上都是安身立命之学。不过依实际情况而言，中国历史上凡有作为的知识分子，其安身立命之道多数是儒道两兼或儒道互补型的，这主要表现在以成就道德人格和救世事业为价值取向，故勇于进取，刚毅有为，以仁为本，以义为上，必要时可以舍身而成仁取义；同时又能在顺境中准备退路，淡泊名利，豁达通脱，逆境之来，进退自如，洁身自好，保持一种批判意识和自得自适的心态，不与世争一时之短长，亦不与俗同流合污。当然，佛教的悲天悯人、普度众生和破执去迷、自尊无畏的思想，也深深渗入中国士人的意识之中，加强了儒道哲学的影响。

儒家的安身立命之道，可称之为"内圣外王"之道，亦可用"成己成物"来概括，内圣即是成己，外王即是成物。人性本于天而成于人，成己在于尽性，尽性方可知天。《中庸》说："天命之谓性，率性之谓道，修道之谓教。"《易传》说："穷理尽性以至于命。"[3]孟子说："尽其心者，知其性也。知其性，则知天矣。存其心，养其性，所以事天也。"[4]天是心性之源，人得其素朴之质，须修之、尽之、养之，才能臻于完美，不辜负天地生育之德。先儒认为，人性既禀受于天道，其基于生理的食色之欲与享乐之情，乃人性所固有，圣愚同具，不可废弃。故《礼运》云："饮食男女，人之大欲存焉。"[5]孔子云："富与贵，是人之所欲也。"[6]孟子云："口之于味也，目之于色也，耳之于声也，鼻之于臭也，四肢之于安佚也，性也。"[7]儒家不主张禁欲，但认为人性应高于兽性，在生理属性之上还要有理性和道德心，以理节欲，以义制情，充分发挥存在于人性中的善端和智慧，以利于群体的生存和发展，所以要"见利思义"、"仁民爱物"。所谓尽性，就是要竭力开发人的高级属性，提高生命的价值，成就完美的人格。不能尽性而为原始情欲所缠绕，那就是向禽兽倒退，是自甘堕落。孔子与《中庸》提出仁、智、勇三者作为尽性、成己标准。仁是道德心，智是辨惑力，勇是无畏感，有此三达德便可站定脚跟，树立起人格主体，形成"和而不流"、"中立而不倚"的刚毅、宽厚、睿智的儒者气象，这便是修身即安身的功夫。但"内圣"要化为"外王"，修身要显发为济世，成己要延伸为成物，使主体的潜在品格成就为一种现实的品格，通过社会生活得到充分的体现。小而言之，可以齐家立言；进而言之，可以立功立德、治国平天下；极而言之，可以赞天地之化育而与天地参，这便是立命的大目标。道德人格之仁智勇，其生命活力实现于"立人"、"达人"的实践之中，故真能成己者必能成物，真能尽己之性者必能同时尽人之性与物之性，因而成己与成物实际上是一个过程。人对他人、社会和世界作贡献，从本质上说并不是痛苦的自我牺牲，而是一种伟大的收获，因为它使自我价值得到了更大的实现。更何况"爱人者人恒爱之，敬人者人恒敬之"[8]，给与和受惠是等值的。张载所说的"为天地立心，为生民立命，为往圣继续绝学，为万世开太平"[9]，最能表现儒者的使命感和志向抱负。儒家把个体人生同社会群体的进步及整个自然的正常演化联系起来，追求精神与事业的不朽，形成一种崇高的理想主义信仰，从而把人在宇宙中的位置和作用，提到空前的高度。

当然儒家并不认为所有的人都能达到同样精神境界，成就同样的社会事业。虽然有"人皆可以为尧舜"之说，但这只是就可能性而言，事实上由于天赋条件、客观境遇及主观因素的不同，必然会有千差万别。连孔子都不敢以圣与仁自许，只是把成圣成仁作为奋斗目标而已。故《中庸》说："君子之道费而隐，夫妇之愚，可以与知焉，及其至也，虽圣人亦有所不知焉；夫妇之不肖，可以能行焉，及其至也，虽圣人亦有所不能焉。"儒家只要求：一是明确成己成物的方向；二是各尽性之所有、才之所能。不浪费生命，不虚度光阴。立志要大，才能自强不息、日有所新，至于穷通顺逆，则付之于天。朱子很欣赏"立志以定其本，居敬以持其志"这两句话，认为立志做圣贤，便会全力去做。只立志做好人，识些道理便休，则功夫不尽，日渐消靡，不立志则无着力处。故儒家安身立命之道平凡而伟大，切近人生而又进境无穷。历史上许多仁人志士、忠臣良将，选择了儒家的人生价值观。以天下为己任，以成仁行道为人生最大乐趣，其志不可以力夺，其心不可以利移，穷不失义，达不离道，成就了伟大的人格和不朽的事业，做到了精神不死，浩气长存。

道家的安身立命之道，在于超出世俗社会的利害计较，追求精神生命的恬静、自由、愉悦，让人发现自我、把持自我，重内而轻外。重身而轻物，向往着自然而淳朴、自足而和谐的生活。其安身之学，着重于收敛和自主，神不外溢，情不外逐，在纷纭繁杂、变化万端的社会生活里，保持个体生命的一片纯洁、宁静的心灵之地，可以依照自己的意愿，心安理得地涵泳于其中而自得其乐。为此，道家不仅要破除世俗名利、富贵、情欲的迷恋，还要破除儒家那种对礼教的推崇、对是非的分辨和对事业的执著。不追逐，不占有，不偏狭；世之所好，舍之，人之所好，弃之，而以意足神安为最大幸福。普通人在精神上有四种束缚：一是功名利禄，故不得不以心为形役；二是是非善恶，故常自是而相非；三是恋生惧死，故要苟且偷生；四是礼教名分，故行为要循规蹈矩。人性为此四事而不得自由发育，心灵为此四事而不得宁静舒展，人生为此四事而不得自在尽欢，实在是作茧自缚，自作自受。庄子用逍遥论破功利观念，用齐物论破是非观念，用气化论破生死观念，用自然论破礼教观念，使主体精神得到一大提升。嵇康云："世之难得者，非财也，非荣也，患意不足耳。"[10]这个"意"就是心理上的平衡与充实。在充斥着争斗与物欲的社会氛围里，要做到心满意足是很难的。只有将身外之物看得淡一些，多一些雅量，少一些计较，善于化解各种烦恼，拓宽胸襟，扩大眼界，跳出俗见，站在宇宙看人生，才能获得一种超越感、解放感，使心灵得以安宁。

从济世的角度说，道家认为儒家的"外王"事业实属"多事"，欲成之反扰之，欲利之反害之，不如无为之有益。人物各顺其性命之情，各因其性分之有，天下自然大治，万物自然相安，此即老子所说"辅万物之自然而敢不为"[11]。道家对于世间之冷淡，固然有明哲保身的成分，更由于对万物自然本性的尊重，非无为不足以全万物之性。世之治民，善者行小惠以邀誉，不善者苛刑法以逞威，不如为而不恃，长而不宰，人尽其用，物尽其财，使百姓自化自正自富自朴，感受不到在上位者的重压。

道家不言立命，而曰安命。《庄子·人间世》云："知其不可奈何而安之若命，德之至也。"这里的"命"，指人的遭际，如祸福、吉凶之类，人力所不能控制，故云"不可奈何"。安命何以称为"德之至"？知命而安之者，外境之剧烈变动，世事之穷通浮沉，皆不足以扰乱心灵的平静宁和，不忧不惧，以逆为顺。随遇而自得，这需要很高的境界。正如《德充符》所说"死生存亡，穷达贫富，贤与不肖毁誉，饥渴寒暑"，皆"不足以滑和，不可入于灵府"。《秋水》则云："知穷之有命，知通之有时"，则可"临大难而不惧"，乃圣人之勇，皆因能看破世事，对变动有充分的精神准备。这与王船山、颜习斋的"造命"说相比，不免有消极认命之嫌。人生在世，不可尽废人事，一味随命，但也不可胶柱鼓瑟，固执于一事一时，计较于一得一失。那种事变既临，便忧心如焚、六神无主的人，生命必然是脆弱的，经受不了风浪的考验。道家之意在于增强生命主体的担待力和弹性，使人通理达变，进不忘退，困而待兴，与现实拉开一点距离，以保持"精神自我"在任何情况下都不会丧失。

儒道两家的安身立命之道可以说同源而殊途，同体而异用，形成阳刚与阴柔的对立与互补。两家之根基皆在于天人之道，从人出发，达于同天合道。不过两家的进路不同，儒家是助天行道，道家是顺天体道。换句话说，儒家的安身立命之道侧重于人文主义，道家的安身立命之道侧重于自然主义，两家的种种差异都是由这一深层的哲学旨趣引发出来的。由于两家都追求同天合道，故其安身立命之道都主张人生要超越物质欲望的层次，努力开拓和建设精神世界，使形体的"小我"升华为精神的"大我"；都以和谐为理想境界，追求内心的和谐，以致天人整体的和谐；都认为人性的完美和人生的圆满要自己去成就，不必求助于上帝鬼神。由于儒家侧重于人文主义，故重道德人格，重社会事业，参与意识强，知其不可而为之。由于道家侧重自然主义，故重自然本性，重自我调适，不以心损道，不以人损天，参与的方式是间接的不露形迹的。这种差异在历史上常常形成一定的矛盾和冲突。荀子曾批评庄子的自然主义为"蔽于天而不知人"，道家当然也可以批评孔子的人文主义为"蔽于人而不知天"。实际上两者是相反而相成的关系。对于一个完整全面而无弊端的安身立命之道来说，应是人文主义与自然主义的有机结合，即一方面要有对人文价值理想的热烈追求，另一方面要有顺应自然、冷静平淡的心态。这种儒道互补的安身立命之道也叫做出处进退之道，借用玄学的术语，就是"应物而无累于物"。中国历史上优秀的知识分子，有赖于儒家，故重气节，有操守，富于同情心和历史使命感；有赖于道家，故能洒脱清高，从容深沉，追求精神自由和富于想象力。其总体形象是求真从道，外圆内方，外动内静，擎得起也放得下，在政治权力的重压下，在物欲横流的包围中，不以情离其本，不以欲渝其真，当进则进，当退则退，游刃有余，始终保持独立的人格，避免成为权力的工具和外物的仆役。同时，儒道互补的安身立命之道不仅重视人生的价值，而且追求人生的乐趣，把自然的人生变为高尚的人生，又把高尚的人生变为艺术的人生。孔子有"知之者不如好之者，好之者不如乐之者"[12]的思想，因而儒家有"乐学"、"乐道"、"乐善"、"乐育"、"乐命"、"乐业"、"乐事"等提法，要人陶醉于所学所事的对象之中，体验到一种精神上的受用。庄子有"逍遥"、"天籁"之说，[13]庖丁解牛，由技进于道，达到合于音节韵律的地步，以审美的态度对待人生。[14]两家都努力发掘实际生活中的美学意义，使主体与客体建立感情上的共鸣；主体全身心地投入，进入"忘我"的境界，那么枯燥的人生就会变得生动活泼，充满情趣。

四、时代在呼唤新的人生哲学

西方工业文明仍然是世界文明发展的主潮流，这在东西方都是如此。但它的发展已经越过巅峰期，开始走下坡路，我这里指的是它再也不能给人类提供第一流的精神文明成果，在人生哲学和道德建设上，拿不出有魅力的学说；如果有的话,也只存于批判现实主义的逆向思潮之中。有鉴于此,一些东方国家如日本、韩国、新加坡,在现代化过程中已经在运用东方优秀文化传统加以弥补,形成自己的发展模式。我以为,儒道两家的安身立命之道,在人性和心理建设上确实有独到之处,经过提炼和转换,可以成为时代所呼唤的一种新人道主义,其精华在于以人为中心,最终目标是追求完美的人和完美的社会,而不是完美的物;物只具有工具性的价值,它是为人服务的,人才是目的。我赞成这样的看法,儒道两家已经度过它们的严冬季节,进到"一阳来复"的阶段。时代的需要比多少所大学的推动力还要强,儒道复兴,恰逢其时。加以它们积蕴深厚,洋洋大观,其宽博精湛足以与世界任何一种伟大哲学相媲美,如能很好地发掘和阐扬,必会有越来越多的人选择它,使它对现代社会的发展起到补偏救弊的作用。

不过儒道两家原有的哲学体系毕竟建立在农业文明基础之上,有其时代的局限性,不经过改造,就不能与现代商品经济和个性的多元发展相适应。

依新的眼光来考察,儒家的安身立命之道主要有两大缺点。第一,过于强调圣贤道德心而忽视或贬低普通人情欲望,常常将两者加以对立,远人情以论天理,使一般人觉得高不可及,使不诚之人假公德以遂其私欲。私心、情欲乃人性之常,以不妨碍他人为正当。若以公私别善恶则必然导致伪善,存天理灭人欲则难免以理杀人。为了诚实不欺,就必须在倡导道德心的同时,充分尊重和保护个人正当的物质利益和情感欲求,把圣贤之心同常人之情结合起来,做到既合情又合理,使人性得到全面活泼的发展。第二,儒家虽然有厚生利用、开物成务之说,但语焉不详,又常将济世事业理解得过于狭窄。拿"三不朽"来说,"立德"是圣王和道德家的事,"立功"是政治家的事,"立言"是学问家的事。而所谓"立功",历代儒者主要看做出仕致治,技艺、工商等不在"功业"之列。孔子有"君子不器"之语,学稼穑圃艺者被视为小人,小道虽有可观而君子不为。这就限制了知识分子开拓事业的领域,不利于造就百业人才。在重农轻商的传统观念支配下,知识分子不愿或不能做官者,还可以归隐山林田庄,但不屑进入商界发家致富,而以商起家者的下一代,还要回归到"仕途经济"的"正路",这是中国商品经济长期不发达的重要思想原因。事实上济世之业人人可以为之,事事可以行之,不应有三六九等之分,君子之道与百工之事可以结合起来。

道家安身立命之道,其弱点在于缺乏竞争意识和强烈的社会责任感,容易思而不行,充当社会生活的旁观者,养成自命清高,余皆不足观的孤傲心理,这当然不能与现代社会的生活节奏和密切来往相适应。"哀莫大于心死"与

"心如死灰"是一对矛盾的命题,人们不能两行之。逃避现实未必能超越现实,只有敢于面对艰难、勇于创造的人才是真正的强者。所以要把"不敢为天下先"(不争名不争利不争权)与"敢于为天下先"(争真争善争美)结合起来,把自我完善与社会完善结合起来,把保持"精神自我"与不羞小道不辞小事结合起来,这样才有利于人性的发展和社会的进步。老子的"既已为人己愈有,既已与人己愈多"的思想值得发扬。

儒道的弱点在今天并不难克服,因为社会现代化大潮早已把历史上的传统观念冲刷得七零八落,它的弱点所剩不多,它的优点也隐没不显。我并不担心倡导儒道性命之学会导致复古倒退,我只担心儒道的优良传统还用得不够,不足以纠正社会生活重物轻人、重外轻内、重利轻情的偏弊,力量单薄,声音微弱,引不起较大的回响。好在它的根基深牢,而人类社会又进到一个新的临界点,希望和灾难都同时在向我们招手。全球性危机的客观情势迫使人们不得不重新确立价值观念,调整传统的发展模式,把眼光投向东方和中国文化,促进东西方文化的双向交流和互补。现代社会发展,必须由单纯追求经济高速增长转变为物质文明与精神文明、社会经济与生态环境互相协调的发展,宁可慢些,但要好些,使社会日趋健康合理。现代人性的改良,必须由单纯追求享受或知识技能,转变为德、智、体、才、情全面发展,而以健康的信仰、高尚的德性为统帅,使人成为现代文明人。为此,社会管理就要改变急功近利、闭锁僵化的体制,建立文明管理的体制;社会教育也要改变重理轻文,重职业技能轻心灵净化的偏向,建立完整有序、生动有效的教育制度,给青少年的健康成长创造良好的社会环境。要实现这样一个转变,在思想家、文艺家、政治家、企业家、科学家、宗教家、教育家之间建立新的共识和合作是十分必要的。他们之间的交流,将会增强人们的整体意识和未来意识;他们之间的协作,将会为人类实现一次新的文明转型提供必须的思想理论成果与相应的物质技术手段。真善美的思想境界,人皆向往,但进路可以是多种多样的。有人以道德为进路而达于事业,有人以事业为进路而达于道德;有人是先立乎其大者,有人则由小道而渐进于佳境。为官为商为学为教,只要不泯灭良知,想到把本职工作同正义的事业相联系,都是值得尊敬的,都有利于人类社会向高层次发展。若用前文"立命安身"的新解,可以说"立命"要大而精一,"安身"宜实而通变。

现代系统进化论认为,世界系统(包括生态系统和社会系统)的进化是非线性的,它通过在分叉点上的随机涨落沿多条轨线发展。人是社会系统的基本元素,人脑是社会系统内部唯一的负熵源(信息源)和原始变异点。人有自我意识，能够随时总结经验教训，调整自己的行为，从而对社会和自然的进化施加积极的影响。当世界系统的不稳定性达到一定临界阈域时，就会发生突变分叉，先知先觉者所倡导的文化运动可能作为一个涨落因素被突然放大，被选择出来修正社会进化的轨线，从而使进化成为一种非盲目的有意识的进化（即中国哲学所说的"为天地立心"），正是基于这一信念，我对于儒道和东方文化的复兴持乐观的态度。大陆、香港、台湾有许多学者十分关注世界新秩序的建立和人的精神生命的铸造，发表了许多发人深省、震撼心灵的见解，在有中国人的地方产生了越来越大的影响。这些学术成果同欧美地区有识之士对于东西方文明互补的研究成果汇合在一起，形成世界范围内一股新的文化思潮。这一文化因子会继续得到放大，在人类探索后工业社会文明的进程中，起到不可低估的作用。

注释：

[1]《孟子·尽心上》。
[2] 朱熹：《四书集注·孟子注》。
[3]《易传·说卦》。
[4]《孟子·尽心上》。
[5]《礼记·礼运》。
[6]《论语·里仁》。
[7]《孟子·尽心下》。
[8]《孟子·离娄下》。
[9] 据南宋吴坚刻本《张子语录》，"立命"为"立道"。
[10] 嵇康：《答难养生论》。
[11]《道德经·六十四章》。
[12]《论语·雍也》。
[13] 见《庄子·逍遥游》和《齐物论》。
[14] 见《庄子·养生主》。

（载《安身立命与东西文化》，香港法住出版社，1992年12月）

黄帝信仰与中华民族

　　随着时代发展和经济全球化速度加快，民族文化的重要性不是降低而是增加了。一是文化日益成为综合国力竞争的要素；二是文化遗产和文化产业受到空前关注；三是民族的振兴必然伴着文化的繁荣。对于中国而言，社会主义需要继承和发扬中华民族优秀文化传统，从而使社会主义具有中国的风格与特质。党的十七大报告提出"弘扬中华文化，建设中华民族共有精神家园"，中华文化的当代价值又被提到一个新的高度，乃是整个民族的精神依托和团结纽带，是民族凝聚力和创造力的不竭源泉，人们能够不断从中汲取营养、智慧和力量。一个民族如果只是现代经济发达而民族文化不显，甚至处处模仿他人，便算不上真正的强国，得不到世人由衷的尊重，所以建设现代文化大国就成了中国人应当奋斗的目标。

　　以此观之，黄帝信仰的重要意义就非同一般了。黄帝是中华民族的人文初祖，是中华民族共同体形成时期的共祖，是中华文明起源时期的代表，已经成为中华文化之根的象征，获得了其他任何传说或史实中人物无法取代的崇高地位。在中华民族由弱变强的今天，在中国人由文化自卑走向文化自信和文化自觉的时候，深入认识黄帝信仰在中华民族多元一体格局中的地位和作用，正确解读黄帝文化的内涵和精神，并发挥黄帝文化在团结各族人民、振奋民族精神、推动文明建设中的积极作用，就成为一项需要全社会共同关心和参与的重要工作。

　　关于三皇五帝（包括炎帝、黄帝）的传说，以往史学界在态度上有两种偏向：一种是直接引为信史；另一种是断然否定其史学价值，后者以《古史辨》派为代表。前者为信古派，后者为疑古派。近来学者推崇冯友兰先生的"释古"说，努力超越"信古"和"疑古"，以求对古史获得一种新的理解。"信古"派的错误是显而易见的，神话传说有很大虚构的成分，不能直接反映历史真实。"疑古"派在破除迷信古史上有贡献，但疑古太过，亦有偏失。他们的错误在哪里？许多人认为他们错在史料处理简单化和未能充分重视和利用更广泛的古文献资料和考古资料，所以人们努力去引证古史资料，包括金文和各种考古新发现,以证明炎黄说和五帝说的历史真实性。我认为仅此是不够的。"疑古"派的错误不单在史料的运用鉴别上,更在理论的视野和方法上。其一,不了解古神话传说积淀着人们世代集体的历史记忆,在大量想象式故事背后隐藏着历史真实信息;其二,缺少多视角尤其文化学视角的考察,不了解神话传说乃是先民构筑民族文化认同符号的重要方式,是弥足珍贵的。研究文字以前的文明起源史,没有文化学、宗教学、历史学等多学科的交叉考察,只局限于实证史学的狭隘框架,是无法做好的。用近代人类实证科学的思维模式去评论上古人类的精神活动,忽略了先民文化形态的特殊性,看起来"科学",实际上并不科学。

　　文化哲学的著名学者卡西尔提出"人是符号的动物"的命题,他说:"早在科学方法发现以前,人的经验也并非表现为一团乱麻似的感觉,而是有头绪有组织的。也就是说,人的概念从一开始便有某种明确的结构。但是,那些最初用来把握世界统一性的概念,跟我们现有的科学概念既不属于同一个类型,也不处于同一个层次,而是神话的或语言的概念。"

　　按照文化学的理念,神话与传说不应简单归结为非科学的思维,它乃是先民在当时条件下把握世界和保存历史的特殊方式。我国古史学者徐旭生在《中国传说的古史时代》中将神话与传说加以区别后指出:"很古时代的传说总有它历史方面的质素、核心,并不是向壁虚造的。"我想,不仅是传说,对神话亦可作如是观。原始神话的文学色彩固然很浓,在其深层不也隐藏着历史的"质素"、"核心"吗?因此,神话与传说都可以纳入大史学的视野,成为研究上古史的有用资料。例如"三皇"的神话之一:燧人氏、伏羲氏、神农氏,在神人英雄故事形式下,积淀着中华上古文明的阶段性演进(人工取火、游牧文明、农耕文明)的历史回溯。传说则比神话有更多的历史真实内涵,只是传承的方式不同于文字记录的历史。

　　"五帝"传说有多种,表现出早期不同地区不同民族在远祖认同上的差异。但由若干氏族集团交融而成的华夏族已经出现,以黄帝为共祖的中华民族的雏形逐渐明朗。《史记·五帝纪》所记载的五帝:黄帝、颛顼、帝喾、唐尧、虞舜,乃是一种强势的祖源谱系,能表现中华民族融合形成的历史,为较多的人群所认同,在实际生活里起着凝聚族群的作用。考古学资料和中国民族史研究已经证明,中华民族是多元起源,多区域不平衡发展,反复汇聚与辐射,逐步壮大。在这其中黄帝集团和炎帝集团及其合并起了轴心的作用。从黄帝起,在部落联盟基础上形成前后相续的古邦国(民族国家的前身),包括唐尧、虞舜时代,他们都自认为是黄帝、炎帝的子孙,构成较统一的历史与谱系。后来炎帝崇拜与神农氏崇拜合一,上升到"三皇"谱系,故"炎、黄"中"炎"在前,而"五帝"世纪从黄帝开始。黄帝是氏族社会向民族国家过渡时期的主体族群的首领和代表,是中华民族共推的英雄祖先。既然当时的历史只能靠世代心口相传,而人们又普遍具有宗教意识,不能不使黄帝传说蒙上一层神秘的色彩;后来史家如司马迁不满足文学式的描绘,便把黄帝等五帝具体化为实人实事,把传说变成纪实,不免引起后人争议。这些都不妨碍我们透过"故事",抓住背后最有价值的内涵:黄帝是中华民族的缔造者和中华早期文明的集大成者,在他身上凝聚着整个民族的智慧和创造,他是族群的化身。因此,我们不必去烦琐考证其人其事的细节。

费孝通先生指出中华民族的格局是多元一体,56个民族是基层,中华民族是高层,"高层次的民族可以说实质上是个既一体又多元的复合体"。中华民族是复合型民族,即民族之中有民族,由许多单元型民族组成,本身又成为一个大的民族共同体。民族有三要素:祖源认同、文化特色、自我意识。祖源认同是在血缘关系基础上形成的始祖信仰,文化特色是识别民族的根本尺度,自我意识是自觉到民族是命运的共同体。而黄帝信仰是将祖源认同与文化认同合为一体,不单纯是血统的探源,同时也是文化的寻根。黄帝信仰整合了民族的统绪,使中华民族之中各个民族有一个共同的心理归属,起到了巩固中华共同体的作用,价值亦不可低估。《史记》追述的五帝可称之为世系五帝,以黄帝为首,代表中华文明的起源时序。战国时期流行的五方帝信仰,以黄帝、太昊、少昊、颛顼、炎帝,配五方、五色、五行、五神。黄帝居中,色黄,配土,其神后土。五方帝可称之为区域五帝,以黄帝为中心,代表中华民族以中原华夏族为主体、四方少数民族环绕而居、多民族共生一体的地理空间格局。而中原地区农业文明最为发达,故黄帝色黄,其神后土。在中华民族多元一体发展的时间与空间的交叉点上,黄帝信仰都居有统领和中枢的地位,同时又展现出多元包容的品格。按《史记·五帝纪》记载,黄帝"修德振兵,治五气,艺五种,抚万民,度四方","时播百谷草木","节用水火材物,有土德之瑞"。史书还记述了黄帝及同时代人物发明了衣裳、养蚕、舟车、弓矢、屋室、文字、医药、律历等,使中华民族真正迈入文明时代。黄帝之后以大尧功勋显赫,《尚书·尧典》说他"克明俊德,以亲九族;九族既睦,平章百姓;百姓昭明,协和万邦"。总之,以黄帝为首的五帝信仰,共同点是:圣明、仁德、益民、和平、功业盛大。先民在塑造五帝形象的同时,其实就是在铸造中华民族的品格,其核心是民本、贵和、创新。这种文化基因后来经由孔子、老子加以弘扬,奠定了中华民族长期发展的精神方向,使中华民族既能生生不息、与时俱新，又能厚德载物、包容宽厚，千回百折，终于走到复兴的今天。黄帝是人不是神，但他是文化英雄、中华圣人，一直在鼓舞着我们团结前进。我们不能不对以黄帝为代表的先祖开拓中华文明的功德表示感恩和敬意，我们以有这样的先祖而自豪。当然，有些民族融入中华民族较晚，并不都在祖源上认同黄帝，这是不需要也不应该勉强的。不过黄帝信仰一直是中华民族祖源认同中的主流意识，黄帝成为共祖也是一个动态的历史过程。认识这一点，有助于我们在弘扬黄帝文化时保持一份清醒，并会着意阐释它的包容性和开放性，以利于民族平等和民族团结。

黄帝信仰正在发挥凝聚众多民族、海峡两岸中国人和海外华人的文化功能。它的人文精神和神圣追求，不仅使我们的文化和心灵重新落实在自己民族的本根上，也能激励我们去开拓创造。我们敬仰黄帝，就是敬仰中华文明的伟大业绩和无限创造力。中国人应当继承黄帝创造百物以利苍生的精神，在21世纪人类的文明转型与更高发展中，积极参与并做出更多的贡献。

（载《纪念人文初祖黄帝　建设民族精神家园　学术研讨会论文选集》，陕西省公祭黄帝陵工作委员会办公室编，陕西人民出版社，2008年11月）

感恩——清明节的主题

清明节在中国传统节日里有它独特的地方,除了节庆内容有特色,还有两点与其他节日不同:一是与二十四节气之一"清明"重合;二是与另一节日"寒食"合一,这自然有一个历史生演过程。清明节的主要活动是扫墓祭祖,其时我国大部分地区天朗气清,草木披绿,适宜户外活动,故伴随扫墓而有踏青、郊游、文体活动,还有戴柳避邪的民俗,使清明节在追念祖亲的肃穆氛围中增添了欢乐吉庆的成分。

中华民族有深厚的尊祖敬宗和孝顺父母的传统。孔子论孝道说:"生事之以礼,死葬之以礼,祭之以礼。"生时敬养,死后葬祭,孝道是贯穿生与死全过程的。"若朝死而夕忘之……是鸟兽之不若"(荀子)。《礼记·郊特牲》说,"万物本乎天,人本乎祖",《礼记·祭统》说:"祭者所以追养继孝也。"这是一个报本思德的问题。因此,丧祭成为培养人们孝心、恩义的重要方式,也能增强亲族的内聚力,如曾子所说:"慎终追远,民德归厚矣。"慎终,按丧礼严肃操办先亲的丧事;追远,按时祭祀,追念远代的先祖。祭祖主要有两种方式:一种是家祭,一种是墓祭。清明扫墓祭祖,是墓祭的常态化活动,其时家族成员回家团聚,到郊外墓地清扫填土,撒压纸钱,设供祭拜,或诉说思念,或泣表伤情,气氛是凝重的。唐代白居易诗《寒食野望吟》:"乌啼鹊噪昏乔木,清明寒食谁家哭。风吹旷野纸钱飞,古墓垒垒春草绿。棠梨花映白杨树,尽是死生别离处。冥冥重泉哭不闻,潇潇暮雨人归去。"此诗最能表现古代清明节的哀思故亲的情状。宋代吴惟信诗《苏堤清明即事》:"梨花风起正清明,游子寻春伴出城。日暮笙歌收拾去,万株杨柳属流莺。"此诗又表现出清明节假日欢快轻松的样态。伤逝思亲不宜过度,活着的人要过得好才符合已故亲人的愿望,因此扫墓与游春是不矛盾的。

中华民族认祖归宗、祭念先人的传统,数千年传承不绝,清明节是体现这一传统的重要节日形式。在近现代文化激进主义思潮和西方文化冲击下,它被淡化乃至被遗忘了。改革开放以来,随着全民族文化主体意识的觉醒,主流社会认识到传统节日对于培育民族感情的重要性,试图改变青年中热衷过洋节而疏离传统的风尚，于是对传统节日的文化意义有了明确的阐释。国务院宣布从2008年起，清明节、端午节、中秋节也像春节一样列为公众假期。这是中国社会在现代化中向民族文化回归的一大进步。但是仅有法规是不够的，清明节被淡化为时已久，重建它的内容和形式需要一个过程。时代改变了，节日不可能完全复旧，如何既有继承，又有创造，以适应新的社会环境，就成为我们必须面对的课题。而在这个问题上，可能我们遗忘得太久，无论理论层面还是实践层面，都没有解决好，造成许多地方过节放假只是吃喝玩乐而缺乏文化内涵的状态。但是，民众已经在实践中摸索创造，努力把传统与现代结合起来，只是自觉的程度还不够高，普及的程度还不够广。

清明节的主题是慎终追远，而慎终追远的精义在哪里？是需要研究的。祭祖的仪式必须有，如果只注重形式，便会忽略实质，而且有些形式无法复旧。中国人多地少，提倡和推广火葬，墓地越来越少，许多人家无墓可扫。再者，封山育林，保护树木，防火重要，不宜在野外烧纸钱、折柳枝，这些旧习俗也得改一改。现在普遍建骨灰堂和石碑陵园，全家在清明节去那里擦洗墓碑，献花上供，默哀致敬，渐成风气。不止于此，中国人除了清明祭祀亲祖，还祭祀中华民族的人文始祖炎黄二帝，规模和活动越来越隆重，增强了整个民族的认同感，对海峡两岸的和平统一也起了良好的作用。还有，各地各界人士，尤其青少年学生，清明节到革命烈士陵园祭奠英灵，缅怀他们的丰功伟绩。总之，慎终追远的范围扩大了，早已不限于家族血缘，而成为一种全民族纪念先贤先烈的社会活动，清明节的意义由此而提升了。

祭祖的心态应该如何？孔子弟子子张认为"祭思敬，丧思哀"。要有真情实感，不是走过场，也不是乞求祖亲之灵保佑。《礼记·郊特牲》说："郊之祭也，大报本返始也。"报答祖恩，不忘根本，这是祭祀者内在情义的表达，不应有功利性的计较。《礼记·祭统》说得更明白："夫祭者，非物自外至者也，自中出，生于心也，心怵而奉之以礼，是故唯贤者能尽祭之义"，"是故贤者之祭也，致其诚信，与其忠敬"，祭祀不是一种外在强迫的行为，也不是为求福报而做，而是发自内心的要向祖亲表达情意的行为，不如此不能安心。这实际上就是感恩。中国自古就讲感恩戴德，别人的恩德不仅不能忘却，还应加倍报答，民俗谓"滴水之恩必当涌泉相报"。荀子讲"先祖者，类之本也"，祖宗造就了家族，父母给予了生命，如此大恩大德，人们更不应忘记，要以一生相报，清明祭祀不过是感恩的形式之一，情意有所寄托而已。扩大而言，先辈贤达创下了基业，祖国和人民养育了我们，师友同仁扶助了我们，如此深恩广德，不可须臾而淡忘，终生相报还是报不尽的。佛教也提倡知恩报恩：报父母恩，报三宝恩，报国土恩，报众生恩。人是社会动物，离开了群体、家庭和他人是无法独自生存和发展的。感恩和报恩正是基于社会真实的一种自觉，并非额外要做的事。感恩是一种健康的心态和必备的品德，有了感恩，心中才有爱，心才是热的；有了感恩，人才能互相尊重，人才能关怀社会。有些人自我膨胀，自我中心，不知感恩，徒有怨恚，总觉得社会欠他的，父母欠他的，别人欠他的，时时牢骚，处处埋怨。这是一种扭曲孤僻的心态，如不调整，快乐将离他而去，错误将随他而来。

就清明节而言，感念先祖之恩应当是它要突出的主题，清明节文化的精义在于感恩。我们要把它继承下来，发扬光大。清明节祭祖不是一般的哀思纪念，而是感念故去祖亲的恩德，这是最能激励后人的事情。为此，要写好国史、族史和家史，把家谱编写工作普遍开展起来，使今人和后代了解先祖的创业奋斗历史，产生尊祖敬宗、认祖归宗之情，以便追本溯源、返本开新、铭记祖德、再造辉煌。清明节期间，社会要组织更多的活动，纪念民族的圣贤伟人、功臣烈士；家庭要有回忆先辈生平事迹的活动，使青少年知所由来、不忘根本。方式可以多种多样，感恩的内容不可或缺。一些孩子不知祖宗和祖籍，记不住父母的年龄、生日的情况应该改变了。清明节感恩，家长要承担起责任。

美国有感恩节，是基督教的节日。1621年秋，清教徒移居美国获得第一次丰收，普利茅斯总督布雷德福邀请附近的印第安人共庆丰收。之后形成民俗。又之后成为全国法定的公假日。感恩节定在每年丰收之后的11月的第四个星期四，人们为人间得到的福分向上帝感恩。按照基督教教义，人间的吉庆、快乐和幸福都是上帝赐予的，所以要感恩和惜福。这种宗教的福祸观有助于培养人们感恩社会的心理，抑制西方个人中心主义的泛滥。中国历史上没有感恩节，它固有的上帝观也与基督教的上帝观不同，前者的上帝是至上神（众神之长），后者的上帝是绝对唯一神。东方西方信仰文化不同，重视感恩却是相同的。中国人也有自己的感恩文化，它的感恩对象比较实有，更贴近生活。荀子说："天地者，生之本也。先祖者，类之本也。君师者，治之本也。礼，上事天，下事地，尊先祖而隆君师。"古代的祭天、祭祖、祭社稷，就是感恩天地、祖亲、国家、师长的育养之德。古人祭祀圣贤伟人的本意是功德纪念，不为图报。《礼记·祭法》说："夫圣王之制祭祀也，法施于民则祀之，以死勤事祀之，以劳定国则祀之，能御大灾则祀之，能捍大患则祀之。"什么是神？神是造福于人的超人，人有大功德即可成神，所以要用祭祀表达敬意。中国的传统节日充满了感恩的内容。春节祭拜"天地君亲师"，甚至灶神、门神、井神都受到供养。端午节纪念屈原，感念他的伟大爱国精神。中秋节祭拜月神，感念它成全婚姻家庭之德。腊祭则是岁末酬谢一切有益于民生的众神，众神所代表的是那些影响着人们日常生活的活生生的力量。清明节是所有传统节日中最具有感恩内涵的传统节日，虽然是以祭祖为主，其实它的范围已经在扩大，是人们借以表示对历史的敬意，对造福于社会的先辈们的感谢之情，以便继往开来，一代一代延续下去，越来越发达。在过节的日子里，我们常常看到人们举行祭祀时，求福的想法多于感恩的意愿，只想着从神那里得到护佑和帮助。这无可厚非，但不够理想。我们应当将其颠倒过来，把感恩放在第一位，这样会提升祭祀的层次。我们可以借用美国的感恩节的理念，观照清明节，把清明节视为中国的感恩节，把其中感恩的宗旨突显起来，放大它，使它充实，让它流行，这对于丰富中国的民俗文化，健全人们的社会心理是大有好处的。

(载《华夏文化》，2009年第1期)

儒学的兴衰与未来

中国传统哲学的评价及其历史命运

一

中国近代史上有一种常见的现象，即社会每进入新的转折时期，总要引起一场对传统文化的大反省，并且总要把处于传统文化核心层次的传统哲学（儒、释、道三家，主要是儒家哲学）拿来作一番评判。中国是文明古国，传统思想的力量和对当代的影响实在太深厚，人们对它可以持不同态度，但都不能对它置之不顾而径直向前迈步。大半个世纪过去了，激烈的争论时起时伏，认识在逐渐深化，却始终未能取得大体一致的结论。"五四"时期批判封建礼教和晚期理学，方向是对的，起到了解放思想、振奋民气的伟大作用，但思想方法缺乏辩证性，加以国难当头，救亡为先，无力也无暇完成科学地总结历史文化遗产的任务。新中国成立以后，学术界对传统哲学的反思常常受到政治运动的某些干扰，看起来批判的态度很坚决，但对现实生活中真正存在的封建遗毒触及不多，反而把许多有价值的理论予以否定了。"文化大革命"中的评法批儒运动更是颠倒是非，舍精华而取糟粕，包含在仁学中的人文主义精神和包含在中庸学说中的对立统一观念，被当做封建性糟粕受到无情抨击，而专制主义的文化观，以一人之是非为天下是非的真理观等封建性观念，却在"社会主义"的名义下得到提倡和流行，比之"五四"时期可以说是一次倒退。理论上总是说批判地继承，实际上简单否定的多，真正继承的少。于是造成这样一种状况：该继承的优秀成果未能发扬，该抛弃的陈腐思想亦未能清除，传统哲学的功过是非的界限非常模糊，人们处在相当盲目的状态之中。我们常常看到这样的现象：古老的哲理、历史的智慧在现实生活中显示了它的活力，却得不到自觉的倡导，人们日用而不知，而封建意识浓厚的人，往往在理论上并不反对甚至积极赞成批判封建主义。这说明由于文化虚无主义所造成的思想混乱，达到了何等严重的程度。

目前由现代化和改革而引起的关于传统文化及其哲学的讨论，是中华民族进行新的自我反省的开始。这次反省的社会条件与以往大不相同，它是中国经历了"文化大革命"浩劫后痛定思痛的反省，是中国在实现现代化的形势下从整个文化发展战略的高度所作的反省；是更多的人对马克思主义哲学的科学精神有了较为真切的把握并勇于独立思考探索下的反省；是西方主动关注东方文化和中国步入国际社会的情况下所作的反省。因此，它应当也能够比以往的反省更加系统和深刻，更具有科学性。但是，我们进行这种反省的准备工作仍然很不充分。在思想上，把马克思主义当做封闭体系的错误观念仍有很大影响；盲目崇拜西方，看不起祖国文化；或者盲目崇拜儒圣，看不惯西方文化的偏见仍然存在。思想方法上的简单化倾向极不易纠正。在知识上，多年自我封闭的结果，一般人对中国传统哲学缺乏系统深入的了解，对西方哲学亦是如此。科学的整理和研究工作只能说刚刚起步，而深刻的反省是要以扎实的研究为前提的。中国传统哲学遗产丰富无比，我们目前的考察和消化能力尚不能完全与之适应，在这个时候很难对之作出科学总结。宏观上的议论只能是为了开阔眼界而作的一种初步探索。对如此巨大的精神遗产，切不可以浮躁的情绪妄下断语，随意贬抑。中国传统哲学积蕴极深，以为单凭几篇激情满怀的"檄文"就能把它超越是十分天真的想法。遗憾的是，在报刊上常有一些缺乏深思熟虑的文章，把传统哲学简单地概括为几种消极特性，对其现实价值一概加以否定。作者的出发点或许是为了给改革扫除思想障碍，文中亦不无合理论点，但作者武断的结论，对传统哲学鄙夷并弃之如敝屣的态度，我实在不敢苟同，因为它持论太偏激太轻率，缺乏科学精神，也有损于中华民族的自豪感和自信心。例如，《光明日报》1985 年 12 月 9 日载《老子学术思想讨论会漫述》一文，说老子的思想与中国民众的麻木性、保守性、惰性、奴性密切相关，一无是处，并断言："在儒道两家思想的长期培育、驯化下，中国知识分子缺乏自己的独立人格，始终作为历代统治者的御用工具。"其言壮则壮矣，其情则甚为虚谬，真可谓一语诬尽千古风流人物。《光明日报》1986 年 5 月 12 日载《中国文化发展的必经之路》一文，认为古代文化和哲学使中国人养成了"封闭、保守、狭隘"的心理，思维机制是"粗糙、模糊、直观的"，理论形态则"支离破碎"，中国必须首先发展西方文化，然后才能考虑继承自己的文化。这等于说中国古代无哲学体系，并在实际上取消了中国哲学自身的继往开来。《复旦学报》1986 年第 3 期《文化与传统》一文说，中国人"在思维方式上长期停留在主客体混沌不分的集体表象阶段。"这句话使我想起了法国人种学家列维·布留尔的欧洲文化中心论，他在《原始思维》一书中，诬蔑中国人的思维处于原始思维的集体表象阶段，根本没有达到理性。我们是中国人，何以要拾其余沥厚诬自己的伟大民族呢？更有甚者，《光明日报》1986 年 5 月 26 日载

《传统文化的封闭性及其时代特质》一文,不仅毫无分析地将整个传统文化的性质概括为一种封闭性,而且借用马克思的话(这种借用极不恰当),断定中国文化属于"人类史上的动物时期",在道德的光谱上,"闪现的却是各种动物式的自然的色彩","三纲"说就是如此,"自然的逻辑成了社会的逻辑,动物的逻辑成了人的逻辑"。这样,中国的文化非但毫无理性的成分,甚至还够不上是"人的"文化,更谈不上有哲学的思考了。中国的传统文化及哲学,就这样被三言两语打倒了。我感到很茫然,宗法性就是动物性吗?哪一种动物是以"三纲"的模式维系其群体呢?这难道就是最现代的逻辑吗?这些无知妄说难道真是我们民族缺乏理性的最新表现吗?社会上正在提倡现代观念,现代观念之一就是思想文化上的开放与宽容。文化的复兴需要打破单一性而开拓多种文化渠道,有批判地兼采古今中外,以繁荣我们的文化,丰富我们的头脑,提高我们的素质,而排斥中国传统文化和哲学的做法本身就不符合现代意识的要求。现代观念之二就是科学的分析态度。对古代哲学遗产要进行冷静的全面的反省,去粗取精,去伪存真。一概否定,不是科学态度,不利于学术研究的科学化。何况优秀的民族文化与哲学是中华民族存在和发展到今天的内在根据,假如这种民族的精神文明传统被剥得一干二净,我们和后人都将变成浅薄而没有民族气质的人,何以能担负起振兴中华的重任呢?文化虚无主义造的覆辙,我们再也不能重蹈了。

二

评判传统哲学的优劣应以历史事实作为客观标准,而不应主观任意褒贬。两个无可争辩的历史事实摆在人们面前。一个是中国有数千年光彩夺目的古代文明,其政治、军事、经济、哲学、道德、文学、艺术、科技等都达到相当繁荣昌盛的地步。虽然中间祸乱迭兴,外患不断,但中华民族这一伟大的共同体却有极强自我更新能力,总能克服危机,不断兴旺,保持着民族的大致统一,保持着国家在世界上的领先地位。绵延数千年的哲学是古老文明的理论结晶,深邃而博大,其间思潮层出,学派林立,群星灿烂,著作宏富,启迪着民族的智慧,光大了东方的文明。人们常说中华民族是大智大慧的民族,是具有崇高精神和优良品性的民族,而传统哲学的精华,就是我们民族群体智慧和民族风格的最高体现。另一个事实是二百多年来中国逐渐落伍于西方文明,特别是清代中叶以后闭关自守、泥古不化,不图进取,因之民气日疲、国势日弱,万马齐喑、毫无生气,以致沦为西方列强的半殖民地,中华民族失去了往日的荣光。后来屡经革命,到"五四"运动以后方才挽回颓势,有了转机。直至新中国成立,中国人民才真正站立起来,步入世界之林。但在推进现代化过程中,总是步履艰辛,积重难返。中国近代的沉沦和复苏的缓慢,有种种原因,传统文化(包括传统哲学)的内在缺陷当是消极因素之一。我们只要根据历史事实作全面考察,必然要承认传统哲学确实有它显著的成就和优点,也有它的不足和局限。

依笔者浅陋之见,传统哲学的特点(其中包含着优点),至少有以下几条。

第一,具有强烈的社会现实性。儒家的哲学,不论是先秦的孔曾孟荀之学,还是汉代经学哲学,抑或是宋明理学,其主流都是经世致用之学,都是为兴邦治国、化民成俗服务的。六合之外存而不论,鬼神之事敬而远之。哲学的玄思冥想,不离人伦日用。所谓"内圣外王"之道,所谓"修齐治平",都要求将内在的思想修养外化为治国正俗的事功。道家的哲学,看起来玄虚超脱,而其关注的重心仍在人事。老子探求天道而落实于匡正人道,无为是要更好地有为。庄子剽剥儒墨、绝弃仁义,表示了对社会政治的厌倦,却仍然关心个人自我意识的自由。汉代道家则大量摄入儒家思想,无不以兴邦治国为己任。魏晋玄学崇尚自然,其主流派皆以自然扶持名教,企图用虚无之理调正失常的社会关系。佛教哲学本来是出世的宗教哲学,经过华夏文化的熏陶,变成不离世俗、即俗而真的哲学,所谓体用如一、本末不二即是。当然偏执玄思、空谈心性的倾向也时常出现,但只是一种支流,不能代表传统哲学的基本精神。在这种精神影响下,政治哲学与人生哲学特别发达,唯物主义和无神论形成强大传统。

第二,具有博大的系统观。传统哲学的根本目标在于最终求得人与人的和谐一致,人与自然的和谐一致。"人与天地万物为一体"、"四海之内皆兄弟"便是它的口号。儒家用"仁"来调正人们之间的关系,亦施及于万物,即所谓"推己及人"、"民胞物与"。道家用"道"来调正人与环境的关系,亦施及于社会,即所谓"道法自然"、"任性自得"。它们并不否认人与自然、人与人之间存在着普遍的矛盾,但认为理想的状态应是矛盾对立双方达到和谐统一。世界上纷繁杂多的事物之间彼此千差万别又彼此息息相关,形成以相互依存为特征的网络系统,人为的割裂和对立会破坏整体的和谐性,既不利于物,又有害于己。所以,中国传统哲学致力于论证主客观统一的必要性与合理性,企图重新整理世界的秩序。这在当时是做不到的,思想方法上也有片面性,但包含着深刻的哲理。特别在人际关系紧张、生态严重失调的今日世界,我们更应体会到上述战略思想的可贵。在人与人的关系上如何竞赛而不对抗,在人对自然的关系上如何改造而不破坏,正是人类亟待解决的重大问题。

第三,具有鲜明的主体性意识。传统哲学把人视为万物之灵,儒家以天、地、人为"三才",道家以道、天、地、人为"四大",都将人与天地并提,极为看重人的地位,相信人只要充分发挥自己的本性和智能,便可赞天地之化育,辅万物之自然。儒家强调人在理性与道德上的主体性与自我反思,认为人之异于禽兽在于有道德,而道德人格可以经由自身的努力来完成,无须求助于上帝鬼神。孔子说"为仁由己",提出"为己"之学,相信"人能弘道","下学而上达"。孟子说"人皆可以为尧舜"。《中庸》列出"博学"、"审问"、"慎思"、"明辨"、"笃行"五项,将"尊德性"与"道问学"相结合,来成就君子的品格,并由"成己"进而"成物",以配天地,充分实现个人的社会价值。儒家的"成己",既是求知的过程,也是体验的过程,主体与客观要发生感情上的共鸣与交流,使外在的知识,化为内在的血肉。孔子说"知之者不如好之者,好之者不如乐之者"。荀子说:"学之经莫速乎好其人,""君子之学也,入乎耳,著乎心,布乎四体,形乎动静。"这是思辨与体认的统一,明理与达情的统一,求知与践行的统一。儒、释、道三家的人生哲学都不满足于个体的有限生命,而追求超越肉体"小我"的更大价值。儒家以立德、立功、立言为三不朽,道家以自觉复归于自然为得常道,道教以长生成仙为永恒的生命,佛教以彻悟的涅槃为常境。它们持论不必同,而想超越自我以实现人生的更大价值则有所同。三家对于人的自我完善,自我超越能力充满信心,强调人要自爱、自重、自立、自省、自反,收拾精神自己做主,心不役于形,神不逐于物,不为利引,不为境移。传统哲学对人的能动性和自主性有较深透的阐发,在这个意义上,它是典型的人学,而不是神学。

第四,具有高度的辩证思维性。古代哲人常以矛盾的观点观察事物,而于对立之中把握双方的联结与转化,并形成以《易传》为代表的尚刚、主动、贵有的辩证法和以《老子》为代表的尚柔、主静、贵无的辩证法这样两大系统。《易传》视宇宙为生机蓬勃、向上发展的自然过程,"生生之谓易","天地之大德曰生","天行健,君子以自强不息",提倡刚阳之气。《老子》明察到事物发展中的曲折与反复,"反者道之动","曲则全,枉则直,洼则盈,敝则新,少则得,多则惑",主张拓宽胸襟,培育人的韧性与灵活性,为人处世,要兼顾事物正反两面,以保证事物的发展有深厚的持续力。《易传》、《老子》互补,使中国人获得了刚健进取的精神和从容深沉的性格。对立统一的观念,表现为一种理论原则,就是中庸之道,"过犹不及",避免极端而行其中道。表现在天人关系上,就是天人一体,相须而成;表现于社会政治生活,就是"和而不同"、"周而不比",提倡众说纷纭,择善而从;表现于社会文化观,就是"殊途同归"、"百虑一致",主张以宽容、开通的态度兼采诸子百家,吸收外来文化;表现于军事思想,就是对政治、军事、彼我、攻守、正奇、强弱、虚实等矛盾双方作正确的了解和灵活的处理。佛学更有一套融通体用、一多、有无的相当精微的辩证理论体系。对于学习历史经验,古代哲人主张透过历史的陈迹去把握深层的"所以迹",即带规律性的东西,并在新的社会条件下加以灵活运用,反对因循守旧、颂古非今。传统哲学提供的上述辩证思维成果,有的曾经被曲解滥用,有的曾经被批判横扫,然而实际生活依然证明了,它确实反映着客观的辩证运动,因而具有顽强的生命力。

传统哲学中消极的和谬误的成分也很明显。比如作为传统哲学骨干的儒家哲学,汉以后成为经学的一部分,只能在经学的框子里发展,不能越此雷池。儒家群哲,膜拜圣贤,迷信六经,以为孔孟之言经天纬地,已包含了所有真理,只要寻章摘句,正确注解,可以解决一切现实问题。章句之学的发达,限制乃至扼杀了哲学上的开拓精神和面向实际的新风,使得许多本来颇有生气的哲理逐渐变为陈腐僵化的教条,造成士人中根深蒂固的唯书唯圣的依他心理,此即时人所说的封闭性。再者,封建时代的哲学,归根结底是为封建宗法等级制度作理论论证,离不开"三纲"说这一轴心,因而不能不贬低人的个性与个人的尊严,片面强调家、国的狭隘利益。这在过去的时代固不可免,但到了社会制度发生根本变革的近代,原有的哲学形态必然要成为社会前进的阻力。又如传统哲学中唯心论体系和神秘主义占很大比重,天命鬼神思想亦有较大影响。它如:重人事而轻天道,使自然科学理论与自然哲学不够发达;过分强调事物间的和谐一致,不懂得通过必要的斗争、竞争,才能不断地实现新的和谐;先秦的逻辑学思潮,汉以后衰微,造成传统哲学的理论体系缺乏概念分析与逻辑推演,此即时人所说的模糊性;哲学过多地依赖个人内心的体验与直觉,启示式的教育和类比式的推论,往往造成思维逻辑上的间断和跳跃,许多幻想的联系、武断的结论由此而生,此即时人所说的直观性和武断性。如此等等。这些弱点影响到文化、政治、经济,阻碍着中国的进步。

对于传统哲学思维模式的弱点也不宜全盘否定,比如思维的直观性和概念的模糊性既可以使认识神秘化,使概念界说不清,也可以避免认识的程式化和概念的凝固,往往与思维的蕴涵性、灵活性相联系。许多重要古典哲学著作是语录体,或是注疏体、问答体,看起来缺乏严格逻辑程序,好似支离破碎,实际上言简意赅,有其一以贯之之道,蕴义深刻,书不尽言,言不尽意,给人以思索回味和联想发挥的广阔余地。

认识传统哲学的长处，可以增强民族自信心；认识其短处，可以免盲目崇古。长处与短处两相比较，前者是主要的。我们还要看到，哲学与社会政治有一致性，也有不同。哲学是远离社会经济基础的上层建筑，哲学家多是理想主义者，喜欢构建真善美圆融无碍的思想境界，为社会与人生设计最佳方案，因此往往对现实弊端提出理论性的批判。中国古代哲学家比同时代的人们想得要远些深些，常常是社会批判思潮的代表，并与封建政治集团发生冲突。因此，我们要区别政统和学统，不要把封建社会实际生活中的黑暗、腐败现象归罪于哲学家，那样是不公道的。被儒家不断阐发的孔孟之道，是儒家的一种理想，凡能在某种程度上认真去实行的社会，必定是封建的治世，凡能真诚去实践的个人，必定是封建时代的仁人志士。孔孟之道的破坏者，首先是封建统治者自己，他们的骄奢凶险，昏聩腐朽，使儒学变成虚伪的说教，民谚所谓"满口仁义道德，肚里男盗女娼"，对此，不能由儒家哲学与哲学家代为受过。诚然，在传统哲学内部也始终存在着正确与谬误，创新与守旧，正统与异端的斗争，不可一概而论之。就古代哲学的优良传统而言，它深化了人们的认识，锻炼了人们的思维，净化了人们的心灵，对于中华民族伟大精神和气质的形成，有着不可抹杀的历史功绩。就是在今天，它对我们仍然是一笔巨大的宝贵的精神财富，其价值不可低估。

三

传统哲学在未来的命运，决定于它本身是否确有不可磨灭的价值和我们及后人对它阐发、鉴别、利用的能力。首先，它要有价值才值得我们去发掘；其次，我们如缺少识别和消化的能力，它的价值也会被埋没。一般地说，它的消极成分是浅露的，容易通过习惯的力量被继承下来；它的精华部分是深藏的，必须自觉去发现，并加以提炼、阐述和宣扬，才能为更多的人所理解、采纳，在社会生活中发挥积极作用。盲目性越大，它的消极性就越强，自觉性越高，它的积极性就越显露。随着人们眼界的扩大、认识水平的提高，许多过去被忽略的价值得到了重视，古老的哲理可以放出新的光彩。所以，我们主观认识能力的状况是至关重要的。

为了做好对中国传统哲学的批判继承，有必要解决以下三个认识问题。

第一，要认清哲学的时代性、民族性和人类性的关系。不同的社会形态有不同的哲学。中国传统哲学基本上是封建时代的产物，它不能不隶属于中国封建宗法制度，并为其服务，这就是它的时代性。中国传统哲学与西方近代哲学的差异，首先是社会发展不同阶段的哲学之间的差异。但在相同的历史发展阶段上，例如在中世纪，中西哲学的形态亦有极大差别。当时欧洲是基督教神学笼罩一切，哲学与科学都是神学的奴仆。在中国，则是从先秦的百家争鸣到两汉的儒道争胜，再到魏晋以后以儒为中心、儒释道三家鼎立与融合，哲学相当发达，人文精神极强，神学则依附于哲学。这就是哲学的民族性与地域性。中国没有经历古希腊罗马哲学的阶段而步入中世纪的哲学，欧洲也没有经历中国古典哲学的阶段而步入近代哲学。每个民族都有自己特殊的社会历史，因而都有自己特殊的思想文化传统。这种思想文化传统渗入民族性格的部分有很大的稳定性，社会形态更新了，它也轻易不会改变。当然，民族性有好坏两个方面，需要改造提高，但移风易俗是长期渐进的事情，而民族性总是要保持下去的。哲学又有着人类性，即对全人类具有普遍意义的成分。"人"作为一个"类"，有着共同的本质和需要，面临着一些共同的社会人生问题。例如，绝大多数人类（丧失人性者除外）都向往着真、善、美的境界，都面临着认识和改造自然与社会的任务，都在探索人生的意义和价值。虽然他们之间的理解各不相同，但前进的大方向还是一致的，各民族各时代的哲学中，必然包含着一些彼此相通、可以互相理解和容纳的东西。这正是古代的和异域的哲学家的许多至理名言，能够拨动今人心弦和世界性思想文化交流、汇合的原因。而异中有同，同中有异，各民族的哲学以自己特殊的方式向全人类精神宝库中增添真理的颗粒。不同民族之间哲学上的交流因有其相通处而成为可能，因有其相异处而具有交流的意义；这种交流不是取同弃异，恰恰是借同求异，取长补短，互相学习。所以，哲学越具有民族的特色，就越有着世界意义。基于以上的认识，对于中国传统哲学，我们要抛弃其陈旧的时代性，改造和发扬其优秀的民族性，充分揭示、阐明其普遍的人类性，赋予它新的时代精神，为充实我国的现代哲学服务，并使它走向世界。

　　第二，要正确对待马克思主义哲学、西方近代哲学、中国传统哲学三者之间的关系。中国传统哲学只有经过整理、分析和深刻的反思之后，才能除去污垢，焕发出新的生命，而这一工作必须在马克思主义哲学指导之下进行，才能圆满完成。这是因为马克思主义哲学代表着人类思维发展到今天的最高水准，其科学性、辩证性、深刻性远非其他哲学流派所能匹敌。马克思主义哲学不是自我封闭的体系，它的生命力正在于从不宣布自己完成了真理，而是不断地为真理开辟道路，并能最大限度地吸收人类理论思维的一切积极成果。在中国，马克思主义哲学不仅应该，也能够同中国优秀传统哲学相结合，这种结合必然会产生一种崭新的现代中国哲学，成为中国人民重要的精神支柱。过去由于来不及对数千年的传统哲学作一番系统总结,也由于革命时期人们对传统哲学持有难以避免的偏激态度,人们对两者的结合谈得少,做得也少;对两者的对立谈得多,写得也多。现在进入了认真研究、冷静思考的时期,理论上从以破为主转变为以立为主。我们对传统哲学也要以发扬为主,把其中好的树立起来,提到新时代的高度,让它为建设社会主义精神文明服务。

中国向来有吸收外国哲学的传统,如汉魏以后对佛学的吸收就是。这个传统要发扬,继续把哲学的大门敞向世界,使一切先进的精湛的思想能随时传播进来,帮助我们这个古老的国家更新陈旧的观念意识。西方哲学在马克思主义诞生以前,有优良的传统,在马克思主义诞生以后,也并非全都变成荒谬反动的理论,仍然有许多长处值得我们重视,至少需要认真研究。它的流派极多,变化极快,无疑都带有资本主义社会的深刻印记;但它的自然哲学,它的逻辑分析理论,它的人本主义中,包含着很多科学的认识因素和现代社会的积极成分,要批判地加以吸取。这种学习可以弥补中国传统哲学在思维方式上的缺陷,借鉴国哲学和继承古代哲学并非不能兼顾,可以相辅相成,相得益彰。但都应以"我"为主,择其善者而用之,其不善者而弃之。说到底,还是"古为今用","洋为中用"。

我的理解,中国未来的哲学领域,应当以马克思主义哲学作为指导性的理论,应当具有中华民族的特色,应当是世界性优秀思维成果荟萃的地方。它的具体内容和来源,必然是多元的,多层次的,五彩缤纷的,因而它必然是百家争鸣、生机盎然的智慧园地。在《共产党宣言》诞生的时代,已经是"各民族的精神产品成了公共的财产";在信息发达,交往频繁的今日世界,不仅新的精神产品传播很快,就是各国古老的文明也日益在实用的意义上成为全人类的共同财富。中国研究西方,正如西方研究中国,都不是一种消遣和欣赏,而是世界性思想文化加速交流的大趋势下的严肃思考,是人类心灵上的沟通。中国传统哲学是中国的也是世界的;它的未来命运不仅要由中国人来确定,也要由全世界的进步人类来确定。

第三,要正确理解哲学的功用。从狭隘实用的观点看待中国传统哲学,就会觉得它在今天无多大使用价值,内中既无现代化的理论,又无改革的方案,它没有给当今存在的问题提供任何现成的答案。然而对哲学的功用不应作如是了解。哲学在通常情况下并不能直接帮助人们解决各种具体问题,但哲学能够帮助人们树立正确的宇宙观,端正思想方法和人生态度,从而以其具体的无用成其根本的大用。我以为凡属一种深刻的哲学,对人们的主要功用是启迪智慧、提高境界、焕发生机、调整关系,使社会和个人获得若干根本性的思想原则，通过社会实践，转化为各种具体的物质文明和精神文明成果。

我把中国传统哲学的现实价值分为三大类：凡属能帮助我们深化认识，锻炼思维的功用，叫做智能价值；凡属能帮助我们陶冶性情，增强民气，改善社会风尚的功用，叫做道德价值；凡属能帮助我们提高审美能力，丰富精神生活，激发艺术灵感的功用，叫做美学价值。古代哲学的宇宙论、认识论，历史观中的唯物主义观点和辩证法思想，都具有智能价值，深刻的唯心论也有这种作用。例如《孙子兵法》的辩证思想就曾被吸收到民主革命的军事理论中去。《老子》书中并没有关于围棋的理论，然而聂卫平仅摄取其"自胜者强"一条哲理，就能在中日围棋擂台赛前夕达到理想竞技状态，从而取得决定性的胜利，这就是中国人的智慧。古代哲学的人性论、人生论、价值观、生死观中有许多关于做人处世的道理，具有道德价值。例如孟子说的"富贵不能淫，贫贱不能移，威武不能屈"的刚强气概，范仲淹说的"先天下之忧而忧，后天下之乐而乐"和顾炎武说的"天下兴亡，匹夫有责"的崇高精神，早已化为一种社会正气，成为抵御各种不正之风的重要精神力量。刘少奇同志在《论共产党员的修养》中，引用儒家诸哲的话，把古人修身、反省、慎独的功夫与忧为天下、视死如归的品格同共产主义事业联系起来，在社会上发挥了极好的作用。在拜金主义颇为盛行的今天，仍不乏正直之士，以节操自励，视道德、理想重于金钱、物质，过着清白无染的生活。这与优良传统的熏陶很有关系。古代哲学的自然观、人物论、乐论、文论、书画论等，包含着丰富的美学价值。陶潜的诗表现了人与自然的和谐美，李白的诗表现了祖国河山的壮美。魏晋玄学提出的"言不尽意，意在言外"的思想，对于文学创作和民族书画艺术有深刻影响，书法重神韵，次形质，国画重神似，轻形似，含蓄而超迈，形成一种高雅的传统。

古语有云，善学人者师其意而不师其辞，不以辞害意。学习古代哲学也要有这种态度，取其精髓而活用之，不为其章句所限。这样，我们就可以从前贤那里得到许多宝贵的东西。

(载《哲学研究》，1986年第9期)

20世纪儒学的衰落与复苏

即将过去的20世纪，对于世界、对于中国都是历史上变动最剧烈的时代，不仅建立在农业文明基础上的传统社会已经消失，整个人类都在大踏步地迈向现代社会，就是20世纪前中期形成的社会主义与资本主义两大对立社会及文化体系，到了世纪之末，也发生了巨大的变化，形态变了，关系也变了。伟人说过，理论容易变成灰色，而生活之树却是常青的。时代的变动超出任何预言家的预测和理论家的设计，使我们常有沧海桑田、白云苍狗之慨。所幸运的是我们这一代人经历了20世纪的大部分重大事变，尤其近二十年翻天覆地的深刻变化，亲身感受到社会辩证运动的巨大力量，我们真正懂得了一点辩证法，再也不容易思想僵化了。我们的进步与其说是正面学习得来的，不如说是从错误与挫折中走出来的。有些事情在某一历史阶段上是看不清楚的，我们不能固守已有的旧观念，我们必须更新自己的观念，跟上这个急速变化的时代，从更大的时间跨度上，从事变的全过程中来把握事物的整体面貌。

就拿儒学的发展和人们对儒学的评价来说，20世纪初、世纪中和世纪末的变化何止十万八千里，简直是天壤之别，令人眼花缭乱，感慨万分。世纪之初，儒学还安坐在庞大中华帝国的官学位置上，它不仅是最正宗的意识形态，它所外化的礼教体系还支配着社会道德与民间习俗，虽然谭嗣同等改良派对它进行了冲击，但它依然根深蒂固，似乎不可动摇。曾几何时，辛亥革命成功，帝制社会瓦解，儒学失去了政权的依凭，地位迅速下降。及至五四新文化运动，儒学在先进思潮的批判中声名狼藉，差不多成了"封建保守"的同义语。从此儒学一蹶不振，在中国衰败沉沦达半个多世纪，进入它的"冬眠期"，它在社会上的声音越来越微弱，以至于到20世纪五六十年代被很多中国人遗忘了。只是由于"文化大革命"中批孔反儒运动，它才以"反面教员"的身份又一次在政治舞台上亮相，但它的面目全非，人们已经不知道真儒学为何物了。当然，在中国的港台地区，在韩国和日本，儒学依然受到某种推崇，但毕竟不能挽回儒学故乡中国的巨变给儒学带来的厄运。老子说："反者道之动"，事物往往按着物极必反的否定之否定规律运动，儒学也是这样。

儒学这样一个对整个民族的精神发展有着巨大影响的思想体系，一个有着深厚内涵和多层面结构的文化系统，是不能用强烈情绪化的政治批判手段加以消除的，只要它有真理的成分和民族的特色，它就会被实际生活保留下来；只要它有适应社会需要的内容，它就会被实际生活发扬起来，重新焕发出生命活力。20世纪80年代到90年代儒学的情形正是如此。随着东亚经济的腾飞，儒学文化圈的意义被东亚人和全世界重新审视和认识。随着中国改革开放的实行和文化的多元发展，儒学的价值和作用被国人重新揭示和评估。随着世界性的文化交流的加快和关于文明危机与文明转型讨论的日益深入，儒学的国际意义和未来价值得到人们更多的阐发。于是儒学出现了一阳来复的转机，渐渐有了生气，并逐步形成一个世界性的文化思潮，其发展势头越来越强劲，引起了广泛的关注和兴趣。尤其在儒学的故乡中国，社会上下和各界都在积极弘扬优秀传统文化的总口号下努力开发儒学思想资源，形成一定声势，取得一定成果。人们的感觉是：儒学又重新站立起来了。

这究竟是怎么一回事呢？是否像有些人所说的是一批守旧派掀起的一股复古主义的保守思潮？抑或还是一种有进步意义的社会及其文化的辩证运动？笔者当然认为是后一种。让我们站在世纪之交的高度，从社会史和文化学的角度，简要回顾一下20世纪儒学的百年演变历程，看一下社会生活如何在"扬弃"儒学（即有选择的抛弃和保留），如何在锤炼和转换儒学，如何在推动儒学走向现代化的道路，这对于我们展望儒学在21世纪的前途或许是有帮助的。

一、儒学在剧烈的社会大变革中的衰落和消沉

1. 中国传统帝制宗法社会的崩溃，导致了儒学在社会文化系统中主位性的丧失。

孔子创立儒学，本来是一种民间的文化学说，自汉武帝"罢黜百家，独尊儒术"以后，儒学便成为中国两千年间的官方学说，从此儒学便具有了民间与官方的双重性，成为社会上下都认同的最正宗的思想体系。儒学为宗法等级社会提供了一种具有家族文化形态的政治理念、礼乐制度、道德规范、教育方式，也为知识分子提供了一种在现实中超越的追求"内圣外王之道"的人生哲学，同时也铸造了一种仁爱通和的民族精神。儒学的民间性、民族性和文化性使它有着牢固广大的社会根基；儒学的官方性、贵族性和社会性又使它强烈地依赖着帝制社会的政权体系和宗法等级制度。儒学与政治的关系可从两方面加以说明：其一，儒学为历代实际政治提供一种价值理想和价值标准，使政治不

断得到约束、批评、改良，因而得以稳定长久，同时实际政治又可以利用它、扭曲它、神化它，使儒学变得僵化、教条甚至虚伪、冷酷，失去其固有的精神。其二，儒学由于得到政权系统的强大支持和提倡而发达兴旺，在社会道德、教育和学术研究等领域均居主导地位，同时也会由于传统政体的彻底坍塌而失去依凭，受到严重的打击。儒学的僵硬化和失去政治庇护这两方面的危机在清末民初都连续发生了。从此，儒学不再具有官学地位，它在人们心目中的威望也一落千丈了。

中国传统政治以家族社会的宗法等级制度为基础，所以儒学对政治的依赖根源于对家族社会宗法等级制度的依赖。帝制的倒台只是使儒学不再享有官学特权，而宗法等级制度的渐趋瓦解，则促使儒学的基础发生动摇，这种危机是更为深刻的。宗法等级制度最重要的特征有二：一是亲亲，即强调家族血缘纽带。二是等级，尊卑有序、贵贱有别。其主要体现便是所谓封建礼教，而儒家的礼学正是从理论上阐述礼教的内涵与合理性。民国以来，传统的家族社会在衰颓，现代的公民社会在成长，封建礼教不再能够维系人心，特别不再能够维系进步的青年和有识之士；人们对于儒学价值的唯一性和至上性发生怀疑，乃至提出批评，要求平等和自由，要求个性的解放，并形成社会发展不可遏制的趋势。儒学由于失去它深厚的社会基础而走向衰落是必然的历史过程。

挽回儒学颓势的唯一机会，是儒学自身的批判和转换。在清末那样的社会历史条件下，儒学必须适应社会的改革和走向现代化的需要，剔除封建性糟粕，发掘真善美的精华，创造性地发展自己的理论，并且在改变中国的贫穷落后状态、附庸屈辱地位和振兴中华的斗争中发挥积极作用，重新树立人们对儒学的信心。这件事情有人在做了，但没有成功。康有为托古改制用新公羊学来推动政治改良；谭嗣同著《仁学》，以"通"的精神改铸儒家仁学，主张打破封闭，开放社会，发展现代工商政教。但是他们在政治上都失败了，他们的理论还来不及形成大的严整系统，虽有精彩的见解，不能发生广泛的影响。戊戌变法的失败，使先进的中国人完全丧失了"儒学救国"的信心，转而到西方或俄国寻找拯救中国的真理。作为传统社会精神支柱的儒学既然无法实现自身的批判超越，只好静待外部的批判超越；儒学既然无法成为社会改革的动力，便只能变成社会改革的对象。历史就是这样的无情。

2. 随着中国成为西方的附庸，儒学也由一种主流文化变成一种支流文化。

西方近代文明是建立在工业化和发达商品经济基础上的以科学理性为突出特征的文明，与古老的建立在农业经济基础上的东方文明相比，占有明显的优势。所以两种文明一接触，东方文明就败下阵来，东方国家陆续成为西方列强的附庸，同时在文化上不能不接受西方文化的大举进入，西方文化反客为主，成为东方国家的主流文化。由于儒学是东方文明的思想代表，所以20世纪前中期儒学的衰落，也就是东方文明衰落的标志；当东方国家还仰视西方国家并追赶犹恐不及的时候，儒学就很难再现昔日的辉煌。

儒学在汉魏时期碰到了印度佛教文化的进入和挑战。虽然印度佛教在理论上有其细致、深刻和独绝之处，但它与儒学仍然属于历史发展同一阶段上的文化，加以儒学在中国有深厚的传统，有博大的胸怀，有强烈的自信，所以印度佛教在中国传布的结果，只是更加丰富了中国文化，并没有使中国变成佛教国家；相反，印度佛教接受了儒家和道家的洗礼，逐渐被中国化，变成了中国式的佛教，而儒学的主位性并未丧失。

这一次中国人又遇到了外来文化的进入和挑战，却是在国力孱弱、被动挨打的情况下，以及传统文化的生命力日益衰减的情况下，与西方文化发生碰撞的，而这种西方文化在一定意义上是比东方文化发展程度更高的文化，是正在蓬勃发展时期并主导世界潮流的文化。在这种情况之下，儒学的暂时失败是必然的。

西方近现代文化向国人展示的东西是前所未有的，政治民主、思想自由、天赋人权、科学理性，以及发达的市场经济和各种高精尖产品，它们极大地改善了人类的生活方式和质量，而这些东西恰是中国人所向慕而在中国传统文化里所缺少的。儒家文化精于伦理道德、人际和谐、礼乐教化和人的内心世界的开拓，而对于西方文化所擅长的领域来不及去思索、吸收、消化和开拓，它当然要被先进的中国人所冷落。而中国人认为当务之急是学习西方，振兴中华，尽快改变被奴役、受屈辱的地位。不过在很长的时间内，这种学习并不见成效，因为中国的现代经济基础太薄弱，一时不能发达，同时西方列强并不希望中国复兴和强大，因而对中国百般控制，实行瓜分。中国人在失望之余转而以俄为师，向俄国学习马克思列宁主义，建立中国共产党，实行社会革命，走武装斗争以争取民族独立和人民解放的道路。这条路果然奏效，中国终于在20世纪中叶获得了真正的独立，建立了人民共和国，开创了一个崭新的时代。儒学既不能正面回应欧美文化的挑战，又不能回应社会主义文化的挑战，在上述西方两大文化思潮的有力冲击下，自然要退出文化中心舞台，在边缘地带苟延残喘。

3. 随着社会革命运动的蓬勃兴起和接连不断，儒学的保守性消极性被突显出来，成为文化批判的主要对象。

20世纪前中期是中国社会革命运动的高潮时期，以1911年的辛亥革命为开端，接着是1916年的"讨袁护国"运动，1919年的五四新文化运动，1925年的北伐革命运动，1937年至1945年的抗日爱国运动，接着是中国共产党领导的新民主主义革命运动于1949年取得胜利。这一系列社会革命运动所要解决的根本问题有两个：一个是破除封建制度及其影响，使中国走向现代化的富强之路；一个是解除帝国主义对中国的控制和压迫，使中国实现真正的民族独立。革命的最终目标是振兴中华，再造辉煌。中国的社会变革势在必行，要么改良，要么革命；改良的路走不通就只有实行革命；而革命就要采取激烈的方式，实行大破大立，当它冲击到旧文化的时候，不可能也来不及作细致的分析和耐心的筛选，往往矫枉过正、玉石俱焚，这是革命的特点。而旧势力之顽强也迫使革命者不得不倾全力大刀阔斧地去破除旧有的系统，否则就见不到成效。在以破为主的革命时代，偏激情绪的普遍存在是难以避免的，儒学作为旧文化代表的命运便可想而知了。

五四新文化运动提出"打倒孔家店"的口号，很快便为先进的中国人特别是青年知识界所接受，发展成为一种具有文化革命性质的社会运动，无论是欧美自由派的胡适，还是以俄为师的李大钊、陈独秀，抑或民主主义者的鲁迅，均成为批儒反孔的勇将。他们是当时青年的思想库和新文化运动的倡导者，他们对儒学的批判使儒学的声誉一落千丈，影响了整整一代人，形成了反传统的强大思潮，对儒学的打击是极为沉重的，儒学后来的长期沉沦主要是这次运动冲击所造成的。不过五四运动对儒学的批判并不是致命的，因为它的锋芒所向主要不是儒学的本义和原精神，而是儒学的后期形态——宋明理学，并且是被保守政治扭曲了的丧失了仁爱精义的理学和礼教，而这样的理学和礼教是应该受到谴责和清理的。李大钊说："余之掊击孔子，非掊击孔子之本身，乃掊击孔子为历代君主所雕塑之偶像的权威也"（《自然的伦理观与孔子》）。戴震批判"以理杀人"，鲁迅批判"礼教吃人"，既尖锐又深刻，代表了正义的呼声。僵化的理学和保守的礼教严重压抑青年的个性解放，窒息社会的创造活力，阻碍社会改革运动的发展，理所当然地要受到先进人们的激烈批判。一般的人总是根据现实形态的作用来评价一种学说的。像李大钊那样能够区分原始儒学与变态儒学的人毕竟是少数，所以许多人仍然把中国社会保守落后的责任账算在整个儒学身上，使儒学的声望大受损害。尤其使人感到痛心的是，历来皆受士人尊崇的中国传统文化的代表人物孔子，经过激进人士无情攻击之后，从道德圣哲变成了守旧人物，中华民族暂时失去了一面思想文化的旗帜，而又无法替代，其不良后果直到很晚才显现出来。

以反帝反封建为主要任务的新民主主义革命运动，以更彻底的姿态破除旧文化旧传统，加以从苏联学来的马列主义带有激进、教条的色彩，强调与旧传统彻底决裂，更助长了革命者在文化问题上的"左"倾偏激情绪。虽然毛泽东在《新民主主义论》里明确规定了对文化遗产采取批判地继承的方针并倡导民族文化，可是在后来乃至新中国成立以后的实际文化工作中，仍然比较多的强调了新文化与旧文化的对立和对旧文化的整体破除，而相当忽略新文化对传统文化的继承和发扬。文化批判的锋芒所向，除了帝国主义的奴化思想和资产阶级文化以外，便仍然是以儒学为主的所谓封建文化。在这种形势下，中国内地取消了儒学和儒学研究，儒家经典被排除在学校教育之外，孔子长期以来基本上是一个反面的形象，儒学销声匿迹了。

"文化大革命"是一场由领导人错误发动，被林彪、江青反革命集团乱中利用的极端的狂热的社会运动，使中国社会和文化都遭到了极度的破坏摧残，人称为"十年浩劫"。1973—1975年由"四人帮"发动的批儒反孔运动，就其声势和规模而言，是中国历史最大的一次儒学批判运动。对于这场运动可以从两个层面来说。从政治上说，"四人帮"反儒是一种形式和姿态，骨子里是为了影射和攻击周总理，因而这不是一般的学术批判，甚至也不是一般的政治批判，而是假历史亡灵而进行的一场政治阴谋活动。从理论上说，"四人帮"反儒又确实包含着与儒家学说和精神的实质性的冲突，主要是用斗争哲学和以阶级斗争为纲的"左"倾路线来否定儒家"仁者爱人"、"和为贵"和"中庸之道"，亦即儒家的人道主义与和谐思想，煽动人们去"打倒一切"，进行"全面内战"，他们得以从中夺权，建立法家式的封建专制统治。所以"文化大革命"中的批儒运动与五四运动截然不同，并不是要破除封建枷锁，解放社会和青年，恰恰相反，是要破除儒学的仁道精华而发扬专制主义的封建糟粕，要把政治独裁和文化独裁一起加给中国人民，因而它是反动的一无可取的。但是在当时，"四人帮"的歪曲宣传确实也蒙蔽了一些人，使他们把儒学看成是坏得很的东西，都要扫到历史垃圾堆里去。可以说儒学进入了它最为暗淡悲惨的时期。

二、儒学在低谷萎缩中的延续、反思和探索

民国以来，儒学遭受一连串沉重的打击，然而并没有灭绝，就好像冬季风雪中的野草，枝叶枯萎了，根系还活着。这是对儒学生命力的一次严峻考验，也给了人们对儒学进行全面反思的机会。儒学失去了政权的支持，同时也在丧失家族社会的基础，它还能够甚至有必要继续存在吗？儒学是否就等于封建主

义文化？它有否超越封建时代而转向现在和未来的内容？正像尼采宣布"上帝死了"一样，中国的激进派不只一次地断言，儒学已经过时，正在被历史淘汰，它的生命即将结束。然而有许多中国人并不这样看，他们深受儒家文化的熏陶，不忍心割舍这份感情，但愿意进行反思，重新审视儒学，给予它一个合乎时代精神的解释，而这个问题关系到我们民族文化的存亡。

1. 民国时期儒家学者对儒学的重新阐释和再建

（1）梁漱溟、张君劢、熊十力对儒学普遍价值的阐述

梁漱溟是中国现代文化哲学的创始人，是对文化的民族性进行阐述的最有力者。当时中西文化之争的流行看法，认为西方文化是先进的，中国文化是落后的，因而中西文化的差别是历史发展阶段的不同，按照这种思路，中国文化要现代化必须走西方文化的道路。梁漱溟则认为西方文化、中国文化和印度文化之间的差别本质上不是历史先后的不同，而是由于民族性的差异而形成的"根本精神"和"文化路向"上的不同，因而各有优劣。西方文化着重解决人对物的问题，人生态度是向前的，故科学与物质文明发达；中国文化着重解决人对人的问题，人生态度是调和持中的，故道德与玄学发达；印度文化着重解决人自身的情志问题，人生态度是反身向后的，故宗教发达。梁氏这一分析未必尽当，但他在文化的时代性之外肯定了文化的民族性，也就是肯定了民族文化传统延续的合理性，以及多种文化同时并存与互补的必要性。就中国而言，作为中华民族传统思想文化主导的儒学，也因其民族性而有其超时代的意义。他指出："一民族真生命之所寄，寄于其根本精神，抛开了自家的根本精神，便断送了自家前途"（《中国民族自救运动之最后觉悟》）。这个民族的根本精神便在文化中，便是儒家的伦理理性。他认为民族生命、文化生命不会遽亡于一时之武力，而终制胜于文化。梁氏也批评了儒学的缺点，即没有民主、科学与人权自由，需要从西方引进。可知梁氏并非抱残守缺的复古派，他只是主张在保存自己固有民族优秀文化传统的同时来学习西方。同时他还认为儒学并非仅仅属于中国，由于它的早熟性，儒学将显示它的现代意义和价值，从而为世界未来文化做出贡献。

张君劢在1923年的科学与玄学的论战中，针对西方科学主义在中国的广泛流行，指出单纯的科学不能解决人生观问题，迷信科学，认为科学万能是错误的。他认为人类文化正处在由崇尚科学演变而崇尚"新玄学"即哲学的转变时期，而新玄学时代的基本精神，"与我先圣尽性以赞化育之义相吻合"，故"宋明理学有昌明之必要"（《再论人生观与科学并答丁在君》下篇）。中国近代极度缺乏科学和理性，所以才愚昧落后。当西方理性主义思潮与科学文化传入

中国的时候，凡先进的人们莫不举双手欢迎，认为科学可以救国，理性可以救国。自由主义和社会主义都是作为理性主义的形态而在中国大行其道的。而"科学"一度成为先进的中国人衡量一切是非的标准，因而也造成一些弊害，就是用科学去否定不属于相同层次的哲学、宗教和人文文化，这成为人们认同自己文化传统的一大思想障碍。张君劢的贡献在于他看出科学主义的偏失，指明了哲学与科学不能互相代替，从而为中国传统哲学（主要是儒释道哲学）的继续合理存在保留了一个必要的空间，也为中国人文主义的复兴提供了一个新的思路。张君劢提倡以心性哲学为特征的"新宋学"，但他并没有创造出新宋学的理论。

熊十力是民国年间最具有创造力和追求生命真实的哲人，它的学问会通儒佛，上承陆王而归宗于儒家《周易》的尊生健动哲学，以"体用不二"立宗，高扬道德理性，强调精神生命的自发自开与活泼洒脱。在熊十力看来，儒家哲学的精华在于它的生命哲学，"尊生而不可溺寂，彰有而不可耽空，健动而不可颓废，率性而无事绝欲"（《读经示要》），"无宗教之迷，无离群、遗世、绝物等过失，亦不至沦溺于物欲而丧其灵性生活"（《体用论》）。儒家重视生命的主体性、生动性和创造性，不造成遁世主义，亦不赞成功利主义，主张在现实中超越，这种哲学精神确实是儒学特有的，也是它具有生命力和普遍价值的地方。熊十力的贡献在于第一次站在现代的高度、使用现代的语言，深刻揭示了儒家哲学的真精神和独特性，展示了儒学可以在现代社会发挥积极作用的价值所在，这对于提高民族自信心和振奋民族精神有莫大的启迪作用。熊氏的理论具有宏大的气势、深邃的理念、感人的魅力，所以身后子弟弥众，遂形成一个新儒家学派。

（2）贺麟对儒学的反思

贺麟是位颇有见识、善于反思的学者，他既具有民族文化本位的立场，又相当熟悉西方古典哲学的传统，因而能够站在中西融合的高度，深刻总结儒学发展的曲折历史，评析其利害得失，指出其未来的前途，表现出很高的睿智远见。

首先他认为中国哲学的前途，只能是正统的中国哲学即儒家主流哲学和正统的西洋哲学之间的融会贯通。所以对于民族文化和儒学命运真正关心的人，必须主动接受西方哲学的洗礼，用以改造中国的传统哲学，因为"不能接受西洋的正统哲学，也就不能发挥中国的正统哲学"（《当代中国哲学》），"欲求儒家思想的新发展，在于融会吸收西洋文化的精华与长处"（《儒家思想之开展》）。他既不像全盘西化论者那样鄙弃自己的民族文化，又不像国粹派那样敌视西方文化。他是中西文化结合论者而不是中西文化对立论者。

其次,他主张儒学在批判中再生,因此他对于五四运动有一个客观的评价。并不如一般人认为的那样,五四运动批儒是对儒学的严重打击,也许表面和一时看来是如此,但实际上却是促使儒学重建的大好机会。他认为新文化运动最大的贡献,在于破坏和扫除儒家的僵化躯壳形式部分及其束缚个性的腐化传统部分,并没有打倒孔孟的真精神、真意思、真学术,反而做了洗刷和扫除的工夫。使得孔孟程朱的真面目更显露出来(见《儒家思想的开展》)。这种见解既超出了守旧派的故步自封,也超出了激进派的简单武断,有大气度,在当时和后来一段时间内是颇不多见的。

最后,他设计了"以民族精神为体,以西洋文化为用",促使儒学复兴的具体途径,这就是"从哲学、宗教、艺术各方面以发挥儒学思想"(见《儒家思想的开展》)。哲学上"必须以西洋的哲学发挥儒家的理学"(见《儒家思想的开展》),吸收苏格拉底、柏拉图、康德、黑格尔等西方古典哲学,"使儒家的哲学内容更为丰富,系统更为严谨,条理更为清楚,不仅可作道德可能之理论基础,且可奠科学可能之理论基础"(见《儒家思想的开展》)。宗教上"吸收基督教之精华,以充实儒家之礼教",即吸收"精诚信仰,坚贞不贰之精神";"博爱慈悲,服务人类之精神";"襟怀旷大,超脱现世之精神"(见《儒家思想的开展》),目的是给人注以热情,鼓以勇气。艺术上"领略西洋之艺术,以发掘儒家之诗教"(见《儒家思想的开展》)。儒学应是合诗教、礼教、理学三者为一体的学养,也即是艺术、宗教、哲学三者的谐和体。贺麟自己倾向于新陆王哲学,他没有创立自己完整的哲学理论,但是他站在民族文化复兴的立场上对儒学所作的反省和创思,却有着重要的启迪心智的意义。

(3)冯友兰对理学的再建

冯友兰是哲学史家兼哲学家。他的两卷本《中国哲学史》使中国传统哲学走向西方社会。他的"贞元之际所著书"共六本,建立了自己的新理学哲学体系。就思想倾向而言,冯友兰远承孔孟,近接程朱,将理学发展成新理学,无疑是位儒家学者。但他将儒家更新了。其一是他吸收道家和佛家,使他的哲学具有儒道互补和儒佛道三教合流的特色,因而他把中国哲学精神归纳为"极高明而道中庸"。"极高明"(即超越精神)主要由道家和佛家推动,"道中庸"(即现实态度)主要由儒家提倡,而他的新理学则是"极高明"和"道中庸"的高度统一。其二是他吸收西方新实在论的理性主义哲学,用以改铸程朱理学,使中国原本贯通天人、兼具宇宙和价值本体的"理"更具有西方哲学"共相"的属性,是纯逻辑的概念,这使理学变成了新理学,同时也使儒学部分丧失了自家面貌。新理学所使用的逻辑分析方法使以儒学为主体的中国哲学走向明晰化和精确化，更易于与西方哲学接轨，这是中国哲学现代化的必由之路；同时这种理性主义的思路和方法，又与中国传统哲学的体验方法与直觉主义发生矛盾，这个矛盾在新理学体系中没有得到圆满解决。不论怎样说，新理学是近代中国哲学与西方哲学相结合过程中所建立的第一个有严整体系的新哲学，是一次伟大的试验，是对传统哲学一次全新的诠释，它开辟了中国哲学走向未来的道路。

冯友兰的"境界说"是对中国传统哲学精华的创造性的发展，最具中国特色。他认为哲学不能增加人的积极知识，这是科学的任务；哲学的任务是提高人的精神境界。这是真正的中国哲学精神。中国传统儒佛道哲学，都是教人如何做人、如何提高精神的层次的学问，都把哲学的关注放在精神生命的炼养和升华上面，而反对把哲学变成与人生毫不相关的纯知识系统。冯先生正是继承和发扬这一传统，在《新原人》一书中提出人生"四境界"说，即"自然境界、功利境界、道德境界、天地境界"，由低到高，一步一步提升，人的精神也由此一步一步得到解放。这一过程就是超越的过程，却不要求人们脱离现实社会，恰恰就要在人伦日用中实现超越。所以冯友兰的哲学不是宗教出世的，也不是功利实用的，而是儒家的中庸之道，力图把理想主义与现实主义统一起来。"四境界"中的天地境界是超道德的，其心态是天人一体的，具有道家回归自然的精神，因而也就具有某种生态哲学的意义。

2. 港台新儒家在边缘地带的学术创造活动

1949年以后，一部分儒家学者流落到香港和台湾，在欧风美雨笼罩下的边缘地带，继续从事儒学研究和传统文化弘扬事业，其主要代表人物是牟宗三、唐君毅、徐复观，他们都是熊十力的学生。他们对共产主义持批评态度，但他们不是政治活动家，他们的大部分精力用于文化讨论和学术研究，独立于政治权势之外，保持着儒家系统的自主和批判精神，办教育，创刊物，撰论著，发宣言，进行理论的总结和创造，终于形成一个新儒家学派，有一批弟子和追随者，并逐渐将其影响扩展到国际上。他们在文化上的贡献有以下几点：

第一，他们有强烈的文化使命感和文化传承的担当力，以文化改良派的姿态，从正面深入阐扬儒家的精义和真精神，在西学大潮席卷中国大地、文化激进主义占据上风的情况下，在边缘地带保存了儒学的命脉和生机，使之不绝如缕，成为之后儒家文化复兴的重要依凭。他们当时面对的主要是西方文化咄咄逼人的攻势，而他们怀着对民族文化深切的理解和强烈的自信，进行着文化寻根和培植的艰苦工作，维护着民族文化的尊严，这种文化爱国主义精神是难能可贵的。中国文化的转型和再生，激进派和改良派都各有其独特的作用。没有激进派的有时偏颇的批判冲击，旧文化的陈腐部分很难彻底扫除；没有改良派对优秀文化的正面维护，文化改革便会破坏大于建设，有可能丧失自己的文化根基。

第二，他们在会合中西思想的基础上开创儒家的新学术，做出可观的理论成果，是民国以来文史哲领域一次极为可观的收获。文化的传承与创新，如果只有批判与呐喊，没有扎实的学术研究，势必表面热闹而不能实际推进。有破坏而无建树，则旧文化依然不可能被新文化所取代。所以新文化运动必须以有效的学术成就为根基。牟宗三、唐君毅、徐复观三位先生，著作丰厚，思想博深，是海内外公认的一流思想家学问家。牟宗三一生创作理论作品三十多部，其《心体与性体》、《智的直觉与中国哲学》、《中国哲学的特质》、《圆善论》等论著，运用西方哲学方法，完成了儒家道德形上学的重建，强调道德主体的挺立对于完善人格的意义，并通过良知的坎陷而转出知性主体，由内圣开出民主与科学的新外王，又分疏道统、学统、政统，揭示儒家文化的多层次性，所有这些都是对传统儒学的创造性开发，由此使他成为当代中国的哲学巨人。唐君毅一生有二十余部专著，建立起自己的文化哲学体系，一方面写出《中国哲学原论》这样的长篇巨著，为中国哲学研究作出贡献；另一方面写出《生命存在与心灵境界》的著作，分析生命存在之三向，心灵展现之九境，丰富了内圣之学。徐复观的史学著作如《西汉思想史》、美学著作如《中国艺术精神》皆是学术精品，对于民族文化精神有切实的把握，而又具有鲜明的现代意识。在三位先生之后的新儒家学者中，杜维明、刘述先二人的学术成就突出，他们学贯中西，能够从世界文化最新发展的高度来诠释儒家思想，吸引青年学者从事于转化传统的切实工作。广义的新儒家，还包括钱穆、方东美等大学者，他们一生著述丰富多彩，在海内外有广泛的影响。

第三，新儒家的强烈忧患意识和批判意识，不仅触及中国近现代的文化危机，还更广泛地触及世界性的文化危机，即由工商文明带来的人际紧张、精神失落与生态失调，从而与当代西方最新的人文主义思潮合拍，成为人类文明向更高阶段转型的一项重要思想资源。他们一方面主张学习西方的科学与民主，用以推动中国的现代化事业；另一方面也对西方文化作出深刻批评，指出人类应该学习中国和东方文化重视人生境界的提升、道德情怀的扩展、天人之间的和谐，从而克服科学主义带来的弊端，改善人类的生存模式。新儒家已经和正在参与的关于人类未来命运的讨论，超越了国家和民族的局限，真正具有全球意义，它使中国哲学走向世界，也使世界面向中国哲学。

当然，港台新儒家也有它的局限性。从理论上说他们主张返本开新，从内圣开出新外王，对中国社会与文化的革新有所推动。但是新儒家的代表人物都是学者和教授，对于社会政治和经济，缺乏经验和实践，也缺少影响社会实际生活的有力途径和手段，同时对于民间社会与文化的实际与演变，也缺乏热情与接触。这样，新儒家仍然是一种学院式的思潮，其影响局限于学人和知识界，不能对社会现实发生直接的巨大的作用。新儒家学派里，缺少商儒、政儒、科儒等各行各业的人才，与民众团体、宗教组织、社区活动也缺乏广泛的沟通，距离真正的大规模的社会事业还有很大一段路程。

3. 儒学在道德和民俗的层面，仍然保持着深刻而普遍的影响

（1）在中国内地，儒家道德作为"日用而不知"的民间传统，在潜移默化中发挥作用

1949年以后，儒学作为一个独立的思想派别，在学术的层面上，在教育的层面上，都不存在了。但是儒家的为人之道，它的忧国忧民意识，它的道德观念，还继续以传统的习惯力量影响着知识界和民众，这种影响有正面的也有负面的。例如儒家以天下为己任的忧患意识，在知识分子中就普遍存在，讲信义讲操守讲涵养也是知识分子所推重的。甚至有些激烈反对儒学的学人，在他们身上却有着儒家自强自尊、以民为本的精神，不过日用而不知罢了。儒家提倡的敬老爱幼、和睦邻里、礼貌待人、尊师重道、敬业乐群、将心比心等道德观念，在民众之中仍然有着广泛而深刻的影响，而且一代一代传下来，成为社会道德的基础。当然儒家传统中愚忠愚孝的观念，不孝有三无后为大的观念，尊卑等级的观念，重男轻女的观念，在社会生活中依然有它们的影子，以变化了的形态发生消极影响，成为社会发展的阻力。

社会主义者和共产党人中有一些人，主张吸收儒家文化的精华来充实社会主义文化的内容。最典型的莫过于刘少奇的《论共产党员的修养》，此书赞扬儒家的修德之学，肯定了儒家的忠恕之道、道德气节和社会关怀，认为儒家的反省、律己、慎独等修身方法仍然可以用于共产党人的锻炼与修养。这本书在20世纪50年代与60年代前期在广大进步青年中曾产生积极的作用。

冯友兰在20世纪50年代中期提出对待文化遗产的所谓"抽象继承法"，试图分析中国传统思想命题的抽象意义和具体意义，他认为具体意义带有很强的时代性阶级性，现在很难继承，而抽象意义便具有普遍价值，现在可以继承的思想就比较多。他举《论语》中"学而时习之，不亦说乎"为例，其具体意义是叫人学诗、书、礼、乐等传统的东西，对于现在没有多大用处；其抽象意义是说无论学什么东西，学了之后，都要及时的经常的温习和实习，这就是很

快乐的事，这样去了解，这句话现在仍然有用，可以继承的。思想文化遗产的继承，当然并不如此简单，但冯友兰试图从传统思想中寻找具有一般规律性和普遍价值的内容，从而在对文化遗产否定太多的"左"的气氛中，为传统思想文化挣得一个合理的空间，以便切实地继承和发扬民族文化的精髓，这种苦心是值得赞赏的。虽然"抽象继承法"受到许多批判，但是人们在日常生活中仍然自觉或不自觉使用这种方法来继承和转化文化传统，例如"忠"的概念，历史上其具体意义是忠君，其抽象意义是尽己，去其忠君，存其尽己，并且与当今社会要求相结合，便是忠于祖国、忠于人民、忠于职守，其他依此类推，便有许多东西可以继承。刘少奇《论共产党员的修养》对传统儒家道德的分析和吸收，正与抽象继承法暗合。

"文化大革命"中，"四人帮"对儒家仁学、中庸之道和修养之方大肆口诛笔伐，这本身就证明儒家思想在民众中仍然有很深的影响，人们不愿意接受斗争哲学，不愿意把"文化大革命"进行到底，所以"四人帮"才花大气力反孔批儒，为推行他们的反动路线扫除思想障碍。

儒家思想经过两千多年的传布，已经渗透民族性格、文化心理和民间习俗中去，成为中华民族精神生命的组成部分，这不是社会运动和政治批判所能完全消除的。

（2）在韩国，儒学以儒教的形态继续存在

韩国在历史上接受宋明理学以后，其社会精神生活便以理学为主导。尽管20世纪以来世界和东亚形势发生了巨变，儒学的故乡中国从尊儒变为反儒，韩国国内也处在不断的社会变革之中，但韩国依然如故地尊孔祭孔，重视礼义文化的传承和教育，把儒学放在社会道德教化的正宗地位，奉之如宗教，使儒学长期保持着主流文化的态势，这在世界上是个特例。可以说，作为生活日用的儒学，韩国是保存最多的国家。

20世纪50年代以后，随着西方文化特别是基督教文化的大规模传入，韩国儒教的力量和影响也在减退之中，但它没有发生激烈的反儒批儒运动，儒家伦理观念在韩国社会实际道德生活里仍然居支配地位。只是由于国家较小，未能对东亚儒家文化圈发挥有力的辐射作用。

（3）在日本，儒学趋于衰落，而礼仪习俗得以保存

20世纪前半期的日本，以"脱亚入欧"为其发展目标，并越来越富于扩张性侵略性，走上侵略朝鲜、中国和整个亚洲的帝国主义道路。在日本发动侵略战争期间，全国上下弥漫着武士道和军国主义精神，儒学片面强调"忠"的服从观念，丧失了它的仁爱精神，只剩下一个躯壳。第二次世界大战结束以

后，日本大量接受美国和欧洲的文化，儒学的影响也越来越小。作为一种文化，儒家的礼仪仍然是人们社会行为的规范和人际交往的习俗，促进了社会生活的有序化。工商界把儒学用于工商业经营管理，即所谓《论语》加算盘，它给传统儒学开拓了新的领域，极富于现代精神。

三、儒学在新时代社会转型期的复苏与重建

20世纪70年代以来，世界形势发生了许多重大的变化，这些变化在许多方面都带有根本的性质，影响到人类的命运，这些变化迎来了一个崭新的时代。中国和东亚的崛起与快速发展，苏联的崩溃和东欧原体制的瓦解，改变了世界的格局。西方文明导致的全球性生态危机、人际冲突、社会犯罪等日益加剧，引起人们强烈的批判意识和对文明转型的渴望。力量对比的变化和文化危机的加深，迫使人们重新审视东方文化和西方文化的价值和东西方文化的关系，以便从中寻找全人类文明发展的出路，儒学的现代与未来意义由此逐渐显露。

1. 人口最多的东方大国中国，摆脱了"文化大革命"的灾难，实行改革开放和以经济建设为中心的发展战略，给儒学的研究与开发，创造了必要的社会条件

（1）对"文化大革命"的反省，打破了"批孔必进步"的神话，从而结束了批孔的时代

"文化大革命"把反传统推到极端，也把国家推进灾难。人们总结它的惨痛教训，醒悟到反传统反儒学未必就是革命的进步的。不分青红皂白的反，其结果是断裂优秀传统，而使糟粕大肆泛滥。固定的观念一旦打破，人们便会恢复正常的心态，重新审视被"四人帮"一概骂倒的传统文化和儒学是否还有值得继承的内容，从而客观地冷静地去研究儒学，既超越传统，也超越反传统，为文化的传承开出一个新的天地。江青等人实际上起了反面教员的作用。在批判了"四人帮"的政治与文化专制主义之后，重新提倡学术上的百家争鸣方针。改革开放的实行，不仅开放了社会与经济，也开放了文化与学术。中国一反过去在思想上自我封闭的状态，转而以宽容的姿态对待西方文化和传统文化。在这种社会环境中，结束了批孔批儒的时代，开始了研究孔子和儒学的时代。

（2）斗争哲学和以阶级斗争为纲的路线的失效，意味着通和哲学与务实路线开始发挥作用，文化上必然要走融合中西、贯通古今的道路

"文化大革命"及其以前，人们只注意不同文化之间的矛盾与斗争，完全

忽略多种文化之间的沟通与融合。在"批资"的名义下拒斥西方文化，在"批封"的名义下拒斥传统文化，在"批修"的名义下拒斥苏联东欧文化，满眼都是敌人。"文化大革命"以后，从以破为主转而以立为主，从拒斥一切转而广泛吸收。随着民族文化意识的觉醒，越来越多的人包括许多共产党人和老干部都认识到，文化是民族之本。丧失自己文化的民族是可悲的，中国文化要健康发展，必须要以自己民族优秀传统文化为根基，同时吸收人类一切文明的成果，这样文化的发展才是丰富多彩的又具有民族的特色。中国目前存在着三大文化体系，即社会主义文化、中国传统文化和西方欧美文化，它们之间有差异有冲突，但总的方向应该在良性互动中走向融合，彼此互补，相得而益彰。中国恰处在三大文化体系都显示强势的会合地区，只要处理得当，三种文化的冲突与会合，会增强中国文化发展的动力和生气，形成一种前所未有的璀璨的新文化。

（3）港台新儒家思想的回流，刺激了中国内地的民族文化情结，引起人们对儒学的重新关注和评价，推动了文化热的升温

20 世纪 70 年代末以来，海峡两岸关系松动，人员往来与文化交流发生并发展。内地与香港地区及欧美的经济文化的交流与合作发展迅猛。港台新儒家著作回流内地，新儒家学者到内地作学术访问、参加学术会议和文化讨论，带来许多新鲜的文化信息。内地学者也开始走出去，到港台地区及欧美作学术交流，进一步接触到新儒家及各种文化思潮；同时也开始认真研究并介绍现代新儒家的理论学说。新儒家的民族文化意识及其思想，直接或间接影响到内地学界和青年知识分子，使他们得到一种借鉴和启发，重新思考儒学及传统文化的历史作用及现代、未来意义。由于港台与内地的政治经济制度不同，这种文化交流便具有为中华民族重新统一寻找思想基础的重大作用。内地及港台地区的中国人认识到，中国优秀传统文化乃是中国走向统一的思想基础。因此研究作为传统文化核心成分的儒学，其意义就不限于文化遗产的继承问题，而且是为推动中国统一做思想准备工作，其任务是把绝大多数中国人都能接受的具有民族特色又富有现代精神的思想资源开发出来，正确诠释，增强中国人的文化认同感。

（4）中国社会与经济的快速发展，带动了儒学研究的繁荣

历史的规律一般是：民族强盛，它的文化才被人看重。中国近二百年的积贫积弱，使它的传统文化的声誉大跌。不仅西方人看不起它，连中国人自己也看不起它。1949 年新中国成立了，但经济发展时起时落，没有找到最符合国情的道路；由于西方一些国家的封锁，与国际社会处于隔绝状态。20 世纪 70 年代末实行改革开放以来，在邓小平理论的指导下，经济得到快速的发展，由

计划经济向市场经济的转型也在有效地进行中，国力成倍地增强，各项事业在蓬勃发展，人民生活得到很大改善，在国际舞台上中国是一个受人尊重的泱泱大国。中国人提高了民族自信心，因而更加重视弘扬自己优秀的民族文化。同时全世界对中国固有的文化也刮目相看，想更多地了解中国和它的文化，想知道中国社会的活力如何得到它深厚文化的滋润。这样无形中提高了中国传统文化和儒学的国际地位。美国老牌政治学权威亨廷顿撰文《文明的冲突》，把中国儒学看成西方文明未来的敌人，这当然是冷战思维的产物，但它透露出这样的信息：中国文明即将重新崛起，所以才引起美国人的严重关切。当然，中国文明是和平的，它不会威胁任何人，只会造福于人类。

中国社会发展要走自己的路，要建设有中国特色的社会主义，这就必须大力开发自己民族文化的资源，使文化与经济相结合，使精神文明建设密切配合物质文明建设。人们都说中国地大物博，资源丰富，其实中国的思想文化资源比物质资源还要丰富，这是一笔价值无可比拟的宝贵精神财富。在这其中，研究、发掘和运用儒学的哲学、道德、教育等方面的思想资源，丰富精神文明建设的内容，提高全民的文化素质，振奋中华民族的精神和加强中华民族的团结，就是十分必要的了。因此社会上下，政府、民众、学者都致力于弘扬优秀传统文化，形成一定的热潮，从民族的历史发展看，这股潮流的根基是十分深厚的，这种热潮将会长期保持下去，它将与中华民族的振兴相始终。可以说中国的社会主义现代化需要优秀的传统文化，需要从民族文化中吸取自强不息、稳健和谐、厚德载物、敬业乐群的精神和理念，它们是中华民族的灵魂和思想动力。也是我们沟通西方、向外国优秀文化学习的思想基础。

中国经济的高速发展，不仅提出了弘扬优秀传统文化的需要，也给这种弘扬工作提供了比以前更多的财力和物力。中国孔子基金会就是在这种情况下建立起来的。

2. 亚洲四小龙的经济腾飞提高了儒家文化的国际地位

韩国、新加坡和中国的台湾、香港从20世纪70年代起，经济实现了连续20多年的腾飞，被称为"亚洲四小龙"，再加上中国和日本，使东亚成为全世界经济发展最有活力的地方，并且在经济发展模式上表现出东方文化的特色，这在很大程度上改变了西方的亚洲观，引起了全世界的敬佩和重视。东亚地区处在儒家文化圈和佛教文化圈之中，人们不能不联想到东亚的经济发展是否与东亚文化的潜在活力有关，于是有更多的人去研究东亚文化特别是儒学在经济现代化中的正面价值，去总结亚洲四小龙的成功经验。西方社会学家韦伯曾断言儒学不能成为经济现代化的精神动力，然而东亚创造的奇迹把这个风行一时的论断给打破了。事实向人们第一次显示了儒学的现代性，从而提高了儒学的地位。

当然，亚洲四小龙的快速发展，首先得力于引进西方已经成熟了的市场经济机制和现代管理及科技手段。但不可否认，儒学关于和谐协调的思想，关于以人为重心、人的社会责任感和道德自觉心的思想，关于开发、培养和使用人才的思想，关于以义导利、信用为重的思想，都不仅在亚洲四小龙经济现代化过程中有利于保持社会的稳定和有序性，为经济发展创造出一个比较文明的社会环境，而且也能弥补西方经济管理中见物不见人、利润就是一切和劳资尖锐对立等弊病，使社会发展得比较平稳。

虽然目前亚洲的金融危机暴露了从东南亚到东北亚许多国家经济的内在病态和一系列严重问题，但是这些国家毕竟打下了发展的深厚基础，经过一段调整，是会继续起飞的。何况中国大陆岿然不为所动，台湾地区亦较少受损，香港地区依然充满信心。亚洲的模式需要改善，但没有过时。东亚国家对儒家文化的重视影响到中国，中国大力开发儒学资源又带动了周边国家，彼此互相推动、互相交流，极大地提高了东亚人的文化自信心。在金融危机的威胁面前，东亚人会以地区性文化为纽带，加强团结，增进合作，更勇敢地走向 21 世纪。

3. 西方文明日益严重的危机，促使人们把目光转向东方文化和儒学

（1）西方有识之士反省西方文明，认为工业文明向更高层次的转型需要儒学

西方文明主要是指近两三百年中由欧美国家创造的工业文明。它极大地提高了社会生产力，推动科学技术飞速发展，为社会创造出巨大的财富，使人们的物质生活得到空前的提高。我们今天所享受的现代化产品和生活条件，几乎都是西方工业文明带来的。但是工业文明已过了它的巅峰期，并显露出一系列的弊端，有些弊端发展下去将给人类造成根本性的威胁，主要是信仰危机、道德危机、社会危机和生态危机。人的生活高度物质化、外向化，内心世界无所归依；科学和金钱左右一切，道德风气普遍下滑；社会犯罪和社会冲突加剧，社会秩序不能正常维持；环境和资源被严重破坏，人类的生存基础发生动摇。当代的西方文明使人类异化成了商品的附属物，从而使人丧失了自己。一些有识之士深为忧虑，指出必须大力发展人文主义，以便与科学主义相制衡；必须大力加强精神文明建设，以便与物质主义相抗衡；必须大力改善环境，以避免自然界的毁灭性报复。他们认为以儒家为代表的东方文化，重视人文价值，重视人的德性培养，提倡仁道、礼义、和谐，阐扬天下一家、天人一体，这些精神和传统代表着世界文明进一步发展的要求。可以为人类文明的转型提供方向

性的理念与思路,人类必须到孔子、老子那里寻找智慧。罗马俱乐部主席佩奇,英国历史学家汤因比和科学史家李约瑟,都在他们的著作里对中国传统文化寄予厚望。澳大利亚学者李瑞智、黎华伦在《儒学的复兴》一书中指出,中国固有的儒家文化正在复兴,并预言"它将在世界文明的核心中占有一席之地,并将带领世界进入21世纪"。这是一种真诚的期望,说明西方学者有很强的自我反省能力,并且有着虚心学习东方的博大胸怀。事实上东西方文化应该取长补短,互相学习。西方文化的精华如理性、民主、人权、法制等,东方是缺乏的,应予以吸收;而西方文化忽略人情、太重金钱、个人至上、崇尚斗争,又是它的缺点,东方应有批判的态度。东方文化有某种早熟性,其道德、礼义、和谐等内涵固然应当发扬,但它忽略个人、不尚竞争、不重法制、漠视逻辑等弱点,也需要加以克服。东西方文化的互补性很强,最理想的状态是兼而有之。不过西方文化仍是世界主流文化,其学者对东方儒学表示了很大的敬意,无疑会提高儒学的国际声望。

(2) 西方华裔学者在比较研究中阐扬儒家思想精华,促进了儒学的世界化

一批对中国文化颇有研究并长期生活在西方的华裔学者,如美国的陈荣捷、余英时、杜维明、林毓生,澳大利亚的柳存仁,加拿大的冉云华、秦家懿等,他们用现代的眼光作中西文化比较研究,使中国人更好地了解西方文化,也使西方人更多地了解中国文化,推动了两种文化的互释与互补。其中陈荣捷、杜维明、林毓生等学者,在西方讲授中国传统思想和儒家学说,用西方人熟悉的思维方式和话语系统诠释和阐扬儒家思想精华,大大扩展了儒学的影响,促进了儒学的世界化。杜维明近些年根据儒家主和的理念,提出"文明对话论",用以回应亨廷顿的"文明冲突论",主张不同文明之间要平等对话,互相沟通,互摄互补,共同发展。这一主张不仅有利于打破东西方的文化隔膜,推动世界和平事业及文化合作,也显示了儒学精神在解决当代文化冲突中的宽大胸襟和重要作用,得到了越来越多的人的赞同。

(3) 国际性的文化研讨频繁进行,促使世界更加了解中国和儒学

随着"地球村"的形成和文化问题在国际生活中地位的提高,国际性的文化对话与讨论活动也在快速发展。其中中国的开放和参与,给各国间的文化讨论注入一股强大的活力。近二十年来有东西方学者共同参加并具一定规模的有关东方与中国文化国际研讨会,差不多年年都有。这些会议的主题大都是东方传统与现代社会的关系,或者是中国文化与21世纪的关系问题,而儒学的诠释与再造始终是大多数会议的热点。这说明儒学研究已经成为当今世界范围颇为流行的一门学问。

正是在世界需要和关注儒学，中国走向世界并重视儒学的新形势下，国际儒学联合会于1994年应运而生，它的总部永久设在北京，它的宗旨是：研究儒学思想，继承儒学菁华，发扬儒学精神，以促进人类之自由平等、和平发展与繁荣。国际儒联的工作得到中国政府的支持，得到世界各国学者的积极参与，三年来有了一定的开展和成绩，在联络和推动世界性儒学研究方面做了许多有益的工作，其影响正在逐步扩大。儒学这面文化旗帜，比以往更加鲜艳了。

四、儒学发展的新特点及未来展望

1. 特点
(1) 儒学重新回归中国，并成为东亚各国团结的重要文化纽带

儒学的故乡中国，在放逐儒学半个多世纪以后，终于重新接纳了儒学，把它作为民族文化的重要组成部分而开始了认真的系统的研究，儒学的思想资源也得到较好的开发运用。不是作为一种意识形态，而是作为一种文化，儒学开始焕发出新的生命活力，这是中国现代思想史上一件划时代的大事，其意义是深远的，它标志着整个民族文化的复苏与复兴。

同时，受儒家文化影响较大的亚洲国家，如中国、韩国、新加坡、日本、马来西亚（华人社区）、印度尼西亚（华人社区）等国，这些年加强了地区性的经济和文化的交流与合作。在平等与西方文化对话的同时拒绝"西方文化占领"中，东亚传统文化成为一种重要的精神力量，儒学成为一种通行的共同语言，它增强了彼此的文化亲近感。由于儒学有"和而不同"的精神，它也有利于东亚各国的社会开放和广泛吸收世界一切进步文明成果。

(2) 儒学正在走出学者的书斋与课堂，而为社会各界所关注

在中国，政府和教育界十分重视整理和发掘儒家道德教育的遗产，让它的精华部分在学校、家庭和社会教育中发挥更大的作用，为提高国民的人文素质和改善社会风气服务。各地各族都在努力开发包括儒学在内的传统文化资源，使中华民族文化振兴事业具有广泛的社会基础。

在新加坡，儒学受到特殊的尊重，儒家伦理成为公民教育的重要内容，并取得一定成绩。李光耀由于新加坡模式的成功和关心儒学，被推举为国际儒学联合会名誉理事长。

儒学得到工商界的关心和支持是20世纪后期出现的重要文化现象。从东南亚到中国，儒商和儒商文化开始运作，它把经济与文化结合起来，正在给儒

学的发展开创出一个新的境界。儒商是指有文化素养、见利思义、取之有道、并关心社会事业的工商实业家,它与奸商是对立的。儒商的出现。改变了儒学重义轻利、重农轻商、重道轻器的主流传统,使儒学面向现代市场经济,这将使儒学获得一个新的生存和发展形态。

(3) 儒学不再是古老中国和东方一门比较保守的传统学术,而成为当代世界性的显学,是诸多现代文化思潮中的一支,是处在学术前沿的融过去、现代与未来为一体的一门重要新学科

以往的儒学研究本质上是一种史学;当前的儒学研究本质上是一种现代学,是根据当代社会发展需要而筛选过的并运用现代思维与语言重新诠释了的儒学,它又与西方哲学和思想相沟通,具有开放和兼容的特色。中国内地和港台地区以及东亚国家及欧美各国的儒学和儒学研究,在理论方法上各不相同,但彼此交错,其义理之学的主流都是针对当前社会弊病和危机而作出的文化上的回应,可以说都是古为今用的。因此笼统地把提倡儒学说成"复古主义"是错误的。由于现代性的大量参与,当代各种新儒学完全可以与其他现代学术、学说与思潮进行平等的对话与交流。由于儒学同西方文化有强烈的互补性,儒学甚至与未来学相联系,成为国际社会制定人类文明未来发展战略的重要参考。所以"儒学与21世纪"是国际文化讨论的热门话题也就不足奇怪了。当前的儒学研究,是在世界规模上进行的,一刻也离不开国际交流和合作,所以及时沟通国际地区之间的学术信息,加强研究者的相互来往,就是十分必要的了。

2. 展望

儒学是人类古代文明延续至今的为数不多的有藏量有特色的文化系统,由于它的内涵深邃,普遍价值和现代性潜能丰富,它必将通过转换形态在21世纪有一个较大的发展,这是可以预期的。如果说历史上的儒学在很大程度上要靠封建政权的力量推行,那么如今的儒学只能凭借自身的活力而存在和发展,而且它确实做到了。帝制的垮台没有断灭它,社会的革命没有摧毁它,说明它的生命力十分顽强,以后再也不会有什么力量足以打垮它。各种批判运动所能做的是清除它的陈腐内容,为显露它的精华创造条件。儒学之所以能够衰而复兴,从根本上说是因为它包含着许多人生和社会常道,是人类文明的结晶,为人性的改善和社会的改良所必须,也就是古语所说"道不可须臾离,可离非道也"。从另一方面来说,它又能提供西方文化所缺乏的东方智慧,这些智慧恰恰是全人类克服种种社会危机、健康地迈向下一个世纪所十分需要的。从20世纪前期传统与现代的分离,到20世纪后期及未来传统与现代的结合,这是人类曲线的进步。下一个世纪前半期,儒学很可能成为世界文化相当重要的文

化潮流，将改变西方文化独尊的局面，而与西方文化、伊斯兰文化，以及其他多种文化共存共荣、互补共进。它的表现形态并不必然是某种学派，更不是回到独尊，而是儒学的广泛研究和应用，是一种"大儒学"。这种大儒学可以归结为"仁爱通和之学"，以"仁"为核心理念，以爱为基础情感，主张天下一家、天人一体、和而不同，通畅无碍，看重和爱护生命，提倡修己成物，向往世界大同。

具体地说，儒学将在四个方向上为下个世纪的人类文化作出贡献。

（1）儒学将在中国新文化建设中发挥越来越大的作用，而中国又会影响整个世界

儒学将丰富中国的社会主义文化，使它带上民族特色。在中国未来的哲学、道德、经济、政治、文艺、民俗等建设中，人们都会汲取儒学的营养，借鉴儒学的智慧，当然也要广纳道家和其他诸子百家并向外国学习。中国是一个文化大国，随着经济实力的增强和政治改革的发展，它的文化必将进一步丰富多彩，百花齐放。如果说历史曾限制了儒学，那么儒学的优点和潜力，由于传统宗法等级社会的倾覆和封闭保守状态的改变，由于社会的进步和社会主义学说与西方文化的激发，而得到充分的发挥和释放，它的弱点也将得到更好的克服。在中国，儒学的精华与社会主义绝不是对立的，而是可以相通的（主要是指社会正义与公平），在一定意义上讲，也只有社会主义才能真正实现儒家的大同理想。

（2）儒家伦理将在世界普遍伦理建设中发挥重要作用

人类由于无限度地追逐物质利益而使行为严重失范；道德滑坡从而导致社会无序加剧成为世界性的普遍现象。这不仅会使人类的精神堕落，也会严重损害经济的健康发展。在当前东南亚金融危机中，政治道德的腐败是一个重要的原因。此外，家庭的解体，职业道德的伪善，都严重威胁着人类社会的稳定和发展。儒学是伦理型的思想体系，它的道德思想最为丰富。它的以"廉"为中心的政治道德，以"忠"和"信义"为中心的职业道德，以"恕"为中心的人际道德，以"孝"为中心的家庭道德，在清除了等级性的陈迹以后，都可以为世界普遍伦理的建设，提供价值基础。它将和各种健康的宗教和非宗教道德一起，为推动世界道德的进步，发挥巨大作用。

（3）儒家文化将与市场进一步结合，促进儒商队伍的壮大和世界性市场的健康发展

世界经济的发展，到21世纪进一步地区化和国际化，这固然带来了互通有无、共同繁荣的前景，同时也包含着"一损俱损"、连锁危机的莫大危险。如果政治家、企业家、金融家没有起码的道德标准，世界听任少数投机家兴风

作浪,那么世界的经济将极不稳定,类似亚洲金融危机还会发生。如果儒商的队伍成为世界工商界的主流,或者掌握着重要的经济命脉,那么世界必将繁荣稳定,遇到经济危机也容易克服。所以儒商队伍的培养,儒商文化的扩大,就成为一种当务之急。可以先从中国和亚洲做起,再向世界推广。这件事情做得有成绩,将使儒家文化在下个世纪大放光彩。这里的儒商是个大概念,"儒"泛指信义文化,"商"则是指一切实业,它要求把东方的人文道德和西方的实业智慧高度结合起来。目前文化人关心实业,实业家关心文化,已经成为一种趋势,趋势会继续加强,这是值得庆幸的。儒学在丧失了它的历史基础——农业文明和家族社会之后,将再度获得一个新的现实基础,那便是现代市场经济,一旦有了这样的基础,儒学的前途是不可限量的。

(4) 儒家仁爱通和之学将在解决国际冲突和族群争端中发挥积极作用

到目前为止,整个世界指导处理国家、民族和地区性冲突的主流思想还是强权与斗争哲学,它的根据是:利益冲突是不可避免的,优胜劣汰、损人利己是铁的规律。但是在"地球村"已经形成、经济向着国际化发展的今天,各国各族的利益仍然会靠损害和牺牲别人来得到吗?情况已经不同了。对立和斗争仍然是有的,但主导方面已经变成"和则两利、斗则两伤"的局势,各国各族间的共同利益、长远利益大于它们之间的局部利益和眼前利益,问题在于要使更多的人早日知道这一点,东南亚的金融危机影响到全世界,没有一国从中得利便是证明。"金钱冷漠"、"族群仇恨"、"霸权主义"已经和正在严重损害着全人类,包括那些主动倡导者。人类不在和谐中生存,就会在互斗中灭亡。但国际社会缺乏一种共同承认的和解哲学,所以仍然忍受着冲突、仇杀和战争折磨的痛苦。我以为儒家仁爱通和之学,可以用泛爱化解仇恨,用和解处理争端,用沟通打破隔膜,使人类醒悟到利益彼此相关,树立"共赢"的理念,学会理解和尊重别人,学会在一个多元的社会里和平共处、睦邻友好。"仇必和而解"(张载语)是人类的唯一出路,仇必仇到底是绝对没有出路的。香港的和平回归就是和解哲学的胜利。在这方面中国和亚洲还应该继续做出榜样,并向世界宣传仁爱通和的道理,大力推行对话、沟通、谈判、合作的处事方式,消除冷战思维和斗争哲学的影响,使世界在和平安宁中发展。

儒学的未来前途不仅取决于儒学的资源与时代的机遇,更取决于人们对儒学再造的水平和效果。人能弘道,非道弘人,儒学的命运掌握在我们和下一代人的手里,所以我们要好自为之。

(载《孔子研究》1998年第3、第4期)

21世纪中国文化发展战略六题

20世纪是中国从衰落走向复兴的转折时期，从文化来说，则是从传统文化中开始现代文化的探索时期。国运兴则文化兴，国运衰则文化衰，这几乎是一条定则。同时文化的复兴可以成为国家复兴的推动力量，甚至起导向、规约作用，这也是必须承认的。随着中国现代化事业的发展和综合国力的增强，21世纪的中国，其文化建设将会有一个宏大的开展和蓬勃兴旺的新局面。

文化创造了人，人也参与创造文化，因此文化建设必须尽可能自觉地去进行；盲目发展会带来各种偏失，只顾眼前则会损害大局，所以制定文化发展的战略是十分必要的。要制定中国文化发展战略。必须满足这样几项要求：第一，这个战略设想必须以中华民族自己的文化为根基，具有中国特色；第二，这个战略设想必须符合现时中国的国情，凝结着几十年来文化建设中的经验和教训；第三，这个战略设想必须符合整个人类文明发展的总趋势，在吸收人类文明成果的同时主动参与和推动国际社会文化发展的健康化和丰富化。总之。中国文化发展战略应当既是民族的又是开放的，既是现代的又是未来的。这是一件大事，不是少数人在短期内能够顺利完成并付诸实施的，它需要各界参与，广泛讨论，取长补短，在集思广益的基础上产生较为成熟的意见，并在实践中不断总结、充实、修正，使之趋于完善。本人不揣浅陋，愿贡献愚人一得之见，以为引玉之砖。

以下提出文化发展战略六大问题，逐一作简要说明。

第一题：社会主义文化、中国传统文化和欧美近现代文化三者之间良性互动的问题

在当今中国，三大文化各有优势。社会主义文化流行半个世纪，政治上占主导地位，为实现国家独立、统一和富强作出了卓越的贡献，传布了社会正义、公平和集体主义，造就了许多英雄模范和一系列文明成果。虽然由于"左"的路线和"文化大革命"，暴露出来自苏联的社会主义模式的许多弊端，

但中国的社会主义富有生命力，它能够摆脱教条主义，不断总结经验教训，根据中国的实际和人类发展趋势，进行理论上和实践上的大胆突破，形成自己的特色，成为推动中国现代化建设的主导精神力量。中国传统文化源远流长、丰富多彩，一直是中华民族多元一体的精神纽带，深深渗入中国人的性格、心理和生活方式之中。传统文化有其时代性和特殊性，也有其超时代性和普遍性，故能超越特定的社会形态而流传至今，仍然具有强大的生命力，成为祖国大陆与香港、台湾实现统一的思想基础，成为东亚各国交流合作的思想纽带，成为东方与西方文化沟通的凭借，成为未来文化建设的宝贵思想资源。中华民族长存不亡，衰而复兴，其秘密在于文化，在于这种文化所铸造的生生不息、刚毅诚信、博厚悠远、仁爱通和精神，这种中华精神永远是推动中国前进的巨大力量。欧美近现代文化已经主导世界潮流两三百年，造就了以科学理性为突出特征的无与伦比的现代文明，极大地改善了人类的生存活动条件。这种文化传到中国，也改变了并在继续改变着中国的面貌；中国的现代化事业在许多方面必须学习、吸收、改造欧美近现代文化的积极成果，中国的对外开放就是做这件事情。同时西方文化重科学而轻人情，重斗争而轻和谐，重人为而轻自然，造成信仰、道德、社会和生态的危机，中国人又不能不加以批判和纠正。

上述三大文化在中国具有很大的力量和影响，彼此冲突又融合，成三足鼎立之势，这是如今中国文化生态的基本现实，也是中国文化发展的有利条件。因为三者之间的相互激励和制约，可以成为一种强大的动力，不断焕发文化生命，使其保持活跃、创新的状态，其他国家和地区则没有这一优势。"文化大革命"时期及其以前，在斗争哲学的支配下，社会主义文化实行自我封闭，以批判"封、资、修"为名，拒斥传统文化、西方文化乃至苏联东欧文化，其结果不仅传统文化的根基遭到损害，西方先进文明不得其门而入，就连社会主义文化本身也由于独尊、固陋、偏狭而走向僵化、贫乏。"文化大革命"结束才恢复了它的生机。社会主义社会是有蓬勃生气的，社会主义社会的文化也应该是丰富多彩的。下个世纪中国文化的重建，应当以社会主义文化为主导，以传统文化为根基，以欧美文化为营养，多向诠释，互相批评和吸纳，把社会主义文化、传统文化、欧美近现代文化的精华和优点发扬起来，使之相得益彰，形成良性互动关系；同时尽力克服三种文化的弱点和弊病，坚决避免恶性互动，这是一个大的方向。历史经验和教训昭示着我们：任何外来文化要在中国生根开花，必须与优秀传统文化相结合，才能真正具有民族性。大力开发传统文化资源，是发扬社会主义文化和有效引进西方进步文化的必要条件。继承优秀传统文化，赋予它以现代生命，便成为今后文化建设的基本任务之一。

第二题：信仰重建的问题
（包括正确处理宗教信仰的问题）

对于中国来说，文化建设最根本也是最困难的任务是重建中华民族的主体信仰。说信仰重建是最根本的任务是由于信仰体现一个民族的奋斗理想和价值趋向，民族的文化生命有赖于信仰而有导向和朝气，道德的重建和其他文化的建设皆系于信仰的建立。说信仰重建是最困难的任务是由于它不像别的工程可以预先设计，按一定的步骤限期完成。它是难以预测的，需要较长的时间，也许需要很长很长的时间。因为信仰属于高层次精神活动，它在本质上是自由选择的。行政手段、强迫命令都无济于事。个人信仰是如此，一个民族的信仰更是如此。民族主体信仰的形成是一个非常复杂的过程，人力难以驾驭，只能给予必要的推动。

中华民族的信仰在历史上是多元一体的。多元表现为儒、佛、道三教以及伊斯兰教、基督教和各种民族传统宗教与民间宗教同时并存。一体表现为全民都有基础性信仰，即尊天敬祖的信仰；在政治上和思想上以儒学为正宗，佛、道为辅翼，形成思想文化的核心。这种信仰结构在辛亥革命以后便瓦解了。儒学受到强烈冲击，进入低迷萎缩时期；道教也遭到批判，与佛教一起退到边缘地带。

社会主义和共产主义由于1949年新中国的成立而获得了中国人的尊重和向往，在20世纪五六十年代一度成为中国青年一代的主流信仰。由于"文化大革命"的破坏和世界社会主义体系的瓦解，社会主义和共产主义进入低潮时期，处于反省、总结、改革、重铸的阶段，它在中国共产党人中间仍然是主流信仰，在社会政治层面仍然居于主导地位，但在全国的精神生活领域中的优势减弱。由于有了这样一个真空，各种宗教和各种其他的信仰便乘虚而起，得到较快的复兴和发展，儒学也以新的姿态出现在世人面前。20世纪八九十年代改革开放后的中国，社会精神生活正在走向多元化，但没有形成新的一体，即没有形成中华民族的主体信仰。

21世纪信仰的重建，首先，要倡导有中国特色的社会主义，使它逐步成为中华民族信仰的主体。这种社会主义不同于斯大林式的社会主义，也不同于中国改革开放以前的社会主义。它应当是真正的人民民主的社会主义，是个体与群体高度统一的社会主义，是将公平竞争和社会福利相结合的社会主义，是法制健全、道德良好的社会主义。这样的社会主义如能逐步付诸实施，一定会具有极大的吸引力，得到大多数人的拥护。

其次，要重视传统信仰，特别是儒学与道家。通过创造性的诠释与转化，使之重新成为中国人的重要信仰。根据历史经验，知识分子往往以儒道互补作为人生价值取向，今后有可能重演历史。儒道互补是一种大智慧，其高明之处在于指导人生在现实与超越、前进与迂回之间取得恰当的平衡，使人得以安身立命。一方面要"尽性参天"、"成己成物"，兼修"仁、智、勇"三达德，成就道德与事业；另一方面要"返璞归真"、"顺应自然"、"超脱潇洒"，保持一个开放的又属于自己的精神空间。一些知识分子由于采取儒道互补作为自己的人生观，便不需要到宗教里寻找精神家园。

再次，要正确对待各种大的传统宗教和民间宗教。历史和现实告诉我们，宗教是一种普遍而持久的社会文化现象，它既不姓"封"，也不姓"资"，又不姓"社"，同时又可以姓"封"、姓"资"并姓"社"，也就是说它可以与各种社会形态相结合，并成为该社会文化的一个组成部分，社会主义社会也不例外。社会主义思想体系是无神论的，这只能约束社会主义的信仰者，并不能约束社会主义社会有其他信仰的公民。由于社会主义社会依然有异化现象，依然存在着宗教赖以生存的自然根源、社会根源、认识根源和心理根源，宗教的长期存在是必然的。再说，社会主义社会的性质决定它必然要尊重和保护人民大众的权益，包括对信仰的自由选择，所以社会主义对宗教应是最为宽容的，社会主义时代应是人民心情舒畅、精神生活最为丰富多彩的时代。有鉴于宗教在一定程度上可以起到调节人心、稳定社会精神生活、维系道德风尚的作用，21世纪的中国应当采取与宗教联盟的长远的文化政策，不要惧怕与歧视宗教，要善于调动宗教正面的社会功能，帮助物质与精神文明建设；同时依法管理，限制和缩小宗教的负面作用。如果能做到真诚信仰社会主义的人和真诚信仰传统哲学的人、真诚信仰宗教的人加在一起占人口的多数，那么就可以说中国人信仰重建的问题初步解决了。

民间信仰历来以宗教为主，汉族的民间信仰则表现为多神崇拜，这个历史传统不是轻易改变得了的。今后相当长时间内，民间宗教（包括民间佛教和道教）的恢复和发展是一个必然的趋势，行政压制的手段只能迫使它转入地下而不能扼杀它。只要不超出法律允许的范围，可以不予干预。民众的高层次精神需求必须以各种方式得到满足，他们也会以传统信仰为资源创造出适合自己需要的信仰。社会管理者的责任是加以正确引导和管理，不使其妨害社会稳定，而不是去禁止取缔。如果没有民间宗教，也没有它的替代品，民间精神生活将是空虚的，各种非道德的和犯罪的行为得不到有力约束，必然泛滥成灾。这是值得管理者深思的问题。

第三题：道德重建的问题

社会道德体现一个国家和民族的综合素质。良好的道德风尚不仅是一般社会人际关系正常化的保证，也是社会法制建设的基础和社会经济生活有序化的必要条件。今后几十年将是中国社会连续进行重大改革、社会发生一系列深刻变化的时期，改革不仅会带来发展和利益，也会带来震动、错位和痛苦，这时社会特别需要稳定和良好的道德传统，用以承受社会变动带来的精神冲击。可是我国的道德现状是不理想的。传统道德受到几十年未间断的社会革命的批判冲刷，其陈旧的部分固然去掉不少，其优秀的成分也由于人们缺少辨别而遭到摧残，整个社会的道德基础是脆弱的。20世纪五六十年代社会主义道德一度兴盛，但经过"文化大革命"的破坏和商品经济大潮中拜金主义的冲击，其影响也被大大削弱了。道德严重滑坡，社会风气浇漓是不争的事实。假冒伪劣产品充斥市场便是一个有力的证明。中国社会主义现代化的最终目标，不仅要建设一个富强的繁荣的中国，还要建设一个民主的文明的中国，重现礼仪之邦的风采，其中道德建设便是文明建设的核心内容。

21世纪道德重建要做好这样几件大事。

第一，要继承和发扬中华民族优秀的传统道德，把道德的根基培植好。传统道德的糟粕主要表现为"三纲"，即君为臣纲，父为子纲，夫为妻纲，它是封建专制、等级、重男轻女思想的体现，必须予以剔除。但传统社会道德的"五常"则具有民族性与民间性，一个也不能丢，只能加以改造和提高。仁是爱心，义是正义，礼是规矩，智是明理，信是诚实，一个现代的文明人是不能缺少这五种品质的。此外还有忠（忠于人民和职守）、恕（宽容和体谅）、孝（敬养父母）、诚（真实无妄）、廉（有操守不苟取）、直（公正无私）等，以及见利思义、敬业乐群等，都是值得发扬光大的，问题只在于予以新的解释，增加新时代的内容，并加以有效的普及。道德只能改良不能革命，这是道德不同于政治的地方。大破大立的结果，只是破掉了道德根基，而立不起新的道德，道德建设必然步履维艰。新道德的提倡往往由于根基不深而流于形式，这个教训必须记取。

第二，加强廉政建设，消除贪污腐化。俗话说，上梁不正下梁歪，管理阶层的腐败是毒化社会道德风气最厉害的因素。他们人数虽少，但掌握着权力，有导向作用。如能以身作则，廉洁奉公，那么社会道德风气就容易向好的方向变化。各种道德教育都抵不过管理干部的社会示范作用。反腐倡廉不仅要对管理干部进行政治道德教育，还要建立一套强有力的外部监督机制，使人民大众、社会舆论能及时广泛有效地对权力系统进行了解、监督、检查，并使违法乱纪者受到惩罚。这当然是政治体制改革的问题，同时也是道德建设的重要任务。

第三，在传统美德的基础上充实社会主义新道德，吸收外国优秀道德思想，并根据社会前进的需要和人民群众的创造，更新过时的道德观念，提炼和推出符合现代文明发展趋向的新理念、新规范。例如提倡个性解放、个人尊严、男女平等、上下平等，将社会道德扩大为生态道德，以及提倡尊重公民权利的观念、公平竞争的观念、保护隐私的观念，等等，把中国现代道德思想丰富化体系化，使之既有中国特色，又有现代精神。同时还要鼓励支持一切有利于发展社会生产，促进国家统一、民族团结、社会进步的思想道德，鼓励和支持一切有利于发扬真善美、抵制假恶丑的思想道德，包括各种宗教道德。

第四，要加强社会、学校和家庭的人文知识和道德教育，使之互相配合，提高人们的素质。这是一项长期的基础性的工作。社会教育的方式是多种多样的，比较为人们所喜闻乐见和容易收到成效的是电视、电影等形象化传媒手段和真人真事、实话实说的生动内容。不能允许海淫海盗的黄色文化到处泛滥，毒害青少年。学校教育要从少年儿童抓起，配合文化知识教学，增加传统美德教育内容，使少年儿童知道做什么人和怎样做人。一个重要的方式便是引导少年儿童读一些文化典籍，接受深厚文化的熏陶，将使其一生受用无穷。家庭教育不能再被忽视，因为家庭是儿童的第一学校，父母是儿童的第一教师，对于一个人的成长是至关重要的，而教育者要先受教育。今后应当对所有结婚并准备育子的青年男女，实行普遍的带某种强制性的"如何做父母"的教育，使他们具备教育孩子的基本知识和技能。社会、学校、家庭的道德教育要配合好，否则会互相抵消正面功能。

第五，要认真研究并建设社会公德、职业道德和家庭美德。社会公德是指人们在一般社会交往中必须遵守的基本的公共道德，如礼貌待人、诚实有信、互助友爱、遵守秩序、爱护公物、保护环境等。在这个领域里，"成文道德"早已明确，问题是如何使之成为"习惯道德"，即能够化民成俗，形成风气。其入手处应是社区道德建设，或一街区，或一市一镇，从上到下齐抓共管，使之成为风气，然后向外推广，影响全国的风气。职业道德是人们从事社会专业工作中的道德，它与社会劳动分工相联系。随着公民社会的发育成熟，人们之间的职缘关系成为一种发达的人际关系，职业道德的重要性便日益突显出来。职业道德不仅体现人们的素质和人格，影响社会风气的改良，而且直接参与政治、经济和其他社会活动，是提高工作效率、发展物质生产的道德保证。职业道德的基本要求是忠于职守、见利思义和诚实不欺。中国古代"敬业乐群"的提法是对职业道德的最好概括，要求人们尽职尽责，服务社会，勤奋工作。为官者不以权谋私，为商者不因利损人，为学者不以文欺世，做一个忠诚合格的社会工作者和劳动者。家庭道德是与家庭生活相联系的道德，包括爱情、婚姻和家庭日常生活中的道德。家庭是社会的细胞，过去如此，现在和未来同样如此。随着现代化的进展，家庭的形态也在变化，封建家长制、男女不平等的旧式家庭关系必须废除，而代之以平等、民主、和谐、友爱的新式家庭关系。但是家庭的生理生育功能、生活互助功能、情感慰藉功能、培养教育功能是不可能被取代的。可以预计，21世纪中国的家庭形态会趋向多元化，如"单身贵族"、"两人世界"、"协议家庭"、同居等现象会多起来，但是主流家庭形态仍然是核心家庭和主干家庭。由于现代社会人际关系疏离、冷淡和紧张给人们带来痛苦，人们会更加珍视东方重家庭的传统，更强烈地追求幸福、美满、和美的家庭生活。仁爱、和谐应是家庭道德的基础。在处理父母与子女相互关系上应提倡"孝慈"，即敬老爱幼；在处理夫妻关系上应提倡"忠贞"，不仅有深情，而且有道义，互相负责任。我们应对"忠孝"作出新的解释，使之成为未来家庭道德的基本范畴。

第四题：人才培养问题

文化建设如同经济建设一样，必须培养人才，让大批高素质的人才去承担繁重的建设任务。有了人才就会有各种事业，没有人才各种事业就会落空。所以发展教育事业，培养和造就各行各业高素质的人才，就成为实现中国现代化事业的关键。有几个重要问题，必须加以解决。

第一，推进素质教育的问题。以往的教育大都是应试教育和职业教育，教学活动受制于考学和就业，不能不偏重于书本知识和专业训练，从而忽视学生的全面发展，尤其忽视学生的内在涵养，这是必须予以纠正的。现在提倡素质教育，方向完全正确，但解释则是见仁见智的。按我的理解，素质教育有三个基本要求：一是要德、智、体全面发展，特别是要品学兼优；古人强调"仁、智、勇"三达德，也是主张做人与为学要结合。如果德不胜智，其害莫大焉。二是要人文修养与科学知识并重，不论学何种专业的学生，都要进行文史哲的训练，打好文化和社会科学修养的基础。三是要把书本知识与社会实践结合起来，使学生不仅知识广博，而且富有创新精神和处理实际问题的能力。这三个方面做好了，才能够培养出具有全面素质的人才，这样的人才才能适应21世纪的需要。

第二，大师级人文高才的成长问题。文化事业要实现繁荣昌盛，必须涌现一批造诣深厚、贡献独特的大思想家、大哲学家、大文学家、大教育家、大史学家、大文艺家、大科学家和杰出的学者群体，形成群星灿烂的局面。而一流的文化大师虽然也需要学校教育，却不是仅靠普通教育就能按计划培养出来的。准确地说，他们是在适宜的环境中和坚实的基础上涌现出来的。社会管理者的任务是给大师的出现创造必要的外部条件：一是改革教育，保证学校教育能给学者以系统的国学训练，并创造条件获得西方学术的系统训练，总之，要打下学问的坚实基础；二是创造宽松的开明的学术文化环境，不压制人才，不禁锢个性，不排斥异己，提倡自成一家，自立一说，自由讨论，不加干预。在这种情况下，有悟性、有才华的人文学者便会尽其才性，脱颖而出，成就自己的学术事业。

第三，民间办学的问题。古今中外的历史都证明，政府包办不了教育，必须动员社会各界力量共同办学。目前发达国家和地区，私立大学、私立中小学在全部学校中所占比重极大，在许多国家中私立学校的数量超出国立学校，而且其中不乏名牌学校。如美国的哈佛大学、哥伦比亚大学，日本的早稻田大学等，都是私立大学。中国目前的大学生比重不仅低于发达国家，也低于许多发展中国家。要大批增加大学生的数量，除了已有国立大学增加招生以外，看来必须大力发展私立大学，广泛吸收社会资金和人才，组织成倍于现在的高等教师队伍，招收成倍于现在的大学生。一批又一批退休的业、体兼佳的教师闲置不用，许多民间教育资金欲投无门，而同时又存在着旺盛的教育需求无法满足，这是很不合理的。只要允许民间办学，问题便解决了。当然要建立严格的审核报批制度、管理制度和竞争淘汰制度，不使私立办学变成乱办妄为，带来负面作用。

第四，切实增加教育经费，提高知识分子的待遇。这个问题如不解决，培养人才、科教兴国仍然落不到实处。学校设备陈旧、教学科研经费严重不足、教师待遇偏低是一个老问题，始终得不到有效解决，不仅严重制约教育的发展，也使大学辛勤培养出来的优秀人才大量流向国外，等于我们花大把的钱替发达国家培养高级人才，其损失是无法估算的。优秀学生部分出国是正常的、有益的。但是大批争相出国，超出一定限度，便造成人才流失。原因之一是知识分子在国内待遇太低，不足以保证中等的生活和必需的工作条件。中国知识分子有爱国敬业的传统，对个人待遇并没有过高的要求，但目前的待遇使他们的工作和生活遇到了一定的困难，不能不花精力和时间从事旁业，以增加收入，这对于国家和个人都没有好处。要使教师的待遇跟上经济发展的水平，同时大力改善工作条件，增加科研经费。

第五题："双百"方针的贯彻执行问题

社会精神生活应是丰富多彩的，社会形态越高级，精神生活越是多样化。文学艺术和学术研究是高级的文化形态，表现人的智慧和个性，具有不重复性，必然是多姿多彩的。从文化政策的角度讲，促进文学艺术和学术事业繁荣的唯一正确的指导原则便是实行"百花齐放，百家争鸣"的方针，历史与现实的经验教训反复证明了这一点。

中国历史上的文化政策有优良的传统，也有不良的传统。优良的传统便是提倡"和而不同"、"殊途同归"。既反对文化的单一化，也反对用斗争手段压制不同意见，而是主张宽容，包纳各种流派，彼此吸收，和谐相处。不良的传统便是"排斥异端"，"独尊儒术"，自封正统，压制异见，用权力支持一家，打击别说。两种文化政策推行的结果，还是"和而不同"的传统占了优势。先是有春秋战国时期的诸子百家争鸣，汉以后接纳印度佛教，形成儒、佛、道三教争鸣与互渗，并且有伊斯兰教、基督教等教的传入。中国文化史上，在儒、佛、道三家内部经常是学派林立，人才辈出，互相激励推扬，使学术文化一浪高一浪地向前发展。文学艺术方面更是万木竞秀，千壑竞流，故有汉赋、唐诗、宋词、元曲、明清小说的更迭繁荣，音乐、绘画、书法、雕塑、戏曲等各种艺术门类的争奇斗艳。在不良传统方面，除两汉独尊儒术外，还有文字狱，打击学人，闭塞言路，这是封建君主专制主义在文化政策上的表现，应予以批判。我们当然应该发扬开明多元的优良文化传统，清除文化专制主义的遗毒，以发展新时代的学术与文艺。

1956年，我国政府曾正式提出"双百"方针，这是对优良传统的继承和发展。可惜好景不长，不久以阶级斗争为纲的路线占了上风，把"百家"变成两家（无产阶级与资产阶级），而两家之间只能一个战胜另一个，不可能和平共处、平等讨论，事实上等于取消了"双百"方针，其结果便是文化生机被窒息，文化人才被摧残。及至"文化大革命"，"四人帮"实行文化专制主义，达到登峰造极的地步，文化事业遭受毁灭性打击，文化园地一片荒凉，满目疮痪。其不良后果一直影响到今天，某些人士仍心有余悸，不敢讲真话。改革开放以来，管理部门重申了"双百"方针的正确，表示要坚定不移地加以贯彻执行。20年来，社会环境宽松了，文艺与学术的自由度增加了，于是文化事业便得到蓬勃发展。文艺与学术作品琳琅满目，文化人才层出不穷，文化生活空前活跃，文化学术团体蓬勃发展，对外文化学术交流发展迅速，形成新中国成立以来最为生动的局面。

21世纪中国的文艺与学术的高度繁荣，仍取决于"双百"方针贯彻执行的程度。首先要毫不动摇，长期坚持；其次还要不断增加文化政策的开放度，以适应时代的发展。社会主义的中国其社会结构是多元一体的。国家的统一、法律的一元、民族的团结、社会的稳定是现代化事业的保证。同时社会经济成分是多元的，社会成员由多民族、多阶层、多群体组成，其信仰选择、社会见解、审美情趣等千差万别，其文化需求必然各不相同。加上社会走向开放，各种外来文化通过筛选进入社会。凡此种种，造成文化的多样性和丰富性。文化政策必须是宽容和开放的，才能适应文化繁荣的需要。对文化成分中不健康因素的识别和清理，除明显的如黄色文化的扫除可由司法直接介入外，一般也需要通过讨论来进行。学术与文艺问题更多的并不是黑白分明的是非问题，而是学派、风格、形态、视角、方法的不同，可以并行不悖，相得益彰。有些问题需要长期探讨、反复实践才能趋近于真理，那就更需要耐心细致、多方考察了。有些时候真理就在不同意见的张力之中。不要以"消除不良倾向"为由压制不同声音，尤其少数派的声音，以保证社会有足够的反省能力和自我调节能力。一个健康的社会是不会被批评摧垮的，承受得住批评，恰恰是生命力顽强的表现和保持生命活力的条件。理想的社会主义社会应当是人民畅所欲言，可以随时批评和监督管理者的时代，应当是各种有才华又勤奋的人大显身手创造伟业的时代，应当是公民个性大解放、创造能力大发挥的时代，应当是各得其所、各尽所能、各兴其业的时代。在这个意义上，文化上的"双百"方针正是社会主义社会人民性和民主性的体现。文化上的专制主义和一言堂，其本质是封建主义的，绝不是真正的社会主义。但以往曾打着"社会主义"的旗号风行过，所以要贯彻"双百"方针，必须深入批判文化专制主义，把它与社会主义的界限划清楚，并警惕文化专制主义的回潮。未来的中国文化领域，应当是多元的、多层次的、五彩缤纷的，是百家争鸣、精品荟萃、生机盎然、百花盛开的园地，这是我们文化建设的奋斗目标。

第六题：中国文化走向世界的问题

中国文化建设面临的国际环境已经不同于以往。由于冷战结束和中国实行对外开放，中国社会及其文化已经不可逆转地与国际社会连为一体，尽管其间充满了矛盾与冲突，但不再隔绝，彼此已经息息关联。世纪之交的人类，经济上出现全球化和地区化的趋势，政治上出现多极化的趋势，文化上出现了更大规模的交流和更加多元的发展。世界和平与社会发展成为国际生活的主题。尽管超级大国实行政治、军事霸权主义和文化价值的一元主义，挑起族群冲突与文化冲突，但是公理终将胜过霸权，和平终将胜过战争，文明终将胜过野蛮，进步终将胜过倒退。中国作为一个文明古国和经过复兴而日趋富强的现代大国，应该和必然在国际事务中发挥越来越大的作用，它的优秀文化应该在克服世界性危机和促进人类文明向更高阶段转型过程中作出应有的贡献。这个过程既是中国文化走向世界的过程，也是中国文化复兴的过程。现在已是信息网络时代，各民族各地区的文化容易做到资源共用、成果共享。中国文化要想走向世界，首先中国必须用世界的眼光对自己的文化资源有一个重新的开发和评估，充分认识其未来价值和世界意义。同时要把这种文化资源充分运用到国家现代化建设事业中去，充实物质文明与精神文明的内涵，使中国不仅成为一个现代化的强国，而且成为一个现代文化大国，一个富而有礼的文明大国；然后要以各种方式向全世界传播中国的优秀文化，特别要在学习西方优秀文化的同时，看到其负面问题，用中国的优秀文化去加以补救，回应各种世界危机的挑战，参与国际问题的处理，使其在人类实际生活中发挥积极作用。

西方近现代文明，创造出巨大的生产力和高度的科学技术，其社会理论也影响了人类社会的进程，整个改变了世界。同时二百年以来的殖民主义，20世纪的两次世界大战，以及战后近半个世纪的冷战，近期发生的北约东扩与科索沃战争，也暴露了西方近现代文明的另一面，即野蛮、残酷和扩张的一面。西方政治家的主流至今信奉斗争哲学和实力政策，迷信强权霸道，以强凌弱，以邻为壑，企图以力服人。他们不懂得世界已经成为"地球村"，国家、民族之间的共同利益开始大于它们之间的分歧和矛盾，在核威胁和生态危机面前，人类只有共生和共亡两条路可供选择。西方热衷于斗争的政治文化如不改变，将给整个人类带来巨大灾难，包括西方世界在内也不能幸免。严峻的现实告诉我们，国际政治迫切需要一种新的文化理念和人道主义学说，它能正确指导人们解除国际冲突，保证人类和平安全，我以为中国儒家的仁爱通和之学可以为世界新政治哲学提供理论基础。仁爱通和之学包括三个基本理念，即仁爱、感通、贵和。仁爱即是全球一家，故应兼相爱交相利，目前最重要的事情便是打破族群仇恨，把爱心推向别国别族，实现真正的普遍人权，不使冷酷不仁者成为国际政治家，要使仁人在其位。其次国家和族群之间要对话、沟通、交流、谈判，用真诚和平等实现双方的感通。感通的目的是实现国际关系的和谐，使各国各族之间和平共处，在和平竞赛、广泛合作中求得共同的发展。孔子提出的"和而不同"的理念，不仅在个人之间是适用的，在国际关系上也是适用的。"和而不同"用于国际关系，便是国家之间在交流合作中彼此尊重政治与文化的多元选择，又在多元发展中加强彼此之间的友谊与协作，以实现共同的进步。不论什么国家和集团，实行自我封闭或者实行宰制全球的政策都是不得人心和违背社会进步的，只有开放和平等同时并举的政治才合乎时代的需要，只有多样性的和谐才是人类的光明前途。中国哲学家冯友兰曾指出，人类的前途只能是"仇必和而解"，仇必仇到底是没有出路的。

由此可知，中国的优秀文化不仅能够在世界上发挥积极作用，如果传播得力，还可能发挥重大作用。中国优秀文化走向世界，只会给世界带来和谐与团结，因为这种文化的精神是主和的与宽容的。我们要让孔子和老子的思想成为人类和平与发展道路上一面鲜艳的旗帜，引导人类走向幸福。

当然，中国文化绝不限于儒家的仁爱通和之学，它积蕴深厚，是一座文化富矿，可以开采出诸多精品。例如道家与道教的养生文化，传统的中医药学，儒、佛、道的安身立命之学，通古今之变的史学，都具有普遍价值，可以丰富世界文化。至于李白、杜甫的诗，苏轼、陆游的词，曹雪芹、蒲松龄的小说，乃是千古绝唱，具有恒久的魅力，将传遍四海，永放光芒。

（载《中国文化的昨天、今天和明天——名家演讲集》，武汉大学出版社，2001年9月）

找回失落的东方精神

一

在19世纪西方殖民主义、资本主义势力及其文化大举进入东亚以前，东亚各国享有悠久的农业文明，过着家族社会的生活，保持着稳定而有特色的东方文化传统。东方文化传统的思想基础，在中国便是儒、佛、道三教，在东亚其他各国主要是儒教和佛教，东亚文化以此为辐射源，形成儒教文化圈和佛教文化圈。当然，在三教或二教之中，儒教是轴心，对东方社会生活影响最大。中国是一个古国，又是一个大国，是孔子的故乡，自然的，它便成为东亚政治、经济和文化的重心所在。中国长期是君主专制国家，贵族统治者怀有重夏轻夷的偏见，以中央帝国自居，与周边国家交往中，经常表现出大国的傲慢，这是不奇怪的。但是，由于受孔子以文德来远人、孟子扬王道抑霸道的思想的影响，同时也受到老子关于大国与小国之间"大国宜为下"以及佛教"无缘大慈、同体大悲"的思想的影响，中国贵族统治者的大多数，并不热心于武力扩张，而比较看重大国的声威和地位，以传布文化为己任，以睦邻友好为国策。即使发生局部冲突，也愿意化干戈为玉帛，寻求和平解决。总之，东亚曾经是以中国为中心的由文化纽带联结起来的比较松散平稳的超国家的文化共同体。

这个有特色的东亚文化共同体后来被两种力量所打破。第一种力量是西方文明的进入。1840年鸦片战争以后，西方列强首先用武力打败了中国，并进而控制了周边国家，中国沦为半殖民地国家，不仅无力保护东亚，也无力保护自己。中国的失败不单是国家实力的失败，也是东方农业文明的失败。欧美列强所代表的近代工业文明，以其强大的经济力量与科技力量战胜了东方，显示了比农业文明高得多的巨大优越性。在文化理念上，西方所倡导的民主、自由、人权、平等、法制、理性以及社会主义学说，成为一种新的时代精神，主导了世界思想潮流，对东方人显示了比东方传统文化更大的吸引力。从此先进的东方人，为了救国救民，转而到西方去寻求真理。以中国而言，19世纪后期出现的洋务运动和维新运动，都主张学习西方以自强。前者着重发展近代工业，后者着重政治改良。20世纪初，孙中山领导的辛亥革命，以西方民主共和的思想为指导，成功地推翻了两千多年的帝制社会，建立了中华民国。尔后发生的"五四"新文化运动，以提倡科学与民主为旗帜，以"打倒孔家店"为口号，使欧美自由主义和俄国传来的共产主义在中国思想界占了上风，使儒学丧失了它在中国文化中的主位性。以马克思列宁主义为指导的中国共产党，通过武装斗争，于20世纪中叶驱逐了西方帝国主义势力，建立了中华人民共和国，使中华民族百年来第一次获得了真正的独立，终于实现了学习西方（马克思主义也来自西方）而后摆脱西方控制的目标。东亚其他国家情况各不相同，但这一时期同样出现了固有的文化衰落和西方文明大规模进入并成为主导潮流的新格局。

打破东亚稳定的第二种力量是日本的崛起。日本自1868年明治维新以来，实行"脱亚入欧"的政策，积极学习西方，发展工业，迅速发展成为一个强国。它的主流文化开始脱离传统的儒、佛、道的人道主义轨道，而热衷于发扬武士道精神，将其与西方工业文明带来的殖民主义、霸权主义意识相结合，促使了近代日本军国主义的恶性膨胀，逐渐支配了日本的国家政策，使近代日本成为东方一个极富有侵略性的国家。因此，日本军国主义不是东亚主流文化的产物，恰恰是它的对立面。19世纪和20世纪前期的日本，一方面是东亚引进和介绍西方革命思想、科技成果、人文理论的前哨，因此中国和其他东亚大陆国家的有识之士纷纷留学日本，学习东洋和西洋文化，以便回国振兴自己的国家；另一方面日本又是危害各国的恶邻居和害群之马，挟其强盛的国力，野蛮侵略中国、朝鲜和其他邻国，实行烧、杀、抢、奸的政策，在中国制造了震惊世界的南京大屠杀惨案，使中国和亚洲其他国家深受其害。从文化的角度看，这个时期的日本，主流文化已经丧失了东方仁爱和平的精神而去追随欧美，但又缺乏欧美的人道主义传统，长期被民族沙文主义所控制，表现出强意志、弱理性的特点。第二次世界以后的日本，被美国所控制，其文化的发展更趋向于西化的方向。20世纪70年代以后的日本，虽然成为一流的经济大国，但未能够成为一流的文化大国，因为它没有建立起自己特色的文化。身为亚洲国家的日本，却不想回归亚洲的文化传统；它追随欧美，又没有融入西方文化传统，于是不得不陷于文化选择的两难困境，至今不能摆脱。

二

应当承认，西方近代工业文明从根本上改变了东亚，使东亚各国先后从传统而封闭的农业与家族社会中走出来,开始了现代化的进程,虽然期间充满了痛苦和曲折,但主流是积极的。欧美列强还帮助东亚摆脱了日本帝国主义的野蛮统治,因此获得了东亚人的好感。20世纪70年代和80年代以来,东亚各国纷纷实行改革与开放,学习西方发展和管理市场经济的经验,引进西方高科技成果,加入经济全球化进程,大大推进了本国生产力的发展,创造了东亚经济腾飞的奇迹。其中韩国、中国内地、新加坡、马来西亚、泰国和中国台湾、中国香港地区的经济发展尤为快速,得到了全世界的高度赞赏。这种状况一方面,拉近了东亚国家和欧美发达国家之间的距离,亲近感增强了;另一方面,东亚的崛起必然增强东亚人的自豪感、独立意识和参与国际事务的积极性,从而又不能不与西方发达国家的霸权主义发生许多新的矛盾和冲突。

西方发达国家对东亚的兴盛,怀着矛盾的心情,既希望东亚市场经济的繁荣,给西方提供更大的市场,并为东亚采用西方价值观和政治模式创造了有利条件;同时又担心东亚的强大会减弱欧美列强在亚洲的影响,成为他们的竞争对手。他们尤其担心东亚文化的复兴,会形成对西方文明及其价值体系的强烈冲击。按照美国政治学权威亨廷顿的说法,东方和西方的冲突将不再是经济和政治冲突,而是文明的冲突。[1] 这当然是冷战思维的表现,用这种思维方法观察东方文明,便看不到它的和合包容精神。但亨廷顿的言论也透露出这样的信息,即西方人敏锐地感受到东方文化已经开始复兴,它将在今后的人类生活中发挥重要的作用。

一个民族、一个国家和一个地区的振兴,不仅意味着经济的高度繁荣和政治军事的独立强大,而且还意味着文化的再生和勃兴。东亚的经济腾飞必然伴随着一场伟大的文化复兴运动。古老的东方文明,将在与西方文明的交汇中重新焕发多彩的生命,成为一种伟大的时代精神。只有这样,东亚人才能不单在经济上也在精神上摆脱依赖状态,而获得真正的独立、和平等。我们有这样的条件,目前也有这样的需要。但是许多东亚人在精神上还没有完全站立起来,对于自己的传统文化及其前途还缺少全面深刻的认识,还有点自己看不起自己。我以为,东亚人要克服心理上的自卑感,重新找回已经失落的东方精神,用以建设新东亚,并用新东亚的模式去推进世界的和平与发展。

我的主要理由如下:

第一,东亚文化即儒、佛、道三教为核心的文化,有着悠久的历史和深厚的积累,内含着许多宝贵的社会人生智慧,其丰富性和深刻性在世界上是一流的,因此它有很高的价值,是不可磨灭的。

第二,东亚文化经过一个多世纪的社会革命的洗礼和西方文化的冲击,其陈旧的部分已经初步得到清理，如儒学的"三纲"说（君为臣纲、父为子纲、夫为妻纲）受到猛烈的批判，已经失去人心，这样，去其腐朽显其精华的社会条件已经具备。

第三，西方工业文明在给人类带来巨大利益的同时也暴露出许多重大缺陷，造成一系列世界性危机，如社会危机、道德危机、信仰危机、生态危机，而东方与西方文化各有长短，如能双向交流和互补，必将为克服各种危机、促进人类文明的更高转型作出应有的贡献，因此全世界都关注东方文化资源的开发运用，这是时代的需要。

第四，东亚各国的经济发展，已经具备了振兴文化的实力，探索着有民族特色的现代化道路，在传统文化和现代化的结合上，在继承发扬民族文化传统与大力吸收西方文化的兼顾上，已经积累了不少成功的经验，这使我们增强了信心。在这方面，韩国和新加坡的经验是比较突出的。中国强调建设有中国特色的社会主义，我想特色就在于传统文化资源的运用。

由此可知，我所说的找回失落的东方精神，不是单向的回归，而是有选择的继承，是在东西方文化的交流中对东方文化加以转化和重铸。

三

东方精神是什么？哪些是东方传统文化中优秀的成分？我以为它是由儒、佛、道三教的智慧凝结而成的文化理念、文化性格和文化情感，它是"亚洲价值"的主要内容。三教之中，儒学的影响最大。东方精神的要义可分述如下。

第一，仁爱忠恕之道。每个人都是在爱中诞生和成长的，人的幸福离不开彼此的关爱。所谓仁爱，就是人类普遍的同情心，孟子称"恻隐之心"，也可以称为道德良知，它是与生俱来的，但需要培养，否则容易丧失。孔子认为爱人应当落实到忠恕之道上，即一方面要"己欲立而立人，己达人而达人"[2]，这便是忠；另一方面要"己所不欲，勿施于人"[3]，这便是恕。忠恕之道即是主张帮助人、体谅人，它是人类一切道德行为的基本原则。

人是双重的存在，既是群体的一员，又是独立的个体，所以群己之间又一致又矛盾，但一致是根本的，矛盾是可以协调的，而协调的原则就是忠恕之道。它是一个双向共成的原则，合乎人情常理。如孟子所说："爱人者，人恒爱之"[4]，又墨子所说："兼相爱则交相利"[5]。反之，必然是害人者人恒害之，和兼相害则交相损。所以从长远和全局看，人类可以共存共荣，亲如一家。但是一般人往往眼界短浅，只看自己和眼前，把自爱和爱他对立起来，想通过损人达到利己的目的,却难免以害己告终,所以忠恕之道需要提倡。特别是在商品经济发达和民族矛盾加剧的今天,"金钱万能"冲淡了人情、亲情、友情、爱情,使人际关系冷漠起来;"民族仇恨"又从感情上分裂了人类,引起不断的族群冲突和战争。当代的人类,不是没有爱心,而是把爱心限制在狭小的范围内,或家庭,或族群,或集体,不能把爱推广到全人类,其结果是互损互失,共同忍受着苦难的煎熬。儒家提倡"四海一家"、"世界大同",符合人类的长远利益,尤其符合人类进入"地球村"时代的需要,因此具有现实的指导意义。人类已经走到今天,各国之间的共同利益开始大于它们之间的分歧和矛盾。那种以邻为壑、以战争求发展的时代已经过去了。为了适应"地球村"的需要,有识之士正在探索和提倡"普遍伦理",而东方忠恕之道显然是一个良好的选择。

在恩怨问题上,孔子主张"以直报怨,以德报德"[6],这是一种平民的理性精神。佛教、道教则把爱提高到宗教的境界,故菩萨有"舍身饲虎"[7]的故事,老子则有"报怨以德"[8]的教导,他们都想用宽容来感化恶人。一般人虽不能至,仍然可以心向往之;只要能心向往之,何仇而不可以消?何怨而不可以解?

第二,通和共处之道。忠恕之道落实在人际关系相处上,便是通和共处之道。孔子讲"和为贵"[9],提出"和而不同"[10]的理念,用以处理不同人群之间的关系。《周易》提出"感而遂通天下"[11]的感通思想《庄子》则讲"道通为一"[12]。近代中国维新派思想家谭嗣同是儒佛兼修的人物,他在《仁学》一书中提出"仁以通为第一义","通之象为平等",主张"中外通"、"上下通"、"男女通"、"人我通"。"和"与"通"联系起来,可以形成人际共处的健康之道。

"和"是指和谐、和平、合作、协调、团结。"和"有别于"同",它是承认在多样性和彼此互尊的前提下的相互配合,"同"则是单方面的趋同和随声附和。"和"具有民主开放精神,"同"则是专制主义的一言堂。"和"又有别于"斗",它主张以和解、妥协的方法处理人际矛盾,"斗"则主张用对抗或强力的手段打击对方,以实现自己的意志。"和而不同"既承认差别,又主张和谐,是人际关系的良性状态。这一原则特别适用于调解族群之间和国家之间的关系,不使差别形成对抗,而使差异走向互补。

但要实现人际关系的和谐,必须先进行真正的沟通。"通"即是对话、交流、开放和感情接近。当今世界,交通发达,人际往来密切,信息网络把人类连为一体,似乎很通达了。但仍然有许多不通的地方,领导和群众之间不通,国家之间不通，民族之间不通，宗教之间不通，归根结底是人的心灵之间不通。因此，社会矛盾常常被激化，地区和宗教冲突不断，"大国"单方面把意志强加给弱国小国。国际政治以往通行的是霸权主义、对抗原则和实力政策，曾造成两次世界大战和战后的冷战，给人类带来了巨大的灾难。冷战结束后，全世界都向往着永久的和平。但是"斗争哲学"仍然很有市场，国际纠纷经常导致武装冲突，使人们对当今西方发达国家的文明水平发生严重怀疑。看来，政治家们还没有找到一种可以取代"斗争哲学"的正确原则。其实这种原则已经存在了，那就是通和共处之道，它是唯一能指导人类走向持久和平之道。中国哲学家冯友兰先生说过，人类的前途只能是"仇必和而解"，仇必仇到底是没有出路的。[13]

东亚人用东方文化的智慧解决了和正在解决许多重大历史遗留问题。中国用和平的方法实现了香港和澳门的回归，并正在努力促使两岸的和平统一。朝鲜半岛南北两方实现了高峰会谈和探亲往来，这是伟大和解的开始。东亚人为这些重大成就而骄傲，他们应当成为率先实践通和共处原则的榜样。

第三，修德尚礼之道。道德礼教是基于人性、明于理性、成于人文的价值系统和行为规范，它使人远离动物而走向高级文明。孔子认为，一个健康的人格必须具有仁、智、勇三德，[14]孟子提出"仁、义、礼、智"[15]四德作为修德的内容，并以"富贵不能淫，威武不能屈，贫贱不能移"[16]的大丈夫气度作为独立人格成熟的标志。《中庸》提出"尽性成己"之学，认为每个人应当充分发挥本性中潜在的德性和能力，使自己臻于完美。为此就要讲学、修德，见贤思齐，不断躬行实践，而始终把德性的修养放在首位。所以儒家一向重视教育，包括家庭教育、学校教育和社会教化。儒家的治国论的原则是"为政以德"，尚德不尚刑。其主要内涵有三：一是管理者要成为道德表率，正己而后正人；二是实行仁政，关心民间疾苦，使百姓安居乐业；三是加强社会道德教化，做好移风易俗的工作。所谓礼教就是把道德品性外化为行为规范，使之成为提高全社会成员素养的教育方式。东方传统文化本质上是礼义文化，是以伦理道德为基础而形成的一套包括社会制度、道德规范和民间习俗诸多层次的社会文化体系。礼义文化使得东亚社会较早迈入高度文明，社会生活丰富有序，文化气息浓厚高雅。但这种道德礼教到了20世纪受到先进思想家的批判。其原因有二：一是礼教受到专制政治的歪曲，脱离了仁德的基础，变成桎梏人心的教条；二是礼教部分内容，如"三纲"说不能适应现代社会民主化需求，因而影响了礼教的声誉。但是今天看来道德礼教仍有可取之处。我们至少应当保存"忠、孝、诚、信、礼、义、廉、耻"的八德之教，它们既是做人的常道，又是东方道德的特色。现今的教育受科学理性的控制,重智轻德,几乎都变成了职业教育,这是出现道德危机的重要原因。所以东方修德尚礼的传统只可在内容上作一些调整,而在整体上必须恢复起来。现代社会的经验表明,如果忽视了道德教育和民俗的移化,单靠法刑,社会是治理不好的。孔子说:"导之以政,齐之以刑,民免而无耻;导之以德,齐之以礼,有耻且格。"[17]融道德、法律与民俗为一体的礼义文化,经过一番改造,未尝不可为今天社会管理提供一种新的思路。正如韩国学者金忠烈教授所说:"我们迎接21世纪,如果准备解决法律问题,总先把'法'的意义扩大,道德礼教就是扶植社会人心之本,而法律刑治,只不过是治理现成问题,使之归至至善境界的辅助方法。"[18]韩国是迄今保存传统道德礼教最多的国家,固然不无需要改革的地方,但道德礼教在韩国现代化过程中起到了维系人心、安定社会的作用,这是不可否认的事实,值得中国人认真借鉴。

第四,天人一体之道。在人与自然的关系上,东方文化的儒、佛、道三家都主张人类应热爱生命、热爱自然,反对破坏自然、残害生命,它们的哲学都属于生命哲学。儒家经典如《周易》提出"天地之大德曰生"[19]的生生不息之道,《中庸》提出"赞天地之化育"的口号和"万物并育而不相害"的思想。程颢认为"仁者以天地万物为一体"[20],朱熹则云:"仁者,天地生物之心"[21],所以儒家仁学从亲亲说起,将爱心推而及于国家民众,再进而达到天下万物。佛家的慈悲以不杀生为第一戒,一切有情众生都在爱护之列。道家主张"道法自然"、"辅万物之自然而不敢为"[22],反对违背自然本性的行为,批评我们人类的发展以残性害真为代价,所以倡导返璞归真,以回归自然为大美。然而西方工业文明,提倡征服自然,向自然索取,虽然取得了物质文明的高速进步,却造成了资源的破坏和环境的严重污染,已构成对人类继续生存发展的威胁。于是西方人士被迫觉醒,开始了保护资源和环境、改善生态环境的努力。其实东方文化里本来就有天人一体、爱护自然的思想,它并非对危机的应对,而是东方人在体察人性和生存环境中自然形成的意识。宋代儒者张载指出,人应"为天地立心"[23],人是自然的头脑,自然是人的躯体,焉有头脑破坏躯体的道理呢?可惜东亚文化地区尤其在许多地方,由于盲目发展工业而造成生态的破坏是十分严重的,反不如工业文明发祥地对环境的重视,我们应当作出检讨。如果我们既有东方文化中天人一体的情怀,又有西方生态学和环境保护理论与技术,我们一定可以加快环境治理的步伐,再现蓝天白云、青山绿水的美景,使东亚变成人间仙境。

东方精神的回归与东方精神走向世界同步进行,它不仅会给东亚带来健康和幸福，也会给世界带来和平与安定。

注释：

[1] 亨廷顿：《文明的冲突》，载美国《外交》季刊1993年夏季号。

[2]《论语·雍也》。

[3]《论语·颜渊》。

[4]《孟子·离娄下》

[5]《墨子·兼爱中》

[6]《论语·宪问》

[7] 见《菩萨本生经》卷第一。

[8]《道德经》六十三章。

[9]《论语·学而》。

[10]《论语·子路》。

[11]《易传·系辞上》。

[12]《庄子·齐物论》。

[13] 冯友兰：《中国现代哲学史》第十一章，广东人民出版社，1999年8月。

[14]《论语·子罕》。

[15]《孟子·告子上》。

[16]《孟子·滕文公下》。

[17]《论语·为政》。

[18] 金忠烈：《儒法之分与合在历史上的教训》，载《东方思想与社会发展》，人民出版社，1997年6月。

[19]《易传·系辞下》。

[20]《二程集》第15页。

[21]《朱子语类》五十三。

[22]《道德经》二十五章、六十三章。

[23]《张子语录》。

（载《民族哲学与宗教》，民族出版社，2001年12月）

《明代思想史》与明代思想研究

　　容肇祖先生是位德高望重而又有松龄鹤寿的大学问家,从20世纪30年代起即驰骋于文史哲学坛,成就卓绝,名扬四海。所著《明代思想史》一书,在见识上实超出黄宗羲的《明儒学案》,充满新时代的气息,是里程碑式的作品,向为世人所重。然而容先生质朴内敛,微妙玄通,甘于寂寞,特别在20世纪50—70年代那段政治运动接连不断、学者命运常遭不测的时期,容先生不愿违心趋俗,有意远离热闹场面,隐于学界,埋头治学,清直自守。我辈后生小子虽闻其名,而无缘直接相识,对容先生的人品学问不甚了解,丧失了许多请教的机会。直到1986年我为《明清实学思潮史》撰写高拱、焦竑二人的思想评传,第一次读容先生的《明代思想史》和《焦竑年谱》,即生仰慕之心,惊叹先生的学识和眼界卓立不群而又平易通达,褒贬取舍之间,表现出一种真正的现代意识和思想解放的精神,同时又不流于当时进步学者易于产生的偏激和武断。先生对于明代儒学的流派和演变,作出明畅而深刻的述评,着力弘扬有开拓性有个性的进步思想和人物,批评僵化而独断的陈旧风气和传统,为自由、平等、解放而呐喊,把思想史写活了,使它具有一种蓬勃的生命力,读后令人激奋向上。从此我爱上了容先生笔下那些掀翻天地、自信自强、切实有为的思想家,爱上明代思想史,产生出一种强烈的学术研究冲动:发掘明代思想的优秀传统,结合当代的需要,重建现代中国的民族和个人的主体意识。由于种种原因,这一愿望至今没有实现,但也没有放弃。

　　黄宗羲的《明儒学案》无疑是伟大的,以其不用门户面心,不以道学论衡,"为之分源别派,使其宗旨历然","有一偏之见,有相反之论",不依门傍户而能成家者,皆为其论列,"是非互见,得失两存",成就了一部空前的学术思想史专著,开近代学术史研究之先河,享数百年之盛誉,诚有以也。然而黄氏毕竟是中世纪的学者,纵然有叛逆品格和近代民主思想的萌芽(如《原君》、《原臣》),其价值观念从根本上说未脱出儒家传统,以三代为标的,以圣贤为楷模,但他的伟大在于求真务实,反对虚假和教条。所以黄氏赞赏白沙、阳明、龙溪、心斋,而对轻蔑名教的颜山农、何心隐持保留态度,不为李贽立案，表现出一种文化改良主义的立场。

容先生的《明代思想史》则不然，它著于辛亥革命以后，受过五四运动的洗礼，所以指导思想是全新的，评判标准是现代的，故能承接黄宗羲，又能超出黄宗羲。容先生在该书《自序》中指出："《明儒学案》自然是很好的参考书。然一家一派，一时代，一地方的见解，在著者自不能不受种种的拘限。而尤使这书不能合今人之用的，则为时代见解的迁移"，"我们认识时代，不能靠二百数十年以前人的论述，以为观察更前人思想的标准。因此，我想要认识黄氏《学案》编述的好处，以及摆脱黄氏《学案》的束缚"。容先生既具有崭新的眼光，又搜集到黄氏未见或未注意的资料，在观点和实据上都向前开拓了一大步。可以说《明代思想史》是一部新时期的《明儒学案》，它独领风骚数十年，直到今天还没有产生一部新的明代思想史专著足以取代它，也就是说在总体水平上还没有超过它的。黄氏《明儒学案》以其民主性的精华而在封建社会末期不断放射光辉，给革命者以启蒙和向往，直到辛亥革命和五四时期，仍使进步的思想家读之激奋，其社会生命不可谓不长；容先生的《明代思想史》，继黄氏之后，成为一面新的旗帜，在帝制消失八十余年的今天，人们重新翻阅它，仍然激动不已，感受颇多，毫无过时之感，其时代跨度之大，是令人吃惊的，其原因就在于它已经具有现代思想，现代精神。

人类社会进步的历史，在一定意义上就是个体的人格和才智不断得到社会重视的历史。社会逐渐从一般自然物中独立出来，个体逐渐从一般群体中突显出来；于是人类才越来越高于万物，社会才越来越有生气。反映在思想史上，主体意识的觉醒和独立人格的发展应该是思想中的精华，众流中的主向，是最值得发掘的内容。当中国摆脱了漫长的中世纪等级制度的束缚迈向现代社会之际，争取公民的自由、平等和解放更成为普遍的呼声和行动。这是时代大潮的巨响。容先生正是在这种时代精神的驱动下重新审视明代儒学发展史的，所以他能够正确把握学术进步的趋势，发掘和表扬真正有价值的思想。

容先生重陆王而轻程朱，但他并不简单地贬低朱学，而对朱学的博闻和切实表示了应有的尊重。朱学能够统治明初百余年，自有它的存在价值。但容先生指出，朱学有其拘守和迂腐的一面，尤其当明初统治者尊崇朱学，以八股取士，"几乎要把读书人的思想，统治在程朱学之下"，这样，朱学便走上了自身的反面，充当了陆王心学兴起的催化剂。容先生指出：

> 陆学的抬头，却正因为朱学之独霸儒学的正统而出。一方面因为朱学中博学致知派的衰落，走入了繁琐的，拘守的，躬行实践的一

途，为有天才人所厌弃；一方面因为由穷理致知而到偏畸的主敬之学，自易发生进一步的心学；一方面又因理学派的堕落，容易起本身的革命。国家所提倡的为朱学，革命派遂依傍了陆学。

容先生在这里发现了一个普遍性的规律：一种学说只要走到官办和独霸的地步，必然发生危机而激发新学说的兴起，非独朱学为然。朱学盛极而衰，于是陈献章为先导，王阳明为宗师，"别立宗旨，显与朱子背驰，门徒遍天下，流传达百年，其教大行，其弊滋甚。嘉隆而后，笃信程朱，不迁异说者，无复几人矣"（《明史·儒林传序》）。容先生赞美陈白沙，认为"他的重要的贡献，是要将各人的思想由书本的束缚及古人的奴隶之下解放出来"，"陈献章一派的好处，在导人去用自己的思想"，这是十分中肯的评论。对于阳明心学，容先生着重表彰三点：一是"王守仁更进一步，以为我们的良知，可以为权度一切事理的标准，不必稽合于古典圣训的"；二是"他以为'有一物失所，便是吾仁有未尽处'，可以见出他的胸襟气魄的伟大处"，"这就是他的淑世主义，也就是他救世的精神"；三是"良知"的学说和"知行合一"的学说，是不能相离，经验和理性两种学说的并提，这是王守仁的特色，换句话说，王阳明的可贵处在于不迷信权威，泛爱万物和知行并重，也就是主体意识、博爱情怀和实践功夫，这些是最值得后人继承发扬的。

《明代思想史》中最精彩的部分，是对泰州学派的评述。由王艮开创的，由罗汝芳、颜钧、何心隐承继的泰州学派，是左派王学中最激进的一派，是中国思想史上异端思想的一个高峰，代表着时代前进的最强音，故为正统而保守的道学家目为大逆不道。王世贞代表正统派的观点，他评论道，"盖自东越（王守仁）之变为泰州，犹未至大坏；而泰州之变为颜山农，则鱼馁肉烂，不可复支"，因为颜山农"每言人之好贪财色，皆自性生，其一时之所为，实天机之发，不可壅阏之"，主张解放情欲，还回感性自我，不把名教礼仪放在眼里，正统派当然不能容忍。黄宗羲则不同，他反对政治专制和思想独断，所以与泰州学派发生共鸣，字里行间多有赞扬以至推崇。他说，"泰州之后，其人多能以赤手搏龙蛇"，"诸公掀翻天地，前不见有古人，后不见有来者"，视泰州一派人物为思想上的英雄豪杰，有大气魄大作为。但是黄氏对泰州学派后学有不满情绪，觉得其言行超出了他所能接受的价值观念范围，故云，"传至颜山农、何心隐一派，遂复非名教所能羁络矣"，他引顾端文的话："心隐辈坐在利欲胶漆盆中，所以能鼓动得人，只缘他一种聪明"，黄氏同意这种批评，只是认为何心隐辈之陷于利欲和有鼓动性，不在有一种聪明，而在其学术理论必然有此导向。黄氏认为佛教徒一棒一唱，当机横行，有大气概，但能担能放，能出能收；唯有泰州"诸公赤身担当，无有放下时节，故其害如是"。这里表现出黄氏眼界的局限性，他终于未能打破传统义利公私之辨的基本取向。容先生是真正的近代学者，他不再受传统观念的约束，能充分理解和同情泰州学派诸人物，给予他们以前所未有的极高的评价。他说：

> 泰州一派是王守仁派下最切实最有为最激励的一派，何心隐是这派的后起，而亦是最切实最有为最激励中的一人，他抱着极自由极平等的见解，张皇于讲学，抱济世的目的，而以宗族为试验，破家不顾，而以师友为性命，所谓"其行类侠"者，卒之得罪于地方官，得罪于时宰，亦所不惜。他是不畏死的，遂欲藉一死以成名。他的思想是切实的，所谓"不堕影响"。他以为欲望是可以寡而不可以无，可以选择而不可以废。欲以张皇讲学，聚育英才，以补天下之大空。他的目标太高，而社会的情状太坏，故此为当道所忌，不免终于以身殉道了。

容先生不赞成黄宗羲将何心隐之学视为张仪苏秦之学，而首肯李贽以何心隐为圣人的评价，认为何氏的伟大人格与精神"不是'仪秦之学'一语可抹杀的"。

他又说：

> 其实王艮学派，一传为徐樾，再传为颜钧，三传而为罗汝芳、何心隐，是朝着解放的路径而进步的。

容先生是历史上第一个给予颜钧、罗汝芳、何心隐以思想解放者的评价，泰州学派的真正价值也正在这里。

黄氏《明儒学案》不给李贽立传。容先生的《明代思想史》则用很大篇幅写李贽，把他作为左派王学的重要代表。容先生满腔热忱地称赞道：

> 李贽的思想，是从王守仁一派解放的革命的思想而来，他几乎把一切古圣贤的思想或偶像打破了，到了极自由极平等极解放的路上。而他又是个自然主义适性主义的思想家，在批评方面贡献了不少创新的独特的见解。

容先生对李贽以及何心隐等人的上述评价，在今天已成为学界的共识，似乎很平常很自然,岂不知在民国年间它们仍属于所谓激进的言论,只有五四新文化运动中少数进步思想家才拥有这样的认识。我们只要看看梁启超20世纪20年代撰写的《中国近三百年学术史》中斥何心隐李贽为"阳明末流"、"放纵得不成话",和冯友兰20世纪30年代出版的《中国哲学史》未提及何心隐与李贽,便会知道容先生的见解是多么开明和大胆了。

由《明代思想史》联想到当今学界对明代学术思想研究的现状,恐怕大家都不会满意。方法陈旧,资料欠缺,空白很多,有开拓性的作品少见。其中存在的一个大问题是极大地忽略了明代中后期这一段的思想文化。许多作品从王阳明、王艮一下子跳到明末清初三大儒,恰恰放过了这之间的重要阶段。而这一段在我看来不仅是明代,也是整个中国文化史上最活跃最繁荣的时期,它丰富多彩,光辉灿烂,可以与先秦百家争鸣、魏晋玄佛道儒并进这两个时期相提并论,视之为中国思想史上第三次思想解放运动并不为过。其思想之活泼,人才之众多,成果之辉煌,都是空前的。这一时期(从弘治、正德到崇祯)的社会政治无疑十分腐败黑暗,但唯其如此,封建统治者才失去了对文化力量的控制力,程朱官学徒成僵尸,而阳明心学以民间私学崛起,后学人才辈出,学派林立,愈转愈盛。他们的学说集中鼓吹自信,破斥依他,使知识分子的主体精神大为振奋,个性和人格得到一次大解放大提升,释放出无穷的创造力量,社会思想文化从而获得勃勃生机,死文化转为活文化,一元化变成多元化。学术大师和艺术家都是有个性的,如韩愈所说,与世浮沉、不自树立者必无后世之传,伟大的作品必然产生于个体创造性的精神劳动,所以只有个性大解放的时代,才有文化的大繁荣。王阳明是明代思想界的泰斗,以其对主体性心学哲学的有力阐发,成为明中叶以后引导时代潮流的一面旗帜。姚江之后,学派众多,有徐爱、钱德洪、王畿、黄绾为代表的浙中学派,有邹守益、聂豹、罗洪先、胡直为代表的江右学派,有黄省曾、周冲等人的南中学派,有蒋信、冀元亨等人的楚中学派,有穆孔晖、张后觉等人的北方学派,有薛侃、周坦等人的粤闽学派,有王艮、罗汝芳、焦竑等人的泰州学派,而浙中、泰州又分五支,江右分九支,学说流四方,人才满天下,百舸竞进,盛况空前。这一时期在儒学方面还有罗钦顺、王廷相、吴廷翰、吕坤、顾宪成、高攀龙、刘宗周、黄道周、孙奇逢、张溥、傅山等一批大学者。还有杨慎、焦竑、陈第一批考据家博学家。有李时珍、徐霞客、朱载堉、徐光启、宋应星一批科学家。有高拱、张居正、海瑞、戚继光一批实政家。有徐渭、汤显祖、袁宏道、冯梦龙、凌濛初一批文学家艺术家。整个文化学术界呈现百花争妍,一片兴隆景象。这一时期思想文化的一大特色是非官方的阳明心学不仅真正支配了思想界,而且广泛地深刻地渗透文艺界,哲学与文艺打成一片,哲学成为文艺的灵魂,哲学真正成为时代精神,这种情况在其他时代并不是多见的。还有一个情况,就是天主教进入中国,西方自然科学技术随之传入,欧美文化开始与中国传统文化发生实质性的接触。

明代中后期是中国商品经济迅速发展的时期,在东南沿海一代出现了具有雇佣性质的手工工厂,资本主义萌芽发生和发展,市民阶层形成并壮大。泰州学派高扬自我,以适性遂生为道的思想,恰好符合了市民阶层摆脱封建礼教的要求和求利恣情的心理,或者说泰州学派的思想正是市民阶层心理的理论反映。这样,泰州学派的发展就有了强大的社会动力。在商品经济现实和适性主义哲学双重催生下,文学艺术上出现了解放思潮和市民文学。反传统、反拟古,重人情、重世俗,温柔敦厚的诗教和文以载道的传统受到冲击,民众的喜怒哀乐成为文艺表现的主题,民间喜闻乐见的小说戏曲得到蓬勃发展,并获得文艺正宗的社会地位,产生出一大批杰出的文艺作品,《西游记》、《封神榜》、《金瓶梅》、《三言》、《二拍》、《牡丹亭》、南杂剧《太和记》和《四声猿》,以及明末散曲。在文艺理论上,主要受阳明心学影响,而有"童心说"、"性灵说"、"至情说"、"本色论",这些理论对于文艺创作起到了重要指导作用。徐渭是明代后期文学解放思潮的先驱,他师事王畿,强调创作"出于己之所自得","诗本乎情",他贱"相色"(替身)而贵"本色"(正身),全是王学精神。李贽、焦竑兼学者与文艺理论家,前者的"童心说",后者的"脱弃陈骸,自标灵采",为文艺创作开辟出新境界。伟大的戏曲家汤显祖,从罗汝芳游,服膺达观和尚和李贽,受王学浸润极深。云:"一世不可余,余亦不可一世。"汤氏倡至情说,取情弃理,鼓吹"有性灵者自为龙",故有《牡丹亭》之作。公安派袁氏三兄弟是诗文领域破旧创新的勇将,袁宏道成就最高,他强调个性,"独抒性灵,不拘格套",钦佩李贽,崇信王学,故有卓言异论。冯梦龙崇拜李贽,是复社的积极分子。这些文艺家把王学(特别是泰州学派)所推重的自由、个性、真情,化作生动形象的文艺作品,普及到民间,从而使王学不仅仅作为一种哲学在上层知识界和上流社会传布,而且作为一种社会思潮在下层社会里成为一种活生生的存在,成为一种民众的觉醒意识。(以上资料参考成复旺等著《中国文学理论史》三)

郑振铎先生在《插图本中国文学史》中,把明代嘉靖元年由市民小说戏曲开始的文学,到五四新文学,整个称之为"近代文学的时代"。他认为"近代文学的意义,便是指活的文学,到现在还并未死的文学而言",中世纪离我们太辽远,而近代文学"对于我们格外亲切","休戚相关,声气相通",这是很有见地的。郑氏特别推崇《金瓶梅》，谓其为"中国小说的发展的极峰"，较《水浒传》、《西游记》、《封神传》尤为伟大，因为"《西游记》、《封神传》，只是中世纪的遗物，结构事实，全是中世纪的，不过思想及描写较为新颖些而已。《水浒传》也不是严格的近代的作品"，"只有《金瓶梅》却彻头彻尾是一部近代期的产品，不论其思想，其事实，以及描写方法，全都是近代的"，它写的是"真实的民间社会的日常的故事"，是"赤裸裸的绝对的人情描写"，"如果说《西游》、《封神》是画鬼之作，则《金瓶梅》乃画人之作也"。郑先生真是近代一流大学者，睿智而又勇敢，第一个把近代文学史推到明代中叶，第一个把《金瓶梅》作为近代文学典范。只可惜他没有把"近代"的内涵从理论上说得透彻准确，直觉的成分多了些，有点模糊不易确切把握。我以为，近代社会的主要特征是用工商文明代替农业文明，近代文学的主要特征是反对传统礼教，要求个性解放和突显感性自我，市民文学的出现是其标志。中世纪的思想和文学，不论内部有多大差别，在基本价值观念上脱不出"五常"的规范，尚义非利，重公斥私，视"私"、"利"、"欲"为恶，道德修养以去私寡欲为要。近代工商业社会在价值观念上有根本变化，视情感欲望为人性所当有，以求利为合理，确认个人有追求自身幸福和思想自由的权利。泰州学派的何心隐提出"育欲"说，反对遏制人欲，李贽认为"人必有私，而后其心乃见"，故"穿衣吃饭即是人伦物理"，他们是真正具有近代意识的思想家，故当时人的感受是"掀翻天地"。《金瓶梅》之所以成为中国近代文学的开创性作品，就是它不再描写中世纪的英雄，不再以中世纪的道德为准则，而着重于表现新兴市民阶层的情欲和私利，打破性的禁区，把人性的各种复杂内涵，包括它的恶，都毫不掩饰地暴露出来，初期工商社会的情态和病态已有真实的描绘，尽管它仍然受着传统观念的影响，写"酒色财气"是为了破"酒色财气"，但它的大量内容所产生的实际效果却不是道德劝善，而是对传统社会的破灭和对未来社会的寻觅。明代中后期与传统社会相比，确实有了一些从来没有的新东西，社会风气脱出了常轨，思想家和文艺家及其作品的欣赏者都感到一种前所未有的挣脱枷锁、身心解放的自由，敢想敢说敢写也敢玩赏评论。旧的已经腐朽了，新的正在破土而出，社会文化正在酝酿着类似欧洲文艺复兴那样的运动，一个新的时代在朦胧中透出曙光，这样一个伟大的时期和如此异彩纷呈的思想文化，难道不值得我们花大气力去发掘和研究吗？忽略了它而想进一步开拓明代思想史研究是不可想象的。把王阳明作为批判的对象，却又褒扬泰州学派的异端思想，也是矛盾而不通的。没有王阳明即无泰州，无泰州即无思想文艺的繁荣。只有抓住心学这条主线，然后横向沟通哲学、伦理、文学、艺术、民俗，并把思想文化的研究同社会经济的研究联系起来，才能对明代中后期的文化全貌有一个全面而深刻的认识，也才能对明清之际黄宗羲、顾炎武、王夫之等伟大思想家的出现，作出合乎发生学规律的说明。

需要指出的是，由阳明心学掀起的以泰州学派为先锋的思想解放运动，由于清兵的入关和清朝的建立而中断了。我不否认清王朝作为取代衰朽的明王朝的新兴政权对中国历史有许多新的建树，在文化建设上也有诸多作为，有清一代的学术确实有独特的贡献，特别在实学和考据学上，其成就极为可观。然而由于清朝是文化落后的少数民族贵族统治文化先进的多数汉族，它的最高成就便是使自己在文化上汉化，不可能带领国家跃向社会的更高阶段，因此，在中华民族精神方面的最新探寻上，在从中世纪向现代社会的过渡上，与明代中后期相比，有清一代是停滞了，甚至倒退了。一度勃发的资本主义萌芽枯萎夭折，一度出现的具有现代启蒙性质的思想文化运动也烟消云散，政治的高压和思想的统制笼罩全国数百年之久。道光、咸丰以后，国家的生气全面消失，社会腐败而沉闷，故龚自珍有"万马齐喑"之慨。太平天国是农民反抗压迫的伟大运动，但从性质上讲，它不是近代社会革新运动，除洪仁玕外，它的主流派领导人和主要典章制度及政策措施，都不具有民主、自由和个性解放的思想，没有提出新政新学的内容。直到清末康有为、梁启超维新派和孙中山、章太炎革命派出现，近代社会民主革新运动才真正形成，并震撼了神州大地。以李大钊、陈独秀、胡适、鲁迅为代表的五四新文化运动，高高举起了民主、自由、平等、解放的旗帜，掀起了一场声势浩大的思想启蒙运动。从思想渊源上说，他们是继承和发展了明后期泰州学派的学说和事业。容肇祖先生作为五四新文化运动涌现出的优秀学者，之所以着力撰写《明代思想史》并且那么有感情地推崇泰州学派的主体精神和个性解放的思想，就是因为这些精神和思想没有过时，与五四时期的中国社会很贴近，中国直到那个时候仍然没有解决明末思想家提出的文化转型和思想解放任务。

毫无疑问，鸦片战争以后，中国进步的思想家在提出一系列近现代学说时，从西方获得大量借鉴，辛亥革命及其以后，先进的中国人更是积极向西方寻找真理以重振中国。但是我们要问，如果没有西方人和西方近现代文化的介入，中国单凭自身传统文化的内在资源，能否随着商品经济的发展而实现从传统社会向现代社会的过渡呢？传统文化在这一过渡中真的已经全部陈旧因而需要与之彻底决裂吗？这个问题是应该认真思索的。我想，泰州学派的思想与学术活动已经作出了一个回答，中国人本来有可能独自地发动思想启蒙运动，并经由类似欧洲文艺复兴运动那样的阶段，为近代社会制度的建立和近代工商业的发展开辟道路。后来由于种种复杂的原因，这一过程被制止了。泰州学派是在基本不受西方思想影响的情况下，利用传统思想中最积极的成分，经过大胆的创新，而提出个性解放和情感解放的新观念，这正是它最可贵的地方。我们今天当然已经不可能关起门来进行现代化事业，恰恰相反，我们要把国门开得大大的，不仅是在经济方面，也要在思想文化方面，积极认真地向西方学习，当然是有选择的学习。但是，如果我们能够通过明代思想的研究，尤其通过对泰州学派的认真透彻的研究，发现自己历史文化中有现代价值的因素，就会大大提高中国人的自信心，更好地找到转化传统，使之为现代化事业服务的途径，以此为基础，收纳和消化西方文化的精华就会更顺利些，不至于反客为主、数典忘祖。

容先生的《明代思想史》毕竟是半个世纪以前的作品，从内容上讲比较简略，从范围上讲仅限于儒学，严格地说是一部明代儒学简史。而明代思想还必须包括道家和道教，佛教以及基督教、伊斯兰教、民间宗教等许多宗教或非宗教思想文化内容。我们今天应该也有条件作进一步深入系统的研究，写出一部更丰富更全面更深刻的明代思想通史新作，我们期待着中国思想史专家的成功。

（载《中国文化》，1994年第10期）

新儒家的历史贡献与理论难题

如果说唐君毅先生生前感慨"花果飘零"和徐复观先生生前准备为儒学"披麻戴孝"是反映了当时新儒家的孤寂冷落，那么现在他们有理由在地下会心地微笑了，虽然还不是畅怀大笑的时候。牟宗三先生健康高寿，他亲眼看到了新的变化。情况确实在起变化，这个变化不仅表现在新儒家后学之健勇可观及新儒家国际影响的扩大，更重要的是新儒家在中国文化的中心地带——大陆引起一定重视，关注者和研究者日渐增多，虽然不是信仰，却大都怀着深深的敬意，以相当严肃认真的态度介绍新儒家，探讨和思考新儒家所提出的问题，其中有批评有保留，也受感染受启示，许多看法比较接近，或者发生共鸣。我手头有两本大陆学者编辑的介绍新儒家的论文集，一本是罗义俊先生编著的《评新儒家》，一本是汤一介、景海峰两位先生主编的《当代新儒家》，所收论文作者是新儒家代表人物和港台海外学者，两书的序言则反映部分大陆学者对新儒家的了解和评价，总地说来比较客观公正。此外，由方克立、李锦全二先生主编的《现代新儒学研究论集》（一）、（二），收集了大陆学者研究新儒家的学术论文，作者绝大部分是中青年，他们摆脱了政治化情绪化的风气，开始对儒学进行学术性的独立研究，同时对传统文化作深刻反省。大陆是儒学的故乡，大陆有如何的反应对于新儒家的未来命运有至关重要的影响。在事隔近半个世纪之后，新儒家能否"荣归故里"，在全国规模的民族文化重建中作为一个学派发挥它直接的参与作用，尚有待时间的证明。但有一点是清楚的，即批孔反儒的时代已经过去了，反传统的思潮再也不能左右大陆学术界，儒学的精华在经过艰难困苦之后已经再生，它极可能在重建新文化的百家争鸣中为自己争得一席之地。社会气氛的变化也为大陆学界建立与新儒家的健康对话创造了良好的条件。

为什么儒学在度过它大半个世纪的沉沦岁月之后会出现新的转机？我想原因有四：一是儒学本身是智山慧海，虽说时有沉渣翻浮，毕竟蕴藏丰厚，可开发的思想资源很多，对人们有巨大的吸引力；二是儒学根植于民族心理深层结构，仅从政治和学术的显要层面上取消它，远不足以摧毁它，它有相当一部分已渗入骨髓，溶于血液，在民族感情的催化下，便会随机萌生复发；三是大陆"文化大革命"把反传统推向极端，从而使全盘否定传统的危害性暴露无遗，打破了反传统等于进步的观念，使大陆学人民众重新评价儒学成为可能；四是几十年间出现一批优秀儒家学者，他们有大担当力，有大创造性，对儒学作了有效的阐发和弘扬。此外，还有东亚四小龙在经济高速发展的同时，注意保存优秀传统文化，改变了世界的舆论，这是外部条件。关键一条是儒家拥有杰出的人才。人能弘道，非道弘人，没有新儒家理论上持续不断的努力和人格上弘毅亮直的辉映，儒学绝不会有今天的新面貌。受其惠泽者，绝不止于儒学，整个民族文化的复兴皆得其助。所以我赞成这样的说法，是该表彰新儒家的时候了。

一

新儒家的主要历史贡献是使中国文化得以承前启后，并使儒学走向世界。

第一，新儒家是中国现代思潮中，最早起来纠正"五四"主流派反传统太过的偏失，以文化改良派的姿态，从正面深入阐扬儒家的精义和真精神，在滚滚西化大潮席卷中国的情况下，保存了中华民族传统文化的生机和主脉，使儒学在学术的层面不致中绝。社会大变动时期有两种力量最引人注目，一是激进的革命派，担当社会变革的先锋和主角，他们以绝大的力量破坏旧秩序，大声疾呼，振聋发聩，最能激励人心，号召民众，而旧势力之根深蒂固和顽冥不化又必有激进派之冲决而后才能崩溃。二是顽固的守旧派，他们不愿自我更新，利用一切现存手段和习惯势力镇压反抗运动，企图原封不动维持旧秩序旧文化。这一正一反形成对立的两大阵营，历史舞台上的好戏都叫他们演尽了。与此同时，改良的稳健的派别声音不大，而且往往遭到人们的轻视、指斥，不得不在上述两派之中受夹攻之苦，而事实上第三条道路也总是走不通，这是中国的悲剧。"五四"运动在文化上便是这样的局面，西化派是文化革命的先锋，它对文化专制和封建礼教的尖锐批判，解放了一代中国青年的思想，显示了中国文化自身弃旧图新的精神和对外接纳借鉴的勇气。但不可否认它有很大的历史局限性，短期的积极作用大，长期的消极作用也不小。"五四"西化派对待传统文化的态度有三点不足：其一，对儒学的批判有太多的政治化情绪化成分，喜作漫画式的挖苦，其中不乏精彩动人之笔和震撼心灵的时候，但没有坚实的学术根基，不能算作系统科学的总结，其主要目标是揭露它打倒它，而不是说明它转化它，配合革命运动有余，推动文化更新不足。其二，忽视了儒学的复杂性、多重性，只看到它的时代性、贵族性、正统性，看不到它的普遍性、平民性、批判性，只看到它的糟粕和扭曲形态，看不到它的精华和内在生命，把传统文化都归结为"封建主义"，必欲彻底铲除而后快，甚至要取消汉字，有严重的文化虚无主义倾向。其三，长于破坏，短于建树，"五四"新文化运动健将有成就的是批判性作品，拿不出可以取代四书五经的新的经典性文化巨著，后人不足依为法式。西化派的这些缺点在当时被新文化运动的正义、热情、民主、科学等美好事物所掩盖，继而被后起者所膨胀，挟其主流派气势而横行天下，很少有人能清醒认识并加以纠正。于是反传统反儒学同"反封建"几乎同义，遂成为一面旗帜，进步青年以聚集在这面旗帜下为光荣。主流派对传统文化必欲连根拔除的结果，便是使相当一些人丧失对民族文化的自信，而把目光完全转向西方文化，以拿来主义的态度大力引进西方学说，企图反客为主，进行外来文化的"全株移植"，于是便造成了以毁灭自己民族文化生命为手段而进行民族自救的可悲局面。反传统成为"五四"以后一种颇为流行的新传统，扭转起来很困难。国粹派的危害性容易看得清楚（他们在学术上的成就应该肯定），但激进派的危害性就不容易认识。文化上的"左"同政治上的"左"一样都不容易纠正，在中国近代史上比较有市场。稳健的改良派不吃香，容易受到孤立，这大概与中国守旧势力太强太不愿妥协，新与旧的两军对垒不能不分明、不得不激烈有密切关系。新儒家就是在这样严峻的情势之下，以其刚健中正的气度，独立不倚的精神，出来开辟中国文化健全发展新路的。梁漱溟、熊十力、钱穆、冯友兰、贺麟等人，他们关心政治、拥护政体的更新，但他们本质上都不是政治家，而是思想家学问家，主要以学术的方式干预社会。他们赞成中国文化的革新，但反对全盘否定，不能容忍对民族文化生命进行摧残，他们承认中国文化生了病，但根是好的，所以要培植灵根，促其再生。他们都主张容纳西方文化，吸收新鲜血液，在贯通中西的基础上进行创新，但反对崇洋媚外，主张以"我"为主，洋为中用。新儒家认为民族生命系于民族文化生命，振兴民族必须振兴民族文化；而中国的文化重心在儒学，代表是孔子，所以他们要在"打倒孔家店"的一片呐喊声中坚定地保护孔子和儒学的声誉。在具体理论上，他们舍弃了儒学的封建性，而突出阐扬儒学的普遍性、崇高人道主义和对生命价值的提升。我想，用"文化改良主义"说明新儒家要比"文化保守主义"更为准确。他们视儒家之道为生生之道，视儒家哲学为生命哲学，从挺立人的道德主体入手，使人的生命健康流畅，进而使民族的大生命富有朝气，儒家"生生不已"这个深刻的内涵被新儒家发掘出来并维护下来了。新儒家用儒家的思想精华培植了自己的人格和学问，又用这种人格和学问担当起文化上继往开来的重任。新儒家不仅在惊涛骇浪中表现出一种守死善道、独立不移的坚定性，同时也表现出国粹派所不具备的远见睿智和宽厚能容的博大胸怀。更为可贵的是，新儒家的卓识者并不像"五四"主流派那样与批评对象势不两立，他们在坚持儒家精神方向的大前提下认真思考批评者的意见，把新文化运动对儒学的批判看做是儒学再生的契机，尽管这种批判是过火的。贺麟先生深刻指出，新文化运动破坏扫除了儒家僵化腐朽的部分，使儒学的真精神真面目得以显露，儒学只有度过吸收转化西洋文化的关口，才能有真正的再生。这里既表现出新儒家对儒学的高度自信心，又表现出新儒家强烈的时代感和拥抱西方文明的开放心态。新儒家大师们实践着这一融合中西、贯通古今的原则，以非凡的德性和智力，创立了各有特色的理论体系。于是有新文化学（梁漱溟）、新体用学（熊十力）、新理学（冯友兰）、新心学（贺麟）、新史学（钱穆）的出现，汇成一股可观的社会学术思潮，活跃于西化派和国粹派之间，使儒家道统薪火相续，以创造开拓的姿态向前发展。

　　1949年以后，内地社会确立以马克思主义为指导思想，在处理民族文化遗产的问题上，本来早有批判继承的方针，学术界在整理古籍、考古发掘、研究文史等方面也有许多成绩。但在实践中，执行的是以破为主的方针，上承五四以来反传统之风而变本加厉，文化批判运动接连不断，"左"的气氛越来越浓。以孔子为反面教员，在思想文化领域彻底取消儒家学派，不时发动批孔反儒的思想斗争，至"文化大革命"时达到登峰造极，儒学在社会精神生活自觉的层面上（包括学派、教育、理论等项）可以说基本上消失了。如果说五四新文化运动主流派是革新者，反儒的动机是更新社会，振兴中华，因而有其可爱之处，那么"文化大革命"中的反儒主力是祸国殃民的"四人帮"，反儒的目的是复辟倒退，实行政治与文化的专制主义，性质是完全不同的。于是，"文化大革命"的反儒便成为一幕历史的闹剧，反儒从此沾上坏名声，走上自身的反面。随着"四人帮"的垮台，反儒运动在内地不能不告结束，但孔子与儒学在30余年的风吹雨打中同青年这一代已相当隔绝，再相见时已显得十分陌生和古奥了。在内地放逐儒学的情势下，第二代新儒家处境空前艰苦，他们寓居于欧风美雨笼罩下的边缘地区，苦心孤诣，从事着与国内外优势潮流不合的很少为人们理解的民族文化自救事业。他们不依附于政治权力，努力保持着儒家学统的独立性和批判精神，回应着来自四面八方的压力和挑战，办教育，创刊物，撰论著，发宣言，以举世非之而下加沮的精神，在西学汪洋大海的包围中，成功地保存了一小块真正属于中国人自己的精神世界和文化根据地，使中华民族的文化慧命得以延续，儒学由此避免了灭顶之灾。在这块小小的文化园地上，儒学资源可以放手开发，儒学要义可以自由论说，一批有才华有个性的青年在儒家德性和智慧的熏陶下脱颖而出，成为根基深厚的新一代学者，肩负起儒学复兴和中西文化对话的使命。当代中国各种进步思潮都从不同方面体现了民族文化的生命力，但不可否认，新儒家对民族文化的深层内涵体会最为真切，文化责任心和使命感最为强烈，并且具备着相当大的道德精神感召力，这是中国文化可以引为自豪的。大陆近十几年在改革开放的同时，对文化虚无主义进行了深刻的反省，正式结束了反儒批孔的时代，开始了对儒学和整个传统文化认真而系统的研究。尽管反传统的思潮在社会上还有相当大的影响，西方文化的冲击波强而有力，但在文化上总的说是走向多元化的趋势。三大文化体系：社会主义文化、中国传统文化、欧美文化，互相交会、激荡，成为今日中国内地社会精神生活的特色。三大文化体系不像过去处在紧张对抗状态，和而不同，彼此容忍，互相借鉴、吸收、贯通，合流的倾向渐成主导。这种情况为学习西方优秀文化和弘扬中国传统文化创造了对两者都有益的氛围。在人们认识重建民族新文化的重要性，探讨传统文化价值所在的过程中，早期新儒家和港台新儒家的著作，成为重要的思想营养，其中最重要的启迪就是重建新文化要以"我"为主，接续上悠久传统的根源。许多人认真地参阅新儒家的作品，被他们崇高的文化理想和炽热的爱国感情所激奋，借助于他们的思想，找到了迷茫已久的文化生命的源头活水和失落已久的精神家园，认识到一个中国知识分子若脱离了文化母体这个根，他的文化生命是不会茁壮昌茂的，整个中国脱离了博厚久远的传统文化这个根，民族生命也不会自强刚健。应该说，内地学者在民族文化自信心的提高上既得力于自身的思考和总结，也在某种程度上从新儒家那里受到启悟和催发，这是不可否认的事实。近些年海峡两岸打破长期隔绝对峙状态，人员来往日益频繁，其中文化的交流走在前头，而对孔子和儒学的认同，对传统文化的认同，在促进两岸人民思想感情的接近上起了重要作用。港台新儒家的文化寻根活动对于架设两岸之间的精神桥梁是有功绩的。

第二，从纯学术的观点看，新儒家的学术论著丰富而有高质量，是民国以来文史哲领域一次极为可观的收获。新儒家作为"五四"新文化运动的派别之一，它同主流派的差别就是不停留在对旧传统的一般性批判上，更致力于继承、发扬和创新，用系统扎实的学术研究成果为文化的重建奠定基础，而这项工作正是当时热心于社会改革事业的人们所忽略的和不能安心进行的。新文化运动如果没有学术只有运动，势必热闹一阵而没有实际结果，使新文化流于空泛，缺乏说服力量。新儒家对传统文化和儒学的研究，能够摆脱旧经史的窠臼和政治势力的干扰，以独立的方式，现代的方法进行，其特点是中西贯通、古今衔接，源于传统，又立足于现代，真正属于中国现代的学术，成就了一批大师、巨匠。梁漱溟先生的《东西文化及其哲学》一书，是中国现代文化比较学的奠基之作，如果说胡适强调的是中西文化的时代差异性，那么梁漱溟着重指明了中西文化的民族差异性，即在"文化路向"上不同，从而肯定了民族文化的独特价值，这也是"现代化不等于西方化"思想的滥觞。熊十力是民国年间思想最精湛又有高风亮节的哲学大师，其学熔儒佛于一炉，以体用不二立宗，以《周易》为归结，以陆王为统绪，以心性为重点，以自性的开发创造为旨趣，以人生体悟为基础，其哲学睿智全从内心深处自然流出，故有大感通力，为世人敬仰，众多学者乐随其后而为弟子。如果我们把冯友兰和钱穆二先生列入新儒家，那么，冯友兰的新理学和中国哲学史学影响巨大，在现代中国学术史上占有重要地位，欧美学界很长时间内是通过冯友兰著《中国哲学史》来了解中国古典哲学的。钱穆是国学大师，精于考据，兼通经史与文学，其早年的《国史大纲》，通古今之变，合当世之用，是一部以史为鉴的上乘之作。其后期著作更富丽可观，如《论语新解》、《朱子新学案》、《中国学术通义》等。《朱子新学案》对于朱熹的学术思想分类述要，称引翔实，煌煌百余万言，为朱子研究之集大成者，方便后学，惠泽良多。20世纪50年代以后，港台新儒家唐君毅、牟宗三、徐复观三先生，著作丰厚，思想博深，弟子众多，蔚成一大学派，后学尊为宗师，内地学界亦公认他们是第一流思想家学问家，重视他们的学术成就。唐君毅一生二十余部专著，建立起自己的文化哲学体系，一方面写出《中国哲学原论》这样的长篇巨著，疏理中国哲学基本观念之历史发展，成为中国哲学史研究里程碑式的作品；另一方面写出《生命存在与心灵境界》的著作，分析生命之存在为三向，心灵之展现为九境，揭示出人类心灵的丰富内涵。牟宗三著作等身，他以大悲愿大功力反省中国学术发展的源流，建立起规模宏大、结构精严的哲学体系，融摄康德哲学，创立道德的形上学，继承发扬儒家的内圣外王之学，特重道德主体的挺立，并通过良知的坎陷而转出知性主体，由内圣开出民主与科学的新外王，又分疏道统、学统、政统，揭示文化的多层次性，所有这些都是对传统儒学的创造性发展，由此而使他成为当代中国的哲学巨人。徐复观以军政要员于后半生转入学界，服膺儒学，走上学术救国之路。他对民族文化有深厚感情，又对专制主义深恶痛绝，具有强烈的忧患意识和批判精神。他的史学（如《两汉思想史》），美学（如《中国艺术精神》）有很深造诣，经学、哲学亦有较多创见，他的著作经常为内地学者所称引。在三先生的后一辈新儒家学者中，余英时、杜维明、刘述先等先生的论著在大陆亦渐渐发生影响，他们能够打破现代化与传统相对立的思维模式，吸引一部分青年重视转化传统的工作。由于他们学贯中西，能够站在世界文化发展的高度看问题，又以平实和包容的态度从学理上作耐心的疏解，所以具有较强的说服力。

"五四"运动至今，中国出现过许多大思想家大学者，但能够像新儒家那样，逐渐形成一个独立于政治的高水平的哲学学派，代有传人，相转益盛，著述富瞻，人才辈出，形成真正的文化运动，影响及于海内外，则是极为罕见的。这是现代中国学术史上的盛事，意义深远，它对于中华学术的繁荣将有积极的推动作用。

第三，新儒家深沉的忧患意识和清醒的批判意识，不仅触及中国近现代的种种社会实际问题，而且更广泛地触及世界工商业文明带来的全球性危机，即由科技万能和人类妄自尊大而导致的精神世界的失落与环境的恶化，从而与当代西方最新的人文主义批判思潮合拍，使儒学成为人类创造后工商业文明的一项重要精神资源。新儒家从开始就是为了回应西方文明的挑战而把儒学作为中国文化的代表，又把中国文化放在与西方文化、印度文化的对比中来凸显儒学的人文价值，重建儒学的体系，因此他们的眼界要比传统儒家开阔宏伟，把人类前途问题同中国的命运当做整体问题来探讨，他们的理论具有民族性，也具有世界性的意义。梁漱溟通过中西印文化的比较，指出西方文化长于科学和民主，但"理智活动太强太盛"，对于自然对于别人都取利用征服的态度，造成西方社会焦惶、慌怖、苦恼；中国文明早熟，以意欲调和持中为根本精神，追求精神的自得和社会关系的和谐，西方文化将有一天要回归到中国文化的道路上。熊十力也肯定西方文化的长处，但不接受它们的人生态度和价值观念，他认为西方哲学视本体与现象、理性与感性为对立的两极，造成社会的紧张，而中国"体用不二"的哲学传统使我们民族既避免了沦入宗教的迷狂，也避免了浅近的功利主义，可以弥补西方文化的不足。从20世纪20年代起，新儒家就用道德的人文主义批评西方传来的科学主义，以为科学只研究事实的世界，不能解决人生价值的问题。20世纪50年代以后的中国港台新儒家，对西方文化和哲学都有相当程度的了解，他们主张学习西方的科学与民主，用以推动中国的现代化事业，但他们也对西方文化作出深刻批评，这种批评由于与中国文化的优点相比较而更具有鲜明性。1958年《为中国文化敬告世界人士宣言》指出：西方的哲学、科学、法律同道德是分离状态，西方人一味膨胀其文化势力于世界，造成战争、对抗、核威胁等危机，因此西方人应学习东方重人生境界的提升，圆而神的智慧，仁者的悲悯之情，文化生命之保存延续，天下一家之情怀，人类要发展出一大情感，共同思索人类共同的问题，设法克服人类自身承载不起自身的信仰、知识、科技所造成的现实力量，建立"立人极"的学问，使人类真正成为地球的主宰。刘述先认为，今日世界最严重的问题是科学与人文之间的不平衡，只有"以人文价值统御科学成果，始能造福人群"，才不致使人成为机器工业或者现代经济制度的奴隶；不仅如此，西方宗教已在走下坡路，新神学甚至宣称上帝已经死亡，于是"在现在超自然的神话被戳破以后，中国哲学尤其儒家理想，可以说是提供了唯一健康的信仰的出路"[1]，也就是说，儒家的人文价值体系不仅可以弥补西方文化重科学轻人文的缺点，也能帮助西方人克服信仰危机。林毓生指出，"儒家思想中精华部分（'天人合一'、'道心与人心的同一'以及人生与宇宙的'和谐'）与近代最重要的西方思想家对于现代化所产生之问题的批评式反省是可以汇通的"[2]。如果是国粹派和狭隘民族主义者在批评西方文化，会使人觉得他们不过是吃不到葡萄便说葡萄酸。但新儒家中的许多人，特别是它的后起者，留学西方，对西方文化相当熟知，有些人还长期生活在西方，对西方社会的利弊有切身体会，心态是现代的开放的，他们站出来比较中西文化的短长，容易为人所接纳。更有醒世作用的是西方一些有识之士，他们从20世纪初便开始对自身的文化作超前的认真的反省。如斯宾格勒、荣格、弗洛姆，到汤因比、佩西、里夫金，我们可以举出一长串的名单，这些人士都看到工商业文明给人类带来的种种危机，主要是生态环境危机、人际关系危机、信仰和道德危机。佩西领导的罗马俱乐部有一系列的报告，对上述危机作了触目惊心的描述。现代社会发达又畸形，人的内心不协调，人与人之间不协调，人类社会与自然界之间不协调，这种种不协调已达到危险的程度，人类若不及早扭转以积累财富为主要目标的传统发展模式，进行文明转型的工作，迟早会在一系列矛盾冲突中自我毁灭。在全世界都面临着传统生存模式的重大变更和突破的重要时刻，儒学的人道主义、道德理想和天人一体的学说可以帮助人类重新确立价值观念，调整发展方向，使社会趋于健康合理，因此西方好学深思之士把目光转向东方，要从孔子和老子那里寻找智慧，这不是奇怪的事情。新儒家已经和正在参与的关于人类未来命运的讨论，是超民族和国家的真正全球性的文化讨论，它使中国哲学走向世界，也使世界面向中国哲学，我毫不怀疑，东方智慧会在这一过程中放射出缤纷异彩。

二

新儒家是学术性群体，其主要使命是根据儒家传统提出符合时代精神的人文价值理想，以期对现实人生有所规约和引导，其活动范围主要在学术界和高等学府。我们不能要求新儒家提供它并不拥有的实现社会理想的实际手段,因此,社会现状的不健康不能证明它的理论不适用。历史有"清谈误国"、"佛教危国"、"儒学误国"等论调,也有"佛教安邦"、"半部《论语》治天下"的说法,都是把一种学说的作用夸大了。事实上任何一种学派学说都不能单独亡国或救国,国家的兴衰是多种因素综合造成的,这其中政治家有首要责任。因此,振兴中华是全体中国人的共同责任。新儒家要在中国现代化过程中发挥作用,主要看它在理论上是否能透彻地说明儒学传统精神经过创造性的转化确实能适用于当代中国和当代世界。新儒家提出由内圣开出新外王,开出民主与科学,并不意味着他们能实际地去完成这一过程,只要求他们从学理上把儒学与科学、民主的内在联系揭示出来。新儒家和学界对这一理论难题已经说得很多了,我不想重复,我想另外提出几个理论难题加以讨论,用意无非是希望新儒家的理论更完美更有时代气息,况且这些难题也是一切致力于寻找传统与现代化结合点的人们所共同关心的。我们这个时代是商品经济高度发达的时代,是文化和人的个性多元发展的时代,是精神文明与物质文明失调但正在寻找重新平衡之路的时代。儒学要想彻底脱去传统农业和家族社会的陈旧性,必须敢于面对这样一个崭新的时代而在理论上有所突破和创造。就体(道)用(器)关系而言,不仅在"用"上而且要在"体"上有所变革,也就是说要在某些根本性的价值观念上有所更化。事实上新儒家的理论已经有重大的开拓,但还不够有力,还要再向前跨进才行。否则儒学很难走出少数人的书斋课堂,真正改变与现实隔膜的状态,与广大实业界和青年人相呼应,变成一种可为普通民众奉行的文化哲学。

第一个难题是如何突破传统的义利公私之辨,从重义轻利、大公无私的观念,转变为义利统一、公私兼顾的新观念,以便与工商业道德相衔接,也可使儒家道德真正合乎情理。传统儒学严于义利之辨,尚义非利,认为人的道德行为只应为善合宜,为所当为,不能计较个人利害得失,尚义为君子,尚利为小人,出义则入利,出利则入义,两者不能双成兼得。朱子极重义利分别,尝谓"义利之说,乃儒者第一义。"[3]儒家并非不言利,但儒家所言之利乃义中之利,即天下人民之公利,绝非个人之私利。宋明道学家以公私解说义利,公利乃是义,私利才是利,义与利的对立归根到底是公与私的对立,在道德的动机上绝不许有私念掺杂,故其道德修养以去私为要。如果对求利和为私从个人情感欲望上去理解,则义利公私之辨化为天理人欲之辨,作圣贤的功夫只在革尽人欲,复尽天理。总之,儒家的道德论否认个人私心利欲的正当性,视"私"、"利"、"欲"为修养之大敌,这是儒学在人的社会性和个体性之间强调前者太过而忽视后者的表现。事实上人皆有私,情感欲望乃人性所具,追求个人利益乃天机自发,不可废止,问题只在于调节适度,不可妨害他人。义者宜也,利之宜处便是义,不论公私。公者众私之和,无公则众私不能长保,无私则大公便成空谈。理者欲之节文,天理就在人欲之中,因此从道德论上说,义与利、公与私、理与欲并非水火不能相容,它们本来是统一的,相互依赖的,硬要人为加以分割和对立,便会使道德论走向自身的反面。例如,无利之义翻成欺妄,无私之公导致假公济私,灭人欲之天理变为"杀人"之具。程朱理学说义利公私理欲之辨,似乎越说越偏,并不符合儒学的本义。孔子就承认"欲富贵"是人的本性,问题在于是否得之以道;博施济众的圣人和以仁为己任的贤人是很高的人极,一般人很难达到,能够做个"见利思义"的成人也就不错了。这是一种很宽厚的平实的心怀。阳明后学已经感到正宗理学在理论上有问题,开始突破传统观念,着手转换儒学若干价值标准,萌生出真正的现代意识。泰州学派的何心隐提出"育欲"说,反对遏止人欲。李贽认为"人必有私,而后其心乃见",说"富贵利达"乃人之本性,"虽圣人不能无势利之心",故穿衣吃饭即是人伦物理,他的理想就是"使天下之民各遂其生,各获其所愿有"[4]。这些言论在当时被看做"掀翻天地"的异端邪说,今天来看,实在是合情合理的常道,是真人讲真话而已。我觉得新儒家强调人性要提升,道德自我要挺立,这是很对的,只有这样,人性的全部光辉才能放射出来,成就完满的人生。但这个过程绝不是否定感性自我而后才能完成;道德自我是真我,感性自我也是真我,都需要健康活泼。贺麟先生就相当自觉地意识到儒学一些道德观念要作大的调整。他说:近代伦理思想上有一大转变,早已超出了中古僧侣式的灭人欲、存天理、绝私济公的道德信条,而趋向于一方面求人欲与天理的调和,求公与私的共济;而另一方面又更进一步去设法假人欲以行天理,假自私以济大公。[5]

他认为道德生活如果完全脱离了人的情欲、需求,则必然陷入空虚与贫乏。他还指出,人无法做到"纯公无私",合理的利己主义以明确的自我意识"确认个人应有的权利与幸福"[6]。这是何等开明创新的思想!循此而进,儒家的理论必可跃入一个崭新的境界。这里有一个根本性的理论问题尚须认真解决,这就是人性问题。中国历史上有性善说、性恶说、性无善恶、性有善恶、性善恶混、性三品、天地之性与气质之性诸说。宋明理学以孟子性善说为基础,强调性体之本善和良知之发挥。但诸说各有得有失,皆未能充分揭示人性复杂而丰富的内涵,且有重性轻情的偏向,不能很好解释恶的来源和作用,忽视了人性之中理智、情感、德性、气度等要素的综合性及人性的生理属性、心理属性、变异属性等多层面的统一，把问题简单化了。我以为性、情、理、欲、形、神、气、命皆为人性所固有，事情不在于要保留哪些，克除哪些，只在于正确调整诸因素之间的关系，使之有一个相对健康合理的结构。如果没有一个严谨周密的人性论，道德论就根基不牢。假如感性欲求是人性的一部分，那么就只存在着修饰引导的问题，不存在取消克尽的问题，大可不必怕说"利"字，视"私"为恶而加以排斥。历史上有真仁真义的真君子，也有许多假仁假义的伪君子，原因很复杂，恐怕同儒学把圣贤说得太高、道德要求脱离人情有关，标准既不近人情，一些人便矫情而成伪，一般民众则敬而远之。社会上除了少数孳孳为义的道德君子，大多数是孳孳为利的"小人"，然而社会正是靠这些辛苦谋生的民众创造财富，提供一切人的衣食住行用，社会才得以维持，道德家在享用他们劳动成果的同时又指责他们求利的行为不道德，我以为这种指责本身才是非道德的。柏拉图认为，人的智慧与美德是需要以有闲暇的生活为条件的，当工作还是谋生手段的时候，只能使生存成为可能，不能使生存的理想得以实现。知识阶层把工作视为人生乐趣，从中开掘生命的深层意义，是由于他不需要用全部精力体力去为生计操劳，否则他也要首先孳孳为利，以满足生存的需要。当孳孳为利的民众有了余财和闲暇，也会有许多人乐善好施，提高自己的道德层次。所以道德的真正标准，不在于为义还是为利，为公还是为私，只在是否劳动谋利，合法谋利，正当谋利。当然，在得之以道的大前提下，为义还是为利，为公还是为私，在道德的层次上是有高低之别的，低的需要提升，高的还要再高，这是道德内部的差别，与非道德行为并不相干，非道德行为的唯一界定是损人利己，损公肥私。我赞成贺麟先生的说法，儒家道德论的改造，要依据合情合理合时的"三合"主义。只有"三合"之道才是真正的常道，人们感到亲近，乐意接受它。

第二个难题是如何突破"修齐治平"的公式，使儒学的内圣外王之道，能适用于社会生活的一切领域。儒家的人生论由个体到社会，以成己成物为宗旨，修身、齐家、治国、平天下；这一理想模式有一转换和补充，即达则兼善天下，穷则独善其身。在这一理想的指引下，儒家人物中上焉者立德，其次立功，再次立言，言不立亦不失为君子，由此成就了许多政治家、道德家、学问家以及忠臣良将、仁人志士。但《大学》八条目中独缺"立业"一项，致使儒家的科技和艺术人才不多，这同儒家对"成物"、"外王"的理解过于狭窄有关。传统的观念，从"修齐"过渡到"治平"，只有做官这一条路。于是学而优则仕，真儒做官以行其道，俗儒做官以取利禄，大家都往仕途这条独木桥上挤，挤过去的只是少数，被挤下来的是多数。少数为官者，幸遇明君而能施展才能的十不一二，不幸而遇庸主或昏君，则受排挤迫害，不能有所作为，而明哲保身以至曲意迎合者又是少数中的多数。在野的多数不得已从事其他职业，却仍然念念不忘金殿对策，经世安邦，而又好梦难圆，于是抱着怀才不遇之感而郁郁一生。儒家这条政治救国的道路实在是既狭窄又艰难，大大限制了知识分子开拓事业的领域。实际上人才总是多种多样的，能成栋梁之才固然可嘉，能精于一技一艺，用为一砖一瓦者亦属可敬，只要为社会所需，于民众有益，都应当鼓励知识分子去做，从中施展自己的抱负和才干，其间并没有贵贱高低之分。这就要先从理论上突破"修齐治平"的公式，改变"君子不为小道"、"君子不器"的观念，把君子之道同百工之业结合起来，给知识分子开辟出通往理想的众多道路，形成不离社会大道又能百业竞发的生动局面。古人有"运水搬柴无非妙道"、"行行出状元"的说法，对于外王事功的理解就比较宽阔，是值得提倡的，这也是常道之"体"能否表现为最广大普遍的常道之"用"的问题。按照贺麟先生的说法，儒者不必是一家一派，"凡有学问技能而又具有道德修养的人，即是儒者"，"在工业的社会中，须有多数的儒商儒工以作柱石"，工商之人如品学兼优即是有儒家气象，不必看其形式上的归属。[7]一个不容回避的事实是：世界和中国都进入工商社会，儒学必须改变传统的重政轻业、重农轻商、鄙薄技术的观念，扩大"外王"的范围，同时又要保持儒家的道德人格和社会理想，并把它们渗透社会实业中去，用以纠正工商社会各种丑恶的病症和不良习气，使之臻于健康合理。

内圣外王之道最初就是古圣王之道。在儒家看来，只有尧舜禹汤周文武可称为圣王，他们能够修己以安百姓。先儒把治国平天下的希望寄托在再次出现如尧舜那样的圣君，既有德才（内圣）又有权位（外王），足以推行德政于天下，于是十分强调君王的道德修养，因为天下安危系于一身，君王之清明与昏聩是国之兴衰、世之治乱的决定性因素。然而有德者未必在位，孔子只能当素王（无位之圣），有权者未必有德。中世纪的君王除去开国之君，大都依靠血统登上王位，必然良莠不齐，劣者居多，这就决定了儒家的社会理想在多数情况下不能实现。为了弥补这一缺陷，儒家又有贤相清官之说，以"人皆可以为尧舜"为内圣之普化，以贤者辅佐帝王事业为外王之扩大，儒者的志愿在为王者师，为忠臣良将，可以托六尺之孤，寄千里之命，临大节而不能夺，爱民如子，敬德守礼，刚直廉洁，为世楷模。外王事业虽有所拓展，仍不离在朝参政一途，离开宦途便算是丢掉正业，产生失落感，只好隐居待命。所谓进退出处、用舍行藏，其界限便是在朝还是在野。新儒家与传统儒家不同，大都不曾为官，或虽曾为官而不愿居官，以学者的身份，保持对社会政治进行批评的权利，他们都是在野之士，却不以在野为失落，一心要在道统与学统上继往开来，自觉肩起文化救国的使命。他们对内圣的理解比传统儒家更丰富更具现代意识，他们对外王的理解也有新的发展，主要是容纳了西方的民主与科学。不过新儒家多是哲学家，立志高远，宏论醒世，长于大经大法，而对外王事业的具体内容与实施则语焉未详，体系强而细节弱，不容易使人找到实在下手处。如何改良政治，如何发展经济，如何兴办教育，如何改善风气，如何保护生态，有许许多多实际问题要去一个一个地解决。我们当然不能要求新儒家替人们设计方案，落实措施，但希望新儒家在致力于确定社会人生精神方向的同时，能从理论上引导人们去关心一点一滴的改良，培养人们的务实精神，善于把远大的目标同眼前的本职工作结合起来，无论为官为民，为工为商为农，还是为学为教，进路虽有不同，殊途而有同归，人人可以成功内圣，人人亦可以成功外王。

这里还有一个共相与殊相、一般与个别的关系问题。几代新儒家都是极有个性的人，作品也形态各异，但在处理共相与殊相的关系上，似乎有重共相而轻殊相的缺点。例如比较中西文化，对于中西文化之间的异同谈得多，对于中西文化各自内部的差异谈得少；谈中国文化，百家照顾不够，有用儒家代替诸家、用理学代替诸儒的倾向。在心性问题上，新儒家追求的道德心、本心、性体、真我，都是无差别精神境界，这个境界无限圆满，它是内在的又是超越的，虽然本心、性体即存有即活动，要在实践中呈现自身，表现为一种主动、创造的活泼泼的生命力量，故有开拓气象，但毕竟以道德实践为主，太偏重于论证人格的统一性，而忽略人格的多样性，或者说没有很好地把统一性纳入多样性之中，特重民族文化主体的建立，缺少对于个性的有力说明，这对人的才性的充分开发是不是一种限制？当代人类强调多才多艺，个性的自由发展，而儒学中也有"和而不同"、"一致而百虑"、"殊途而同归"的思想资源可以运用，但在理论上如何将两者贯通无碍，还得再下一番工夫。

第三个难题是如何开发和重建儒家经济管理思想。儒家有经世致用的传统，对于社会经济极表关切，提出过"厚生利用"、"开物成务"的原则，素有重农、限田、轻徭薄赋、通货均输、开源节流、均平等主张，也有过扶商惠工的思想。但儒学成熟于农业宗法社会，不可能有近现代工商社会基础上的经济管理思想。由于儒学在处理人际关系上有独到之处，经过一番制作加工，可以用来调节现代经济生活，补充现代管理的不足，亚洲四小龙已经有些成功经验可资借鉴。中国和东亚国家要想在现代化过程中避免模仿欧美陷于邯郸学步之窘境，必须在向西方学习的同时保留和发扬自己文化传统中最深刻最具生命的成分，形成中西合璧的新的现代化模式。按照韦伯的说法，中世纪的基督教经过宗教改革运动具有现代精神，为什么独独博大精深的儒学不能够经过创造性地转化而促进现代企业的发展呢？儒学的危机实在说不是儒学自身带来的，是我们对儒学的解释的滞后与偏差造成的。儒学必须闯过与现代经济相隔膜这一关，利用自己的思想资源，建立起一套系统的经济管理学，使自己不仅在社会生活的哲学和道德层面上，也直接在经济活动的领域里发挥它的积极作用，使再造的儒家精神成为一种新的企业精神。果能如此，儒学在促进现代化的同时也将使自己获得深厚的发展动力，生机再也不会枯竭，发展前途便有了可靠的保证。这是可能的吗？祖国大陆和台湾都有学者在探索。仅我所知，大陆学者刘云柏著《中国儒家管理思想》（上海人民出版社出版），台湾学者唐富藏著《儒家的管理思想》（1988 年东京"东亚知识人会议"论文），作了初步尝试。在企业实践中的例子是香港旭日集团董事长杨钊先生，他是著名的"裤王"，青年企业家，他巧妙地将西方管理思想与中国儒佛道传统思想结合起来，在精细的计划、严格的管理上学西方，在确定企业"取之社会，用之社会"的发展方向上，在调节企业内部人际关系以臻和谐及提高企业文化素质上主要依赖中国文化的精神，并且在经营上取得了很大的成功，证明传统用得好可以促进现代经济，更有助于企业管理达到高水平，对于当代企业的未来发展，有导向性意义。更为可贵的是，杨钊先生改变了西方企业界传统的观念：企业间只能是生死竞争的关系，他提出互促共荣的新观念，这显然是受了儒家"天下一家"、"和为贵"的思想影响。杨钊是佛教徒，他的管理思想中儒家道家的成分也很多：由于具有东方特有的智慧，他在香港那样企业林立、工商发达的社会里，能够从容驾驭自己的企业稳步发展，适应形势，进退自如，安渡一个又一个难关，毫无不堪负重之感，自己的心理也保持着很高的境界，这难道不值得我们深思么？

　　现代管理学认为，在管理对象：人、事、物三者中，人是管理的核心，在有形资源和无形资源的管理上，无形资源的管理更重要。无形资源包括经营思想、企业精神、企业文化、人力开发、对环境变化的适应能力、企业形象等。与此相应，儒家极重人才的开发、培育和使用，长于调适人际关系使之和谐，强调对人格、德性的尊重，主张以义驭利、以诚取信，提倡文明礼貌待人，注意领导人的行为榜样以及不断的学习思考，所有这些思想都是现代企业谋求高质量发展所必需的，儒学在这方面大有发挥的余地。

　　儒家重视人伦关系，孟子有五伦之说："父子有亲，君臣有义，夫妇有别，长幼有序，朋友有信"。在家族社会里，伦理道德不能不是如此。现代社会大变，属于家庭范围的父子、夫妇、长幼三对关系仍然保持着血缘和人伦上的亲近，但趋于平等；君臣关系转变为没有人身隶属性的上下级关系；朋友关系以其平等性、相契性、爱助性而日益重要，成为一种美好的理想的现代人际关系，应当扩大它的范围，使它渗透其他人际关系中，借以改善整个社会的紧张状态。传统儒家重血缘而轻职缘，而现代社会职业上的联系最重要最普遍，家庭家族关系降到次要地位，如何用儒家伦理充实职业道德，也是一项重要工作。儒家虽有"敬业乐群"、"诚实不欺"、"见利思义"等通于职业道德的观念，但都笼统空泛，还需要根据新的生活经验加以充实。在古代，规范了家庭道德，大体上也就规范了社会道德；在今天，只有规范了职业道德才可能规范社会道德。因此，道德家和企业家通力合作，在职业道德的规范化和实施推广上多下工夫是很值得的。

儒学不仅属于新儒家，也属于全体中国人民，开发运用儒学的精神财富，应当是中国人特别是知识分子的共同事业，所以我愿意参加这个讨论，贡献一份浅见。我不是新儒家的信徒，但我确信自己是新儒家的朋友。本着"和而不同"和"知无不言"的诚的精神，我以自己的思考和感受称赞了新儒家的业绩，同时也列出若干尚待进一步解决的理论难题，既期于人，又励于己，盼之切而言之直，必有不当，仅供思考和讨论。也许这些难题本不是难题或不当如此转换，亦未可知。在处理传统文化问题上，我不是一个旁观的研究者，而是一个继往开新的参与者，我愿与朋友们一起继续探索和开拓，共同为振兴中华贡献力量。

注　释：

[1] 刘述先：《儒家哲学的现代意义》。
[2] 林毓生：《面对未来的关怀》。
[3] 朱熹：《与延平李先生书》。
[4] 李贽：《藏书·德业·儒臣后论》、《明灯道古录》卷上、《答邓石阳》。
[5] 贺麟：《文化与人生》。
[6] 同上 [5]。
[7] 贺麟：《儒家思想之开展》。

（收入《第二届当代新儒学国际学术会议论文集》之二《儒学与当今世界》，杨祖汉主编，台湾文津出版社印行，1994年12月）

谈谈"读经"

在全国上下谈论和参与中国现代化事业的今天，我却在这里提出阅读古典经书的问题，表面上太不合时宜，虽然我不会像批孔反儒的"文化大革命"时代被扣上复辟倒退的帽子，但在时髦派看来，这至少是愚不可及的行为。不过，且慢，让我述说我的道理，然后愿意批判的人再来批判不迟。

儒家提倡"中庸"，不偏不倚，无过无不及，这诚然是最理想的。不过在实际生活中，中庸是最难行得通的，所以中国人又最不中庸，真正信奉的是"矫枉必须过正"的观念。特别是近现代中国人，面临着环境的巨大惰性，凡想做一点改革事业，不得不采取激烈的态度和手段，方能见到成效。于是中庸便被视为无益有害的思想，改良主义的声誉一向不佳。在"尊孔读经"的问题上，充分表现了近代中国人反中庸的情绪。

"五四"运动前后，先进的中国人都主张用西方的真理来救中国，对中国传统文化丧失了信心，甚至产生了仇恨，主张一概扫除，直到汉字。他们用来概括和批判封建社会旧文化的教育的话，便是"尊孔读经"四个字，必欲彻底扫除而后快。这当然有其合理性，是时势引出的必然。封建社会末期，尊孔尊到盲目神化的地步，读经读出僵化封闭的结果，社会的生机、人们的创造力都被它扼杀了。同时，由于种种原因，中国也濒临灭亡的边缘。在这个时候，不来一次激烈的批判运动，不造成一次思想解放，中国就没有希望，青年就没有前途。

几十年的批孔废经，确实收到了明显的成效，但也出现了新的问题。孔子的形象暗淡了，甚至被丑化了，经典学习渐渐废止，新一代的中国知识分子对传统文化的情感普遍冷淡，对民族文化典籍比较陌生，这究竟是福还是祸呢？不错，在半个多世纪中，中国新型知识分子向西方学习了许多救国真理和科学技术，推动了中国的现代化进程，知识分子的精神面貌也发生了巨大的变化。可是，现代知识的获得，现代思想的传播，是否一定需要以牺牲优秀民族文化传统为代价呢？"矫枉必须过正"是否是一个永恒的普遍的真理？"五四"大破旧文化之后并没有立起一个新文化；彻底否定传统，没有了根基，新文化缘何而立？"文化大革命"则通过反传统来毁灭中国文化，让人们回到原始和野蛮。痛定思痛，人们不能不变得清醒一些和聪明一些。东亚四小龙在现代化过程中保存传统、转化传统的新鲜经验，也使中国人固有的思维定式发生变化。人们现在日益感受到了民族精神、东方智慧和传统美德之丧失太多的痛苦，逐渐醒悟到一个新的真理：断裂优秀文化传统是有害的，现代化事业需要也能够与优秀传统互补。中国人走到这一步，才开始踏上中庸之路。

"尊孔读经"不应该成为一种罪名。尊孔而不盲目，未必错误；读经而不教条，未必危险。中国人讲究尊师重道，一般老师尚且要尊，为什么作为世界文化名人和万世师表的孔子，就不能尊而敬之呢？中国人提倡读书成才，西方经典名著需要阅读，为什么中国经典名著就要排而弃之呢？污辱圣贤，数典忘祖，不以为耻，安之若素，能够算是一个合格的中国知识分子吗？我以为不够格。我这样说不是要挖苦什么人，责任在民族虚无主义思潮，这个思潮为时已久，流毒太深，需要认真加以清算。

书是社会文明的文字凝结，是传播思想、感情、知识的重要媒体，是人类智慧的汪洋大海，是各种文化传统赖以积累和继承的不可缺少的手段。现代信息传播媒发达，人们获取知识的方式很多，但不能取代书的功能，知识分子还是要通过读书打好教养的基础。可是书的种类和数量很多，增加得又快；现代人处在"书的爆炸时代"，读书的时间反而越来越少。如何解决"吾生也有涯而知无涯"的矛盾呢？我以为唯一切实的办法就是有选择地读书。从读书的角度看，书可以分成三大类：一类是基础性的必读书；一类是专业性的参读书；一类是业余性的消遣书。在基础性的必读书之中，除了学校的教科书之外，主要是指中外古典名著，特别是经典。能称得上经典的书数量很少，因为它的标准很严格。我以为经典必须具备这样的几个条件：第一，它必须是大的文化体系创建时期的代表性作品，具有始祖性而不是流派性；第二，它包含着这一文化体系的基因，对该文化传统的形成，起着定型、导向的作用；第三，它是大悟性大智慧的结晶，故内涵丰富深厚，可以作无穷尽的解释发挥，所以不会过时；第四，它世代为广大范围的人群所奉读，在社会许多文化领域有普遍的影响，甚至成为一种共同性的文化语言。在中国，具备以上条件的经典，在儒家即是四书五经，在道家即是《老子》、《庄子》，在佛教即是《心经》、《金刚经》、《坛经》，在诸子百家即是《孙子》、《韩非子》、《墨子》、《楚辞》等。中国的思想文化可以说是在这些基本经典的基础上，通过各家各派创造性的诠释和应用而发展起来的，这是客观存在的历史事实。不管你喜欢与否，经典已经在文化传统中形成了崇高的权威性和不可替代性，而且在今后很长时间内还将继续发挥思想宝库和智慧源泉的作用。这些经典，至少是其中最重要的几部如《论语》、《老子》、《周易》，应是中国知识分子的必读书，而且应该精读、熟读、反复读，百遍不嫌其多，百年不嫌其久，因为其中几乎每句话都广为流传，到处被引用，而人们在不同时期都会有不同的读书心得，无有已时。今天的人也许能说出比经典作家更精彩的话来，但是起不到经典那样的作用。而其他的书，有的可以不读，有的可以泛读，有的经过筛选，只精读其中必要的部分。如果是一位人文学科的知识分子，他的读书，应该一头抓经典，一头抓学术前沿，便是最聪明的做法，这是最有效的利用读书时间，当然，对经典不能迷信，除非是崇拜它的信徒，一般人从经典中找出谬误并非难事。天下哪有句句是真理的作品！所以读经要活读不要死读，要有分析有选择的思考，不要一概接受。不过要选择必先熟悉，即使要批判也必须先下工夫读通它，了解它在文化史上巨大而复杂的作用，否则选择不会准确，批判不会深刻。旧时代旧教育的根本缺陷不在读经，而在崇信不疑。从人的文化素质的培育来说，经典不能不读，只需改进方法，不宜废止读经。

一个新时期合格的知识分子，其文化素质的结构应该有这样几部分：道德品格，综合修养，专业知识技能，业余爱好。这四部分应当均衡发展，形成合理态势。道德品格是决定人的境界高低、人格尊卑的东西，是知识分子的灵魂。综合修养主要指文史哲的基本训练和积累，不论从事什么职业，都应该具有一定的人文素养，而现代教育只重专业知识训练，忽视人文道德，职业教育成为主导性的。即使有人文课程，由于教学方式不当，结果起不到充实精神生命的使用，常成为取得学分和学位的工具，这是必须加以调整的。而要加强道德和综合文化训练，阅读经典是必要的途径。这是一个笨办法，难收立竿见影之效，但它是最有长效的办法，可使人一生受用不尽。经典中有哲学，有道德，有历史，有文学，有大圣大哲的睿智卓见，有为人处世的不移箴言，蕴涵着真善美的精华，可以使人高雅、深厚，长才智，有文采。庄子说："水之积也不厚，则其负大舟也无力"（《逍遥游》），我们也可以说经典训练不实，则其做大事也无力。其人也许可成为专业人才。但难成为大方之家。我这样说是有历史见证的。在近现代中国知识分子中，不仅大思想家、大政治家、大艺术家、人文学科的大学者，都无一例外的接受过文化要典和国学的严格训练，即使是大的自然科学技术专家，也都有较深厚的国学功底，无不对本民族的经典相当熟悉。如华罗庚、苏步青、钱学森和美籍华裔科学家杨振宁、李政道等，都是学贯中西、文理双通的，故能有博深的见识，恢弘的气度。新一代的知识分子至少应该读一读《论语》、《老子》、《孟子》、《庄子》、《孙子》，不能再少了，否则往往比不上一个外国的科学家和学者所拥有的中国学知识，怎么走上国际学术舞台呢？

我们必须把经典学习的意义，提到世界文化发展的高度来认识。新的世界，绝不如美国亨廷顿教授所预测的那样，将是东西文明冲突的时代，恰恰相反，它将是东西文明互补共进的时代。这个进程实际上早已经开始，目前正加速，西方工业社会在取得工业文明的划时代和世界性的成就的同时，面临着生态失调、人际紧张、精神空虚、人性堕落等一系列深刻的危机，不得不作出重大的调整。一些有识之士看到了东方文明包含着补救西方文明弊病的超前内容，正加紧努力研究东方学术，钻研《论语》、《老子》、《周易》等经典，认真从中吸取智慧，促使西方在价值观和社会发展模式上有所改变。与此同时，东亚一些国家和中国，在努力复兴或保护东方文化传统的同时，已经或正在学习、引进西方发达国家的市场经济、管理经验和科学技术，以及其他先进学说，将两者结合起来，创造东方特有的现代化模式。由于东亚经济的迅速发展，作为发展背景的东方文化也相应地提高了国际地位。很明显，东西文化双向交流已经成为世界性的社会潮流，无论在理论上还是在实际上都富有成效，这是世界文明向更高阶段发展的必然趋势。东西文化之间当然有对立和冲突的一面，但那是次要的，互渗、互补和合流才是主要的。在这种国标性文化格局下，中国现代和未来的知识分子，必须兼有东西文化的素养，才能适应新时代文化国际化的需要，否则不仅会丧失民族风格，而且也跟不上西方文明发展的最新潮流。

中国中断经典教育为时很久，开初一段时间内，不觉得有什么不好，渐渐地，其不良后果陆续显露。由于新一代知识分子的国学根底普遍浅陋，大师级的学者便难出现。学校教育没有经典训练，社会青年缺乏基本道德观念和基础性传统文化知识，于是造成社会道德滑坡和精神生活庸俗浅薄。所谓"中华是礼义之邦"早已是过去的事情，而今"礼义"二字究竟在何处？目前社会道德风气的败落、社会行为的无序状态、拜金主义的猖獗横行、精神信仰的无所归依，已经达到很严重的程度，大家有目共睹，亲感身受。这种状况绝不是靠短期内突击措施所能改变的，尽管这些临时措施不能不采用，归根结底还是要靠社会管理水平的大幅度提高，以及人的文化素质的普遍改善。这就与国民教育的战略有关，它的着眼点是21世纪，它的基础工程则是经典教育。必须从现在起，真正切实地把经典教育纳入大中小学的教学活动之中，按照由浅入深、循序渐进的原则，编写有关课本，选读或通读经典的篇章或全书，把经典课作为通识教育的必修课，聘请最优秀的老师担任教学，长期坚持下去，日后必有大效。大学以上文化程度的人，或者从事精神文化事业的人，还应当把读书的范围适当扩大，对国学要典有较多的接触。张岱年先生和我提出国学书目八十五部，它包括了儒佛道三教和诸子百家中最有代表性的在历史上影响深广的要典（见《中国思想文化典籍导引》，中共中央党校出版社，1994年3月出版）。这个书目也许太大，也许还需要补充调整，那么让社会人们共同参与研讨，加以改进，但总得有人先提出一个方案作为讨论的基础。而且我相信此书目的主要部分的必读性是无可怀疑的。张先生又从八十五部中选定十部书，作为必读之书。它们是：《周易》、《论语》、《孟子》、《老子》、《孙子》、《史记》、《纲鉴易知录》、《唐诗三百首》、《古文观止》、《幼学琼林》。这些书目是给青少年提供的，其实它对于成年人来说也似乎太多太高。但我们的目的是要树立一个理想目标，从培养跨世纪的全面发展的人才着眼，不能太迁就目前的水平，这是其一。读经典主要应在青少年打基础的时代，这一时期读书最快最牢，终生难忘，中年以后虽然理解能力大为增强，但记忆力差了，而且要挤出读书的时间很不容易，这是其二。所以社会要抓青少年经典训练，中年以后靠自觉。对于有志于从事人文学科事业的青年，不妨再多读几本书。如儒家经典中，除了《周易》、《论语》、《孟子》，要读《礼记》和《孝经》，不然很难了解中国的宗法制度和传统道德。道家经典中，除了《老子》，还要读《庄子》，你的心灵或由以而大开。佛教经典至少读《金刚经》、《心经》、《坛经》，由此领略佛家的精神。史书方面，除了前四史，应读《贞观政要》，这是一部高水平的政治教科书，治国经验皆荟萃其中。文学方面，唐诗之外，还要读点宋词，而《西游记》、《水浒传》、《三国演义》则是中小学生的读物，文科大学生则要加读《红楼梦》、《聊斋志异》和《金瓶梅》。它们会帮助我们知世、论人、增智、为文，其益莫大焉。

　　读经典作品，当然要读原典；今译今注只能作为参考，而不能依赖。读原典好比品尝丰美的饭菜，色香味俱可细细感受体验。读今译好比吃别人咀嚼过的饭菜，不仅味道差得多，而且加进了别人的分泌物，与原品不会一样。现在的障碍在文字上，一是文言表述方式，二是繁体书写，这给一般青年阅读原典带来困难。但是这个困难必须克服，也能够克服。所谓必须克服，是指原典具有无穷可诠释性，不可替代，不下工夫直接阅读，就达不到基础训练的目的。所谓能够克服，是指中国人闯古文繁字关有较好的条件。文言孕育出白话，两者本就相通，文言仍部分地活在白话之中，受到人们的喜爱，而经典的许多语句常成为座右铭流行在生活中，所以人们学起来有兴趣，有接受的能力。再说，今译今注逐渐增多，可以帮助人们理解原典。至于繁体字，它流行了两千年，形成六书的规则，只是笔画多一些，结构上有规律可循，认识并不困难。古代典籍的简化字本仍是少数，多数是繁体字本，1956年以前所有的书刊皆用繁体字，大型史书、类书、丛书至今重印繁体字本。所以当代知识青年应该在"用简"的同时"识繁"，学会识繁这一本领，其中珍宝可任你选择，这至少跟学外语同等重要，而掌握这一本领，只要在小学认字时期适当加以训练就可以了，比学外语容易得多，因为繁体字毕竟是自己祖国的文字，接触机会又多，用不了太多时间就可以学会。我的想法是：不给学生以"识繁"的训练，等于剥夺新一代乃至后代直接阅读古典的权利，给民族文化的传承制造人为的障碍，谁能承当起这样重大的责任？我们有些人一看到繁体字在社会生活中出现便认作是文字使用上的混乱，急急忙忙加以扫除。繁体字是正正经经的中华民族的传统文字，如今古书出版还在使用，中国港、台、澳地区还在流行，并不是什么乱造的文字，何必要加以"横扫"？满街的英文为什么不"横扫"？我觉得繁体字的适当流行是一种社会需要，是好事不是坏事，它让人们在这种环境中更好地掌握"识繁"，以减少读古书及中国同港、台、澳交往的麻烦，有什么不好？我套用"一国两制"的话，可不可以在文字上实行"一语两体"？这是值得认真研究的。两体都有生命力，你要消灭一种不可能，问题在于印刷品如何统一，两岸人士可以坐下来讨论。回到读经的问题上来，我想强调的是：绝不能把文化的传承寄托在少数专家翻译古书上面，这样局限性太大。与其花大气力组织专家搞今译本、印简体本，不如让青少年普遍得到读文言、识繁体的技能，使他们能够直接面对原典，这样做的效用不知要扩大多少倍，费事又不大，何乐而不为呢？

最后，我说一段经历。我去韩国开会，看到那里的现代经济很发达，社会管理水平是先进的。同时韩国又大力提倡儒学，保持了尊孔读经的传统。他们向我们提供了一种传统与现代化相结合的成功经验，值得我们借鉴。我在汉城遇到一位毕业于北京大学哲学系的中国留学生，该生告诉我，在中国的大学没有学过《论语》、《孟子》，来到韩国，学校却要你认真学习，没曾想跑到外国来学中国的经典，于是感慨万千。我看到韩国人修身处世中表现出儒家道德很深的影响，青年人彬彬有礼，行有所循，社会风气很好。中国人应该认识到现在是"礼失而求诸邻"，要有惭愧之感，要借此激励自己，赶快把优良的传统恢复发扬起来。

（载《原道》第一辑，中国社会科学出版社，1994年10月）

文化典籍教育要从儿童开始

孔子说："仁者不忧，智者不惑，勇者不惧"，《中庸》把"仁、智、勇"概括为"三达德"。这三者是构成健康人格的三要素，缺一不可，对于今天我们加强素质教育仍然有深刻的启迪意义。"仁"是德性，"智"是才识，"勇"是胆略，三者形成均衡，才是理想的人格。可是我们的教育长期偏重于职业与应试，一个孩子从幼儿园到成人，主要接受专业知识技能的训练，特别发展了人格要素中"智"的一面，而"仁"、"勇"十分薄弱，造成人格的畸形，必须加以纠正。纠正的办法是加强素质教育，而素质教育的重要内容便是文化典籍的教育，对于中国的青少年和儿童来说便是中国文化典籍的教育，当然还要兼顾外国文化典籍的教育。

人创造了文化，文化同时也创造了人，我们也可以说民族创造了文化，文化同时创造了民族。文化使人高出动物，文化的高低决定个人和民族素质的高低。而民族文化传统的生命基因是包含在它的重要文化典籍之中的，所以代代要学习，代代有承接，当然代代也要创造。对于儿童来说，接受优秀文化传统的熏陶是多方面多方渠道的，从习俗上，从书本上，从家长亲友老师身上，从社会各种接触上，都可以吸收营养，接受影响。但是从教育工作的角度讲，让儿童学习最重要的文化典籍，当是了解传统文化最基础最便捷的途径。因为这些最重要的文化典籍是民族文化传统形成时期为这种文化提供基因、奠定方向的经典之作，在尔后的思想文化发展中又不断地放射文化精神，影响文化发展的全局，使全民族的思想感情受到深刻、普遍而持久的影响，这是其他一般书籍不能取代的。经典中凝结着民族的历史、道德、哲学、政治、社会等各文化领域的智慧和经验，一个民族的文化生命，依赖于它的文化经典的传承和不断得到创造性的解释与发挥。

经典教育的重要性很早就有人注意到了。1942年我国著名教育家和文学家朱自清先生在《经典常谈》的序中说："在中等以上的教育里，经典训练应该是一个必要的项目。经典训练的价值不在实用，而在文化"，又说："做一个有相当教育的国民，至少对于本国的经典，也有接触的义务。"朱先生指出：

"我国旧日的教育,可以说整个儿是读经的教育,经典训练成为教育的唯一的项目,自然偏枯失调",但是"读经的废止并不就是经典训练的废止",他说明了旧式读经教育的缺点,同时认为在新式教育中心须保留经典训练的项目。而且要扩大经典的范围,使之"包括群经、先秦诸子、几种史书、一些集部。"朱先生所说的经典训练的价值在于文化,就是我们今天所说的人文素质。到了20世纪80年代,著名教育家叶圣陶在重印《经典常谈》序中,不但肯定了朱自清先生的观点,而且进而指出:"经典训练不限于学校教育的范围而推广到整个社会,是很有必要的。历史不能割断。文化遗产跟当今各条战线上的工作有直接或者间接的牵连,所以谁都一样,能够跟经典有所接触总比完全不接触好。"这里所以不厌其烦地引用朱、叶二位学者的话,就是要表明,经典训练不是守旧的人物的复古主张,而是当代进步教育家的深思熟虑,是为了提高当代中国人的文化素养。他们的意见不应该被我们所忽略。但是在事实上并没有引起足够的重视。

朱、叶二位学者都不赞成儿童读经,认为不利于儿童的活泼发展,这一点我现在要加以修正了。诚然,旧时代私塾式的读经太约束儿童,可是方式上只要有所改进,儿童时期(如学前和小学)背诵点经典,恐怕也会有其好处。我国台湾学者王财贵在台湾地区民间推广儿童读经班,数年来已卓有成效,他认为让儿童在记忆力最好和最愿意背诵记忆的年龄段(3~12岁)去读最重要的书是很重要的,尽管当时不理解,随着年龄和阅历的增长,慢慢便会融会贯通,把经典中的智慧发挥出来,终生受用无穷。参加儿童读经班的孩子,在文史知识上要高出别的孩子,在道德成长上更顺利一些,至少在语文水平上要强得多,因此这项活动大受家长的欢迎。孩子们有记忆的兴趣,又争强好胜,只要组织得法,不以为苦,反以为乐,在一片朗朗读书声中便接受了文化的熏陶。他们的课本主要是《论语》、《孟子》、《老子》、《大学》、《中庸》、《唐诗》等。我觉得王财贵的经验虽不宜搬用,但值得借鉴。我们的教育理念受西方影响太深,总以为孩子的教育只能是强调游戏和轻松,不能死记硬背,殊不知有些知识只宜于早期硬背,如学棋的背棋谱,学音乐的背乐谱,然后慢慢理解。过了一定的年龄,再背就困难了。当然不能太多太累,适当的背一点是有好处的。

杨振宁少年时代认真读了《孟子》,影响了他一生的做人方向。袁可嘉(外国文学专家)在报上发表文章,痛感自己幼时缺乏中国文化经典训练,造成先天不足,后来处处受制约,所以希望自己的孩子从小注意弥补,免得后悔不及。我以为中国知识分子至少要在中学时代正式接触经典,最好在儿童时期就开始学一点，到了大学再学就有点晚了。

　　我建议不妨做一些试点，探索一下在新时期里经典训练的实践方式，看看在不同年龄层读些什么书，分量应如何掌握，阅读的方式方法怎样更好。并且注意总结经典训练的效果，观察它对提高青少年素质的作用，用成功的事实来说服人，来改变人们的一些传统观念，闯出一条教育改革的新路来。经典的训练只是一个科目，它当然要同其他科目相结合。而且外国文化经典的训练也要适当兼顾，这是不言而喻的。总之，这是一件新鲜事，既不同于旧时代的读经，又不同于几十年排斥读经。我们既要超出传统，又要超出反传统，要把传统与现代化有机结合起来，走出一条新路。

　　　　　　（载《文化反思与文化建设》，中华工商联合出版社，1998年7月）

台湾学者王财贵推动儿童读经班卓有成效

我国台湾台中师范学院教授王财贵在民间实验和推广儿童读经已有多年，最近几年发展神速。目前已有六七百个读经班，一万多位小朋友正在接受读经教育，初步形成一种社会风气，并有日益扩大之势。

王财贵认为目前的教育理念、体制和方法来自西方，强调按部就班、实用原则和兴趣原则，只适用于儿童的知识技能学习，而忽略孩子的人文素养和品格的陶冶。几十年推行这种教育的结果，便是几代人在文化教养上的浅薄化和民族文化传统的断裂，造成一系列社会病态。要从根本上解决这个问题，唯一有效的办法是普遍恢复读经教育，尤其要自儿童时期开始，这是中国几千年好的教育传统，自有其深刻的道理，不应看做封建文化加以抛弃。

儿童读经的教育理念，简单地说，就是在儿童记忆力最好的时期读"最有价值的书"，以便打下一生做人的基础，形成接受文化的能力。经典是古圣哲大智慧的作品，"是蕴涵常理常道、教导人生常则常行的书"，"是给人安身立命的典册"，"是拣造文化推动历史的动力核心"。若能在孩童时期将基本经典加以熟读乃至背诵，虽然当时未必理解，但是渐渐会发生作用，一生受用无穷。根据心理学的研究，人在13岁以前记忆力最好，以后则是理解力飞速发展。儿童时期不仅能够背，也喜欢背书，你不给他好书背，他就去背"小猫叫小狗跳"的课本，去背电视广告和流行歌曲。错过了13岁，想背也困难了。好比一头有四个胃的牛，给他填几本经典进去，随着年龄的成长和智慧的开启，慢慢去"反刍"，逐渐消化，不断"活用"出来。所以背诵是必要的教育手段，它是理解的基础，与理解相辅相成。王财贵说："让一个儿童接受经典教育，接受传统文化的熏陶，是要他长远地默默地变化其气质，使他的生命陶溶出某种深度，以维护人性光辉，以提升人格品质，以造就人才，以陶铸大器"，站在巨人的肩膀上，容易看到远处。

王财贵认为，经典不分东方西方，选择标准可以适当放宽一些。作为中国的儿童首先要熟读中国的文化经典也是人之常情。中国经典很多，他开始选用的教材是《论语》、《老子》和《唐诗》，一是儒家之本，一是道家之源，一是公认的文学之宝。教学方法就是教师领着一句一句地念，学生跟着一句一句地读，直到背熟为止，基本不作讲解。有人担心儿童只喜欢游戏，对于读经提不起兴趣，其实这个问题可以解决。首先"流行"可以制造兴趣，孩子模仿和好胜心强，看到别的孩子读经，他也要去读。其次大人的热力可以感染孩子的兴趣，家长陪读，起很大作用。再就是比赛和鼓励，看谁背得多背得好，给予奖品。当然也可以配合讲故事，做游戏。只要形成风气，在相互影响之下，参加的人就会越来越踊跃。

王财贵思考儿童读经的问题已有20多年。他首先从自己的两个孩子实验起，发现孩子读经后在品格修养和语文能力上提高很快。然后到社会上去推广，很快就得到许多家长的响应，纷纷带领孩子前来参加读经班。后来得到卯鲤山文教基金会和宗教哲学研究社的支持，赞助成立"读经风气推广中心"，使得这项文化工作更顺利地开展起来。我国台湾的各种儿童"电脑班"、"才艺班"很多，为什么许多家长愿意送孩子进"读经班"呢？因为现在台湾的一些地方对孩子有各种不良引诱，家长们时刻担心孩子误入歧途，听说有"读经班"，认为可以使孩子接受传统文化教养，至少是得到一些熏陶，对孩子的成长发育是有好处的，所以积极支持，实验的结果也越来越令人满意，越传播越广，吸引的家长和孩子也不断增加。几年下来，凡坚持读经的孩子，在小学或中学学习时，语文水平、写作能力和语言表达，都明显比其他孩子要强，而且接受其他学科知识的能力也高一些。实验证明，一个小孩，每日花20分钟至30分钟读经，读经一年有高中国文程度，读经两年有大学国文程度，读经三年有中文系国文程度，这是明显可以看得出来的；至于人格智慧之开启，历史文化之涵养，则是潜移默化之功，要加以长期考察，其积极成效不必怀疑。

王财贵强调指出，读经班以读经为主，并不排斥其他书籍，反而有助于儿童广泛的阅读兴趣；读经以古文为主，并不排斥白话文，反而有助于白话文写作；读经以中国文化为主，并不排斥西方文化，反而更有能力去吸收西方文化；读经以记忆为主，并不排斥理解，并希望有助于思想的缜密。

王财贵是文化复兴运动的实践家，他不是在书斋里和课堂上坐而论道（这当然也需要），而是到社会上去扎扎实实推行优秀的中国文化。他自认为儿童读经班的推广是"固本培元"的大事，从长远看是一场文化运动，是现今教育的新尝试和新希望。所以这几年他东奔西跑，走遍了台湾各地，用讲演的方式宣说理念，鼓励有心人士开班教学，已讲演七八十场，听者有五六千人，他的活动没有任何政治的凭借，全靠一颗热心在教育体制之外的民间作全力的推动，其精神十分感人。于是有识之士出来加以协助，或义务推广，或出资印书。新闻媒体如《中央日报》等都作了生动的报道,使台湾各界都知道有这样一桩新鲜而又有意义的文化举措。王财贵信心十足,他打算在两三年内,使台湾岛有10万个小朋友接受读经教育。现在先以"社会教育"、"才艺教育"的方式在体制外推广,逐渐进入学校,最终正式纳入体制,编入课程。

这样一件事情并不是人人都称赞的,由于它看起来与流行的教育观念相背离,特别与"五四"新文化运动倡导的新思想唱反调,因此也受到一些人的质疑和责难。例如,说这样做是"封建"、"保守"、"复古"、"填鸭"、"死记硬背"、"食古不化"、"开倒车"等。王财贵认为这些责备是不能成立的。封建制度固已过时,但古代经典所包含的永恒性义理并不存在过时的问题。保守好的传统并不与社会进步相矛盾,人生学问有的与日俱增,有的应以古为师,一切以"现代化"为标准是一种显出毛病的观念,应该改变。至于说"死记硬背",在学习中是一种必要的方法,这是记忆力的训练,例如,学音乐的人背乐谱,学围棋的人背棋谱,学中医的人背处方,死背的东西多了,到理解力开悟时候就会活用。所谓"化"应该是化归理性,只要开发理性,则今古通食,中西皆化,现在主要的问题是食西不化,而不是食古不化。至于说到"开倒车",王财贵认为车总是要往前开,但遇到悬崖总得往后退,然后寻找新方向,不论是左右前后,只要开到好的地方就行,盲目地往一个地方冲会翻车的。

不论别人怎么议论,当代台湾地方存在着读经训练的需要,许多家长主动要求对自己的孩子进行经典教育,这不是反对者所能遏止的。如果不是一种当代的需要,不用有人出来反对,自然会被冷落办不下去,王财贵纵有天大神通也无济于事。

这是一场文化教育的大规模社会试验,目前已经显示出它具有生命的活力。我们大陆的学者和关心教育的人士应该认真了解和研究王财贵儿童读经的经验,看是否能从中借鉴一些东西。目前我们学校教育,存在着重专业和知识训练,忽视人文历史和品性素养训练的缺陷,大家已经有目共睹,教育部门正在努力加以改进。我想经典教育是加强学生人文素养的必要途径和手段,朱自清、叶圣陶早就指出过,现在越来越多的人认识到这一点。但是我们只知道大中学生需要读些中外经典名著,还没有意识到儿童时期背诵经典的重要性,我们应当从王财贵的经验里得到一些新的启发。

(1996年4月)

质疑《"国学"质疑》

最近舒芜老先生撰《"国学"质疑》一文（见《文汇报》6月28日"文汇笔会"），向国学猛烈开火，大有非把国学批倒、批臭、置于死地不可之势。他说："所谓'国学'，实质上是清朝末年、一直到'五四'以来，有些保守的人抵制西方'科学'与'民主'文化的一种借口，是一个狭隘、保守、笼统、含糊而且顽固透顶的口号"，又说："而'国学'则完全是顽固保守、抗拒进步、抗拒科学民主、抗拒文化变革这么一个东西"。老先生不仅骂国学，也顺便骂了搞国学的人，指责"有些所谓'国学大师'，我是看着他们混过来的，根本就不是做学问的人，坑蒙拐骗，说起谎来脸都不红。"这种说话的语调使人联想起曾经有过的大字报大批判的风格，不大像一位饱经风霜的文人之言。我认为，即使你不赞成国学，对一些人有意见，完全可以平和说理，与人为善，用讨论的方法交换意见。"国学"是近代西学进入中国、与中学发生碰撞的情况下出现的，在这种文化现象背后，既有用西学先进的成果充实和改进民族文化使之现代化的问题，也有继承和发扬优秀传统文化使西学民族化的问题。"国学"的倡导者其主流是文化保守主义者，在文化变革的问题上与文化激进主义者有分歧，他们更着意于传统文化的传承，而后者则着力于除旧开新。但不能说"国学"就是反科学、反民主的，因为只有保住和培育民族文化的根系，才能更好地吸收外来的文化营养，因此传统与现代化、国学与西学并非二分对立，而是可以统一与互补的。中国需要科学与民主，中国也需要信仰与道德，而后者是离不开国学的。提倡国学绝不是罪过。我们已经为"打倒传统"付出了惨重的代价，不能再重蹈"文化大革命"的覆辙了。

舒老先生认为人们只能讲一般的文学、哲学、史学、法学等学问，不能讲某一国的学问，"如果每个国家都讲自己的'国学'，可就热闹了：世界上的学问分成英国国学、法国国学、德国国学"，而这样的学问在他看来是没有的，"世界上没有哪个国家讲'国学'，只有中国讲'国学'"。这可就是孤陋寡闻了。其实世界上本来就是这么"热闹"，既有国际的学问，也有民族和国家的学问,而且所有普世的学问,如舒老先生所列的文、史、哲、法等,都具有民族特色,表现为民族的文化形态,这就是学问的民族性和普遍性的双重性问题,可以说是一种常识。莎士比亚属于英国古典文学,康德、黑格尔属于德国古典哲学,托尔斯泰属于俄国古典文学,司马迁属于中国古典史学,这些文化名人和他们的学问都是有国别的,同时其影响又远远超出国界,得到广泛的传颂。每个国家和民族都有研究自己文化传统的学问,就是它的"国学";同时还要研究他族他国的"国学",这有什么令人惊诧的呢?

再细看下去,原来舒老先生最恨的是国学中的儒学。他说:"那'国学'是什么呢?就是讲儒家的那点东西,封建的那些价值观念",而他自己"最反对一些人提出所谓'尊孔读经'这些东西的,明摆着是倒退吗"?老先生旗帜鲜明地表白他始终坚持的一个观念,就是:"反儒学尤反理学,尊'五四'尤尊鲁迅"。看来老先生的"五四情结"既深且牢,这当然有他坚持的自由。但人们不能不反思:为什么经历了大半个世纪,孔子和儒学始终打而不倒、批而不臭呢?为什么在努力推动科学和民主的西欧和美国,孔子得到越来越多的尊重呢?当前已有80所孔子学院遍布世界38个国家和地区,孔子被列为世界十大文化名人之首,正在走向更广阔的世界。是不是孔子和儒学除了时代的局限性之外还包含着普世的、永恒的价值呢?儒学有精华有糟粕,它在中华民族文明发展和繁荣统一的历史上有着不可磨灭的贡献,同时也在专制政治的扭曲下产生过很大的负面作用,必须进行科学的分析,一棍子打死不是科学的态度。例如,"三纲"(君为臣纲、父为子纲、夫为妻纲)是宗法等级制度的产物,已经过时,一个也不能留;而"五常"(仁、义、礼、智、信)却体现了社会人生常道,一个也不能丢,只宜重释补充,无法取消,除非人要倒退到野蛮。舒老先生提出"钟摆理论",认为20世纪是向左摆,21世纪是向右摆,言下之意,现在提倡国学属于整个社会的复古思潮,将来还会摆回来。这是一种循环论,不是进化论和辩证法。中国从尊信传统到反对传统再到创新传统,恰恰是中国社会前进的辩证运动,是顺乎时代合乎民心的,这是螺旋式上升,不是钟摆运动,是整个民族走向文化自觉的表现。一个民族只有用理性的态度对待自己的文化,这个民族才有希望。舒老先生特尊鲁迅,而鲁迅说:"辱骂和恐吓决不是战斗",希望舒老先生能遵照鲁迅的劝导,用文明的方式去战斗,避免粗野和辱骂,以不辜负您尊鲁迅的本意。

舒老先生的文章将"二周"(周作人、周树人)并提是不妥当的;鲁迅没有丝毫的奴颜和媚骨,而周作人卖国求荣,堕落为汉奸,两人不可同日而语。

文中两引周作人,作为学问的向导,说周作人自评"国文粗通,常识略具",而舒老先生自叹"我距离这八个字还远得很"。在我看来,周作人是"国文未解,常识不具",人心已坏,其余皆不足观。请不要把周作人引荐给青年,以免误人子弟。

(载《光明日报》,2006年7月18日,"国学"版)

儒学非哲学非宗教，有哲学有宗教
——儒学是什么样的学问

儒学是不是宗教，争论了几十年。这是近代中西文化碰撞对接的时代条件下在话语转换中发生错位而出现的问题，中国古代并没有这个问题，或者说即使有也不尖锐。同样，儒学是否是哲学，在古代也不存在问题。宗教与哲学都是从西方输入的新概念新语词，它们都是西方文化中的学科分类，用汉语"宗教"翻译英语 religion，用汉语"哲学"翻译英语 philosophy，这两个汉语词汇在传统文化里没有学科的内涵，如今被赋予全新的意义。中国传统国学的分类，流行的分法有"经、史、子、集"；还有义理之学、考据之学、词章之学，并没一种称为哲学的学问。在入世与出世的区别上，有人道与神道的提法。义理之学接近于哲学，但不等于哲学；神道接近于宗教，但不等于宗教。

儒学是社会人生之学，是修德治世之学，用传统的话语，它是仁礼之学，内圣外王之学，它是一个思想的大系统，一个信仰的体系，其内容包括了现代学术意义上的哲学、伦理学、政治学、宗教，但不能将它简单归结为哲学或伦理学或政治学或宗教，因为它是一门跨学科的综合性学问，而以道德作为思想的太阳。

在西方话语笼罩之下，当代的中国人起初只能通过西方的理念重新解释自己的文化，于是把儒学纳入中国哲学史的范畴加以说明，结果是削足适履。胡适和冯友兰的《中国哲学史》有开启近现代哲学研究之功，但在西方哲学的框架下讲中国哲学，不得不将儒、佛、道三家许多内涵加以舍弃，例如，它们最丰富的人生哲学和伦理学就显现不出来。西方哲学一向有其深厚又相对独立的传统，其学派承接转换创新皆有清晰脉络可寻。中国历史上并没有西方那样的独立哲学传统，只有整体性的思想传统和各具特色的学派。"中国哲学史"其实是中国学者用西方哲学理论和方法人为构造出来的，目的是实现与西方学术的对接，而中国历史上本没有这样一门代代相接的学问。西方哲学讨论的基本问题之一即思维与存在的关系问题，以及他们特别关注的认识论问题，都不是中国理论探讨的重点。但我们的中国哲学史教科书在很长的时间内把苏联模式下的两条路线的斗争（唯物与唯心）和四大部分（宇宙观、认识论、社会历史观、辩证法）的框架强加给中国的精神史，然后把中国的资料加以剪裁和拼接，填补到里面去，中国思想的活体硬生生地被肢解了，使得写出来的书没有中国意味，儒不像儒，佛不像佛，道不像道，更像西方哲学的中国版。我向来认为，孔子、老子是思想家，儒、佛、道三家有哲学也有宗教，还有更多的东西。因此中国哲学史应还原为中国思想史，要按照历史上固有的学派与传承及其相互关系来写中国思想史，完整地去再现孔、孟、老、庄、程、朱、陆、王以及禅宗的思想。当然，现代西方话语有一部分已成为普世性主流话语，我们应当接纳和使用，变成汉语文化的组成部分，这是国学现代转型所必需的。同时，我们在用西方文化诠释中国文化的时候，不要抹杀中国文化的特色，要看到中国文化的优长和特殊价值，并且用中国文化的眼光去审视西方文化，形成双向诠释和中西互补。冯友兰先生也意识到了这一点，他在《新原道》中阐释中国哲学精神是"极高明而道中庸"，在《新原人》里提出四境界说，把哲学的任务归结为提高人的精神境界，他用现代话语表现了中国精神，超越了西方哲学。冯先生写《中国哲学史新编》（七册），越来越突破西方哲学的域限，写思想，写政治，写文化，努力再现中国义理之学的丰厚内涵。

　　按照我的理解，哲学是穷根究底之学，宗教是安身立命之教；前者的任务是从宏观上认识世界，后者的任务是确定人生信仰。在西方，这两者分得很清楚。人们从哲学里寻求把握世界的智慧，而把信仰和道德交给宗教。在中国，儒、佛、道三家都把穷根究底与安身立命结合起来了。儒学有天道天理观、心性论、人格论、伦理观、苦乐观、生死观、修身论、政治观，既有信仰价值的层面，也有制度规范的层面，也有人伦日用的层面，还有民俗文化的层面，它的人道里包含天道，天道里融摄人道。体用一如、天人相依，而以伦理型人生哲学最具特色。就解释天人关系、人人关系、心性本质而言，儒学有哲学，它是一种认知世界的智慧。就树立人生方向、确立价值取向、追寻真理的超越性源头而言，儒学也有宗教，它在中国对道德人心的维系，相当于宗教在西方的地位和作用。中国人最普及的宗教并非佛教道教，其实就是天祖之教和道德宗教，它的基本教义就是敬天法祖和五常之德。

　　在今日世界范围的宗教对话和文明对话的大潮流中，儒学既可以作为哲学与西方哲学对话，也可以作为宗教与其他宗教对话，事实上这两种对话都早已在进行之中。例如，当代新儒家的新理学、新心学、新气学就是中西哲学对话的成果。新理学吸收的是新实在论，新心学吸收了康德哲学，新气学则吸收了辩证唯物主义哲学。20世纪90年代以来世界各大宗教代表多次聚在一起，探讨全球伦理，有儒家学者杜维明、刘述先等参加，孔子的"己所不欲，勿施于人"和《圣经》的"你们愿意别人怎样待你们，你们也要怎样待别人"被视为金规则受到同等重视。（其实两者还是有区别的：孔子的恕道，其精髓在完全尊重别人；《圣经》的金律，也可解释成"己所欲，施于人"，往往造成"善意的强迫"。不如孔子宽厚）在许多国家和地区，举办了一系列儒学与基督教、儒学与佛教、儒学与伊斯兰教的对话。中国在世界上被称为"儒教的中国"，儒学成了中国身份的文化标志。在我国香港地区有孔教，在韩国有儒教，在印尼、马来西亚有孔教会，在一个宗教影响着广大人口的国际环境里，在宗教信仰被明确表述为基本人权的氛围中，在西方将宗教等同信仰的主流意识影响下，一些国家和地区信仰儒学的群体（特别是华人群体）若不给予儒学一种宗教的形态，若不建立儒学的教会去争取合法权益，则会受到忽视或歧视，无法与其他宗教群体比肩同立，也不易形成强大凝聚力和激发出热情和动能，所以儒学有时候获得一种宗教的身份是必要的。当然，即使儒学具有宗教的形态，它仍然如康有为所说是"人道教"，而非"神道教"。

在中国内地有人主张把儒学朝着宗教化的方向推进。其实就是重新启动康有为于民国初倡导的孔教运动，这我是不赞成的。理由如下：

第一，儒学的宗教化与儒学的人本主义精神相抵触。宗教要有它的神学，追求彼岸（在人间之上的另一个神秘超越的世界），崇拜超人间的力量，而儒学是人学，不直接回答生前死后和鬼神的问题，只关注现实人生，如何提升道德，优化人际关系，建设人间康乐、和谐、有序的理想社会。儒学不反对宗教，甚至保留了传统的天命论，肯定神道设教的功能，因此带有宗教性。但儒学不热心神道，它自觉站在神道之外，故孔子说"敬鬼神而远之"。这是儒学的文化基因，很难改变的。因此历史上把儒学神学化的努力在主流学术传承中皆未获成功，只在局部边缘地带有成果，而且多是形态上的，非理论内涵上的。

第二，儒学宗教化必然带来儒家的教会化，建立宗教团体，制定组织制度，分派教会权力，形成教主权威，由此会带来人事上的种种弊害，特别当教会人士不能体现儒学宗旨而又掌有教权时，只能损害儒学，不能弘扬大道，反不如创建各种学派，以思想的深邃和人格的魅力来影响社会，更有利于发扬儒学的精华，避免权力（包括教会权力）的腐蚀。

第三，孔子是伟大的思想家和教育家，其定位是"大成至圣先师"、"圣之时者"，不是宗教家，更不是神。什么是圣人？孟子说："圣人，人伦之至也"，"圣人，与我同类者也"。圣人是人不是神，他只是做人做得好，成为普通人的榜样。孔子是凡人，平凡而伟大，通情达理，人人可以学习他，接近他。孔子讲的道理许多都是人生常道，是社会人生须臾不可离的普遍真理，既不特别，又不神秘，与其他健康的思想及信仰并不发生矛盾。我曾说过："三纲"（君为臣纲、父为子纲、夫为妻纲）一个也不能留，因为过时了；"五常"（仁、义、礼、智、信）一个也不能丢，因为有普遍价值。后现代思潮有两个流行的词语，一曰"祛魅"，二曰"解构"。这两者对于伟大的孔子都不适用：孔子没有神的光环，无魅可去；孔子讲人生常理，无法解构。孔子不靠神秘主义，更不靠政治权力，只靠学问、智慧和人格魅力，受到广泛的敬仰和称颂。把孔子神化，不是抬高了孔子，只能贬低和扭曲孔子。

儒学有哲学有宗教，而又超越于两者。单纯的哲学虽能给人以洞察世界的智慧，却缺少信仰安顿心灵的力量。单纯的宗教虽能给人以心灵的满足，却缺少哲学理性的睿智。儒学既有哲学的深思，又有信仰的引导，它是为中华民族确立精神方向的学问，不是一般学术可比拟的。儒学的核心思想可称之为"仁和之学"：以仁为体，以和为用；以生为本，以诚为魂；以道为归，以通为路。它具有人道主义精神、宽容包纳精神、理性通达精神，中和协调精神，梁漱溟概括为"清明安和"四个字，它培育了中华民族自强不息、厚德载物的品格，绝少极端主义发生。也使得众多的思想学派和宗教，包括外来的学术和宗教，得以在中国生存与和平发展，形成中国文化多元通和的生态，儒学确有它巨大的贡献。扩而言之，儒学的"和而不同"、"天下一家"，"四海之内皆兄弟"的普世情怀，不仅推进了历史上中国对外的睦邻友好的和平路线，而且也恰好适应今日全球化大势下"地球村"的需要，有利于消解强权政治和极端民族主义造成的对抗和流血，或许可以成为世界避免自我毁灭并走向和平与繁荣的一盏指路明灯。儒学发出的声音不是来自神的绝对权威，而是人本主义的召唤，是人性的觉醒，而这正是它具有永恒生命力之所在。假如儒学真是一种神道高于人道的宗教，而又长期居于意识形态主导地位，那中国便很难有如此多样又如此和谐的信仰文化。同样的道理，在未来儒学如果成为主流宗教，既非中国之福，亦非儒学之福，它会异化自己，也会异化别人。诚如秦家懿所说：儒学必须"甘于作百家中的一家，在百家思想之中，它要开放自己，同时发展完善本身学说的精华。要忠于传统，也要促进精神自由的发展。"

我的结论：儒学是什么样的学问？儒学是东方式的伦理型的人学，守住人学本位，发扬人学精神，是儒学未来的最佳选择。

（载《光明日报》，2007年1月25日"国学"版，刊时有删节）

牟钟鉴、安乐哲对话录

对话人：**牟钟鉴**（中央民族大学哲学与宗教学学院教授）
　　　　安乐哲（Roger Ames，美国夏威夷大学哲学系教授）
主持人：**单纯**（中国政法大学人文学院教授）
时间：2006 年 12 月 10 日
地点：北京大学招待所

牟：世界上有很多误解，认为中国人没有信仰，这不符合历史事实。中国自古就是一个多民族、多信仰、多宗教的国家。

单：牟老师说中国人有一个敬天祭祖的信仰体系，老百姓都信奉这个，尊重自己的祖先吗？

牟：我似乎听说美国最近有一个概念叫"公民宗教"，中国的敬天祭祖教略约近之，我把它称之为中国的基础性信仰，意思是说就个体而言，可以有不同的信仰，但全民则有一个共同的信仰。它又不是国教，有很大的包容性，与社会礼义文化交融在一起。

安：我完全同意你的判断。我认为一定要把西方以神为中心的宗教和中国以人为中心的宗教区分开来。以人为中心的宗教是社会性的、是家庭性的，（**牟**：它没有教会），没有一个超越性的、永远存在的、创世的主宰。

牟：中国的主体信仰不强调唯一的创造主，但中国的宗教也有超越性，所不同是它是多神的，天和民、神和人是一体的，"民之所欲，天必从之"，"皇天无亲，唯德是辅"，东西方对"超越"这个词的理解是有差别的。

安：看怎么理解。如果把"超越"看成是一个阴阳性的词，意即如果从汉字语境来理解"超越"这个词的话，它就脱离了其本意。在西方，"超越"一定是一个独立的存在，就是柏拉图谈的那个"绝对理念"。

牟：按照你的理解，中国宗教中的天神就不完全符合"超越"了，只有基督教、犹太教、伊斯兰教中的最高神祇才符合这种绝对的"超越"意义。

单：所以，这三个相关联的宗教被称为"亚伯拉罕信仰系统"。

牟：最近浙江大学的王志成教授翻译了美国宗教学家保罗·尼特的《一个地球 多种宗教》这本书。其中，作者提出了一个对我很有启发的重要观点。他说，西方人，特别是美国、英国这些国家的人民，是在一个宗教模式里成长的。虽然在他们的移民社会里有很多宗教，但对每一个人而言，只能信仰一种宗教或者一个教派。他说，与之不同的是，中国人都是"宗教的混血儿"。因为一个中国人无论是否宣称信仰某种宗教，或者不信教，在其身上，我们都能见到佛教、道教，包括鬼神、天命等传统信仰的影子。我很赞同他的这一说法。（**安**：在西方，基督教分为许多不同的派别），教徒不可以同时信仰不同的派别，（**安**：绝对不可以），如果我是逊尼派的教徒，就不可以再信仰什叶派。

牟：在中国就没关系，老百姓几种宗教可以同时共信，教派之间界限也不严格。（**单**：还是很宽容），所以我们可以说中国宗教有其自身的特点，但不能说中国没有宗教。

单：毛泽东时代，我们强调阶级斗争，学习苏联教条化的马克思主义。现在兜了一个圈子又回来了。国家主席胡锦涛就开始大力提倡要建立和谐社会，实际上，"和谐"这个理念就又回到了中国传统文化中大家比较认可的有价值的议题上来了。我想在海外、国内研究中国传统文化的人都会有很多共鸣的。

安：在当下的中国谈和谐，成为一个表达政治态度的招牌了。正如你所说，从毛泽东时代到现在，我们转了一个圈子。事实上，如果我们谈论《中庸》，谈论《大学》，或者谈论中国的古典哲学，"和谐"都是非常非常重要的一个词汇。按照我的理解，"和谐"是一个审美性的范畴。而处于其对立面的"冲突"，则并不是两种毫不相干的事物之间的对抗，而是彼此关系性的一种缺失。You know aesthetics has sensibility（**单翻译**：审美带有感觉和体悟的性质），我们人类社会是一个有机性的、生态性的存在，彼此之间并非毫不相干，而是先天存在某种关系，问题的关键是我们如何利用这种关系。人类之所以发生冲突，是因为彼此的关系不够和谐，或者说和谐的程度不够。造成这一现象的原因是缺乏教育和相互了解。

单：你这个逻辑近似西方神学家证明上帝是万能的时候所采用的逻辑。当面对"既然上帝是无所不能的，那为何世间还有恶的存在"的质疑时，新托马斯主义者的解答是，恶的存在并不能否定上帝的存在，因为恶是善的缺失，它本身不能独立存在。

安：这里的"恶"是一种浪费（Waste），如果从审美性的角度来看，西方哲学认为我们应该用我们所掌握的材料，来创造最完美的、最全面性的一个实在。"恶"（Evil）不是一个独立的存在，它是一个善的"缺失"（Absence）。

单：回到你的议题上来，我们是否可以这样理解，你认为冲突是和谐的一种缺失。

安：是的。我之前演讲的时候也提到过，如果把西方和中国相比较的话，西方哲学很早就完成了从智慧到知识的转变，毕达哥拉斯是第一个使用 Philosophy（哲学）这个词语的人，Philosophy 的本意是"爱智慧"，虽然毕达哥拉斯对其有一个抽象的、科学性的规定，但由于毕达哥拉斯同时也是一个宗教领袖，他非常欣赏音乐，他还是一个社会政治改革者。因此，从总体上看，他是一个完美的人，所以用"爱智慧"来形容他是再恰当不过的了。但是毕达哥拉斯之后的 Plato（柏拉图）、Aristotle（亚里士多德）却一直将 Philosophy（哲学）引向一个绝对不变的理念，他们成了 Philosopher（追求知识、真理的人）。古希腊哲学和基督教结合在一起之后，基督教的终极实在就成了一个抽象的、完全不变的上帝。一直到达尔文，他为了打破形式主义（Formalism，即哲学中的绝对理念和宗教中绝对存在的上帝）的禁锢，发起了一场对西方哲学内部的激烈的变革。所以，现象学、阐释学、存在主义、实用主义，等等，它们的共同目标是攻击那个抽象的、永远存在的"形式"（Form），或者叫"Idea"，也就是柏拉图所说的"理念"，亚里士多德所说的"存在背后的存在"。正是由于以上这些原因，西方哲学追求的不是本源意义上的"智慧"，而"智慧"才是跟和谐紧密联系的。西方哲学只看到一个抽象性的、客观性的对象，那是"同"，不是"和"，是"同而不和"，西方哲学的终极目的也不是"和而不同"，而是"同而不和"，其"和"也是为了"同"。

中西方哲学是两个不同的传统，西方的系统哲学教育是从大学开始的，而中国则有"修身齐家治国平天下"的古训。现在看来，中国哲学在解决"修身"这个问题上是没有问题的，在解决"齐家"这个问题上也还可以，在解决"治国"这个问题上发挥得越来越好，只是还没达到"平天下"的境界。"平天下"是 21 世纪人类必须要解决的课题，帝国主义（包括美国在内）的时代已成过去，如今一筹莫展的小布什政府就是一个例证。美国发动伊拉克战争是一个极大的错误，这是重蹈越南战争的覆辙。目前，无论是从美国的立场来看，还是从一个"唐人性"的中国的立场来看（**单**：唐朝是一个体现"天下"精神的中国式的"全球化"概念，所以称唐太宗为容纳各族各姓的"天可汗"），全世界共同谋求和谐的时刻到来了。最近在北京举办的"中非论坛"，就昭示了一种"协和万邦"的新气象。为什么这样说呢？因为无论是 WTO，还是世界银行、IMF（国际货币基金组织）等国际性机构，它们都是按照西方模式建立起来的，用来孤立其他国家，把它们自己发展起来。可是，中国没有遵循西方的模式,而是走自己的路。所以包括非洲在内的许多国家,它们都在观望中国的发展,因为它们不愿意受西方 Hegemony(霸权)的控制。所以非洲 48 个国家的领导人来中国的时候,记者很直接地问他们,中国要利用你们,你们不知道吗?他们说,没错,中国需要我们的支援,可是我们也需要中国,中国是个有潜力的市场,是个正在迅速发展的国家,我们之间的关系是彼此帮助的关系。不像美国,美国只会利用我们,却不会帮助我们,甚至还歧视我们。可见,对他们而言,他国的尊重是很重要的。如果从 Geo-Political Order(地缘政治秩序)的角度看,未来的十年一定会发生相当大的改变。第一,在经济上,中国已经发展成为一个经济大国;第二,在政治上,从国际名誉的角度来看,正如刚刚谈到的非洲国家,谁都喜欢中国,不喜欢美国,因为跟中国做朋友的话,对自己有益处;跟美国做朋友,则要受到"如果你不是我们的朋友,就是我们的敌人"(小布什语)这种"排中律"的威胁,这不是一种追求和谐的态度,这是一个"同而不和"式的态度;第三,中国文化的时代还没有到来。在文化这一方面,到目前为止,中国文化在世界上还未产生大的影响,包括《四书》、《五经》在内的儒学还只是一个中国性的文化,不是世界性的。

单:赵启正曾经说过,中国现在是经济增长,"文化赤字"(Culture Deficit)。

安:我认为说得不错。按照中国的说法,经济基础决定上层建筑,所以我们要充分重视经济的发展,如果经济发展不上去,就不会有很大的影响力。经济发展了,文化才能随之发展。未来十年内,中国的文化一定会越来越有影响,中国从现在开始就应该承担起"平天下"的责任。谈和谐是很有必要的,我刚开始的时候说"和而不同"不是唯一的一个说法,为什么呢?因为在一方面,我们需要"和",可是有一些事情也需要"同";我们需要"礼",可是有的时候也需要"法"。西方共有三种宗教,每种宗教都认为自己信仰的真理是唯一的,正是因为这样,彼此之间才有了冲突和对抗,面对这样的问题,法律是必需的。就拿美国来说,美国是一个移民国家,每个民族都有自己的文化,如果把美国看做是一个世界的话,这其中的每一个团体都有自己的"礼",但我们还需要一个 Constitution(单翻译:一个共同的法制)。所以,我个人认为,要在世界范围内谋求和谐,非常重要的一个角色是联合国。我们应该多支持联合国,因为在某种程度上说,联合国就代表了"法",它是一个 International Organization(国际组织)。其他的重要角色还有 International Court(国际法庭),KyotoAccord(《京都议定书》)等,所以我们不要太理想性地而是要具体性地谈和谐问题。

单：你的意思是，对中国来说，谈和谐更具有战略性的重要地位。

牟：我很认同安先生所讲的，特别是您刚开始谈到的从审美的角度来把握"和而不同"。我的理解是，人类要追求一种美好的、一个合理的、幸福的秩序，从这个意义上来说，我不认为世界早就从野蛮走向了文明这样的观点，这里先抛开有文字等文明要素不谈。我认为直到现在，世界还处于野蛮的状态，没有达到文明。即便有的话，也是在某些国家内部，在某些地区，在一定程度上。从世界范围内（"天下"）看，现代人要比原始人还要野蛮（安：说得不错），就是可以拿更好的武器来屠杀人。现在如果要杀人，要比原始时代效率更高。核武器的威胁依然存在，族际冲突、宗教冲突年年都在发生。我也在常常思考如何解决这些问题。您刚才提到了一点我觉得很重要，即中国儒家的目标是实现世界大同。这个目标在中国也还没有实现，我们还在不断追求。从历史上来看，中国在处理"天下"问题，也就是在处理同周边国家的关系时，采取睦邻友好、协和万邦的政策。中国历史上之所以没有太大的侵略战争，就是因为遵循了儒家的这条原则。儒家有"天下一家"的观念，就是说整个世界像一个大家庭，也就是孔子所说的"四海之内皆兄弟也。"只是近一二百年来，工业文明也就是西方文明占了主导性的地位。客观地来说，这种工业化的西方文明有其自身的优点，这些也是值得中国学习的。换句话来说，西方文明有其普世性的一面，按照杜维明先生的理解，至少民主、自由、平等、理性、人权、法治这几条都是具有普遍性的，不管哪一个民族、哪一个国家都应该朝着这方面努力。应该说，西方文明在处理国内事务方面形成了较为成功的模式，但"天下"的问题，西方现有的文明处理不好。

应该说，现今世界是由西方主导的，造成当下这种并不十分乐观的局面，西方国家应负主要责任。当然，我们每一个国家都应该反思，是什么原因造成了这种现状？我认为至少有三点：第一，在思想层面上，就是您刚才提到的社会达尔文主义。在自然科学和社会科学的发展上，达尔文主义是划时代的，我们得承认它的贡献；但是社会达尔文主义，也就是把生物学的规则用在人类社会上就要出问题。弱肉强食的生存竞争，这种观念还在支配着西方一些政治家的头脑。认为"我是一个强大的国家，我就应该享受全世界最多的资源以维持一种最好的生活"，别的民族和国家是从属性的。他们的头脑中没有"天下一家"的思想，这种社会达尔文主义还在起作用，强调竞争，竞争是应该的，但弱肉强食就不应该了。第二，在信仰层面上，您也提到了，就是西方一神教的独尊性和排他性。现在基督教世界里的自由主义神学家也在反省，要打破这种传统。但也有相对保守的一部分人，比如基要派（Fundamentalists），还在坚持"基督以外无拯救";还有一种情况是,要把自己的价值观、自己的信仰传播到全世界。如果不被接受,就要采取各种措施强迫别人接受,这就不容易尊重他人的信仰。我发现一个很有意思的现象,现在斗争最激烈的几个宗教,它们都是从亚伯拉罕系统这一个根源里出来的,包括犹太教、基督教和伊斯兰教。如果一神教不改革、不调整,它就容易采取强烈的排他性手段。这种斗争在多神教的地区不明显、不突出,包括在印度教内部,包括在中国(我认为中国人是个多神信仰的民族)。虽然小布什没有明确表示,但我感觉他的思想、心理有一个基督教的情结,即"我"是上帝的"宠儿","我"有责任解放全人类,有这样一个思想在支配着他。第三,在政治层面上,就是马基雅维利的强权政治。简而言之,就是政治没有道德可言,强者为王。我认为正是这三点使得很长一段时间内,在世界上斗争哲学、"贵斗"哲学占了上风。后来出现了两大阵营的对立,这基本上是在西方"贵斗"哲学的大时代背景下产生的。尽管阶级斗争学说是为了广大无产阶级、为被压迫阶级的解放而奋斗。我一直在思考,阶级之间有对立,有斗争,有没有可以协调的共同利益?应该有。

单:牟先生刚才讲的"贵斗",意思是指,Specially cherish confrontation more than peaceful cooperation(重对立轻和谐)。

牟:"贵斗"在一定的范围内有它的真理性,但是把它夸大以后就有问题了。因为在新中国成立初期,我们讨论过是资本家养活工人还是工人养活资本家、是地主养活农民还是农民养活地主的问题,最后讨论的结果是工人养活资本家、农民养活地主。改革开放以后,大家觉得应该作些调整,企业家也有管理等劳动投入,以前忽略了这一点。工人也害怕企业倒闭,倒闭以后他就没有工作岗位了。既要看到他们之间的对立,也要看到他们之间的相互依赖。从这个意义上来讲,我和杜维明先生都不赞成亨廷顿的"文明冲突论"。他只看到了冲突这一表面的现象,却没有揭示更为本质的和谐以及如何实现和谐。

安:根据亨廷顿的说法,我们白种人才是美国人,后来的西班牙裔、亚非裔都不算美国人,这无疑是狭隘的。亨廷顿在其近作《我是谁》中提到,他害怕有一天美国人会被占数量优势的外来族裔所取代。由此可见,他的思想深处依然被"WASP"(单翻译:即白种的盎格鲁萨克逊新教徒)情结所操控。

单:我在美国教书的时候,曾就亨廷顿的这个担忧询问过一个黑人同事,他说,单先生你知道 Endfocus(真正的重心在最后),那么 WASP 中最重要的也就是最后的字母 P,就是 Protestant(抗议罗马天主教的"新教徒"),只要我们都信仰新教,新教精神还在,其他都变不了。事实也是如此,是新教精神把美国人统一在一起。

牟：值得欣慰的是，现在人类终于认识到要实现今后的发展目标，首先要调整指导思想。比较明显的一个实例是以德国自由主义神学家汉斯·昆（又译"孔汉思"）为代表的天主教，他主张不同文明要在"普世价值"的基础上寻求对话与合作。西方天主教内部从 20 世纪 60 年代召开"梵二大公会议"（**单**：Vatican Second Conference），就开始提倡宗教对话。20 世纪 90 年代在西方"世界宗教会议"上所达成的《全球伦理宣言》就特别提倡东西方的宗教对话，譬如他们找到了《圣经》"你希望别人怎样对待你，你就应该怎样对待别人"和孔子"己所不欲，勿施于人"之间的共同点。之后，这种宗教对话，扩大一点来说，这种文明的对话就更加频繁了。从中国来看，我认为最早意识到在哲学上应该做出调整的是我的老师冯友兰先生，他是当代中国"贵和"哲学的一面旗帜。冯先生在 20 世纪 80 年代的书里就引用北宋哲学家张载的话，说中国和西方不能再"仇必仇到底"了，所谓"有象斯有对，对必反其为；有反斯有仇，仇必和而解。"更难得的是，他还从"贵和"的角度来重新解释马克思主义辩证法。按照以往的理解，在对立统一规律中，斗争（对立）是绝对的，是最重要的；统一是相对的。冯先生则认为讲建设，讲和平，就必须突出"统一性"。由此可见，冯先生已经在尝试将儒家思想和马克思主义思想相结合，坚持有中国特色的哲学了。目前还很少有人注意到这一点。后来，哲学界开始有越来越多的人讲"和而不同"，例如，中国人民大学张立文教授提出了"和合学"，出版了一本很厚的著作，来宣传这种"贵和"哲学。这种转变的发生，以"文化大革命"结束为分界线，从此以后，中国不再信奉斗争哲学，而是提倡"贵和"哲学，要把儒家的传统继承发扬下去。

安：我个人认为，对"大同"的理解还存在某些问题。有人把"大同"思想与墨子联系在一起，认为"小康"更符合儒家思想，它指向一种多元论性的、彼此包容的、没有排他性的关系。现在的美国是一个精神分裂的国家，一方面以小布什为首的 Neo-Cons（新保守主义者）把政治哲学家 Leo Strauss（利奥·施特劳斯）奉为思想教父，而施特劳斯与您刚才提到的马基雅维利一样，也倡导强权政治。小布什政府抓住"9·11"事件这个契机，通过树立萨达姆这个全民公敌，利用人们的爱国情绪和宗教信仰，积聚起全美的力量。而这一做法的最大问题就在于，它掩盖、转移了剑拔弩张的国内矛盾，把原本非常复杂的关系简单化了。

另一方面，美国又是一个非常漂亮的、"爱默生"式的国家。实用主义（我个人更倾向于用"实验主义"这个称呼来替代"实用主义"）鼻祖杜威、詹姆斯等人都有爱默生情结，在他们看来，Tolerance（宽容）是个贬义词，意思是你做你的，我做我的，可以彼此忽略、漠不关心，并非汉语"宽容"的同义词。忽略也是一种暴力。所以我们应该追求 Accommodation（包容），而不是 Tolerance。

单：你对 Tolerance 这个词的解释很像儒家所说的"麻木不仁"。

牟：刚刚去世的张岱年先生在一次开会时讲，如今大家都认可"己所不欲，勿施于人"这条道德黄金律，但仅仅这样是不够的，不能互不关心，还要做到"己欲立而立人，己欲达而达人"，也就是孔子所说的"忠恕之道"。

安：由此可见，杜威等人的思想与儒家有很多共通的地方，他们都把人看成是一种关系性的存在。举个例子来说，表达请起立的意思时，英文要说"Everybody（每一个人），please，stand up"，而汉语则是说"请大家站起来"。实际上，人类自我身份的确认都是通过他人来实现的，例如我是夫人的先生、孩子的父亲、学生的指导老师，等等，总之，我不是一个独立性的存在。而以利奥·施特劳斯为代表的那个马基雅维利学派，则把个人（这里的个人也并非普通大众，而是指那些富有的中产阶级）主义奉为圭臬。用这种思想来治理国家，美国就变成了现在这个样子。

牟：小布什说得也很明白，美国外交的最高利益就是美国国家的利益，按照你刚才的说法，这是把个人主义扩展到国家层面后造成的恶果。

安：但是，美国还有以爱默生、杜威、詹姆斯为代表的另外一派，他们的主张和儒家有很多相似的地方，例如你刚才提到的"己欲立而立人，己欲达而达人"（If your neighbor does better, you do better）。"大同"和"小康"的区别还体现在，前者抹杀了一切矛盾及差异，后者则是同中有异，求同存异。我们要避免将和谐绝对化，所谓和谐并不是全球性的整齐划一。

牟：趋同不是我们的理想，讲和谐不是为了趋同，而是为了保持差异性。儒家的"和而不同"是一个总体性原则。我个人认为还可以将其细分为三个子原则。第一，"均和"。这里的"均"不是搞平均主义，而是指一个社会在财富分配方面要公平，"不患贫而患不均，不患寡而患不安"（孔子语）。意思是说社会财富少一点没关系，分配合理就没有大问题。（**安**：Distribution is economic：分配本身也是经济），由此可见，儒家已经注意到了社会经济生活问题，它并非只着眼于道德层面。第二，"礼和"。有子说："礼之用，和为贵，先王之道斯为美，小大由之。有所不行，知和而和，不以礼节之，亦不可行也。"意思是说大家一团和气，什么都一样也不行，还是得有差异，有秩序。

安：把"礼"翻译成"Ritual"似乎也不恰当，例如父子之间的"礼"用 Ritual（仪式）来描述就不适合，因为这里并没有一个 ceremony（仅仅表现为形式的"仪式"），我觉得可以翻译成"中国式的秩序"（单：Chinese Order），有人把它翻译成"Social Grammar"（单："社会文法"）。

牟：这个译得也还好。但相互之间应各自履行应尽的义务，就是所谓的"父慈子孝，兄友弟恭"。

安：这里有一个需要注意的问题，即我们应该以身示范，用实际的行动去说服别人，而不是用公认的原则去强制别人。如中国非常讲究"孝道"，而教育孩子孝敬父母的最好办法是父母身体力行地孝敬自己的长辈。长辈从晚辈那里得到"敬"，晚辈从长辈那里得到"乐"。所以如果美国想要扩大自己在全世界的影响力的话，就不能光考虑自己的利益，把民族主义强加给别的国家，而是要以身作则。

牟：和谐的第三个方面，也是最重要的方面，即"仁和"。谈和谐，不能脱离开"仁"这个根本性的理念。儒家讲"仁者爱人"，这个"人"是不分民族和国界的，要爱人类，有一种普遍的同情心，这是实现和谐的思想感情基础，"仁和"是"均和"与"礼和"的灵魂和源泉。由于有仁心，便会关心人、尊重人，承认对方的利益和尊严。西方宗教文化也讲"爱人"，但"爱"为民族主义所局限。现在的最大障碍是如何使这个"爱"超越民族和国家的界限。儒家之所以在今天凸显出它的重要性，就是因为它所传承的"天下一家"的观念，是具有普世主义品格的。从这个意义上来说，儒家倡导的是一种超民族主义的学说，一种真正的世界主义的学说。当下的现实是，在民族冲突中一些人为了爱自己的民族，转而要去攻击其他民族。我们可以肯定地说，巴勒斯坦和以色列的人民都非常爱自己的民族，但这种爱却要以仇恨和伤害对方来实现，那么这种爱就不仅是狭隘的，而且是可怕的。所以我们的当务之急是如何冲破这种畸形的民族之爱，把爱施之于其他民族。

安：这还是个人主义膨胀到全民族层面的表现，随之而来的是一种置身事外的相对主义态度，即其他民族的悲苦与我无关。

牟：可是在儒家看来，民族之间亲如兄弟，如果伤害了其他民族，自身也不会真正地得到幸福，因为"爱人者，人恒爱之；害人者，人恒害之。"这样做的最终结果就是双方都在痛苦中煎熬。

安：我们再回到中国的问题上来。"智慧"不是一个褒义词，邪教也可以有自己的智慧。问题是我们怎样才能将儒家智慧在全世界传播开来？我觉得这离不开教育。"四海之内皆兄弟"之类的智慧听起来虽令人鼓舞，但却由于缺乏可操作性而流于玄虚。所以我们必须要有一个相对客观的知识标准。智慧和知识不是一个二选一的问题，而是必须兼而有之。

牟：我认为西方文化中也有几种"和"的理念值得我们借鉴。第一，"利和"。为什么有经济全球化、共同市场、WTO？就是因为我们找到了共同利益。而且可以很清楚地看到，现在的共同利益要比几百年前大得多，因为世界已经是个地球村了。任何国家的任何行为，都不可能单赢，而只可能双赢或共赢。譬如中国跟美国谈判的时候，我们不谈价值观，而谈共同利益。第二，"竞和"（**单翻译**：Harmony realized through competition）。这个词是我从他人那里借用过来的。这里的"和"不是一个静态的存在，不是说把先进的拉下来，大家在一个落后的层面上一团和气，而是你追我赶，共同进步。"竞和"的最好实例就是体育竞赛。在市场竞争中应制定、遵守共同的市场规则，反对不正当竞争，必要的时候不排除使用强制手段。从历史上看，中国最缺少的就是"竞和"。第三，"法和"。就是建设民主法制社会，遵循共同的社会行为规则，这样社会才能安定有序，也就是你刚才提到的"社会文法"。同西方国家比起来，中国在现代法制建设上还相差很远。中国人的规则意识不强，带来的一个弊端就是潜规则盛行。各种明文规定的法则（**单翻译**：Visible rules）在实际生活中无人遵守，却都默认一种说不出、道不明的通行于实际生活中的潜规则（**单翻译**：Invisible rules），后者将对法制建设造成巨大破坏。我个人认为，上面提到的"利和"、"竞和"及"法和"是我们应该借鉴西方并汲取到儒家思想里来的。

安：我要补充一个"和"，就是"活和"。因为"和"不是一个僵化的、一成不变的终极存在，而是一个过程，一个在实践中不断被追求、甚至永远都实现不了的目标。也就是说，我们谈和谐，追求和谐，不能离开主体生活。

单：儒家说"洒扫应对，可以尽性至命"，禅宗讲"担水砍柴，无非妙道"，表达的都是这个意思。

安：西方哲学的最大悖论就在于，康德把道德提升为一个普遍性的、抽象性的原则，以至于使道德丧失了对最基本的人伦亲情的阐释力。谈道德应该从一个人为什么要爱他的孩子这样日常化的议题开始，而不应该把道德教条化（**单**：成为一种 Dogma）。

牟：儒家思想追求"修身齐家治国平天下"，由近及远、由小到大。孔子主张"能近取譬"，就是说从身边的事情做起，逐渐向外扩充。孟子说"老吾老以及人之老，幼吾幼以及人之幼"。《孝经》中也表达过相似的观点：由内而外，从孝敬父母的小孝一直推衍到治国安邦平天下的中孝、大孝，最后达到《中庸》说的"参天地之化育"，关涉到整个宇宙。孟子在《公孙丑》中以孩童入井、所见者都会前去搭救的例子说明人皆有恻隐之心，将此种善念推而广之，就是"仁"。"恻隐之心，仁之端也"。王阳明也主张在事上磨炼、于静处体悟。

单： 王阳明的这句话，冯友兰先生也多次引用过。与《圣经》的"创世纪"比，我们更容易理解王阳明的名言"不离日用常行内，直到先天未画前"，这就是说，即便是上帝造宇宙万物这样博大的襟怀也是通过日常生活中的小事被感知的。上帝当初之所以要制造人类，也是出于一种爱，因为这种行为对他本身来讲没有任何意义，是一种浪费，他工作六天，第七天都感觉累了，他无所不能，亦不需要别人的回报。从这个角度就比较好理解基督教中的博爱思想了。至于如果不信仰上帝，就会遭到惩罚之类的言论，是后世祭司所作的发挥罢了，人类设想的博爱的上帝本意并非如此。

牟： 我认为基督教中存在着保守和相对自由的两派。保守派坚持在基督教里，信仰是第一位的，爱是第二位的。基督教中最大的爱就是对上帝的爱，因此必须百分之百地信仰上帝，对其不能有一丝一毫的怀疑，把信绝对化，放在爱之上。而另外一些自由主义派别，如中国的丁光训主教，他认为上帝就是爱，爱人就是上帝精神的体现。这样基督教就可以与其他文明对话了。

安： 西方谈道德的时候，缺乏一种内在动力（Moral Motivation）。它不能够有效地解答"为什么要爱别人"这样的疑问。因为在西方，道德被提升至一种抽象的原则，脱离了主体生存；道德既然跟自我无关，那就不必坚守。但是儒学在激发道德的内在动力方面很有说服力，因为从儒家的角度看，爱自己跟爱别人并无二致。

牟： 中国从古代开始，就是一个神人一体化的社会。"天视自我民视，天听自我民听"，"功德成神"，"积善成仙"。中国宗教中的神是个有道德的善神，爱民是宗教思想中的本义。所以只要爱人（民），就是顺从了神的意愿。

单： 如果说，中国宗教中的神是个善神的话，西方宗教中的神就是个力神，他可以审判你，让你下地狱或上天堂。

牟： 在保守主义者看来，中国的这种宗教信仰是缺乏超越性的，它还停留在人的层面，没有一个完美的、绝对的对象。

安： 对，强调"人"这一面才能达到"天人合一"。最后我想说明的是，人为什么要有信仰？如果是为了满足一个独立存在的上帝，那么这跟人类的和谐又有何关系？所以，我们应该从低一点、世俗一点、人的存在这个层次，例如从家庭出发来谈信仰。我个人认为，人类不需要那种与人无关的、超越的、唯一的、终极的上帝，他不能"活"在人的生命里，人还有什么必要去信仰他呢？

单：很好！今天两位教授都从自己的学术立场表达了对和谐及中西方文明相关诸问题的精辟见解。希望这是我们设想的一系列对话活动的良好开端。谢谢你们使我们有机会在如此短的时间里面分享你们如此丰富的思想！

（载《中国图书评论》，2007年第1期）

尼山圣源书院成立大会致辞

各位来宾，今天是个大喜的日子，经各方努力，筹备了一年多的尼山圣源书院正式成立了，在座的诸位都是这一历史时刻的见证人。它的成立是天时、地利、人和兼备的结果。天时是改革开放30年使中国人进入文化自觉的时代，重新认识伟大的孔子，弘扬儒学的精华，建设中华民族共有精神家园，增强中华民族的凝聚力和创造力，并用儒家和而不同的宽广胸怀推动文明对话和世界和平，已成为全国上下普遍的呼声和行动。地利是泗水乃是孔圣诞生之地，在中国文化史上具有不可取代的特殊位置。这里人杰地灵，文化积蕴深厚，自然环境幽美；济宁市和泗水县党政领导高度重视、积极支持书院的建设，把这件事当做建设文化大县和建设新农村的重要工作予以推动。人和是泗水人与省内外、国内外各界人士，特别是山东、北京和海外学者，建立起密切的关系，书院筹建得到国际儒学联合会会长叶选平老的关怀，得到远在美国的著名学者杜维明教授、安乐哲教授的支持，得到我国香港、台湾许多学者的指教帮助，山东大学、曲阜师范大学、北京东方道德研究所、清华大学、中央民族大学、中国政法大学、南京大学、中国社会科学院、中央党校、北京师范大学、中国人民大学等一大批中国文化研究学者直接参与书院的筹建工作，使书院拥有一支高水平的实力雄厚的学术队伍，这是书院今后发展最可宝贵的财富。大家志同道合，为了一个共同的目标：弘扬中华文化，自觉走到一起，没有利益的计较，没有人事的摩擦，坚持以文会友、以友辅仁，用儒家的精神办儒学的事业，展示儒家仁和的气象。这是书院事业兴旺的保证。

在泗水县委、县政府的领导和支持下，书院筹委会的诸位先生们，为了筹建书院，不辞劳苦，奔波于北京和山东之间，沟通和协调各方面的认识和力量，做了大量工作。特别是泗水党政领导田志峰书记、王宝海县长、陈洪夫局长对筹建书院高度重视，运筹谋划，提供基础性条件，使书院得以开办。学界王殿卿教授、丁冠之教授、颜炳罡教授，对书院筹建作出了重大贡献，其中王殿卿、丁冠之二位教授年过古稀，而率先奋斗在第一线，令人敬佩。香港中文大学刘国强教授一直关注书院的事业，建言献策，联络港台学界朋友，支持书院筹建工作。我以个人名义并代表书院向他们表示衷心的感谢,向支持书院事业的人士和学者,向远道而来的美国、新加坡和我国香港、台湾的朋友表示热烈的欢迎和诚挚的谢意。

书院已经由济宁市文化局正式批准,属于民办公助开发性学术机构,接受市文化局业务指导与管理。其所有制明确为:民办公助,书院所有,独立运作,世代传承。书院的定位是:继承古代书院传统,适应当代社会发展;弘扬儒家文化精华,推动文明对话,促进文化教育的发展与繁荣;为泗水经济社会发展和新农村建设服务,成为泗水文化的一部分。书院的功能目标是:办成学术论坛、培训基地、游学营地、研究重镇。我们希望在当代社会条件下,开拓出一条民间办书院的新路,这需要我们脚踏实地、认真努力、坚持不懈地去工作。

我在这里要特别强调的是,书院要返本开新和综合创新。一方面要接续中华文化的源头活水,另一方面要以开放包容的胸怀吸纳各家学说和各种文明的成果,尊重文化的他者,开拓当代儒学的新形态新文化,为构建和谐社会与和谐世界作贡献。费孝通先生关于文化自觉的十六字真言,即"各美其美,美人之美,美美与共,天下大同",应当成为文化发展的座右铭。

各位同仁,我们已经迈出了第一步,今后尚任重而道远。世界并不太平,文明有待重建,有很多的考验在等待着我们。我们必须加强忧患意识,勇敢面对各种困难和挑战。今天在座的诸位既是历史的见证人,也是把书院办好的责任人。书院的深远意义必将在未来的岁月里展现。我相信,历史会记住这一天。

谢谢各位!

(2008年10月8日)

"东西文化比较的新视野：安乐哲师生论道"
开幕式欢迎词

尊敬的安乐哲教授，尊敬的许嘉璐教授，尊敬的山东省领导、济宁市领导、泗水县领导，尊敬的山东大学陈炎副校长，尊敬的来自美国、澳大利亚的各位教授，来自香港、台湾的各位教授和朋友，来自山东大学、北京外国语大学、中央民族大学10多所大学的老师和同学们，儒学名家圣源论道——东西文化比较的新视野：安乐哲师生论道，在泗水尼山圣源书院正式开幕了。我代表尼山圣源书院向各位来宾和参会者表示崇高的敬意和热烈的欢迎。

在儒家文化活水源头的尼山，在万紫千红的花季，大家聚在一起，聆听安乐哲师生论道，就金融危机下中西文化问题进行研讨，是难得的一次聚会。今天群贤毕至，少长咸集，大家来到这里不是为了游乐宴饮，而是关心社会，关注发展。金融危机席卷全球，这不仅引起人们对现今看起来比较成熟的美国市场经济模式的质疑和反思，也引起人们对金融危机背后文化路向和价值理念的批评和思考。西方文化究竟出了什么问题？反观中华文化又当如何？这个问题不仅仅与中国发展相关，本质上是人类文明共同遇到的挑战和怎样在中西文化互动中实现人类文明的转型问题，所以意义重大。我相信，随着文化交流和文明对话的开展，孔子的智慧会更加绽放出光彩。

安乐哲教授长期从事西方文化与中华文化的比较研究，视野宏大，学养深厚。他对西方文化有深刻反思，又对中华文化有深入理解，在中国学界有广泛的影响。我相信他和他的弟子一定能够给这次论坛提供精神的美味佳肴，供大家品味，使大家得到心灵的受用。

许嘉璐教授前来出席论坛并演讲，将使论坛大为增色。他的强烈的人文关怀和思想睿智，会使人们深受感染，获得重要启迪。

这里是百家争鸣的园地，是多元文化交流的平台。在学术面前人人平等。我们欢迎参加论坛的学者，不分年龄和资历，都能畅所欲言，既是倾听者，也是论道者，以平和的心态，交换观点，探讨问题，比较争论。没有统一的结论，只有丰富的见解，能做到这一点，论坛就是成功的。谢谢大家！

(2009年6月23日)

儒学继承与创新的三种途径

一、返本开新

这是我国港台新儒家的提法。返什么本？为什么要返本而后才能开新？返孔孟之本，返五经之本，返中华文化源头之本。孔孟之后，儒学有发展有偏离，有创新有扭曲，有开展有萎缩，所以需要经常返本，重新找到源头活水，重新体认儒学的真精神，使之发扬光大。例如，儒学在宗法等级制度和君主专制主义政治操控下，挤压了它包含的仁爱忠恕精神，出现了"以理杀人"、"礼教吃人"的现象，使儒学成为一种摧残人性的东西，就需要重返儒学之本，回到孔子的"以仁为体、以礼为用"的思想上。在时代精神的观照之下，对原典重新解读，接续鲜活的智慧，找到新的亮点，使之焕发出新的生命之光。如果不返本而开新，开出的只能是无源之水，很快会干涸；只能是无本之木，不能成长。民族文化的创新不能全盘移植外来的成果，外来文化如不适应民族文化的土壤，无法生存，硬要占领，只能造成摧残民族精神的后果，那是有为民族不能接受的。贺麟先生说："民族复兴本质上应该是民族文化的复兴，儒家文化的复兴。假如儒家思想没有新的前途，新的开展，则中华民族与民族文化也就会没有新的前途，新的开展。"他认为西洋文化要吸收，但要将其加以儒化和华化，"如果中华民族不能以儒家思想或民族精神为主体去儒化或华化西洋文化，则中国将失掉文化上的自主权，而陷于文化上的殖民地。"(《儒家思想之开展》) 守住原典精神，才能有民族主体文化。所谓开新是对传统的开拓创新，历史不能割断，根基不能抛弃，否则开新无从谈起。从积极方面说，传统是开新的宝贵资源，儒学是创新文化取之不尽的智慧源泉和动力。欧洲的现代化得益于古希腊罗马的文艺复兴，得益于基督教的革新与发展，韦伯的《新教伦理与资本主义精神》已说得很明白。中国的底色是儒家文化，返本开新的首要工作是对四书五经作出新的诠释，对儒学精要做出新的概括，既深刻准确，又富于创造性，然后结合今日之实际，加以引申发挥，有时达到吕坤所说："言孔孟所未言，而默契孔孟所欲言之意"(《呻吟语》)。返本不仅是学界的事，也是大众的渴望。当代中国人在文化激进主义汹涌浪潮带动下，离开本源，随波逐流，四处彷徨，失其精神家园已经太久，现在要求"回家"，向中华文化回归。做好经典普及工作，尤其推动儿童读经，是"培本固元"的大事，是基础性的战略性的文化建设事业。由儒、道及百家共同铸造的中华精神，梁启超、张岱年用《易传》两句话概括：自强不息，厚德载物。我再加一句：刚健中正。自强不息是不甘落后、艰苦奋斗的精神，有忧患意识，有担当魄力，有乐观心态，有精诚意志，百折不挠，愈挫愈奋。厚德载物是仁爱天下，尊重差异，包容多样，立人达人，不欲勿施，利物不争，海纳百川。刚健中正是顺时利民，和而不流，中立不倚，不偏不党，不卑不亢，无过不及，择善固执，从容中道，守经用权，合情合理，温良坦荡。中华精神，常驻常新，百代不易。

二、综合创新

这是张岱年先生的提法。张先生于1987年提出文化综合创新论，为学界所普遍认同。我的理解，综合是指汇集古今中外文明成果，包括借鉴前贤研究成果，以便集思广益。在综合的基础上创新，会使创新的动力加强，创新的智慧丰富，创新的内容深广。只综合而不创新，不过是建起个文化陈列馆，供人观赏而已，不能实现自我创造价值。只创新而不综合，则孤陋寡闻，单薄贫乏，创新乏力，只能是闭门造车，没有实效。匡亚明提出研究古代思想家要把握"三义"：本义、他义、我义。本义即思想家文本的精确内涵，研究者首先要考订清楚。他义是此前学界研究成果，至少是有代表性的成果，研究者要广泛收集，认真参考。我义是研究者独特的见解，要比前人有所突破，有所进步，有所提升。这就是综合创新。在当代的历史条件下，综合创新的重要方面是如何在文化上推动中西融合、实现相摄互补。儒学在古代成功地接受了佛教进入的挑战，吸收它，改革它，使它成为中国化的佛教，同时儒学也开出一个新的局面，如陈寅恪所说："佛教经典言：'佛为一大事因缘出现于世'，中国自秦以后，迄于今日，其思想之演变历程，至繁至久。要之，只为一大事因缘，即新儒学之产生，及其传衍而已。"（《冯友兰中国哲学史审查报告三》）儒学在当代既受到社会主义思想的冲击，也受到欧美西洋文化的挑战，儒学一度衰微和沉寂，一些人预言它行将过时。然而它经历了磨炼和洗礼，除去了僵化陈腐的部分，生机显露，起死回生，焕发出新的光彩。它在吸收社会主义的平等、公正理念和西方文化民主、自由、科学、人权思想之后，正在进入新一时期的发展，其前途是光明的。人们正在推动儒学转型，建设符合时代需要的新儒学,包括新仁学、新礼学、新心学、新理学、新气学。港台已有当代新儒家,大陆也必将有新的儒家学派出现。在民间则有新五常、新八德逐渐流行。在与西方文明对话中,儒学非单没有被边缘化,反而以其"天人合一"、"天下一家"、"和而不同"、"忠恕之道"等为西方文明所缺乏的理念,补充了普世价值,从而为西方所看重,孔子正在以新的精神形象周游列国,为人类摆脱各种危机、实现和平发展和文明转型作出新的贡献。贯通古今,融会中西,综合创新,必须有批判精神,选择智慧。能够识其长短,纳优弃劣。西方文化特长在于尊重个性,倡导自由,开启民智,倾力法治,故而发展出当代的民主与科学;其短处在于崇尚斗争,弱肉强食,唯我独尊,重利轻义,一神排他,以力服人。中国文化特长在于尊德崇礼,爱好和平,天人一体,中道不偏,重人轻神;其短处在于智性不彰,个性不显,法治不明,竞进不足。如何在中西互动中采两者之精华而熔为一炉,弃两者之糟粕而引为借鉴,是实现综合创新的关键所在。

三、推陈出新

这是 20 世纪 50 年代文艺界的口号,适应于文艺渐进式的发展。如京剧以旧形式唱新内容。可以扩而大之,使其适用于整个中华传统文化的新发展。推陈出新可从形式与内容两方面说:从形式上说,现代的内容,民族的形式,永远是需要的,尤其在文艺上,民族的形式如中国样式的戏曲、诗歌、音乐、舞蹈、绘画、文字、语言等,为中国人所喜闻乐见,再适当引进外国的文艺,为中国文艺增添色彩。这样的推陈出新,容易达成共识。若从内容上说,把推陈出新拓展到政治、道德、哲学等领域,就会有争论发生,而且做起来实非易事,因为要做研究、辨析、筛选、提炼和转化等大量艰苦工作。推陈的"陈",指过去的传统,包括精华和糟粕。如五常之德:仁、义、礼、智、信,是中国人普遍伦理规范,不会过时。但以往的解释和实践,有许多旧时代的烙印,需要剔除,重加阐释,增入新义,方能适应新的时代,这就是推陈出新。仁,强调其爱、生、通的内涵,去其回复旧礼的成分。义,强调其社会正义、公平的内涵,去其忠于个人或小集团的狭隘性。礼,强调其社会公共生活规则性,去其束缚个性自由的旧礼。智,强调其知识才能的内涵,避免其归智入仁的偏窄性。信,强调其诚直不欺的品格,开拓诚信制度层面的建设。传统的孝道是中华民族的美德,要大力继承和发扬,但也要推陈出新,去其愚孝的成分,增强其敬养的内涵,还要依据时代的进步建立敬老养老的社会教育与保障体系,使孝道落到实处。

　　精华与糟粕的区分是相对的，有其时代动态性，不可只据一时的评判标准裁决数千年文明之是非。在斗争哲学盛行的年代，孔子的中庸之道被认为是糟粕而遭到全盘否定。现在和平与发展成为时代的主题，中央提出以人为本、构建和谐社会与和谐世界的治世方略，而其重要思想渊源便是孔子和儒学的中和哲学。中庸之道所倡导的中正之道、和而不同等理念及其温和主义品格，日益显露其促进人类文明的作用。再者，即便是当时的糟粕，也可以转化为精华，即所谓化腐朽为神奇，关键在于人是否具有超凡的智慧、必要的知识与途径。人类生活中的垃圾与废料，可以变废为宝。人们曾把麦谷的秕糠用作饲料，人不屑食用，现在才知道，它们比精米精面更有营养价值。宋明理学家提倡"存天理灭人欲"，被封建王朝后期统治者用来扼杀民生需求和个性解放，"五四"时代启蒙运动先驱直斥其为封建糟粕，自有其合理性。如今时代改变了，市场经济激发了生产力的快速发展，同时也充分释放了人们的物质欲望，造成人欲横流、道德滑坡的文明危机。"存天理灭人欲"获得了某种真理性，有了转化为精华的可能性。至少在"天理"、"国法"、"人情"之间要形成一定的平衡关系，天理还是要讲。从目前看，"存天理"很难，"灭人欲"（灭过度的物欲）更难。"人欲"正像脱缰野马，狂奔不止，信仰、道德，乃至法律在它面前是苍白无力的，以前人们低估了"人欲"爆发的力量。人欲不可滥，又不可灭，可否将理学家的命题调整为"存天理制人欲"？许多古代的理念皆如此类。

　　谷牧同志提出，孔子的学说可古为今用，有的"可以直取而用之"，有的"可以剖取而用之"，有的"可以借取而用之"（《谷牧回忆录》）。儒家文化对于中国未来文化建设来说是极珍贵的思想资源，随着时代的发展和人们理念的演变、视野的扩大，儒学资源的发掘利用将不断有新的高度。最好的做法不是简单化一分为二，武断决定弃取，而是在推陈出新上下工夫，不人为预设模式，则这份遗产是取之不尽用之不竭的宝藏。

　　以上继承与创新的"三新"之说，其同皆在于主张从儒家传统中开拓出新形态新局面；其异在于：返本开新注重正本清源，以保证中华真精神得到发扬光大；综合创新注重包纳多样，以保证儒学的生命活泼多姿；推陈出新注重转化传统，以保证儒学的资源不断为现代文明输送营养。"三新"之说又彼此关联，不可分割。不返本开新，不接续源头活水，综合创新便会食多不化，推陈出新就会迷失方向；不综合创新，不引进众家异说和外来文明，返本开新便会泥古不化，推陈出新就会乏力苍白；不推陈出新，不致力于内部创造，返本开新就会徒说空话，综合创新也会主体不明。因此，"三新"之说相辅相成，相得益彰，则儒学的继承与创新庶几可以顺利进行。儒学是中华文化的主干和底色，是人类各种文明大系中人本色彩浓重、包容精神强烈的文化体系，中国的文明建设需要儒学，世界的文明转型需要儒学。儒学的继承与创新之最终目的，一是为了重建中华民族的主体文明，完成中华民族复兴的大业；二是为了推动人类文明的对话，探讨全球伦理，建设和谐世界，这是我们这一代学人的历史责任。

（载《人民政协报·学术家园》2010年11月22日）

儒学在近现代面临的挑战与复兴之路

一、儒学面临的新挑战空前严峻

中国历史上有两次外来文化的大规模进入：一次是印度佛教的进入，另一次是近现代西方文化的全面进入。佛教的进入并未使中国佛教化，却成功实现了佛教中国化，在很大程度上是佛教的儒学化、道学化。而西方文化的进入，情形有很大的不同，不仅未能顺利实现西方文化的中国化，却一度使中国文化西方化或边缘化，差一点中断了文化的血脉。而其中儒学的命运最为悲惨，作为中华文化主干的儒学在一段时间内被中国主流社会所否定所抛弃，几乎失掉了存身之所。这种差异的发生既有社会历史条件变迁的原因，也有文化自身发展起伏的缘故。

佛教在两汉之际传入中国，至隋唐逐步中国化。其时中华帝国出现汉唐盛世，国强民富，经济发达，政治安定，文化繁荣，在世界上是一流大国，对周边国家有很大的辐射力和吸引力。与此同时作为汉唐意识形态和主流文化的儒学也地位牢固，为外国所敬慕。儒学本身正处在上升兴旺时期，对于统一国家的治理、社会道德的维持、文化教育的发展，发挥了主导、促进的作用，中国人充满了自信心。虽然其间有魏晋南北朝的分裂动荡以及儒学自身弊端的产生（如烦琐化、形式化），但不足以抵消其辉煌，正宗地位并未动摇。中国人依托博厚的中华文化，迎接佛教的进入，少数人有担忧甚至反佛，主流社会则积极接纳，一大批精英认真取经、译经、研经、释经，致力于儒、道、佛的融合，唐代执政者则确立三教并奖的文化政策，把佛教有效纳入社会调控和道德教化体系。中国并未因佛教的进入而改变其儒道互补的文化底色，却因吸收佛教而增大了文化的丰富性，儒学在佛教的激励下也在推陈出新，至宋代形成新儒家形态。

近现代中国的情形很糟。鸦片战争以后中国沦为西方列强的半殖民地，国力日衰。清帝国后期，制度僵化，政治腐败，闭关自守，经济落后，民生凋敝，而统治者不思改革，民族危机与社会矛盾日趋尖锐。理学与礼教则由于丧失仁爱精神和过度政治化，成为统治者禁锢人心、扼杀生机的工具，有识者斥之为"以理杀人"（戴震语），整个社会呈现"万马齐喑"（龚自珍诗）的局面。鲁迅批判"礼教吃人"也是针对后期僵死的无仁之礼，没有人性的关怀，只有片面的等级服从，其余毒长期流传不绝。与此相反，西方工业文明蓬勃发展，工商经济创造出自然经济不可比拟的巨大生产力，科学技术日新月异，极大地改善了人类物质生活条件；它所创建的民主与法治社会管理模式及自由、平等、人权、理性等价值理念，使人的自由度和创造力获得很大的解放，由于这些优越性，西方文化以不可阻挡之势席卷全球，引领世界潮流数百年。当它大规模进入中国之时，在中国人面前全方位显示了它的先进性，也突显了中国社会和中华文化的陈旧落后，使得一批中国的精英猛然惊醒，在感受西方列强侵略欺凌的切肤之痛的同时，不得不承认，要使中国由落后变先进，能自立于世界民族之林，必须向西方文化学习，实现"以夷制夷"的强国目标。他们也由此反省中华文化的不足，包括儒学的弊端，甚至出现矫枉过正的"全盘西化"的论调，出现为了救中华必须毁灭中华文化的偏激主义。从社会进化论的观点看中西文化差异，是人类文明不同发展阶段的差异，即农业文明与工业文明的差异。从文化相对论的观点看中西文化差异，是知性为主的文化与德性为主的文化的差异，是贵斗哲学为主的文化与贵和哲学为主的文化的差异。西方讲实力强国，中国讲礼让为国。表现在对外关系上，如孙中山所说："东方的文化是王道，西方的文化是霸道。讲王道是主张仁义道德，讲霸道是主张功利强权。讲仁义道德，是用正义公理来感化人；讲功利强权，是用洋枪大炮来压迫人。"（《大亚洲主义》）西方近现代文化具有刚健进取的特点，能量释放迅猛，对中国的冲击力很大。中华文化则具有柔和保守的特点，底蕴深厚但能量不会短期爆发，在西方文化咄咄逼人之势面前，只能采取守势，节节后退。

由此可见，儒学面临的挑战是空前严峻的，完全不同于佛教进入时的态势，可以说是一场生死考验。诚如贺麟所说："西洋文化之输入，给儒家思想一个试验，一个生死存亡的大试验，大关头。假如儒家思想能够把握，吸收，融会，转化西洋文化，以充实自身，发展自身，则儒家思想便生存，复活，而有新的开展。如不能经过此试验，渡过此关头，就会死亡，消灭，沉沦，永不能翻身。"（《儒家思想的开展》）在这场文化考验面前，弘毅之士不乏其人，也有一些人丧失了民族文化自信心，并预言儒学将退出历史舞台。

二、西方文化对儒学冲击的两重性

1. 儒学作为中华主流文化传承两千多年,为了适应宗法等级社会与多民族国家不同时期的发展,它自身作过多次调整,不断有新学派产生。但它在农业文明和家族社会土壤里扎根太深,积淀起深厚的传统,它如何在一个对于古老的中国而言是全新的时代里继续生存,要做哪些大的改革,才能适应商品经济和公民社会的需要,单靠儒家开明派运用传统资源是很难完成这一艰巨历史任务的。西方文化的介入是儒学起死回生的外部关键因素。它把儒学逼到不革新就灭亡的关头,促使儒学界不能不作深刻反省,在西方民主自由观的参照下,检讨在帝制政治扭曲中"三纲"说之陈腐与危害,破除等级观念与封建家长制,改变闭塞守旧心理,从儒学中拯救其仁学所展现的博爱、平等、兼通等合理内核及五常之德所包含的东方普遍伦理,以便于儒学与现代社会相衔接;同时吸收西方文化的营养,创建儒学新的理论形态。康有为、谭嗣同、孙中山是儒学革新的代表,是具有国际视野的当代儒学改革的先驱思想家。谭嗣同兼学中西,究心西洋政治、科学、历史、宗教,看重耶稣教,向往工商繁荣;对于儒学,则扬孟子而贬荀学,又推崇佛家与庄、墨之学,以开阔的视野观照儒学及其现实形态,故能看透礼教弊端,选取仁学精华。他集中攻击专制主义和三纲说,认为其残害百姓,毫无人理,故要冲决君主、伦常之网罗,争取人性之解放。他运用西方平等自由的理念提倡孔子的仁学,首标"仁"之新义:"仁以通为第一义",把仁学引入现代文明的境界。"通之象为平等",有四义:一曰"中外通","破闭关绝市",通学、通政、通教、通商;二曰"上下通";三曰"男女通",皆用以破"三纲五伦之惨祸烈毒";四曰"人我通",破己与他的畛域。他认为打破闭塞,通商惠工、富国富民乃"相仁之道"。谭嗣同是中国改革开放的最早的先驱思想家,他的贡献不仅在揭露为专制政治扭曲化的儒学的腐朽危害,而且活用西方先进思想重新发现儒家仁学的核心价值,将其提升,并与中国走出中世纪、迈向现代社会的变革联系起来,从而同时避免了国粹派的保守顽愚和西化派的民族虚无主义。

2. 西方文化的蓬勃生发的超强势和中华文化背负因袭重担的固陋成鲜明对比。辛亥革命推翻帝制的成功和五四新文化运动的兴起,使中国文化生态发生质变,西方文化包括欧美文化和后来进入的苏联社会主义思想逐渐成为主流文化,支配了思想界政治界人士;中华传统文化核心儒佛道三家被边缘化,至少在精英文化层面上被视为旧的保守的文化,退出中心舞台。其中儒学被进一步妖魔化，成为封建文化的同义语，成为"文化革命"的对象，"打倒孔家店"是先进青年中最时兴的口号。引领中国进步潮流的前沿思想家，大都主张以欧美为师，或者以俄为师，决心放弃儒学，扯下孔子这面文化大旗，在文化建设上另起炉灶。这种在社会革命中打倒古典人物、铲除古典文化的现象在人类历史上尚无先例。欧洲近代文艺复兴运动虽然猛烈批判基督教，但集中批判教会与保守神学，并不否定《圣经》，对于古希腊罗马文化则以复兴其思想为己任，苏格拉底、柏拉图、亚里士多德始终被推崇。英国没有人要打倒莎士比亚，俄国没有人要打倒托尔斯泰。即使近代最激进的人物也没有把当时社会的黑暗归咎于古典思想家。独有中国不反思当代人做得如何，动不动把斗争矛头指向孔子，要他为两千多年后的中国的衰落负责，千方百计要把中华民族文化象征人物孔子加以丑化，使之丧失神圣性，不再有凝聚力，这等于丑化了中华文化，剪断了维系民族共同体的文化纽带，使中华民族遭遇空前严重的文化危机。胡适提倡全盘西化论，鲁迅把中华文明归结为"吃人"文化，陈独秀认为要提倡民主与科学便要反对孔教和旧伦理。各派代表人物都把矛头指向儒学，不加分析地全盘否定。此外，蔡元培在教育改革中废除读经，使新时代学子不再接受经典的熏陶，从而数典忘祖。一批颇有影响力的文化界进步人士提出汉字落后论、汉字取消论，推动汉字拉丁化运动，假如这场运动成功，中华古典文化包括儒学的传承必将因汉字载体的消失而断裂，汉族有可能由此而分崩离析。他们所做的已经超出文化改良的范围，在漂亮的革命口号之下，实际上是在挖掘中华文化的根系，扼杀中华民族文化的生机，虽然他们主观上是为了救中国，恰好在客观上适应了西方帝国奴化中国、推行文化殖民的需要，其害莫大焉。新中国成立以后，未停止过对儒学的讨伐，孔子成为反面教员。"文化大革命"批孔达到极致，中国陷于浩劫，人们才开始觉醒，发现身处文化荒漠之中，已经满目疮痍了。幸亏中华文化在民众中根基深厚，生命力顽强，已溶入中华民族血脉之中，未被文化激进主义摧毁，如凤凰涅槃，浴火重生。若其潜力稍弱，便被冲垮了。中华文化虽然根系不死，但遭到重创，在自觉的层面上被几代人冷落疏远，传统美德气息微弱，道德中国不复存在，人们不懂自己的文化经典而不以为耻，盲目崇洋风气盛行，其负面后果至今还在发生作用，而反传统的传统已形成巨大惯性，有些学人以现代化为理由继续热衷于反传统而不能自拔。

三、西方话语下的儒学研究

现代儒学研究超越传统经学以经解经的训诂之学、义理之学的窠臼而有新的格局，也要归功于西学的传入，它使中国学人转换了新的眼界和使用了新的方法，故而产生了新的学术。但是西学的理论方法亦有其局限性，自觉不自觉表现出欧洲中心论的态度，不理解或曲解儒学。当西方话语笼罩中国、为中国学人采用而又不能中西融会贯通时，儒学重现在人们眼前的形象如同哈哈镜中的人物是可笑的丑陋的。

1. 在单线进化论话语下，儒学被认为是比西方近现代思想低一级的过时的学说，中华文化被认为是属于历史不属于现代的文化。早期有严复译赫胥黎《天演论》，引进达尔文进化论，把"物竞天择"与社会进化联系起来，产生极大影响。后来胡适大力推崇达尔文与赫胥黎，认为社会的进步要靠生存竞争，赞美"适者生存"的所谓天演公例，而"适与不适"则要用实验主义的方法加以检验，其结论是：中华传统文化导致中国落后，"要肯认错，要大彻大悟地承认我们自己百不如人"（《请大家来照镜子》）。因此必须全盘西化。在宗教文化上，西方宗教学进化论学派认为从原始巫术到多神教再到一神教是宗教进化的规律，因此中国各种多神宗教都比基督教低级，儒学没有脱离巫术色彩，也不高级。影响所及，民国年间的中国学界，一方面看好基督教，另一方面提出各种"宗教取代论"，认为儒、道、佛在未来文化建设中皆没有继续存在的必要。

2. 在科学主义话语下，儒学研究从探究生命智慧之学蜕变为属于工具理性的专业性学问，被认为不应发挥教化作用，只可成为纯知识系统。20世纪20年代有"科学与玄学"之争，张君劢认为科学研究客观规律，人生观则是主观的生活态度。丁文江则认为科学万能，那些不能辨别事实真伪的主观的自以为玄妙的各种人生观，包括儒学，都是应当扫除的玄学。胡适引进美国实验主义，认为科学就能解决人生观问题，他的整理国故，只是要按照西方科学研究模式把国学知识化、工具化，将其纳入西方近现代社会科学专业系列，不再视之为生命的学问，使其丧失养成人格、化民成俗的道德功能。

3. 在自由主义话语下，儒学整个地被认为是阻碍民主、反对自由、维护专制的封建礼教。陈独秀倡言："要拥护那德先生（民主），便不得不反对孔教。"他认为儒者三纲之说是"奴隶道德"，所谓礼教乃是别尊卑、明贵贱制度者，与民主共和绝不相容（《〈新青年〉罪案答辩书》）。鲁迅认为："孔夫子曾经计划过出色的治国的方法，但那都是为了治民众者，即权势者设想的方法，为民众本身的，却一点也没有。"（《在现代中国的孔夫子》）他的《狂人日记》说，中国历史每页都写着"仁义道德"几个字，从字缝里看出，原来满本写的两个字："吃人"。鲁迅反对儒学中庸之德，认为仁恕、宽容等说法，表面上调和、公允，实际上是姑息坏事、纵恶养奸，因此他主张痛打落水狗，直至临终也不讲宽恕别人的话，他留给亲属的话有"主张宽容的人，万勿和他接近"之言。20世纪80年代的《河殇》把儒学视作保守的内陆黄色文明的代表，是窒息民族生命的文化，反之代表海洋蓝色文明的西学则是值得中国人向往和学习的。还有人把儒学为主的中华文化的核心归结为专制主义。这是全盘西化论在当代的新说法。

4. 在基督信仰话语下，儒学被认为是顺世的俗人伦理，缺乏宗教超越意识，不能为现代化提供动力。最典型的是马克斯·韦伯的观点，认为儒教否定彼岸，没有一神教外在超越的宗教精神，因而也缺少救世宗教用神圣性对世界进行理性的制约的功能。儒学是一种秩序的理性主义，意味着理性地适应世界，不能像新教伦理那样理性地把握世界，后者经由经济理性主义成为资本主义精神。韦伯的结论是：儒教阻碍中国资本主义的发展（《中国的宗教：儒教与道教》）。美国哈佛学派学者列文森著有《儒教中国及其现代命运》，认为儒学最本质的特征是"中庸"，它能成就社会的长期稳定，但缺乏与现实的张力，因而也没有活力，不能导致真正的社会变革。而中国现代性的社会大变革是在西方文化全面冲击下发生的。在中国现代化过程中儒教成为历史，不再有新的发展前景，中国传统文化将走进历史博物馆。上述观点在中国学界都颇有影响，甚至成为一种学术潮流，如20世纪80年代金观涛用以抨击儒学的"超稳定结构"说就来自列文森。

5. 在苏联式哲学话语下，儒学被肢解，大部分学派成为唯心论。苏联日丹诺夫把哲学史简单化地归结为唯物主义与唯心主义斗争并在斗争中不断发展壮大的历史，一段时间内它成为金科玉律，成为研究中国哲学史的指导思想。用这种理论眼光考察儒学史，孔子的天命论和仁学，孟子的尽心知天说和养气说，都是唯心主义；董仲舒的天人感应说是神学目的论；程朱理学是客观唯心论；陆王心学是主观唯心论。总之，儒家哲学主脉都属于错误的思想路线。只有荀子、张载、王廷相、王夫之等人的哲学才是唯物主义正确的思想路线，不过都不彻底，有唯心主义杂质。这样一来，儒学在中国哲学史上的地位和正功能大部分被否定掉了。更为重要的是，儒学最有价值的人生哲学被日丹诺夫的理论框架给剔除在外。用西方哲学的模式剪裁中国哲学的历史，不仅抹杀了中国哲学的特色，而且降低了中国哲学在世界哲学中的地位。即使找到一些唯物主义和辩证法因素，也只能算是朴素的，发育不成熟的，无法与西方近现代哲学相比。更有甚者，列维·布留尔在《原始思维》中将中国人的主客统一的整体性思维称为服从互渗律的"原始思维"，处在很低的水平上。近有楚渔作

《中国人的思维批判》一书，认为中国人的思维模式落后，缺陷是模糊、混乱、僵化，导致中国人素质不高，造成近代落伍。书一出，一些人便加以吹捧。可是思维模式很难改造，中国的现代化简直就没有希望了。此论不仅是布留尔的翻版，又有过之，其自虐竟到如此程度。

6. 在源自苏联的"极左"政治话语下，儒学成为反动倒退的思想。在以阶级斗争为纲的路线指导下的"文化大革命"中，"四人帮"把苏式阶级斗争学说与法家专制主义相结合，掀起疯狂的反孔批儒运动，吹捧法家是进步的主张革新的，指责儒家是保守的主张倒退的，认为反孔与尊孔是各个历史时期两个阶级、两条路线斗争的重要组成部分，贯穿于两千多年的历史过程，儒家始终是社会进步的阻力，孔子是历代反动派的思想代表，是千古罪人。这场运动把反孔批儒的反传统思潮推向了顶点，也推向了极端，从而为物极必反、结束极端主义创造了条件。人们已经在承受"文化大革命"造成的痛苦，又从反孔批儒运动中看到"四人帮"的不良用心和反人性的危害，接触到儒学"仁者爱人"、"和为贵"、"中庸之道"的思想，对儒学产生了亲近、认同之感，新的文化觉醒在逐渐出现。

7. 在西方文化话语下，出现了许多讨论儒学性质的话题，难以达成共识。如儒学是否是哲学，是否是宗教，一直在争论，其背后是西方哲学与宗教的概念在支配讨论，概念理解不同，持论也就不同。从西方发达的宇宙论和知识论看儒学，儒学便不像哲学，只是一种伦理学说而已，只有老子和道家略为接近哲学。从西方基督教的上帝观与救赎论看儒学，儒学便不是宗教；但从有的西方学者提出的"宗教性"（史密斯：《宗教的意义与终极》）与"终极关怀"（蒂利希：《文化神学》）作为衡量宗教的标准，则儒学便可视为宗教。如果儒学是宗教，那么其性能又如何评价？从基督教的超越主义看，"儒学是宗教"便意味着它同样具有超越精神，是一种高层次的思想文化。从苏联的"宗教鸦片基石论"看，"儒学是宗教"便意味着它是麻痹人民斗争意志的工具，是坏的需要否定的学说。出现这种情况，是简单套用西方话语和观点造成的。对于用西方文化的概念套用于东方和中国思想文化，早有人提出异议，并试图加以突破。如欧阳竟无提出"佛法非宗教非哲学"，汤用彤则说"佛法亦宗教亦哲学"，二先生不拒绝使用西方概念，又不受其限制。我曾写过一篇文章：《儒学非哲学非宗教，有哲学有宗教》，讨论儒学是什么样的学问，指出：在西方话语笼罩之下，当代中国人起初只能通过西方的理念重新解释自己的文化，不得不把本来是包含社会人生多方面内涵、具有综合性思想体系的儒学及佛学、道学纳入"中国哲学史"范围加以说明，结果是削足适履，写出来的书，儒不像儒，佛不像佛，道不像道。西方话语有一部分已成为普世性主流话语，我们应当接纳和使用，使其成为现代汉语文化的组成部分，这是儒学现代转型所必需的。但使用时不能抹杀中国文化的特点，否则将扭曲中华思想包括儒学。

四、儒学复兴有了转机

儒学衰落的命运到 20 世纪 80 年代以后出现了新的转机，因为时代条件已经发生巨大变化。

1. 中国结束"文化大革命"，打破自我封闭，实行改革开放，在经济层面引进世界市场机制，在政治层面确立走中国特色社会主义道路，在文化层面弘扬中华文化、建设中华民族共有精神家园，中国的现代化事业与民族复兴融为一体。30 多年的发展，成就巨大，世人瞩目；尤其在当前全球金融危机中，中国比西方国家能够更好地应对危机，继续保持经济高速增长，又成为美元最大持有国，帮助西方走出危机，令世界震惊。同时中华文化地位上升，孔子恢复正面形象、重新受到尊敬。中国人在走向世界的同时民族自信和文化自觉也在增强。事实证明，经济发展与文化复兴可以同步进行，学习外国与发扬传统能够互相结合，文化激进主义把传统与现代化对立起来是错误的。儒学在中国现代化事业中成为一种文化资源，成为一种精神动力，成为一种生存土壤，成为一种民族纽带，成为一种道德保障，起到了促进作用；而儒学也在现代化进程中被重新解释和筛选，被有效发掘和提炼，被注入新鲜血液而焕发出新的生命活力，被纳入现代信息网络而加快了在中国在世界的传播。

2. 东亚群国（日本、韩国、新加坡等）的崛起，以及中国港、台地区的快速发展，显示了儒学文化圈的潜力和优势，破除了"韦伯偏见"，用事实证明，儒学不是现代化的阻力而是助力。它的博施济众的社会关怀，己立立人、不欲勿施的人我观，见利思义、取之有道的义利观，重视教育和人格养成的人才观，强调人际和谐与生态和谐的贵和论，都与现代文明相一致，体现出博爱、平等、公平、正义、人本、和平的精神，能够促进市场经济健康发育、民主与法制不断进步，素质教育发展壮大，为现代化事业提供必要的社会和谐稳定和可持续发展的条件。诚然，东亚的崛起，学习吸收西方成熟的市场经济机制和现代管理经验，积极引进西方雄厚资金和先进科学技术，起了重大作用。但东亚崛起如此之快，发展活力如此充沛，社会特色如此显著，不能不令人把它与东方文化和儒学底色联系起来，各国有识之士，纷纷把眼光投向东方，研究东方的经验，重新评估儒学的当代价值。

3. 西方文化出现了真正严重的危机。苏联东欧解体，美国学者福山发表《历史的终结》，充满自信地宣布，西方自由民主社会模式是人类的最后选择，在这个意义上历史已经终结。可是不出十年，亚洲金融风暴来临，它是西方经济模式内在弊端在亚洲的一次暴露。2002年美国发生"9.11"恐怖袭击事件，美国在国际上的单边主义所激化的民族宗教矛盾，滋生出暴力恐怖主义，给美国本土的安全带来严重破坏。接着是伊拉克战争、阿富汗战争，造成大批平民死伤，美国在亚洲陷于泥潭不能自拔。人们也在质问美英等国，在强权横行下，民主、自由、人权、法治的影子在哪里？从2008年下半年起，一场大规模的金融危机席卷全球，不仅使人们对西方经济发展模式及由西方主导的世界秩序提出责难，而且连带西方的文化及价值观也遭到质疑。美国是民主国家么？是民众当家、法律管用还是金融资本集团有超级权威？社会过度消费与借钱过日子能持续发展吗？靠美元帝国对世界的盘剥维持一国高消费的美国，已陷于空前庞大的债务危机。近期以来，希腊债务危机正在引起整个欧洲共同体深刻的经济与社会危机，福利国家的神话正在破产。墨西哥湾海底钻井严重漏油事件造成从未有过的海洋生态灾难，地球母亲的血管被野蛮刺穿，出血不止。资本的贪婪不仅危害民生、破坏环境，还造就了日益功利化的社会，使人欲横流，人性堕落。个人主义和放大的自私民族主义及崇信优胜劣汰的社会达尔文主义，固然有激励个人和民族奋发向上的功能，同时带来蛮横和残酷，成为社会犯罪和民族压迫的思想基础，威胁社会稳定和世界和平。亨廷顿的"文明冲突论"表明，在美国长期占思想支配地位的斗争哲学仍然有很大市场，它习惯于用对抗的眼光看待各种文明之间的关系，而要改变这种思维惯性是不容易的。然而，西方文化没有管理好自己的社会，更没有引导好世界的潮流，各种全球性的危机正在加剧，人类前途堪忧虑，因此世界上对西方主流文化批评的声音不断在增强。

由于西方文化的光环大大消退，越来越多的人转而向东方文化和儒学中寻找补救的智慧，重新发现了孔子的伟大，重新发现了儒学的价值，孔子在世界上的地位空前提高，2009年秋美国众议院通过决议纪念孔子诞辰2560周年，便是显例。

4. 话语的突破已成普遍之势。以前风行多年的话语都不再有当初的气势。单线进化论已被多线进化论和文化相对论所取代，随之而来的是欧洲文化中心论也逐渐过时。世界上不同民族的文明都有自己的发展道路，自己的特色和优势，不能彼此取代，却可以互相学习。科学是必需的，科学万能却是错误的。科学主义已遭到国际学界强烈批评，在国内的市场也大大缩小了。科学属于工具理性，不能取代体现价值理想的人文，而且要用人文为之导向。儒学是生命的学问，没有真切体认，只用科学理性，不能真正把握。自由主义只讲个体的权利，不讲社会的责任，在群己关系上有极大的片面性，也不符合人类进化的历史；如果整个民族没有自由，个人自由无从说起，所以民主、自由与人权必须包括群体的权益，而这正是儒学的优势所在，它要把"成己"与"成物"结合起来。基督教的话语体现欧洲中心论的偏见，并不都适合东方和中国。没有基督教上帝观的儒学并非等于没有超越意识和人文理想，它的圣贤观是一种内在的超越，虽然不像基督教信仰那样能够激发人的强烈的神圣情感，却能够避免基督教原教旨主义的偏执和对异端的排斥，同时保持着人文关怀，把"极高明"（理想）与"道中庸"（现实）有机结合起来。至于苏联教科书式的哲学话语，已被中国学界大多数学者视为一种教条，纷纷加以抛弃。这些教条不能展示中国哲学的特色和光彩，却能使中国哲学变得毫无生气，甚至被肢解，因此在总体上不可取。"文化大革命"中反孔批儒的极"左"政治话语，随着"文化大革命"的结束和被彻底否定而退出历史舞台，人们从"四人帮"身上看到了货真价实的封建糟粕，反衬出儒学的真价值，打破了"反孔进步，尊孔倒退"的流行多年的成见，促使人们重新评价孔子和儒学。人们开始用实事求是的态度，用适合儒学思想特色的语言和方法，来研究儒学，学术的面貌随即改观。

5. 儒学研究步入理性时代。激情澎湃的批孔时代已经成为历史，文化激进主义仍有余绪，但不再能左右社会，中国文化研究呈现开放的多元化趋势。儒学是一种综合性极强的思想文化体系，必须多学科、多视角加以研究，才可能揭示其丰富内涵，用一种理论模式就想穷其底蕴、求其定论的时代已经过去了。对于中国人而言，研究儒学不是单纯的学术工作，还是传承民族文化、使之发扬光大的一项神圣事业。在研究途径与方法上日益呈现出多样性特点，其中"返本开新"与"综合创新"正在成为主流学术思潮。"返本开新"是回归本源，接续民族文化的源头活水，然后开拓更新，使创新文化真正生根开花；而弃本开新所开出的新文化往往漂浮时髦，不能持久。"综合创新"是在广泛吸收人类文明成果基础上加以创造，主要是融合中西文化，建设当代文化，使之具有中国特色。就儒学研究而言，民国与港台新儒家正在走这条路，当前中国内地学人也在走这条路而具体途径各有不同。经过大半个世纪的思想与政治批判，传统儒学的精华与糟粕已然大致分得清楚，持全盘肯定论和全盘否定论的人只是极少数。无论是从中国现代化事业的需要出发，还是从民族文化重建的需要出发；无论是从中华民族复兴的需要出发，还是从世界文明转型的需要出发，历史上儒学有过的"三纲五常"形态中，"三纲"确已过时，"五常"仍不可弃；从儒学丰富的思想资源里筛选、提炼具有符合今日中国社会发展的理念与智慧，寻找、阐扬具有全球意义的普世价值，乃是学者的责任。儒学的继承与创新，关键在于"推陈出新"，在于转化传统，使儒学具有新的体系，新的形态。而在研究儒学的指导思想上，必须做到吸收西学又超越西学，形成概念与话语的中西双向诠释与互补。

五、儒学可以为当代人类提供什么新思想

西方文化为人类提供了自由、民主、法治、人权、理性等现代文明的普世价值，已为人类大多数所认可。但是，第一，这些普世价值都建立在个人权益必须得到社会保证的基础上，出发点是个体。第二，它缺乏从社会群体出发协调人群关系的原则，如民族关系、国家关系相处的文明原则。第三，它重权利而轻义务和责任，因此没有底线道德要求。第四，它的具体实践形态因地因族而异，彼此不能照搬。第五，它在处理国际关系时往往出现价值的双重标准，形成自相矛盾。这些普世价值是现代文明所必须的，又不是实现现代文明所充分的，必须加以补充。对于现代文明和现代化要有新的解说，现代化不等于西方化，除了工商业发达、科技进步、民主法制体系健全等项指标以外，一定要增加全球伦理和生态文明的指标。全球伦理用以处理民族之间、国家之间、文化之间的关系，形成最低限度的道德规则，以保证用文明的方式解决矛盾与争端，建设和谐世界，避免对抗与战争，确立经济全球化健康发展和共同市场正常运行所必需的世界新秩序。生态文明是比工业文明更高的文明形态，它要求：第一，保护自然生态，改变以往工业文明对环境的破坏、对资源的掠夺，避免发生人类毁灭的灾难，使发展与环境相协调。第二，保护文化生态，主要是保护文化的多样性与多样文化之间的和谐，避免文化趋同与文化对抗，使人类的文化有内在的活力。全球伦理与生态文明都是现代化题中应有之义，能够保证人类社会的可持续发展。这是一次人类文明的现代转型，在这次转型中儒学可以发挥重要作用。

1. 充实普世价值，提供"天人一体"、"天下一家"、"和而不同"等儒学的核心价值，使其成为普世价值的有机组成部分。"天人一体"的思想把自然界与人连为一个整体，视为一大生命，人的作用是"赞天地之化育"，是"补天"，不是征服自然。"天下一家"的思想把人类看做一个大家庭，血肉相连，痛痒相关，休戚与共，要像兄弟一样和谐相处，不应对抗和恶斗，这恰好符合

今日地球村的要求。地球村实际上是地球家，地球是人类共同居住的家园，在全球化过程中人类已是如家庭般的命运共同体，相互依赖远大于彼此分歧。压迫别的民族就等于危害家庭、损害自己，没有胜者。"和而不同"的思想是承认差异、包容多样、互相尊重、和平共处，不迫人从己，不恃强凌弱，不用暴力解决矛盾，而主张和解、妥协，求同存异，交流合作。"和谐"应成为时代的主旋律，其前提是尊重他人，"己所不欲，勿施于人"，抛弃社会达尔文主义，抛弃大民族主义，抛弃救世主代表心态。和则共赢，斗则俱伤。世界要和平发展，只能走"和而不同"这条路。儒学这几条价值理念要大力阐扬，使之成为国际通行话语。

2. 儒家的中和之道能够抑制极端主义，促进当代温和主义流行。儒家的中和之道又称中庸之道，主张渐进改良，反对偏激行为；主张协调关系，反对冲突排他。在崇尚斗争的时代，它是不受重视甚至遭到否定的。而在由文明冲突走向文明对话的今天，在世界被各种极端主义（包括霸权主义、极端民族主义和宗教极端主义）所折磨而纷争不宁的时候，人们呼唤理性的温和主义，认为温和主义作为一种稳健的包容的处世态度，有益于各种信仰和主义的健康化，有益于民族、国家、宗教关系的文明化，是值得提倡的。温和主义的特点，一是合情合理，顺应民心；二是尊重他者，主张和谐。孔子是温和主义的鼻祖，儒学的中和之道铸成中华民族改良渐进、温柔敦厚的品格。在中国，极端主义只能风行一时，不能持久生根，传统使然。由于中和之道影响深远，中国的崛起必然走和平的道路，在国际事务中承担促和、调解的角色。世界上的主义繁盛，宗教众多，它是人类文化良性生态的体现。但是如果生长出极端主义，如同百花苑中出现毒草，会危害百花的正常发育。多样性的文化只要是温和主义，世界和平就有保证。

3. 充实社会主义内涵，使之摆脱苏联模式，具有鲜明的中国特色。儒学的人本思想与贵和思想已经为中国社会主义者所吸收，纳入治国方略之中，形成"以人为本"、"构建和谐社会"和重发展、重民生、重协调、重统筹兼顾的科学发展观，使中国的社会主义道路进入一个崭新的阶段，产生出巨大的创造力，得到民众的真心拥护。儒学教育已在体制内外展开，儿童读经活动在各地蓬勃进行，中华传统美德（主要是儒家八德：忠、孝、诚、信、礼、义、廉、耻）教育在民间和大中小学取得丰硕成果。儒商文化受到企业界空前关注，正在推动经济伦理建设。儒学重新全面介入中国社会生活。

4. 倡导道德社会、道德人生，抵消自我中心和物质主义，改变功利社会唯利是图、人情淡薄的畸形状态。儒学是伦理型的人学，崇尚道德理想主义，有重德治轻法治的倾向。但是针对今天风气浇漓、道德沦丧的局面，儒家的求仁明德之学，其积极意义是主要的。以德治国和依法治国必须结合。仁、智、勇是健全人格三要素，而仁德第一，有仁德才有尊严，才能正确发挥才智和勇力。没有道德的社会是野蛮的社会，没有道德的人生是低俗的人生，都不会给人们带来真正的幸福。

六、儒学将在明体达用中复兴

1. 儒学逐渐进入世界主流文化，成为国际政治与思想文化交流的重要话语，在文明对话、民族和解、政治谈判中，发挥显著作用。中国人要率先在国际事务中多多使用孔子和儒学的话语，表述和平外交政策与各种主张。孔子的精神正在走向世界，孔子学院遍布世界各地，孔子的思想受到各国人民的欢迎，也比较容易为他们所理解，因此进一步打破语言障碍，将儒家经典译成各国文字，大力推动儒学跨文化普及，是一项重要的工作。儒学将在促进世界和平中复兴，成为当代文明的一面旗帜。

2. 儒学进一步与当代市场经济、民主法制相结合，一方面克服自身竞争意识和法治观念不强的弱点，另一方面弥补自由竞争和唯法主义所造成的不均、忘义、无德的弊病，促进经济伦理发育，提高社会公共关系道德化程度，使市场经济健康发展，使政治民主化的过程平稳有序。用事实证明，儒学不是现代化的阻力，它是动力和助力。韩国与我国台湾的经验已经证明儒学和儒商文化在东亚现代化模式中有积极作用，中国大陆的经验还将继续证明，儒学是东亚现代化珍贵的文化资源和思想动力。扩大地说，儒学参与下的市场文化也会为世界经济克服各种危机提供借鉴。

3. 儒学在中国与社会主义不断融合，真正成为中华民族共有精神家园的中心区。中国新时期的文化正在建设中，但新的主流文化尚未形成。在经历了风风雨雨、大起大落之后，儒学的不同层次有了变化：政治儒学已经衰落，学术儒学正在复苏，民俗儒学根基深厚，儒学仍然是中国文化的底色。中国新时期的新文化，将会是坚持社会主义方向的、具有现代性和民族性的文化，其中，社会主义文化、中华传统文化、西方优秀文化形成新的文化三角结构，彼此接近、吸收，使社会主义文化有了民族特色，使中华传统文化有了现代生气，使西方优秀文化有了中国形态，共同组成新文化核心地带。儒学将主要在道德与礼俗文化建设中发挥作用，实现社会风尚根本性好转，中国重新成为礼义之邦。

4. 儒学在中国大陆的学术层面出现新的学派、新的学说，既能够继承孔子的真精神，汇合历代大儒的深邃洞见，又能体现 21 世纪全球化时代的广阔视野和中华复兴的新境界、新风貌，具有较高的理论水准和民族气派，超出民国新儒家的成就，也不同于港台新儒家，为中国学界所看重，并在国际儒学研究领域占有显著的一席之地，与西方汉学、西方哲学、西方宗教进行有效地对话和交流。在儒学理论创新过程中，涌现出一些一流学者，造就有影响力的当代儒学思想家，形成若干儒学研究重镇。

5. 儒学落实在社会、学校和家庭教育中，逐渐培养出一大批有历史使命感、有道德操守、有健全人格、有专业技能的仁人志士，呈现出当代儒者刚健中正、温良俭让、知行合一的气象，成为各行各业的中坚力量，发挥榜样的作用，并通过他们的实践行为，向世人昭示儒学仁爱通和、至诚不息的精神，以扩大儒学的正面影响。孔子说："人能弘道，非道弘人"，儒学的复兴要靠儒家式人物具有对社会的感召力和辐射力，这样的人物要尽可能多一些，在社会政治、经济、文化各领域都有，能取得普遍的尊敬，他们对儒学的推动远大于书本的作用。儒学必须进入课堂，又走出课堂，走进社会和人生，形成一支老、中、青、少前后相续的人才队伍，把传承和实践儒学的历史责任担当起来，成为中华民族伟大复兴事业的中流砥柱。

儒学的复兴已经有了良好的社会条件和不少实践成果。儒学正在展示它深厚的潜能，并以后工业文明的柔和方式不断放射其启迪今人的智慧之光，提升着人们的精神境界。儒学的复兴是缓慢的，却是富有后续动力的，它不依赖外部的强力推进，主要依靠自身的东方德智魅力和社会的认同，以温和的姿态进入现代生活。但目前它的复兴还处在起步阶段，前面的路还很长，困难仍很多。我们要抓住机遇，奋力开拓，少说空话，多做实事，团结更多的人，长期奋斗下去，路就会越走越宽。儒学将在造福社会过程中重生、成长、壮大，它必有光明的前途。

（"百年儒学与东方文明复兴"国际研讨会论文，2010 年 7 月）

在"首届尼山世界文明论坛"开幕式上的致辞

各位尊贵的嘉宾，来自世界和全国各地的朋友，女士们、先生们：

今天首届尼山论坛正式举行，它标志着当今时代的一个新的走向，意义非凡。能够见证这一史无前例的盛举，是我们的幸运。开幕式选在孔子诞生地尼山夫子洞旁刚刚落成的尼山圣源书院举行，尼山论坛碑树在书院，这是书院的极大荣耀，众多朋友们来到这里，为书院增添了光彩，我代表尼山圣源书院向论坛表示衷心地祝贺，向论坛组织者和与会嘉宾表示诚心地感谢和欢迎。

这里不远有一座古老的尼山书院，那是孔学历史的记忆。如今出现孔子研究院、尼山圣源书院等许多书院，向世人展示出孔学故乡从传统到现代的迈进。在尼山论坛的鼓舞下，圣源书院的同仁绝不辜负众位的厚望与历史的重托，将竭诚努力，把书院越办越好。

尼山和曲阜是儒家文明的发源地。两千五百多年来，孔子的思想从这里走向全国，走向东亚，走向世界，受到各国人民普遍的敬重，成为人类文明的重要组成部分，如今又在推动世界文明向着更高阶段的转型。人们受到孔子仁和思想与崇高人格的感召，从五湖四海走到这里，进行文明对话，可以证明，他是人类历史上一位伟大的圣哲。中国需要他，人类需要他。

当代世界，经济与科技进步迅猛，说明人类具有发展事业的智慧；当代世界，社会冲突不断，流血与战争时有发生，全球生态危机加剧，又说明人类缺乏协调关系的智慧，包括协调人与人、人与自然的关系，从而威胁到人类健康持续地发展。伟大孔子最具魅力的地方，恰恰在于他的协调理性，具有胸怀天下、包纳自然的社会观和整体观，主张天人一体、和而不同、统筹兼顾，善于尊重他者，以忠恕之道待人，用爱惜之心待物。如果我们能够认真向孔子学习，放弃对抗和征服，学会协调多种关系，那么当代社会的政治、经济、民族、文化、宗教、生态及各种文明的冲突和危机便容易化解，和谐世界就能够实现。

　　让我们携起手来，为世界永久和平共同努力。

　　谢谢各位！

2010年9月26日

儒学在中华文明多元通和模式形成中的地位和作用

——在第三届世界儒学大会开幕式上的主题演讲

一、中华文明的生态是多元通和模式。 其特点是：第一，多民族、多宗教、多信仰，文化自始至今都具有多样性、多层性，从未发生一教垄断文化的情况。儒学在政治意识形态上占主导，但在思想文化层面上则是儒佛道并存，多种宗教与文化共生。敬天法祖是中国人的基础性信仰，但它允许人们兼信别教。第二，多神主义根深蒂固；一神教进入后，受中华传统影响，也承认他教他神的合法性合理性，给以尊重。第三，人文思想与宗教神道同时并存，体制化宗教与民间宗教同时并存，本土信仰与外来信仰同时并存，只要爱国守法、劝善积德，皆有正常生存的空间。第四，多样性文化的关系，和谐是主旋律，没有发生宗教战争与迫害异端，冲突是支流。多样性文化的发展趋势是渐行渐近，彼此沟通吸收互渗，所以称为多元通和。中国人信仰具有"混血"的特点，在世界上是不多见的。

中华文明的多元通和模式源于农业文明、家族社会积累的向往稳定、和睦、礼尚往来、互助互利的民俗与智慧；来源于中华民族多元一体，在不断迁徙、交往中汇聚，形成的内部保持差异的文化与命运的共同体；也来源于孔子儒学仁爱通和与老子道家道法自然学说的长期熏陶。儒学是中华民族文化的主干和底色，是各民族结为一体的最有力量的文化纽带，是中华民族的文化精神之魂。从文化民族学和文化生态学的角度考察和评价儒学，并给世界文明转型提供中国经验，是儒学研究的一项重要任务。

二、儒学的忠恕之道给予中华文明以高扬的道德理性与人本精神，以爱人为各种信仰的第一义，从而避免了神权政治，避免了哲学和科学成为神学的奴仆。在儒学指导下，中华文明形成人文为主、宗教为辅的人本主义引导神本主义的格局。没有出现欧洲中世纪基督教神学主宰文化的局面。中古与近古的中国，学术繁荣，科技先进，礼义昌盛，文化多姿多彩，处在当时世界的先进行列。同时，这种人本主义学说尊重天命和大道（吸收道家），保留对宇宙万物源头和社会价值终极的敬意，摆正人在宇宙中的位置，"赞天地之化育"、"辅万物之自然"，是补天的位置，其责任是"为天地立心"、"尊道而贵德"。它是积极的，又不是狂妄的。儒学是入世的，关注社会人生，博施济众，修身齐家治国平天下，以天下为己任，培养出一批又一批仁人志士，成为国家民族之栋梁。佛教本来是出世的，在儒家影响下发展出中国化的禅宗和人间佛教，强调佛法在世间，不离世间觉，通过改良社会，达到普度众生。道教早期向往个人肉体长生成仙，受儒家及禅宗影响，后期全真道主张三教合一，强调内在性灵的体悟，以识心见性、苦己利人、重生贵养、仁厚爱民为宗，遂有丘祖西行、一言止杀的无量功德。中国伊斯兰教讲"两世吉庆"，中国基督教讲"上帝是爱"，都是吸收了儒家仁和之道的结果。因此，中国的各种宗教包含的人文理性精神较多，不把神道绝对化，不视神灵为绝对权威，而把改良社会、关注民生放在第一位。

三、儒学的中和之道给予中华文明以温和、中庸、宽厚的品格。 人们用和而不同和兼容并存的态度对待各民族各地区各类型的文化，包括外来文化，既刚健中正又厚德载物，形成中华文化的多样性与开放性，避免了各种极端主义的流行，也使中华文化积蕴深厚。儒家讲中和：中是以人为本，合情合理，不走极端，无冒进和保守之失；和是承认差别，包容多样，尊重他者，善于协调，统筹兼顾。中是天下之大本，和是天下之达道。致中和，则自然万物健康发育，人类社会和谐美满。受儒学影响，佛教讲缘起中和之道，道家道教讲阴阳中和之道，皆守中致和，不陷入怪异偏邪之途。从和而不同、殊途同归，到理一分殊、美美与共，温和主义成为一条贯通古今的认知传统。在儒家中和之道引导下，各种文化包括外来宗教，经过调整、提高，温和主义成为主流，偏激主义、暴力倾向没有大的市场，即使一时流行，也不能积淀成为传统，迟早遭到历史的淘汰。历史上没有发生大的宗教狂热与宗教冲突。中国信仰文化种类之多样，关系之和洽，乃是大国中所仅见，人们的精神信仰有巨大的选择空间。形成如此良性的文化生态，孔子儒学中和之道的引导与海纳之功不可没。

四、儒学的五常（仁、义、礼、智、信）八德（孝、悌、忠、信、礼、义、廉、耻）成为中国人的普遍伦理规范和中华文明的底色，也为各种宗教所认同，成为中国化宗教道德的基础。 由此之故，中国宗教很早就具有道德宗教的色彩，以劝善为首务，以积德为修道之基。外来宗教也必须彰显其社会道德功能，强化儒家伦理，特别是忠于国家、孝于亲族的核心道德。信神是道德的支撑，而不能用信神来破坏道德。中国人心中的神是善神，信神必须行善积德才是真信，以神的名义做损害他人之事是对神的最大亵渎。佛教说：诸恶莫作，众善奉行，自净其意，是诸佛教。其五戒：不杀、不偷、不淫、不妄语、不饮酒，与儒家仁、义、礼、信、智，恰相对应。道教讲功德成神，积善成仙，修道者要当以忠孝和顺仁信为本。在五常八德中，忠与孝是核心。忠德是对国家民族的认同和责任，形成社会各界包括宗教界的深厚的爱国主义传统。孝道为百善之首，孝悌为仁爱之本，孝敬父母与慈爱子女乃是中华民族传统美德的根基，是各民族各地区的共同道德认知，由此形成中国人强烈的认祖归宗意识，并将爱心扩充为爱他人、爱万物。外来宗教和各种人文学说及其信奉者，迟早会融入爱国爱族爱德的传统之中，使中华民族的共同体因有强固的道德文化纽带而长期延续发展。

五、儒学的温和的人文的神道观，使中华文明包纳各种类型的宗教，使历代宗教政策的主流比较宽松，而且宗教被纳入社会道德教化体系，发挥劝善济世的功能。儒学是伦理型的人文学说，以人为本，以今生今世为重。它不是宗教，但绝不反对宗教。一是"敬鬼神而远之"，既不热心鬼神之事，又对他人和民众的宗教信仰采取和而不同和尊重即"敬"的态度。二是主张"神道设教"，让宗教发挥推动社会道德的作用。在儒学的主导下，历代政权都采取儒、佛、道三教并奖的政策，包容各种外来宗教，并逐步使之中国化，成为中华文化的有机组成部分。对各民族的特色宗教，包括藏传佛教、南传佛教、伊斯兰教、基督教和北方萨满教、南方巫教，皆在爱国守法的前提下予以承认，采取"因俗而治"、"用教安边"的政策，以满足各个民族、各种人群的需求，并有益于社会稳定与民族和谐。中国历史上，除个别时期，没有发生持久的大规模的反宗教运动，宗教成为社会公共管理体系的一个正常子系统。中国是世界大国之中宗教种类最多的国家，也是大国中宗教关系最和谐的国家，被称为"宗教的联合国"，孔子与儒学所造就的宽松和谐的文化环境发挥了关键的作用，其功至伟。

六、儒学的兼和思维和协调智慧的世界意义。当代世界是一个全球化时代，经济、科技与信息传布高度发达，说明人类具有发展自己的智慧。同时当代世界又是一个国家、民族、宗教冲突普遍、对抗与流血从未间断、生态危机加剧的时代，说明人类在高速发展的同时缺乏协调的智慧，不会处理群体关系、天人关系，给人类的可持续发展带来威胁。孔子和儒学恰恰在协调关系上表现出超前的大智慧，可以有效地推动和谐世界的建设，这正是当今人类急迫的需要。孔子和儒学在对待事物多样性及矛盾时，采用"兼和"的思维方式，张岱年先生说："兼赅众异而得其平衡，简曰兼和。"儒家看待社会的时候，总有整体性的思考，照顾到天下社会各阶层、各民族、各地区的生活、文化和它们之间的关系,追求共生共荣、天下太平的目标,因此提出"协和万邦"、"讲信修睦"、"天下一家"、"中庸之道"、"和而不同"、"修文德来远人"、"四海之内皆兄弟"、"政通人和"等理念,不赞成以力服人、弱肉强食、以邻为壑、严刑苛法、对抗争斗;儒家看待宇宙的时候,不把人和自然界对立起来,而是作为大生命整体的有机组成,强调相互依存关系,因此提出"天人一体"、"赞天地之化育"、"仁者与天地万物为一体"、"为天地立心"等理念,不赞成征服自然、暴殄天物,对天地自然始终怀抱着敬意。凡大体上遵循儒家处世之道的就是治世,违背它的就是乱世。

儒家文化造就了一个多元通和的中华文化生态,证明它是有实践生命活力的。而中国就其民族、宗教、地域、文化的多样性而言,乃是世界的一个缩影。中国能做到的,世界也能够到。孔子不只属于中国,也属于人类,他得到世界上越来越多的人由衷的敬爱,这不是偶然的,人们认识到他的学说可以为全人类造福。只要人们认真向孔子学习,把他的协调智慧用于处理当代国际事务,学会统筹兼顾,用以取代贵斗哲学,文明冲突就能变为文明合作,生态危机也易于克服,和谐世界就会到来。

(载《孔子文化》2010年第2期)

纪念与回忆

怀念谷牧会长

谷牧同志是老一辈革命家、我国经济战线杰出的领导人，于2009年11月6日去世，享年96岁。谷老生前曾经同时长期兼任中国孔子基金会名誉会长和国际儒学联合会会长，为弘扬中华文化、推动精神文明建设与世界和平，作出了巨大的贡献。我曾有幸参与中国孔子基金会和国际儒学联合会的工作，与谷老有过多次接触，直接感受到他的人格魅力、远见卓识和气象风采，受益很多。他的《谷牧回忆录》于去年秋天出版后，我认真读过，引起不少回想。他去世后，我的心情悲痛沉重，为表达自己的敬悼之情，似乎有许多话要说，又不知从何说起。谷老是一位巨人，社会各界有全面的评价，我只能就自己有限的所见、所闻、所识，谈一点感受，使失落之心得到一些安抚，如此而已。

谷老在"文化大革命"之前，就已经是我国工业交通和基本建设工作的高级领导人。"文化大革命"中他与薄一波、余秋里三位老革命家被林彪、"四人帮"作为工交口"修正主义路线"代表人物，而受到冲击与迫害，街上的大标语和红卫兵小报上点他们的名，横加批判，由此我才知道谷老的名字。1975年年初邓小平同志协助周总理主持国家经济建设，力挽遭"文化大革命"破坏的处于崩溃边缘的国民经济；谷老被任命为国务院副总理，协助邓小平同志抓工业和交通的整顿、恢复，取得明显成效。改革开放以后，谷老作为党和国家重要领导人，投身于对外开放的工作，对于经济特区的兴办，外资的吸收和利用，以及对外经贸、旅游、航空等事业的发展，起了重要的推动作用。令我特别敬佩的是，他在从事如此重要而又繁忙的经济工作的同时，能够腾出精力和时间，去重视和亲自参与文化建设工作，特别着力于中华文化的传承和复兴，在经济与文化两大领域皆有突出的贡献，这不仅需要有强烈的事业心和责任感，而且需要有超前的战略见识和热切的人文关怀，这在一般人身上是很难兼顾的。

关于中国孔子基金会的工作和《孔子研究》杂志

中国孔子基金会成立于1984年9月，谷老任名誉会长，匡亚明老任会长，前期会址设在北京，后期迁至山东济南。这是我国第一个全国规模的由政府支持的、从正面弘扬中华文化的、群众性学术团体。兴办这件事需要很大的勇气，在当时情况下孔子基金会的成立起了领跑的作用。20世纪80年代初，我反思"文化大革命"及其前的经验教训，在文化追求上，自己从反传统的文化激进主义者转变成为温和的文化改良主义者，有了一定的民族文化自觉，因此不仅积极参与孔子基金会的各种学术活动，也十分关注在孔子与儒学问题上的各种社会思潮和动向。文化激进主义在中国风行大半个世纪，"文化大革命"中更将其推向极端，大张旗鼓地批孔批儒，全盘否定孔子和儒学。"文化大革命"结束以后，"四人帮"和极"左"路线被抛弃了，但其反传统的思潮却由于年深日久而不容易纠正。在文化问题上，视孔子为封建主义的思想代表者大有人在，即使在老干部中也有人反感孔子。时间到了1990年，老革命家李一氓同志给复旦大学蔡尚思校长写信，认为"马克思主义和孔子教义，无论如何是两个对立的体系，而不是可以调和的体系"，"孔子学说的封建性质不会促进资本主义的发展，这是很有道理的。但事情更奇怪的是：现在泛滥的孔子学说——一个非常封建的学说，不仅企图证明它会促进资本主义的发展，而且要进一步，企图证明它还会促进社会主义的建设。作为社会主义者，作为马克思主义者，我们绝不相信这种说法能够成为社会发展的历史证明。"(《文汇报》1990年12月26日)这说明，重新认识和研究孔子对于当时的中国人是有思想障碍的，如何跳出长期影响先进的中国人的单线进化论和阶级论的局限，在更广阔的视野中、在多学科的交叉中考察孔子的学说，给予全方位的公正的评价，是一项艰巨的任务。谷老率先打破在文化问题上"宁左勿右"的思维定式，把历史上的孔子定位为"杰出思想家、伟大教育家、著名社会活动家"，并主张"把孔子放在世界思想文化发展的大背景上来观察"，从而肯定孔子"是公认的世界古代思想文化巨人"。他还根据批判继承的原则，认为"孔子和历代大儒学说中的许多论述，对当代经济和社会发展是有积极意义的"，我们应当敢于公开申明这个观点。他还从民族团结、世界和平的高度，指出"抓紧抓好研究孔子的工作，对于促进祖国统一大业，加强中华民族的认同感，做好海外华侨和华裔的工作，增进与各国人民的友谊合作，有着重要的作用。"(以上见《谷牧回忆录》中"7. 关于孔子基金会的工作"，中央文献出版社，2009

年7月）从20世纪80年代到90年代，我不只一次地听到谷老在孔子基金会举办的学术会议上阐述上述观点，后来的社会实践证明，谷老对孔子的看法符合中国特色社会主义理论，符合时代的需要和人民的心愿，他所指导的中国孔子基金会引领了健康的文化潮流，在开拓人们眼界、推进民族文化事业、推动两岸文化交流、促进和谐世界建设中，起了积极的带头作用。

1989年10月，孔子基金会与联合国教科文组织合作举行纪念孔子诞辰2540周年国际学术研讨会，有20多个国家的300多名学者与会，我也参加了。江泽民同志接见部分海外学者并以国家领导人的身份对孔子作出高度评价。谷老作主题演讲，指出："众所周知，'和谐'思想是中国传统文化中的一项重要内容。这些思想不仅为中国古代社会的昌盛作出过积极的贡献，即使到今天，它对于人类的生存和发展也仍然具有现实意义。"各国友人发言热烈。会议不仅开得成功，而且在"六四风波"不久、西方制裁中国的情况下，在国际交往上起到了打破孤立、增强友情、扩大影响的重要作用。

由于参加孔子基金会的活动，我结识了匡亚明老，有过多次交往，还和朋友一起去过他在南京大学的住宅。谷老和匡老出来办孔子基金会，都是邓颖超同志点的将，而匡老与谷老配合默契，承担了孔子基金会的常务领导工作。纪念谷老就自然想起匡老，这里也说上几句。匡老主编《中国思想家评传》，约我做编委和作者。我本拟写梁武帝评传，后因工作忙而转托他人写作，但对匡老的工作是积极支持的。匡老是学者型的老革命，亲自撰写了《孔子评传》，创造性地运用唯物史观，客观评论孔子，推动了孔子研究的深入开展。有两件事使我难忘：一是他主持南京大学工作时，将丁光训主教领导的金陵神学院的教师纳入大学研究体系，成立宗教研究所，创办《宗教》刊物，通过教内外学术合作，推动宗教学研究，培养宗教学人才，没有大智慧、大魄力是办不成这件事的；二是匡老在研究方法上提出"三义"说，研究古代思想家，首先要准确把握"本义"，即其本人及著作的本来思想，也就是我们今天所说的"文本"之义，然后了解"他义"，即后人对他的评论，最后推出"我义"，就是提出自己独到的创新见解。我经常向自己的学生介绍匡老的"三义"说，用作学术研究的重要参考。

1986年《孔子研究》创刊，至今过去20多年了。给我留下印象最深的是谷老为创刊号写的《发刊词》，其中说："《孔子研究》以马克思主义作为指导思想，提倡用辩证唯物主义与历史唯物主义的科学方法进行学术研究。但这个园地也不排除用其他方法得出的有价值的研究成果。"谷老后来对此作了更明确的表述："我们研究孔子，应当坚持和提倡以马列主义、毛泽东思想为指针。

同时，也要尊重他人用其他的观点和方法获得的有科学价值的成果，贯彻'双百'方针，欢迎不同学术观点的讨论，繁荣有关孔子的学术研究。"(《谷牧回忆录》第452—453页)谷老早在20世纪80年代就把中国社会主义文化的先进性与广泛性、主导性与多样性的统一作了很好的表述，也在《孔子研究》的办刊实践中得到成功的验证。时至今日，还有些人把两者对立起来，我劝他们去读一下谷老的《发刊词》。

关于国际儒学联合会的工作

适应孔子与儒学日益为世界所关注的新趋势，在中国与各国学界的要求与推动下，经中央批准，于1994年10月成立国际儒学联合会，它是由各国、各地区与儒学有关的学术团体、机构和个人组成的国际学术联合组织，其宗旨为：研究儒学思想，继承儒学菁华，发扬儒学精神，以促进人类之自由平等、和平发展与繁荣。名誉理事长李光耀（新加坡），会长谷牧，理事长崔根德（韩国），总部设在中国北京。我起初在儒联执行机构编辑委员会编辑工作委员会任副主任，后来任学术委员会副主任、主任，可以直接与谷老接触，到他的住宅去过数次，并多次与执行机构的负责人一起陪同谷老接待宴请海外客人，由此对谷老有了更加亲切的感受。

1999年10月，国际儒联举行纪念孔子诞辰2550周年大会，谷老在致欢迎词中说："以孔子为代表所创立的儒学，已成为世界文化的组成部分。随着社会的不断进步和发展，儒学也将显示出它新的生命力和价值。"谷老的文化期待越来越被生活所证实，精神的孔子和儒学正在周游列国，受到世界人们的欢迎。

谷老对国际儒联的领导是宏观的又是有力的。他在确定儒联的宗旨之后，具体工作放手交给执行机构去做，非常信任学者，又极为尊重国际学界友人，因此调动了海内外学界的积极性，10多年来做了大量工作，运用中华文化资源参与世界文明的转型与发展，博得普遍的称赞。谷老运用自己的影响，从四个经济特区争取到1000万元人民币作为儒联活动基金，又得到海外团体、个人的各种捐赠，保证了儒联的正常运转。

谷老是国家高级领导人，但与学者接触，没有官架子，不说套话，待人诚恳坦直，说话生动幽默，使人感到亲切自然。1996年11月的一天，谷老在北京饭店设宴款待韩国成钧馆崔根德馆长和梁成武教授，宫达非副会长（原外交部副部长）主陪，我是作陪者之一。他和韩国客人谈笑风生，拉家常，讲故事,经常逗得满桌哈哈大笑。崔根德数次邀请谷老访韩,谷老说:"中国古语,七十不留宿,八十不留饭,我老了,医生不允许出国。"崔馆长请教谷老如何做好儒联的工作,谷老说:"我不管了,请同他们(指宫老等作陪者)去谈,我都服从。"其时谷老已83岁,而容光焕发,崔根德便请教健康长寿之道。谷老笑着说有四句顺口溜:"吃饭少一口,饭后百步走,睡觉不蒙首,老婆长得丑。"又说:"最后一句不雅,可以改成'顿顿喝点酒'。"接着开怀畅饮茅台,气氛十分融洽。

1999年冬,宫达非副会长生病住院。他在北京医院给儒联执行机构的朋友写了一封信,全文如下:"儒联诸同仁:在谷老还未指定新常务副会长、及我在调养期间,我建议儒联工作由牟钟鉴同志主持一切,对外文字须由他最后签署。关于秘书处工作,除姜广辉秘书长、王守常副秘书长外,增补钱逊同志为秘书长,李洪岩同志为副秘书长兼办公厅主任,有事四人多商量,团结合作会更有好处。此事我当后报谷老。宫达非十二月一日,于北京医院。"宫老后来告诉我,他的建议已得到谷老同意。我心里非常感谢谷老、宫老的信任,但自知能力有限,不堪担此大任,又不忍当着重病的宫老遽辞,只是点头答应,事实上没有多做什么,勉强维持而已,这也是性格使然。

2000年11月8日,谷老邀儒联新任常务副会长杨波(曾任轻工业部部长)和庞朴、钱逊、姜广辉、邢文、我等学者到他家叙谈。其时宫达非副会长去世,谷老请杨波老出来主持儒联日常工作,要对执行机构各委员会负责人作些交待。这次见面,谷老操一口胶东荣成口音,谈得很多,除介绍杨老外,主要思绪沉浸在历史回忆之中。他对杨老说,山东沂蒙山区抗日时期的老同志在世的已经不多了。我在1942年反扫荡中遭遇日寇包围,肺部挨了枪子,被老乡藏了起来,顽强活了下来,后来叶飞派人找到我接出去。周围牺牲的同志很多。谷老说到这里,表情凝重,语调低沉。又说,我把日记、笔记等文件藏在一个缸里埋在地下。扫荡过后,再去找找不到了,我的警卫班的同志都牺牲了。沂蒙山区的人真好,掩护八路军功劳很大。新中国成立后我千方百计去找护理过我的房东大娘,就是找不到,找到我会养活她一辈子。谷老还讲了一些"文化大革命"中老帅们、老领导与"四人帮"作斗争的事情。说,张春桥抓国务院工作时,不懂经济,不敢把老干部都打倒,既操纵红卫兵批斗我,又要我来抓经济,我顶他,说懂经济工作的干部都让你们打倒了,提拔上来的都不懂经济,怎么办。一些未被打倒的领导干部,一边与"四人帮"作斗争,一边还要抓工作,中国经济才不至于崩溃。幸亏周总理把我们送进中南海保护起来,不然情况更糟了。谷老言谈间对周总理充满了真挚的敬爱。这次会见,谷老并没有就儒联工作做任何具体指示，只是强调，孔子生在中国，中国人要把研究孔子和儒学的主要责任承担起来，并且做好。人总是要老的，我打算不久辞掉儒联会长的职务，但儒联的工作要继续做下去，大家要努力。后来谷老推荐叶选平同志接替他担任儒联会长，儒联的事业得到了继承和发展。

谷老在《谷牧回忆录》中写道："我从小读的是圣贤书，接受新式教育后又曾受五四新文化影响，对孔孟之道持批判态度。有趣的是，半个多世纪之后，进入老年的我却又担任了孔子基金会的名誉会长和国际儒学联合研究会会长，对孔孟三道重新产生了巨大兴趣。就我个人的一生来说，好像是走了一个怪圈，但对于我们民族来说，却得到了一个螺旋式的升华。"这就是否定之否定的辩证运动，中华民族的文化反思，经历了正——反——合的曲折过程，终于走上了理性的健康的道路。而谷老是这一历史全过程的重要见证人。

三件印象深刻的事情

谷老业余喜欢字画和文物的收藏与鉴赏，尤喜欢傲霜雪的梅花的作品。一些画家（内有刘海粟大师）把创作的梅花画送给谷老，时间一久，凑成100幅，称"百梅图"。他把百梅图统统捐赠给炎黄艺术馆，并安排儒联的人员去参观欣赏。他还授权出版社将百梅图精制成画册出版，分送给朋友和学者，我们在儒联工作的学者每人得到一册，使百梅图由更多的人共享。这从一个侧面反映出谷老宽阔的心怀。

大约是2002年，有人匿名写信给谷老和杨老，告我的状，说我违背列宁的教导，在公开场合发言不赞成"宗教鸦片基石论"和"与宗教作斗争论"，认为它不符合马克思主义的唯物史观；而主张"宗教文化论"，认为这是理论上的一次突破。写信者觉得这是不能允许的，明知故问地质问：这"是不是代表了国际儒联的观点，代表了谷牧会长的意思？"（我从未被授权以儒联名义发表理论观点，怎么可能代表儒联和谷老？）并说：他们这些老同志"听了很不舒服"。二老并不以为然，把信转给我，表示了对我的信任和对我的理论观点的包容，我感谢二老对此事的处理，它使我有机会向他们说明我的看法。我认为，马克思主义不是教条，而是行动的指南，我们今天看待宗教，必须把马克思主义宗教观与中国的实际与当今的时代相结合，要认真总结苏联在处理宗教问题上的经验教训，不能照搬外国的模式，要建设中国特色的社会主义宗教理论。而其中重要的是不能把"宗教鸦片论"当做马克思主义宗教观的基石，不能强调"与宗教作斗争"，因为它不符合唯物史观对宗教根源与本质的分析，不符合社会主义者"不要向宗教宣战"的要求，更不符合今天建设和谐社会、引导宗教与社会主义社会相适应的方针。我的观点是公开的，已发表在论著中。它当然只代表我自己。如果有不同意见完全可以进行讨论，我相信真理越辩越明。但我不赞成用内部告状的方式、企图借助于行政的手段去解决理论上的分歧，这不是好的风气。信的署名是"关心理论工作的老同志"。但我认为，真正关心理论工作的老同志一定有勇气站出来公开讲话，我怀疑写信者的真实身份和用意，也许不过是想引起谷老、杨老对我的理论坚定性的不信任，以便让我离开儒联执行机构，岂不知谷老、杨老允许儒联的学者在理论问题上持有不同观点，又岂不知为了更多的精力投入学校的教学与科研，我正想主动辞去儒联的工作，我从不贪恋职位，只想做一个好的脑力劳动者。

由于学校的工作越来越繁忙，特别是中央民族大学"985 工程"实施以后，我负责当代重大民族宗教问题研究中心的工作，我的精力和体力都不允许我兼顾儒联学术委员会主任的重要工作。考虑到学校工作的紧迫性和优先性，我决定辞掉儒联执行机构的工作，向谷老、杨老写了辞职信。杨老不同意。我又写了第二封辞职信，理由说得更加充分。二老见我辞意恳切坚决，终于同意了我的请求，保留理事的身份。杨老要求我继续关心儒联的工作，并要我推荐替代的人选。我向来认为，学术乃天下之公器，学术团体机构宜形成人员的合理流动，方有活力，不要被少数人长期把持。谷老领导孔子基金会和国际儒学联合会，就是开放式的，容纳五湖四海，他自己奠基开路之后，便主动交棒给后来的人，为学界做出了榜样。岗位是可以变动的，友谊却是长存的。直到今天，儒联与我之间保持了经常的、密切的联系，杨老经常主动给我打电话，商量事情。谷老、杨老领导下的儒联，不仅重视开展活动，更重视与学者们之间在感情上的联络，给人以"学者之家"的亲切感受。如今，谷老去世了，杨老已 90 岁高龄。二老是同乡，新中国成立后又同在经济领域工作，进入老年以后又前后参与文化建设事业，兢兢业业，至诚不息，他们对中华民族的挚爱，老而弥笃，他们是值得我们这些晚生后辈永远敬仰和学习的。

（2010 年 2 月）

试论"冯友兰现象"

一

冯友兰先生是一直活跃在我国哲学界中心舞台上的大学者，不论在他前半生创立体系、备受赞扬的时候，还是在他后半生另探新路、备受谴责的时候，他都是引人注目的重点人物。他的一生虽不能说富有传奇色彩，却也起伏跌宕，曲折多变，引起各种讨论和争议，直到今天，对他的认识和评价还不能取得大致的同一。引起人们特别关心和争论的人物，必定有两点：一是他的社会影响巨大，人们不能忽略他；二是他的思想行为复杂而有矛盾，不容易看得清楚。现在大家都承认，研究中国哲学可以超出冯友兰但不能绕过冯友兰，他的著作具有里程碑的性质。他的成功经验和失误教训都富有研究的价值，所以一门新的学问——冯学便自然而然地诞生了。冯友兰的学术和经历，具有鲜明的时代性，和国家民族的命运紧紧交错在一起，可以说是时代的一面镜子。所以研究冯学，可以通过冯友兰了解中国社会和中国知识分子，了解中国哲学在现代中国的艰难跋涉之途。同时，冯友兰的学术和经历，又具有他自己的独特个性，表现他个人的性情、气质、风格和内心世界，所以研究冯学，又可以把冯友兰作为一个特例，解剖"冯友兰模式"，以便向社会提供一些别人提供不了的人生智慧和借鉴，在许多方面，它都是极其宝贵的。

许多人都在谈论"冯友兰现象"，这的确是一个值得探讨的问题。"冯友兰现象"是当代中国的重要文化现象，应当从共性与个性相结合的角度把它研究清楚。近读蔡仲德先生文章《论冯友兰的思想历程》（即将发表），对"冯友兰现象"作了很好的分析，他"将冯友兰实现自我——失落自我——回归自我的历程称为'冯友兰现象'，认为它是中国现代知识分子苦难历程的缩影，是中国现代学术文化曲折历程的缩影，具有典型意义"[1]。他还总结出"冯友兰现象"给我们的四点启示。我赞成蔡先生的基本看法，特别是他把冯友兰的一生分成三个时期，而将其晚年称为回归自我的时期，有这样一个晚年是"冯友兰现象"的重要特征。但我将有所修正和补充。我在《冯友兰晚年的自我反省与突破》(访问台湾中央研究院文哲所的学术论文)中,把冯友兰中期改称"变化自我"的时期,同时对冯先生的晚年有较详细的说明和较高的评价。在这里我想就"冯友兰现象"谈一点补充意见。

二

"冯友兰现象"有广义和狭义两种理解。就其普遍性而言,它可以与"金岳霖现象"、"贺麟现象"、"汤用彤现象"等联系起来考察,它们有共同的地方。例如,他们都是同时代的中国一流大学者,他们在民国年间都在学术上获得了较高的成就,他们走的都是中西文化融合的道路。在1949年以后,他们都感佩毛泽东和中国共产党使中国赢得民族独立和国家统一,表示拥护新中国,并把中国发展的希望寄托在中国实行社会主义上面。在20世纪50年代初期的思想改造运动和各种批判运动中,他们都带着矛盾的心情,在形势压力下,半自愿、半被迫地表示放弃自己过去的学术思想,接受马克思主义,参加自我批判和批判别人。他们都没有了自信,觉得过去世界观是唯心主义的,研究的学术没有价值甚或有负罪感,必须进行脱胎换骨的改造,向工农大众学习,跟上急剧变化了的时代。但是由于这种转变是在急速的带有强制性的政治运动中进行的,不能自然而然地发展,违背了世界观与学术思想演化的渐进性和自觉性,把学术信仰的改变同政治立场的转变混在一起。在突击式的政治学习中对马克思主义的学习只能是生吞活剥、寻章摘句、囫囵吞枣,作简单化的理解,不可能熟练运用,其结果便是:要么索性不再进行理论创造和学术求索,如贺麟和汤用彤;要么勉强去做,而做不出上乘的精神产品,如金岳霖和冯友兰。冯友兰是上述四人之中创作积极性最高的一位,但同20世纪三四十年代相比,他的学术创造力也已经大大衰退了,忙于思想改造犹且不及,何暇去运思独创呢?这是时代的悲哀,大师级的学者从此再也写不出大师级的作品,当代的中国学术文化由此蒙受了无法估量的损失。这里要说明的是,马克思主义作为一种哲学和社会学说,如果出于信仰的自由地选择,并且作为一种指南认真和创造性地加以运用,决然能在学术上做出优异成绩,如侯外庐和郭沫若,他们对中国古代社会古代思想史的研究成果至今受到人们的重视;如果是在压力下勉强去做,一定做不好,因为这违背学术发展必须自由思考的规律。以冯友兰先生为例。他于20世纪30年代初出齐了《中国哲学史》上下册。而后学术创作进入活跃时代,从20世纪30年代末至40年代中不到10年的时间里,他的哲学思想自成体系,臻于成熟,连续写作并出版了六本著作,即所谓"贞元六书",平均不到两年就出一本书,而且是高质量的,越写越顺畅,越写越丰富,最后凝结为《中国哲学简史》,可谓厚积而薄发,故被誉为精美之作,流传全世界。这一切皆是由于冯先生精思熟虑,积累日久,达到了豁然贯通的境地,写起来自然快捷。而 1949 年以后,冯先生决心用马克思主义作指导重写一部中国哲学史,但他只是对唯物史观略有领会,而对整个马克思主义理论体系还相当生疏,可又不能不马上去应用,来不及充分消化吸收。同时他对于自己原有的新理学哲学体系仍深有感情,至少有部分地保留和坚持,而这些保留的以往的学说如何与马克思主义相协调,他自己还没有想清楚。在外部政治和思想环境偏"左"的强大催迫下,冯先生开始做自己不熟悉的工作,就是写《中国哲学史新编》。写作期间又有不断的政治运动来干扰,这样断断续续,修订、重写,整整花费了 40 年。如此费时费力,而作品在许多方面仍不能令读者满意,甚至也未能让自己满意。按照冯先生的说法,"这样拖延,固然一方面是由于非我所能控制的原因,可是我必须说明,也是由于在许多论点上我还在踌躇,没有作出最后的决定"[2]。许多论点自己都拿不准,怎么能写好呢?可见学术研究是不能作为政治任务去完成的,是不能强制人们用一种他不能熟练运用的理论模式去进行的。假如我们设想冯先生是在学术自由的空气里自觉地运用唯物史观,同时也自由地运用他所熟悉、所信服的其他哲学观点,在综合中推出冯先生独具个性的哲学理论模式,用此模式重新整理中国哲学史,以冯先生的思考力、才力和勤奋,一定能写出比现在的《中国哲学史新编》不知高出多少倍的新作品,就是原有的《中国哲学史》和贞元六书也要在它面前黯然失色,这是一定的,我敢断言,可惜历史是不能重来一次的。当社会能够给予学者以自由创作的环境时,大师级的人物都衰老或者死亡了,而像冯先生这样功力深厚、学贯中西的大师,不是短期内能再次出现的。

三

"冯友兰现象"就其特殊性而言,只是冯先生一个人独有的现象,很难找到类同者。冯先生真是与众不同,思考问题和处理问题的方式都不同,因而同样的事情发生在冯先生身上,就产生极特别的效果,这是颇令人感兴趣的。

"冯友兰现象"的独特性至少有五点。第一,他在国共两党决战而胜负尚不分明的关头,毅然决然从美国回到中国大陆,从此不再离开,这样的大学者在中国思想史学界大约只有冯先生一人。金岳霖、贺麟、汤用彤等人当时并未出国,一直留在大陆。熊十力走到广州,意欲离开大陆而未果,折返北京。冯先生于1948年3月回到上海,接着回到北京。当时的形势是中国人民解放军由防御转入进攻,国民党军队则由进攻转入防御,国共两党的力量对比开始发生有利于共产党不利于国民党的变化。冯先生在这个紧要时刻回国,一不是把希望寄托在国民党能够胜利的前途上,因为冯先生对国民党不满,而且国民党已露出败兆;二不是为了投靠共产党,以博进身,因为国共两党谁胜谁负仍不分明。决战尚未进行,谁也无必胜的把握。冯先生当然对共产党和社会主义抱有希望,并不恐共反共,已经设想了共产党可能胜利,但他的主要心思并不在党派的成败上,而是在想:"解放军越是胜利,我越是要赶快回去,怕的是全中国解放了,中美交通断绝"[3],中美交通断绝,回不了祖国,只有在海外当"白华",这是冯友兰先生绝对不能忍受的。冯先生回国后,参加了中央研究院的活动,被推为院士,还应蒋介石之邀到总统府去吃过饭。这些都表明冯先生从美国返回中国的内在动机并不在党派之争上,而是出于对祖国这片故土的热爱,他的故土情结之深,是超出党派好恶的。他在美国讲学时,常想王粲《登楼赋》里的两句话:"虽信美而非吾土兮,夫胡可以久留?"他只能在祖国这片土地上安身立命,而不管这片土地发生了多大的变化。所以当他从美国上船的时候,把"永久居留"的签证交给了海关。当解放军快要打到北京,南京方面派飞机来接清华教授们时,他决心留下来,"当时我的态度是,无论什么党派当权,只要它能把中国治理好,我都拥护"[4]。他留下来了,并且想有一番作为。然而他所遭遇的却是连续不断的思想改造和政治批判运动,是无休无止的自我批判和检查,他被当做一面"白旗",成为"左"派理论家批判的靶子,日子过得十分艰难。那么在遭遇这一切之后,他是不是后悔了呢?也没有。他在《自传》里说:"自此以后(指1949年以后),我在人事上虽时有浮沉,但我心中安慰。我毕竟依附在祖国的大地上,没有一刻离开祖国"[5],他与祖国同呼吸共命运,与人民一起享受发展的喜悦,备受灾祸的痛苦,他是祖国的忠实儿子。人们可以指责他的政见,批评他的学术,但没有人也不可能有人指责他不爱中国和中国文化。诚如《离骚》所言:"亦余心之所善兮,虽九死其犹未悔。"正是爱国主义的深厚感情,支持着冯先生的精神,使他能够度过艰难的岁月,为中国哲学的发展贡献出毕生的心血。

第二,从20世纪50年代到60年代"文化大革命"以前,冯先生长期遭受海外和大陆内部两个方面同时的批判和攻击,其规模和激烈的程度都相当可观,这种情况只有在冯先生身上能看得到,可以说是一种奇特现象。胡适、梁漱溟在大陆受到猛烈批判,在海外却得到一片赞扬。郭沫若、范文澜在海外备受指责,在大陆却颇得推崇。还有一些学者,如金岳霖、贺麟、汤用彤、陈寅恪等人，似乎处于边缘地带，过分的赞美和尖刻的讥评都未曾落到他们的头上。最孤独的是冯友兰，几十年来没有多少人真正信任他，他成了"不受欢迎的人"。这是为什么呢？首先是政治化情绪化的因素在起作用。海外许多人指责冯友兰"附共"，吃共产党的饭，接受马克思主义，没有忠实追随国民党到底。大陆有关部门则认为冯友兰与国民党关系太深，作过蒋介石的座上客，始终与党不是一条心，所以政治排队一直是中右。在国共两党激烈的政治斗争背景下，一般的规律本来应该是"凡是敌人拥护的我们都反对，凡是敌人反对的我们都拥护"，所以凡是反共的都得到国民党的拥护，凡是反蒋的都得到共产党的赞赏。同时，凡是态度不够鲜明而影响又大的人，则往往受到两个方面的指责。冯先生没有去台湾，国民党当然要骂他"附逆"；但他不骂台湾，遵守"君子绝交不出恶声"的古训，大陆"左"派当然认为他的立场有问题，不会信任他。海峡两岸长期的敌对，使海内外人士不能不受到这种政治气候的熏染，在评价一些有争议的人物时，难免不带有政治的偏见。而冯先生本来不是一位政治家，他的本色是学者，他既不愿意充当某一党派的政治工具，也不愿意作一个政治反对派。他只是希望当政者重视他的学术地位，让他以学术的方式来影响社会。所以让他来谈政治，他是外行。不得已只能作个表态，他不会干更多的事情。冯友兰当然有他的政治选择和政治立场。可是在他身上，他的爱国情怀和对学术的执著实在要超出对政治的兴趣。我们有些中国人非要用政治眼光来衡量冯友兰，是不知冯友兰，也就必然误解冯友兰。其次，冯先生的文化选择走了一条中庸的路线，既要"为往圣继绝学"，又要用当代哲学为传统哲学开出一条新路；既接受学理上的唯物史观，又坚持新理学的共相说、境界说，他走的路实际上是一条综合创新的文化改良主义的道路，所以新派和旧派人物都不满意他。他的前半生用新实在论来改铸宋明理学，虽然有人赞成，有人批评，但毕竟是学术问题。后半生他改用马克思主义重新整理中国哲学史，而马克思主义与政治又关系密切，中国人对马克思主义的理解在很长一段时间里搬用苏联模式，有很多"左"的教条化成分，这就不能不引起对冯先生的马克思主义如何评价的争论。按照蔡仲德先生的说法，冯友兰接受马克思主义既被迫又主动，主动中又含有附和的成分，这是个很复杂的过程。[6]我认为，主动的成分是从学理上接受唯物史观，重视社会经济结构和生产方式；被迫的成分是套用阶级分析和唯物论与唯心论两条路线斗争的模式，而主动和被迫的共同特点是非政治性，不把哲学史的研究变成政治运动的附属品或工具。冯先生接受马克思主义而且有被迫的成分，在海外不赞成马克思主义的人看来，这是独立信仰的自我放弃，是学术生命脆弱的表现，所以颇多非难；在内地政治化环境中的"左"派看来,冯先生只要不彻底放弃新理学的全部观点,只要不全盘接受以阶级斗争为纲的哲学理论并且熟练地用于政治批判运动,那就是表面上接受马克思主义,即所谓"贴标签",而实际上是换汤不换药。当时流行的观念:中国传统哲学尤其宋明理学是封建主义的,西方近现代哲学除了马克思主义外都是资产阶级的,必须与之彻底决裂,它们不能与马克思主义相融合。因此冯友兰多年形成的中西合璧的早期哲学观念只要一表露,便被认为是抗拒思想改造,马克思主义词汇用得再多也不能改变"资产阶级和封建主义哲学家"的社会定位。总之,海外一些人认为冯先生是激进派,是带了红帽子的学者;大陆一些人则认为冯先生是顽固派,是学术界的一面白旗,这真令人啼笑皆非。冯先生对此的解释是:

> 就现在来说,中国就是旧邦而有新命,新命就是现代化。我的努力是保持旧邦的同一性和个性,而又同时促进实现新命。我有时强调这一面,有时强调另一面。右翼人士赞扬我保持旧邦同一性和个性的努力,而谴责我促进实现新命的努力。左翼人士欣赏我促进实现新命的努力,而谴责我保持旧邦同一性和个性的努力。我理解他们的思想,既听取赞扬,也听取谴责。赞扬和谴责可以彼此抵消。我按照自己的判断继续前进。[7]

冯先生真不愧为运用语言的大师,他用巧妙而富有智慧的话语为自己的孤独作了辩解,同时又把来自左与右两方面的政治性攻击化解为文化观念上的偏议,而不失自己的宽宏大度。复次,冯先生不甘寂寞,非要思考,非要写作。非要重操旧业,非要坚持在中国哲学这块是非之地上耕耘不可,这就不能不招来诸多的麻烦。假如冯先生看到20世纪50年代以后政治运动不断,理论性较强的学术都会遭到政治的干预,参加者常有不测之祸,从而选择明哲保身、回避焦点的态度,或者不再写作,或者做一点资料考证的学问,那么他就可以退到边缘,获得较为安宁的生活。但这样于世无补,而且也不符合冯先生的性格。他选择了一条最为艰难的路:无论环境多么复杂险恶,还是要有所作为,要在本职工作上有所开拓,既要为环境所允许,又不能随波逐流,既要跟上时代潮流,又要有自己的创见,并把它们发表出来,这就难免被人误解和受到批判。20世纪五六十年代的冯友兰,是从钢丝上走过来的,几次都与右派擦身而过,差一点就会跌入深渊之中。大陆对冯先生的猛烈批判,就是因为冯友兰太积极、太有个性,什么"抽象继承法"、"思想的普遍性形式"、"树立一个对立面"，在当时都是标新立异、不合俗论的。海外对冯先生的批判也是因为冯友兰太积极，同时失掉个性，讲一些大陆时兴的套话空话。海外人士站在局外，不了解因而也不能体验当时大陆文化空气的严峻和险恶，难以想象做一个文化人的艰辛和痛苦，不知道曾经有过这样一段不准思想甚至不准沉默的历史，所以他们对冯先生的批判就难免过分严厉，在大陆学者看来就有点"说风凉话不牙痛"的味道。其实像冯先生那样已经不容易，还有更多的人不如冯先生。正是由于冯先生的积极有为，才培养了一大批学生，影响了一大批学者，他们后来成为中国哲学研究领域的骨干，而冯先生付出的代价就是饱受夹击的折磨。

第三，在"文化大革命"时期一度丧失自我之后，带着病弱高龄的身体，能够及时爬起来，向世人作出诚挚的自我反省，使自己的思想跃入一个新的境界，做到这一点的也只有冯友兰。冯先生在"文化大革命"大部分时间里是批斗对象，住过牛棚，备受摧残。可是在1973年开始的评法批儒运动中他站出来批孔，受到毛泽东的称赞，从而成为"梁效"（北大清华两校大批判写作组）的顾问。冯先生是尊孔的，他刚刚从牛棚里放出来，怕批孔的灾祸降临到自己头上，为了自保，他采取了"表面上顺着"的策略，主动批孔。当然其中也有糊涂的成分，他已经失掉了自信，觉得应该紧跟潮流，"相信党，相信群众"。不过最深层的还是避祸消灾的意识。诚如宗璞所说：

> 开始批孔时的声势浩大，又是黑云压城城欲摧的气氛。很明显，冯先生又将成为众矢之的。烧在铁板下的火眼看越来越大，他想脱身，想逃脱烧烤——请注意，并不是追求什么，而是为了逃脱！——哪怕是暂时的。他逃脱也不是因为怕受苦，他需要时间，他需要时间写《新编》。那时他已年近八十。我母亲曾对我说，再关进牛棚，就没有出来的日子了。他逃的办法就是顺着说。[8]

这是他最初参加批孔的动机。事实上当时批孔是在政治学习中进行的，他不得不参加。不料他的发言被人拿去发表，得到毛泽东的表扬，这就不仅使他逃脱了被批判，而且很快有了较高的社会地位，这使他写下了一些感谢毛泽东的诗篇，从而丧失了更多的自我。冯先生一时改变了，他不再是人们所熟悉的持有独立学术见解、不断受到批判的冯先生，而成了极"左"政治的追随者和赏识者，他的形象恰在这个时候受到了严重的损害。"四人帮"倒台以后，冯先生因为"梁效顾问"的事受到一段时间的审查批评，处境非常窘迫。然而他没有垮下去，也没有文过饰非、为自己辩解，他认真检查自己，不是过去的假检查，而是诚恳的检查，并且是他一生中最重要也是最后一次自我反省。他把这次反省的结果写进《三松堂自序》，向社会公开自己的错误。他愿意向社会贡献出自己的精神遗体，并且在别人予以解剖之前，先自己解剖自己。

"文化大革命"是中华民族的一场空前的大灾难、大浩劫，它席卷中国内地各阶层各地区各系统，为时十有余年，这其间不知发生了多少罪行（对坏人而言），多少错误（对不甚坏或好人而言），多少冤案，多少事件，可以说是擢发难数，罄竹难书。相比之下，冯先生的过失既是被迫的，又是微不足道的，他不过违心地写了些诗文，被"四人帮"利用，他从没有整过人，多数情况下是挨整。可是在"文化大革命"结束后，那些对"文化大革命"负有重要责任的人，在"文化大革命"中拼命制造冤案大整别人的人，有几个出来作诚心的忏悔、公开的道歉？更多的是赶快忘却，顺风转舵，摇身一变，依然"正确"，依然走红，假话连篇，毫不惭愧，被称为风派。然而冯先生却不原谅自己的错误，他引《周易·文言》"修辞立其诚"的话来批判自己，认为自己的问题"不是立其诚，而是立其伪"[9]，这是很重的自责。立诚是做人的根本，立伪是做假人，人既已假，则满场皆假。冯先生本来很注意立诚，自己想到哪一步就说到哪一步，不随声附和，所以总不免受批判。但"文化大革命"中他本来的一点诚也坚持不住了，说了假话，而当时许多人都靠假话来维持生存和实行自救，可见扭曲的社会把人扭曲到何种地步。当冯先生意识到他已经被批孔运动所异化，给社会造成不良影响时，内心一定很痛苦、很不安，所以"文化大革命"结束不久他就着手写《三松堂自序》，回忆自己的一生，特别检讨"文化大革命"中的过失，这正是冯先生诚心未泯的表现。一位80多岁的老人，还需要检讨，我们只能对他表示敬意，而对把大学者拖到政治运动中去的疯狂的时代表示愤恨。

冯先生的检讨是触及灵魂的，他决心从此以后不再依傍别人，只写自己想通的东西，他艰难地然而是坚决地要找回自我，并不在乎自己受了多大的挫折，已经到了多大的岁数，只要一息尚存，他就要坚持真理，修正错误，继续探索能够走得通的路。虽然是跌跌撞撞，也要走下去，这就是冯友兰的特别之处。

第四，老当益壮，在80岁以后，出现了一个新的学术写作高峰，新的思路逐渐清晰，创作的个性逐渐增强，于是在理论上实现了一系列重大突破，形成一个光彩的"冯友兰晚年"，由此弥补了他后半生的许多遗憾和缺陷，这在大陆学术界算是一个特例。一般人没有那么高寿，高寿的人未必保持那样明晰的头脑,而有思考力的人又未必有冯先生那样强烈的事业心和创作冲动。用冯先生的说法,就是"智山慧海传真火,愿随前薪作后薪"。他有强烈的文化使命感,所以"情不自禁,欲罢不能",不知老之已至,他是用一种拼命精神从事写作的[10]。在他生命的最后十年(从 85 岁到 95 岁)里,他写了《三松堂自序》,25 万字;《中国哲学史新编》七册,共约 155 万字;还有若干篇文章,总数接近 200 万字。这个数字对于中青年学者来说也算得上是高产,更何况冯先生已年届耄耋,体弱多病,他是把整个生命都投进去作最后冲刺才有这样的奇迹出现。

《三松堂自序》无疑是一部出色的学者回忆录,它给近现代中国学术史以及学术与政治的关系史提供了极为生动可贵的资料。它很典型地表现了大多数中国学者的生活历程:在苦难中成长,在苦难中奋进,在苦难中浮沉,在苦难中觉醒。与苦难相伴随,这是中国知识分子的命运;虽苦难而不离不息,这是中国知识分子的品格。

《中国哲学史新编》从总体上说没有他的旧《中国哲学史》那样的开创性和里程碑的意义及普遍而持久的影响,主要是因为受了教条主义的影响,没有充分发挥出冯先生的个性和才能。但是作为一部中国哲学通史著作,在当今大陆同类作品中仍然是一流的。而且《中国哲学史新编》越写越新,越写越奇,越写越能放得开,不断出现惊世骇俗之论,引起社会的震动和争议。这对于"老年趋向保守"的常规无疑是一种突破和超越。如第四册提出玄学、佛教的主题与"三阶段"说就是"要言不繁"的独家新说。第五册高度评价王夫之的哲学为"后期道学的高峰",可以与朱熹并驾齐驱,这既是对冯先生旧《中国哲学史》的突破,也是当今与众不同的一家之言。这一册还着重阐发了张载的"有象斯有对,对必反其为;有反斯有仇,仇必和而解"的思想,认为"仇必和而解"是一种以统一为主的辩证法,与"仇必仇到底"的以矛盾为主的辩证法可以互为补充。从《中国哲学史新编》最后一册的总结来看,冯先生更欣赏"仇必和而解"的思想,认为它代表了中国哲学和世界哲学的未来,代表了人类社会的未来。显然,冯先生的用意是用"和解"的思想纠正"斗争哲学"的弊端,其理论意义和现实意义都是重大的。第六册重新评价了太平天国和曾国藩,认为太平天国如果成功,将使中国倒退几个世纪,而曾国藩镇压了太平天国,阻止了中国的中世纪化,是有功劳的。冯先生打破了史学界评价农民战争以"造反有理"为标准的、单一的、平面的视野,另立一"现代化"的评价标准,这不仅为重新评价太平天国,也为重新评价一系列近代事件和人物,开辟了一个新的视阈,并且的确也符合时代的精神,所以引起相当大的轰动。有反对的，有赞成的，极大地活跃了学术气氛。我们不能不佩服一位 90 岁的老人的卓越见识和理论勇气。第七册从辛亥革命一直写到 1949 年以后，要触及许多当代重要事件和人物，问题的难度既大，又十分敏感，聪明的人都避而不谈；尤其关于 1949 年以后的历史，难点最多，忌讳最多，一般人避之犹恐不及，况且史家可以不写当代，独独冯先生鲁愚直朴，敢于面对当代重大问题，以自己的理解，秉笔直书，并准备有人责难而不能出版。冯先生到了快 95 岁的年龄，达到了一种"诚"的崇高境界，举世誉之而不加劝，举世非之而不加沮，令我们这些晚生后辈汗颜不已。第七册对毛泽东进行了评价，认为毛泽东"在中国现代革命中，立下了别人所不能立的功绩，也犯下了别人所不能犯的错误"。毛泽东思想有三个阶段："第一个阶段是科学的，第二阶段是空想的，第三阶段是荒谬的[11]。"这个说法，在实质上与 1981 年《中国共产党中央委员会关于建国以来党的若干历史问题的决议》对毛泽东的评价并无太大的距离。但是他用了自己的话语和表述方式，也确有一些自己的独特看法，因而为某些人士所不容，使第七册至今不能在大陆出版。其实作为党外的学者，冯先生有权利从学理上阐述自己对毛泽东的看法，何况他所依据的是唯物史观，应该得到宽容和谅解。否则还有什么百家争鸣呢？冯先生写完了自己的书，而不能在他写书的地方出齐。冯先生去世了，他留下了这样一个遗憾，也留下了这样一个独特的记录。这样的学者还能找出几个来呢？这大概就是冯友兰之所以为冯友兰的缘故。我以为"冯友兰晚年"向自我回归，是值得赞赏的，有这样的晚年是冯友兰现象的重要特征。

第五，他早期备受赞扬，中期（1949—1978）备受责难，晚期（1979—1990）肯定的评价日渐增多。随着他的年老和去世，随着时间的推移，人们对他的印象不仅没有被冲淡，反而越来越深刻，人们对他的尊重不仅没有减少，反而越来越加强。大陆过去批冯的学者绝大多数都改变了态度，对冯先生表示了应有的敬意和重视。海外的评议虽有不同，也渐趋平实，同情的理解多了起来。冯学正在成为一门新兴的人文学科，受到普遍的关注。这种情况，也是冯友兰现象的独特性之一。从 1949—1972 年，大陆哲学史界，从单个人遭受批判的规模和时间来说，冯友兰是数第一的，批冯的文章数量巨大。这其中有奉命违心之作，有受错误思潮影响的偏激之作，有虽未奉命也要表态以免嫌疑之作，而具有学术价值的争鸣之作虽有却不多。当拨乱反正和改革开放到来之后，人们清理了"左"的思潮，解除了"意识形态的恐惧"，自然会用常人的常理常情重新去审视冯友兰的学术思想，自然会发现冯友兰作为哲学家的过人之处，并真正感受到冯友兰对中国学术的巨大影响和正面价值，当然也会看到冯友兰的性格缺陷及其教训，并平心静气地对待它。大家都是过来的人，一样地经历了风风雨雨，有多少人表现得比冯先生更好些呢？有多少人有充分的资格对冯先生评头论足呢？于是批冯运动宣告结束，研究冯学的风气渐渐兴起，这是理所当然的。从根本上说来，还是冯友兰对中国哲学的发展和中国哲学史的学术研究，作出了创造性的划时代的贡献。其价值不可磨灭，经受得住时间的考验。他的旧作《中国哲学史》两卷本一版再版，至今在海内外流传不息；他的贞元六书一度在大陆绝迹，现在复又重新出现，研究者颇不乏其人；他的英文版《中国哲学简史》在大陆翻译出版后，一直供不应求，被誉为最好的中国哲学史入门之书；他的《三松堂自序》得到广泛的关注和称赞；他的《中国哲学史新编》出版后也颇为畅销，青年学生对它的兴趣很大。此外，这几年还出版了《冯友兰学术论著自选集》（首都师范大学出版社）、《冯友兰选集》（天津人民出版社）、《三松堂全集》1～9卷、11～14卷（河南人民出版社）。至于研究冯友兰的专著已经有好几部，有关论文数量已不少，并且正在迅速增加。冯友兰研究会也即将成立。这一切都是冯友兰自身的魅力所致，不是少数人炒起来的。当然也不是少数人能够阻挡的。

四

冯友兰现象给我们的启示是多方面的。第一，它告诉人们，中国有良心的知识分子是值得尊重和信赖的，他们对祖国和它的优秀文化有深沉的爱，许多人达到执著的地步，愿意为它的繁荣昌盛贡献毕生的精力。尤其像冯先生这样的人文学者，更有一种强烈的文化使命感，他们肩负着文化的继往开来的重任，希望得到社会的理解和支持。在社会不理解甚至贬低和排斥他们的时候，他们也不会因此而气馁和改变初衷，他们知道任重而道远，准备克服一切艰难险阻，也准备随时坚持真理，修正错误，跟上急速变化的时代。他们既不清高傲世，也不自暴自弃，在任何困难的情况下都要有所作为，奋力拼搏，生无所息。这份情感，这种精神，今天的知识分子应该继承和发扬，绝不能丧失。有志于文化事业的知识分子，要接着冯先生未完的事业继续做下去。

第二，它告诉人们，学术的发展和繁荣，需要宽松的政治环境，最主要的是学者们能够独立的自由的思考和讲话，真正实行"百家争鸣、百花齐放"的方针。在这种情况下，有才华有学识的人，便会尽其才性脱颖而出，大师级的学者才能由此而诞生。冯先生是哲学天分极高又拥有渊博知识的人，当他无拘无束去做学问时，他就能写出又多又好的论著；当他受到政治干预较多时，他的学术研究就变得极为艰难，费时费力也不能令自己和世人满意，间有新意卓见，却也常常扭曲走形；当政治压倒学术，把学术变成政治的工具时（如"文化大革命"的批孔），冯先生的学术研究便名存而实亡，连他自身也被扭曲了。他的学术成果的质量与他得到的自由度是成正比的。看来，必须把政治和学术作一定的区别，政治要保护学术而不要干预学术，学术便可以健康发展。

第三，它告诉人们，中国哲学的历程是艰辛而曲折的，它今后的发展，必须以中国传统哲学为根基，以西方哲学为营养，在马克思主义哲学、欧美哲学和中国哲学的良性互动中重建。在这个方向上，冯先生探索了一生，给我们留下许多宝贵的经验和教训。他在早期，运用西方新实在论和逻辑分析方法，重新解释宋明理学，创造新理学，有成功，也有不足。他在晚期，运用唯物史观和辩证唯物论，重新整理中国哲学史，也有成功，也有失败。一个人一生能做这两场大的试验，也就不容易了。我们当然可以从冯著中挑出许多毛病，但是我们更应该借鉴冯先生的经验，去实际地探索，做得比冯先生更好。研究冯友兰是为了超出冯友兰。

第四，它告诉人们，做一个优秀的人文学者，社会环境和生理条件固然重要，但是关键因素仍在主体的精神生命状态是否良好。冯先生的优点在这里，缺点也在这里。他一生不消极不放松，用宗璞的话，"冯友兰是用生命来思想的"[12]，所以他在哲学上才有大成就。即使到了晚年，到了老态龙钟的时候，他还在想还在写，他活着是为了思想，为了著述，所以表示："现在治病，是因为书未写完，等书写完了，就不必治了"，真是"春蚕到死丝方尽，蜡烛成灰泪始干"。每个人都有自己的晚年，晚年不必尽同，但冯先生的晚年确实令少者钦佩，令老者振奋，可以扫尽悔恨和感伤，不论年龄多大，从觉悟的时候奋起，从立足的地方挺进，都能做许多事情。当然，冯先生性格中也有弱点，他只想"行义以达其道"，而不能"隐居以求其志"，他害怕寂寞和孤独，太看重学术地位和社会影响，所以有时把持不住，屈从于政治权威，终于"宠辱若惊"，一度丧失了自我，这是沉痛的教训。圣贤是伟大的，但也往往是孤独的。所以孔子才说："人不知而不愠"，老子才说："知我者希"。圣贤差不多总是生前寂寞，死后才热闹起来。能耐得住寂寞，是一个优秀学者修身的要则。

不过，冯先生补过迁善的精神很强，他最后终于能够"斩名关，破利索，俯仰无愧怍，海阔天空我自飞"了，这又是冯先生过人之处。冯先生不是一位圣人，却是一位有着真实生命、真诚追求事业的人，是一位有成就也有过失、有欢乐也有痛苦、有智慧也有困惑的大学者，他是值得我们尊敬和研究的。

注释：

[1] 蔡仲德：《冯友兰先生年谱初编》，"后记"，河南人民出版社，1994年。

[2]《三松堂自序》第365页，生活·读书·新知三联书店，1984年。

[3] 同上，第124页。

[4] 同上，第126页。

[5]《冯友兰学术论著自选集》，第577页。

[6] 蔡仲德：《论冯友兰的思想历程》。

[7]《三松堂自序》，第367—368页。

[8] 宗璞：《向历史诉说》，见《冯友兰先生百年诞辰纪念文集》，第12—13页，清华大学出版社，1995年。

[9]《三松堂自序》，第189页。

[10]《答〈中国哲学史新编〉责任编辑问》，见《三松堂全集》第13卷第492—493页。

[11] 冯友兰：《中国现代哲学史》，香港中华书局，1992年。

[12] 宗璞《向历史诉说》。

[13] 同上。

（载《国际儒学研究》第二辑，中国社会科学出版社，1996年）

一段回忆 一篇书评

冯友兰先生是我步入中国哲学史学术领域的启蒙老师。我在北大哲学系本科学习时，冯先生讲授中国哲学史课程，当时讲课的情景至今记忆犹新。记得偌大一个阶梯教室，听课的学生总是坐得满满的，有许多是慕名而来的外系青年。冯先生讲课条理分明，扼要简洁，纵论今古，如数家珍，把深奥玄妙的哲理表述得清楚易懂，滋润着学子饥渴的心田。金岳霖先生曾经将自己与冯友兰先生做过这样的比较：金先生善于将简单的问题复杂化，而冯先生善于将复杂的问题简单化。我的理解，金先生长于分析，冯先生长于概括。两位先生同为哲学界的巨匠，相得而益彰。受冯先生的影响，我对中国哲学发生浓厚兴趣，并于1962年本科毕业时，与金春峰一起考取了中国哲学史专业的研究生，金春峰师从冯友兰先生，我师从任继愈先生。当时研究生实行教研室负责制，而冯先生是中国哲学史教研室主任，所以对我同样负有指导的责任。教研室又委托朱伯崑先生对我们进行专业的具体训练，系统地讲授中国哲学资料。这几位先生的高水平指导，使我们打下专业的良好基础，终身受用无穷。记得在研究生生活开始不久，我与金春峰去燕南园拜访冯先生，冯先生对我们的专业学习讲了两条意见。他说，学习古代哲学，首先要"涵泳"，即不要先入为主，要顺着古哲人的思路去想一遍，把他的想法和理论真正弄明白，然后再跳出他的圈子，站在今天的高度予以分析批判和评价。不要粗粗一看，就急忙口诛笔伐，那样你批判了半天，不是人家的思想，是白费力气。而且古哲人提出他的一套学说，又能在历史上产生较大影响，总有他的道理和有价值的内容，不能简单否定。冯先生又说，你们在学习中，既不要学学停停，也不要搞突击，赶任务，要循序渐进地学，按部就班地学，锲而不舍，始终如一，把预定的学习计划一项一项完成，不应落后，亦无须提前，我就满意。冯先生再没有说别的，我与金春峰唯唯而退，内心却不理解，甚至有些不以为然。当时社会"左"的思潮日益盛行，意识形态领域的批判斗争接连不断，校园内的气氛也比较紧张，尽管冯先生一直在用马克思主义理论作指导重新编写中国哲学史，还是被当做"资产阶级学术权威"予以批判。他关于文化遗产的"抽象继承法",关于学校教学的"理论—实践—理论"的公式(被陈伯达歪曲地概括出来的),都作为错误思想受到多次尖锐抨击,先生处境相当艰难。我一方面敬重冯先生的学问和文章;另一方面又受到教条主义的影响,对冯先生的许多深刻见解持保留和怀疑态度,内心是矛盾的。上述冯先生语重心长的话,我当时没有听懂,过了许多年才慢慢明白过来。"涵泳"本义是水中潜行,引申为深入体会。朱子曾谓研讨古义要"涵泳玩索,久之当自有见"(《朱子语类》五),这是一种"入其内"的功夫,不入其内,难出其外。"入其内"有两层含义:一是作同情地了解,进入角色,沟通心灵;二是从容体味,勿忘勿助,所谓书读百遍,其义自见。冯先生的谈话是有所为而发的,他不赞成当时流行的否定传统的虚无主义和"以原则为出发点"的教条主义,也不赞成群众运动式的编书方法和用政治运动冲击正常教学秩序的做法,担心我们误入歧途,又不便明说,故委婉劝戒,疏导提示。从更长远的眼光来看,冯先生的谈话又是无所为而发的,是他一生治学心得的自然流露,金口木舌,旨远而意深。学问须有根基,根基在于深厚的积累。冯先生的教诲,就是告诉我们打基础的方法,要我们把基本功练得扎实牢固。

冯先生在近 40 年中所走的道路是坎坷曲折的,《三松堂自序》已经作了回顾总结。但无论如何,谁也无法否认冯先生是我国近现代少数有自己独立理论体系的哲学家之一,他的哲学理论、哲学方法和哲学史学,已经影响了几代学人,并远及日本欧美,在中国近现代哲学史上占有重要地位。后来的学者可能超过它,但不能绕开它。所以当我看到冯先生以高龄之身从事于《中国哲学史新编》多卷本的写作时,总是以关切的心情默默祝愿他能顺利地全部完成,相信《中国哲学史新编》会给中国哲学史界提供又一份丰厚的思想营养。大约是在 1978 年 10 月,《中国哲学史新编》第五卷清样刚刚印出,出版社便约我写一篇书评,我欣然答应,认为是一次学习和思考的机会,并借以表达一个学生久怀的敬意。书评交出至今已经三年,如石沉大海,杳无音信,而当事者又不在国内,无从查找。最近翻检出书评的初稿,略作修改,抄附如后,以作为我对冯师的纪念。

老当益壮,宁知白首之心?
——读《中国哲学史新编》第五册

冯友兰先生在 90 岁高龄之后,出版了《中国哲学史新编》第四册,以其独有的见解博得学界的广泛赞许。时隔不久,《中国哲学史新编》第五册又与读者见面了。先生孜孜不倦地工作着，思考力不减当年，写作进度一如既往，文章风格前后一贯，而上下求索的精神有增无减，这对于一位已届耄耋之年而又疾病在身的人来说是多么的不容易。环顾当今之世，有几人能够如此？可以说是一大奇迹。一般人未必能如此长寿，长寿者又未必具有如此正常的思考力，而有正常思考力者又未必有如此劳作不息的奋斗精神，何况是创造性的精神劳动。这大约就是先生所说的"情不自禁，欲罢不能"，为的是把智慧真火传给后代，内心有着巨大的原动力在发挥作用，故而宏毅坚韧，虽苦犹乐，不知老之已至，身体与学术的生命能同时经久不衰。

第五册的内容是宋明哲学，主要是宋明道学。宋明是我国哲学发展的高峰时期，有一大批第一流的哲学家，有各具特色的体大思精的哲学理论，有纷繁众多的哲学学派。我原以为，表现如此丰富内容的第五册，其篇幅也要长一些，况且冯先生又特精于宋明学术，当然要作较为详密的发挥。然而出乎我的意料，第五册文字只是略长于第一册，而少于其余三册。文字是少了，但精练的程度增加了。冯先生在本册自序中说："哪一个时代思潮的哲学中心问题讲清楚了，这个时代思潮的来龙去脉也就清楚了。"第五册的写作，正是以时代思潮为主线，以哲学中心问题为纲要，故而简明精粹，层次分明。冯先生是哲学家，他的哲学史向来是哲学多而史学少，他反对把哲学史写成人物传，更反对把哲学史写成资料汇编，主张举本以统末，把中国哲学的内在逻辑揭示出来。真正做到这一点并不容易，或者因学识不广博而流于空疏，或者因缺乏概括而流于支离，或者因拙于表达而流于晦涩。冯先生兼学识、理论、文采于一身，能够厚积而薄发，以简驭繁，深入浅出，读者读他的书，有如对面促膝谈心，聆听温言切语，那些深奥繁杂的哲学问题立时化为明白易懂的道理，从而得其要领，知其脉络，明其价值，进而融会贯通之。

冯先生于民国年间写的《中国哲学史》，曾给予宋明道学以相当大的关切。20世纪50年代以来的教学中，又形成一部讲稿，宋明道学占重要地位，却未能正式出版。"文化大革命"前出版的《中国哲学史新编》，未至宋明即已停顿。故此次《中国哲学史新编》第五册，实乃冯先生自早年《中国哲学史》起，间隔半个多世纪之后，第一次正式发表他的宋明道学的新作品，故引起世人注目。冯先生努力追随时代的步伐，不断吸收新的理论思维成果，对旧有的学术思想，有继承，也有很大的修正和补充。将程朱理学与陆王心学统称为道学，就是先生旧有的提法，以周敦颐、邵雍为道学先驱，以二程为道学创始人，其中程颢开创心学，程颐开创理学，这也是旧《中国哲学史》的看法。冯先生认为自家首揭二程之异，乃"发先人之所未发，而后来也不能改变的"。

旧著与新编对于朱熹在道学中的地位亦有相同评价，谓其集北宋五子之大成，形成道学理论的高峰。但新编在写作的指导思想和方法上又与旧著有巨大的差异。先生接受马克思主义以后，用唯物主义和唯心主义两条基本路线的斗争观察道学的发展，同时将旧著所忽视的王廷相、罗钦顺、王夫之等人的地位提高，特辟专章予以论述。第五册高度评价王夫之，认为朱熹的哲学是"前期道学的高峰"，而王夫之的哲学是"后期道学的高峰"，"他是后期道学的集大成者，也就是全部道学的集大成者"，"在学问广博和体系庞大这两方面，他都可以成为后期道学的主将，跟前期道学的主将朱熹并驾齐驱"。不仅如此，王夫之的著作"对于中国封建文化和古典哲学作了总结"，虽然在当时没能广泛流传，却"好像是养精蓄锐，以待在适当时期发挥生命力"，至清末形成全国性影响，迄今不衰。冯先生过去以程朱理学为正统，称自己的哲学为"新理学"。这次突破了学派的界域而推崇王夫之，使哲学史的结构更加合理。冯先生认为朱熹与王夫之同属道学思潮，在同之内有差异、有对立。不赞成许多哲学史著作将两者截然分立。

　　第五册辟专章通论道学。"道学"常与"理学"混用，人们称"宋明理学"也沿袭已久。为了澄清混乱，有必要给予"道学"以科学的界定，将哲学术语的使用规范化。道学是什么？冯先生说："道学是讲人的学问"。"道学的目的是'穷理尽性'或曰'尽心'，它的方法是'格物致知'，它的入手处是'义利之辨'。"有人认为"道学"一词是元朝以脱脱为首的《宋史》写作班子妄自制造名目，而立《道学传》。其实不然，当时程朱自己与他派人士及政界，都常以"道学"称呼该派学术，它的出现比理学要早。"道学"概念的优越性在于，它可以概括程朱理学与陆王心学，而"理学"的提法就包括不了心学。事实上，第五册以道学为总概念，涵盖了理学、心学和气学三大学派；理学则程颐、朱熹，心学则程颢、陆九渊、王阳明，气学则张载、王廷相、罗钦顺、王夫之。三派相对独立又旁通交渗，共同构成宋明儒家哲学发展的主体框架。在道学以外，有陈亮的永康学派，叶适的永嘉学派，注重功利，冯先生认为他们代表了中国封建社会后期罕见的重富重商思想。我个人倾向于冯先生"道学"的提法。道学确实是宋明儒学的主流，它以穷理尽性为本务。至于陈亮、叶适，可以视为儒学的支流，以经世致用为目标。道学偏重"内圣"，陈、叶偏重"外王"，要皆不失儒学修己、济世的宗旨。

　　揭明道学的人学特质，是第五册一大贡献。冯先生反复说明，道学主要任务不是帮助人们获得关于外部世界的科学知识，而在于提高士人的精神境界，用周敦颐的话就是"圣希天，贤希圣，士希贤"，"对于这些境界的阐述及达到的方法，就是道学的内容"。道学讨论"人在宇宙间的地位和任务，人和自然的关系，人与人之间的关系，人性和人的幸福"。修养以至于成为圣人，这是道学家的主要目标。怎样修养是道学的主要课题。讲义理不是为了多得知识，而为的多得精神上的受用，最高的精神受用便是"孔颜乐处"，其心态如朱熹所云："胸次悠然，直与天地万物上下同流，各得其所之妙，隐然自见于言外。"冯先生指出，哲学家都想实现对现实的超越，而途径有三：柏拉图走的是本体论的路子，康德走的是认识论的路子，道学家走的是伦理学的路子。这对于我们很有提示作用，岂止是道学，整个中国古典哲学都可以说是以人学为主体的哲学，本体论、认识论都是围绕着"人"这个中心而展开的，并且与做人、修身的问题结合在一起。在中国哲学内部，儒、佛、道三家都关注人生而追求不同，"道教讲长生，佛教讲无生，儒教讲乐生。"相比之下，儒家"民胞物与"、"存顺没宁"的人生态度，既有高远的追求，又比较合乎情理，容易为更多的中国士人所接受。

第五册勇于创新的显例，便是对朱熹的大胆修补。《大学章句》中的《格物补传》，是朱熹精心研究、字斟句酌而写出来的，乃其平生得意之作，也为其后学所传颂。冯先生则说："文章是好的，可是他的意见在理论上有讲不通的地方，在实践上也有行不通的地方。"《补传》在"豁然贯通焉"以前，讲的是"即物而穷理"，是增进知识的问题；以后讲的是"吾心之全体大用无不明矣"，是提高精神境界的问题；朱熹企图用增进知识的方法达到提高精神境界的目的，这就讲不通，也行不通了。这里缺少必要的中间环节，遂使《补传》"成为前后两撅"。冯先生认为，只要能够理解穷物理与穷人理之间的内在一致性，如张载《西铭》所说的皆有"事天"的意义，皆为"赞天地之化育"而"与天地参"，那么穷物理即穷人理，增进知识与提高境界也就融为一体了。于是冯先生为朱熹的《格物补传》作了新的补充，在"以求至乎其极"下面加上："此穷物理也，穷物之理乃所以穷人之理。苟明此道，敬以行之"，于是人物之理通，内外之道合，穷理尽性之说圆融无碍。冯先生可谓朱子的当代诤友。

冯先生在《三松堂自序》中说，新时代的中国哲学，需要中国古典哲学作为它的来源之一，"我认为中国古典哲学中有些部分，对于人类精神境界的提高，对于人生中的普遍问题的解决，是有所贡献的，这就有永久的价值。""我所能做的事，就是把中国古典哲学中的有永久价值的东西，阐发出来，以作为中国哲学发展的营养。""我的《中国哲学史新编》有一项新的任务，它应当不仅是过去的历史的叙述，而且是未来的哲学的营养。"冯先生在这里提出的批判地继承古典哲学以创立未来新哲学的构想，我以为是不刊之论，已为越来多的学人所认可。具体落实到第五册上,他已经作出许多可贵的努力,如特重视道学追求高层次的精神快乐便是一例。人生在世都追求幸福和快乐,但有人仅以感官的满足为快乐,这未免太狭隘太低级;道学家认为人应当从个体的有限范围摆脱出来,去体验那种与天地万物为一体的具有无限和永恒的至乐。这是一种"精神的享受","理智的幸福",是人的精神的解放和自由。为此人不需要做特别的事,不需要离开社会和家庭,不需要信仰和祈祷,"他只需要在日常的生活中积累道德行为,时常消除自私,这就够了。"冯先生认为,"这就是道学对于人类理智发展和幸福提高作出的贡献。"

第五册特别推崇张载的《西铭》编,认为它是"道学中的一篇具有纲领性的著作"。它以宇宙为一大家庭,人是其中的成员。应担负它的责任和义务。人与人之间、人与物之间是"民胞物与"的关系,如有这样的理解,他的精神境界就不仅是道德境界,而且是天地境界了。冯先生这里所说的人与天地万物为一体的思想,确实是儒学的精粹之一。当代的人类,因利益的冲突而四分五裂,以兵戎相见,挟核弹相慑,人类的和平生存时刻受到威胁。人对自然的无限制的征讨,也招致了自然界的报复,生态严重失调,正常生存的环境基础发生动摇。然而人类又不得不共同生活在这小小的地球上,彼此不能不互相依赖,大家不能不共同依赖地球。客观情势上存在着万物一体、天下一家的关系。人们若不想在争斗中同归于尽,只能通过妥协、谅解,逐渐建立一种比较和谐的关系,并通过努力,改善生态环境,保持与自然的平衡。这样,道学家的"万物一体"的思想有助于纠正现代人的病态心理,使人类对自身面临的危机有所警觉和反省。

第五册很推重"诚"的哲学。周敦颐的《通书》设《诚上》、《诚下》二章,论天地之道诚实无妄,又论"诚者,圣人之本","诚,五常之本,百行之原也"。司马光的学生刘安世说,他跟司马光五年,得了一个"诚"字,求诚要从不说谎入手,七年而后,"言行一致,表里相应。遇事坦然,常有余裕"。冯先生对此作了肯定的评价,又介绍邵雍无私则诚、诚而行则直的思想,评论说:"所谓直,就是认为事情应该怎么办就怎么办,不因为个人利害而走小道,绕圈子"。"诚和直是一种道德品种的两个方面"。又介绍李贽的"童心说",李贽以绝假纯真的真心,批判假人假事假言的伪善行为和假道学。我认为诚的哲学需要大力显扬,因为诚伪之辨更重于是非之争;事情的好与坏往往不在于说得对与不对,而在于做得真与不真;诚伪的问题不解决,再好的理论也要失去价值。真诚为做人之本,人应当表里如一、言行一致、开诚布公、胸怀坦荡,将自己的本色显示给世人,做一个性情中的真人,不应当矫揉造作、虚假伪善、逢场作戏，带着各种面具生活。真诚的人格有两个基本要求：一是诚信无欺，"人而无信不知其可也"；二是择善固执，"精诚所至金石为开"。两者结合就是一种真精神。提倡这种真精神，对于克服当前社会的虚假之风和疲沓行为是大有好处的。

　　第五册用很多文字阐发道学的辩证法思想。张载把他的辩证法归结为四句话："有象斯有对，对必反其为；有反斯有仇，仇必和而解。"冯先生对"仇必和而解"作了新的解释，指出张载所说是指阴与阳的矛盾。阴与阳的斗争只能是"胜负"、"屈伸"，互为优势，不能一个消灭另一个，所以不能将"仇必和而解"简单视为违背辩证法的观点。冯先生由此发挥说："客观的辩证法只有一个，但是人们对于它的认识和了解可以有很多，至少有两个。一个统一体的两个对立面是矛盾的统一，这是都承认的。但是一种认识可以以矛盾为主；另一种认识可以以统一为主，后者认为'仇必和而解'，前者认为'仇必仇到底'，这是两种辩证法思想的根本差别。"这一新颖见解可以开启我们的思路，使我们反省一下过去对于辩证法的理解是否存在着片面性。事实上矛盾的斗争虽然是普遍存在的，但矛盾的解决方式却是多种多样的：有一方消灭另一方者，有两方同归于尽者，有妥协而和解者，有彼此渗透与转化者，有相得而益彰者。人们对待矛盾，有时强调对立，有时强调统一，只要符合客观事物的辩证运动规律，都不失为辩证法的应用。反之，违背事物的本性和社会需要，单讲调和与一味斗争，都是违背辩证法的行为。

　　第五册对于陆王心学的定性分析，不同于学界多年来的习惯看法。一般认为陆王是主观唯心论，冯先生则认为是客观唯心论。作者说："主观唯心主义和客观唯心主义的主要分别在于承认不承认有一个公共的世界。"程颢《识仁篇》劈头一句就是"仁者浑然与物同体"。冯先生指出，"这里所说的'物'是公共的，他承认有一个公共的世界"。陆九渊的典型命题是："宇宙便是吾心，吾心便是宇宙"，冯先生指出，陆氏"所说的宇宙不是他个人的，而是公共的。他说：'宇宙不曾限隔人，人自限隔宇宙'，可见他承认有一个不受人'限隔'的宇宙，那就是公共的世界。"王守仁的《大学问》阐述与天地万物为一体的人，冯先生指出，"所谓天地万物是公共的，有天地万物的世界是公共的世界。《大学问》所讲的是客观唯心主义。"冯先生进一步阐明："主观唯心主义和客观唯心主义的区别又在于承认或不承认有公共的'理'。陆九渊和王守仁都承认有公共的'理'"，"他们也说'心外无理'，可是他们所说的'心'是宇宙的心，不是个体的心。"冯先生这样说是颇有道理的，可以启发我们对过去许多框架重新加以审视评判。我有一位青年朋友方尔加，在其《王阳明心学研究》

一书中，对王阳明南镇观花的语录另有新解，认为它也不是主观唯心论的证据。阳明并不否定崖中树花的客观存在，只是想表达这样的意思：若无观花主体（人），则树花便不成为认识的客体，既与人毫无关系，因而便没有获得存在的价值。是的，世上一切事物，离开了人的认识、实践和需要，便不具备客体的意义，亦无价值可言。

《中国哲学史新编》第五册并没有对宋明哲学处处褒贬，事事评判，我的书评不可能也无必要对全册所肯定的一切内容一一指明。作者经常是寓评价于介绍，藏爱憎于叙述。不渲染、不怒斥，写来自然、朴实无华。读者自可从字里行间领略作者的辨析抉择和良苦用心。书不尽言，言不尽意。《中国哲学史新编》作者提示了来龙去脉，而把更多的论述、评判机会留给广大读者。我的书评其旨在于引起读者的兴趣和思考，全面的科学评价也要留给学术界和广大读者。

1990 年 11 月于北京

附　记

这篇纪念文章是 11 月中旬写成的，准备提供给 12 月 4 日举行的冯友兰先生 95 岁诞辰纪念会。不意噩耗传来，冯师竟在 11 月 26 日辞世，引起我心中阵阵悲痛。冯师一生追求真理追求进步，在哲学的园地上覃思精虑，辛勤笔耕，一直奋斗到生命的最后一刻，给后人留下一份珍贵的精神财富。然而数十年来，社会对于冯师并不公正。大陆的批判，海外的误解，长时间风吹浪打，云遮雾罩，使先生常常陷于困境，没有多少展颜的时候。这些年人们终于冷静下来，意识到冯师作为一代哲学大师的重要价值，开始形成称为"冯学"的学问。人们认真读他的书，从中吸取智慧，推进着中国哲学的重建事业。《中国哲学史新编》七卷本已经全部完成，冯师可以安眠于地下了。冯师一生走过的路，反映了中国近现代哲学弯弯曲曲的发展进程。不久前钱穆先生的去世和冯师的去世，标志着思想史上一个时代的结束，又蕴涵着一个新的时代的开始。我们已经感受到冯师去世给中国哲学带来的巨大缺欠，继起者在哪里呢？新人很多，但是似乎还没有诞生新的哲学巨匠。哲人已逝，学问永在。谨以这篇小文作为一束白花敬献在冯师灵前。

1990 年 11 月 30 日
（载《冯友兰先生纪念文集》，北京大学出版社，1993 年 10 月）

冯友兰晚年的自我反省与突破

冯友兰先生是中国近现代影响巨大而又颇有争议的哲学家和哲学史家，这个争议在20世纪70年代以前主要是否定性的批评，不论在大陆还是在海外，批评是相当激烈的，而且这个批评来自完全相反的两个角度，成为一种奇特的"冯友兰现象"。随着冯先生晚年的自我反省与不断突破，随着人们对冯先生坎坷经历的深入了解，随着宽容精神的增长，批评逐渐变得平实，同情的理解和冷静的评析代替了尖刻简单的攻击。异议仍然存在，但减少了情绪化、政治化的成分，转入学理式的正常讨论。长期与冯先生生活在一起的亲属和冯先生晚年的亲密助手、学生，自然深知冯先生，不必多说，就是过去长期批冯的一些学者，现在绝大多数也改变了态度，对冯先生表示了应有的尊重，海外的评议也渐趋合情合理。我是冯先生的一个学生，在学习期间并不亲近冯先生，虽然在学术上受他的影响，但很少主动往来。当我年过不惑，摆脱了教条主义的束缚以后，在情感上反而与冯先生亲近起来；冯先生去世以后，我觉得距离冯先生更近了，产生了研究冯学的强烈冲动。这并不是说我认为冯先生是位圣人，对他有了个人崇拜，恰恰相反，我看到了冯先生是一位有血有肉、有欢乐也有痛苦、有成就也有过失的真实的人，是一位敢于解剖自己，把肝胆昭示给天下的人，虽然比不上一生英明，从无悔恨的贤达，但比起那些满口高调、一身霸气而内里龌龊的伪君子真小人不知要高出多少倍。随着时间的推移，随着他的年老和去世，人们的印象反而越来越深刻，他受到的尊重也越来越多，这样的人想必是有一种特殊的素养和魅力。

关于冯友兰先生一生的分期。前一段学术界一般以1949年为界分成前后两大时期。近来蔡仲德先生著《冯友兰先生年谱初编》（作为《三松堂全集》附录），他在"后记"中将冯先生人生历程分为三个时期。第一个时期从1895—1948年，称为"实现自我"的时期；第二个时期从1949—1978年，称为"失落自我"的时期；第三个时期从1979—1990年，称为"回归自我"的时期。三个阶段的分法我颇为赞赏，尤其将冯晚年单独划出来，概括为"回归自我"，是十分精当的。前期可以说"实现自我"，但中期称为"失落自我"则嫌简单化了,如果硬要说,那只能指"文化大革命"中 1973 年批林批孔以后几年。从 1949—1972 年这 20 多年中,冯先生处在寻觅新路而又时迷时清的过程之中,有所失落又有所坚持,所以才那么孤独,不得不承受左翼阵营和右翼阵营同时两面夹击之苦,所以冯友兰的中期可以称为"变化自我"的时期。

晚年是人生最后一个关口,不容易过得理想。平平淡淡,无所事事,这是较好的。其次是落伍和消沉。比较糟糕的是英明一世而晚年昏庸、顽固、狂暴。且不说一些政治专权者晚年倒行逆施给后人留下巨大的灾难,仅就近现代大学者的情况而言,晚年思想停滞乃至倒退者是不少的,如严复的晚年,康有为的晚年都当了保皇派,章太炎的晚年归于沉寂,金岳霖、贺麟的晚年再无理论的创造,这部分归咎于环境条件不好。人到老年,血气既衰,体弱多病,思想僵化,本可以少做事或不做事,如遇挫折,精神更难振作,人们只应给予应有的理解和同情,这些都在常理之中。但冯先生却超出了这个常理,在历尽了磨难后的晚年,在 80 多岁之后,出现了思想上的返老还青,哲学的生命再度辉煌,精神和学术跃入一个崭新的境界,终于弥补了他后半生的许多缺陷和遗憾,这简直是一个特例。冯先生早期学术上发展顺利而卓有建树,中期曲折而多难,晚期复振而惊世。晚年在冯先生一生中具有特别重要的意义。所以不研究他的晚年,就无法深知冯友兰,亦无法评价冯友兰。

冯友兰晚年是在他从"文化大革命"深渊里刚刚跃出来开始的。初期还接受过一段审查批判,又接连承受了夫人去世和爱子早夭的沉重打击,而他终于没有垮,顽强地投入新的哲学思考,并且迎来了他的第二次学术生命。之所以能够如此,有客观和主观两个方面的原因。从客观方面说,中国内地实行改革开放,同时也打破了文化领域单一禁锢状态,学术环境相对宽松,至少政治斗争不再直接利用和左右中国哲学的学术活动,人们有可能独立思考,直率发言,不像"文化大革命"以前小心翼翼,动辄得咎,更不像"文化大革命"中盲目昏热,逆来顺受。从主观方面说,冯先生的内在生命强固旺盛,有一种强烈的文化使命感,用他自己的话来说即"阐旧邦以辅新命"[1],要通过中国哲学的研究,开发有价值的文化资源,促进中国的现代化事业,所以"情不自禁,欲罢不能"[2],总觉得应该做的事没有做好,也没有做完,纵然有千般失误,万次挫折,也要重新振作,继续探索。如果他在思想上稍有放松,多一点"看破世情"、"逍遥无为"的消极情绪,他便会闭户三松,颐养天年了。活到老,想到老,做到老,这正是冯先生的难能可贵之处。当然他的高寿和健康也使他有更多的时间和精力进行反省、弥补前愆,进行新的开拓。他的女儿宗璞说:"一位 90 岁哲学老人活着,活到今天,越来越看清了自己走过的路"[3]。李慎之先生说:"天之所以厄冯先生者或不为不酷,而天之所以福先生者亦不为不厚,锡以大年,使他能在否极泰来之后,还能以 95 岁高龄写完那部 150 万字的《中国哲学史新编》,这真是学术史上的奇迹,尤其可以引为幸运的是,冯先生竟然有机会在历劫重生以后写出了一生的自传《三松堂自序》,并且表示自己在批林批孔中没有做到'修辞立其诚',还有机会在《中国哲学史新编》修订本的自序中表示:'路是要自己走的……不依傍别人。'"[4] 大家都庆幸,冯先生有一个自在而创新的晚年,在这样的前提下高寿才有意义。冯先生自己说:"长寿的重要在于能多明白道理,尤其是哲学道理……若不是这样,寿数并不重要。"[5] 这就是冯先生的生命观,他的生命已经与哲学融为一体了。

一

冯先生晚年做的第一件重要工作便是认真反省自己的一生,特别是反省"文化大革命"中的教训,其迫切心情不亚于重写《中国哲学史新编》,故于 20 世纪 80 年代初即撰写并出版了《三松堂自序》,将自己一生的生活与思想经历及是非功过,向世人做出交待。

冯先生一生处在中国近代社会变动最剧烈的时期,如他自己所说:"本书所及之时代,起自 19 世纪 90 年代,迄于 20 世纪 80 年代,为中国历史急剧发展之时代,其波澜之壮阔,变化之奇诡,为前史所未有。"[6] 而他受这样一个时代的影响,再加上他个人的特殊性格,造成他自己一生的起伏跌宕,曲折多难,反映在《三松堂自序》里,便是国家和个人命运交织同行,内容相当丰富多彩。冯先生在该书"自序之自序"中说,此"非一书之序,乃余以前著作之总序也。世之知人论世、知我罪我者,以观览焉。"[7] 由此可知《三松堂自序》是冯先生大半人生的总结,他是抱着是非自己省察、功过任人评说的态度写作的。《自序》作为一部学术名家的回忆录是相当出色的,作者长期处在中国哲学学术的中心舞台,用哲学家的眼光回顾自己和中国近现代社会的历史,无疑给民国以来的学术史、教育史乃至政治史,提供了许多非常珍贵的史料,这是不言而喻的。但这部书最令人感兴趣的部分是关于"文化大革命"的回忆。我想冯先生写作时的心情肯定是很不安宁的,当时"文化大革命"结束不久,情景记忆犹新。"文化大革命"前期他备受摧残,可是在 1973 年开始的批林批孔运动中,他却违心地出来反孔,虽是在不得已的情况下借以自我保护,已然被"四人帮"所利用,造成了很大的消极影响,自己的形象也受到损害,冯先生不再是人们所熟悉的持有独立学术见解、不断受到批判的冯先生，而成了极"左"政治的追随者和赏识者。冯先生意识到这一点，一定是很痛苦的，他急于向世人说明自己的真实想法，对那一段反常行为，作出合乎实际的说明和检讨，以求得人们的谅解，从而使自己的精神得到解脱。现时流行的名人回忆录，许多都带有美化自己的成分，尽量把自己写成圣贤，一贯正确；如有过失，也是环境和别人造成的。冯先生不是这样，他只是老老实实地回想，明明白白地追述，做对了仍然坚持，做错了诚恳检讨，把责任自己承担起来。他只是想让社会全面了解自己，并通过自己了解真实的历史，所以写得质朴平实，使读者看到了一个活生生的冯友兰，有时春风得意，有时困惑苦恼，有时走入迷途，但始终在不停地探索。

《自序》在回忆批林批孔运动时说：

> 1973年，批林运动转向批孔运动。批孔还要批尊孔，当时我心里又紧张起来，觉得自己又要成为"众矢之的"了。后来又想，我何必一定要站在群众的对立面呢，要相信党，相信群众嘛，我和群众一同批孔批尊孔，这不就没有问题了吗？[8]

于是冯先生写了批孔文章，而且得到毛泽东的赞扬。他又说："我不知道这是走群众路线，还是哗众取宠，这中间必定有个界限，但当时我分不清楚。"[9] 这些话在现在的人看起来简直荒唐可笑，学术研究怎么能走群众路线？是不是哗众取宠怎么会自己都不清楚？可是我相信冯先生的话是真实的，因为我对那个反常的时代有亲身感受，能够理解他的话。冯先生批孔，确有怕惹麻烦、主动保护自己的成分，因为冯先生一向是一面"白旗"，不停地受到批判，而"文化大革命"中又刚刚死里逃生，走出牛棚，他怕批孔的灾难降临到自己的头上，在劫难逃，不能不避其锋芒，伪装自己。可是还有另外的方面，就是盲目追随潮流，以为是进步的表现。20世纪50年代以来的历次政治运动已经使大部分老知识分子丧失了自我和自信，总觉得自己过去那一套学术是无益的甚至有害的，应该抛弃，总觉得自己跟不上时代的步伐，应该以民众为师改造自己。"文化大革命"以来，大家都生活在个人崇拜的狂热气氛里，再加上领袖意志与群众运动"相一致"的外表，简直能使人痴迷癫狂，而批孔又是"五四"以来进步思潮的一面旗帜，在中国有其深厚的传统，这一切足以使人头脑昏昧。可是冯先生终于不原谅自己，他认为自己的问题是诚伪之分的问题。他引《周易·文言》"修辞立其诚"的话，来解剖自己，"自己的见解是怎么样，就怎么样说，怎么样写，这就叫'立其诚'"，"如果自己没有真实的见解或有而把它隐蔽起来，只是附和暂时流行的意见，以求得到某一方面的吹捧，这就是伪，这就是哗众取宠。照上面所说的，我在当时的思想，真是毫无实事求是之意，而有哗众取宠之心，不是立其诚，而是立其伪。"[10] 傅伟勋先生就此评论说："将近90岁高龄的冯友兰仍能面对自己，谈诚伪之分，敢于公开自己的错误，敢于剖心，似乎暗示他的赤子之心始终未泯。"[11] 这个评论是公正的。"文化大革命"十年是一场民族浩劫，人妖颠倒，是非混淆，其间发生了多少罪行，多少错误，可以说是数不清的。而冯先生的过失简直微不足道。除了别人的揭露和批判，有几个真正负有责任的人（犯罪者除外）在"文化大革命"之后能出来作诚恳检查并公之于世？更多的是文过饰非，摇身一变，依然"正确"，依然走运，假话连篇，而且一辈子说下去，毫不羞愧。清白无染、始终不迷的人是有的，那是罕见的上上者。而犯有过失，说了假话，后来能坦白检讨、认真改正的人，也不可多得了。钱钟书先生为杨绛著的《干校六记》撰写的"小引"中，说到"文化大革命"中的整人运动里的三类人时，有一段精彩的议论：

> 假如要写回忆的话，当时在运动里受冤枉、挨批斗的同志们也许会来一篇《记屈》或《记愤》，至于一般群众呢，回忆时大约都得写《记愧》：或者惭愧自己是糊涂虫，没看清"假案"、"错案"，一味随着大伙儿去糟蹋一些好人；或者（就像我本人）惭愧自己是懦怯鬼，觉得这里面有冤屈，却没有胆气出头抗议，至多只敢对运动不很积极参加。也有一种人，他们明知道这是一团乱蓬蓬的葛藤帐，但依然充当旗手、鼓手、打手，去大判"葫芦案"。按道理说，这类人最应当"记愧"。不过，他们很可能既不记忆在心，也无愧怍于心。他们的忘记也许正由于他们感到惭愧，也许更由于他们不觉惭愧。惭愧常使人健忘，亏心和丢脸的事总是不愿记起的事，因此也很容易在记忆的筛眼里走漏得一干二净，惭愧也使人畏缩、迟疑，耽误了急剧的生存竞争，内疚抱愧的人会一时上退却以至于一辈子落伍。所以，惭愧是该被淘汰而不是该被培养的感情；古来经典上相传的"七情"里就没有列上它。在日益紧张的近代社会生活里，这种心理状态看来不但无用，而且是很不利的。不感觉到它也罢，落得个身心轻松愉快。[12]

钱先生真是大手笔，他对世道人心的针砭可谓数语破的，击中要害。最可悲的是人们的惭愧心丧失了。冯先生在"文化大革命"的大部分时间里是挨整,"文化大革命"结束后又受批判,他从来不会整人,只是在特殊情况下随着潮流写了些违心的批孔文章,然而这使他惭愧,他不原谅自己,公开过失,认真改正。讲真话是诚,不得已讲了假话而又能实心实意加以纠正,这也是一种诚。钱先生所说的"惭愧"之心其实就是知耻,虽然不属于"七情",却赫然列为"四维"。《中庸》说"知耻近乎勇"。有羞愧而后能反省,有廉耻而后能励志。故知耻是道德心的生机,无耻是道德心的死亡。冯先生的检讨,使我们感到古道未泯,从而为在不以无耻为耻的环境里生活稍微增加了一点信心。

冯先生知道自己来日无多,他要提前把自己的"精神遗体"贡献给社会,而且要在别人解剖之前先自己解剖自己。在这一次深刻的思想解剖之后,冯先生确实变了,不再依傍别人,文章越写越有新意,终于有了许多独特的发明创造,形成晚年的学术高峰。

1977年"四人帮"倒台不久,北京大学哲学系两位先生合写了《评梁效某顾问》和《再评梁效某顾问》,批责冯先生"心甘情愿地当江青的马前卒"[13],"从蒋介石王朝到'四人帮'横行之时,这位顾问都是助纣为虐,用笔杀人的",又说"四人帮""是跟在一位脑后拖着一条封建长辫的中国资产阶级教授屁股后面跑"[14]。北京大学哲学系师友普遍不赞成这两篇文章的尖刻口吻和偏激情绪。"用笔杀人"云云扣不到冯先生头上,张春桥、姚文元之流应承其罪。冯先生已经处在被别人伤害和自我伤害的双重痛苦之中,我们不能再用无情的笔去加重伤害他。由于大家的抵制,一场新的批冯运动才没有开展起来。冯先生一生平和畅达,从未伤害过任何人,也不记恨伤害过他的人。他当然渴望别人的同情和理解。

冯先生"文化大革命"后期批孔当然是违心的,而且那些文章不是学理式的,故没有什么价值。但这算不算是对儒学道统的背叛?我总觉得冯先生不是严格意义上的孔孟信徒,而是一位儒道互补而又具有近代性格的哲学家,把他列入新儒家是相当勉强的。他的《中国哲学史》和"贞元六书"并非站在儒学之内看中国哲学,毋宁说是站在近代哲学的立场看中国哲学,不带有强烈的学派情感,而体现出冷静的理性的分析,似乎对儒家和道家皆一体同爱,而在哲学的层面上稍偏爱道家。《新原道》一书标榜新统,而新统的"极高明"的传统主要来源于道家。冯先生在批林批孔中的主要错误不在从尊孔转而批孔,而在放弃独立的学术立场转而服从于极"左"政治。

有人喜欢将冯先生与梁漱溟先生作对比,认为梁先生始终坚守自己的信念,不与环境妥协。表现了独立不移的崇高人格,而冯先生则操守不坚,故发生大失误。我当然十分赞赏梁先生特立独行的品格,尤其他在批林批孔中说过"不批孔但批林"的话,令人敬佩。冯先生违心批孔,是一生大憾事,学生们不必为师者讳。但是梁先生也不是白璧无瑕的,他在晚年也说过一些言不由衷的自责的话。至于说到冯梁二人的共同点,那便是对毛泽东都有崇拜意识,愿随其后。冯有著作为证,不必多说。梁在1975年写的《人心与人生》(1984年,学林出版社)中,多引《论持久战》以明其学,并谓"客有以如何认识人心为问者,吾辄请读《毛泽东选集》。"二人都钦佩毛泽东在争取中国独立和统一方面所作的贡献,对他早期的哲学理论也很称赞。由于崇拜的意识作怪,冯先生便跟着批孔,并且在得到毛泽东的表扬后,感到高兴。"文化大革命"之后,梁先生曾根据冯先生在批孔中写的诗,写信给冯,指责他"谄媚江青",不愿前来参加冯先生寿宴,意甚冷峻,但没有指责他尊毛。冯复梁的信中说,"嫉恶如仇之心有余,与人为善之心不足。忠恕之道,岂其然乎?"梁为之心动,遂相见,合好如初。宗璞曾向梁解释说:"父亲那时的诗文只与毛主席有关,而无别人……不能责备他谄媚江青。"[15]事实也是如此,冯先生在《三松堂自序》中,已经把这一段情况说明了。梁与冯从20世纪50年代以来所走的道路是不同的。梁先生从政受挫,此后闭户不出,可称是穷则独善其身,确为难能可贵。冯先生从无当政治家的宏愿,但也不甘于洁身自好,他想以学术参与社会,在环境允许的情况下提出一些新的观点,推动中国哲学的发展,进而推动社会的发展。这条路十分艰难,只能在清高傲世和媚俗混世之间选择,分寸极难掌握,稍有不慎,便会出现偏差。冯先生果然走得艰难曲折,但他毕竟提供了宝贵的经验,而且培养出几代中国哲学史学者,许多人成为大陆学术中坚,这是人们不能忘记的。

二

对新理学的反省是冯先生后期的重要学术工作。这项工作始于20世纪50年代初期一直持续到20世纪80年代。新理学可分为两大部分,即理气说与境界说。冯先生反省的基本取向是抛弃理气说,保存境界说。1956年,他写出《过去哲学史工作底自我批判》[16],承认《新理学》"错在认为'理在事先'"。1959年政治形势趋紧(反右倾),冯写了《新理学的原形》[17],将新理学上纲为"以不着实际为实际的反动政治服务"。但他又写《质疑与请教》[18],为境界说和抽象继承法进行辩解。1961年又写《再论孔子——论孔子关于仁的思想》[19],指出仁具有"普遍性形式",有超阶级的意义。可知冯先生虽然改变了"理在事先"的基本观点，但他仍然看重"共相"，认为比"殊相"更有价值，更能持久，不过"共相"的存在方式是寓于"殊相"之中。

冯先生对新理学的自我批判与他信仰的改宗直接有关。20世纪50年代以来，冯先生接受辩证唯物主义与历史唯物主义作为研究哲学史的指导思想，这种改变应当说是真诚的，一直到晚年也没有再变化。从唯物与唯心、辩证法与形而上学的对立来看，"理在事先"是唯心论，共相脱离殊相而潜存是形而上学。冯先生站在唯物辩证法的立场上自然感到新理学的基本命题是错误的，并且心悦诚服地接受了"理在事中"和"一般寓于个别"的辩证唯物论观点。《三松堂自序》说："新旧理学的'理在事先'、'理在事上'的主张，是使它们成为客观唯心主义的主要原因"，"实际上，没有不寓于特殊之中的一般，也没有不在气禀之中的义理之性"，"'新理学'作为一个哲学体系，其根本的失误，在于没有分别清楚'有'与'存在'的区别"。同时，冯先生又肯定"新理学对于宋明理学中的一些重要问题，利用近代逻辑学的成就加以说明，这对于中国哲学的近代化是有益的"[20]。冯先生实实在在地抛弃了新理学体系，只是肯定了它在探索近代中国哲学新路中的历史意义。

这里要顺便讨论这样一个问题，即冯先生转向马克思主义仅仅是由于环境的变化，不得不如此？还是有其内在的原因和思想的来源？海外一些学者对于冯先生学术理论的变化及晚年不改马克思主义宗旨表示迷惑不解。1990年11月30日《纽约时报》长篇报道冯的去世，说"为什么冯友兰一直坚定地为他留在共产党中国辩护，以及为何至少在公众场合始终用马克思主义重新诠释他的思想，对许多人来说，仍是不解之谜。"[21]其实这个谜不难解开，只要认真研究一下冯的经历与思想演化过程就行。冯先生后期选择留大陆和转信马克思主义有其内在的必然性和真实性，并非全为形势所迫。首先，冯先生有很深的爱国和故土情结，其深情超过了对党派和主义的选择。他常引王粲《登楼赋》里的两句话："虽信美而非吾土兮，夫胡可以久留"，绝不愿出国当白华，故他于1948年从美国特意赶回中国大陆。他在《自传》里写道："自此以后（指1949年以后），我在人事上虽时有浮沉，但我心中安慰。我毕竟依附在祖国的大地上，没有一刻离开祖国。"[22]其次，冯先生对国民党感到失望，对共产党和社会主义抱有希望。"现在回忆我当时的思想情况，其中有三个思想比较突出：一个是'我是中国人，不管哪一党执政，只要能把中国搞好，我都拥护。'……还有个思想是，'中国好比有两个儿子，大的是国民党，二的是共产党，大的把中国搞糟了，应该让二的试一试。'……还有一个思想是，我自以为对于社会主义有了解。"[23]最后，冯先生有亲属参加共产党，其妻姐任锐是革命老干部，对其有影响，冯内心亦有所依凭。还有一个重要原因，就是冯先生属于理性主义哲学家，承认社会发展有客观规律可寻。他于20世纪三四十年代接触马克思主义，部分接纳唯物史观。他在1936年《秦汉历史哲学》一文中说："依照唯物史观的说法，一种社会的经济制度要一有变化，其他方面制度，也一定跟着要变"。[24]他认为文化上"所谓东西之分，不过是古今之异"，"实际上就是社会类型的差别"[25]。在1947年写的《中国哲学简史》中，冯先生在分析中国哲学之前，先分析中国的地理背景、经济背景、家族制度等，体现了唯物史观的某种方法。这些为他后来从理论上转向马克思主义提供了基础。当然，当时的冯友兰，其主要思想还是新实在论和程朱理学。1949年以后的风风雨雨，使冯先生对所希望的苏联模式的社会主义感到失望，对自己被贬抑、挨批判的处境感到痛苦，但这些没有动摇他在这片故土上推动旧邦新命的信心，也没有改变他趋向唯物论的走势，他似乎觉得方向是对头的，挫折是暂时的。冯先生趋向唯物论本来是学理式的自然进程，可是20世纪50年代初的思想改造和批判运动，在相当强迫的空气里让老知识分子接受马克思主义（带有很强的教条主义色彩），使得冯先生同其他老先生一样，不得不在短期内全部改用马克思主义话语系统，以往的"自然趋向"变为快速跳跃，不免有生吞活剥的现象发生。即使这样，冯先生还是能够尽量避免政治化的做法，认真从学术上，按照自己的理解，去独立思考和发言，并且常常使用传统哲学的表述方式，并不去图解领导人的讲话，这就是他不受"左"派理论家欢迎的原因。从今天的眼光看，马克思主义哲学和中国哲学的结合，是应该探讨的一项重要理论工作，为此冯先生花费了他后半生整整40年，其间有数不清的政治干扰，他还是坚持下来，终于重新写出了一部中国哲学史，不管其成功的程度有多大，其艰苦探索的历程是很有研究价值的。

在冯先生晚年学术思想的演变中，对早年新理学的自我批判并把这一批判坚持到底无疑是一种理论的进步。这不仅因为"理在事先"不合于真理，而且由于冯先生用新实在论的理论框架处理宋明理学，不免使新理学的"理"失掉了中国哲学的内在精神，变成了属于西方观念论的概念。张东荪早就指出：

> 宋儒只有形而上学而不置重于知识问题，所以他们所说的"形而上"一语绝不可当做"抽象的"来解释。在此有一个很重要的分别，就是理之所以为形而上乃是由于理即是体，而并不是由于理是抽象的。以抽象的来解释理，便是以西洋哲学上新实在论派的所谓"共相"（Universal）来解释理，这是冯友兰先生于其近著《新理学》上

所尝试的企图。我则认为和宋儒原理相差太远。[26]

这是一语中的批评。冯先生所谓"飞机之理",等等,是把理当成纯客体的事物本质之抽象,而理学家所谓的理,乃是贯通人伦、物则、天道的本体,具有道德价值的内涵。前者是西方哲学主客二分思维的产物,后者是中国哲学天人合一思维的产物,根本不是一回事。中国哲学重体验,具有模糊性,要走向现代化不能不吸纳西方逻辑分析方法重新加以整理诠释,使之明确化,但中国哲学又必须保持整体性辩证性的民族特点,否则会被西方哲学化过去,那不是真正的中西融合。可见,新理学虽然在融会中西、贯通古今的方向上有开拓的贡献,但并不十分成功,冯先生晚年不再坚持其体系是应该的。冯先生原有哲学中最成功的部分是由《新原人》和《新原道》阐发的境界说。他认为哲学的主要功用不在于给人以知识,而在于提高人的精神境界,而境界的提高无须离开人伦日用,即无须出世,在现实中即可超越,这就是"极高明而道中庸"的人生目标。境界说是对古代哲学的一个创造性的发展,具有鲜明的中国精神,而又有现代逻辑分析的明确性。冯先生将境界分成四个层次(自然境界、功利境界、道德境界、天地境界)虽未必全当,但中国哲学要致力于提高人的精神境界、使人得以安身立命的方向是没有错的,这是冯学的精华。冯先生意识到境界说的重要,坚持不愿放弃,晚年持之尤固。冯先生晚年在三松堂题联是:"阐旧邦以辅新命,极高明而道中庸",上联说的是学术生命的动力,下联说的是中国哲学精神,冯先生一生的理论活动全结晶在这两句话上。

三

冯先生晚年的一大心愿,"就是用马克思主义的立场、观点和方法重写一部《中国哲学史》"[27]。但是这件事情谈何容易,不仅这项工作尚无成功的经验,就是对马克思主义的理解也是各式各样的,很难做得理想。开始的时候,冯先生努力运用马克思主义的理论和话语,但总是不能水乳交融。他自己不敢自称是马克思主义者,别人也不认为他是马克思主义者,到头来冯先生还是冯先生。北京大学哲学系于1959年让冯先生给本科生讲授中国哲学史,冯先生按照唯物与唯心、辩证法与形而上学两条路线斗争的框架写出了讲稿,讲课十分认真。但在同年北京大学党委《冯友兰小传》中却说冯"始终与党不是一条心……在中国哲学史方面与党争夺领导权","政治排队:整风反右时期中右,现在仍为中右。"[28]哲学系中国哲学史教研室所写《冯先生所授中国哲学史一课情况》中说:"当时叫冯讲课的主要原因,就是想让他发挥一个反面教员的作用"[29]。内部的人是如此看待冯先生,冯先生却蒙在鼓里,仍然认真做事情。在讲稿的基础上,于1962年出版了《中国哲学史新编》第一册。冯先生在题词中写道:"此关换骨脱胎事,莫当寻常著述看",可以说是相当真诚的。但《中国哲学史新编》一出,即遭到批判,说它"引用马列经典著作多比附、曲解"[30]。1964年《中国哲学史新编》第二册出版,旋即被说成是"更多地贯彻了历史唯心论,新编实质上并不新。"[31]看来要满足"左"派理论家的胃口是太难了,冯先生不管如何运用马列,都被认为是换汤不换药,他终于没有脱胎换骨。

"文化大革命"以后,冯先生对自己前一段工作也不满意,觉得有教条主义的毛病。1980年他在《吸取教训,继续前途》[32]一文中,认为过去是"寻找一些马克思主义的词句,作为条条框框,生搬硬套","吸取过去的教训,我决定继续写《中国哲学史新编》的时候,只写我自己在现有的马克思主义水平上所见到的东西,直接写我自己在现有的马克思主义水平上对于中国哲学和文化的理解和体会,不依傍别人。"这是一个重大的变化。以前是依傍苏联的学术权威,或者是党内的理论权威,以后是写自己所理解的,也就是冯友兰对马克思主义哲学和中国哲学的诠释,必然带有个性和创造性。

从1980—1990年这最后的10年里,冯先生全力以赴地撰写《中国哲学史新编》。1982年第一册出版,1984年第二册出版,1985年第三册出版,1986年第四册出版,1988年第五册出版,1989年第六册出版,平均不到两年便出一册。第七册即最后一册已经写好,未能在中国内地出版,香港中华书局于1992年以《中国现代哲学史》为书名出版,冯先生也算是完成了宿愿,把一件大事有始有终地做完了。

在我们评价《中国哲学史新编》七册的时候,要考虑到这样的因素:冯先生写作时已经超过85岁,耳目逐渐失其聪明,经常生病住院,接受外界学术信息有限,却仍然有此最后一搏,这已经是奇迹了,我们不能要求更多的东西。1990年北京召开冯友兰哲学思想国际研讨会的时候,恰值冯先生去世。我在纪念文章中说:"《中国哲学史新编》七卷本已经全部完成,冯师可以安眠于地下了。"[33]当时肖萐父教授在发言中对我的话予以订正,他说,根据冯先生过去的经历,他写哲学史是为了建立哲学体系,他现在完成了《中国哲学史新编》,但未来得及在《中国哲学史新编》的基础上建立他自己的新哲学体系,所以冯先生的抱负还没有最后实现,还不能安眠于地下(大意)。这段话也对也不对。假如冯先生仍然活着,他当然还要继续思考和写作,并且会随着时代的进步和思想的开放提出一系列新见解,这是不必怀疑的。但根据现有已知的资料,冯先生晚年确实没有建立有别于新理学和马克思主义哲学的新哲学体系的构想,无论公开文章还是私下谈话,都没有这个意思。他只是想用《中国哲学史新编》给未来的中国哲学提供一份思想营养。《三松堂自序》说得明白:"我所能做的事,就是把中国古典哲学中的有永久价值的东西,阐发出来,以作为中国哲学发展的养料",并且指出,"这不是为中国哲学的发展定基调,也不是为中国哲学的发展预制部件",他强调说:"一个时代的哲学的建立,是需要时间的,往往需要几代人的时间,甚至几个世纪的时间。"[34]按照冯先生的设想,中国未来的哲学既不是古典哲学的重复,也不是现有马克思主义的哲学,而是它们的结合和更高的发展,其特点是"一个新的包括自然、社会、个人生活各方面的广泛哲学体系,作为社会结构的理论基础和时代精神的内容,也是国家统一在人的思想中的反映。"[35]冯先生有自知之明,他知道新的哲学体系非一人之力、一时之功所能成就的。他已届耄耋,没有精力和时间做这件事,只能靠后人做了。如陈来教授所说:"这次他给自己提出的任务是'准备',而不是建构。"[36]尽管如此,他仍然做了许多比人们预期还要高得多的事情。

《中国哲学史新编》七册的写作,恰当中国现代社会变化最急速的10年,受时代气息的感染,写作的方法、角度、观点不断在变化,表现出明显的阶段性。大致可以分成三个阶段:第一阶段是一至三册,框架相对陈旧,局部多有可取;第二阶段是四至五册,新旧参半,创见迭出;第三阶段是六至七册,大胆突破,惊世骇俗。

一至三册中,多引马恩列斯毛的语录,理论上生搬硬套的痕迹较重,中国哲学特有的精神风貌隐而不显。但在具体论述哲学家和哲学思想时,仍然保持了冯先生所特有的深刻、简明、通达、生动的风格。冯先生当时还没有能力冲破以阶级斗争看哲学的理论模式,但提出用民族观点补充阶级观点的主张,"民族斗争和阶级斗争不是纲、目的关系,而是经、纬的关系。历史的发展、变化的过程,可以说是以阶级斗争为经,以民族斗争为纬。"[37]这是对"以阶级斗争为纲"的理论的突破。他认为统治阶级的思想也可以成为一种"民族精神",例如孔子和儒学,从阶级观点看,孔子的立场是剥削阶级的保守的,但从民族观点看,"他的形象和言论,在中华民族形成的过程中,起了很大的积极作用。"[38]冯先生在20世纪50年代提出的对哲学遗产的"抽象继承法",20世纪60年代初提出哲学思想的普遍性形式,以及在20世纪80年代提出的"民族观点",都是为了打破"斗争哲学"和民族虚无主义对传统文化全盘否定的独断，给优秀传统文化的继承的发扬，争得一个理论的空间。对孔子和孟子的分析评价，冯先生毅然抛弃"文化大革命"的大批判观点，继续坚持旧《中国哲学史》的一些基本看法。认为"孔丘的话（关于仁的言论）标志着人类精神的自觉"，"仁者人也"的命题中包含着人类的共性。[39]认为孟子讲"浩然之气"，"是一种很高的精神境界"，"这是人类精神生活在中国的深刻的反思"，"懂得了这个词汇（指'浩然正气'），才可以懂得中国文化和中华民族的精神。"[40]可以看得出来，冯先生已经迈向按照自己的理解写中国哲学史之路，虽然这第一步还相当艰难。

四至五册有较多的变化，一方面在贯彻唯物史观方面有创新见解；另一方面在观点、方法上相对于20世纪五六十年代的"苏联理论模式"有连续突破。所以这两册书都引起学术界的极大兴趣。第四册加强了对玄学和佛学的论述。而这两部分在旧《中国哲学史》中较为薄弱，冯先生自认为他抓住了玄学和佛学的主题，以此为线索，说明它们的发展，可以做到"要言不繁"，"一切问题都迎刃而解了"。玄学的主题是有无关系，讨论共相与殊相、一般与特殊的关系问题，玄学的方法是"辨名析理"。玄学的发展分三个阶段，第一阶段是王弼、何晏的贵无论，第二阶段是裴頠的崇有论，第三阶段是郭象的无无论。冯先生给予玄学抽象思维水平以很高的评价，认为玄学有助于提高人的精神境界。关于玄学的主题是有无问题前人与时贤已有此说，而三阶段说则是冯先生的独创，有重要参考价值。冯先生认为佛教和佛学的主题是形神关系问题，其方法是"止观"，其发展阶段亦有三："第一阶段称为格义，第二阶段称为教门，第三阶段称为宗门"。格义是用中国哲学术语解释佛学，教门是形成以一经为中心教义的独立教派，宗门是扫除经典、依靠本心的中国化的佛教即禅宗。这也是"要言不繁"，独家新说，可称为冯氏的佛学观。冯先生还把"般若"诠释成"大概是一种类似直观的知识"，"般若的直观是对于诸法实相的直观"[41]，又说："涅槃不是别的，就是有般若的人的精神境界"[42]，冯在本册自序中认为自己"讲了'般若'和'涅槃'的确切意义，扫除了笼罩在这两个概念上的神秘的气氛或宗教的灵光。"是否如此，则有待于佛学专家评论了。

第五册讲宋明道学，冯先生的感觉是"走了这几年，总算走出了一条路来了，"[43]与旧《中国哲学史》相比，本册与之相同处有：将宋明儒学统称为道学，其下涵盖理学、心学、气学三大派，以周敦颐、邵雍为道学先驱，以二程为道学创始人，其中程颢开创心学，程颐开创理学，朱熹则集北宋五子之大成，形成道学的理论高峰。但两者又有不同：本册辟专章介绍王廷相、罗钦顺、王夫之，高度评价王夫之的哲学为"后期道学的高峰"，"在学问广博和体系庞大这两方面,他都可以成为后期道学的主将,跟前期道学的主将朱熹并驾齐驱"。[44]本册通论道学,对道学的内涵作精练阐述也是独具特色。"道学是讲人的学问","道学的目的是'穷理尽性'或曰'尽心',它的方法是'格物致知',它的入手处是义利之辨"[45]。鉴于"文化大革命"中不能修辞立其诚的教训,本册着重介绍了周敦颐和邵雍的诚学,赞赏周子"诚,五常之本,百行之原"[46]的观点,又肯定邵子诚而行则直的思想,"所谓直,就是认为事情应该怎么办就怎么办,不因为个人利害而走小道,绕圈子。"[47]诚伪之辨确实是做人的根本问题,其重要性要超过是非之辨,因为有诚而暂非可改,人伪则无事不非。关于陆王心学的定性分析,大陆学界一般认为是主观唯心论,冯先生则认为是客观唯心论,因为陆王所推崇的"物"、"宇宙"、"理"。都是公共的,"心是宇宙的心,不是个体的心"[48]。本册最重要的创新之一是将张载"和解"的思想提炼出来与"斗争哲学"相对立。张载有四句话:"有象斯有对,对必反其为,有反斯有仇,仇必和而解。"冯先生指出,阴阳的矛盾和斗争只能是"胜负"、"屈伸"、互为优势,不能一个消灭另一个,"一个统一体的两个对立面是矛盾的统一,这是都承认的。但是一种认识可以以矛盾为主;另一种认识可以以统一为主,后者认为'仇必和而解',前者认为'仇必仇到底',这是两种辩证法思想的根本差别。"[49]过去大陆流行的唯物辩证法,片面强调对立面斗争的不可调和性,常说的两句话就是:"不是东风压倒西风,就是西风压倒东风","景阳冈上的武松和老虎,不是武松打死老虎,就是老虎吃掉武松"。这种情况是有的,但普遍推广就发生极大的破坏性。冯先生强调"仇必和而解",也就是继承和发扬中国哲学"和"的精神,这对于扭转片面观念,调整人际关系,创造祥和气氛是有深远意义的。这个观点后来他一再强调,这是冯先生晚年开发传统哲学资源的重要贡献。

第六册和第七册的写作处在冯先生晚年最后时期,生理上已经是风烛残年了,但精神生命却日益旺盛,创造力日益发达,终于跃上了一个新的台阶。这两册书在理论上有一系列大胆突破,发表出许多异议,许多非常可怪之论,使他的晚年闪耀出夺人的光彩。

六册七册写的是中国近现代哲学史,而这个时代变化太剧烈纷繁。哲学问题与社会政治、文化交错互渗,在时间上又与今日中国一脉相连,有些人尚健在,有些事记忆犹新,其间的是非功过之评说,直接关系到中国的今天和明天,由于这些原因,写起来难度很大。冯先生一不回避争议,二不回避社会问题,他将哲学史扩展为思想史,并且涉及东西文化之争和中国现代化的重要问题,敢于面对历史面对现实,这种精神令人敬佩,许多年龄小得多的人未必做得到。

第六册不仅介绍了黄宗羲、严复、王国维、张之洞等重要近代思想家，为旧哲学史所无，而且重新评价了太平天国和曾国藩，遂引起大陆史学界强烈的反响和争议，这是第六册最令人感兴趣的部分。冯认为"中国近代维新的总方向是工业化和学习西方的科学技术，洪秀全和太平天国的神权政治却要把中国中世纪化、宗教化"，"1919年的五四运动把西方的'长技'归结为两个方面：民主与科学，学习西方和批判封建主义，必须从这两个方面的观点出发，批判才有正确的意义，学习才有正确的方向"[50]，"洪秀全和太平天国所要学习而搬到中国来的是西方中世纪的神权政治，那正是西方的缺点。""洪秀全和太平天国如果统一了中国，那就要使中国倒退几个世纪，这是我对于洪秀全和太平天国的评价。"他又说："这个评价把洪秀全和太平天国贬低了，其自然的结果就是把它的对立面曾国藩抬高了。曾国藩是不是把中国推向前进是可以讨论的，但他确实阻止了中国的倒退，这就是一个大贡献。"[51] "曾国藩镇压了太平天国，阻止了中国的中世纪化，这是他的功，他的以政带工延迟了中国近代化，这是他的过。"[52] "西方国家的近代化走的是以商带工的道路，这是一个国家从封建进入近代化的自然道路。曾国藩违反了这个自然道路，因而延缓了中国的近代化，这是他的洋务派思想。"[53]

太平天国史的研究在中国始于20世纪30年代。20世纪50年代以来，这项研究繁荣昌盛，形成中国史学领域队伍最大、成果最多的分支学科。太平天国作为中国近代史上规模最大、历时最长的农民武装革命运动，留下了丰富的经验教训和文献资料，无疑值得认真研究。但它的显耀也多少受到了政治气候的影响。20世纪50年代以来，为了表现"造反有理"和"把颠倒的历史再颠倒过来"的观念，史学界特别热心于研究历代农民战争，歌颂农民领袖及其业绩，不免过分夸大其积极作用，淡化其消极作用；同时把一切镇压农民运动的行为都视为一种罪行。文艺方面典型的代表是姚雪垠的小说《李自成》，史学方面则以太平天国评价最高，被认为是开启了旧民主主义革命的序幕，而镇压太平天国的曾国藩则被认为是汉奸刽子手，这几乎是史学界几十年来的共识。当然，关于太平天国与资本主义的关系问题，拜上帝会的性质问题，李秀成是否背叛的问题，太平天国失败的原因问题等，也有过争论和研讨，但是几乎没有人从根本上对太平天国的进步性和曾国藩的反动性提出过怀疑。这说明太平天国的研究还存在着视角单一化的缺点。冯先生的《中国哲学史新编》第六册一出，如同在一湾平静的湖面上扔下一块巨石。立即激起波澜，引起史学界多数人强烈不满，直到现在赞成的人也不多，但它终于打破了沉闷的气氛，活跃了学术空气，并给予人们一个新的视界。此后，对农民运动更全面、更客观的评价的论著日渐增多，对曾国藩、李鸿章、左宗棠洋务运动的评价也出现了新的看法，肯定性的意见增多了。文艺方面，出现了唐浩明的长篇小说《曾国藩》，在社会上引起轰动。我个人并不全部同意冯先生的观点。冯先生认为现代化就是工业化和向西方学习科学技术，这样的理解未免简单化了，现代化的内涵里一定要包含社会管理的高水平和人的素质的高层次，因而包含精神文明的建设。冯先生认为"洪秀全宣传基督教，实行神权政治，这在客观上和西方的侵略起了里应外合的作用。"[54]这恐怕也欠妥。宣传基督教并不一定妨碍现代化，何况拜上帝会并没有接受基督教的基本精神和传统，也并不亲西方，西方传教士发现这一点以后，由主动接触转为对立的态度，促使西方列强联合清廷镇压太平军，这是历史事实。在评价曾国藩时，能否把"以政带工"和"以商带工"对立起来，也还需要商量。但冯先生作为政治、经济史以外的思想史、哲学史家，从外部参与近代社会史的争鸣，依靠其卓越的史识和哲学睿智，在人们以为不成问题的地方提出了问题，还是有其价值的。

《新编》第七册即香港版的《中国现代哲学史》是具有遗言性质的著作。在这个时候，冯先生的精神境界达到了他一生的最高度，如自序所说，"我真感觉到'海阔天空我自飞'的自由了。"[55]他要讲出更多的创见，还要触及当代重要人物，这需要更大的勇气。他预感到这样做难免引起责难，所以对朋友说："如果有人不以为然，因之不能出版，吾其为王船山矣。"[56]

冯先生依据唯物史观，对于当代中国道路提出自己的看法。他认为从旧民主主义革命到新民主主义革命是中国的一大进步，而1949年以后，中国本应继续建设新民主主义的国家，也就是超越自然经济，发展商品经济，进行现代化建设。但是中国出现了"'左'派幼稚病"，后来发展成"极'左'思潮"，不仅要超越新民主主义阶段直接进入社会主义，而且还要通过"大跃进"提前实现共产主义，最后导致十年动乱的"文化大革命"，使中国社会几乎陷于全盘崩溃的边缘。毛泽东去世以后，中国实行拨乱反正，"拨乱者，即拨极'左'思潮之乱，反正者，反新民主主义之正"，[57]而"这个阶段，从民主主义的观点看，就称为'新民主主义'，从社会主义的观点看，就称为'社会主义初级阶段'。其理论内容和实际措施是一致的，其总方向是要建设一个没有资本主义制度、没有资本家的商品经济。这是一个伟大的试验，如果成功，那就是具有中国特色的社会主义了。"[58]冯先生依据他对中国道路的理解，作为标准，评判中国现代社会运动及其代表人物的功过。

关于陈独秀的评价。大陆对陈独秀的看法，历来有两点：肯定他在五四新文化运动中反封建主义的功绩，同时否定他领导中国共产党以后的行为，给他戴的帽子是：,"右倾机会主义"、"投降主义"、"托洛茨基主义"。冯先生为陈"被加上了许多罪名，至今还未得到平反"抱不平，他认为陈强调革命分两步走，"继国民革命之后而起的革命，应该是资产阶级的民主主义革命，而不是无产阶级的社会主义革命"[59]是有道理的，1949年以后一些人急于提早实行社会主义，出了问题。现在又回过头来发展商品经济，似乎证明了陈独秀的主张有先见之明。但领导权如何解决呢？冯说："陈独秀所理想的国民革命，是以资产阶级和无产阶级为骨干的、联合社会上各革命的阶级的统一战线。其具体表现就是国共合作。"国共合作已经有两次了，"是否还要出现一个第三次合作以走完国民革命的最后一步？这是有可能的"[60]，这是冯先生的一个美好愿望。他无党无派，站在中国人的立场上说这番话，应该得到人们的理解，这大概也是许多人的愿望。

关于毛泽东的评价。1981年《中国共产党中央委员会关于新中国成立以来党的若干历史问题的决议》[61]对毛泽东作出结论性的评价："他的功绩是第一位的，错误是第二位的。"主要错误发生在新中国成立以后，一是反右斗争扩大化；二是在胜利面前滋长了骄傲自满情绪，急于求成，夸大了主观意志和主观努力的作用，没有经过认真的调查研究和试点，就在总路线提出后轻率地发动了"大跃进"运动和农村人民公社化运动，使得以高指标、瞎指挥、浮夸风和'共产风'为主要标志的"左"倾错误严重地泛滥起来；三是错误地开展"反右倾"斗争，批判彭德怀；四是错误地把阶级斗争扩大化和绝对化，发起整"党内走资本主义道路的当权派"，并在意识形态领域开展过火的政治批判；五是发动"文化大革命"，"造成严重的混乱，破坏和倒退"，"历史已经判明，'文化大革命'是一场由领导者错误发动，被反革命集团利用，给党、国家和各族人民带来严重灾难的内乱。"冯友兰著《中国哲学史新编》第七册辟专章论述毛泽东和中国现代革命，在基本看法上并未超出上述《决议》的范围，只是他站在党外学者的立场上，使用了冯友兰自己的话语和表述方式。冯说毛泽东"在中国现代革命中，立下了别人所不能立的功绩，也犯下了别人所不能犯的错误"[62]。他把毛泽东思想划分成三个阶段[63]。在第一阶段中，毛泽东从中国社会实际出发，认为中国应走新民主主义的道路，而且取得了成功，"在这个时期，他的思想是科学的，不是空想的。"[64]在第二阶段中，毛泽东想把新民主主义和社会主义两步合一步走，"走上了'左倾空谈主义'的路。"[65]第三阶段是极"左"思想阶段，表现为"文化大革命"，"这场大动乱，确实是'史无前例'的，把社会上的一切都闹了个天翻地覆。"[66]

冯先生毕竟年老了，他对于全书的最后总结颇为简略，有点令人失望。冯先生变了,又没有变,他经历了数十年的艰难险阻,学术指导思想有重大变化,后期抛弃了新理学基本命题,能说不变吗?可是他弃其当弃,存其当存,他认为对的,最后还是要坚持,"总结"便是把他保留下来的论点再作认定。首先是关于哲学的定义。他不赞成把哲学看做科学或太上科学,"哲学是人类精神的反思"[67],于是冯先生回到了《新知言》。其次是哲学的功用。"哲学不能增进人们对于实际的知识,但能提高人的精神境界"[68],于是冯先生又回到了《新原人》、《新原道》。复次,重申"横渠四句",即"为天地立心,为生民立命,为往圣继绝学,为万世开太平"。这四句话,冯先生在旧《中国哲学史》自序中引过,在《新原人》自序中又引过,一直念念不忘,始终将它作为人生最高目标,虽不能至,心向往之。冯先生又用张载"仇必和而解"的思想,道出了他对未来社会的殷切期望。他坚信"现代社会,特别是国际社会,是照着这个客观辩证法发展的。"[69]"人是最聪明的、最有理性的动物,不会永远走'仇必仇到底'那样的道路。这就是中国哲学的传统和世界哲学的未来。"[70]这是哲人的伟大遗言和预言,充满了乐观和自信。

冯先生在《三松堂学术文集》[71]自序中说:"我在这六十多年中,有的时候独创己见,有的时候随波逐流。独创己见则有得有失,随波逐流则忽左忽右。"已成的文章都是"迹","怎么样实现'旧邦新命',我要作自己的贡献,这就是我的'所以迹'。有了这个'所以迹'作为精神上的支持,所以在'进'上虽然有时路滑摔倒,但总还能爬起来继续前进。"冯先生晚年能够做真诚的自我反省和勇敢的理论突破,给我们的启示是多方面的。至少有两点很重要:第一,老有所为,老年未必趋于保守,未必创造力衰退,如果严于律己,奋进不息,仍然可以提升境界,有所开拓。并且由于备尝艰辛,饱经风霜,还会使理论有深厚的内涵和更感人的力量。第二,三大哲学(中国哲学、马克思主义哲学、西方哲学)能否互动,如何互动,冯先生提供了可贵的经验教训。前期他尝试中国哲学和西方哲学的结合,后期尝试中国哲学和马克思主义哲学的结合,有成功有失败。总地说这个过程还在进行中,还没有完结。他是那么认真,那么努力,做了一辈子,他的经验对于我们是有重要价值的。

注释:

[1] 冯友兰:《冯友兰学术论著自选集》,北京师范学院出版社,1992年。

[2] 冯友兰:《答〈中国哲学史新编〉责任编辑问》,见《三松堂全集》第十三卷。

[3] 宗璞:《宗璞散文选集·九十华诞会》,百花文艺出版社,1993年。

[4] 李慎之：《融贯中西 通释今古——纪念冯友兰先生》，载《冯友兰先生纪念文集》，北京大学出版社，1993年。

[5] 同[3]。

[6] 冯友兰：《三松堂自序》，生活·读书·新知三联书店，1984年。

[7] 同上。

[8] 冯友兰：《三松堂自序》，第187页。

[9] 冯友兰：《三松堂自序》，第188页。

[10] 冯友兰：《三松堂自序》，第189页。

[11] 蔡仲德：《冯友兰先生年谱初编》，第750页，河南人民出版社，1994年。

[12] 杨绛：《干校六记》，中国社会科学出版社，1992年。

[13] 王永江、陈启伟：《评梁效某顾问》，载《历史研究》1977年第4期。

[14] 王永江、陈启伟：《再评梁效某顾问》，载《哲学研究》1978年第3期。

[15] 《宗璞散文选集》。

[16] 载《北京大学学报》1956年第2期。

[17] 《新理学的原形》，刊《哲学研究》1959年第1期。

[18] 《新理学的原形》，刊《哲学研究》1959年第3期。

[19] 《新理学的原形》，刊《哲学研究》1961年第5期。

[20] 冯友兰：《中国现代哲学史》，香港中华书局，1992年。

[21] 《冯友兰先生年谱初编》，第746页。

[22] 《冯友兰学术论著自选集》，第577页。

[23] 《冯友兰先生年谱初编》，第333页。

[24] 冯友兰：《三松堂自序》，第236页。

[25] 同上书，第363页。

[26] 张东荪：《思想与社会》，第114页。

[27] 冯友兰：《中国哲学史新编》（修订本）第一册，自序，人民出版社，1982年。

[28] 《冯友兰先生年谱初编》，第444页。

[29] 同上书，第448页。

[30] 同上书，第470页。

[31] 同上书，第487页。

[32] 载《中国哲学史研究》创刊号，1980年。

[33] 牟钟鉴：《一段回忆 一篇书评》，载《冯友兰先生纪念文集》。

[34] 《三松堂自序》，第370页。

[35] 同上书，第366页。

[36] 陈来：《冯友兰先生的终极关怀》，载《中国文化》1991年第4期。

[37] 《中国哲学史新编》第一册，第40页。

[38] 同上书，第41页。

[39] 同上书，第148页。

[40] 《中国哲学史新编》第二册，第93—94页。

[41] 同上书，第四册，第221页。

[42] 同上书，第223页。

[43] 《中国哲学史新编》第五册，自序。

[44] 同上书，第297—298页。

[45] 同上书，第11、第19页。

[46] 同上书，第60—61页。

[47] 同上书，第82页。

[48] 同上书，第224页。

[49] 同上书，第135页。

[50] 同上，第六册，第64页。

[51] 同上书，自序。

[52] 同上书，第90页。

[53] 同上书，自序。

[54] 同上书，第71页。

[55] 《中国现代哲学史》，自序。

[56] 同上。

[57] 同上书，第71页。

[58] 同上书，第173—174页。

[59] 同上书，第113页。

[60] 同上书，第112页。

[61] 《中国共产党中央委员会关于建国以来党的若干历史问题的决议》，人民出版社，1981年。

[62] 《中国现代哲学史》，第144页。

[63] 同上书，第174页。

[64] 同上书，第 165 页。
[65] 同上书，第 169 页。
[66] 同上书，第 171 页。
[67] 同上书，第 245 页。
[68] 同上书，第 247 页。
[69] 同上书，第 260 页。
[70] 同上书，第 261 页。
[71] 冯友兰：《三松堂学术文集》，北京大学出版社，1984 年。

（载《冯友兰研究》第一辑，国际文化出版公司，1997 年 6 月）

冯友兰先生是当代贵和哲学的一面旗帜

对宇宙和社会矛盾运动的认识，不仅是专业学者必须面对和回答的理论问题，而且是政治家必须解决的指导思想问题，从而深刻影响着亿万人的实际生活。远且不说，20世纪大部分时间里，在国际政治生活中占主导地位的思想是贵斗哲学，大国实行的是实力政策。其核心思想是社会达尔文主义，认为事物对立面之间的斗争是第一位的，而且斗争具有不可调和性与对抗性；落实到人类社会，便认为国家、民族、集团之间的关系是优胜劣汰、弱肉强食的关系。于是生物学野蛮的竞争规则大行其道，表现为殖民、征服、侵略战争，直到法西斯主义的种族灭绝，人类的兽欲恶性发作。不仅殖民大国、强势集团奉行贵斗哲学；被压迫、被侵略、被奴役的国家、民族和广大劳动阶层为了生存和解放必然起来抵抗，也不得不奉行贵斗哲学，用正义的力量去制服非正义的力量。当然，这两种贵斗哲学在社会性质上是相反的，前者是反动的，后者是革命的。于是有反法西斯战争和波澜壮阔的社会革命运动及民族独立解放运动。强权政治和迷信武力之所以能够风行，归根结底在于资本主义工业文明的前期发展必须靠直接掠夺广大殖民地和落后国家的资源、财富来推动。二次世界大战是第一个转折点，它使得相当一部分人认识到，以武力为手段以奴役世界为目的的国家极端主义要招致毁灭性报复，世界大战对所有的人都是一场灾难。接着长达半个世纪的两大阵营之间的冷战是第二个转折点，它使人们认识到，集团之间的政治对抗是没有出路的，随时可能转化为热战；核武器如用于战争，将带来人类的毁灭。于是20世纪八九十年代以后，和平与发展的呼声逐步高涨。资本大国也转而主要靠经济手段来获得利润，并以政治军事的手段为辅助。然而，冷战思维的惯性还在发生作用。霸权主义和恐怖主义作为贵斗哲学的继续和新的形态，仍然肆虐于世界，不会轻易退出历史舞台，但它们越来越不得人心，被人们看做是新时代的逆流。在经济全球化和世界成为"地球村"的时代，国家、民族之间的共同利益超出了它们之间的分歧，和解共存、双赢共荣的思想正在取代强者为王、以邻为壑的思想而成为主流思想。是和平还是战争？是对抗还是和解？决定着21世纪人类的命运。

在国内，以20世纪70年代末实行改革开放为分界点。在此之前我们实行的是激进的贵斗哲学。具体表现是"以阶级斗争为纲"，不断地发动社会批判运动，而其顶点便是"文化大革命"，制造"意识形态恐怖"，煽动"造反有理"、"打倒一切"、"全面内战"，使国家处于经济崩溃的边缘。揪出"四人帮"、实行改革开放以后，我们否定了"以阶级斗争为纲"的极"左"路线，强调安定、团结，以经济建设为中心，全力进行社会主义现代化事业。于是我国出现了经济和社会事业蓬勃发展，各民族团结和睦的崭新局面，并以和平崛起的大国形象活跃于国际社会。尔后，中央更明确提出"以人为本"、"构建和谐社会"的号召，致力于在发展的基础上协调各种社会矛盾，维护民众的权益，建设一个安定有序、公平正义、政通人和、经济繁荣、诚信友爱、人民安居乐业、人与自然和谐的小康社会。进而又提出建设"和谐世界"的目标。这一治国和外交方略深得民心，体现了中华贵和文化的精神。

哲学是时代精神的理论结晶，真正的哲学家是时代的号手。对于20世纪社会矛盾运动所发生的深刻变化，感觉最敏锐、理论转换最及时的哲学家是冯友兰先生，对于辩证法的核心即对立统一规律，最早出来用贵和的观点加以重新解释的哲学家是冯友兰先生。在1986年写成、1988年出版的《中国哲学史新编》第五册里，冯友兰先生对张载的对立统一思想"有象斯有对，对必反其为；有反斯有仇，仇必和而解"作了现代的解释，认为"仇必和而解"是对客观辩证法的一种重要认识，它的特点是在承认对立斗争的同时强调对立面的统一。他认为马克思主义的辩证法思想"是把矛盾斗争放在第一位"，也可以称之为"仇必仇到底"；而张载的辩证法思想是"以统一为主"，认为"仇必和而解"，这是两种辩证法思想的根本差别。这个看法提出以后，理论界有人批评冯先生歪曲了马克思主义辩证法，认为马克思主义的对立统一思想是全面的，既强调对立，也强调统一，不能用"仇必仇到底"来表述。诚然，马克思说过："两个相互矛盾方面的共存、斗争以及融合成一个新范畴，就是辩证运动的实质。"[1]列宁也说过："辩证法是一种学说，它研究对立面怎样才能同一，是怎样（怎样成为）同一的。"[2]因此，马克思主义辩证法是讲又统一又斗争的。但是我们必须看到，马克思主义者对于矛盾统一性和斗争性在不同时期强调的侧重点并不相同。马克思、列宁都是革命家，他们的使命是要发动无产阶级和劳动群众推翻资本主义制度，建立社会主义社会，实行"两个"彻底决裂，因此他们在革命理论和革命实践中不能不强调阶级斗争和无产阶级专政，而不断批评"阶级调和论"，这是由历史条件造成的。列宁就说过："对立面的统一（一致、同一、同等作用）是有条件的、暂时的、易逝的、相对的，相互排斥的对立面的斗争则是绝对的,正如发展、运动是绝对的一样。"[3]毛泽东在《矛盾论》也说过:"对立面的统一是有条件的、暂时的、相对的,而对立面的相互排除的斗争则是绝对的。"[4]如此看来,冯先生用"仇必仇到底"来概括马克思主义的辩证法思想也没有什么不对,革命时期的辩证法必然如此。问题在于时代变化了,建设时期的辩证法在强调的重点上必须有所转移,而我们却没有及时做这件事。冯先生在1990年写成的《中国哲学史新编》第七册指出:"任何革命都是要破坏两个对立面所共处的那个统一体"[5],因此革命政党当然要主张"仇必仇到底",即将革命进行到底。可是"革命家和革命政党,原来反抗当时的统治者,现在转化为统治者了。作为新的统治者,他们的任务就不是要破坏什么统一体,而是要维护这个新的统一体,使之更加巩固,更加发展。这样,就从'仇必仇到底'的路线转到'仇必和而解'的路线。这是一个大转变"。[6]回顾新中国成立以来我们的理论与实践,从强调阶级斗争到强调团结稳定,从以斗为贵到以和为贵,我们经历了30年才把这个大弯转过来,虽然有些晚了,但一转过来就很快见效,中国的社会主义现代化事业迅速得到发展。冯先生对辩证法的重新解释正符合邓小平中国特色社会主义理论和解放思想、实事求是的精神,符合当代世界和平与发展的主题,从哲学上体现了时代的重大变化,发展了马克思主义,把它与中国古典哲学的精华相结合,高高举起了贵和哲学的大旗,这在当时哲学界没有第二个人能够与之比肩的。

贵和哲学是不是不要必需的斗争了呢?不是。冯先生指出两点:第一,"所谓'和',并不是没有矛盾斗争,而是充满了矛盾斗争。所谓'浮沉、升降、动静、相感之性',就是矛盾;'所谓絪缊、相荡、胜负、屈伸',就是斗争"[7]。一个有生机的统一体,内部必然是多种成分的交错、互动、竞争。第二,"两个对立面矛盾斗争,当然不是'同',而是'异';但却同处于一个统一体中,这又是'和'"。[8]这就是说,"和"所包含的多样性和差异性不应造成对抗和分裂,矛盾和斗争以维系和巩固统一体为目标和前提。我们不能把贵和哲学理解成庸人的不讲原则的一团和气;贵和哲学恰恰是承认矛盾、能按公平原则去及时解决和协调矛盾的哲学。孔子弟子有子说:"礼之用,和为贵。"这段话人们反复引用,但往往忽略了下面一段话:"有所不行,知和而和,不以礼节之,亦不可行也。"[9]这段话的意思是,和谐固然重要,还需要礼义加以节制。古代的礼,有宗法等级制度的时代局限性,如果我们弃其具体意义取其一般意义,即社会秩序,并加现代的解释和转换,那么可以理解成:和谐要符合社会公共生活规则,要遵守当代民主与法制的秩序。我们不能与敌对势力和谐,我们不能与犯罪行为和谐,这需要以法治之。而民事纠纷的处理,也是要按照一定的程序进行的。

贵和哲学摈弃了急风暴雨式的集团对抗和激烈冲突的斗争方式，主张用和风细雨式的对话、和解、协调、妥协的方式解决族群之间的矛盾冲突，这对于国际政治生活有重要指导意义。有实力的西方大国如果仍然迷信贵斗哲学，以为靠武力威胁和发动战争便可以称霸世界，那么必然引起更加普遍的反抗，并激发出民族和宗教的极端主义和国际恐怖主义，世界将永无宁日，强权国家亦不得平安，对抗下去，人类有可能被带到可怕的灾难之中。

未来将会如何呢？对于人类的前途冯先生有担心，但总体上是乐观的。他在他一生最后的著作《中国哲学史新编》第七册最后的一段文字里说："现代历史是向着'仇必和而解'这个方向发展的，但历史发展的过程是曲折的，所需要的时间，必须以世纪计算。联合国可能失败，如果它失败了，必将还有那样的国际组织跟着出来。人是最聪明、最有理性的动物，不会永远走'仇必仇到底'那样的道路。这就是中国哲学的传统和世界哲学的未来。"冯先生的哲学向来是"要言不繁"，他的上述伟大的遗言也是"要言不繁"，精确地指明了哲学的时代精神和人类社会前进的方向。他是位理性主义的哲学家，相信人类理性的觉醒和力量。我们要继承冯先生的事业，把贵和哲学接着讲下去，让它传播到更广、更远的地方，为世界的和平与发展作出新的贡献。

注释：

[1]《马克思恩格斯选集》第一卷，第111页。

[2] 列宁：《谈谈辩证法问题》，《列宁全集》第38卷，第408页。

[3] 列宁：《黑格尔〈逻辑学〉一书摘要》，《列宁全集》第38卷，第111页。

[4]《毛泽东选集》第一卷，第321页。

[5] 冯友兰：《中国现代哲学史》，广东人民出版社，1999年，第251页。

[6] 冯友兰：《中国现代哲学史》，广东人民出版社，1999年，第252页。

[7] 冯友兰：《中国现代哲学史》，广东人民出版社，1999年，第252页。

[8] 冯友兰：《中国现代哲学史》，广东人民出版社，1999年，第253页。

[9]《论语·学而》。

（载《反思与境界》，北京大学出版社，2008年6月）

实说"冯友兰"

记　者：您过去跟冯先生有交往，您对他有什么评价和看法？

牟钟鉴：冯先生是我们中国当代最有影响的哲学家。我有幸在冯先生的身边学习了八年，本科五年，研究生三年。我于1957年考到北京大学哲学系，与1956级同学一起听冯先生讲中国哲学史课，前后有一年时间。而冯先生在此以前是不讲课的；给我们讲课以后，冯先生也就没有再讲了，所以我们很幸运。通过听冯先生的课和读冯先生的书，我对中国哲学有了一个基本的了解，也就喜欢上了中国哲学史这门课程，后来就报考了中国哲学史方向的研究生。在读研究生期间，冯先生是中国哲学史教研室主任，也对我们几个同学进行指导。这样我就有更多的机会接触冯先生。他指导我们的时候，特别讲到两句话：一是说学习古代哲学家的思想，要涵泳。"涵"就是涵养的"涵"，"泳"就是游泳的"泳"。要真正了解、体会古代哲学的那种智慧，能深入其中，然后你再跳出来，进行分析评价。因为当时有一种"左"的思潮，对古代哲学不了解，却动不动就批。冯先生说那样不好，要先了解。这是一句话，给我印象很深。二是说"书读百遍，其意自见"，就是说不要急躁。因为当时运动很多，学习一会儿冷，一会儿热，冯先生说要循序渐进，要多读书，慢慢去体会，体会到一定的时候，就会了解它的思想。所以在研究生期间，冯先生给了我们很多指导。但我现在感到很遗憾的是，当时冯先生被认为是资产阶级哲学家，我们这些同学不敢和他多来往，这样也就失去了很多向他请教的机会。后来在1958年开门办学，我们去了大兴，冯先生也下去了，跟我们在一个村子里面待过一段时间。1965年我从北京大学毕业。1966年春到中国科学院哲学社会科学部工作。"文化大革命"结束以后，慢慢清理自己受极"左"思想的影响，才逐渐认识到冯先生思想的价值。这样，我和冯先生相处的八年里没有很好地利用机会向他学习，而是到了冯先生的晚年特别是20世纪80年代以后，我才能够真的向冯先生学习。记得是1990年，《中国哲学史新编》第五册出版的时候，出版社让我写个书评，我很荣幸地接受这一任务，深感冯先生到晚年时，他的思想达到了一个新的高度。这篇书评本来是想在冯先生95周岁纪念会上宣读的，可没有到开纪念会前几天他就去世了。从那时到现在17年了，在这段时间里我积极地参加了冯学研究，哲学界成立了冯友兰研究会，我是理事之一，写过几篇研究冯友兰哲学的文章。后来带博士生的时候，就希望自己的学生也能够很好地研究冯先生。已有两个博士生毕业时写了关于冯先生的毕业论文，论文写得还很成熟，在社会上也产生了一定的影响。这些年来我经常读冯先生的著作，回忆和冯先生相处的日子。冯先生一生的贡献可以说是很大、很多，他的代表性的作品，我们可以概括为一句话，就是"三史六书一序"。"三史"是《中国哲学史》、《中国哲学简史》和《中国哲学史新编》，"六书"是《新理学》、《新事论》、《新世训》、《新原人》、《新原道》、《新知言》，"一序"是《三松堂自序》。特别值得我们重视的是，他是中国现代第一个写完中国哲学史的人，由古代写到现代。而且他的中国哲学史著作，被翻译为多种文字在全世界广为流布，在西方世界更是产生了很大的影响。西方一些大学现在还是用冯先生的《中国哲学史》做教材。一直到现在，还没有出现一部新的中国哲学史能够取代它。冯先生为中国哲学和文化在世界的传播作出了很大的贡献。

　　冯先生的哲学是在探求一条道路，一条中西哲学融合的道路，中国哲学在近代要想发展，就必须走这条路。冯先生把西方哲学特别是新实在论和中国哲学尤其是程朱理学相结合，建立自己的"新理学"，就是在这条路上的探索。"新理学"就是一个熔铸中西的思想体系。所以我们说冯先生不但是一位哲学史家，而且是位哲学家。他自己经常讲，他的哲学史著作里是史学少而哲学多。他的哲学思想里最有价值和影响的就是他的"境界说"。在"贞元六书"的《新原人》里面，他提出人生有四个境界：最低的是自然境界，上面是功利境界，再上面是道德境界，超道德境界的就是天地境界。冯先生的"境界说"的具体论点还是可以讨论的。不过人生的精神境界是不一样的，是有高低之分的，这是客观事实。后来唐君毅先生提出"心通九境"，他分了九个境界，这都是可以的，各是一家之言。但人应该不断地提高自己的精神境界，应该有这样的追求。所以冯先生说，哲学是无用而有大用之学；它和科学不一样，它没有具体的应用性，但可以提高人的精神境界，这是大用。大家做同样的事情，但是每一个人对自己做的事情和活着的意义的理解是有层次的，是不一样的，要不断提高精神境界层次。这个观点到今天仍然很有价值。

　　另外一个就是冯先生在《新原道》里面概括的中国哲学的精神。他用的是《中庸》里的一句话，就是"极高明而道中庸"。"极高明"是要追求一种超越的理想目标，"道中庸"就是要关心社会现实。这是把入世精神和出世精神、理想主义和现实主义有机地统一起来。这是中国哲学的精神。他认为中国的儒学在"道中庸"这一方向上贡献最大，而道家和佛教在"极高明"这一方面贡献最大。这是冯先生对中国哲学精神的一个很深刻的说明。

还有，冯先生在新中国成立以后，一直是被当做资产阶级唯心主义哲学家进行批判，他的处境很艰难，更不用说充分施展自己的才华和智慧了。他学习马克思主义，学习唯物史观，把唯物史观运用到中国古代哲学的研究中去。他不是跟风走的，而是在真诚地进行探讨。可当时的主流意识是对中国传统文化采取一个简单否定的态度，"五四"以后就这样，"文化大革命"期间反传统就更登峰造极了。冯先生为了给中国传统文化保留一个生存空间，提出"抽象继承"的概念，后来被概括为"抽象继承法"。他认为一个哲学命题有抽象意义和具体意义。具体意义是有时代性的，时代条件变化了，它就不适用了；但是它那个抽象的意义，还是具有永久的价值。这个观点是在1957年年初提出来的，后来被认为是保守的、不能彻底革新的思想。我记得1958年陈伯达写了一篇文章专门批判冯先生的"抽象继承法"。他说要具体继承，不能抽象继承，但是怎么具体继承，陈伯达也没说清楚。我们同学当时就觉得还是冯先生的说法有道理。古代思想有一部分具有时代性，肯定是过时了，你没法继承，我们只能继承里边有普遍价值的东西。所以无论怎么批判也没有把"抽象继承法"批倒。冯先生的真正用意是想给中国古代文化精华找一个能够生存的空间，现在看来真是用心良苦。

冯先生的处境很苦，就我在北京大学生活的一段时间看，他是中国哲学界同时代的人中间遭受批判最多的一个。祖国大陆批判他，台湾也批判他。台湾批判他有政治方面的原因，因为冯先生没有跟着国民党去台湾，而是留在祖国大陆。祖国大陆学者批判他是因为他没有完全抛弃过去的思想，他们认为冯先生是在自己的哲学上贴了马克思主义的标签。冯先生是很孤独的，很艰难的。但这并没有影响冯先生的积极性，他还不断地写文章、做事情。很多老学者干脆就不再写了，包括贺麟先生就不再做理论的探讨了。新中国成立前贺先生也是哲学家，新中国成立后基本上就做黑格尔哲学的翻译工作，这样做没有风险。汤用彤先生在新中国成立以后也基本上不写文章了。可冯先生还在继续写。我记得在我上学期间，他写过一篇文章，叫《树立一个对立面》，针对当时哲学只能普及不能提高的观点，提出哲学系要培养哲学理论的研究人才。此论一出，即受到批判。他不怕批判，别人批判不合理，他还要坚持自己的观点。

我觉得他是一个伟大的爱国主义者，他并不因为自己受批判而后悔没有留在国外，他从来没有这个思想。冯先生在抗战胜利以后去了美国，在美国他写了《中国哲学简史》，这是给美国学生用英语讲课的稿子。1948年春天，他从美国返回中国大陆。当时的情况是国共两党谁胜谁负还不清楚，很多人往外跑，而他却要回来，他不想在外面当"白华"。他爱自己的祖国，爱生于斯长于斯的父母之邦。北京解放前夕，国民党派飞机来接他，让他去台湾。冯先生不为所动，一直留下来。他走的道路是十分艰辛的，受到了那么多不公正的待遇和无端的批判，可他始终不后悔。我觉得他非常热爱我们这个国家，热爱我们中华民族，热爱中华文化。这一点非常感动人。

有人批判冯先生，说冯先生在"文化大革命"时曾一度做了"梁效"的顾问。我个人觉得，这是加在他身上的，他无法拒绝，应有同情的理解和体谅。

"文化大革命"结束以后冯先生恢复了自己的工作。当时他已经80多岁了，到了这个岁数，一般的人也就是颐养天年了。没有想到冯先生在最后的这十年，达到了一个理论高峰。我粗略统计了一下，他发表的著作大概有200万字，完成了先后40年都没有写完的《中国哲学史新编》，了却他一大心愿。还有一本就是《三松堂自序》。这是一部非常有价值的回忆录，对于我们研究近现代中国学术史和文化史有极高的参考价值。这样的作品并不很多。而《中国哲学史新编》集他一生的学术积累，颇受社会欢迎。我认识的一位台湾学者陈鼓应先生，他是台湾大学的教授，曾经在北京大学教书。他对我说，他回到台湾大学以后，没有采用冯先生原来的《中国哲学史》和其他人的《中国哲学史》作为教材，用的是冯先生的《中国哲学史新编》。后来我就问他，有人认为《中国哲学史新编》里面引用一些经典太多，有一些不足的地方。后来陈先生说这个都是次要的，冯先生对人物和思想的分析非常深刻，而且内容比他原来的《中国哲学史》更加丰富、更加完整，所以他就采用《中国哲学史新编》做教材。

冯先生这三部中国哲学史，现在的影响力还是很大的。其中《中国哲学简史》最早是由他的学生涂又光先生翻译过来的，后来又有了第二个译本，是赵复三翻译的。我给学生推荐说，《中国哲学简史》是一本了解中国哲学史最好的入门书。在哲学方面，冯先生在晚年有一个突出的贡献，就是倡导"贵和哲学"、"和谐哲学"。这是他晚年一个最了不起的贡献。回顾改革开放前后的历史，再回顾国内外的形势，从世界的范围内来讲，可以说长期以来是"贵斗"哲学引领潮流，强调斗争。这样的哲学占主导地位，世界就不得安生，先是有两次世界大战，大战之后是"冷战"，还是强调斗争。一方面是殖民主义和帝国主义的压迫；另一方面是社会主义革命运动和民族解放运动。各种正义的战争与非正义的战争，大大小小的纠纷，使世界不能和平。"冷战"结束以后，意识形态淡化了，整个世界潮流日趋和平，和平与发展成为时代的主题。所以邓小平同志提出来要把握时代"和平"与"发展"的主题。从国内来看，不再搞阶级斗争，把工作中心转移到经济建设上来。现在全国上下更是提倡"和谐哲学"，建立和谐社会。时代的风向根本变了。

以上都是政治和政策层面的事情，而从哲学上总结过去的经验和教训，提出和谐思想的，冯先生是第一个。是他第一个站出来用中国传统文化特别是儒家的"贵和"思想去重新解释马克思主义的辩证法。20世纪80年代，在《中国哲学史新编》第五册讲到宋明道学的时候，他特别引用了北宋哲学家张载的话："有象斯有对，对必反其为；有反必有仇，仇必和而解。"他对这段话做了一番发挥。他认为辩证法讲对立统一。旧的统一体过时了，引起社会变革，这个时期应该以讲斗争性为主。但旧的统一体打破以后，建立了新的统一体，就应该以讲统一性为主。如果只讲"仇必仇到底"或"将革命进行到底"，可这个"底"到底在哪里？斗争是手段，它成了目的是不行的。这是《中国哲学史新编》第五册最引人注目的一段分析。它是把马克思主义的辩证法和中国儒家"贵和"思想结合之后出现的"贵和哲学"，而且冯先生在《中国哲学史新编》第七册做最后总结的时候，特别强调了这个思想。他说世界很混乱，很多人还在斗争，还有"冷战"思维，但是人类是最聪明的，人类是有理性的，不会"仇必仇到底"，一定会走上"仇必和而解"的道路。这就是中国哲学对世界的贡献，这就是世界哲学的未来。我觉得应该把冯先生的这段话看做是他留给我们后人的遗言，而且也是对世界未来的期望。

冯先生晚年时一直在做哲学思考，直到他95岁去世的时候，他的头脑仍然非常清楚。他生前就给周围的人说，我活着是要做哲学思考，等到把我这些任务完成以后，病也可以不用治了。他活着就是为了哲学，是为哲学而活着。冯先生的一生，值得我们学习的还有很多。学术界有一句话，说后来的人可以超越冯友兰，但是不能绕开冯友兰，就是说你必须继承他这份遗产，你可以超过他往前走，你不能避开他往前走。冯先生在晚年时书写一副对联："阐旧邦以辅新命，极高明而道中庸。""阐旧邦以辅新命"是他的一种人文关怀和人文理想，一种社会责任，就是要继承中国古代的优秀的文化，推进今天的文化建设，有利于我们建设一个富强民主自由的社会。这是他一生追求的目标。"极高明而道中庸"是他所阐发的中国哲学精神。他自己也是这样实践的。他思考一些很深奥的东西，我们称为形而上的东西，诸如"理"和"气"呀，"道体"和"大全"呀，"天地境界"呀，这都是很高明的东西。但是冯先生从来不是一个书斋里的学者，这并不是说他是一个社会活动家，而是说他关心社会。所以《中国哲学史新编》写到近现代的时候,他所关注的内容越来越广泛,越来越超出哲学,包括政治问题、文化问题,甚至文艺问题和道德问题,等等,都进入他思考的范围之内。

冯先生在《中国哲学史新编》里有个惊人的见解,就是他对洪秀全太平天国和曾国藩的评价。在很长时间里,主流话语对洪秀全与曾国藩的评价一直是从阶级斗争和农民起义这个角度出发的,这样一来自然是洪秀全被褒奖,而曾国藩则被批判。但冯先生是从中国现代化这个角度出发的。他认为中国社会面临的主要问题是工业现代化和社会现代化,要发展近代工业,发展商品经济。这是唯物史观的基本原理。洪秀全的太平天国完全是在传统农业经济的基础上引进西方中世纪的神学,他搞拜上帝会,实行政教合一,这完全是一种倒退,如果他们真的得了天下,中国的政治将回到中世纪去。尽管太平天国后期有洪仁玕的《资政新篇》的改革,但也难挽颓势,总体上讲他们是落后的、腐朽的。曾国藩打败了太平天国,阻止了这场倒退,是一个进步,这是他的功劳;但他搞的洋务运动实行"以政带工"的政策又妨碍了商品经济的发展,这是他的过失。尽管如此,洋务运动毕竟创办了中国近代的工商业,推动了中国社会的进步。

冯先生这一说法一问世,就引起了史学界的轩然大波,那些研究太平天国的专家听了就受不了,因为这是对传统观念的一种颠覆。我觉得尽管冯先生的观点可以商量,但毕竟他是以哲学家的眼光从现代中国近代化的时代精神来看待问题,他开辟一个新的视野,至少可以成一家之言。从这个例子可以看出,冯先生是非常关注现实问题的,能够在学术研究中把握时代精神的脉搏。他能够做到"极高明而道中庸",既能立足现实,又能远距离看问题。冯先生的思想是儒道互补的,一方面他有儒家那种历史使命感、社会责任感,以一种积极的态度来从事社会事业,绝对不消极,尽管可能要受到批判,但还要写东西,还要讲自己的观点;另一方面冯先生也有道家的超越感和不在乎的心态,他不去争名夺利,非常淡泊超脱,面临着那么多的批判,他没有急躁、没有惊慌、没有愤怨,总是处之泰然。

另外一点就是我想再说说作为教育家的冯友兰。我觉得要评价冯先生和梁漱溟先生的话,这一点很值得一提。梁先生很多地方让人佩服,"文化大革命"期间让他参加"批林批孔",他说他只批林彪而不批孔子,这种骨气很让人感动。但是梁先生后来闭门孤居,没有发挥更大的作用。而冯先生就不一样,他一生都在教书育人,著书立说,培养了一大批从事中国哲学史研究的人才,这些人后来都成为研究中国思想文化的骨干,而他的弟子们又培养了一批弟子,就这样薪火相传，搞中国哲学史研究的一大批人都是他的徒子徒孙，真是桃李满天下。也是因为有冯先生，我们就有一批可以承上启下的学者，来从事中国文化的研究，不至于使中国文化完全中断。现在我们中华民族传统文化越来越受重视了，随着我们经济的强劲发展，必将引来一场文化的复兴，儒家的思想得到重新的评价，道家的和其他思想都受到空前的重视。到那时候，冯先生的远见卓识和冯先生的门生弟子会发挥重要作用。他这方面的贡献是不可低估的。后来冯学成为一门显学，我可以肯定地说，这不是炒作起来的。冯先生没人炒作，是他的思想和他的著作本身有很大的魅力，吸引着人，有很多的年轻人主动来写关于冯先生的学术论文和学术专著，研究他的人越来越多。

再说一点，"冯学"所以能成为显学，与冯先生的语言风格也有很大关系。我们经常讲冯先生真是一个难得的能够深入浅出的哲学家。他和金岳霖先生不一样，金先生是善于把简单问题复杂化，因为他是逻辑学家，他不断地分析，把一个事情内在的各个层次和各个矛盾分析出来，这就把简单问题复杂化。冯先生则相反，他善于把复杂问题简单化，他能在错综纷繁的现象中一下抓住本质，所以冯先生能要言不烦，辞约意丰。你可以不赞成他的观点，但是你绝对不会不理解或误解他的观点，他表述得非常清楚。这是我们今天要学习的。现在有的文风很不好，很多文章非常晦涩，连篇累牍地堆积华丽的辞藻而不得要领，我觉得这些方面我们应该向冯先生学习。

记　者： "冯学"兴起的原因是什么？

牟钟鉴： "冯学"的兴起既有外在的原因，也有内在的原因。外在的原因就是改革开放以后的社会环境宽松了。我们这个开放不仅要学习西方的先进文化，同时也要继承我们自己的优秀传统。而在改革开放前，这些都是被当做资本主义和封建主义来批判的。当时我们不仅向西方封闭着，而且对自己的过去也是封闭的。开放后，我们向西方学习，还要向祖先学习。这样研究传统文化，就不是罪过了。在我年轻的时候，那时环境还很紧张。冯先生在曲阜参加孔子纪念会，向孔子像脱帽鞠躬，就被认为是一个严重的事件。可见当时情势是多么严峻。改革开放以后，环境宽松了，对冯先生不再动辄批判，而是要考虑冯先生讲的有没有道理。在冯先生90岁生日时，北京大学哲学系给他开了纪念会。当时的系主任黄楠森先生有一个发言，他说应该给冯先生的"抽象继承法"平反。后来人们慢慢地觉得过去批判的冯先生的思想，很多其实是正面的、有价值的。到后来，不仅是环境宽松了，而且我们民族传统文化的地位也上升了，越来越多的人感到我们的民族文化是整个民族的凝聚力。现在是经济全球化，政治多极化，文化则是多元化。每个民族都有自己的文化，没有文化的民族是名存实亡的民族。中国是具有悠久历史、优秀文化的大国，要继承优秀文化，不断创造新文化。反观冯先生，他毕生所追求的就是"阐旧邦以辅新命"，就是要继承古代优秀文化，来创造新文化。冯先生走在了时代的前面。现在人们重新发现了冯先生。重新发现了冯先生思想的价值。所以现在"冯学"成为显学，是形势所致。

以上是外因，还有内因。内在原因就是冯先生的哲学和思想有永恒的价值。他说对待古代文化有两种态度，一种是照着讲；另一种是接着讲。在哲学史研究方面他是照着讲，在哲学创造方面他是接着讲，就他哲学史研究方面而言，他梳理了中国哲学的脉络，总结了古代哲学的精华。在哲学创造方面，他的"新理学"体系是中西哲学的融合，这是中国哲学现代化的一条必经之路。冯先生一生致力于这一工作。他把西方的新实在论及唯物史观和中国宋明理学相结合，熔柏拉图、马克思与孔子于一炉而冶之，创立自己的"新理学"体系。中国哲学要焕发出新的生命力，就要向西方学习，走中西融合的道路。冯先生特别强调要学习西方哲学的分析方法，用以重新诠释中国哲学，并弥补中国传统哲学在这方面的不足。现在人们逐渐认识到冯先生所开辟的这条道路的正确性，逐渐认识到冯先生哲学的价值。冯先生的著作也就热了起来，他的主要著作一版再版，很多又被翻译成多种文字，在全世界广为流布。我就遇到几位台湾学者，他们翻来覆去地考虑，还是冯友兰的《中国哲学史》写得好。

记　者： 冯先生说的道学、道家跟现在的道教一样不一样？

牟钟鉴： 儒道中的"道"是指道家，它和道教有联系，但不一样。冯先生自己有道学的提法，他说的道学就是人们一般所说的宋明理学，我赞同他的提法。因为到了宋代，儒家已经吸收了老庄的很多思想，把老庄的"道"变成了儒家的最高概念。这是以前所没有的。孔子虽然也讲到道，但他的最高概念是仁。宋代儒学把道作为最高概念，《宋史》里给宋代儒家立传时就标明《道学传》。道学是一个总体，它下面分为三个大派：一是理学，讲以理为本体，代表人物是程颐和朱熹；二是心学，代表人物是陆象山和王阳明；三是气学，代表人物有张载和后来的王夫之。这三个大的流派单用理学这个概念是不能涵盖的。儒道中的"道"是老庄创立的道家，它是一种哲学，而不是宗教，长期以来与儒家并称。东汉产生的道教是中国土生土长的宗教，它是从老庄道家里分化出来的，是道家的宗教化、神秘化和信仰化，但它和道家有重要的区别，同时又不能分离。

记　者： "冯学"和"冯友兰现象"是不是一样？

牟钟鉴： 应该说"冯学"和"冯友兰现象"不是一回事。"冯学"是指近几年对冯友兰生平和学术思想的研究。

"冯友兰现象"是指冯友兰早年确立自我、中间失去自我、最后回归自我的文化现象。前几年我写过一篇文章，是谈"冯友兰现象"的。不过，它最先不是我提出来的，是蔡仲德先生提出来的。它的发生不单是冯先生一个人的事情，是特定的历史条件下的产物。对冯先生的思想和表现、对冯先生的成就和失误都应当放在他所处的那种历史条件下去分析和理解。不仅从广泛的范围考察和分析冯先生与时代、与社会的互动，还要考虑到冯先生长期处于中国哲学的中心舞台，他一生都没离开这个中心舞台。在他的身上能够反映整个时代精神和知识分子的精神历程。所以，对"冯友兰现象"的研究，应该坚持历史主义的原则，运用一般与个别相结合的辩证方法。

记　者： "冯友兰现象"有什么启示意义？

牟钟鉴： "冯友兰现象"有很大的启发意义。首先是要尊重和信任知识分子的爱国热情。知识分子在政治上未必完全和政府及执政党一致，但大多数知识分子在热爱祖国这一点上是绝对不含糊的，要尊重他们的爱国心。我觉得"冯友兰现象"的独特之处有如下几点：第一，他是受到批判最多的学者，从新中国成立前到新中国成立后，从国内到海外，冯先生是20世纪受批判最多的学者；第二，现在还找不到像他这样的学者，在国共两党决战的前夕从美国回到中国大陆来，而且义无反顾，永不离去；第三，在"文化大革命"以后，很多学者已经是废弃学术，安度晚年，而冯先生是老骥奋蹄，重新焕发学术光彩，达到新的高峰，这种情况在别的学者身上是很少见的，不少学者到了晚景只是写写散文和回忆录之类的文字，而冯先生是在进行系统的学术研究和哲学创作。他经常挨批，屡次受挫，可他愈挫愈坚，老而弥笃，在人生的暮年焕发出学术的青春。从对冯友兰现象的研究中，我体悟出了一个道理：冯先生是中国爱国知识分子的杰出代表，对国家、对民族忠贞不贰，无论遇到什么样的委屈甚至是冤枉，他都忠贞不渝。当时他在美国，而拳拳顾恋的是自己的祖国，他吟诵着王粲《登楼赋》里的名句："虽信美而非吾土兮，夫胡可以久留？"这种深厚真挚的爱国感情是一代又一代知识分子的高贵品格，我们应该尊重和信任知识分子的这种品格。

再一个就是应该给学术研究一个宽松的环境。冯先生是一个学养深厚、才华丰赡的哲学家，他早负盛名。写《中国哲学史》的时候还不到40岁。抗战期间写"贞元六书"，几乎一年就写一本书，其间他身为学校领导，公务繁忙。《中国哲学简史》写作的时间也不到两年。而新中国成立后的《中国哲学史新编》却断断续续地写了整整40年。彼伏此起的社会运动，没完没了的思想改造，步步升级的政治批判，很长时间内，冯先生根本没有办法坐下来读书著书。所以，我觉得我们应该给学者一个宽松的政治环境，让他们能够坐下来从事创造性的学术活动。冯先生在新中国成立后是认真地学习马克思主义，但他不是像有些人那样跟形势、贴标签。冯先生在20世纪30年代就接触、学习并运用了马克思主义的唯物史观，但那不是迫于政治的压力与需要，而是研究的结果和学术的自觉。冯先生对马克思主义的学习是真诚的，他不是简单引用马克思的只言片语以点缀，而是把马克思主义的基本精神融合到他的学术研究和思想体系中。他在自己的《新理学》里，强调理的客观性和外在性，强调理性的重要，区分共相和殊相；在《新事论》中强调生产工具的基础地位，强调社会工业生产对中国社会近代化和现代化的决定作用，这些都和马克思主义相合，起码没有很多抵触的地方。如果没有政治强暴的干扰，冯先生会按照自己对马克思主义的理解，早在20世纪五六十年代就会作出很大的成绩。

我觉得冯先生的《三松堂自序》写出了他一生的经历，特别是学术历程，具备极强的历史真实性，也有哲学的深度。他一直处在中国大学教育的中心舞台上，先在北京大学求学，后又任教清华大学，再到西南联合大学，后来回清华大学，再后来又到北京大学。都是在学术中心舞台上，所以他的经历、反映的一些人和事很有典型性，很能反映这个时代的一些发展过程。因为冯先生是个哲学家，他有自己的思考，我觉得他的思考也很有代表性。同时代那么多的知识分子也想同样的问题，但是把这些问题概括在一起，能够成为一种理念，只有冯先生做到了。一般人也许有这个想法，但不一定说得出来。后来我看到一些有关西南联合大学时代的回忆文章，有些人并不是冯先生的学生，也没有和他特别亲近，但听过他的课的，或者是看过他的书的，当时对他的印象都是很深的。尤其是他回忆到"文化大革命"，也有检讨，他说过，在别人解剖我以前，我要自己解剖自己。一个人往往看不清楚自己，能看得很远但看不到最近的自己，所以老子讲"自知者明，自胜者强"。能够有自知之明，那是最大的智慧，能够控制住自己、战胜自己那是最勇敢、最有力量的了。而冯先生就是这样的，他把自己看得非常清楚。冯先生喜欢用"反思"两个字，《三松堂自序》最大的优点，就是真实性，就是认真作自我反思。因为我看到有些回忆录，往往只顾吹捧自己、粉饰自己，好像自己一贯正确，在那么复杂的时代，自己居然没犯过一点错误。这是不可能的，那不真实。当然，冯先生以前的经历我没有经历过，但新中国成立以后，特别是1957年以后的情况我就比较熟悉了，我就可以作出一些判断，我敢说他写得很真实。所以冯先生的晚年不仅写了一大部哲学史，他还给我们留下了《三松堂自序》，这真是最珍贵的礼物，是我们的幸运。

（载《非学术专访：实说冯友兰》，北京大学出版社，2008年10月）

追念厚重朴直的张岱年先生

张岱年先生去世了，由此给我内心世界带来的空缺是无法弥补的。长期以来，我把张先生当做自己的精神导师，学习他质朴无华、与人为善的品质，用他所表述的"自强不息"、"厚德载物"的中华精神激励自己，便觉人生有所依托，活着富有意义。孔子说："见贤思齐"，古语云："近朱者赤"，生活在张先生的周围，经常向他请教，听他言说，不觉之中便受到真善美的熏陶，思想境界就会不断提升。如今，张先生的思想、学问仍在，他的论著继续陶冶着我们，但是毕竟不能向他当面求教、在一起坐而论道了，所以近来惆怅不已，恍惚若有所失。在思念的驱动下，隐存在记忆中的许多往事，接连浮现出来，清晰起来。把这些往事形诸文字吧，内心也许会因此而有所慰藉。

一、晚到的师生之情

我在北京大学学习期间，曾听过张先生的宋明理学专题课，大约是在三年困难时期，政策放宽，老教授们才有机会给同学上课。张先生是"摘帽右派"，能登上讲台，自然是令人新奇的。我早已听说张先生颇有学问，且精通理学，故去选听他的课。感觉他口才一般，有些口吃，但经典透熟，分析到位，讲述简要，由此长了不少见识。张先生给我的印象是儒雅仁厚、纯正朴实，这样一位老师怎么会成了"资产阶级右派分子"呢？这使我颇为困惑。其时课下与张先生并无个人来往，那时老教授思不出位，同学们也谨慎交际，并未有真正的师生之谊。

直到"文化大革命"结束，国家实行改革开放政策，学术研究随即活跃起来，我与张先生的来往也日渐增多，也就是说自己从北京大学毕业10多年以后，才真正成了张先生的学生，建立了名副其实的师生情谊。我开始读他的《中国哲学大纲》、《中国哲学发微》、《中国哲学史史料学》等书，从中汲取思想营养；同时经常在学术会议上与他见面，或到他家里谈论学问。我从余敦康兄那里得知，我在学习中国哲学时所使用的《中国哲学史教学参考资料》，就是张岱年先生与敦康兄二人选编注释而做成的,由于政治的原因,作者不能署名,但给中国哲学史教学提供了史料学的坚实基础,其作用是深远的。他们默默地、不计名利地工作了五年,以他们深厚的学养和丰富的积累,用宏取精,将中国哲学原典的精华呈现给读者和学子,其功劳是不可磨灭的。

20世纪90年代我与张先生来往多一些,每遇学术上的难题,总想听听他的意见,让他指点一番。但知道他声名日隆,登门者必多,应酬也不免繁忙,而他年事渐高,所以我去见他次数上很有节制,事先预约,访谈不敢久留,怕影响他的健康和休息。师生情洽,彼此会心,每次谈话不仅没有丝毫顾虑,而且可以充分自由论说,心情愉快,在切磋交流中启我智慧,收益颇多。有一次张先生见我之后说,我很注意你发表的文章,我赞赏你的观点,我们要为发扬中国优秀文化共同努力。看来他在学术上认同了我这个后到的学生,对此我感到十分欣慰。1999年张先生九十大寿,北京大学哲学系举办了隆重的庆典。鉴于张先生身体欠佳,系里宣布为保护张先生,采纳医生建议,谢绝登门访谈,希望大家遵守。此后我见张先生的次数大为减少,非不得已,不进先生大门。2002年10月中国人民大学举行中国实学研究会成立十周年庆祝大会,主办者把张先生请来,在一起合影留念,我有幸坐在张先生身边,留下了最后一张珍贵的合照。2003年春节,我打电话向张先生拜年,不愿前去打扰他。2004年春节,我拿起电话又放下,心想如我打电话拜年者正多,这对90多岁的老人是否也是负担?算了吧,不如闲时抽空去看他一次。未曾想再也不能相见了,缺此最后的春节问候,将是终生的遗憾。

二、以复兴中华精神为己任

张先生对学术的贡献是很多的,例如,他对中国哲学思想的提炼,对中国哲学史方法论的阐释,对中国哲学史史料学的拓展,对中国伦理学史的发掘,对中国气学的继承和发扬,等等,都作出了自己独特的理论贡献。但我觉得他一生理论上的最大成就,莫过于对"中华精神"的界说和"综合创新"论的提出。"自强不息"与"厚德载物"是《易传》上的两句话,早年梁启超用为清华校训。张先生认为这两句话可以用来界定整个中华精神:"自强不息"表示中华民族不屈不挠、开拓奋进的精神;"厚德载物"表示中华民族仁厚能容、海纳百川的精神。这两者构成中华精神两个主要侧面,既有自信,又善学习,便会使中华民族立于不败之地,暂时落后,必将衰而复兴。自20世纪80年代张先生如此阐释中华精神之后,相关讨论持续不断,总的趋势是越来越深入,越来越丰富。大家深感中华民族的伟大复兴必将伴随着中华文化的复兴和中华精神的重振。培育和弘扬中华民族精神,将给中华振兴注入强大的内在动力,形成中国特色,因此它是新文化建设的战略任务。2003年4月,在国际儒联学术委员会主持召开"儒学与中华精神"座谈会上,与会学者探讨了中华民族精神发展的历史,提出要加强忧患意识、发扬民族正气和增加现代意识,等等。同时大家公认,中华精神虽然可以分殊出丰富多彩的内涵,归结起来仍不外乎张岱年先生所概括的"自强不息"与"厚德载物",这两条抓住了根本,体现了天地阴阳刚柔之道,这样的表述是比较精当的。张先生所倡导的"综合创新"论,正是上述中华精神在文化传承上的体现,即融合中西、贯通古今、以我为主、开拓前进,中国文化舍此没有第二条道路可走。

1991年秋,我去张先生家请教"安身立命"的问题,张先生把"安身立命"从个人引申到整个民族,他说了一些很精彩、很重要的话。大意是:"五四"运动破旧统有合理性,但也有消极性,即中断了中华民族的精神传统,使中国人无所归依。西化派大讲主体性,而正是他们丧失了主体性。老一辈学者熊十力、梁漱溟等人追求的是"道",即社会人生的最高真理,做官也是为了求道。西方讲个人主义,但整个民族不能以个人为中心,他们有个基督教作为民族的精神支柱。丧失了民族精神主体,这是最值得忧虑的。现在是立新统的时代,儒学需要再兴,马克思主义必须与儒家优秀传统结合,才能融于民族精神,健康发展。在精神文明建设上,第一位还应该是中国的东西,这就需要综合创造(这一段话我记在一个记事本上,得以保存下来)。从这一段话里我们可以看出,张先生骨子里是一位儒家的仁人志士,以立新统自任,认为中华民族的新文化建设既要综合吸收人类各种文明成果,又要体现中国特色,重建中华民族的主体性文化,为中国人提供安身立命的精神依托,而在这个过程之中,以求道的精神继承和发扬儒学的精华将是重建民族文化主体性的最核心的任务。

三、关心下一代的健康成长

1994年年初,中共中央党校出版社吴可、王彩琴等朋友约请我和王国轩、彭林等学友共同商议为青少年编纂一本《中国思想文化典籍导引》,目的是在青少年中推动文化要典训练的活动,以利于新一代人文素质的提高。大家认为此书主编非德高望重的张岱年先生莫属,建议我做副主编,配合张先生选定书目,并撰写"前言",以明宗旨。我与张先生一谈,他便欣然同意,当即要我起草"前言",着手筛选要典书目。张先生不是那种挂个名不管实事的主编,为此事他颇为尽心尽力,约我多次交谈。一是亲自修改"前言",务使其表述准确到位,为写此文往返多次,才得定稿。二是商讨文化要典书目的数量、范围和分类,既不能太多,又不能太少,而且既要照顾传统目录学的体例,又要有所突破,以适应新时期青少年的需要和能力。张先生提出许多宝贵的指导性的意见,保证了选目工作的顺利完成。三是确定最低限度必读书,张先生以其毕生治学的经验提出10种书,作为国学入门的基础性典籍,那是经过了深思熟虑。在张先生和我合写的"前言"里,我们对于中国文化要典训练在国民教育中的重要性,对于继承传统文化与现代化建设的关系,对于学习中国优秀文化与吸收西方文明成果的关系,都作了比较明确、全面的说明,今天重读它,并无过时或者偏颇之感。这是我与张先生唯一的一次如此亲密的学术合作,又是在关乎中国青少年素质教育的重大课题上的一次合作,因此是值得纪念和回味的。10年之后的今天,此书又要修订再版,出版社约我写了"修订版序言",一方面向读者说明此书编写的由来和当前继续推动青少年阅读中国思想文化典籍的必要;另一方面也是为了纪念刚刚过世的张岱年先生,表示后学要继续他未竟事业的决心。为了留下一份完整的文字资料,现将张先生与我合写的(中国思想文化典籍导引)的"前言"和我单独执笔写的"修订版序言"的全文转录如下:

《中国思想文化典籍导引》前言

中华文化,源远流长,历代典籍,数量繁多,祖先给我们留下的文化遗产是丰厚的。青少年朋友们在阅读现代社会科学、自然科学书籍和外国文化名著的同时,也应该读一点中国的古典名著,通过读书,了解中国传统思想文化的内容,以便继承和弘扬优秀的民族文化,做到融会中西,学贯古今。

但是青少年不需要也不可能读太多的古书,只能先读那些最重要、最有代表性并在历史上产生过较大影响的典籍,然后根据自己情况,量力而行,逐步扩大阅读范围。有些书属于汇编性质,规模很大,又很重要,青少年只需知道它们的主要内容,并学会查阅的方法也就行了。清代张之洞著有《书目答问》,向当时学子开列应读书目2200余部,这对于今天的知识青年来说,未免太多,不切实用。但书目太少亦不足以体现中国思想文化的系统性和博大精深。从今天实际情况出发,考虑到开列书目要做到全面、准确、适度,我们从浩瀚的书典中经过反复筛选,提出国学书目85部。

这个书目照顾到传统的经、史、子、集"四部"和儒、佛、道"三家",

又不受其局限，按内容分为经典、诸家、史著、文学、蒙学、科技、汇编七大类。经典类列有儒、佛、道三家最基本的要典。诸家类选取历代杰出思想家的代表著作。史著类开列古代历史学名著。文学类列有诗、词、文、小说等体裁的文学名著。蒙学类选用流传广泛的民间普及性读物。科技类精选古代自然科学技术代表作，数量较少，因本书目以思想文化为主。汇编类采列若干部大型类书（按类采辑古籍中的文字资料）和丛书（按一定系统汇刊群书）。这个书目的数量仍然不少，并不要求青少年朋友都能阅读，只是提供一个基本的读书范围，以便他们初步了解这些典籍的大致内容，为今后逐步阅读打下基础。有些书，如《周易》、《论语》、《孟子》、《老子》、《孙子兵法》、《史记》、《纲鉴易知录》、《唐诗三百首》、《古文观止》、《幼学琼林》十部，则属于最低限度必读之书。人们在青少年时代最好能对它们认真通读，然后触类旁通，在文史哲诸方面有所积累，领受古代文化中真、善、美的熏陶，将来无论做什么工作，终生都会受用不尽。我们希望这个书目能被学术界和教育界所关注，大家一起来修正补充，使它不断完备，形成共识，在学校教育和社会教育中发挥它应有的作用。

不可否认，学习古代文化典籍在国民教育中应占何种位置的问题长期没有得到很好的解决。封建时代的教育已不适用于近现代，所以辛亥革命以来，废止读经，提倡新式国民教育，无疑是一大进步。但在破除封建教育模式的同时，把学习古代要典的内容从学校基础教育中逐渐排除了，恐怕也是一种偏失；其不良后果之一，便是中国新一代知识分子的文化素质在国学涵养方面的下降。我国近代老一辈有成就的知识分子，不论是人文科学学者、思想家、文艺家，还是自然科学技术专家，也不论是长期在国内工作，还是出国留学，并以研究西方为主，他们的国学功底大都比较深厚，这是他们成为大家的重要原因。但是当代年轻的中国知识分子，不熟悉自己民族文化典籍的现象却是普遍存在的，并且有些人数典忘祖，不以为耻，安之若素，这是民族虚无主义思潮长期流行的结果。

早在20世纪40年代，朱自清先生在《经典常谈》序中指出："经典训练的价值不在实用，而在文化"，又说："做一个有相当教育的国民，至少对于本国的经典，也有接触的义务"，所以他郑重地建议："在中等以上的教育里，经典训练是一个必要的项目"。到了80年代，叶圣陶先生在重印《经典常谈》序中，又进一步指出："经典训练不限于学校教育的范围而推广到整个社会，是很有必要的。"朱、叶二先生都是近现代中国进步的教育家，他们提倡经典教育决无意于复古，而是为了国民文化素质的提高。他们所说的经典是广义的用法，包括群经、先秦诸子、几种史书、辞赋诗文及文字学著作，我们可统称为要典。要典训练之所以重要，是因为凝结在要典中的传统思想文化，其精神已经广泛渗透中国人的心理结构之中；其智慧已经影响到社会生活各个领域；其文词已经成为中华民族的共同文化语言。要典中有哲学，有历史，有道德，有文学，涵储着传统文化的基因，在民族文化的世代传承中具有不可替代的权威作用。作为中国人，不论从事什么职业，也不论持有什么立场和观点，都不能不直接或间接与这些典籍相牵连，不在青少年时代有所训练，其文化知识结构就是不完整的。

近百年来，中国人对传统文化的态度经历了肯定、否定和批判地继承与综合地创造等曲折的认识过程，在经过反思和改革开放的洗礼之后，又感受到民族精神和传统美德丧失太多的痛苦，越来越多的人不再把传统文化和现代化绝然对立起来，而能够认识到，只有弘扬优秀传统文化，才能更好地充实和促进精神文明，更好地配合经济发展和政治改革，从而加速建设有中国特色的社会主义。为了弘扬优秀传统文化，首先要了解它的思想精髓，这就需要认真读一点古书，在真切了解的基础上，取其精华，弃其糟粕，为新文化建设提供精神营养。

中国文化是世界文化的重要组成部分，在外国人的心目中有崇高的地位。西方工业社会在取得物质文明和科学技术上的高度成就的同时，也面临着生态失调、人际紧张、精神空虚、人性堕落等种种危机。一些有识之士在探索调整社会发展模式的过程中把眼光投向东方和中国文化，热心学习《论语》、《老子》、《周易》等典籍，努力从中国古圣贤的思想中寻找智慧，以弥补西方文明的不足。中国和一些东亚国家在复兴自己的民族文化的同时，正在努力学习和引进西方发达国家先进的管理经验和科学技术，把两者结合起来，创造东方的现代化模式。东方文明和西方文明逐渐形成互补共进、双向交流的崭新局面。在这种国际性文化格局下，中国现代知识分子必须兼有东西文化的素养，才能承担起历史赋予的重任。

文化典籍教育是建设中国文化的战略性基础工程之一，要认真扎实地规划实施，它对于国民素质的优化和社会文化层次的提高，对于培养青少年一代成长为既具有现代意识和国际精神，同时又具有民族风格和东方学识的新型知识分子，有着重要意义和作用。本书不仅适合于青少年，成年人如能翻阅，并进而读一点古代典籍，也会从中得到教益的。

最后，我们还要说明，这本《中国思想文化典籍导引》只是读书的向导，帮助读者顺利进入知识的宝库，但不能代替原典的直接训练。至于作者对原典的评价，见仁见智，不求统一，仅供参考。有兴趣、有能力的青少年读者一定要在阅读原典上下些工夫，虽然阅读古籍会遇到许多困难，但我们是中国人，又有历代和今人注解作参考，文字的障碍是可以克服的。原典言简意深，有其特殊的神韵风貌，许多名句长期传颂不绝。初读虽苦，一旦入门，乐趣便生，细细体味，文义自见。切不可浅尝辄止，或者靠第二手的小册子讨生活，基础打不牢，以后补课就困难了。

张岱年　牟钟鉴
1994 年 3 月

修订版序言

当我提笔写这篇修订版序言的时候，本书主编、北京大学哲学系教授张岱年先生在度过人生 95 个春秋之后，刚刚去世。作为他的学生，我悲情正浓，不禁想起十年前他与我在一起撰写本书"前言"的情景，尚历历在目。假如今天我们还能在一起撰写修订版序言，张先生定会颔首微笑，说出一些平实质朴而又充满智慧的话，那该多好。可惜他永远离开了我们，这次只好由我单独执笔了。不过，本书的修订再版，说明张先生所提倡的中华要典阅读已经得到社会的重视，得到青少年朋友的响应，他的声音将传播到更广、更远的地方，这是对张先生最好的纪念。

张先生是跨世纪的一位德高望重的国学大师，他的一生不仅致力于从学术上继承和发扬中国优秀传统文化，而且一向重视学校人文素质教育，关心青少年的健康成长。所以当年他欣然答应担任《中国思想文化典籍导引》的主编，要我协助他从浩瀚书典中筛选向青少年朋友推荐的要典书目，重新进行科学分类，又从中精选出十部最低限度必读书，并反复讨论"前言"的内容，表达我们对于古典训练在国民教育中应占重要地位的共同态度和见解。说来也巧，本书所定的书目共 85 种，而张先生当年也正好 85 岁。他觉得这件事情很重要，所以特别认真，不顾年迈，颇多运思。他认为青少年朋友读点中国的古典文化名著，可以"领受古代文化中真、善、美的熏陶"，提高思想素养，成为兼通中西文化的新型知识分子，以便承担起历史赋予的重任。他的心意和期盼，已经写在"前言"之中。在学界王国轩、彭林诸友的积极参与和协助下，在中央党校出版社吴可、王彩琴诸友的策划安排下，我们约请了二十多位在京学者，分头撰写各要典的简要导引。朋友们的真诚合作使本书得以顺利编成出版。

　　如今十年过去了，在青少年中加强中国人文素养和传统美德教育的工作，得到全社会更进一步的重视，大环境有了显著的改善。2001年中央发布《公民道德建设实施纲要》，总结出"爱国守法、明礼诚信、团结友善、勤俭自强、敬业奉献"二十字的基本道德规范。2002年党的"十六大"提出"弘扬和培育民族精神"的重要任务，强调要将它纳入国民教育全过程。2003年以来，各地实施的中小学地方课程建设中，已经涌现出许多内容生动、图文并茂的介绍中华民族优秀文化的新教材，受到学校、家长和学生的欢迎。2004年春，中央发布《关于进一步加强和改进未成年人思想道德建设的若干意见》，明确指出："要把弘扬和培育民族精神作为思想道德建设极为重要的任务，纳入中小学教育的全过程。"以上可以看出国家和社会对中华民族文化的高度重视和对青少年朋友们的殷切期望。与此相呼应，民间社会开展的中华经典诵读活动方兴未艾，规模越来越大，参加的中小学生人数越来越多。青少年在诵读活动中领略历史，增加智慧，陶冶情操，修养文学，配合课堂教学，取得了很好的社会效果。

　　但我们不能自满。青少年的思想道德建设和人文素质培养是长期的工作，既面临着有利的发展形势，也遭遇着种种困难和挑战。改革开放和社会的迅速发展，为青少年的成长提供了更优越的物质条件，更先进的教育设施，更发达的信息通道，更广阔的成才空间。但从全国看，教育事业发展极不平衡，西部一些地区还相当落后；国际上不良文化的渗透和各种社会弊病的严重存在，也给青少年的成长带来迷误和危害。社会道德滑坡，诚信缺失加剧，享乐和腐化思想泛滥，垃圾信息成堆，这些负面的东西包围着未成年人，损害着他们的身心健康，青少年中犯罪率仍在上升。学校教育长期存在的重智轻德、重实用轻人文的倾向，在市场规则和升学压力的逼迫下难以有效扭转，而学校的道德教育存在着教条化的缺点，不合学生口味，且不断被社会不良风气所抵消，这不能不令人忧虑。

　　青少年是国家和民族的未来，是全面建设小康社会和中华复兴伟大事业的继任者和开拓者。造就德、智、体全面发展，仁、智、勇三德兼备，既能返本开新又能综合创造的新一代人才，乃是文化建设的百年大计和基础工程。这需要社会综合治理并从社会教育、学校教育、家庭教育多种角度全面改进教育工作。而在诸多措施之中，我以为加强中华传统美德教育可以成为切实推进素质教育的突破口，而实行文化要典训练则是完成这一突破的重要和有效的方式。青少年阅读中国文化要典，从近处说有利于提高道德素质，从长远看它是一项固本培元的文化事业，就是在广大青少年心中培植中华文化和中华精神的根苗，从而打下立身行事的牢固基础。人的成长，不能没有文化的本根，本固则枝壮，根深则叶茂。中国文化是最具道德精神的文化，古典名著对人性有巨大的涵养功能。青少年通过读书陶铸品性，变化气质，领悟中国文化的博大内涵和超凡智慧，确立自强不息、刚毅诚信、仁爱通和、厚德载物、以义导利的价值观和人生方向，以此为根底便会使自己立于不败之地，不容易被浊流所动摇，再去吸纳西学，钻研科学，必将成为济世利民的人才，中华民族的灿烂文化也将会由此而后继有人，再度辉煌。

《中国思想文化典籍导引》如果能在青少年健康成长中继续发挥积极作用，我想张岱年先生的在天之灵，会备感欣慰。当然，仅有《导引》、《导读》一类书籍是不够的，社会还要求教育者在教育方法上充分适应青少年的心理特点，做到丰富多彩，生动活泼，特别要利用现代传媒手段、音像制品，形象化地解读古典精华，使优良传统在现代人心中活起来。这就需要各界有识之士来共同创造，不断总结，多方开拓，加强交流，与青少年一起把这项文化希望工程切实向前推进。

中央民族大学　牟钟鉴
2004 年 5 月于北京

四、求真务实的治学态度

张先生诸多作品中有两本书，另一本叫《求真集》，湖南人民出版社 1985 年出版；一本叫《真与善的探索》，齐鲁书社 1988 年出版。书如其人，张先生一生追求真理，其治学的精神便是求真务实，不随波逐流，也不哗众取宠，一切以是否符合客观真理为标准。

根据我的观察和体会，张先生为学的求真务实，主要表现在两个方面：一方面勇于探索真理，坚持真理，不因社会环境的压力而改变，在这方面可以说他是"我行我素"，保持独立的学术人格，绝不人云亦云，总有自己独特的见解；另一方面在学术上平实客观，有知人和自知之明，一是一，二是二，不作玄妙之论。

20 世纪的三四十年代，当中国人文学者热心各种西方唯心论哲学的时候，张先生从学理上接受了唯物辩证法，把它作为自己的哲学方法论，肯定客观世界和真理的实在性和辩证性，同时又运用逻辑分析方法进行理论的严密论证，又继承和发扬中国哲学史上张载、王夫之的气学传统，主张"理在事中"、"物本心用"，欲将此三者结合起来，"构造一个'三结合'的体系"（《真与善的探索》自序），这在当时哲学界可谓特立独行者。新中国成立以后，唯物辩证法大行其道。但受苏联影响，哲学界将唯物与唯心的矛盾与阶级斗争紧密联系起来，把哲学问题政治化。张先生却仍然坚持哲学的思考，不赶潮流，不使哲学成为"左倾"政治的附庸，因此他并未由于主张唯物辩证法而得到尊荣，相反他由于坚持直道而行的生活原则，求真务实地在鸣放中提了批评意见，称赞儒家"以德抗位"的大丈夫气概，而被划成"右派"，打入另册，饱受直言犯禁之苦。可以说张先生坚持了生活中的唯物论，即实事求是的态度，这样做有时候是要付出很大代价的。改革开放以后，张先生系统整理和阐发了中国哲学中气学的传统，把它与唯物辩证法进一步贯通起来，因而可以称张先生的哲学为新气学，与冯友兰的新理学、贺麟的新心学，成为并列的三大家，这是张先生对中国哲学现代转型的一大贡献。

　　张先生在备受推崇、声名日盛之后，他并未因此而头脑发热，亦从未以大师自居，还是一如既往以求真务实的态度对待自己，对待学问。我回忆起有两件使人感动、至今难忘的事。大约是 1983 年，我读扬雄的《法言》与《太玄》。《法言》仿《论语》，明快易懂；而《太玄》仿《周易》，以"玄"为中心，自造体系，又用词艰涩，颇难解读。我便跑去请教张先生，不料张先生的回答是："我读《太玄》，也没有读懂，文字玄虚，不好理解，我给你讲不清楚。"一位年长的大学者，在学生面前如此坦诚，知之为知之，不知为不知，无任何修饰之词，这就是张先生。无奈之下，我只好硬着头皮去钻研《太玄》，幸有韩敬学兄的《太玄注释》油印稿和一篇研究文章作为参考，才勉强写了一篇论述扬雄哲学思想的文章。后来我看到张岱年先生于 20 世纪 80 年代初即写了《扬雄评传》，其中对《太玄》有系统分析评论。那么张先生为什么不给我讲解《太玄》呢？大约是他对扬雄的这部作品的把握尚不满意。他在《扬雄评传》里说："扬雄研究过'古文奇字'，他在《太玄》中用了很多古字奇字，许多文字都在可解与不可解之间，隐晦难懂。"所以他不愿意把有猜测成分的解释讲给我听。

　　还有一次到张先生家讨论学术，谈到冯友兰先生《新原人》书中提出的人生四境界说，即自然境界、功利境界、道德境界、天地境界，此说在社会上影响很大，但如何理解，则见仁见智，纷纭不一。我问张先生，应当如何领会冯先生的"天地境界"？张先生回答说："天地境界很神秘，不好领会；生活里恐怕没有这样一种境界，它不是实有的，最多是一时的一种主观体验，不能成为一种人生的恒常精神状态。道德境界、功利境界都是实有的，生活态度确有高下之分。"在这里我看出了冯先生与张先生学问风格的不同。冯先生适当肯定中国哲学的神秘主义传统，主张未来的哲学应是理性主义与神秘主义的结合。而张先生的哲学则是比较彻底的实学，不认同超理性的神秘主义。张先生一生好做哲学的沉思，对于逻辑分析方法尤为执求，而不喜玄远浪漫之论，故凡不能诉诸理性的奥义则不加附和。

五、重塑人格尊严

20世纪90年代中期，张先生特别致力于发掘儒学中强调独立人格的思想。他在几次会议上的发言都反复说明儒家是重视人格尊严和个性自由的，他不赞成把儒家说成只重社会群体不重个人意志的看法。这种学理式探讨，实际上包含着张先生痛苦的经历和对人生的深刻反思。张先生是十分宽厚又个性极强的人，但"反右"斗争和后来的运动压抑了他的个性，损害了他的尊严，他只好默默地忍受着。改革开放解除了"意识形态恐惧"，张先生可以自由探讨学术，而且受到社会各界越来越大的尊重。但几十年的重压在张先生身上还是留下了烙印，有时候不得不去参加一些表态的会，说一些言不由衷的话，当然这种情况并不多见。一些学生辈的朋友私下议论时，我就说过张先生"仁、智有余，而勇者不足"。尽管如此，我们理解他，因此仍然尊重他。人们心有余悸，不可能完全消除。我曾当面委婉地批评他，谏言他不要再说任何违心的话，张先生听过并不生气，只是笑一笑，点点头，做学生的还能说什么呢？但张先生是真正重视这个问题的，他不断写文章从正面阐释中国知识分子刚毅不拔的优良传统，与此同时他在治学上老当益壮，学术思想上的个性愈加鲜明。

1995年他在《国际儒学研究》第一辑序中写道："儒家学说中有些内容具有显著的时代局限性，也有些内容具有一定的普遍意义，例如以和为贵的价值观、强调人格独立的人文精神等，在今天仍是值得重视的。"他把和谐思想和人格独立作为儒学两大精华相提并论，足见其重视的程度。接着张先生在《国际儒学研究》第二辑（1996年）里发表了《中国古代关于人格尊严的思想》一文，正式阐述了人格尊严的理念。他指出，孔子提出"志不可夺"和"不降其志"，是为了保持人格的尊严、不屈服外在的势力。孟子说过"所欲有甚于生者，所恶有甚于死者"，前者即人格的尊严，后者即人格的屈辱。他引用孟子关于大丈夫的名言"富贵不能淫，贫贱不能移，威武不能屈，此之谓大丈夫"时，强调指出，在这三句话之前还有三句，即"居天下之广居，立天下之正位，行天下之大道"，张先生认为这三句话也有重要意义。"居天下之广居"，意谓有行动的自由；"立天下之正位"，意谓立天地之间有一定的地位，亦即确立自己的正当地位，这个"位"不是官位，而是人格的地位，即所谓"天爵"。张先生又转述孟子引曾子之言："晋楚之富，不可及也。彼以其富，我以吾仁；彼以其爵，我以吾义，吾何慊乎哉？天下有达尊三：爵一，齿一，德一。朝廷莫如爵，乡党莫如齿，辅世长民莫如德。恶得有其一以慢其二哉！"张先生接着评说："孟子这一观点，近代学者称之为'以德抗位'（注：见萧公权《中国政治思想史》），其实质是肯定品德高尚者的人格尊严，认为有道德的人绝不屈于权势。"张先生还标示了《礼记·儒行篇》提出的特立独行之士"可杀不可辱"的刚毅精神，赞扬了历史上许多志士坚持民族气节、宁死不屈的优秀品质。在文章的最后，张先生说："我们一方面要强调个人的人格尊严；另一方面也要坚持个人对于社会的责任、个人对于民族的义务。这两者是完全统一的。"从这篇文章可以看出，张先生这一时期对人格尊严问题想得很多，重新提起1957年打"右派"时说的"以德抗位"的话头，表明他始终把人格尊严当做知识分子安身立命的根本，他要维护和延续这一优良传统，不使其堕变。

六、与人为善，有求必应

张先生一生不变其个性：忠厚益人，和蔼可亲，没有霸气和俗气，世易事变，不失其赤子之心，老来质朴如昔。凡前来求教求助者，必亲切待之，尽心应之，不使其失望。尤其对于后生晚辈，提携有加，见其有一善可称道者，便奖掖之，绍介之，务使其见用于世。他为青年学子写书序，写推荐信，数量甚多，不厌其烦，宁可扬善过当，也不愿埋没人才，心如菩萨，仁慈多多。

大家都知道，张先生的住所长期狭窄，其中关园公寓虽有三间，但结构陈旧，面积不大，而张先生书刊量多，无法摆放，只好堆在一起。小小的书房，除了书堆和一张桌子、几把椅子，再也没有别的物件。和张先生在书房里相会，真正是"促膝对谈"，倒也亲近融洽，没有距离之感。大家都为张先生的住房问题操心，却没有听到张先生有什么怨言。所谓客厅，也是堆码着书刊，一个沙发，一张饭桌，几把椅子，余剩空间不多。天冷出不了门，在家走走也没有地方。在张先生快90岁的时候，终于传来了好消息，北京大学和清华大学要在蓝旗营合建宿舍楼，张先生可以享受院士的待遇，分到一套大面积的高级住房。张先生当然很高兴，盼望这一天早点到来。世纪之交在石景山开过一次关于道德建设的会，主持者把张先生请到会，我表示过不赞成，因为其时张先生已经行走不便，衰老日甚，我担心出问题。果不其然，张先生在洗澡时摔了一跤，幸好无大碍。他就是这样的人，不忍拒绝大家的好意。会议期间，我问到新房的事，张先生一脸高兴的样子，说已经交了房钱，只等盖好房入住了。我在心里暗暗祈祷，希望张先生多活几年，能住进新房，好好享受一下宽敞和明亮。这个愿望还是实现了，张先生终于住进了院士楼，度过了他人生最后三年时光。

2002年2月我在中央民族大学主编《宗教与民族》，请张先生为该刊题词，于是第一次走进张先生的新家，果然宽大舒适，我真为他高兴。我说明来意，张先生毫不犹豫地拿起笔，很快就写下"要把宗教与民族问题的研究工作做好"的题词，这是一句朴实的话，但包含了老一辈学者对我们的殷切期望。我还对张先生说："北京大学哲学系为了保护您的健康，在门口贴上谢绝访问的条子是应当的；但是若真的整天一个人也没有来，您会感觉寂寞吧？"张先生说："真是这样，我愿意一些学者来谈谈学问，我欢迎你经常来。"又说："你最近在报刊上写的文章，凡我知道的都看，写得不错，你挺努力。"我听了大受鼓舞，未曾想90多岁的老师还有心思去关心学生的文章。张先生的腿很弱，走着小碎步。厅很敞亮，可以走来走去了。我起身告别，他和师母一起非要把我送到大门口。同年10月，中国人民大学开实学会十周年庆典，张先生应邀到会，但已经不能上下楼梯，大家一起用椅子把他抬上去，开幕式结束又把他抬下来。我当时埋怨主持人不应该把张先生搬来，不能再烦扰他，年纪太大了。但张先生不顾年老体弱，硬是撑着赴会，他有不忍人之心，要用行动对学生辈的爱给予报答。

我回想起，1999年，张先生90岁时参加了国际儒学联合会举办的"纪念孔子诞辰2550周年"大会。张先生有一很短的发言，指出孔子第一次阐明了人类道德的基本原则，实现了人类的自觉，这就是："己欲立而立人，己欲达而达人"，"立"就是站起来，就是有独立的意志、独立的人格。"达"，即还要发展。道德的基本原则就是，自己要立起来，也要帮助别人立起来；自己要发达，也要帮助别人发达。这是对中华民族的伟大贡献，对人类的伟大贡献（见《国际儒学联合会简报》1999年第3期）。张先生的讲话是很有创意的。通常人们认为，"己所不欲，勿施于人"才是伦理学的黄金规则。20世纪90年代世界几大宗教对话，探讨全球化形势下的普遍伦理，曾把这句话作为普遍伦理的底线原则，即人们不能互相损害，这是人们和平相处的起码要求。而张岱年先生讲法不同，他单独标出"己欲立而立人，己欲达而达人"，作为道德的基本原则。这其中有深意吗？有的。"己所不欲，勿施于人"是恕道，可以保证人们不做非道德的即损人利己的事，但不能保证人们一定会做道德的即济世利他的事。按照这条原则，人们可以相安无事，老死不相往来，但不一定要互相关照。"己欲立而立人，己欲达而达人"是忠道，其基本要求是利他为善，而这正是道德的本质属性。所以张先生把忠道作为道德基本原则是有道理的，要比西方所谓的道德黄金律更积极、更真切，也更深刻。利人的行为是善，损人的行为是恶，利己不利人也不损人的行为不必作道德评价。张先生之所以能对孔子的道德思想有如此创造性的解释，根本上在于他是一位不知损人、总是利他的人，很能理解人、同情人，善于帮助人、成全人，而又不愿意凸显自己。他是一位心胸博大的大师，又是一位真诚朴直的长者。（2004年6月作）

（载《不息集　回忆张岱年先生》，北京大学出版社，2005年4月）

怀念朱伯崑老师

我接受朱先生教诲已有45年了，师生情谊未曾稍淡。他的身体一向瘦弱，学生辈是有担心的。可是到了70岁以后，依然精神矍铄，思维敏捷，讲起话来洪亮有力，大家不仅宽了心，而且相信有钱难买老来瘦，他是能健康长寿的。所以朱先生生大病住院的消息传来，我还是有些意外。我知道得很晚，直到2007年2月11日才有空与陈亚军博士去北医三院探望，恰遇李中华、王博二友，一起走进病房，看到先生嘴里插着管子，羸顿已极，心里十分难过。女儿扶起他坐在沙发椅上，说肺部感染不消，痰多憋气，只好使用吸痰器，不能讲话，但头脑清醒，耳目还好，可以看看电视，我心稍慰。我把嘴贴近先生耳朵，说：我在北京大学读研时，您给我的知识最多，我不会忘记。又说：您培养了那么多学生，正在为弘扬中华文化努力工作，您可以宽慰。先生点点头，表示认同。我又说：您好好调治，能挺得过来，然后回到家去休息恢复。先生摇摇头，意思是说好不了了。我简直要哭出来。这是最后一次与先生面谈。先生于5月3日病逝，5月11日在八宝山举行遗体告别，去吊唁的人，不仅有北京大学数不清几代的学生，还有各行各业的人，可见朱先生的社会影响之大。金春峰代表杨适和我写了挽词给师母，这使我的思绪回到了20世纪60年代。

1962年，我和金春峰考取了中国哲学史方向研究生。冯友兰先生和任继愈先生分头指导我俩的论文，而负责给我们系统讲解专业和辅导学习的便是朱先生。当时还有两位进修教师：四川的张儒义和辽宁的钟离蒙。我们四人组成研究生班，由朱先生系统讲授中国哲学史文选资料，每周半天，都是在先生家里上课。朱先生当时近40岁，已经是史料烂熟于心、义理深思于胸了。先生循循善诱，引导我们认真阅读古代典型性的哲学文本，他再加以分析评说，体现出北京大学哲学系的资料与理论并重的学术传统。算起来我真正进入中国哲学史学科并涵泳其中，就是从这里开始的。为了锻炼提高，我将一些古典哲学文选翻译成白话文，颇费了点心思，也由此加强了阅读古书的能力。我当时就想，朱先生比我才大10多岁，他什么时候通读了两千多年间中国哲学的主要典籍呢？对于每个历史阶段的哲学资料怎么那么熟悉？有点不可思议，却未敢提问。先生讲起史料来如数家珍，心里真是感佩。朱先生讲课十分投入，其他事情浑然不觉了，所以也常常忘了时间，直到我们提醒才发现上午的课讲到了下午一点多，学生肚子受不住了，先生还意犹未尽。就这样讲与学，有一年时间，朱先生的丰富学识滋润了我们的心田，使我们在中国哲学史专业上积累起比较系统的知识基础，从而影响了我们的一生，如此深恩，我们没齿难忘。

"文化大革命"之前，我就离开了北京大学。"文化大革命"十年困于运动，未与先生联系。改革开放以后，先生的学术事业空前活跃起来，与先生见面的机会多了。先生致力于易学思想研究，出版了《易学哲学史》，在国内外产生了巨大影响，形成当代中国易学的新义理学派。我随着先生参加了几次易学学术研讨会，受益良多。但考虑到自己虽然重视《易传》，却未能进入其中，而主要专业兴趣在别的方面，不愿在易学界滥竽充数，便向先生坦示：以后不再参加易学的会议与活动。我想先生会觉得这个学生不争气，批评一下。但先生宽宏大度，尊重学生的选择，同意了我的请求。此后，我虽然不再参与易学的活动，却认真读了《易学哲学史》，从中汲取了不少营养；也关注着先生的易学事业，看到它由小到大，由国内到国际，创办起东方国际易学研究院和国际易联，蔚然大观，先生真是老当益壮，文力无穷。

后来我与先生交往又多了起来，那是由于冯友兰研究会的事情。冯先生于1990年去世后，社会上兴起了研究冯学的潮流，北京大学成立了冯友兰研究会。朱先生是冯先生的嫡传弟子，对冯学最熟，也最能继承创新，又资深德高，自然被大家推举为冯友兰研究会会长。我是冯学的热心参与者，也写过几篇文章，成为冯会理事，于是能常见到先生。朱先生对冯先生怀有深厚感情，对冯友兰研究会的工作倾力推动。从申报登记、经费筹措，到召开会议、组织活动，他都直接主持操办。学生们如众星捧月般围绕着他，一起把冯友兰研究会办得有声有色，十几年来做了不少事情，使冯学壮大起来。说来也巧也不巧，朱先生召开理事会筹划事情，我差不多都有时间参加，而真正到了办活动的时候，我却由于种种客观原因往往不能参加，但尽心了。朱先生有事总是亲自打电话给我，多为冯学的事，还称我为"老牟"，不直呼姓名，我不安也没有办法，由此可见朱先生待学生的平等态度。

还有一项重要的学术工程，朱伯崑先生在其中作出了重要贡献，那就是《中国儒学百科全书》的编写出版。该书是我国第一部全面系统介绍儒学知识的大型学术工具书，包括两大部分：儒学通论和历代儒学，全书共列1866个条目，约220万字，由中国孔子基金会组织全国100多位学者，经历5年多努力完成的,由中国大百科全书出版社于1997年出版。该书出版后,以其内容的丰富、真确,制作精美,而受到社会各界的广泛好评,是一项成功的学术工程。在全书的编委会名单中,朱先生既不是主编,又不是顾问,只列为委员,他并不计较这些。事实上朱先生起到了真正主编与核心的作用。确定全书构架,提炼儒学词条,是关键的一步。而逻辑构架主要采纳了朱先生的意见,大部分词条是朱先生概括出来的,凝聚了他大半生的学术积累,这不是一般人能够做得到的。我亲身参加了这部书编写的全过程,最了解朱先生在其中的地位和作用。可是先生从不在人前张扬自己的功劳,体现了崇高的不争之德。

陈来教授幽默地称朱先生为北京大学哲学系中国哲学史学科"第三代领导核心"(继冯友兰、张岱年二先生之后)。这是千真万确的。在先生身上体现了北京大学和哲学系的学术传统:返本开新、综合创新;以史出论,以论带史;民主自由、包容开放;厚重学术,淡泊名利。这个传统我们要继承下来,发扬下去。

思念情结,既深且牢。赋诗一首,略抒所怀。

祭朱师

教诲深恩岂敢忘,潜心育才众花香。
释史重寻千年路,阐易涵泳百家坊。
继冯力传北大统,弘道又建国际堂。
誉满学界星捧月,信吾师魂寿无疆。

2007年12月22日

追念任继愈先生

任先生去世后，国家图书馆举行追思活动，我讲了话。在学友们回忆和谈论的引导下，又有许多往事在我心中清晰起来。我想，作为任先生的一个老学生，最好的纪念方式之一就是把自己亲身经历的与任先生相关的事情和感受说出来，使追念能够对历史增加一些真实的细节。

一、关于中国哲学史研究

我于1962年同金春峰一起由北京大学哲学系本科毕业考取了中国哲学史方向研究生。冯友兰先生和朱伯崑先生共同指导我们的学习，任先生具体负责对我日常指导和论文写作。那几年任先生恰好主编《中国哲学史》四卷本，住在中央党校，那里集中了北京大学、中国人民大学、中国科学院哲学所一批老中青学者。任先生受教育部委托，负责组织编写新中国成立后第一部马克思主义指导下的中国哲学史教材，任务之重可想而知，而当时他不过40多岁。就在这种情况下，他仍然隔三差五约我在他家里作专业辅导。他的特点，一是不主动讲，要我提问题，他来回答；二是不谈细琐的问题，重点是讲治学的方法。给我印象最深的有两条：一条强调运用马克思主义立场、观点和方法分析中国哲学发展的特点，说这个问题还没有解决；另一条强调资料与观点并重，说这是北京大学的好传统，要继承发扬。

《中国哲学史》第一、第二、第三卷编写于1961—1964年，第四卷编写于1973年。它代表了"文化大革命"以前学界研究中国哲学史的最高水平，是学者集体努力的成果。任先生作为主编发挥了重要作用，亲自写稿子、改稿子、撰写绪论、完成统稿，倾注了大量心血。虽然当时学界的马克思主义水平有限，又受了苏联日丹诺夫教条的影响，过度强调唯物与唯心的斗争，过分强调阶级分析方法，《中国哲学史》四卷本当然有它的局限性。但历史地看，它毕竟系统地论述了中国哲学史的人物、学派和思想，而且作为当时唯一通行的教材，在大学教育中发挥了传布中华文化的作用，影响是很大的。

改革开放以后，任先生不满足以往的成绩，在世界宗教研究所组织了两个写作班子，着手写学术史性质的《中国哲学发展史》和《中国佛教史》，任先生任主编。孔繁、余敦康和我参加了《中国哲学发展史》写作组，并成为前三卷主要撰稿人。还有周继旨、闫韬、钟肇鹏、韩敬、李申、郭熹微、陈克明、李明友、张跃、赖永海也参加了写作。任先生在该书导言中指出，"我们对已出版的教科书不能满意"，要写出"比20年前出版的四卷本教科书更详尽的哲学史专著来"。要"对中国哲学史的发展作一次严肃认真的探索"。探索确实是认真的，写作组全面收集和详细占有第一手资料，重新梳理中国哲学发展脉络，从历史实际出发，总结中华民族理论思维的过程和经验。前人空缺的，填补进来；前人简略的，充实起来；前人误解的，纠正过来。写作组成员把20世纪80年代大部分时间用在了这套书上。我自己觉得最辛苦的是写后期墨家，参考十几种著作（如毕沅《墨子注》、张惠言《墨子经说解》、孙诒让《墨子间诂》、俞樾《墨子平议》、梁启超《墨经校释》、邓高镜《墨经新释》、伍非百《墨辩解故》、吴毓江《墨子校注》、谭戒甫《墨辩发微》、杨宽《墨经哲学》、沈有鼎《墨经的逻辑学》等），对《墨经》一条一条解读，费尽了气力，最后看懂的也不过只有十之六七，因此我对高亨《墨经校诠》能把墨经六篇的每一条都能解释，佩服至极。功夫不负有心人，《中国哲学发展史》前四卷使中国哲学史的面貌焕然一新了。例如，探讨哲学史前史，写了中国原始社会思维的发展；补写了殷周之际宗教思想的变革和孔孟之间的儒家传承；新写了《吕氏春秋》与《淮南子》；依据考古资料，撰写了汉初黄老学派；而纬书综述和汉代自然科学与哲学的关系以及魏晋南北朝儒释道三教的斗争与融合，都是全新的内容；写隋唐卷，则完全打破历史前后顺序，分为儒教编、佛教编、道教编、会通编，不仅结构上与旧哲学史迥异，而且内容上也新意迭出。前四卷出版后，学界反映良好，认为是中国哲学史研究的一次突破。我亲自听到日本学者和台湾学者对此书的赞赏，给予了较高的评价。在写作中，任先生是比较放手的，让我们自己去充分发挥。同时在指导思想上也给我们提供了若干新的理念：一是在先秦哲学阶段，重视地区性文化差异，概括出邹鲁文化、荆楚文化、三晋文化、燕齐文化四种文化类型；二是魏晋以后，重视儒、佛、道三教的斗争与融合，抓住了中国哲学的核心脉络；三是从汉代中后期起，重视佛教、道教的哲学，分给我的任务是写道教的产生与发展，从此我进入中国宗教史的领域，对尔后的学术生涯产生了重要影响。任先生要我在四卷中写的篇章，差不多都是旧哲学史所忽略的专题，更是自己生疏的领域，不得不拓荒寻路，从头做起，当然很艰辛，却也能够品尝到创造的乐趣。虽然后来由于自己不能接受"理学是宗教"、"宗教是消极的"的看法,写到第四卷以后离开了写作组,但是我仍然感谢任先生吸收我参加《中国哲学发展史》的写作,它使我在学术研究起步阶段得到较为严格的训练,为以后的研究,在治学眼界、能力和方法上,打下良好的基础。

二、关于世界宗教研究所的创建和发展

我在北京大学研究生学习期间,就得知毛主席赞赏任先生写的论佛学的文章(见任继愈著《汉唐佛教思想论集》),并约谈过任先生。1963年12月毛主席作了著名的关于宗教研究的批示。大意是:世界三大宗教至今影响着广大人口,我们却没有知识,国内没有一个马克思主义者领导的研究机构,任继愈用历史唯物主义写的论佛学的文章犹如凤毛麟角,不批判神学就不能写好哲学史,也不能写好文学史或世界史。毛泽东向理论界提出了研究宗教的任务,这是新中国成立以来的第一次。毛泽东以当时的崇高威望,立即启动了筹建世界宗教研究所的程序。1964年,世界宗教研究所筹备处成立,它以北京大学哲学系东方哲学教研室为班底,从外面调集若干骨干人士,从当年毕业的哲学系、历史系、外语系本科生中选录一些青年学子,组成研究所最初的研究群体。研究所开始时设在北京大学,陆平校长兼所长,任先生任副所长,是实际负责人。不久,研究所划归中国科学院哲学社会科学部,并在西颐宾馆租用了房子。这期间我还在读研究生,经常去西颐宾馆找师友如黄心川、金宜久、戴康生等聊天,还在所里听过国家宗教局肖贤法局长的讲座,但从未想到来宗教所工作,因为当时兴趣在中国哲学不在宗教学,而任先生也从未提及我毕业后可以到宗教所。

1966年4月,"文化大革命"风暴前夕,我与高宣扬、李冀诚三个研究生一起到世界宗教研究所报到,开始了新的生活。我来宗教所工作与任先生当然有关,可是他在我面前没有谈过,也没有告诉我来所后研究什么专题。我的推想,一是他平时话语不多,已是习惯;二是还没有做出安排。其时宗教所有三十余人,是哲学社会科学部最小的研究所。所领导有五人核心:任继愈、阎铁、赵复三、郭朋、黄心川。接着"文化大革命"来临,一切都打乱了。再接着下到河南干校。1972年回到北京,依然不能开展业务。1976年"四人帮"倒台,"文化大革命"结束。1977年中国社会科学院成立,任先生成为世界宗教研究所所长,开始了他真正发挥建所作用的时期。

任先生对世宗所的创建与发展作出了巨大的贡献。仅就我所知所感谈几

点。第一，确立研究所的基本任务是"积累资料，培养人才"，为研究所的长远发展打下坚实的基础。为此，在他主持下，筹建了所图书资料室，在接收燕京协和神学院图书的基础上，大量收集、购买宗教类书籍，订阅不断新出的宗教类杂志，遂形成外文资料丰富、新老图书齐全的颇具规模的宗教研究资料库，在当时国内独此一家。而且实行开放式管理，研究人员可以进书库自由翻阅选借图书。这项工作有力地推动了宗教研究的开展。可惜的是，几经变动，现在的研究人员再也不能像当年那样自由地与图书资料亲近了。为了培养人才，任先生给青年人分配科研任务，开始时重点在五大宗教史的研究，通过科研培训人才。同时要研究人员做田野调查，接触宗教的实际，取得感性的经验。第二，加强马克思主义宗教理论研究。我与吕大吉、谢雨春、雷镇闽等，在"文化大革命"结束前就着手选编《马、恩、列、斯论宗教》，其中吕大吉出力最多。该书于1978年由中国社会科学出版社出版。任先生支持这项工作，强调宗教研究必须以马克思主义为指导。我记得他在所里传达过毛泽东与他谈话的部分内容。其中有这样的话，大意是：研究宗教非外行不行，宗教徒对宗教有了信仰，就拜倒在宗教脚下，不能对宗教作客观的分析。我的理解是：只有跳出宗教，才能研究宗教，信仰主义无法以理性的态度看待宗教。第三，多方调集人才，壮大研究所的实力。任先生用各种方式收拢人才，五湖四海，不拘一格。陆续来所人员中，有老北京大学的，有中国人民大学的，有中央民族学院的，有外交部的，有民族所和民族出版社的，有国家宗教局的，有团中央的，各尽所能，合作共事，使世宗所成为一个有共同事业的友爱大家庭，最多时达到170人。民族所的王森教授和中央民族学院的王尧教授是世宗所最早的兼职研究员。在任先生支持下，在卿希泰先生直接操办下，世宗所在四川设立了联络站，后来发展成独立的四川大学宗教研究所，在西南地区发挥了重要作用。他为了调进骨干人才如孔繁、杜继文、余敦康、马西沙、徐梵澄、高望之、唐逸等人，花费了很多的心思。第四，健全研究机构，增设分支学科。"文化大革命"前只有基督教研究室、佛教研究室、伊斯兰教研究室。改革开放以后，在任先生领导下，陆续增设了道教和中国民间宗教研究室、宗教学理论研究室、儒教研究室、当代宗教研究室、宗教文化艺术研究室、世界宗教研究编辑部等分支机构，是全国宗教研究机构中宗教学学科门类最齐全的研究所，在宗教研究学术界起了带领的作用。

如今，40多年过去了，世界宗教研究所换了几任所长，先后有杜继文、孔繁、吴云贵、卓新平接任，任先生为名誉所长。这期间，世界宗教研究所涌现出一批一流学者，也不断地给许多大学和研究机构输送优秀人才，向社会推出许多重要研究成果,在若干分支学科保持着领先地位,为国家宗教事务管理提供有力的理论咨询,为我国宗教的健康发展提供理性的思考,为全社会正确认识和对待宗教提供必要的知识,为我国文、史、哲的繁荣注入宗教学的营养,也为我国对外学术交流和文明对话做了大量的工作,在国内外形成巨大的影响力。与此同时,各种宗教研究机构纷纷建立,数量增长很快,已经遍布全国。从源头上说都是以当初唯一的世界宗教研究所为起点发展起来的。这样一种速度和景象,在中国内地以外的地区和国家是看不到的。至今在社会科学系统众多宗教研究机构中,世界宗教研究所仍然起着排头兵的作用。可以说,任先生完成了毛泽东交下来的建立马克思主义指导下的宗教研究机构和开展世界三大宗教研究的任务,还扩大了研究的范围。当然,世界宗教研究所的成绩是众多老中青学者和管理干部共同努力取得的,不能把功劳归为个人,不过任先生作为所长的独特贡献也要予以充分肯定。任先生对世界宗教研究所情有独钟,他离开中国社会科学院去国家图书馆当馆长以后,差不多每周都到所里坐一坐,聊聊天,依依不舍。人换了岗位,心始终没有离开,因为这里是他用心最勤、最有成就感也最熟悉的地方。

三、关于中国宗教学的兴起与发展

我认为毛泽东1963年的批示是中国内地宗教学诞生的起点,而改革开放后于1979年召开的全国宗教学研究规划会议则是中国宗教学兴起的标志,距今恰好30年。1977年中国社会科学院成立。在改革开放的大好形势下,社会科学各学科的学术研究全面启动,其重要标志便是由中国社会科学院牵头、各研究所具体负责分头举办全国性的各学科研究规划会议。由世界宗教研究所操办的全国宗教学研究规划会议于1979年2月在昆明举行。任先生是会议主持人和主题发言人。同时邀请了学界、宗教界知名人士以及宗教管理干部和一批中青年学者参会,人数达130余人,第一次实现了政、教、学三界的团结。老一辈人士有:任继愈、丁光训、季羡林、蔡尚思、罗竹风、陈国符、陈泽民、马学良、郭朋等人。当时处在壮年的学者有:罗冠宗、韩文藻、王尧、卿希泰、赵复三、肖志恬、黄心川等人。当时处在中青年的学者有:吕大吉、金宜久、戴康生、李富华、牟钟鉴等人。任先生交给吕大吉和我的任务是作会议记录和简报,至今仍保留着当时作记录的照片。会上发言虽然观点有分歧,但理性的态度占主导。这次会议部署了宗教学研究工作,成立了中国宗教学会,任先生任会长,并决定由世界宗教研究所创办《世界宗教研究》杂志。

在此后一段时间，任先生依托世界宗教研究所的科研队伍，又吸收所外学者，主持了几项大型学术工程，皆有成果出版。如主编《道藏提要》、《宗教词典》（后来扩为《宗教大词典》）、《中国哲学发展史》多卷本、《中国佛教史》多卷本、《中国道教史》、《中华大藏经（汉文部分）》。他还受国家教委的委托，总主编了一套高校文科宗教学教材，有《佛教史》、《基督教史》、《伊斯兰教史》。这些成果有力地推动了中国宗教学的发展。其中《道藏提要》是世界首创，在国外产生了很大影响。《中国道教史》（我是作者之一）被日本道教学者蜂屋邦夫誉为近期中国最好的道教史著作。《中华大藏经》虽然未来得及作标点，但收入了《赵城金藏》等珍贵文献，对于保存佛教文化遗产是有贡献的。吕大吉主编的《宗教学通论》，创造性地运用马克思主义宗教理论，吸收西方宗教学成果，结合中国实际，建立起我国第一个宗教学理论体系，被罗竹风前辈许为中国宗教学研究中具有里程碑性质的著作，又赞为扛鼎之作。而这项工作是在任先生支持鼓励下进行并完成的，这在本书"著者前言"中有明确表述。

20世纪70年代末80年代初，北方和南方的学者有一场关于"宗教是人民的鸦片"的讨论。以任先生为代表的北方几位学者坚守鸦片论基本观点，但有新的解释；南方几位学者认为鸦片论不是马克思主义宗教理论主要之点，也不能说明社会主义时期宗教的本质。这场讨论被学界幽默地称为"第三次南北鸦片战争"，其实并没有强烈的火药味，而是一次和风细雨的理论讨论。我虽然没有参与，却从讨论中得到教益，促使自己对基本理论作深入思考。

四、关于培养研究生和在大学推动宗教学教育

1978年中国社会科学院创办研究生院，成立世界宗教学系，开始招收宗教学研究生。由于"文化大革命"积压了一大批人才，考生质量好的颇多。任先生很重视招收工作，要我们这些参加招考的人严格把关。宗教学研究生第一批有22名，往后每届人数减少，但多年积累下来，数量也相当可观。他们学习的专业有五大宗教、原理研究和中国哲学史，毕业后大都成为中国宗教学研究骨干，在繁荣人文社会科学事业中发挥了重要作用。由于当时我们这些中青年学者缺少学术成就和资历，不能独立指导研究生学习，大部分研究生最初都挂在任先生名下，后来才陆续由年轻学者分担。任先生带研究生有两种方式：一是亲自指导，当面授课；二是聘用助手，分工辅导。任先生交给我的任务是给全体研究生讲授古代汉语。我的理解是：这门课体现任先生重视文献资料和基础训练的教学思想，要求同学突破文言文和繁体字两关，能直接面对文化原

典。然而在这方面我也缺少训练，只好抓紧补课，边学边教。于是细读王力《古代汉语》，又找来清代至民国学者关于文字训诂、文献考据的著作，日夜研读。就在那几年，我走近了段玉裁、王念孙、王引之、阮元、俞樾、皮锡瑞、孙诒让、章太炎、黄侃、吴承仕等大学问家，还查阅过《尔雅》、《说文解字》、《太平御览》、《册府元龟》、《十三经注疏》、《经传释词》、《辞通》、《康熙字典》、《中国丛书综录》等书，对于中国的训诂之学、文献之学始略知一二。我的教学方法是：一是讲一些文字训诂和文史哲工具书的知识；二是出一段没有标点、未经译白的古文，让同学标点、今译，而且要一句对一句，然后我根据作业中的问题加以讲解。我不知道历届研究生在这门课中有多大收获，但我却深知自己从中受益匪浅，由此掌握古文献资料的能力提高了，这应该感谢任先生给我压担子，使我从中得到锻炼。任先生在 20 世纪 80 年代还招收了一名斯洛文尼亚（南斯拉夫）的外国女研究生玛亚，委托我具体指导她学习中国哲学史。玛亚毕业回国后从事中国哲学教学。当再一次在北京见面时，她已经是大学教授了，而且成为该国研究中国哲学仅有的几位专家之一。最近听说她在卢布尔雅那大学教书，很怀念在北京学习的那段日子。

20 世纪 80 年代，在任先生主导下，北京大学哲学系设置了我国高校第一个宗教学专业，由世界宗教研究所的学者承担主要教学任务，我也去讲过课。后来北大宗教学专业成长壮大，独立发展，已经升格为宗教学系。全国各地著名大学也相继增设了宗教学专业或宗教学系，如今已形成颇具规模的宗教学教育体系，有了硕士点和博士点，为国家的宗教事务管理、宗教学教学与研究、外事工作以及其他的相关事业，不断输送经过宗教学专业训练的青年人才。宗教学教育从启动到壮大，任先生推动北京大学设置宗教学专业，起了首创的作用。

五、几句要说明的话

以上是我接触到的回忆起来的四个方面的若干情况，可以作为诸多回忆纪念文章的一点补充。1987 年年底我离开了世界宗教研究所，来到中央民族学院工作，自那以后，所里的事情就了解不多了。最后，要说明一下，在某些理论观点上，任先生与一些学者、学生（包括我在内）之间，存在着不同的意见。我不隐晦自己的观点，任先生也从来不因此而指斥我们，因为这是正常现象。例如，鸦片论是不是马克思主义宗教观的核心问题，马克思主义无神论应该如何表述和宣传的问题，儒学是否是宗教以及是否阻碍了中国现代化的问题，都是有争议的，我持有自己独立的见解。这些问题关系到如何准确把握马克思主义宗教理论的精髓和使之中国化的问题，关系到宗教研究如何有益于推动科学发展、促进社会和谐与保护宗教信仰自由的问题，关系到继承和弘扬以儒学为主干的中华文化，以便增强民族凝聚力的问题，都需要认真加以研讨，更需要通过社会实践加以检验，使真理越辩越明。我的文化观在20世纪80年代前期有一个质的飞跃，从文化激进主义转变成文化改良主义，从战斗无神论走向了温和无神论，自认为有了一种民族文化的自觉。我在一篇文章中曾说到，我研究宗教的态度深受汤用彤先生的影响，尤其汤老说的"同情之默应"、"心性之体会"10个字，我是服膺的。而汤老是任先生的老师，对于我来说，这也算是学术的隔代遗传吧。研究宗教需要理性，信仰主义固然不可取，反宗教的态度也应该避免。我的主要观点在《儒学价值的新探索》、《走近中国精神》、《探索宗教》、《民族宗教学导论》等书中都有系统阐述。在真理面前人人平等，我们并不以师为真理，而要以真理为师，而真理往往在百家争鸣之中呈现。兼收并蓄是北京大学的一个好传统，张岱年先生概括为"兼和"，我也以这样的理念要求自己的学生。

任先生给我写过一副对联，上联是："每从端坐绝倾欹"，下联是："好自开怀纳空虚"。是提醒、点化？还是期望、激励？其中深意我只有慢慢加以领悟和品味。无论如何，我在任先生身边生活过几十年，它组成了我的文化生命的一部分，其中充满了曲折和跨越、反思和探索，折射出时代的急剧变化，因而也成为我珍贵的精神财富，这段历史是值得不断回忆的。

（载《哲人其萎　风范永存——任继愈先生追思录》，国家图书馆出版社，2009年9月）

深情的怀念——悼念宫达非前辈

宫老不幸去世，是国际儒联的重大损失，也使我失去了一位好前辈、好同乡、好师友。遗体告别那一天，前去悼念者不下三四百人，大家怀着沉痛的心情，看他最后一眼，然后依依不舍地离去，可知宫老拥有众多的朋友，大家不会忘记他。

国际儒联总部设在北京，而工作面向世界。成立 6 年来，宫老代表谷牧会长主持儒联的日常工作，殚精竭虑，上下沟通，左右联络，团结各国朋友，为推动儒学的研究作出了重要贡献，国际儒联的工作能有今天的成绩，与宫老的努力是分不开的。

宫老为人开明通达，善于与学者相处，善于与各种见解的朋友共事，有忠厚长者之风。大家同他一起工作，都感到自由自在，心情愉快，有话愿意说，有事愿意做。他做事民主，对人尊重，大家当然就因此更尊敬他。他不断地指示儒联总部的工作人员要与各国朋友和国内学者保持经常性的联系，要使儒联成为海纳百川的团体。

宫老是 80 多岁的人了，本来可以颐养天年，悠闲自得。可是他认为儒联是一项伟大的文化事业，他自己对于孔子和儒学又有一份深厚热爱的感情，所以对儒联的工作非常投入，倾注了太多的心力，因此也损害了他的健康。多年来，他实际上是一部总发动机，不断地给儒联的工作输入动力，同时消耗着自己。去年儒联在北京举办纪念孔子诞辰 2550 周年大会，宫老拖着带病的身体，投入组织领导工作，由此耽误了治疗，加重了病情，这种忘我的精神，是非常令人感动的。

在儒联的工作上，宫老的眼界是远大的。他多次反复指出，必须用世界的眼光看待儒学，孔子和他所开创的儒学不仅属于中国，也属于东方和全人类。他强调要进行儒学现代性的研究，开发和运用儒学的资源，为解决人类面临的生态危机、社会危机、道德危机和信仰危机服务。由于宫老曾长期从事外交工作，他特别关注世界和平与战争的问题。他说，和平共处五项原则体现了儒家"和而不同"的精神，我们要发扬这种精神，使它在世界上取代霸权主义和斗争哲学，这样人类才有光明前途。

宫老在为儒联学术委员会编辑的《儒学与世界和平及社会和谐》、《儒学与道德建设》、《儒学与工商文明》三部专题论文集所写的总序里提出自己的心愿："我们诚心盼望儒学仁爱贵和的精神，取代人际间的仇恨、欺凌和厮杀，取代国际的对抗和战争，以促进世界和平发展与安宁；我们诚心盼望儒家仁爱和平的道德思想能唤醒人们的良知，匡正争权夺利的心态，拯救堕落的世道，使人性和社会走向文明发展的康庄大道；我们还盼望儒家厚生利用、见利思义、敬业乐群的人文理念渗透工商活动中去，培育儒商队伍，提倡职业道德，使市场经济有序而健康地运行。"这篇总序大约是宫老生前写的最后文章，可以看做是他的思想遗言。我们要记住宫老的嘱托，为发扬儒学精华，促进世界和平与人类进步事业继续努力下去，直到永远。

(载《宫达非纪念文集》，世界知识出版社，2004年1月)

记忆中的牟宗三先生

改革开放以后，港台新儒家的作品回流祖国大陆，新儒家学者杜维明等频繁访问祖国大陆，于是祖国大陆的学人与学生渐渐对当代新儒家群体及其思想有了更多的了解，知道了熊十力的学问（熊在祖国大陆长期隐居，知之者甚少）及其三大弟子：牟宗三、唐君毅、徐复观；其再传弟子：杜维明、刘述先、蔡仁厚、唐亦男、苏新鋈、周群振、杨祖汉、王邦雄、袁保新、林安梧、李明辉……其中我更为关注的是牟宗三先生，自然是因为他是我的同乡（相距百余里），与我同姓，又同样从事中国哲学研究。我很想了解他的思想，便通过各种途径收集他的作品，拿来阅读。我最初的感觉是牟先生确实是当今一流哲学家，思想广博而精深，但他的作品太多，思辨性又强，作者像在深海里潜泳，如鱼得水，却不符合我的口味，使我感觉吃力，不易消化，于是只好选择其中流畅通达的来读，也能引人入胜，有所启悟。坦率地说，至今我没有读完牟先生的书，我缺少康德那样的高度抽象思维能力，对于牟先生的一些书望而生畏。但我部分地理解了牟先生的哲学，对于其中流露出来的大智慧是甚为敬佩的。

两次会面　　两次接近

1991年12月，我应香港"法住"学会会长霍韬晦先生之邀，与内地一些学者一道前去香港参加由佛教法住学会主办、旭日集团赞助的"安身立命国际研讨会"。会议体现百家争鸣，有佛家观点、儒家观点、道家观点、西方观点、现代各种观点，甚是热闹。牟宗三先生是大会顾问兼作主题演讲。牟先生指出，"安身立命"不要限于个人生命，要从社会、人类的前途着想，因此他反复解说"横渠（张载）四句"：为天地立心，为生民立命，为往圣继绝学，为万世开太平。认为张载的立命之说比孔、孟的"命"含义更广、更积极。他指出，中国的现代化问题只靠传统文化不好解决，现在与西方文化接头，吸收其科学与民主，就有了希望。但安身立命要安顿民族内部的生命，离不开自己的文化传统，儒、佛、道三家都有很深的体会，要研究它们的学问，内部与外部配合好，中国才能顺利发展。会议休息的时候，霍韬晦会长把我接到贵宾室，与牟宗三先生相见。牟先生得知我是家乡来的同姓学者，亲切拉着我的手，要我坐在他的身边。问我的家谱和族谱，我把从老父那里得知的祖上的情况告诉他，说我们烟台芝水牟氏是从山东铁口迁过来的。牟先生说：我们虽同姓牟，却不是一支上的。原来，牟宗三先生属于山东栖霞牟氏庄园那一支上的，原籍湖北公安县，祖上姓李，因避难来栖霞，从其一房媳妇的牟姓，是谓"李改牟"或"公安牟"，而我的祖上是"铁口牟"。牟先生知道我毕业于北京大学哲学系，研究中国哲学史，十分高兴，打听北京大学的情况，谈了许多哲学问题。当时在场的有刘述先（香港）、苏新鋈（新加坡）、罗义俊（上海）、张振东（台湾）、霍韬晦等先生和黎绮华女士。这是我第一次与牟先生见面，在我的印象里，他就是一位和蔼质朴的再普通不过的宗亲和长者，干瘦个矮，按辈分比我高三辈，但毫无威势，也与著名哲学家的光环联系不起来，穿着长袍，倒像一位从前的私塾教书先生。会议期间，主题演讲的录音整理者陈尚琨女士找到我，要我帮忙把牟宗三先生的一些难辨的地方话语翻成普通话并写下来，我欣然允诺。牟先生离家40多年，仍操一口地道的栖霞话，这对于当时的香港人来说，听起来是很困难的，而我则是百分之百听得懂，便很容易地完成了这项任务。在那次会议上，我发表了论文《安身立命与儒道互补》，开始把儒道互补作为自己人生哲学的价值追求。

大约是1992年年底，我去香港中文大学做学术访问，顺便到"法住"学会看望老朋友。霍韬晦会长邀我参加唐君毅夫人生日的庆宴，说牟宗三先生也要来。不久，唐夫人来了，中文大学唐端正教授来了。牟先生从其住处自己拄着拐杖走来了，他与我坐在饭桌邻座上，又一次拉起了家常。除了询问家乡的近况，牟先生最关心的还是文化问题，具体细节已经模糊，主题是说，中国文化今后的发展要吸收西方文化的营养，但就其主体而言，必将回归自己的民族传统，特别是儒家的传统。这是我第二次也是最后一次会见牟先生。

1994年年底我到台湾参加两岸道教文化研讨会，得知牟先生已迁来台湾居住，生重病住院治疗。我打电话给戴琏璋先生（牟先生早年弟子）提出能否到医院探视。戴先生说：牟老师已不能正常接待探视者，还是让他安静的养病吧。我当时就意识到，再见面已经很难了。1995年4月，牟先生与世长辞，享年87岁。据说他病重时，对其门人蔡仁厚、王邦雄等人嘱咐：你们必须努力，把中外学术主流讲明，融和起来。还是念念不忘中国文化建设事业，令人感动。这次赴台，我接近了牟先生，却未能相见。

1995年年底，我去台湾中央研究院文哲所做学术访问期间，牟先生弟子、儿童读经最早的推动者王财贵教授偕其夫人徐端女士，开车陪我去台北市郊新店湖闪坑山长乐墓园牟宗三先生陵墓凭吊先生。墓室已初具规模，尚未完工，由其弟子、建筑家李祖源设计，拱形墓圆顶棱柱，比普通的高大一些，颇有气派，两旁群山环抱，墓前开阔辽远，是块风水宝地。我对其墓碑三鞠躬，以表示对这位同乡哲学家由衷的敬意与哀思。我又一次接近了牟先生，却是阴阳两界，默默无语了。王教授对我说，牟先生生前不积财，两袖清风；他拥有的财富，除了思想学问，便是一批敬仰他的学生。丧葬事全由学生集资、操办。他病重时对其前来探视的学生说：教一辈子书，不能买一安身地。但是他又是富有的。老子说："圣人不积，既以为人己愈有，既以与人己愈多"，牟先生就是这样的精神富人。徐端女士回忆说，她不是学哲学的，当初去听课，牟先生认为她不够资格当他的学生，但她偷偷跑去旁听，久而久之对中国哲学有了兴趣，认定自己是牟先生的私淑弟子，替牟先生办了许多事情，后来牟先生对她也很好。我向牟先生弟子杨祖汉等先生提议，在牟先生家乡召开一次牟宗三哲学研讨会，他们很高兴。后来会议在济南召开，还安排与会者到栖霞牟先生出生地参观访问。我虽然因事未能参加，会议的顺利举办，也算了结我一项心愿。还是这次访台期间，12月底，"牟宗三先生与中国哲学之重建"研讨会在台北师范大学举行。我发言题目是：《强健中华民族的文化生命》，是关于牟宗三先生《生命的学问》的读后感。会议期间随大家去新店瞻仰牟宗三陵墓，看到牟先生被那么多学生敬爱着，我想，若牟先生在地下有知，会感到无限欣慰。

几点议论　几点感怀

　　牟宗三是熊十力的得意门生，《十力语要》中有夸赞之语。事实上，牟先生不仅继承了熊师的强劲的学术生命，也具有熊师的大气磅礴，把陆王心学与康德哲学结合起来，建立起道德形上学，为当代新儒家学派，铺设了哲学的平台，成为开拓儒学第三期的中坚人物，使当代新儒家有博大精深的理论体系，有中西融合、与时俱新的当代特色，弟子众多，各界关注，被世人公认为一大新兴学派，影响及于港、澳、台、祖国内地和西方世界，这不是一般学者所能达到的。牟宗三是哲学大师，应当之无愧。我对牟先生没有系统研究，不能作出全面评价，无法给牟先生做历史定位。好在研究他的著作已经有了若干种。我以为山东大学颜炳罡教授的《牟宗三学术思想评传》（北京图书馆出版社，1998年11月出版）是其中较好的一种。我只就牟先生对我影响较大的几点说一下。

第一，关于理顺民族文化生命。牟先生在他20世纪50年代出版的《生命的学问》一书中指出，中国儒、佛、道的学问，与西方哲学关注自然、重知识论和思想方法不同，它们关注生命，都是生命的学问，关乎人格的养成，理想的确立，道德的完善，总之，要提升生命、净化心灵、使生命健康成长，包括个体的生命和民族的生命。因此，研究中国哲学必须要与人生体验相结合，体道才能有真知。他有一个很重要的看法：中国近代以来，民族的文化生命萎缩，在西方强势文化冲击面前不知所措，要么因循守旧，要么全盘西化，没有走出一条健康的新路，这条新路必须是中西融合的，又是中国主体的，有旺盛生命力的。由于没有理顺民族的新的文化生命，各种社会改革便容易流于躁动和偏狭。所以建设能够承接传统源头活水又符合时代需要的民族新文化，是中国人面临的一项根本性的任务。我认为牟先生此论表现出他的远见卓识。社会改革的深层是文化问题，文化的路怎么走具有决定的意义。

第二，关于立教之学。牟先生在《中国哲学十九讲》中指出，儒、道两家是"立教"之学，即为民族确立精神方向、为民众确立人生信仰的学问，因此它们成为民族文化之"体"，成为传统社会的精神支柱，可以改进，不能否定或取消。法家则是"应用"之学，属于工具理性，是社会所必需，但它是"用"不是"体"，它的应用离不开儒、道的制约、指引，单独以法治国是不行的。秦始皇"以吏为师，以法为教"，刻薄寡恩、严刑酷法，不久便天下大乱。所以法家与儒家、道家不是同一层面的学说。我很认同牟先生的说法，民族信仰的重建必须借重于孔老和儒道的思想资源，在这个前提下，有选择地吸收法家思想和西方法治制度。事实上，美国以基督教为其底色信仰，法制也只是工具理性。

第三，关于"三统并建"之说。牟先生在《道德的理想主义》一书中提出"三统"论：道统之肯定，此即肯定道德宗教之价值，护住孔孟开辟之人生宇宙之本源；学统之开出，此即转出"知性之主体"以融纳希腊传统，开出学术之独立性；政统之继续，此即由认识政统之发展而肯定民主政治为必然。我的理解，道统是指民族精神、核心价值；学统是指学术的独立发展；政统是指社会管理走向民主与法制。就社会正常运转而言，离不开三统的互补，因此要三统并建。就考察历史文化而言，也离不开三统的多视角交叉。例如，评价儒学，若仅从政统上讲，容易将之归结为封建主义意识形态，从而予以否定。假如我们能从道统上看儒家在铸造民族之魂中的作用和从学统上看儒学对中国学术文化的贡献，那就会全面评价儒学。即使从政统上说，政治儒学也有精华之处，例如讲"民为邦本"、"为政以德"、"导之以德，齐之以礼"等。所以牟先生的"三统"说既具有社会实践的价值，也具有理论方法论的意义。

第四，关于"良知坎陷"说。这是牟先生学说中最具个性也是引起最多争议的理念。他认为中国传统的道德理性不能直接开出科学与民主，要自我坎陷，即自我否定，才能确立知性主体，从而开出科学与民主。我对此说向来持有异议。我认为中国近代科学与民主不能顺利发展，根本原因不在精神生活方面，而在农业经济过于强势，抑制了工商经济的发育。中国现代化的发展过程由此比西方缓慢，若无西方的进入，早晚也能实现现代化，只是时间要长得多。明代中后期资本主义萌芽生长很快，在思想界便出现李贽、何心隐及明清之际的黄宗羲等主张个性解放和准民主的学说。因此，道德理性无须"坎陷"；相反，不仅需要继续挺立，还要充实和落实。如谭嗣同在《仁学》中所指出的"仁以通为第一义"，打破等级、封闭、专制，使仁爱表现为平等、开放、通商、通政、通教、通邮，表现为开明与富民。仁应导向通，通而后仁。德性与知性不是对立的，是可以统一的，甚至相得而益彰。设若道德理性不得彰显，而工具理性到处横流，则社会不免成为功利主义世界，科学与民主也将为恶的力量所左右。因此，任何社会任何时候，良知都不宜"坎陷"，而要如孟子所说，不断扩而充之。牟先生的观点我们可以持异议，但他的苦心和所关注的"内圣开出新外王"的问题，我们要加以理解，我们要学习他勇于创新的精神，以自己的方式从理论上去解决传统与现代化的关系问题。

牟先生是幸运的，他在生前并不热闹，他在身后也不寂寞。他的学生们敬之如泰山北斗，追随其学说之后，矢志不移。他的老学生台湾东海大学蔡仁厚教授撰悼师诗云："吾爱吾师，吾尤爱真理，循序为礼，实心为仁，制宜为义；吾爱真理，吾尤爱吾师，生命有真，学问有本，人道有归。"其祭文云：

呜呼先生，天地奇英；性情高傲，学思精深。
玄理般若，彻法源底；心体性体，贞定乾坤。
三大批判，哲学之奥；全盘译述，世界一人。
会通中西，大开大合；显扬真理，一心二门。
先生讲学，声光四溢；著书述作，莫可与宾。
神州大地，儒学来复；风会之运，气象一新。
敬维先生，高龄谢世；泰山岩岩，典型长存。
仰望山斗，直方大兮；神灵下降，来格来歆。

（以上见《蔡仁厚教授七十寿辰集》，台湾学生书局，1999年出版）

蔡教授的诗文情理俱深，代表了牟门弟子们对老师的敬爱之心。

有一次我与牟先生的老学生台湾成功大学唐亦男教授一起去栖霞开会，她在会议期间专程到牟先生老家牟家疃去拜见尚健在的牟师母，她说终于实现了多年埋在心里的愿望，现在安心一点了，其师生情谊之深，令人感动。

他在祖国内地学名日隆，著作日广，研究者日众。他的家乡山东栖霞为他建立了纪念室，并正在积极筹建牟宗三纪念馆、牟宗三书院，并对牟宗三故居加以保护，称牟宗三为哲学大师，引以为栖霞的骄傲。

他教过的韩国的老学生后来一批人成长为该国著名学者，他们对牟先生敬爱有加。我的朋友、韩国启明大学林秀茂教授每次与我相见必提到他的老师牟先生，回忆起来脸上洋溢着幸福，甚至谈到牟先生批评他的话，也津津乐道，佩服之情，发自内心。

有一次我到香港参加新儒家学术研讨会。在分组讨论时，我与牟先生弟子、香港中文大学唐端正教授同台主持一个分会场。有的学者幽默地称唐君毅先生与牟宗三先生为"大唐牟"，称唐端正先生与我为"小唐牟"。最近唐端正先生来信谈到此事，我回信说："姓氏巧合，以为趣谈。实则弟不能与兄比肩，更何谈居大唐牟之侧。如有可说，理想同也，诚心一也。读圣人书，向贤者学习，庶几不枉此一生。"这就是我的一点心愿。

（2010年2月）

庞公印象散记

今年是庞朴先生八十大寿，以各种方式为他祝寿的人一定很多，这不仅由于他的朋友多，更由于他对中国当代学术有重要贡献。他是一位德高望重的国内外著名的大学者，有多方面的学术建树，而且产生了广泛又深刻的影响，这是学术界公认的。我与庞公（学界习惯称呼）交往有三十余年，得到他的不少赠书与指教，受他的影响很大。但要我来全面评价庞公，我做不到，因为他的有些学术领域，如楚墓简帛研究，我是外行，无容置喙其中。庞公的学术成就值得设置一专项课题来做，不是泛泛之论所能把握的。我之所忆所记只是与庞公交往的一些片断和个人感受，来不及系统查找资料，算作随笔一类文字，这样会自由随意一些，遗漏一定很多，以后想起来再写，不也很好吗？庞公是我尊敬的学长，但平时来往并不多，相聚都是学术性的活动，真是君子之交淡如水，省却了许多人际日常交往的时间。最频繁的接触是20世纪末我们一起在国际儒学联合会学术委员会工作的几年，几乎每周见面，讨论如何开展学术活动。有两件事情印象深刻。一件是他对电脑操作熟练，办公室工作人员遇到技术难题，经常向他请教，使我这个当时的电脑盲大为敬佩，便问他上了年岁的人何以能如此灵敏。他告诉我他在年轻时即喜欢科技，"文化大革命"里没事干，就帮着人修收音机、照相机，手艺得到人们赞扬，所以电脑一兴，就学会了。我当时想，天分加钻研，使他心灵手巧，所以后来做学术研究也容易养成心思细密、严谨认真的作风，往往小中见大，抓得住关键性的细节。另一件事在1998年，他作为儒联学术委员会主任主持了新儒家代表人物杜维明与自由主义思想家李慎之之间的对谈。在座的听众原本期待一场唇枪舌剑的辩论，却不料是和风细雨的探讨，这大约是庞公的温和宽容的气象及与两位对谈者的友情，营造了轻松的氛围，连平时容易激动慷慨的李慎之先生也变得慢声细语。谈者心平气和，听者津津有味，给当代学术史留下一篇佳话。后来我们相继离开了儒联的常设机构，相见的机会少了。2005年秋，山东大学成立儒学研究中心，聘请庞公为中心主任，并安排住宅让庞公常住山东大学，此后见面就更加不容易，但学术上的联系并未中断。我参加了山东大学儒学研究中心的成立大会，为它的刊物《儒林》写过文章。2006年中心举办孟子思想研讨会，庞公亲自写信邀我参加，不巧我生病住院，未能赴会，深为遗憾。2007年夏，山东大学儒学研究中心在山东临沂举办荀子思想研讨会，我应邀前往，与庞公见面聊天，见他身体不如往昔，工作上似有退意，我赞成他回到书斋，回归自由脑力劳动者，过从容自在的生活，这对于学术与健康都是有益的。

庞公在我印象里最深的有几件事。改革开放不久，庞公发表了《中庸平议》一文，它像一股强劲的东风，吹开了冰冻的河面，也吹开了人们心头笼罩的贵斗哲学的迷雾，发生了震撼性作用：原来辩证法不仅讲对立面斗争不可调和，也讲对立面的统一、平衡与和谐，因此，儒家的中庸之道是一种贵和的辩证法，是求中的哲学，大有益于社会的稳定。在"文化大革命"把以阶级斗争为纲的路线推到极端从而破产之后，运用中国哲学资源从理论上对辩证法作出崭新的解释，大概庞公是第一人。此后便是冯友兰先生在《中国哲学史新编》中用张载的"仇必和而解"重新解释马克思主义辩证法。从此贵和哲学逐渐取代了贵斗哲学，成为时代的精神。庞公把他的系统思考写成《儒家辩证法研究》一书，1984年由中华书局出版。由此又引出庞公另一个创新性命题：一分为三。当时的人们初听到这个命题，像是在对立统一规律的传统表述之外标新立异，有点离经叛道的意味。然而用心去想，便会发现，一分为三其实不过是经典哲学家们的理念，只是超越了把辩证法仅能表述为一分为二的偏见。黑格尔的辩证法有"正、反、合"的表述；马克思、恩格斯的辩证法有"否定之否定"三段论的表述（肯定、否定、再否定），恩格斯说过：在非此即彼的同时存在着亦此亦彼；老子则讲"道生一，一生二，二生三"；孔子则讲"过犹不及"，主张行其中道；毛泽东在革命过程中既反右倾又反"左"倾，强调坚持正确路线。如此看来，一分为三作为对辩证法的一种理解，至少是有经典依据的，它使辩证法的表述变得更加活泼，更为贴近生活现实。

除此以外，庞公在中西文化的比较研究上，在中国古代儒、道、墨、名、法、阴阳诸家的研究上，在文化学和中国文化传统的若干重大理论问题的研究上，都有独到的见解，激发起学界一阵阵争鸣的声浪。我的感受是，庞公不仅是一位有学术成就的大学者，而且是一位有强烈开拓意识和深邃思考的见识过人的思想家，所以能够走在时代的前沿，引领潮流，开风气之先。

我敬佩他的地方不仅如此，还在于他的理论创新是建立在他的坚实而又深厚的训诂考据功力基础之上，这正是我需要向他学习的地方。庞公治史出身，兼史才、史学、史识而有之，融义理与训诂为一体，故能有大成就。司马迁的抱负是究天人之际、通古今之变、成一家之言。而近代以来，治史者将思想与史料两相分离，乃至互相排斥，实则是背离了太史公的传统。庞公不然，他善于用理念观照史料，由考证引出新见，他把考古、文献的资料用活了。我举一例，《光明日报》2006年5月9日"国学"版发表了他在中国人民大学国学论坛上的讲座：《谈"玄"说"无"》，我看过后拍案叫绝。他运用人类学、宗教学的知识和眼光，依据考古学、古文字学的相关资料解说了"无"字的起源和本义，超出了《说文解字》，是全新的，又几乎是定谳。他认为"舞"、"无"、"巫"三个字是一个字，一个是跳舞的手段，一个是跳舞的对象，一个是跳舞者。远古的人们跳舞，是为了娱神，而神灵是看不见的，于是就用舞蹈的动作的图形来代表舞蹈的对象即神灵。"舞"表示娱神的动作，"无"（繁体）则表示无形的神灵，而"巫"则代表跳舞者。这是汉字与"有"字相对的"无"字的真正的原始形态。甲骨文的"无"字，是象形字，一个人两手拿着饰物在跳舞，可以证明此说不谬。我把庞公这篇文章推荐给在读的博士生们，不止是学习庞公的新见解，更是希望青年学子学习庞公做学问的态度和路数，从中悟出学术创新的真谛。

庞公对中国的文化问题的研思真是殚精竭虑，故常有大智慧从胸中流出。有一次我们一起外出开会，主办方要求题词留念。庞公写下八个大字：科教兴国，人文安邦。他向我解释，整个社会是重理工轻人文，这是有问题的；只有科教与人文并重，国家才能长治久安、兴旺发达。我当时不仅牢记在心，而且后来到处转述，认为它关乎国家的文化战略，必须引起高度重视。过了若干年之后的今天，人们逐渐认识到文化对于民族复兴和提高综合国力的重要性，而这恰恰是我们的弱项。科教与人文两者缺一，中国的强国之梦便不能实现。

人们通常把一个人的政治态度和文化认同联结在一起，似乎政治上的革新者一定是文化上的激进者，反之文化上的保守者一定是政治上的守旧者，这差不多是五四以来主流的思维定式。在社会舆论上，尊孔派必是守旧人物，要改革中国政治就需反孔，对待孔子和儒家的态度成为划分进步与保守的标准。这种二分对立的思维定式直到"文化大革命"中的"批孔反儒"运动失败才被打破，原来激烈反孔的"四人帮"实际上代表着中国最落后、最倒退的势力，而他们全力批判的孔子的仁爱中和之道却代表着中华民族的良知和光明。改革开放以来，中国社会的进步并没有与批孔相联系，相反，却与继承发扬以儒学为主干的中华文化同时并进。问题的关键在于孔子和儒学诚然有所不足，但不是像有些人认为的那样，其核心只是一个专制主义，它的仁和之学本质上是一种人本主义和天下大同之学，体现着人类文明的方向。在历史上它被专制主义政治扭曲和利用过，同时也为民生、民德、民智服务过，培养出许多仁人志士，维系着中华民族的理想和礼义,所以孔子和儒学可以改造发展,却无法否定取消,总是打而不倒,批而不臭,在全球化的时代,益发显露其光辉,受到全世界越来越多的人欢迎。文化保守主义不再与政治保守主义捆绑在一起,而文化激进主义也不像过去那样风光了。庞公是新时期一位较早达到文化自觉的学者,他有着文化自信,同时也有着文化的开放与宽容,做到了费孝通先生所说的"各美其美,美人之美"。他在2005年1月出版的《原道》第十辑上发表了一篇访谈,题目就是《我是中国文化的保守主义者》,他坦诚地说:"我自己追求的目标就是三句话:文化上的保守主义,政治上的自由主义,经济上的社会主义。"他语重心长地说:"文化是一个民族的魂啊","一个民族如果没有自己的文化,你这个民族就蒸发掉了",然而到今天,"我们一直还没有走出文化上的弱势心态",这是需要改变的。那么,这是不是有人指责的"狭隘的民族主义"呢?不是。庞公认为,"要一分为三看。纯西方的不行,纯东方的也不行,要中西结合、两全其美。"在经济的全球化的同时,中国人要抵制文化的全球化,树立文化上的强势心理,有承继才能综合创新。我的感受是,这篇访谈其实就是他的信仰的宣言,是他用以安身立命的根基之所在。

为了社会改革而要在文化上"去中国化",以往中国人这样做了大半个世纪,不珍惜民族文化的精髓,不懂得开发自己文化的资源,不善于创造性地转化传统,它所带来的种种不良后果如民族身份的模糊、社会道德的滑坡、文化自信的不足,日渐暴露其弊害。陈水扁的"去中国化",更使我们猛醒,削弱中国文化的影响力,就是降低中华民族的凝聚力,会使民族分裂势力有机可乘,万万不可大意。何况中华民族的优秀文化所蕴涵的仁爱通和、自强不息、厚德载物的精神,正是中国建设小康社会、现代化强国所必须,也是建设和谐世界的重要智慧和资源,为什么非要不加分析地全盘否定呢?现在国内仍有些人坚持现代化改革与传统文化势不两立,而西方也有人不希望中国文化复兴,继续赞美中国文化有害论。《中国图书评论》2008年第1期上刊载欧洲汉学家毕来德《驳于连》一文,他认为中国现代文化学派中有反思派、比较学派、纯粹派(保守派的代名词),而他们的文化主张与政治立场完全一致,"反思派心里很清楚,他们是为了政治自由和民主而努力。比较学派的观点不那么鲜明,他们比较容易适应当前的体制。返回源头的辩护者为保守势力服务"(第12页)。作者引用了我在《原道》第十辑的文章《探寻中华大道》中的一段,把它视为"牟钟鉴的纯粹主义的宣言"。在他看来我的观点当然是不可取的,因为我赞美了中华文化,尤其赞美了儒学,便被他列入保守阵营。我不知道他是否认真看了全文,是否注意到我讲的"自强不息、厚德载物"的中华精神,以及原道之路是:"去其偏而得其中;明其体而达其用;日究其质,日新其形;出入百家,融会西东。"我不明白这样的中华精神和原道之路错在哪里?作者称赞了另一位学者李冬君,她在《孔子圣化与儒者革命》一书中指出:"孔子演变为一个权威的至高无上的形象是与皇权专制的产生和胜利分不开的。"(第13页)儒学是一套为君主专制制度服务的思想体系,"所有我们今天归类于'中国文化'的东西都附属于这个体系"。(第14页)结论是显然的:中国要摆脱专制政治的阴影,实现现代化,必须继续批判孔子,彻底清除儒学的影响,好像还要来一次"文化大革命"。在这里,孔子和儒学的天人一体的思想不见了,民本仁政的思想不见了,忠恕中和的思想不见了,五常为德的思想不见了,因材施教的思想不见了。造就了中华民族性格和精神的儒学,只剩下"专制"二字。用这种简单武断的态度来对待中国古代文明及其思想主干儒学,是文化激进派使用了多年的老办法,由于它缺乏科学理性和辩论法,在实践中破坏大于建设,伤害中国人的文化自尊,早已被国人冷淡化,不再有多大的吸引力了。文化批判是需要的,但要适度和准确,如同给人治病,必须培根护元,扶正祛邪,让人既了解病症,又看到希望,文化批判可以尖锐,但不能批到一团漆黑,使人绝望,那是文化虚无主义,引起的后果,不是悲观,就是蛮横。看起来很革命,做起来成事不足败事有余。文化是不能革命的,只宜改良;硬要革命,只会造成倒退,实践反复证明了这一点。我们经历了"文化大革命"的浩劫,深受不要文化、奢谈革命之苦,再也不能做"去中国化"的蠢事了。何况文化激进派加在孔子和儒学身上的"替专制主义辩护"的罪名是不能成立的;法家才主张君主专制,儒家强调以天理约束君主,以民意限制君权,所以有"皇天无亲,唯德是辅"、"民为贵"、"水可载舟,亦可覆舟"的民本主义理念,从而冲淡了君主专制主义的弊害。我们无须回避"三纲五常"旧礼教在近现代中国转型期的消极作用。但是:第一,"三纲"非孔孟之学,而是汉儒适应加强君权父权夫权的需要而建造的政治儒学,等级服从观念增强了,仁爱中和的精神消失了,所以它对于原始儒学而言是一种偏离;第二,要把"三纲"与"五常"加以分离,前者是体现宗法等级时代的特殊形态,后者是体现中国社会文明的普遍伦理,是超越时代的,只可提升不可否定;所以我曾说过,"三纲"一个也不能留,"五常"一个也不能丢。经过了近现代社会文化批判运动的洗礼,儒学的精华和糟粕比较看得清楚了,它像凤凰涅槃,会浴火再生,未来一定能大放光彩。中国的自由主义者,必须尊重自己的民族文化,不要由于自己的无知和偏激,再向伟大的中华文明泼脏水了,否则就要脱离民众,在中国没有前途,无法为中华的振兴发挥积极作用。以中断中国文化求社会进步，是一条走不通的路。返本开新、推陈出新、综合创新才是正路。我劝他们不妨学学庞公，既做民族文化的守护者，又做社会改革的促进派，改变把传统与现代对立的思维方式，也许会对自己有新的定位。

庞公虽年已八十岁，思想的洞察力、创造力并未衰减，更有转深转盛的势头。我诚心祝福他，祝他健康长寿，至少像前辈冯友兰先生、张岱年先生那样，八十岁以后仍不断有学术精品贡献给社会大众。

(载《庞朴教授八十寿辰纪念文集》，中华书局，2008年12月)

痛悼冠之兄

冠之兄突然去世，对我是沉重打击。日间恍惚，夜不成寐，悲痛之余，浮想联翩，百感交集。我年过七十岁，亲友亡故，所阅已多，渐趋麻木，而冠之兄的不告而辞，却使自己哀痛彻骨，情感难以平复。我俩相识已有四十余年，虽住处相距千里，而能心心相印，声气通达；近年则由于创办尼山圣源书院，友谊有了新的升华，彼此的心贴得更近了。年来我生胃病，不能正常参与书院工作，冠之兄一再安慰我，要我好好养病，他主动分担了我的工作，不顾年高，不辞辛苦，奔走于济南和泗水之间，为书院的建设出谋划策，贡献了重要的智慧。今年1月16日他亲赴泗水参加书院工作会议，18日即感身体不适。我在北京与他通话，要他注意休息，但不认为情况有多严重。春节后通过电话，他谈论的是书院的工作。后来他住院检查，3月8日，因医疗意外事故而辞世。冠之兄比我年长七八岁，但身体硬朗，神采奕奕，比我精力充沛，所以噩耗传来，我毫无思想准备，一下子掉进了冰窟，无法接受这一残酷的现实。当我想到他近来为书院操劳，是不是过累了，我就更加痛心。但是，事实毕竟是事实，人死不能复生，早晚要加以面对，如《兰亭序》所云：修短随化，终期于尽。冠之兄的生理生命已经结束，可是他的精神生命仍然活着，活在他的亲友心里，活在他的学生心里，活在关心书院事业的人们心里，他做到了老子所说的"死而不亡者寿"，他仍然和我们在一起。

风雨同舟

1966年春，我从北京大学来到哲学社会科学部不久，便认识了在哲学所的冠之兄。一起经历了"文化大革命"十年浩劫，一起下放到河南息县"五七干校"，一起遭受莫须有的"清查516"运动的迫害，一起返回北京住在学部7号楼。冠之兄家属在农村，长期过着单身汉的生活。给我的印象是豁达、乐观、正直，有豪爽之气，从不隐瞒自己的观点。碰在一起，指点江山，品评权威，纵论古今，既入情入理，又见解独到，共同语言很多，感觉酣畅通快。后来一起参加孔子基金会的活动,在克服反传统的文化激进主义和弘扬中华文化优秀传统上有了新的共识。他善于言说而慎于动笔,我喜欢听他在朋友聚会时的谈吐,生动幽默,总能触到问题要害而抓住听者的心。谈到"五七干校",不像杨绛写的《干校六记》都是些鸡毛蒜皮,钱钟书称之为"大背景的小点缀,大故事的小穿插",而是干校的中心工作,即整人运动和劳动改造。有时也有直接的谴责,如说"文化大革命"把人变成鬼,有的变成狰狞鬼,有的变成屈死鬼。更多的是幽默,把知识分子的苦难用故事的方式讲出来,而故事的文学性是人们用活生生的地狱般的经历铸成的,这不是普通的幽默,是乐观的学者对人生苦难的解读和超越。我佩服他超人的记忆力和语言的艺术。而在我,"文化大革命"和"干校"的历史,除了几个永生不忘的镜头,其余在细节上已经模糊一片了。经历了"文化大革命",大家变得成熟起来,开始用自己的眼睛看人,用自己的头脑想事,用自己的腿脚走路,终于成为独立的人。

哲学社会科学部升格为中国社会科学院,规格高了,却不能解决一批学者的两地分居问题。哲学所好几位山东籍的学者回到了山东省社会科学院,冠之兄回到了山东大学。从此我与冠之兄平时见面的机会少了,只能在学术活动中相遇了。

心心相印

从 20 世纪 80 年代到 90 年代,中国孔子基金会的活动很多,不断举办国际、国内、两岸学术会议,编辑出版中国孔子基金会文库、儒学年鉴、中国儒学百科全书,等等。我俩作为基金会理事和编委会委员,经常在一起碰面。在这些学术工作中,冠之兄无疑是核心成员,在实际上起骨干作用。他总是在面临困难问题时挺身而出,理出解决问题的思路,拿出可行的好办法,使工作顺利开展。久而久之,冠之兄在基金会内部树立了很高的威信,大家有事都愿找他商量,心理上很依赖他。同时他从不计较名利权位,遇到利益分配与矛盾,总是躲着走,始终保持着一颗学者淳朴的心,这更使大家敬重他。

后来中国孔子基金会几经人事变动,发生了许多曲折,由北京迁到济南,变化很大。每遇到问题,我总是第一个想到要与冠之兄通电话,倾听他的意见,并总能较快达成共识,确定自己今后的态度和行动。这样的坦诚沟通已延续多年,彼此越来越知心了。使我赞佩的是,他为人磊落、顾全大局,有老子不争之德。他经常说的是两句话:一是不掺和人事纠纷,不谋取个人利益,不打听小道消息;二是守住学术本分,只要有需要,便做一点力所能及的学术工作。我俩一致认为，随着老年的到来，要自觉后撤，让位子腾地方，提携青年学者，学术事业才能持续发展。他这样想也这样做了，他在山东大学教师和《文史哲》主编的岗位上工作多年，十分注意培养和提拔青年人才，造就了一支有生气的学术队伍，而且形成非常融洽的师生关系。我每次到山东大学见他谈学术，他都找年轻人来参加，在一起平等探讨学问，我感受到他有很强的凝聚力，一点也不孤独。我俩都享受着师生之情的快乐，这是当老师的最大幸福。

情系人文

冠之兄和我都是那种有朋友却没有圈子的人。君子之交淡如水，也柔如水，韧如水，不炽热，也不变异。中国古人重视朋友一伦，认为朋友之道以诚信为本，朋友之义在以友辅仁，朋友之情贵在相知。我与冠之兄平日来往不多，每次接谈，中心话题就是文化，中华文化如何继承，儒学事业如何开展。可以看得出，冠之兄的心事全系于人文，他想得很多，也想得很深。近来重读冠之兄与炳罡合写的《儒学的继承与创新》一文（收入《海峡两岸学者首次儒学对话》，中国孔子基金会学术委员会编，齐鲁书社，1993年），该文对儒学的继承创新问题有相当系统而深刻的分析，是难得一见的谈此类问题的好文章。作者将以往学人关于文化继承的思考，归纳为六种：批判继承法，抽象继承法，选择继承法，创造性转化，宏观继承法，自我坎陷说。指出，对此要加以综合创新。作者对批判继承作了说明，强调批判是手段，继承才是目的。而要继承与创新，必须做好：一是客观的理解；二是结构和意义的解析；三是现代整合与因时转换。文章对每一环节都有很精彩的论述，也有操作层面上的设计，可知作者用心甚苦，是下了大工夫的。例如，作者讲现代整合时说："以往的历次儒家整合只是道德理想主义的自我调整和转换，这次整合则意味着儒家文化的脱胎换骨，蜕变为一新的形态。""使道德的归道德，政治的归政治，自然的归自然。"讲因时转换时指出："因时转换有两种：一种是对前人思想抽象意义的一种转换；另一种是对前人思想的活的精神的引申、发挥、诠释。"这里面包含了许多真知灼见。文章的写作方法本身就体现了继承与创新，它的精神是民族的又是开放的。

老当益壮

最近几年，由于参加创办尼山圣源书院，冠之兄焕发出一种新的生命活力，精神升华到一个新的高度，展现出光彩夺目的智慧和能量。书院是一群志同道合的学界朋友与有人文理想的泗水县领导群体合作创办的，目的是为弘扬中华文化拓出一条民间办书院的路来。在体制上确定了："民办公助、书院所有、独立运作、世代传承"，十六字方针。在宗旨上，强调服务当地，面向世界的方向。在思想上，坚持用儒家的精神办儒学的事业。书院开局很好，两年多来做了许多工作，得到社会各界和港台朋友的称许和支持，书院事业呈蓬勃发展之势，形成和谐向上的良好风气，这是集体努力的结果。不可否认，其中冠之兄是起了重大作用的。他是创院群体中年纪最大的一位，已接近八十岁的人，却不辞辛劳，为书院殚思竭虑、设计运筹，又身体力行，以自己的威信，带领中青年学者，一起推动书院各种活动，成为书院的重要精神依托和一面旗帜。前些年我忙于中央民族大学"985 工程"，后来又生病调治，不能很好履行院长职责，心实不安。好在冠之兄承担起执行院长的重任，在北京则有王殿卿教授统理。我们三个年长的人在一起共事，坦诚相待，随时商量，取长补短，互有纠正，以成为常态，而冠之兄身居山东，就近书院，见事真切，主持日常工作，尤为辛劳。使我深有体会的是冠之兄对书院大事的深思熟虑。有这样几点，是他特别关注的：第一，强调团结，书院内部的团结，山东与北京两地学者的团结，书院和外部社会的团结。有事多商量，以和为贵，以大局为重，避免无谓纠纷。在曲阜片历史文化区里，尼山圣源书院对曲阜是"众星拱月"，不做老大，协调好各方面的关系。第二，事业为重，义务奉献。节约办学，俭朴自律。主要成员不拿报酬，以义为尚。只要把书院办好，就是我们的最大满足。对于其他为书院工作的人员和请来的学人，则要适当按劳付酬。第三，坚持独立运作与开放包纳相结合。不拘一格，广揽人才，广纳财源，广求合作，但书院方向不能改变，书院主体不能失落。第四，不务虚名，不凑热闹，多做实事，多为当地社会发展和文化教育事业提供有效帮助，使书院成为泗水社会事业的有机组成部分，取得省市领导的支持。只要得到当地干部群众的认可，书院就是成功的。冠之兄的上述思想也成为大家的共识，从而保证了书院的健康发展。

留世遗言

我有幸保存了最近一年中冠之兄给我的几封电子信，现摘录几段，以见其真情。2009年5月14日："'君子群而不党'，我们办书院的初衷，就是团结海内外儒学同仁，弘扬儒学，而不是搞排外的小圈子，我们这把年纪，这种事是不屑为也不愿为的。"2009年10月31日："钟鉴兄、王老师：值此中秋佳节，恭祝阖家幸福、健康、快乐！祝牟兄早日康复！丁冠之。"我回信说："冠之兄：看了您的节日祝贺信，很感动。我比您小，却让您来信，而自己却疏于问候，很惭愧……感谢吾兄与朋友们的关怀。您也要注意保重。牟钟鉴。"2009年11月25日："王老师并转钟鉴兄：王老师发来的北京学者会议纪要稿已拜阅……济南方面，我将与炳罡等有关先生在北京意见的基础上，提出参考意见，以便沟通。我初步有以下几点不成熟的想法：一、书院要做的事情很多，但一定要抓住重点，原来已经开展的工作要坚持下去，如为泗水干部开办的讲习班要继续办下去，为当地培养研究生的工作也要有考虑；"四书"班去年办得效果很好，可考虑办一至两期；陈局长金校长建议举办国学讲座的意见可考虑纳入计划。二、一期工程竣工庆典与论道一起举行。三……四、有几条必须坚持的原则：①书院是开放的，与任何单位的合作，在双方自愿互利的原则下，我们都持欢迎态度，但书院的主体地位不变；②鉴于书院经费有限，要坚持勤俭办院的原则……③必须坚持使泗水受益的原则……现在儒学的'魂'仍游离在学术会议上，学者的著作里，远没有附在民众的体里。如果我们能抓几个点，与县里道德文明建设结合起来，将功德无量……我赞成牟先生的意见，书院得天时地利人和，目前天时、地利都无问题，只要书院同仁一如既往地坚持人和，我们的事业就无往而不胜。冠之。"2010年1月，我因病未能于16日去泗水开会，22日冠之兄发来一信："老牟：泗水开会回来就感冒，至今天才给你写信。泗水会议开得很成功，今年的工作已确定：一、8月召开书院一期工程竣工典礼和学术论坛。学术会议由郭沂负责；二、泗水国学班拟扩大规模，举办国学大讲堂，吸收泗水周边地区同志参加，以扩大影响。这个讲堂的内容不限于儒学。在国学班学员中挑选优秀者，举办研究生班，并与济宁联系，吸收他们参加。此项工作由颜炳罡负责；三、继续举办'学论语，教论语'讲习班，请台湾教师授课。这个班去年办的很成功。由王殿卿老师负责，我和于建福协助；四、在泗水农村和街道选一两个点，普及论语，推进道德文明建设。此项工作泗水方面非常支持，由分管精神文明建设的许副书记协调，工作由骆承烈、林存光负责；五、筹办《尼山圣源书院学刊》，由郭沂负责，你任主编；六、分管书院建设的刘县长，改任政协主席，有更多时间关照书院建设，经许书记提议，任院务委员。这次会议，泗水领导十分重视，几大班子一把手先后出席会议，书院工作已列入县里工作议程。书院一期工程可望在今年六月竣工，宾舍框架起两层。我们的工作只有与泗水的文化和经济建设结合，书院才能在泗水扎下根。今年气候异常，请多保重。丁冠之。"

从这几封电子信件中可以看出，冠之兄对书院建设是多么投入，在生命的最后阶段，他把整个心思都用在书院上了，思考得那么周到细密，规划得那么明确有序，展现出一位当代儒者以文化事业为己任、知行合一、集思广益、开拓进取的刚健中正气象。这些信也是留给我和朋友们的遗言，是书院的宝贵精神财富。我们纪念冠之兄，最重要的事情就是真正实现他的心愿，把书院建设好，在文明建设中发挥积极作用，并且能持续发展，使儒学的魂早日回归民族之体。书院不会忘记他，朋友们不会忘记他，泗水的干部群众不会忘记他，他的生命和事业已经与泗水尼山圣源书院紧紧联结在一起，他是永存的。

（2010年4月）

悼 父 诗

兹念老父，九十有三，驾鹤西去，何日再参？亲友同悲，子孙魂牵。
凉风习习，云遮东山，遗骨下葬，入土为安。追忆父迹，彻夜难眠。
生于芝水，辛亥之年。世营"和丰"，祖有清官。为仁不富，小康比肩。
父称善人，救饥济寒。慈母早逝，诸第幼憨。幸娶良妻，慧丽淑贤。
上侍公婆，下备叔餐，相夫教子，一门俱欢。志在文史，时逆世艰。
违心从商，因遵父言。内忧外患，遍地烽烟。辗转济青，岁月熬煎。
建国息乱，慎行无怨。创牌"良心"，不欺平凡。三男四女，读书耕田，
吃苦耐劳，进学奋前。自青返乡，欲隐林园。"共产风"起，美梦遭歼。人民
公社，户户在编。会计保管，认真清廉，有口皆碑，老实谨虔。
培养新手，助人心甘。扶携侄辈，共度困难。告别"文革"，扭转坤乾。
老来有福，生活舒宽。粗衣淡饭，运动不闲，乐山乐水，吐故纳鲜。
养生有道，烟酒不沾，古稀手术，速愈如先，老当益壮，鹤发童颜。
尊孔读经，褒扬先贤。岳阳楼记，仰念仲淹。关切黎庶，时弊是耽。
仁人在位，和平去贪。生态环保，躬行意坚。潜修家史，教育成篇。
追念先祖，忠厚代传。妻敬子爱，如沐春兰。兄弟友于，亲情不迁。
心如赤子，远离伪奸。一生清白，可表于天。诗文满匮，讴歌自然。
家乡山水，化作韵弦。民间儒者，林野文渊。七十余载，琴瑟和弹。
育成晚辈，远近敬瞻。儿孙绕膝，四代相兼。寿终正寝，德福双全。
魂兮何往？天地之间。正气永在，左右盘桓。东山苍翠，夹河清涟。
沃土福地，人文绵延。心系故里，美俗泳涵。老母健在，后代昌繁。
孝悌继世，长幼相沿。诚信为舟，续航扬帆。

(2003年5月)

慈 母 颂

喜迎庚寅年，慈母百岁辰。德寿能双至，古今有几人？
巍峨如山仁，柔和似水亲。数代皆仰赖，不积[1]亦不矜。
风霜历已久，纯厚仍此心。功德何其多，亲疏悉沾恩。
老子有"三宝"[2]，我母蕴一身。吉人自天佑，出世有芳馨；
生日即春节，张家女超群；品貌两慧美，礼义早与闻。
嫁入牟门来，贤淑誉满村；公爹赞媳孝，小叔依嫂殷；
相夫直至老，教子俱成人。在昔战乱里，从容对妖氛；
爱憎能分明，热情待义军。烟青两地居，持家整日辛。
意决返乡里，生计独担身。田庭两不误，刚柔屈能伸。
母爱真忘我，惠及侄与孙。缺粮度艰日，忍饥助他人。
做厨村幼院，粒米不外分。路拾待失主，有余与人均。
行善积阴德，恤贫济四邻。家教温而雅，家风和且淳。
从无厉声斥，身教润如春。有苦甘自受，有病不呻吟。
勤俭积成习，待人诚而彬。劳作为利他，默默只耕耘。
平等视儿女，自由寻恋婚。礼德导有方，晚辈受习熏。
老来更豁达，神澄了无尘。超迈入化境，性情至朴真。
家族有寄托，儿孙敬北辰。我有慈母在，心灵满芳芬。

男　钟鉴　敬贺
己丑岁末

注释：

[1]《老子·八十一章》："圣人不积，既以为人己愈有，既以与人己愈多。"

[2]《老子·六十七章》："我有三宝，持而宝之。一曰慈，二曰俭，三曰不敢为天下先。"

书序与书评

《王阳明心学研究》序

方尔加同志的专著《王阳明心学研究》即将出版之际，他约我为此书写一篇序言，我乐于从命。这并非由于我对阳明心学有深入研究，可以作出什么权威性的评价，只是因为我对心学有浓烈兴趣，而又不满意于研究现状，在阅读方著书稿时深受启迪，感悟良多，认为其书说理透辟，颇具新意，开拓性极强，是近些年心学研究中的力作，从心里喜欢它，愿意把它推荐给读者，也相信读者与我同具此心。

王阳明是儒学大家，明代思想界泰斗，心学代表人物，对中国和日本思想史影响至巨，历来述评甚多，外国有关著述亦不可胜数，或褒或贬，纷纭难定。有颂扬其学深切著明，能直探圣学本源者；有责备其学为"伪学"为"禅学"，弊在放纵与虚妄者。有赞美其学具平等精神，有个性解放要求者；有指斥其学欲"破心中贼"，为反动阶级服务者。王阳明的思想本身有多重性，评论者也有时代和认识的局限性，见仁见智，自不足怪。但我想时至今日，在经历了国粹主义和文化虚无主义的种种偏向之后，至少要避免两种态度：一是对阳明之学拳拳服膺、依傍其门下，一味称颂，这种态度非徒不合时宜，亦有悖于阳明提倡的"学贵得之于心"，不以圣贤定是非的精神，诚不足取；二是视阳明之学为洪水猛兽，认为它桎梏心灵，是唯我主义，是与屠刀配合的牧师式说教，这种态度浮躁偏激，简单武断，不符合科学性和历史主义的要求，亦需要改变。现在人们提倡相互理解，古人也需要后代的理解，在心灵上有所沟通，否则很难作出公正的评价。

方尔加同志对王阳明的研究，有力地冲破了"不称九天之顶，则言黄泉之底"的"两末端议"（《淮南子》语），以实事求是的冷静的科学态度去理解、分析、评论阳明心学，力戒情绪化和形式化的做法，在深入把握王学本来思想脉络与内在逻辑结构的基础上，作出恰如其分的评价，表现了新一代年轻学者独立思考、勇于探索的精神，因而能够把王学的研究向科学化的目标推进一大步。

我认为本书有如下优点。第一，作者摈弃以往用预先设定的框架模式去范围割取思想资料的做法，从历史实际出发，密切联系阳明一生的经历和主要活动来说明他的思想发展、成熟和深化的过程,尤其对"龙场悟道"作了具体生动的论述分析,从而说明,阳明心学不是书斋哲学,不单纯是逻辑推演的产物,也是他个人对社会人生痛苦体验后有深切解悟的产物。王学是生活和实践的哲学,这对于准确把握王学的内在精神十分必要。逻辑的与历史的自然而然的一致性,令人阅读起来有如按图探幽览胜,循此而往,自有奇观顺序出现,层层深入,毫不费力。

第二,作者不满足于对王学做哲学路线上的简单定性和归类,努力突出心学的特点和阳明的个性。作者认定阳明哲学的基本性质是主观唯心主义,同时指出它有三大特点:一是伦理意义上的主观唯心主义;二是非理性的主观唯心主义;三是学问与事功合一的主观唯心主义。这三大特点中蕴涵着中国哲学不同于西方哲学的特点,又蕴涵着陆王心学不同于程朱理学的特点,也蕴涵着阳明心学不同于象山心学的特点。为了精确论定王学在宋明道学发展链条中的位置,也为了使王学的个性鲜明化,作者对陆象山、朱熹、王阳明之间的逻辑联系作了分析,指出阳明继承了象山重视伦理主体,强调"先立乎其大者"的原则,避免了朱熹偏重伦理客体致使理学变成利禄工具的弊病;同时又避免了象山空疏虚寂,不易入手的缺陷,补充了朱熹格物穷理的功夫,把"立乎其大者"与"格物穷理"结合起来,从而成为宋明理学(即道学)发展的高峰。王阳明不同于历史上多数哲学家,他在内圣与外王两个方面都有极大成就,他的理想人格在很大程度上得到了实现。他不仅提出了本体与功夫的合一、知与行的合一,他一生的实践也很好地体现了这种合一。这就是作者笔下的王阳明,同时也是历史上活生生的独具特色的王阳明。过去一些哲学史论著只重视哲学思潮的共性,忽视中国哲学的特点,更忽视不同学派不同哲人的个性,所以千篇一律,千人一面,读之令人乏味。事实上,有影响的哲学家都是有个性的,没有个性不可能在历史上树立起自己的形象。方尔加同志以生动的笔触,写阳明的狂傲,写阳明的才华,写阳明的精细,写阳明的灵活,思想是活泼泼的,人也是活泼泼的。我们不必完全同意作者对阳明哲学所作的具体结论,但他努力把握哲学家个性,从个性中揭示共性的做法,却是我们应当学习的。

第三,作者在方法上刻意求新,因此能够提出一系列开创性的观点,从而活跃了学术讨论气氛。作者研究阳明心学的基本方法是历史唯物论与辩证唯物论,同时也吸收和运用了皮亚杰的发生认识论,弗洛伊德的潜意识学说,柏格森、叔本华的直觉论以及文化比较学的方法,对阳明心学的分析就比以往教科书要深刻、清晰和新颖别致。作者将阳明心学与西方直觉主义与主观唯心论相比较,认为阳明是从伦理哲学的角度进入非理性主义的,因而与西方从认识论的角度进入非理性主义的哲学不同,但作为直觉主义则有所同。说阳明哲学是非理性的直觉主义,可能有些学者不赞成,我却以为这是一个科学的发现。直觉主义乃是中国传统哲学的思维方式之一,它用于主体对最高本体的把握。其特点就是主体径直渗入客体之中,与客体合二为一,我称之为直感悟发式的思维方式。老子讲的"玄同",庄子讲的"坐忘",禅宗讲的"顿悟",都是一种直感思维,不要逻辑推论,当下把握对象的全体。人们有一种误解,认为非理性主义就是神秘主义和信仰主义,其实有宗教非理性主义,也有日常生活的非理性主义,它是一种心理体验,每个人都或多或少有过这种体验。阳明的非理性主义受启于老庄、佛教,又不同于它们,它是与理性、入世精神高度结合的。这是一个复杂的研究课题,有待认真开展研究。阳明哲学极重主体精神,作者运用现代哲学成果对阳明的主体性作了深刻的阐发。他指出在阳明讲的"感应之几"中,"'感'不仅是客体接触主体,同时还感动了主体,激活了主体,使之以自身的模式建构对象,所以有'感'同时就有'应'"。就道德学习活动而言,伦理主体不是消极被动地接受伦理客体,它总是"把对象纳入主观模式,重新组织它,使它成为蕴涵主体,体现主体的具体形式"。当然阳明把主体的能动性抽象地加以发展了,若在实践的基础上加以改造吸收,很可以弥补认识论上机械论的长期流行所造成的见物不见人的缺陷。作者对阳明心学的基本概念——"良知"有新的理解和说明。他认为良知的本质规定性不直接就是封建道德规范,"良知是个判断是非的能力",因为阳明说得很清楚,"良知是个是非之心。"由于"良知"侧重判断能力不侧重标尺,这就容纳了更多的个体差异性和主体能动性。我以为这种理解符合阳明的本意,"四句教"亦谓"知善知恶是良知",可见良知是指道德判断力。作者的贡献不止于此,他不像有些著作那样,把良知简单斥责为唯心论的谬说,他在清理了阳明关于良知的神秘性先验性的同时,保留了良知学说的合理内核,并重新给予科学的解释,指出良知是"人在以往长期生活中潜移默化地无意识地受周围环境影响所形成的一种心理结构,人在观察事物,应对事物时不自觉地受这个心理结构支配,以这个心理结构为参照系",这样,良知作为一种道德心理,它的稳定性便得到了合理的说明。书中其他新论点还很多,就不必一一列举了。由于它们都有一定深度,不论赞成与反对,都可以深化人们对阳明心学的认识。

当然,作者的有些观点我并不赞同。例如,对于阳明心学的主观唯心主义性质我就很怀疑。不错,阳明认为伦理主体是第一性的,他企图用"心"吞噬万事万理,但是这个"心"并非一己之心,唯"我"独有,"心"为天下人所共具,良知是人人都有的,人同此心,心同此理,所以"心"是一种共相,不是殊相,在发用流行中才显出差别。如此,说阳明心学具有客观唯心主义性质不是更加合理吗?可不可以进而设想一下,不用西方哲学的分类模式来表述中国哲学,而另外有所创造呢?中国哲学,至少是儒家哲学,有两对根本性的矛盾关系是贯彻始终的。其一是性情与礼教的关系,其实质是作为主体的人性如何同作为客体的社会规范相协调的问题。孔子"仁"与"礼"的关系问题,玄学"自然"与"名教"的关系问题,理学家"心"与"理"、"人欲"与"天理"的关系问题,都是上述根本性矛盾的表现。其二是内圣与外王的关系,其实质是心性修养如何与经世致用的社会实践相一致的问题。孔子的"修己以安百姓",《大学》的"修、齐、治、平",玄学的"体"与"用",理学家的"本体与功夫"、"知与行",都是内圣与外王问题的不同体现。据此,我们可否称阳明哲学为主体性心学呢?这里提出来,聊备一说。阳明哲学在很大程度上是一种偏重主体性的道德心理学,学术研究工作应把重心放在揭示这一特质上面。

有特点的书就难免有所不足,例如,本书对阳明的"四句教"缺乏集中论述,似是疏漏,作者自造"玄善"一词似无必要,以及认为"阳明没有真正的继承人"似不妥当。对于这最后一点,作者的理由是阳明后学都在篡改(或曰修正)他的学说,我却以为一个大思想家的后学有某种偏离乃学术发展的普遍规律,继承中包含着创造。阳明心学未能成为官方哲学,而它的生命力则远胜于官学化的程朱理学。阳明之后,心学学派林立,人才辈出,百枝千叶,愈出愈奇,极大地活跃了明代中后期的思想界,造就了中国思想史上少有的学术繁荣景况,其影响是深远的。在陆王心学与程朱理学之间,我是比较偏爱陆王心学的,因为心学能激发人的主体意识和创造精神,而这正是近代中国人的性格里最缺乏的东西,我们不能在批判心学的唯心精神的同时把它的积极开创精神也抹杀了,这恰恰是需要大力发掘和发扬的精华部分。想着阳明活泼自在、无入而不自得的真人气象,读着阳明"学贵得之于心,求之于心而非也,虽其言之出于孔子,不敢以为是也"的震骇千古的名句,我们不是可以从中吸取一点奋发猛进的精神,使我们的生命力更旺盛、自信心更坚强吗?

方尔加同志的《王阳明心学研究》内容十分丰富,我只能略述一二。这部书的价值如何,读者自有公论,我不过作为第一批读者发点议论,起点抛砖引玉的作用罢了。明代思想史是一个富矿,可惜开采者太少。愿方尔加同志今后继续探索,贡献出新的成果。愿学界有更多的新生力量加入开采者的行列,写出更多、更好的有关学术论著来。

(载《王阳明心学研究》,方尔加著,湖南教育出版社,1989年3月)

《西汉经学源流》序

　　以儒家经典为主要阐述对象的经学，曾经是中国社会的一门主要学术，受到历朝皇权的推崇和扶持，兴旺延续两千余年，有关著作汗牛充栋。对于中国的政治、哲学、伦理、文艺及民俗产生过广泛而深远的影响。辛亥革命以后，帝制社会解体，在"五四"新文化运动的批判声浪中，旧经学逐渐退出学术中心舞台，这是合乎社会进步潮流的。而后有以周予同为代表的批判派经学研究，以顾颉刚为代表的疑古派经学研究，皆有可观成就，但不免带有偏激的情绪。也有少数学者把经学限制在纯学术范围内，继续用传统的国学方法加以研究。更多的学者，不同程度地吸收西方近代哲学理论方法，将原有经学著作拆散，纳入中国思想史或哲学史的研究之中。总之，民国时期的传统经学已经式微。1949年以后的大陆，旧经学传统更趋中绝，这种情况是否是正常的呢？我认为旧经学的终结并不意味着经学研究的终结，恰恰应该意味着新经学学术的诞生。像经学那样对于中华民族精神文化发生过巨大影响的学术体系，是不能用干脆置之不理的办法加以抛弃的，也不能仅仅用革命家的激烈言辞加以克服的。经学是儒学的主干，不懂经学无以知儒学，不知儒学无以知中国传统思想文化，因而也谈不上批判地继承。我们站在今天时代的高度，对如此庞大的文化遗产作出全新的整理和总结，这不仅是为了清除它的负面影响，也是为了从中发掘丰富有益的思想资源，用以建设我们的新文化。

　　从大陆情况看，改革开放以来的10多年，经学研究似有复苏的趋势。经学古籍的整理出版，重要经典的新注与今译，某些单经的学术研究，都取得一定的成绩。最活跃的是易学，竟形成长盛不衰的热潮。但总地说来，新经学研究刚刚起步，队伍很小，成果不多，许多领域尚是空白。谈到综合性经学历史的研究，可以说相当冷落沉寂，本人只看到有关近代经学史的一两本著作，还不够完整深入。清人皮锡瑞的《经学历史》和民国学者周予同的注解，至今被学人奉为圭臬，尚无一本新经学通史著作问世。周予同关于经学三大派别，即西汉今文学、东汉古文学和宋学之说，学界因循如同定论，从未见有何异议。经学史研究之所以缺乏创新力作，其原因首先在于这一项研究难度较大，要求学者有深厚国学功力，耗费巨大的精力和时间，许多人视为畏途；其次是经学研究的新理论、新方法一时难以确立，无论走旧经学的老路或是重复简单批判的做法，都不能适应时代的步伐，而新路有待开拓。

可喜的是，我们终于看到了经学史研究方面富于探索气息的新作，而且是中青人学者的作品，这就是王葆玹先生的《西汉经学源流》。这部书从经学史的早期阶段——西汉着手，重新梳理中国经学的源头和流派，而这正是一部新的经学通史诞生之前的第一步重要工作。源不清则流不明，恰恰在西汉经学的研究上，存在着许多似是而非的观念，有争议的问题不少，需要认真加以探讨。葆玹是比我年轻的朋友，在学术上素以刻苦细心和见识独出而为同行所称道，好读书又能求深解，长年从事先秦和秦汉思想史的研究，积累丰厚，勇于开拓，故能以雄健的力量从正面进入经学史的难题，向经学权威和传统观点提出挑战，在经学史的开端研究上树立自己的一家之言。

这部书的优点和特点是：第一，资料翔实，考证周密，这是经学研究佳作必备的特质。作者对有关经典和经注、经解下过苦功，比较熟悉，故能旁征博引，论据充足；同时不拘泥于古注家成说，对所用资料详加考辨，去伪存真，用其当用者，故书中所引资料，一一经过审核，有较高的可靠性。第二，框架新颖，方法脱俗，故能破旧套，立新论。作者部分地继承传统国学治学方法，又创造性吸收和运用西方解释学、结构主义哲学和系统论的理论与方法，形成自己的框架结构和研究方法，既不是以经解经、只信不疑，又不是政治批判、简单否定，而是把经学作为一种文化体系加以审视，结合社会历史的变革，多角度地揭示中国文化的经学思维模式和经学史的文化意义，这就增强了经学研究的立体感和科学性。第三，使用最新考古资料，主要在易学部分利用马王堆出土帛书《周易》的崭新发现，与传统文献作深入的比较分析，从而使汉易研究展现出一个新的局面。

这部书翻旧案、立新说的地方很多，但又不故为奇异，使人感到持之成理，言之有据。例如，第一章指出，"六艺"以六为度，"五经"以五为度，乃是秦制与汉制的差别，又指明"传"、"说"、"记"三种经著形式的特点与优点。第二章在今古文对立之外，特标出鲁学与齐学的对立，并由此引申出整个经学史上义理派上与象数派的对立。本书关于经学派别的独特见解，令人耳目一新。第三章着重说明"罢黜百家，独尊儒术"的真正完成不在武帝之时，而在成帝之时，成帝发起过一场宗教改革运动，于是"汉承秦制"遂告结束，王凤家族起了关键性的作用。第四章重新考查了公羊学的源流，从系统论的角度解释天人感应学说，又论证《春秋繁露》的可靠性，并对董仲舒"大一统"的确切含义提出自己的理解。第五章突出西汉礼学，对《三礼》的来龙去脉及后氏礼学，论说相当严密，又以祭礼为重点，详细考查了西汉郊祭的沿革，阐明成帝罢废诸祠而设置南北郊的社会意义。第六章说明帛书《要》、《易之义》、《二三子问》为鲁学作品，帛书《系辞》为道家易学的代表作，官方田何易学则为齐学。

我认为上述种种新论，虽是一家之言，且不无可商榷之处，但它们的提出，足以使现今人们关于西汉经学的许多传统观念发生动摇，从而也使整个经学史的许多习惯成见，发生动摇。人们在这些新论点、新证据面前，不能不重新认真研究史料、思考问题，并对本书的一系列见解作出严肃的回应，不论赞同还是批评，都将会推动经学研究的深入开展。我愿意将这样一本有价值的书，推荐给海峡两岸的读者。

（载《西汉经学源流》，王葆玹著，台湾东大图书公司，1994年6月）

《马一浮思想研究》序

我最早看到滕复先生所写《马一浮的儒学思想初探》，刊载在1991年出版的《现代新儒学研究论集》（二）之中，可知他从事马一浮学术研究已有10年以上的历史。多年研究的心得如今凝聚成《马一浮思想研究》专著，这是他长期坐冷板凳的工夫所就，是难能可贵的。他的不求速成、但求实知、认真治学、锲而不舍的精神，令我敬佩。

当代新儒学研究，这些年在海内外都形成热潮。可是被公认为当代大儒的马一浮先生，却是这股热潮中的一个冷点，颇令人遗憾。梁漱溟、熊十力、贺麟、张君劢等前辈，以及后起的牟宗三、唐君毅、徐复观等学者，是新儒学研究论著中的必论人物，再扩大一点，冯友兰、钱穆、方东美等先生亦受到普遍关注。但迄今未曾见到研究马一浮的专著，在新儒学综合性著作中也极少见到马一浮的专章，论文则寥寥数篇而已。原因何在呢？我想，其一是马一浮专心治学，隐居西湖读书，30年不为世俗所动，除了讲学而外，很少参与各种社会活动，向外界传播的信息量较少，是道家式的儒学学者。故只有内行知其可贵，一般知识界就有些陌生，其他人更茫然不晓了。其二是马一浮的学问确属精粹，精而难识，粹而乏新，不大容易为现代人所了解，也不大合乎现代人的口味，不像其他活跃人物那样有较多的传承者、追随者和宣扬者。

然而研究当代新儒学，又必须研究马一浮；他是重量级学者，不可空缺。在梁漱溟眼里，马一浮乃"千年国粹，一代儒宗"；在贺麟眼里，马一浮是"代表传统中国文化的仅存硕果"；徐复观则把马一浮与熊十力、梁漱溟、张君劢并视为"当代四大儒"。这样的学者，能够忽略吗？不研究马一浮，能够全面了解当代新儒家吗？当然不能。所以填补这一空白是十分必要的。

我对马一浮没有研究，所以无法对马一浮和滕复先生的《马一浮思想研究》作出深入评价。我之所以接受写序的约请，一是基于学者友情的托付；二是感到此项研究的重要，应该向社会加以推荐。另外，看书写序对于我也是一次学习的机会，所以愿意发点议论。马一浮既然被梁漱溟这样自视甚高的大学者所推崇，必有其过人之处。例如，民国年间蔡元培任教育部部长，聘马一浮为教育部秘书长，蔡主废经，马认为经不可废，由此发生冲突，不足半个月，马即辞职回家。这不仅表现了马一浮特立独行的学者人格，绝不违志做官；而且也表现了马一浮文化战略的远见卓识，即旧式教育可废，而经典训练不可废，它关乎整个中国文化的传承和一代代知识分子素养的熏陶。在当时反传统大潮席卷中华大地的时代，只有极少数先进教育家如朱自清、叶圣陶等人才看出经典训练在现代教育中的重要性，因而加以强调和坚持。在这一点上马一浮要比蔡元培高出一筹。他的"经不可废"的主张，直到今天对于我们的文化教育建设仍有重要的启示作用。再如马一浮精通理学、佛学、道学，贺麟先生说他"兼有中国正统儒者所应具备之诗教、礼教、理学三种学养"。像马一浮这样对国学造诣精深的学者，在民国时期已属凤毛麟角。且不说他在理论上有何创造，单就他在"打倒孔家店"的文化激进主义浪潮中保存国学命脉这一点说，已经是功不可没了。在传统与现代激烈冲突的时代，马一浮这样的纯儒不可能成为主流，但又是不可缺少的。只有多元文化的碰撞与互补，新文化才能健康发展，现在人们越来越深切地认识到这个道理。又如马一浮"以六艺统摄一切学术"的文化理念，难道仅仅是国粹派的一种自大和偏执吗？从文化解释学的观点看，我们不妨把它视为马一浮所特有的儒学观，并由此形成他的现代大文化观，内中蕴涵着他的人文理想，而这种人文理想乃是对现代以科学理性为特征的西学的批评和超越，自有其存在的价值。马一浮年轻时曾游美留日多年，对西方文化和哲学有较多的接触，因此他不是孤陋寡闻的儒者，他是在中西文化交汇的大环境下研讨儒学的。虽然他并没有像其他新儒家学者那样标榜理论上的"新"，可是他的思想和学问却也在不知不觉中透露出新的时代精神，只不过不是一时开风气的人物罢了。

　　滕复先生的《马一浮思想研究》，对马一浮的生平及学术活动作了详细的介绍，对马一浮的儒学思想作了客观平实而又系统完整的论述，又把马一浮的思想放在中西文化会通和新儒学发生发展的社会文化大背景中加以分析和评价，具有时代的高度和相当的理论深度。它的出版，使世人更容易了解和走近马一浮，使更多的人关心这份珍贵而又长期被冷落的精神文化遗产，当代新儒学的研究也会因此而更加丰富和活跃。我祝贺这本书问世，愿马一浮研究以此为契机而稍稍增加一些热度。

（载《马一浮思想研究》，滕复著，中华书局，2001年10月）

《儒学现代性探索》序

  儒学是一门古老的学问，它曾经在中国和东亚历史上起过重要作用，成为东方传统文化的思想代表。在近现代西方工业文明进入东亚社会并成为主流文化以后，儒学退到边沿地带，进入低谷时期。许多人对于儒学能否适应现代社会抱着怀疑甚至否定的态度。20世纪是儒学不断面临猛烈冲击、批判并试图浴火重生的时期，儒学的生命力经受了最为严峻的考验。在新世纪开始的时候，我们所看到的儒学已经处在转型的阶段，在清除了陈腐、僵化的部分之后，它的真正价值的精华，正在逐渐显露出来，放射出它特有的绚丽的光彩。儒学不仅正在回归中国和东亚社会，而且正在走向世界，成为国际学术领域中一种备受关注的学说。特别是当西方工业文明暴露出道德危机、社会危机、生态危机种种弊病之后，杰出的东西方学者，都在呼唤一种新的人文精神。他们发现儒学是人类所拥有的一种极为宝贵的精神文化资源。儒学所包含的早熟的社会人生智慧和它正在进行的与其他文明的对话，对于当今人类回应种种社会问题的挑战、实现文明新的转型是有重大启示作用的。

  儒学就其文化基因和主流思想而言，它从来就不是保守的一成不变的，它的"和而不同"的多元文化观具有拥抱和吸收各种优秀异质文化的气魄和能力。它曾经成功地接受并融合了印度佛教文化，如今它又在努力吸收世界上各种先进文化用以改造自己。像儒学这样根基深厚、特色显著又宽容大度、与时俱进的思想学说，它不会灭亡的。它不仅可以适应现代社会的需要，而且可以主动参与和修正现代化的进程，使社会的发展更加健康合理。

  儒学的现代性是个复杂的问题，它涉及"现代性"的诠释和儒学自身的推陈出新。儒学现代性的探索不仅需要理论层面的研究，而且需要生活层面的实践，只有集思广益、充分讨论、不断总结才能收到成效。中国是儒学的故乡，中国学者应当在探索儒学现代性的工作中做得更多、更好。本论文集由国际儒学联合会学术委员会编辑，收集了10多位中国学者的论文，他们从不同领域分别探讨了儒学现代性的理论内涵和社会功能。论文所阐述的观点都是作者长期积累的心得,不乏真知灼见。我们相信这本专题论文集会引起儒学研究者的兴趣,推动相关问题的讨论,促进儒学思想资源的深入开发和应用。

(载《儒学现代性探索》,北京图书馆出版社,2002年8月)

《儒学与社会现代化》序

摆在我面前的《儒学与社会现代化》这部书稿，处理的是儒学研究中最新、最大的课题，即儒学与现代化的关系问题。与这个课题相关的论文已经看到很多了，但是像本书那样，体系完整、内容丰富、蔚然大观的专著，到目前为止却是少见的。这部专著是生活在孔子故里的曲阜师范大学的一批学者数年辛勤思考和笔耕的成果。姜林祥教授和他的朋友们身居曲阜，胸怀祖国，依托历史，面向世界和未来，长期埋头苦干，致力于儒家文化的研究。两年前，他们出版了七卷本的《中国儒学史》，初步显示了他们系统整理与总结历史文化的深厚学术功力，受到学术界的欢迎。如今在治史的扎实基础上，他们又推出一部以论为主的儒学现代性研究专著，进一步显示了他们博大的眼界和强烈的时代意识。这两部书都是颇有分量的学术力作，作者互有交叉，都可视为曲阜师范大学人文群体的代表作，说明曲阜师范大学的学者群已经成长成熟起来，他们没有辜负孔圣故里的美誉和海内外人士对他们的期望，在儒学历史与现代性研究方面，他们率先走到了全国学术界的前头，这是令人敬佩的。

这部书的上卷，本着鉴古知今的精神，承接着儒学在中国古代源流的回溯，而把重点放在对近现代社会变革中的儒学的考察，尤其着力阐发了儒学与现代化建设的关系，提出一系列启人智慧、颇具创意和实用的论题和建议，对社会主义两个文明建设有着重要的参考价值。如果说上卷是从现代看儒学，那么下卷便是从世界看儒学。作者分别考察了日本、韩国、新加坡等国乃至欧美文明以及港台地区的现代化与儒学的关系，把儒学现代性问题放在东亚和全球现代化总体进程中加以审视，总结它们的经验，回答争论的问题，针对世纪之交各种全球性危机的挑战，运用儒学的精义予以积极的回应，推动儒学走向世界，让儒学为社会现代化服务，为人类造福。由此可知，作者对儒学现代性的研究评说，并不是凭空臆说、逻辑推演，而是依凭实在的历史，分析实在的经验，根据实在的需求来进行的，所以也就实在可信，有着很强的说服力。当然，这是一家之言，既不可能面面俱到，也不可能每说必当，需要讨论的问题还有很多，但我赞赏作者采取的态度和方法，我认为在这方面作者代表着一种新的健康的学术潮流。

从儒学研究的近现代历史看，对中国人影响最大的研究态度与方法大约有三种：一种是历史主义指导下的还原方法；一种是启蒙心态影响下的批判方法；一种是意识形态支配下的阶级和路线分析方法。

历史主义指导下的还原方法着重研究儒学的发生、发展和演变，以还其本来面貌为追求的目标，因此不能不强调儒学的时代性和不同时期的具体形态与社会影响。这是一种史学的研究方法，是儒学研究的基础方法。其优点是将儒学纳入确定的时空构架之中，揭示儒学真实的历史，形成学术研究的科学性与客观性，这种方法至今人们仍沿用不辍。但这种方法也有不足之处，容易模糊儒学的超时代性和普遍意义，同时缺乏与儒家思想的心灵对话与沟通，把儒学仅仅看成一种客观的研究对象与历史陈迹，难以全面估量儒学的价值。

启蒙心态影响下的批判方法，着重研究儒学与现代社会不相适应的内容，全力攻击儒学的"三纲说"所代表的君权、夫权和父权，提倡近代民主、自由、平等诸精神，为打破宗法等级社会、建立现代公民社会鸣锣开道。晚清和五四以来进步思想家发动的反孔批儒运动及其理论成果，都是这种批判方法的产物，都属于新启蒙运动的组成部分。这种带有思想革命性质的批判，有时是很必要和很深刻的，它使人认识到旧礼教的危害性和反人性，具有解放思想的历史功绩；对于儒学本身的发展，在客观上也有利于促使儒家作自我反思，清除僵化陈旧的成分，显现精华的内容。但是这种批判方法往往良莠不分、矫枉过正、以偏概全、重破轻立，否定有余而建设不足，不可能不伤及民族文化生命的根基，而且在革命、进步的热情下传播一种反传统的激进主义，容易抓住人心，却很难加以纠正。由于精华也往往被当做糟粕予以抛弃，文化缺少了自身生机的培植，其结果是真正封建性的糟粕却因受不到有效的抵制反而泛滥起来，或者改头换面依然流行，这是文化激进派所始料不及的。

1949年以后，虽然我们在理论上对文化遗产有"批判地继承"和"取其精华，弃其糟粕"的方针原则，但在实际研究中推行的却往往是意识形态支配下的阶级和路线分析方法，是"左"的教条主义的方法。对儒家人物和思想学派，强调阶级归属和思想路线，而忽视其丰富的人文智慧。这样一来，对儒家学说肯定的不多，否定的不少，孔子和儒学基本上是一种反面的消极的形象。对儒学的研究，假如是遵循真正的唯物史观和实事求是的精神，便会产生积极的意义和有价值的成果。但是"左"的思潮日甚一日，不从实际出发，而从所谓阶级原则出发，使研究方法单一化和政治化，儒学研究逐渐脱离正常的学术轨道，而为政治运动所扭曲。与五四运动不同，"文化大革命"把本来就偏激的儒学批判工作变成反理性反社会的狂热运动,变成政治阴谋利用下的影射史学。"文化大革命"中的反孔批儒运动,其主要矛头指向儒学的人文精华,即仁爱中和之道,同时宣扬法家的专制主义思想,从而暴露了这场运动的危害性,同时也使人们恍然大悟,原来真正的封建遗毒并不一定总在儒家文化体系里,也会藏身在反儒的社会运动中。"文化大革命"的失败,是以阶级斗争为纲的路线的失败,对儒学研究来说,它宣告了数十年来反孔批儒的时代的结束,开始了一个以理性和宽容的态度研究孔子和儒学的时代。

改革开放以来,国内外环境都发生了巨大的、有些是根本性的变化,人们对待儒学的态度和研究方法也随着时代的进步而变化。由于社会环境相对宽松,学者的视野开阔了,个性得到舒展,研究方法的多样化和学术观点的百家争鸣已成为不可遏止的趋势。而人们的意识又往往落后于存在,五四情结、阶级斗争情结仍以其习惯的力量保留在部分人的心里。于是多元交渗和新旧交替就成了最近20年来儒学研究的特色之一。因此,有必要进一步分析时代背景的变化对儒学研究产生的巨大影响,从而促使更多的人对新的研究态度和方法形成一种高度的自觉性。

20世纪的国内外形势,80年代是一个分水岭。在此以前,无论在中国还是在世界,都是社会革命(各种形态的)风起云涌和政治集团及意识形态剧烈对抗的时代。两次世界大战及其前后的民族独立运动、社会主义革命运动及第二次世界大战后两大阵营的长期对立,使这个时代充满了社会动荡和人际紧张。于是斗争哲学便成为最受欢迎的行为指导原则。人们的感受是:只有你死我活的斗争才是一种最真实的存在,似乎别无选择。在这样一个不是热战便是冷战的年代里,具有和平性格、具有稳定社会人生功能的儒学自然要受到冷落和贬低。

20世纪80年代以来情势大变,冷战思维已没有大市场了,意识形态退居次要地位。欧美发达国家通过经济结构的重大调整实现了一定程度的稳定繁荣;一系列发展中的国家和地区特别是东亚通过社会改革与和平发展,实现了经济的腾飞与社会进步,取得了令人瞩目的伟大成就。中国由于摆脱了内部政治运动的困扰和在外部方面减轻了与西方的隔膜或对抗的压力,实行改革开放和稳定发展的路线政策,出现了经济的高速增长,人民生活大为改善,各项事业蓬勃发展。于是,和平压倒了战争,建设取代了破坏,人类迎来了一个以和平与发展为主题的崭新时代。当然,战争与对抗并没有退出历史舞台,发展与混乱并存,希望与危机同在,斗争哲学和各种旧有的思维模式仍然有它们的市场。但是不可否认,时代的主调确实改变了。这是一场有别于以往的新的竞争，谁的社会发展最快，谁的国际互动最好，谁就最有条件赢得胜利。竞争的新态势是由政治而经济，由经济而文化；文化以其深厚的底蕴和最具草根性的持续力支撑着政治和经济，显示出无穷的潜力。

在这种时代氛围里，建设成为最强音；文化的积累，包括本国的和外国的、古代的和现代的，无不被建设者视为可供开发运用的重要资源，受到高度重视。这个时代也充分暴露了已有的工业文明和现代西方文明的弊害，因而把文明转型的紧迫任务提到人类面前。以"全球价值"面目主导世界数百年之久的西方近现代价值体系发生动摇。于是出现三种现象：一是全球性的现代文化向古典传统回归，其实质是用根源性的淳朴的传统调整现代化过程中的偏差；二是以中国传统文化（主要是儒学）为核心的"亚洲价值"随着东亚的崛起而提高了地位，扩大了影响，从而推动了东西文化互补交流的进程；三是民族文化意识普遍高涨，超过了阶级意识，成为维护民族独立和尊严的重要精神力量，也有利于世界文化多元化的发展。在这种形势下，有着深厚积累，包含着许多社会人生常道，表现人类早期健康理性，带有鲜明东方特色的儒家文化，必然会得到中国和东亚人的重新评价，也逐渐受到西方有识之士的特别关注。人们发现，儒学"天人一体"的宇宙观，"仁爱忠恕"的人际观，"成己成物"的人生观，"礼义廉耻"的道德观，"和而不同"的文化观，"敬业乐群"的职业观，"启发心智"的教育观，"天下为公"的社会理想，等等，对于克服现代社会的生态危机、社会危机、道德危机和信仰危机，能够提供一种独特的人文大智慧，具有极强的治世价值与功用。找回蒙尘已久的文化珍宝，让它重新放射光彩，已经成为一种普遍的呼声。中国本来就是一个文化大国，文化资源之丰富程度举世罕见，利用这些资源建设新的现代文化大国是中国人不可推卸的责任。时代需要儒学，它为儒学的发展利用提供了广阔的前景。今天，儒学的研究，除了已有的传统模式，还出现了现代化过程中资源开发式的建设性的推陈出新的模式。"推陈出新"原来是戏曲艺术界流行的口号，现在已扩大运用到一切传统文化研究上来。"推陈出新"不是"弃陈造新"，而是从旧有的文化中提炼转化出新颖的文化，这就是文化上辩证的否定。因此，这种研究模式着眼于儒学正面价值的发掘熔冶，力求把传统与现代化结合起来，回答和解决当代人们关心的种种现实问题。

概括地说，"推陈出新"方针有如下特色：第一，它超越了一般史学方法所看重的时空框架，着力研究儒学中超时代、超地域的普遍性价值，凡有利于当代社会健康发展者皆弘扬之，否则便抛弃之；第二，它以立为主，不以破为主，破是为了更好地立，化古慧为今智，化腐朽为神奇，不挑剔前人的不足，而在意于今人的更好；第三，它顾后是为了瞻前，站在时代前面，为现代化建设寻找源头活水，增添精神动力，使之根基厚实，能持续和稳定发展；第四，它超越了民族和国家的界限，把儒学放在世界多样文化共存和互释、交渗的大局中考察，从而使儒学研究不但与现代化进程相一致，也与儒学自身的世界化过程相联系。用世界的眼光看儒学，更能显示它的现代性。可以说，儒学如不能走向世界，亦不能走向现代和未来，反之亦然。我以为《儒学与社会现代化》这本书，就是作者在新的时代精神感召下，在社会最新需求的推动下，运用建设性的推陈出新的方法研究儒学所取得的优秀学术成果，它是贡献给当代社会的一份厚礼。

文化是内层的，政治、经济等是显层的。历史经验证明，一个民族的文化生命如不能健全和畅通，那么它所进行的社会政治、经济改革也往往会流于偏狭、浮躁、极端，难以达到预期的目的。人们常说中华民族多灾多难，除了外部的侵略，内部的祸患亦属不少，在现代化的道路上走得非常艰辛。中国百余年来，社会改革运动不可谓不多，然而付出很多，成绩却不够理想，其中一个根本性的原因是文化问题没有解决好。具体地说，就是在很长时期内主导社会潮流的人们不能正确处理继承民族文化传统与学习西方先进文化之间的关系。要么封闭固陋，因循守旧，不思革新；要么数典忘祖，全盘西化，模仿照搬；要么形式上激进，而实质上倒退，始终难以作出一个合情合理的抉择。旧的文化传统形态过时了，而新的文化传统即真正体现优良历史传统与先进外国文化相结合的，既有民族特色又有时代风貌的新文化体系迟迟不能建立，信仰失去重心，道德陷于混乱，文化呈现庞杂，政治和经济改革便因此而弊病丛生，常常是走两步退一步，有时甚至走一步退两步。"文化大革命"固然是一场政治运动，而深处却是文化激进主义恶性膨胀的结果，导致政治上的大倒退大混乱、经济上的大破坏和近于崩溃。这又一次从反面证明了文化问题与政治经济问题的内在联系，文化问题处理错了，政治经济便不可能顺利发展。中国人经历了如此众多的苦难和挫折，如今应当在反省总结的基础上变得成熟稳健起来，在发展经济、改革政治的同时，要下大力气从事新文化建设，使之走上健康发展的道路。国家的复兴必须伴以文化的复兴。在现代中国，文化复兴运动应以社会主义文化为主导，以传统文化为根基，汲取西方优秀文化的营养，形成现代中国的新文化传统。社会主义文化、民族传统文化和西方文化三者之间的良性互动，是中国新文化建设和发展的必由之路和必要条件。从这一角度审视问题，便知儒学现代性研究不仅仅是为新文化建设工程提供思想营养，更可以说是一种不可或缺的基础建设。因为儒家文化就其一般意义而言，从来就是中华民族传统文化的轴心和基础,而优秀传统文化又是新文化建设的基础,那么儒家文化的开发和激活,便当然是新文化建设中基础的基础了。儒学现代性研究的重要性正是在这里。

一个伟大的民族必然有自己伟大的民族精神。中华民族之所以创造出光辉灿烂的古代文明,并且长存不亡,衰而复兴,是因为它有着伟大的文化,这种文化具有生生不息、刚毅诚信、博厚悠远、仁通和的伟大精神,正是这种文化的精神凝聚着整个民族,培育着它人民和精英,造就了它辉煌的过去,并且正在造就着它伟大的现在和未来。儒家文化在涵养中华精神、锤炼民族性格的过程中起了极为重要的作用。所以研究儒学的重要目的,就是为了更好地发扬伟大的中华精神,为社会主义现代化事业增添活力。按照北京大学张岱年先生的说法,中华精神有两个侧面:从力度上说,便是自强不息;从宽度上说,便是厚德载物,而这两个方面都与儒家传统密切相关。由此可知,中华精神的发扬,儒学精华的传播,既有益于中国的振兴,又益于世界的和平。它是民族的,但不是狭隘的;它是世界的,但保持着东方的风格。

如今,儒学的现代性研究不仅仅停留在理论的层面上,它的成果已经走进了现实生活,在道德建设和工商文明两个方面上,儒学资源被广泛开发运用,取得可观的成绩。在世界和平与社会和谐的问题上,儒学资源已被用来参与世界战略性政治问题与社会问题的讨论治理。可以预料,儒学文化的精粹在21世纪将会得到比历史上任何时期更为广阔的开展和发扬,参与儒学研究和应用的人们会越来越多,接纳儒家智慧的领域也会越来越广泛。在这样一场普遍而又深刻的文化运动中,中国应该率先作出榜样。(2004年7月于北京)

(载《儒学与社会现代化》,姜林祥、薛君度主编,广东教育出版社,2004年10月)

《贺麟文化理论研究》序

贺麟先生是当代新儒家的杰出代表，他学贯中西而又能综合创新，形成独具特色的思想流派，是可以与熊十力、张君劢、马一浮、梁漱溟、冯友兰、钱穆等先辈并驾齐驱的一流大学者。就其文化学理论而言，他思考之深且新，同时代的学者少有能与之比肩者；就是到了今天，他的思想还在学术前沿熠熠生辉，引领着我们；甚至可以说，随着人们的时代忧患意识的增强，贺麟思想的前瞻性和珍贵价值就越加显露。他真的是一位了不起的大思想家、大学者，我们中国人应当为有他这样的学者而自豪。但在很长的时间里，由于种种原因，贺麟先生被社会和学界冷落了，他的思想隐埋不显，即使有人提到，也多是把他作为哲学史家和黑格尔专家看待，而忽略了他作为思想家的贡献。这些年，在研究当代新儒家的热潮中，贺先生的新心学成为探讨的话题，相关论著日渐增多。不过到目前为止，贺麟思想的独特价值仍然没有引起学界高度的关注，研究还是不到位的。而不开发和运用这份思想资源，我们就会丧失很多现成的可以启迪自己的智慧；他早已领悟的道理，我们还在探索，怎么能够综合创新？我们能不能成熟得更快一些呢？

当今是高扬文化的时代，国内外都是如此。人类经济全球化的过程，正在伴随着一场世界性的文化反思、文明对话和文明转型的新文化运动。"地球村"的主流文化如不能促进和谐世界建设，人类的发展就是不可持续的。就国内而言，中华民族的深厚文化正在经历一场重生、复兴和创新的运动，它的多元性、和谐性、开放性正在时代精神的照耀下焕发出夺目的光彩，不仅为现代化过程中的中国指引精神方向，而且正在走向世界，成为人类共有的文明财富。但我们面临的问题和挑战是很多的，不正确加以思考和解决就不能顺利前进。在这种情况下回头看贺麟先生的文化理论，他以哲学家的敏锐，在一系列重大文化问题上早已察觉到症结之所在并提出应对的新理念，有些理念比一般人早了半个多世纪，真正是位先知先觉者。例如，"五四"运动以来，否定传统的文化激进主义成为主流，而文化保守主义的新儒家起而与之抗争，形成两军对垒。贺麟先生虽身在新儒家阵营而心已超出学派的界域和中西文化之争。他精熟西方古典哲学和中国古典哲学，主张两者之间的融合贯通，认为"欲求儒家思想的新开展，在于融会吸收西洋文化的精华与长处。"（《儒家思想之开展》）他肯定文化激进主义的历史功绩，又强调在批判基础上的文化建设，指出新文化运动最大的贡献，在于破坏和扫除儒家的僵化躯壳形式末节及其束缚个性的腐化成分，使得孔孟程朱的真精神、真学术更能显露出来。他设计了儒学复兴的道路，即吸收西方哲学、宗教、艺术的精华，使儒学成为合理学、礼教、诗教为一体的学问，以适应现代社会。在这里他既超越了传统，又超越了反传统；既肯定了"五四"，又发展了"五四"，而走到了很多人跟不上的"后启蒙时期"，这难道不是一种超前的文化自觉吗？又如对待宗教的问题，民国时期先进的中国学者，受西方科学理性的影响，不但忽视了基督教在西方现代化过程中的作用，而且大都认为中国传统宗教与科学民主相抵触，在未来中国新文化园地没有宗教的位置，故有蔡元培"以美育代宗教"论，陈独秀"以科学代宗教"论，梁漱溟"以道德代宗教"论，冯友兰"以哲学代宗教"论，几乎形成一个"时代的盲区"。然而贺麟先生并不盲随潮流，他对宗教精神与宗教组织进行区分，肯定了西方基督教自我改造、自我牺牲的精神和它养成社会道德的作用，主张用基督教的精神提升中国人信仰的真诚度，又在理论上论证了信仰与理性、宗教与科学、宗教与民主、宗教与现代化是可以兼容的，这在当时可以说是空谷足音，甚至是反潮流的。几十年之后，这种关于宗教的文化调和论却成了主流的文化理念和实践，而各种宗教取代论则不约而同地被活生生的现实所取代，中西宗教对话也正在开展中，这些都说明贺麟先生的宗教观是具有远见卓识的。再如在道德的现代转型问题上，多年来我们在理论和实践两个方面都没有处理好，走的弯路甚多，而道德重建的问题仍未获有效的解决。传统道德有时代的局限性，又有超时代的普遍性。我们既不能把它统统作为"封建道德"完全否定，也不能只继承不改造。贺麟先生肯定儒家的五常之德，但指出不能将它信条化、制度化，而要从开明、自由方面加以提高。传统道德讲义利之辨，而义利又以公私为界，这样的进路显然不能适应现代工商社会的发展。如果把义与利、群与己对立起来，必然会出现道德伪善化而实际上人欲横流的情况。贺麟先生很早就看到这一点，他引进西方近代精神重新阐释中国历史上的合理利己主义，即确认个人应有的权利与幸福，用以弥补儒家道德重义轻利的偏失，而主张义利、群己统一论，并试图通过杨朱的"为我"达到墨子的"兼爱"。他指出，以西方新式功利主义为代表的近代伦理思想早已超出灭人欲存天理、绝私济公的道德信条，而"趋向于一方面求人欲与天理的调合、求公与私的共济；而另一方面又更进一步去设法假人欲以行天理，假自私以济大公"(《文化与人生》),中国道德建设应当依据合情、合理、合时的"三合"原则来进行。贺麟先生的道德论不恰是在为中国现代化中的道德创新提供思想营养吗?我们的道德文明建设正面临着义与利、群与己的严重冲突,又面临着道德理论与市场经济的严重脱节,如能借鉴贺麟先生的公私兼顾学说,当会在道德文化的理念上有一个新的开展。当然,贺麟先生也有他的时代局限性和学派的约束,并非所有的观点我都赞同。最令我钦佩的还不是他的一系列具体论述,而是他的不保守又不随俗的独立精神和勇于探索、与时俱进的新思维新视野,这正是后学应该着力加以继承和发扬的。

王志捷博士在学习期间对贺麟文化理论产生浓厚兴趣,并以此为博士论文选题,全身心地投入写作。他广泛收集了贺麟先生的思想论著和学界的研究成果,拜访了与贺麟先生有来往的学者与贺先生当年的许多学生,研究了同时代的诸家学说,在集思广益和比较对照的基础上,重点探讨贺麟的文化观,写出了具有较高学术水准的博士论文,分析精细入微,评说宏阔中肯,表现出强烈的社会人文关怀,受到专家们的好评,获得2005年中央民族大学优秀博士论文奖。他做了我想做而又来不及做的一项研究工作,作为指导老师的我是比较满意的。而后,他又不断地修改补充,使内容更加丰实,表述更为畅明,形成今日的规模。在这部著作出版之际,我向作者表示祝贺,向首都师范大学出版社表示感谢,并希望借此引起社会对贺麟学术思想更多的讨论和对文化问题的思考,也希望王志捷博士在文化学的研究上不断有新的探索、新的成果。

(载《贺麟文化理论研究》,王志捷著,首都师范大学出版社,2007年6月)

《冯友兰社会文化观研究》序

冯友兰先生是我国著名的哲学家和哲学史家，也是我在北京大学哲学系读书时的老师，他的学术思想哺育了一大批后来的学者，直接影响了我的学术道路。但是，那时"左"倾思想盛行，冯先生被当做一面"白旗"而常常遭受批判。作为学生的我，一方面喜欢读冯先生的书；另一方面却不敢与冯先生过密来往，从而失去了许多当面向他请教的机会，现在思之后悔莫及。当时海外右翼和内地左翼两方人士，都对冯先生进行口诛笔伐，所以冯先生是很孤独的，没有多少人真正理解他。改革开放以后，学术界清除了极端化、情绪化的影响，逐渐走上理论化、健康化的道路，人们像发现新大陆一样重新发现了冯友兰，开始认识到冯先生是我国当代极少数最有理论创造性的大哲学家、大思想家之一，在海内外的广泛影响无人能够代替。他的学术思想是一座丰碑、一座宝库，具有很高的理论价值和现实意义，不可多得，亟须开发借鉴。于是冯学研究迅速兴起，我也有幸成为冯学的热心推动者。

冯先生于1990年去世，至今已十有三年。研究冯学的论著迭相问世，理解他的人越来越多，冯先生可以含笑九泉了。但冯学研究作品中，关于冯先生的哲学和哲学史的较多，而关于他的社会文化思想的较少，这是美中的不足。而冯先生不只是哲学家，还是思想家，他在社会政治和历史文化研究方面，留下了丰富的作品，他的思考既深且博，是不应该被忽略的。这些年，我写过五六篇研究冯学的论文，其中《试论"冯友兰现象"》一文能够代表我对冯先生的评价，但我不满足。我一直想对冯先生的思想（包括哲学与社会理论）作系统研究，而诸事缠身，至今未能了此夙愿。

王芳恒博士来到我身边学习以后，很快就选定了《冯友兰社会文化观研究》作为博士论文题目，并且以极大的热情和旺盛的精力投入到论文的筹划与写作中。他的哲学理论功底甚好，思考力、吸收力、表述力都是优秀的。再加上他刻苦认真，用心读书，又能利用北京良好的学术环境，虚心向冯先生弟子和冯学研究专家学习，几经修改，论文完成得比较顺利。令我惊喜的是，王芳恒虽未亲见冯先生，却能懂得冯先生的心。论文能贴近冯友兰的真实思想，找准了冯友兰社会文化观的哲学基础,又能在政治、历史、文化、道德、教育、宗教、文艺诸方面加以开展,建构起内容丰富、层次分明、逻辑严密的理论体系。论文既能充分发掘和肯定冯友兰社会文化观的精华,又能站在今天时代的高度指出其不足,总结出其中的经验和教训。论文答辩的时候,委员们一致给予较高的评价,认为该论文是冯学研究又一重要的新成果。我感到非常欣慰,我想做而未做的事情,由学生完成了很大一部分,我是比较满意的。冯先生曾说:"智山慧海传真火,愿随前薪作后薪。"是的,中华民族思想文化的真火,生生不息,而且要越传越旺盛,把人间照得通亮。

　　大半个世纪以来,中国大地形成三大文化系统:一是中国传统文化,有深厚根基;二是社会主义文化,有广泛影响;三是西方欧美文化,有现代气息。今后中国文化必将在此三大文化良性互动中得到新的开拓与发展。事实上,冯友兰先生已经在探索多元文化的互动关系,他把西方理性主义哲学和唯物史观及中国儒佛道三家思想融会贯通,取得了不凡的成就。今后我们应该继续沿着这条道路走下去。我希望并且相信王芳恒博士在中国新时期的文化建设事业中能戒骄戒躁,继续奋斗,作出更多、更好的成绩。

　　（载《冯友兰社会文化观研究》,王芳恒著,贵州民族出版社,2003年9月）

《中国社会思想史》序

汉城大学哲学系宋荣培教授是我认识多年的朋友，他是成就很大、国际知名的学者。可是他的著作未在中国刊行，可能一般中国读者对他还不熟悉。在他的著作出版之际，我感到自己有责任把他介绍给中国读者，以促进中韩之间的学术对话。

宋教授早年毕业于汉城大学，后来就读于比利时、德国，受过西方哲学的严格训练。他又曾在台湾大学研读中国哲学和汉语言文学，对于中国思想文化有深厚的感情和深切的理解。他受聘在汉城大学哲学系任教以来，经常到中国、美国和世界各地做学术访问，致力于东方文化和西方文化之间的交流与融合。宋教授学养丰厚，思想犀利，见解独到，在学术上尤其在中国文化研究上颇有建树，是当代韩国一流的哲学家和思想家，在国内外有着广泛的影响。

我很早就盼望宋教授的学术作品能够翻译过来，在中国出版和传播，以便中国读者从中汲取思想营养。如今这一愿望终于实现，他的重要著作《中国社会思想史》的中文版正式问世，我感到欣慰，也受到鼓舞。我相信这部书会在中国受到欢迎，使人们获得许多教益。在此以前，中国人文学术界较多地关注欧美学人的研究成果，很少翻译和评介韩国的学术论著，这是很大的欠缺。殊不知韩国有一支力量很强的人文学术队伍，出版了许多学术价值甚高的著作，可惜中国学者懂韩文的人少，中文翻译出版工作又跟不上，使得这份精神文化资源无法为中国学界所了解，不能在中国发挥应有的作用，这是非常可惜的。宋教授是韩国有代表性的学者，此专著的出版，也许会成为中韩学术交流深入发展的一个标志，将带动更多的韩国优秀著作陆续进入中国人的视野。韩国是中国的近邻，在文化上既与中国有着很深的亲缘关系，又有着自己独特的发展道路，韩国学者的文化思路常常不同于西方，也不同于中国，有其特殊的价值和意义，我们必须加以重视和借鉴。

宋教授的书是一部分量颇重的学术精品。此书的价值，首先在于作者是了解西方的东方人，具有跨文化的世界眼光，能够勇敢摆脱长期流行的欧洲中心论的束缚，以博大的心胸，重新审视中国社会历史的道路，以理性和客观的态度评价儒学和中国革命，对带有很大偏见的欧洲人的种种亚洲观提出批判和挑战，这在欧风美雨笼罩下的当代东方学坛上，是颇不容易做到的。他在深入研究和综合比较的基础上，提出诠释中国古代社会和近现代变革的新理论模式。他把中国古代社会概括为以土地私有制为基础的"儒家式社会"，以取代曾一度流行的"亚细亚生产方式论"；他把中国近现代革命概括为"脱儒家化和马克思主义中国化的过程"，以超越反共的偏见，从而成就了一家之言。由于这一理论模式言之成理，持之有据，以坚实丰富的史料为基础，所以它不能不受到学界的尊重和关注；即使有人持有异议，他也必须花大气力做深入研究，才能取得与之对话的资格。我想宋教授的独立学术人格和他的创新，对于中国学者打破学术上种种教条化的成见，重新解释中国历史，会有启迪和帮助。

此书的价值还在于作者使用的资料极为翔实，引证广泛，考辨精到，史论结合，颇叫人心服。宋教授熟悉中国古代儒家经典，又对史部下过大的工夫。他用社会经济生活和社会组织结构的详密史料来说明中国儒家思想的特质及其变迁，旁征博引，游刃有余。他对中国经济史、社会史尤其是土地制度之熟知和读书之多，令中国学者吃惊，我是自叹弗如。可见此书的成功，不单单由于宋教授的视野雄阔，才思敏捷，具有很强的哲学思考力，还由于他勤奋刻苦，有中国学问的扎实功底，故能够取精用宏，由具体到抽象，从系统而典型的史实中引申出必要的结论。同时他广泛收集和借鉴前贤和当代学人的研究成果，所引古今文献资料有200余种，在全面考察和细心筛选的基础上开拓创造，故能批判陈说，独立新论。作为一位外国学者，能够克服语言文字的障碍，深入到中国文化史的内部去探索，是十分难能可贵的。

宋教授以极大的热情关注着中国近现代的社会革命，他不赞成对中国革命持敌视立场，而是怀着朋友的情意，用平实的态度分析评论中国新民主主义革命和毛泽东思想，赞扬中国近代先进的知识分子为民族解放和把马克思主义中国化所做的努力及其成就。他在书中从考察古代儒家思想和儒家式社会转而考察中国近现代革命，看起来似乎有一种过快的跳跃，实际上他是在鉴古论今，从历史学的角度揭示中国革命的内在必然性。他认为中国革命乃是中国传统儒家式社会结构无法解决农民贫困并造成周期性暴动所逼迫出来的一条道路。这条道路由于中国革命者避免了斯大林路线而获得成功。这是一种学理式的探讨，同时也是大手笔的杰作。

正如宋教授在中文版序言里指出的那样，这本书由于写作较早，未能讨论中国改革开放以后的发展变化。他表示愿意继续进行学术上的讨论，更愿意与中国同行切磋。中国古代社会的问题已经相当复杂，中国近现代革命的问题更不易言。对于马克思主义中国化进程的探讨，假若不研究改革开放以后的创造性变革和有中国特色的社会主义新理论，则这种探讨不免有着"阶段性"的局限。例如，中国革命开始确实走着"脱儒家化"的道路，但是如今，中国的社会主义者又在批判继承的基础上开发和弘扬着儒家的思想精华，中国当代学者在继承"五四"新文化运动传统的同时，早已超出了"五四"，这就需要作出新的解释。又如中国革命是否如书中所说没有依社会生产的客观法则为根据，而只是中国革命知识分子的"主观意志"在推动呢？"唯意志论"确曾有过，但都因碰壁而被纠正了。中国革命和改革开放的实践证明，忽视社会发展客观法则，单纯依靠主观意志是不会成功的。只有符合社会发展方向、能够解放生产力的主观意志才是有生命力的和值得赞美的。这又一次证明，不研究改革开放就不能完整地理解中国革命。

宋教授在序中说："对中国历史和思想问题的思考到现在为止一直是我生命中的一个最本质和最重要的部分"，可知他的中国情结是很深的。因此，我有理由相信，宋教授会在这部著作的基础上对中国的历史作进一步的研讨，并对中国社会的最新发展作跟踪考察。我希望不久的将来，他会有新的中国研究专著问世，成为这部书的续编。

（载《中国社会思想史》中文版，[韩]宋荣培著，中国社会科学出版社，2003年11月）

《出位之思：明儒颜钧的民间化思想与实践》序

凡关心明代思想史的人都知道王阳明后学有一支是泰州学派，泰州学派中有一位重要学者叫颜钧（山农）。颜钧上承徐樾、王艮，下启何心隐、罗汝芳，是泰州学派的中枢人物。他狂放不羁，语出常惊世骇俗，"每言人之好贪财色，皆自性生，其一时之所为，实天机之发，不可壅阏之，第过而不留，勿成固我而已。"因此他被当时正统派目为"异端"，后来又被"五四"运动以来的学者视为反叛旧传统的早期启蒙思想家。颜钧真的是一位不讲道德只讲情欲的思想家吗？他的思想的来龙去脉是如何的？里面有没有复杂多样的成分？他与孔孟、程朱、陆王分别是怎样的关系？他的历史地位究竟如何？这些问题并不是很清楚的。由于颜钧遗文湮没不传，多年来人们谈论颜钧，主要依据黄宗羲《明儒学案》所提供的有限资料，无法全面深入把握颜钧的思想。10多年前，族刻本《颜山农先生遗集》被发现。接着由黄宣民先生校订整理的《颜钧集》正式出版。颜钧研究开始步入坦途，专题论文日渐增多，而异见争论随之纷出，这是前所未有的好现象，但未见有研究专著问世。

马晓英在我这里攻读博士时，对颜钧发生浓厚兴趣，我也鼓励她从事颜钧研究。我早年受容肇祖先生及其《明代思想史》的影响，一度对明代思想与哲学比较关注，认为它是一座生命智慧的富矿，而开发不够，因此曾打算从事这方面的研究，却由于种种原因未能着手进行，一直引为憾事。现在由自己的学生来作明代思想家个案研究，这使我宽慰。考虑到已有的资料和成果比较丰富，而马晓英又有认真踏实的治学态度，我相信会形成一部有分量的专著。如今这个愿望实现了。马晓英在广泛收集颜钧资料和综合前人时贤研究成果的基础上，经过数年努力，顺利完成颜钧研究的博士论文并通过答辩，得到专家们的好评。又用了数年时间修改补充，遂形成这部书稿。它的任务就是对颜钧及其思想进行一次比较系统全面的梳理阐述，帮助人们获得对颜钧的更为完整和深入的认识，并通过颜钧研究拓展泰州学派的研究，进而推动明代思想史的研究。这部书考察了颜钧思想产生的社会历史背景及颜钧生平；构建了表述颜钧

"大中哲学"的理论框架,包括它的经典依据、它的心性论和功夫论、它的人生价值观和社会理想;阐释了颜钧思想的特征及其在当时和对后世的影响。全书视野广阔、内容丰富、脉络清晰、推证周密、持论平实,在许多问题上对传统观点上有所突破,它使颜钧的形象更接近于真实,确实是一部青年学者的用心之作,有较高的学术价值,能做到这一步是不容易的。

有几点值得特别加以说明。

第一,作者论述了颜钧思想的内在紧张,即对原儒精神的继承和对理学正统的背离,这是以往人们所忽略的。在人性论上,理学家忽视民利与个人,把"天理"无限抬高,与"人欲"对立起来。颜钧起而纠正之,强调自然人性之正当合理,而不免有过激之言,就其思想主流来说是回归孔孟的义利统一、群己相依的传统,并不是什么王学之流弊,更不像王世贞指责的"鱼馁肉烂,不可复支"。理学家偏离了孔孟,颜钧又偏离了理学,却没有背叛孔孟的真精神。黄宗羲所说的颜山农、何心隐"复非名教所能羁络"中的名教,其实是指当时被意识形态化了的政治理学,压抑人性,禁锢心灵,是需要冲破的。而颜钧是一位忠诚的儒者,他要继承儒家仁诚之道来创造性地发展儒学,兼顾了人性中道德理性与自然情欲两大要素,使之更好地面向民生,面向市民社会,这是理论上的进步。

第二,作者指出颜钧的"大中哲学"是一种新仁学,这很重要。孔孟儒学的核心和精华是仁学,以爱人为宗旨,以忠恕之道为原理,以和而不同为规则,所以仁学是情感和理性的结合。宋明新儒学有三家:理学(以理为本体),心学(以心为本体),气学(以气为本体),三家在综合儒、佛、道三教基础上对于儒学皆有所创发,形成儒学理论的高峰,自有其历史地位。他们从生意上说仁,使孔孟的仁学增强了对生命的关注。但他们都未能直接继承孔孟的仁学,未能在"仁"的理念基础上讲"理"、讲"心"、讲"气",所以才出现忽略或扭曲生命活泼发育的种种流弊。特别是政治化的理学,抛开人情说天理,使天理变成了冷冰冰的东西,甚至导致了"以理杀人"。心学家已经在另辟蹊径,讲述活泼有情的"一体之仁",而泰州学派更是回归人性之常,充分肯定平民百姓生理心理的正当要求。颜钧之学,以仁为体、心性合一,提出"制欲非体仁"之说,称之为大成仁道、仁神正学,他把儒家的"仁"重新变成活生生的有血有肉的真情实感,并使之健康化,恰可以弥补理学、气学之不足,不仅超越了理学、气学,也发展了心学,下启近代谭嗣同"仁以通为第一义"的新仁学,具有划时代的意义。儒学要向前发展,离不开孔子仁学的基础,返仁学之本才能开新,否则就会走偏。

第三，作者着力于突显颜钧的平民意识和实践品格，从而也开掘了颜钧儒学与泰州学派的现代价值，这一点特别值得我们借鉴。学者们早已指出，泰州学派的重要特征是强烈的平民意识和在民间普及儒学、践行圣道的济世精神，而颜钧是儒学民间化的有力倡导者、推动者。本书作者不仅从多方面论述了颜钧平民意识的表现，还联系儒、佛、道三教合流的社会思潮，说明颜钧吸收佛教道教的神秘主义、救世热情和传道方式，为在民间推行道德文明建设作出了实际的贡献。明代民间书院讲会多达1200多所，而其讲学活动多赖王学学者，其中泰州学派人士，与有力焉。我们今日要继承发扬儒学精华，同样面临着如何以义引利，把集体主义与个人利益统一起来，把提高与普及结合起来的挑战，我们需要认真研究泰州学派与颜钧的经验，从中吸取智慧。

书中当然还有许多未充分展开和需要进一步讨论的问题。例如，平民儒学是否一定要与士林儒学发生对抗而没有前途？颜钧思想的狂放性格与礼法之教的冲突是真正的对立还是可以统一？书中说颜钧思想有自然主义、平民主义、狂侠风格的特征，这易于被人接受，而说他"反智主义"（采余英时说）和"唯意志论"，则不免引起争议，似乎不能这样套用，这里又涉及对"造命"说如何阐明的问题。还有，作者称颜钧哲学为"大中哲学"（采黄宣民说），似乎不如称之为"仁神之学"或"大成仁学"更符合颜钧本意，这些都是可以商量的。明代思想是中国思想史上最活跃的时期之一，思想家辈出，而研究尚在起步阶段。我希望马晓英博士百尺竿头更进一步，在颜钧研究、泰州学派研究和明代哲学史研究上不断有新的创获。

（载《出位之思　明儒颜钧的民间化思想与实践》，马晓英著，宁夏人民出版社，2007年8月）

牟钟鉴评黄进兴

黄先生是位功力深厚、勤奋多产的史学专家。这篇文章充分体现了黄先生在史学研究上的优势,广罗史料,辨析真伪,从权力与信仰相互关系的角度,系统而细致地观察了孔庙祭祀的发生、演变、扩展的全部过程,为中国文化史的研究填补了一页重要的空白。

文章指出孔庙祭祀有别于一般民间信仰,在官方权力的倡导支持下,由开初的私庙,演变为官庙,上升为国家祭祀大典,孔庙遍布全国,直接为维护皇权服务,兼有正统文化宣导者和国家教育执行者的双重功能,彻头彻尾展现了官方的性格。作为一篇优秀的史学文章,在史料的考证上,在祭孔沿革的论述上,在皇权与祭孔的相互关系的说明上,都是相当出色的,我还没有见到有别的文章如此细致周全的考察祭孔的问题。

如果说还有什么值得挑剔的话,那就是:第一,未有提到光绪三十二年祭孔升为大祀,乐用八佾;第二,未提到祭孔从祀的问题。从理论分析上说,祭孔的问题不单单是一个皇权制约和利用教化的政治学问题,似乎还可以拓宽视野,从宗教学、文化学的多重角度揭示它的丰富的内涵,以便避免理论色调上的单一性,在这方面还有继续深入拓宽的必要。

皇权利用祭孔,在孔庙祭祀的发达中起相当关键的作用,这是明白无误的历史事实。但祭孔制度的形成是在中国社会文化大背景中完成的。孔子所创立的儒家学派,从汉武帝起,定于一尊,成为官方哲学,这并不是可以由皇帝自由选择,带有偶然性的事件,从根本上说是由于儒学最适合中国宗法等级社会的国情,同时能够集古代文化之大成,给中国人提供一种高远而又切实的人文主义的价值理想,为其他各家所不能比拟。于是儒学成为中国传统文化的主脉,孔子成为中国传统文化的代表人物,是全社会公认的思想权威。皇权只有尊孔崇礼,才能表示继承华夏文化的正统,它才有资格成为中国的名正言顺的统治者。少数民族贵族入主中原,更须如此,一个是祭天,一个是祭孔。官方祭孔,既可以看做儒家信仰对政治的服务,也可以看做政权对文化的认同和尊重。中国中世纪的社会,虽然是皇权至上,但皇权的至上性只能在现实生活的范围之内，它不能指导社会精神生活，不敢充当精神权威，因此中国社会是政教分离的。皇帝到孔庙要下轿步入，行三跪九叩大礼。皇帝只是一朝一代之君，孔子才是师，是万世师表。孔子之道是立国之道，不是一般的术，是一种价值体系，不是一种工具。孔子所提出的社会理想和治国之道，固然从根本上有利于宗法等级社会制度的巩固，但它毕竟强调君臣民的和谐与相互义务，主张爱民、富民，讲民本主义、人道主义，对于君权的滥用有限制和监督作用。祭孔在这方面的社会作用，也是不可忽视的。这是政治与文化的互动问题。

皇帝祭孔，而大量的是士人祭孔，学子祭孔，不仅祭拜孔子，还有一大批儒家学者陪祀，通过这种祭祀活动，表达中国知识分子对儒学的信仰感情和对儒家道统的认同。通过祭孔的研究来研究中国士阶层的思想信仰也是很重要的课题。至于政统的延续和认同，则有郊天之祭和历代帝王将相之祭，也是列为国家祭祀大典的。

从中国宗教史的角度看，祭孔是否可以看做一种宗教行为？我有一个看法，即传统的祭天祭祖祭社稷，形成稳定的郊社宗庙制度，是中国最正宗的宗教，尊天敬祖是中国人最基本的宗教信仰。儒家不是宗教，它是一种人道、人学，不是神学。但儒家并不反对传统宗教，它要把神道纳入它的人道体系，给予宗教祭祀以人文主义的解释，即神道设教。"慎终追远，民德归厚"，祭祀古代伟人主要用意在于纪念。但祭祀并非儒学题中应有之义。依此来看祭孔，大体可以归于传统宗教的范围，不过它是宗教的形式，人文的内容，可以看做一种准宗教现象。祭孔与祭天不同，祭者心目中的孔子不是神，而是人，是导师，人生的引路人。荀子说："礼有三本"，天是生之本，祖是类之本，师是教之本。祭孔的主要意义在于文化认同，它是一个中介，一头衔接着国家宗教，一头衔接着儒学。对于孔府而言，祭孔当然是一种祖先崇拜，宗教的意义更大一些。

祭孔基本上是官方和大人阶层的信仰和活动，与民间大众是不相干的，在民众日常生活中，关夫子、土地爷（香港饭店仍在供祭）比孔夫子要亲近得多。关于中国人信仰的历史特点，这是一个很重要、很复杂的问题。祭孔问题之研究如果能纳入中国宗教史的研究之中，会引发出若干新的意涵，使它更加丰满多彩。以黄先生的功力，若能对整个中国古代宗教祭祀制度作一番研究，并说明它与儒学的关系，必会对中国思想文化史的开拓作出重大贡献。本人前一段从事中国宗教史的探索，希望今后与黄先生能相互切磋，共研共进。

（《评黄进兴〈权力与信仰孔庙祭祀制度的形成〉》，载《文化中国：理念与实践》，台北，允晨文化实业股份有限公司，1994年8月）

《新原道》给我们的启示

一

《新原道》是冯友兰先生贞元六书之一，写于 1944 年，晚于《新理学》、《新事论》、《新世训》、《新原人》，早于《新知言》。它于 1945 年由商务印书馆出版，它的英译本于 1947 年在伦敦出版。抗日时期是冯先生学术活动的重要转折时期，按冯先生自己的说法："在我的《中国哲学史》完成以后，我的兴趣就由研究哲学史转移到哲学创作"[1]。如果说 20 世纪 30 年代初的《中国哲学史》是冯先生成为中国哲学史家的标志，那么贞元六书就是冯先生由哲学史家进而成为哲学家的标志，其中《新理学》、《新原人》、《新原道》三部书是构成冯先生哲学理论体系的核心著作。《新原道》一书很有特色，初看起来是在讲中国哲学史，但实际上是以史寓论，是为阐扬中国哲学原理而写的，所以冯先生不冠以史书之名，而冠以"新原道"三字，副题是"中国哲学之精神"，以便突出其哲学意义，而减弱其史学意义。但是这部书缘起于中国哲学简史的约稿，它按照历史的顺序叙述中国哲学的发展过程，并没有构造一个逻辑体系，所以也可以视之为中国哲学史著作。由于它能够将中国哲学的精神贯彻于中国哲学发展的过程，所以它不是一般的哲学史，不停留在历史陈述的浮面描述，而是揭示哲学精神的深层动态，做到了历史与逻辑的统一，也可以说是"照着讲"和"接着讲"达到了有机的统一。

冯先生一生写了四部有影响的中国哲学史著作。早期的《中国哲学史》，中期的《新原道》、《中国哲学简史》，晚期的《中国哲学史新编》。让我们简单分析一下它们各自的特色。冯先生著《中国哲学史》是我国近代学术史上第一部完整的中国哲学通史著作，具有划时代的意义。陈寅恪的评论是"取材谨严，持论精确"，金岳霖的评论是"确是一本哲学史而不是一种主义的宣传"[2]。陈、金二人都是从史学家的眼光来肯定此书的成就。唯其是优秀的史学著作，它才能够在相当长的时期内成为中西方中国哲学史课程的标准教材。《中国哲学简史》是冯先生 1947 年在美国讲课的英文讲稿，很晚才译为中文。

由于听讲的对象是西方学生，而且要求在不太长的时间内介绍两千多年的中国哲学内容，这就必须：第一，要适合西方人的口味，多引西方文化和哲学观点加以参比；第二，要简明扼要，深入浅出，生动幽默，富有韵味，使听者有兴趣、能理解。这部书确实做到了文质并茂、理情兼具，古代的内容，现代的风格，深刻的思想而又厚积薄发，它是冯先生大半生治学的知识和心得的结晶，又是冯先生全部哲学著作中最具有美学价值的作品，所以被译成多国文字，在欧美颇有影响。1985年它的中文本出版以来，它被誉为中国哲学史最好的入门参考书，受到广泛欢迎。总的说来，《中国哲学简史》基本上是一部史学著作。《中国哲学史新编》是冯先生晚年的主要作品，连写带改前后共用去近四十年光阴，其中既包含着以往的研究成果，又增补了不少新的内容，在理论和方法上也有很大的变化。冯先生在该书的序言中说："如果作得比较好，这部《新编》也可能成为一部以哲学史为中心又对于中国文化有所阐述的历史。"这部书比起旧《中国哲学史》来，不仅范围拓宽了，而且时间上也延伸了，上溯及于商周，下延止于当代，不论学术界对它如何评价，它在性质上是一部史学著作并无疑问。《新原道》与以上三部中国哲学史著作都不同，它是论多于史的著作，有点类似于黑格尔的《哲学史讲演录》。不错，冯先生自己说过，"我写的中国哲学史向来是哲学多，历史少"[3]。但冯先生的哲学史著作毕竟写的是中国历史上的哲学，而《新原道》则是一种哲学的历史，从根本上说已经由史学著作跨入了哲学著作，只不过保留了史学的外部形态。全书只有一个理论中心，即"极高明而道中庸"。冯先生把它作为中国哲学的精神而逐层展开，形成历时性序列，凡与这一中心无关的哲学不予论列，而所列各家，均作为中国哲学精神发展过程中的重要环节而获得其自身的价值。又都因有缺陷而需要向下一个环节过渡，当哲学的发展进到新理学的时候，便达到完美的程度。冯先生在《自序》中说："此书之作盖欲述中国哲学主流之进展，批评其得失，以见新理学在中国哲学中之地位。"可见《新原道》是为新理学作论证的，是新理学体系的有机组成部分。

二

冯先生在《三松堂自序》中谈到《新原道》写作缘起时说，当时的国立编译馆约他写一本简明的《中国哲学史》，"我答应了，就用'极高明而道中庸'这句话作为线索，说明中国哲学的发展的趋势"。怎样理解这句话呢？《新原道》绪论中写道："中国哲学所求底最高境界，是超人伦日用而又即在人伦日用之中，它是'不离日用常行内，直到先天未画前'。这两句诗的前一句，是表示它是世间底。后一句是表示它是出世间底。这两句就表示即世间而出世间。即世间而出世间，就是所谓超世间。因其是世间底，所以说是'道中庸'；因其又是出世间底，所以说是'极高明'。即世间而出世间，就是所谓'极高明而道中庸'。有这种境界底人的生活，是最理想主义底，同时又是最现实主义底"。"'极高明而道中庸'，此'而'即表示高明与中庸，虽仍是对立，而已被统一起来。如何统一起来，这是中国哲学所求解决底一个问题。求解决这个问题，是中国哲学的精神。这个问题的解决，是中国哲学的贡献"。冯先生又把"极高明而道中庸"称之为"内圣外王之道"，一方面要在精神上追求超乎形象者，达到"经虚涉旷"的程度；另一方面又要在行为上庸言庸行，过他应该过的生活。这样的生活方式避免了宗教的虚幻和世俗的平庸，既有现实的态度，又有高超的觉解，是一种最理想的人生。

《新原道》以"极高明而道中庸"为标准，按历史顺序论述和评判了各时期重要哲学学派的思想。第一章孔孟，他们"于实行道德中，求高底境界。这个方向，是后来道学的方向"，不过他们未能分清道德境界与天地境界，于"高明"方面尚嫌不足。第二章杨墨，作为初期道家的杨朱，"只讲到功利境界"，而墨子"他的行为虽合乎道德，但他的境界是功利境界"。两者都不合乎"高明"的标准。第三章名家，"在中国哲学史中，最先真正讲到超乎形象底哲学，是名家的哲学"。但"他们尚未能充分利用他们的对于超乎形象者底知识，以得到一种生活"。第四章老庄，"他们的思想比名家的思想又高一层次。名家讲有名，道家经过名家对于形象世界底批评，于有名之外又说无名"。但道家往往分不清天地境界与自然境界的差别，又作方内方外之分，故"其哲学是极高明，但尚不合乎'极高明而道中庸'的标准"。第五章易庸，《易传》及《中庸》所说的圣人，都是"庸德之行，庸言之谨"，能将方内与方外当做一行，但它们不讲无名，而"有名不足以尽超乎形象底"，所以其哲学"十分合乎'道中庸'的标准，但尚不十分合乎'极高明'的标准。"第六章汉儒，"严格地说，汉代只有宗教、科学，没有纯粹底哲学"，"汉人注重实际，注重实行，但他们的境界，大概都不甚高"。第七章玄学，王弼将有情无情统一起来，而"向、郭的努力，就是在于使原来道家的寂寥恍惚之说，成为涉俗盖世之谈，将方内与方外统一起来"，此其所长。"但照他们所讲底，高明与中庸，还是两行，不是一行"。第八章禅宗，禅宗以为"应务应世，对于圣人，就是妙道，'动用之域'就是'无为之境'。如此说，则只有一行，没有两行。但如果担水砍柴就是妙道，何以修道底人仍须出家？何以'事父事君'不是妙道？这又须下一转语"。第九章道学,"道学已把所谓高明、中庸、内外、本末、精粗等对立,统一起来","事父事君亦是妙道,这是把禅宗所一间未达者,也为之戳穿点破,这可以说是'百尺竿头,更进一步'了"。"但宋明道学没有直接受过名家的洗礼,所以他们所讲底,不免著于形象","尚有禅宗所谓'拖泥带水'的毛病"。第十章新统,即新理学,它"是接着中国哲学的各方面的最好底传统,而又经过现代的新逻辑学对于形上学的批评,以成立底形上学","新理学是最玄虚底哲学,但它所讲底,还是'内圣外王之道',而且是'内圣外王之道'的最精纯底要素"。

冯先生晚年曾对于作为"新统"的新理学做过自我批评,他说:"《新原道》的最末一章,题目是《新统》。这个题目暴露了我在当时的狂妄"[4],意思是不应该把新理学的地位抬得那么高。他否定了新理学"理在事先"的观点,肯定了"理在事中"的观点,实际上放弃了新理学的体系。但冯先生对于《新原道》所表述的中国哲学精神却一直认为是正确的,固执地坚持着。他在《答〈中国哲学史新编〉责任编辑问》中说:"我在《新原道》一书中说,中国哲学的特点是'极高明而道中庸',现在我还是这样看"[5]。其时在1985年,冯先生晚年自制一副对联为座右铭,其上联是:"阐旧邦以辅新命",其下联是:"极高明而道中庸"。冯先生解释说:"上联说的是我的学术活动的方向,下联说的是我所希望达到的精神境界"[6]。上联表达了冯先生做学问的目的和人生追求,即发扬优秀的文化传统以推进中国的现代化事业;下联概括了冯先生一生研究哲学的心得,是他反思中华民族传统社会精神生活之后得出的主要结论。金岳霖先生说,哲学对于中国哲学家来说"是内在于他的行动的箴言体系"[7]。上述对联就是冯先生的箴言,是他的学问,也是他的人生。他之所以生命不息、百折不回、老而弥勤,其哲学生命的秘密也就在这里了。可以说,能将《中庸》里"极高明而道中庸"这句话特意标而出之,给予它以创造性的系统的解释和论证,赋予它以丰富的现代的内容,是冯先生发展中国哲学作出的主要贡献,是冯友兰之所以成为冯友兰的基本理由,这是无论如何也不能放弃的。

依现在的眼光来审视,《新原道》在理论上和内容上有许多地方是可以批评的,至少值得商榷。例如,它作为哲学著作没有独立的体系,作为哲学史著作又忽略了不少重要的史实,既不是完全的"照着讲",又不是完全的"接着讲"。再如,能否把"超乎形象"作为哲学发展的方向?当然,哲学总是要超越现实的,但是否一切"经虚涉旷"的理论都值得肯定呢?是否越玄虚的哲学,价值就越高呢?由此对汉代哲学的评价是否过低了?如此等等,还可以挑出许多毛病，提出许多疑难。但是这些都不能抹杀《新原道》蕴涵的深刻的智慧和永久的价值。而这些内容是该书的主要方面，是研究者首先应该加以关注的。

《新原道》的贡献之一是揭示了哲学特别是中国哲学的特质。从哲学和科学的区别来说，"科学能增进人的知识，但不能提高人的境界。哲学能提高人的境界，但不能增进人的知识"[8]。冯先生极不赞成现代西方专业哲学家所讲的专门的哲学，所研究的内容多半是一些枝枝节节的小问题，而这些问题本应属于科学的范围。冯先生认为，哲学应该讲"可以使人'安身立命'的大道理"[9]。这个世界可以分成两个层次，一个是事实的世界；另一个是意义的世界。对事实作出解释是科学的任务。对意义作出说明是哲学的责任。虽然哲学要依赖科学，科学必受惠于哲学，但它们的对象和任务确实是不同的，中国哲学在这方面分得很清楚。哲学既不是"科学的科学"，也不能成为"科学哲学"，它不仅与自然科学明显不同，也不能与社会科学相混。自然科学和社会科学只是对象与范围不同。在性质与方法上是属于同一类的，同属于形下之学。按照中国的传统，哲学主要应该解决人生的价值和归宿的问题，确定人生的方向目标，而把其他一切属于"解释事实"的任务交给科学去完成。不管有人如何指责这种理解过于狭隘，人生价值论始终应该是哲学发展的主要方向，否则哲学就会散化而被科学所吞噬。李慎之先生将哲学概括为"穷根究底之学，安身立命之学"，我以为是十分精彩的，也与冯先生的看法相一致。依照这样的理解，哲学必须达到信仰的层次，才算是真正的哲学。这就遇到了哲学与宗教的异同问题。

冯先生说："宗教家用想，哲学家用思。宗教是想的产品，哲学是思的产品。"[10]用我们今天的话来说，宗教用形象思维，哲学用抽象思维。冯先生并不否认宗教里面有哲学的成分，但"其教义不可以使人知，只可以使人信的部分，是真正的宗教的成分"[11]。具体到佛教，冯先生区别"作为哲学的佛学与作为宗教的佛教"[12]，两者是不同的。但是哲学与宗教又都追求超越现世而可以使人安身立命。西方哲学家的处理办法是把信仰和宗教等同，把达到信仰层次的哲学即达到"终极关怀"或"终极付托"的哲学称为宗教或谓之宗教性。西方哲学家把宇宙论送给自然科学，把价值论送给宗教，只保留一块知识论的阵地属于自己。在中国哲学家看来，这恰恰是丢掉了核心的东西而留下了次要的成分。信仰之所以不能等同于宗教，就在于终极的未必是神性的，超越的未必是出世的。冯先生早在《中国哲学简史》中就已经批评了西方人无限扩大宗教概念的做法。他说："高于道德价值的价值，可以叫做'超道德的'价值。

爱人，是道德价值；爱上帝，是超道德价值。有人会倾向于把超道德价值叫做宗教价值。但是依我看来，这种价值并不限于宗教"，它也存在于哲学之中。两相比较，"通过哲学而熟悉的更高价值，比通过宗教而获得的更高价值，甚至要纯粹得多，因为后者混杂着想象和迷信。在未来的世界，人类将要以哲学代宗教。"这是典型的中国哲学家的观念。它也反映了中国知识分子思想信仰的历史与现实，从而可以修正西方人以宗教代替信仰的片面观点。人可以不信宗教，但人不能没有信仰。什么是信仰？在相信有普遍真理的前提下建立人生的崇高理想，并以此理想作为自己行动的指南，这就是信仰。所以理想主义是信仰的灵魂，它必定高于现实生活而又能对它起引导作用。宗教通过上帝鬼神建立人生理想，哲学通过理性悟性建立人生理想，它们都能达到信仰的层次。中国知识分子一向宗教观念淡薄，但具有崇高的信仰，其性质基本上是哲学的。冯先生说："中国多数受教育底人，并不信什么教，因为他们可于哲学中得到所谓'极高明而道中庸'底生活。'超以象外'底哲学，使他们在日用生活中，即'经虚涉旷'，所以他不需要上帝，亦不需要天国"[13]。冯先生承认"对超乎现世的追求是人类先天的欲望之一"，中国人并不例外，"他们不大关心宗教，是因为他们极其关心哲学；他们不是宗教的，因为他们都是哲学的。他们在哲学里满足了他们对超乎现世的追求"[14]。冯先生对哲学与宗教之间异同的辨析有很重要的现实与未来意义。当代中国知识分子信仰的重建，到宗教里找不到出路，只能依赖新的中国哲学的出现。这是由中华民族文化传统的基因所决定的，可以说是本性难移。从世界范围来说，随着社会的进步，神学宗教正在进化为道德宗教，并有可能走向哲理宗教。这个过程可以称作宗教的哲学化，神话在减弱，理性在增强，基督教的变化便是一个明显的例子。这个过程将是漫长的。也不是说什么哲学都能代替宗教。以"道"为最高概念的中国哲学，能将宇宙论、知识论和价值论合为一体，最易于形成一种理性的信仰，高远而又切实，有追求而不盲从，有理性而不冷峻，有智慧而不细琐，其发展前途是不可限量的。当然，这是就中国大多数知识界人士尤其就汉族知识分子而言，哲学比宗教重要，即使信仰宗教，也要把它哲理化。在一般民众中，则是宗教比哲学重要，哲学取代不了宗教，民众需要宗教也容易接纳宗教。

《新原道》的贡献之二是揭示了中国哲学的基本矛盾。中国哲学的核心是人生哲学，人生哲学所要处理的基本矛盾便是现实与超越的矛盾。冯先生借用《中庸》里的"极高明而道中庸"一句话来表示超越与现实的矛盾，可以说是既准确生动又具有民族特色，是抓住了中国哲学的要害，说明冯先生真正懂得中国哲学的精髓。

动物只懂得生存，不要求发展；人类既要生存，又要发展，不断地超出现实的局限，努力向理想的境地挺进。人既要适应现实又要超出现实，这是一个永恒的矛盾。所谓超出现实，有两层含义：一层是说人们不满足于盲目地生活，要求对现实作出理解，确定它的意义和价值，形成一种自觉的生活信念；另一层是说现实有缺陷、有痛苦，现状需要改进，精神需要解脱。基督教的超越依赖上帝，称为外超越；中国哲学的超越依赖自己，称为内超越。中国哲学不赞成脱离现实，到宗教天国里寻求人生谜底和精神解脱，而主张面对现实，在现实中发掘理想，在改进现实中获得精神的提升。

自从《庄子·天下》篇提出"内圣外王之道"以后，儒道两家都用以称呼自己的哲学。"内圣"即提高主体的精神境界，学为圣贤；"外王"即从事于社会事业，作出贡献。"内圣"即做人，"外王"即做事。做人和做事，人生无非是这两件大事。中国哲学不论何家何派，都以内圣外王之道为己任。内圣外王之道在一定意义上可以为"极高明而道中庸"的命题所包含，它反映了现实与超越的矛盾。中国哲学很重视的另一个问题，是心性与礼教的关系。在孔子那里是仁与礼的关系，在魏晋玄学那里是自然与名教的关系问题，在宋明道学那里便是性情与纲常的关系问题。从哲学上看，它们都反映了主体的精神自由与客观的社会秩序如何协调的问题。主流派认为既要保持主体内心的真挚纯洁，又要在社会生活中尽伦尽职，精神的逍遥并不需要也不应该以摧毁人间伦常为前提，如乐广所说："名教之中自有乐地"。这种传统也是"极高明而道中庸"的精神的一种体现。中国哲学还特重体用论和道器论。老子以无说道体，以有说道用，将道视为无与有的统一。此后，魏晋哲学提出本末、质用，佛教道教用为原理，宋明道学演为体系。老子说"朴散则为器"，《周易·系辞》曰："形而上者谓之道，形而下者谓之器"，中国哲学的形上学由此得以建立和发展。体用论和道器论在本质上是一致的，合而论之，都是讲形而上之大道和人伦日用之间的统一关系。根据宋明道学"体用一源，显微无间"和"本体即功夫"的理念，体用关系与道器关系不同于近代西方哲学的本质与现象的范畴关系，它们是指得道者的心态与其日用行为的关系。所谓"体"，所谓"道"，都是贯通天人、融合主客的境界，所以体用论和道器论亦可以用"极高明而道中庸"来概括。

总之，"极高明"表示一种虚学，"道中庸"表示一种实学，"而"表示虚学和实学的统一。中国哲学既务虚又务实，在务实中不忘求虚，在务虚时不忘落实，这就是中国哲学的中道的品格。

《新原道》的贡献之三是突显了中国哲学中儒道互补这条基本线索，也给予名家和佛学以应有的历史地位。中国学术向来是儒强道弱，儒家是显学，道家是隐学。中国学术史家从黄宗羲到皮锡瑞，都是大儒，他们推尊孔孟和四书五经，以阐述儒家道统的继承和发展为己任，视老庄与佛教为支流，或为异端。《新原道》却别开生面，在重视儒家哲学传统的同时，给予道家哲学以相当高的评价，有时候甚至把道家地位放在儒家之上。冯先生这样做有相当坚实的理由，盖因道家一向重视形上学的探讨，理论思维比儒家发达，儒家哲学的后期发展实得力于道家哲学。若想以客观态度论述中国哲学史，不能不大力表彰道家的贡献。《新原道》对孔孟的哲学水平评价不甚高（不是指全部评价），而对老庄哲学的"极高明"处却十分称赞。又如汉代思想，皮锡瑞的《经学历史》称西汉为"经学昌明时代"，东汉为"经学极盛时代"，备极赞赏，却称魏晋为"经学中衰时代"，谓"王弼何晏祖尚玄虚，范宁常论其罪浮于桀纣，王弼《易》注空谈名理，与汉儒朴实经说不似"。作者站在正统经学的立场，其褒贬不能不如此。冯先生写《新原道》是站在中华民族哲学的整体立场，并无深刻的门户成见，其评价或有偏失，但绝不一味袒护儒家。相反，他受西方近代理性主义哲学的影响，时时流露出对道家抽象能力的偏爱。《新原道》谓"董仲舒的哲学，不合乎极高明的标准"，而"魏晋人对于超乎形象底始更有清楚底认识，也可以说，他们对于超乎形象底有比《老》、《庄》及《易传》、《中庸》的作者更清楚底认识"。冯先生称魏晋玄学为新道家，他赞赏玄学家将高超的境界与平凡的行为统一起来，提出了"应物而无累于物"的辩证命题。从《新原道》前九章的标题和内容看，冯先生的想法大约是儒道各有所长，道家在"极高明"（哲学形上学）方面贡献较大，儒家在"道中庸"（哲学应用学）方面贡献较大，两者互补相渗。其融合的产品有《易传》、《中庸》。儒道互补而有较新创造的则是宋明道学，冯先生的新理学便是接着宋明道学的传统往下讲，自然也需要体现儒道兼综的精神。

冯先生在《中国哲学简史》第二章中有一段论述儒道异同的精妙文章，曰："孔子重'名教'，老庄重'自然'。中国哲学的这两种趋势，约略相当于西方思想中的古典主义和浪漫主义这两种传统。"又曰："因为儒家'游方之内'，显得比道家入世一些；因为道家'游方之外'，显得比儒家出世一些。这两种趋势彼此对立，但是也互相补充，两者演习着一种力的平衡。这使得中国人对于入世和出世具有良好的平衡感。"冯先生认为，作为新道家的玄学，新在"使道家更加接近儒家"，作为新儒家的道学，新在"使儒家更加接近道家"，这就使得中国哲学在入世与出世的矛盾运动中发展。试想中国哲学的主流不正是这样的吗？中国传统哲学的两个主要侧面便是由儒道两家构成的，一阳一阴，一明一暗，一实一虚，一人文一自然，一中庸一高明，一有为一无为，一古典一浪漫，两者对立而又互补，对立鲜明，互补强烈，所谓相反相成者也。儒家摄取道家，所以它的哲学能够不断深化；道家摄取儒家，所以它的哲学能够切近现实。中国知识分子的人生态度也是儒道互补的：一方面有对人文价值理想的热烈追求和悲天悯人的淑世情怀；另一方面有顺应自然、冷静平淡的心态和超迈不俗的气度。其优秀分子有赖于儒家，故重气节，有操守，富于同情心和社会责任感；有赖于道家，故洒脱清高，从容深沉，追求精神自由和富于想象力，当进则进，当退则退，游刃有余，始终保持独立的人格。不了解儒道互补，既写不好中国哲学史，也无法真正理解中国知识分子的性格，这一点已经被越来越多的人所认识。我们也可以说，不了解儒道互补，也不能真正认识冯友兰先生及其哲学。世人都知道冯友兰先生是尊孔的。是当代大儒；但世人多不知道冯友兰先生还是尊道的，是道家哲学的弘扬者和功臣。近读陈来博士《冯友兰先生的终极关怀》[15]一文，谓其当面形容冯先生为"道学气象"，冯先生抚髯微颔之，即表示认可。道学气象既不是纯儒的，也不是纯道的，它是儒道融合的一种气象，宏大而沉静，外圆而内方，乐道而自得，所"风流人豪"是也。

　　名家在历史上没有地位，荀子谓其"好治怪说，玩琦辞"，"足以欺惑愚众"。司马谈则谓"名家苛察缴绕，使人不得反其意，专决于名，而失人情"。但冯先生肯定名家，认为名家是"最先真正讲到超乎形象底哲学"，道家经过名家才达到极高明的水平，玄学通过辨名析理才走向"经虚涉旷"，所以名家对于中国哲学有重要贡献。佛学在中国哲学史上亦有崇高的地位。《新原道》辟专章论禅宗，谓其贡献在于申明"平常心是道"。由凡入圣并不是要人做特别的事，只是有所觉悟，不为世事所累而已，即所谓"担水砍柴无非妙道"。冯先生指出，禅宗提高了玄学，又为宋明道学的诞生创造了必要的前提，成为中国哲学的重要环节。不过，名家和佛学都是中国哲学一定阶段上的成果，并不是贯彻始终的基线，中国哲学的基线和深层基因仍在儒道两家，这是不能模糊的。

　　通过以上分析，可知《新原道》是一部很有价值的哲学著作，冯先生写贞元六书时，显然把《新理学》放在首位，其次《新原人》，其次《新原道》，在重要性上和写作时间上都是这样的顺序。但从批判继承的角度看，以其现实意义而言，三部书的顺序应该颠倒过来，即《新原道》、《新原人》、《新理学》。《新理学》的体系由冯先生自己放弃了，当代学者中亦无信奉者，唯其中共相与殊相的关系问题仍有理论价值。《新原人》提出"四境界"说，至今影响甚巨,虽然四境界的划分未必确切,但人生境界之高低是客观存在的,这个问题还会继续探讨下去。不过"境界说"可以包含在"极高明而道中庸"的中国哲学精神之中,也就是说《新原人》的思想乃是《新原道》的一个组成部分,所谓境界的提升正是人生觉解由低层次走向"极高明"的历程,道德境界是"高明",天地境界就是"极高明"。在这个意义上《新原道》大于《新原人》。《新事论》是《新理学》的应用,《新世训》讲处世哲学,《新知言》讲哲学方法论,更不能与《新原道》相比。从开发冯先生哲学资源的角度上说,我们应该十分重视对《新原道》的研究。

三

《新原道》分十章说明中国哲学精神的发展,每一章代表一个阶段,每一阶段都有超出前一阶段的地方,同时又有所不足,留给下一阶段去补充发展。照冯先生的说法,"还需要再下一转语",但到第十章新统即新理学,却达到了完美无缺,不需要再下一转语了。事实当然不是如此,前文已经说到新理学的局限性,这里再从中国哲学精神的继承和发展的角度作两点分析。冯先生所谓"理",虽然承接了宋明理学的名词,但在概念内涵上,更像是柏拉图和新实在论的观念,而有失中国哲学的传统。张东荪先生早就指出:"宋儒只有形而上学而不置重于知识问题,所以他们所说的'形而上'一语决不可当作'抽象的'来解释。在此有一个很重要的分别,就是理之所以为形而上乃是由于理即是体,而并不是由于理是抽象的。以抽象的来解释理,便是以西洋哲学上新实在论派的所谓'共相'(Universal)来解释理,这是冯友兰先生于其近著《新理学》上所尝试的企图。我则认为和宋儒原理相差太远"[16]。冯先生明确肯定"理"的纯客观性,而中国哲学(尤其是宋明道学)所谓"理",乃是一个"浑括的名词"[17]既是人伦,又是物则和天理,具有天人合一的性质。"万理具足于心",这才是道学的观念。这样说来,新理学不免沾着了西洋哲学主客相分的理念,未能坚持中国哲学主客相合的精神,此其一。另外,新理学论天地境界,知天、事天、乐天,以至于同天,这样的境界,的确可以称得上是"极高明"的,它有助于人们跳出人类中心论的窠臼,从宇宙的整体上,从人与环境的统一性上,观察人间的问题,表现出中国哲学家包容天地的博大胸怀,具有生态哲学的意义。但是,就"道中庸"而言,新理学并没有什么创造性,"中庸"还是那个"人伦日用",即平常的社会生活。新理学的着力处在"极高明",不在"道中庸"。人们不禁会问:难道"人伦日用"就没有由低到高的发展了吗？问题出在冯先生对哲学的理解上。冯先生再三申明，哲学是空虚之学，它的作用只在提高人的精神境界，并不能使人增加实际的知识，所以说哲学是无用之学，但它可以使人成为圣人，故哲学是以其无用而成其大用。我们不禁又要问：当一个人的境界提高了的时候，难道不会对他的行为发生反作用吗？平凡者的人伦日用和内圣者的人伦日用难道毫无差别吗？如果不顾及人伦日用的优劣演化，能否真正提高人的精神境界呢？新理学都没有给我们提供答案。事实上，哲学虽然不必直接过问知识如何获得、社会现实如何改进的问题，但是哲学不能不过问理想人格对现实行为有何种影响的问题。"高明"与"中庸"之间，除了存在着"两行"还是"一行"的关系问题以外，还存在着互动、相济的关系问题，这是哲学家不能回避的。不仅"高明"内部存在着层次的差异，"中庸"即"人伦日用"本身也很复杂，有正义与非义、守旧与革新、平凡与伟大等区别。哲学家不应只满足于高明不离人伦日用，而应进一步用高明改善人伦日用。

冯先生喜欢用"内圣外王之道"来表述"极高明而道中庸"的哲学精神，然而就现实性而言，"极高明而道中庸"只说到主体精神的提升和对现状的承认与适应，没有说到对现状的改善与推动，未免消极了一点，而"内圣外王之道"要比上述思想有更多的阔大气魄和实践精神。它在孔子那里称为"修己以安百姓"，在《中庸》里称为"成己成物"、"尽性赞化"，逐步形成儒家明德修道与经世致用并重的传统。一方面，内圣而后方能外王，修身而后方能安百姓，成己而后方能成物；另一方面，内圣一定要外化为事功，在事功中才能成就内圣，修身必须扩展为安百姓，在安百姓中修身；成己必须推及于成物，在成物中成己。所以提高境界不可能是孤立的、静止的自我精神觉解活动，它内在地要求人们在觉解的同时，去从事创造性的社会事业，有时候表现为平凡的、日常的实践活动，有时候则不仅不能过常人一般的生活，而且要"掀翻天地"，逆潮流，反世俗而动。换一种说法，人们通过哲学的思考在精神上超越了现实之后，还必须返回到现实，在经过了否定之否定以后，新的现实应该与原来的现实有所不同。按照这样一种积极的思想，冯先生的新统尚有未达之处，仍然需要再下一转语，这就是我们今天中国新时代哲学的任务。新的中国哲学应该吸收冯先生的哲学成果，经过它而又超越它，把中国哲学的精神不断发扬光大。

注释：

[1]《三松堂自序》。

[2]《中国哲学史》审查报告。

[3]《三松堂全集》，第13卷，第493页。

[4]《三松堂自序》。

[5]《三松堂全集》，第13卷。

[6]《冯友兰学术精华录》自序。

[7]《中国哲学简史》引。

[8]《三松堂全集》，第5卷，第89页。

[9]《三松堂自序》，第260页。

[10]《三松堂全集》，第5卷，第96页。

[11]《三松堂全集》，第5卷，第97页。

[12]《中国哲学简史》，第6页。

[13]《三松堂自序》，第99页。

[14]《中国哲学简史》。

[15]载《中国文化》，1991年第4期。

[16]《思想与社会》，第114页。

[17]《理性与民主》，第83页。

（载《冯友兰先生百年诞辰纪念文集》，清华大学出版社，1995年12月）

评冯友兰《中国哲学史新编》

一

冯友兰先生是中国近现代成就巨大，在海内外最具广泛影响的中国哲学史家兼哲学家。他写的中国哲学史著作充满了深刻的哲学智慧，他建构的哲学理论体系则有着牢固的中外哲学史的根基，哲学史与哲学两者相得而益彰，这是冯友兰学术思想的显著特点。他一生的学术成果，可用"三史"、"六书"为代表。"三史"即《中国哲学史》上下卷（1930—1933 年）、《中国哲学简史》（1948年）、《中国哲学史新编》（1980—1990 年）。"六书"即"贞元之际所著书"：《新理学》、《新事论》、《新世训》、《新原人》、《新原道》、《新知言》。"三史"代表了冯友兰先生在中国哲学史研究不同阶段上的成就，"六书"代表了冯先生在哲学体系创建上的造诣。

"三史"中，早年的《中国哲学史》两卷本是冯先生的成名之作，是中国第一部用近代眼光所写的完整的中国哲学史，是开创性的。该书由美国学者卜德译成英文，流行到欧美西方各国，成为许多大学的中国哲学史教科书，西方人通过这部书而系统了解中国哲学，直到今天，这部书仍然在西方流行不息，该书在祖国大陆和台湾的读者也多起来了，足证其生命力之长久。1948 年出版的《中国哲学简史》，总结冯先生半生治学的心得，厚积而薄发，简明扼要，生动幽默，在哲学史中突出哲学情趣，极富诗意，被誉为中国哲学史学科最好的入门书，受到广泛欢迎。《中国哲学史新编》则是冯先生晚年的主要著作，集中写作时间是从 1980—1990 年这 10 年。事实上他从 20 世纪 50 年代就开始准备，并且在 20 世纪 60 年代初出版了《中国哲学史新编》一册、二册，"文化大革命"中又有修改，"文化大革命"后再从头重写，前后用去了近 40 年的时间，可以说《中国哲学史新编》是冯先生一生中用时最久、用力最勤、规模最大的作品。代表了他后期的思想，在冯友兰学术生涯中占有重要的地位。

早在 20 世纪三四十年代，冯先生就接触马克思主义，部分地接受了唯物史观。他在 1936 年《秦汉历史哲学》一文中说："依照唯物史观的说法，一种社会的经济制度要一有变化,其他方面制度,也一定跟着要变"[1],他认为文化上"所谓东西之分,不过是古今之异","实际上就是社会类型的差别"[2]。冯先生又是位爱国者,他看到马克思主义哲学指导下的中国革命,"从半封建半殖民地的地位拯救出了中国,重新获得了中国的独立和自由,人们相信马克思主义是真理"[3],所以新中国成立后,冯先生诚心接受了马克思主义,并且打算"用马克思主义的立场、观点和方法重写一部《中国哲学史》"[4]。冯先生的愿望是真诚的,并且把主要精力投放到新史的思考写作上。他在1959—1960年给学生讲课编写的《中国哲学史》教材(北京大学内部铅印本)是首尾完整的一部中国哲学通史,实际上就是后来《中国哲学史新编》的雏形。但是20世纪五六十年代包括冯友兰在内的中国学者对马克思主义的理解主要接受了苏联和斯大林的影响,因而有许多简单化和教条主义的地方。再加上20世纪50年代后期政治运动接连不断,国家工作路线越来越"左",对于正常学术研究工作产生重大干扰和消极破坏作用。不过冯先生是位认真的人,他用当时理解的马克思主义踏踏实实去工作,并不去迎合"左"的政治运动的需要,所以《中国哲学史新编》一册、二册出版以后立即受到批判。而他自己由于部分地保留着以往新理学哲学的若干观点,如何使这些观点与马克思主义相协调,他还没有想得清楚,所以他对自己的工作也不满意。"文化大革命"打断了他的写作并一度使他迷失。"文化大革命"之后他重新思考,重新改写。就这样断断续续,写作、修订、重写,时间拖得很长,步履十分艰难。冯先生说:"这样拖延,固然一方面是由于非我所能控制的原因,可是我必须说明,另一方面是由于在许多论点上我还在踌躇,没有作出最后的决定"[5]。可见冯先生对于学术创作的态度是多么严肃认真,只要不满意,就不停止修改。"四人帮"的垮台和改革开放,解放了中国的学术,也解放了冯友兰先生,使他获得了比较宽松自由的环境,能独立自主地从事《中国哲学史新编》的写作。他说:过去是"寻找一些马克思主义的词句,作为条条框框,生搬硬套",现在要"吸取过去的经验教训,决定在继续写《新编》的时候,只写我自己在现有的马克思主义水平上所见到的东西,直接写我自己在现有的马克思主义水平上对于中国哲学和文化的理解和体会,不依傍别人"[6]。从1984年到1990年,也就是他一生的最后10年,冯先生重新焕发出了生命的创作活力,在助手的协助下,顺利完成了《中国哲学史新编》共7册160万字的写作计划。当他把全部书稿交给出版社时,他也耗尽了生命的能量,安然离开人间。

二

　　《中国哲学史新编》写作这 10 年里，恰好是中国从拨乱反正到社会改革急剧推进的时期，学术上推陈出新，走向繁荣。与此相适应，《中国哲学史新编》也由于观点、角度和方法的不断演进而表现出它的阶段性。大致可以分成三个阶段：第一、第二、第三册，框架相对单一，而局部多有可取；第四、第五册，新旧参半，创见迭出；第六、第七册，大胆突破，惊世骇俗。

　　一册至三册从先秦到两汉，理论上多引用马列语录，而消化创新不足，生搬硬套的痕迹较重。他当时还不能完全摆脱斗争哲学的影响，这是可以理解的。但是在具体论述中国哲学的早期发展和哲学大师的思想时，仍然表现出冯先生全史在胸、视野高远的深厚功力，保持着冯先生所特有的深刻、简明、通达、生动的行文风格，内含着许多真知灼见。例如，冯先生在不放弃阶级分析方法的同时，提出用民族观点补充阶级观点的主张，他说："民族斗争和阶级斗争不是纲、目的关系，而是经、纬的关系。历史的发展、变化的过程，可以说是以阶级斗争为经，以民族斗争为纬。"[7]这显然是对"以阶级斗争为纲"的理论突破。在这种理论指导下，他抛弃了"文化大革命"中否定孔子、孟子的观点，指出从民族观点看，孔子的"形象和言论，在中华民族形成的过程中，起了很大的积极作用"[8]。孔子关于仁的思想，"标志着人类精神的自觉"，"仁者人也"的命题，包含着人类的共性。[9]孟子所讲的"浩然之气"，"是一种很高的精神境界"，"这是人类精神生活在中国的深刻的反思"，"懂得了这个词汇，才可以懂得中国文化和中华民族的精神"[10]。这样就摆正了孔子、孟子在中国思想文化史上的开启宗师地位。在论述先秦名家时，冯先生点明惠施主"合同异"，公孙龙主"离坚白"，他以为这是自己的创见，可以成为定论。冯先生在《中国哲学史新编》第三册中写了"过秦"与"宣汉"两节，批判了秦始皇"以法为教"、"以吏为师"，"在上层建筑方面实行暴力专政"[11]的强权治国之道，肯定了汉朝适应历史趋势，推行"导之以德，齐之以礼"的儒家治国之道，这就把被"四人帮"颠倒的历史评价重新颠倒过来。对于汉代的春秋公羊学，冯先生有新的评价。他认为《公羊传》赞美一统，反映了历史趋势，董仲舒发挥《春秋公羊传》大一统的思想，用以证明汉代政治、思想统一的必要性，也符合历史发展的趋势。他还评价了公羊学的夷夏之辨，指出"照公羊家所说的，'夷狄'和'中国'的分别不在于种族不同，而在于有没有文化，特别是有没有道德'，因此，'夷狄'可以转化为'中国'，'中国'可以转化为

'夷狄'。转化为'中国'，《春秋》的'书法'就以'中国'待之；转化为'夷狄'，《春秋》的'书法'就以'夷狄'待之。一视同仁。这个原则成为汉朝的民族政策"[12]。在民族观上冯先生重视民族的文化性和一体性，这是具有古今贯通意义的。此外，在前三册中，冯先生关于齐法家、晋法家的区分，关于稷下黄老之学的论述，关于汉代纬书的评论，都具有创新见解，并且言之有据，值得人们认真借鉴。

第四册重点写魏晋玄学和隋唐佛学。第五册重点写宋明道学。这两册的共同特点是论题大而篇幅少。这体现了冯先生概括能力强的长处：把复杂的问题简单化，善于抓住一个时代哲学的主题，所以能做到"要言不繁"。冯先生认为玄学的主题是有无关系，讨论共相与殊相、一般与特殊的关系问题。玄学的方法是"辨名析理"。玄学的发展分三个阶段：第一阶段是王弼、何晏的贵无论；第二阶段是裴頠的崇有论；第三阶段是郭象的无无论。关于玄学的主题，学界有人主张是有无关系，也有人主张是名教与自然的关系；而玄学的方法是辨名析理以及玄学三阶段的划分，则是冯先生的独创，尤其是将王弼、裴頠、郭象三家的哲学以"有无"为主题列为玄学整体发展的三个环节，这样就内在地揭示了玄学的理论逻辑，正是黑格尔"正反合"辩证逻辑的应用，这是颇为深刻的。隋唐佛学在冯先生旧《中国哲学史》中是薄弱的部分，而在《中国哲学史新编》里得到加强。他认为佛教和佛学的主题是神不灭论，讨论精神和肉体的关系；佛学的方法是"止观"。佛教和佛学发展的第一个阶段称为"格义"，以僧肇《肇论》为代表；第二个阶段称为"教门"，以《大乘起信论》和华严宗为代表；第三个阶段称为"宗门"，以禅宗为代表，标志着中国化的佛学的成熟。台湾学者黄俊杰说："冯友兰先生对于中国佛学的贡献，主要是他能以自身的一套诠释系统来处理中国佛学的诸多基本问题，从而解决了研究中国哲学的学者对于中国佛学研究的惧怕感。而他对中国佛学的'三阶段说'分类方式，的确有一种革命性的思想创举，并为后世研究中国佛教的人士，提供了一个原创性的诠释系统，其意义是相当深刻的。"[13]

第五册讲宋明道学，冯先生通论道学，认为"道学是讲人的学问"，"道学的目的是'穷理尽性'，或曰'尽心'，它的方法是'格物致知'，它的入手处是义利之辨。"[14]这样他就把道学的人学特征和伦理型哲学特色揭示出来了。冯先生坚持称"宋明道学"，不称"宋明理学"。作为总称的道学，其下涵盖理学、心学、气学三大派，这是比较名正言顺的。冯先生又坚持以往以周敦颐、邵雍为道学先驱，以二程为道学创始人，以朱熹为道学集大成者的观点，对于"程颢开创心学、程颐开创理学"的论断颇为得意，认为自家首揭二程之异，乃"发先人之所未发，而后来也不能改变的"[15]。《中国哲学史新编》与旧史相比有几处显著不同：一是旧史忽略王夫之，《中国哲学史新编》高度评价王夫之，认为他是后期道学的高峰，"在学问广博和体系庞大这两方面，他都可以成为后期道学的主将，跟前期道学的主将朱熹并驾齐驱"[16]；二是对朱熹《大学章句》"格物补传"进行修补，认为朱熹从"即物而穷理"到"吾心之全体大用无不明"之间缺少中间环节，应加上"穷物之理乃所以穷人之理"，揭示物理与人理的内在一致性，才能使该说圆融无碍；三是标示张载以"和"为特色的辩证法，即"有象斯有对，对必反其为；有反斯有仇，仇必和而解"，冯先生认为事物矛盾有"仇必仇到底"者，也有"仇必和而解"者，都是矛盾运动的表现。显然他是想用和解哲学来弥补斗争哲学的偏颇，这是有重大理论和现实意义的。这个观点他后来一再强调，足证他对张载和解哲学的高度重视。

第六册、第七册写中国近现代哲学史。由于这个时代变化十分剧烈，哲学问题与社会政治、文化问题交织在一起，所以写作难度很大。但是冯先生一不回避难点，二不回避社会问题，他把哲学史扩展为思想史，并对东西文化之争和中国现代化道路问题作了大胆的阐述，在理论上有一系列突破，表现出冯先生特立独行的性格。第六册不仅介绍了黄宗羲、严复、王国维、张之洞等重要近代思想家，为旧史所无，而且重新评价了太平天国和曾国藩，遂引起大陆史学界强烈的反响和争议，这是第六册最令人感兴趣的内容。他认为"中国近代维新的总方向是工业化和学习西方的科学技术，洪秀全和太平天国的神权政治却要把中国中世纪化、宗教化"，"洪秀全如果统一了中国，那就要使中国倒退几个世纪，这是我对于洪秀全和太平天国的评价"。那么曾国藩呢？"曾国藩镇压了太平天国，阻止了中国的中世纪化，这是他的功；他的以政带工延迟了中国近代化，这是他的过。"[17]冯先生认为如果中国走西方"以商带工"的道路，就会更顺利一些。太平天国的研究在史学界是颇有成就的一门分支学科，但多少也受到"左"的政治气候的影响，因而存在着对农民运动评价过高和视角单一的缺点。冯先生的新观点许多人不赞成，但至少可以活跃学术气氛，给予人们一个新的视界。现代化是否以西方化为标准？宗教是否一定阻碍现代化？在这些问题上我并不完全赞成冯先生，但是作为一位政治史、经济史以外的哲学史家，冯先生以其卓越的史识和哲学睿智，在人们已成定论的地方提出了问题，还是有其价值的。

第七册的香港版名为《中国现代哲学史》，对于冯先生来说，这册书带有遗言的性质。他在写这册书的时候，精神境界达到了一个新的高度，"我真感觉到'海阔天空我自飞'的自由了"[18]。冯先生依据唯物史观，对于当代中国发展道路提出自己的看法。他认为从旧民主主义革命到新民主主义革命是中国的一大进步。而1949年以后，中国本应继续建设新民主主义的国家，也就是突破自然经济，发展商品经济，进行现代化建设。但是中国出现了"'左'派幼稚病"，后来发展成"极'左'思潮"，不仅要超越新民主主义阶段直接进入社会主义，而且要通过"大跃进"提前实现共产主义，结果造成重大损失，最后导致十年动乱的"文化大革命"，使中国社会几乎陷于全盘崩溃的边缘。毛泽东去世以后，中国实行拨乱反正，"拨乱者，即拨极'左'思潮之乱；反正者，反新民主主义之正"[19]，而"这个阶段，从民主主义的观点看，就称为'新民主主义'；从社会主义的观点看，就称为'社会主义初级阶段'，其理论内容和实际措施是一致的，其总方向是要建设一个没有资本主义制度、没有资本家的商品经济。这是一个伟大的试验，如果成功，那就是具有中国特色的社会主义了。"[20]冯先生从近代中国历史的经验教训中，论证了改革开放路线的正确性，并根据中国现代化总进程的要求，重新评价了陈独秀、毛泽东等重要历史人物，指出他们的功过，引导读者从历史走向现代和未来。在第七册中，冯先生客观评价了自己的哲学，弃其所当弃者，存其所当存者，并且对中国哲学和世界的未来，表示了自己的希望，那就是走张载"仇必和而解"的路，在和平稳定中求发展。他坚信"现代社会，特别是国际社会，是照着这个客观辩证法发展的"[21]，"人是最聪明的、最有理性的动物，不会永远走'仇必仇到底'那样的道路。这就是中国哲学的传统和世界哲学的未来。"[22]这是一位哲人的伟大的遗言和预言，充满了乐观和自信。

三

冯友兰著《中国哲学史新编》是一部优秀的中国哲学通史著作。它与旧《中国哲学史》相比有着许多新的特点。首先，它采用了唯物史观来说明中国哲学发展的背景和哲学的性质与功用，尽管在运用中存在着不少简单机械的毛病，但总地说来，它把中国哲学分析与中国社会分析糅在一起，深化了思想史的研究，也为三大哲学（马克思主义哲学、西方哲学、中国哲学）的良性互动进行了一场创造性的实验，无论是成功之处还是不足之处，都值得后人借鉴。其次，《中国哲学史新编》在资料与观点的融合上比旧史又进了一步。旧史中大段引用原文然后加以解说的情况在《中国哲学史新编》里很难见到。我们所能见到的资料，都是冯先生充分消化后作为论述的有机部分而出现的。同时我们也看到冯先生所提出的每一论点都有原始资料作为依凭，资料与观点是化合在一起，不是混合在一起，丰富的资料与新颖的观点自然而然地相互贯通，这是《中国哲学史新编》的一大特色。第三，《中国哲学史新编》突破了旧史只关心所谓"纯哲学问题"的眼界，将哲学史扩展为思想史，并且广泛联系中国社会与文化，这样就更加符合中国哲学的特点，也更加体现出中国哲学"内圣外王"之道的精神。中国历史上有哲学家，却很少有西方式的"纯"哲学家；中国哲学没有独立的本体论和认识论，却把它们融入人生论、修身论和审美论，这是中国哲学的特色。中国哲学史研究必须从中国实际出发，摆脱西方固有的模式。《中国哲学史新编》作了可喜的尝试。第四，《中国哲学史新编》的内容，无论从跨越的历史时代，还是包容的学派、人物、著作来说，都比旧史更加广阔，更加丰富，体现了作者一生的知识积累和贯通古今的能力。把哲学史一直写到20世纪七八十年代，迄今只有《中国哲学史新编》这一部书。对道家和佛家的重视，也是《中国哲学史新编》强过旧史的地方；如果说旧史以儒家经学为主线，那么《中国哲学史新编》便是以儒、佛、道三教的对立与融合为纲纪，其包容性就更大了。第五，《中国哲学史新编》的理论一贯性不如旧史，这是时代的急剧变化留在《中国哲学史新编》中的印痕。旧史全是冯先生所理解的东西，并且完全按照冯先生的诠释系统加以阐述。《中国哲学史新编》有冯先生所理解的东西，也有冯先生半理解、半勉强的东西，甚至有冯先生很陌生的东西，诠释系统也具有混合性质，未能臻于成熟。《中国哲学史新编》前几册大量使用马克思主义流行话语，后几册则大量使用冯先生自己熟悉的话语，前后不甚一致。我想冯先生即使在完成《中国哲学史新编》之后，还有许多论点仍在踌躇，没有作出最后决定，但是已经没有时间了。

当然，《中国哲学史新编》对于旧史是扬弃，而不是抛弃，也就是有许多保留和继承。例如，关于"哲学是人类精神的反思"[23]，关于"哲学不能增进人们对于实际的认识，但能提高人的精神境界"[24]，关于横渠四句："为天地立心，为生民立命，为往圣继绝学，为万世开太平"的向往，都是与旧史旧论一脉相承的。冯先生一生不断创造又不断放弃了许多论点，但是他的"境界说"、"共相说"和"极高明而道中庸"的中国哲学精神之理念，他是一直坚持到底的。

冯先生早年写完了《中国哲学史》之后便创建他的新理学体系。这次他写完了《中国哲学史新编》，不仅自己没有时间，而且他也不打算建立更加新的哲学体系，因为他意识到"一个时代的哲学的建立，是需要时间的，往往需要几代人的时间，甚至几个世纪的时间"[25]。这次他为自己规定的任务是："我所能做的事，就是把中国古典哲学中的有永久价值的东西，阐发出来，以作为中国哲学发展的养料"[26]，"我的《中国哲学史新编》有一项新的任务，它不仅是过去的历史的叙述，而且是未来的哲学的营养"[27]。所以冯先生虽然没有写出新的贞元六书，然而他的一系列重要哲学观点和对未来新哲学的展望却包含在《中国哲学史新编》里头了，这是需要读者细细体察的。冯先生写哲学史向来是哲学多而史学少，这是由哲学家的气质所决定的；而冯先生又博学多览，国学根基十分雄厚，资料掌握丰富准确，所以又能在深刻的同时不流于空疏，这又是他超出常人的地方。

《中国哲学史新编》对中国古典哲学起源、发展、演变、特色的论述，对学派、人物、体系的分析，对哲学同社会政治、经济、文化的复杂关系的揭示，都能做到条理清晰、有根有据、由博反约、重点突出、语言通畅，深受读者的喜爱，出版以来，一直畅销不衰。西方学界也看到它的价值，正在翻译成英文出版，海外的评价日渐高涨，[28]这是可以告慰冯先生的英灵的。

注释：

[1] [2]《三松堂自序》，第236页，生活·读书·新知三联书店，1984年12月。

[3] 同上，第364页。

[4]《中国哲学史新编》，第一册，自序，人民出版社，1982年1月。

[5]《三松堂自序》，第365页。

[6]《中国哲学史新编》，第一册，自序。

[7] 同上，第40页。

[8] 同上，第41页。

[9] 同上，第148页。

[10]《中国哲学史新编》，第二册，第93—94页。

[11]《中国哲学史新编》，第三册，第3页。

[12] 同上，第47—48页。

[13]《冯友兰研究》，第一辑，第254页，国际文化出版公司，1997年6月。

[14]《中国哲学史新编》，第五册，自序。

[15]《三松堂全集》，第十三卷，第494页，河南人民出版社，1994年1月。

[16]《中国哲学史新编》，第五册，第298页。

[17]《中国哲学史新编》，第六册，自序。

[18]《中国现代哲学史》，自序，香港中华书局，1992年。

[19] 同上，第11页。

[20] 同上，第173—174页。

[21] 同上，第260页。

[22] 同上，第261页。

[23] 同上，第245页。

[24] 同上，第247页。

[25] [26]《三松堂自序》，第370页。

[27] 同上，第367页。

[28] 台湾大学陈鼓应教授于1997年8月28日给蔡仲德先生的信中说："要开一门中国哲学史，我决定要用冯先生的新编作为必读教本。台大有的同事用的是冯先生的旧本。我一直认为新编比旧本好得多。旧本是在一般材料罗列的基础上加以论述，而新编对每家的论述都是经过作者的融化思考之后成文的。前几天我在美国和夏威夷大学的安乐哲教授（Roger Ames）在电话中谈及此事，他对此也有同感，他十分强调新编，并且说旧本虽有英译，但远不如新编。"

(载《燕京学报》，新五期，1998年11月)

图书在版编目（CIP）数据

涵泳儒学/牟钟鉴著．—北京：中央民族大学出版社，2010.12
ISBN 978-7-81108-947-9

Ⅰ．①涵…　Ⅱ．①牟…　Ⅲ．①哲学—中国—文集　Ⅳ．①B2-53

中国版本图书馆 CIP 数据核字（2010）第 247410 号

涵泳儒学

作　　者	牟钟鉴
责任编辑	黄修义
封面设计	布拉格
出版者	中央民族大学出版社
	北京市海淀区中关村南大街 27 号　邮编：100081
	电话：68472815（发行部）　传真：68932751（发行部）
	68932218（总编室）　　　68932447（办公室）
发行者	全国各地新华书店
印刷厂	北京宏伟双华印刷有限公司
开　　本	787×1092（毫米）　1/16　印张：43.875
字　　数	763 千字
版　　次	2011 年 8 月第 1 版　2011 年 8 月第 1 次印刷
书　　号	ISBN 978-7-81108-947-9
定　　价	96.00 元

版权所有　翻印必究